Christiana Djanani/Gernot Brähler

Umwandlungs-steuerrecht

Grundlagen für Studium und Steuerberaterprüfung

Unter Mitarbeit von:

Margitta Bayer
Tobias Heerdt
Martin Lösel
Jan Wendland

GABLER

Bibliografische Information Der Deutschen Bibliothek
Die Deutsche Bibliothek verzeichnet diese Publikation in der Deutschen Nationalbibliografie; detaillierte bibliografische Daten sind im Internet über <http://dnb.ddb.de> abrufbar.

Prof. Dr. Dr. Christiana Djanani ist Inhaberin des Lehrstuhls für Allgemeine BWL und Betriebswirtschaftliche Steuerlehre an der Wirtschaftswissenschaftlichen Fakultät der Katholischen Universität Eichstätt-Ingolstadt. Steuerberater **Dr. Gernot Brähler** ist dort Assistent.

1. Auflage März 2004

Lektorat: Jutta Hauser-Fahr / Walburga Himmel

Der Gabler Verlag ist ein Unternehmen von Springer Science+Business Media.
www.gabler.de

Umschlaggestaltung: Ulrike Weigel, www.CorporateDesignGroup.de
Druck und buchbinderische Verarbeitung: Wilhelm & Adam, Heusenstamm
Gedruckt auf säurefreiem und chlorfrei gebleichtem Papier
Printed in Germany

ISBN 3-409-12599-X

Vorwort

Das Umwandlungssteuerrecht stellt eine äußerst komplexe Materie dar, da neben dem eigentlichen UmwStG immer wieder Bezug auf Regelungsbereiche etwa des EStG, des KStG sowie des Bilanzrechts genommen wird. Werden daher grundlegende Gesetzesänderungen im Bereich der Ertragsbesteuerung vorgenommen wie z.B. die Abschaffung des körperschaftsteuerlichen Anrechnungsverfahrens und die Einführung des Halbeinkünfteverfahrens, wirkt sich dies zwangsläufig auch auf das Umwandlungssteuerrecht aus und führt zu einer zunehmenden Verkomplizierung. Sind allerdings die grundlegenden steuerlichen Problembereiche und Regelungszusammenhänge verstanden worden, zeigen sich die Vorschriften des UmwStG vielfach als lediglich konsequente Umsetzung dieser steuerlichen Grundsätze. Aus diesem Grunde werden einleitend stets die relevanten steuerlichen Grundprinzipien erläutert, so dass die Regelungen des UmwStG als notwendige und nachvollziehbare Folge dieser Grundprinzipien erscheinen. Auf diese Weise zeigt sich das Umwandlungssteuerrecht als überschaubares und verständliches System, das – zumindest in weiten Teilen – in sich schlüssig ist.

Angesichts der hohen Komplexität ist es unser Anliegen gewesen, die Grundzüge und Hauptproblemstellungen einfach und strukturiert darzustellen. Aus diesem Grunde haben wir zahlreiche Beispiele, Abbildungen und Übersichten verwendet, die zu einer besseren Veranschaulichung der Problemfelder beitragen sollen. Auch dienen die Merkfelder sowie die Zusammenfassungen einer zielgerichteten Vorbereitung auf Examens- und/ oder Steuerberaterprüfungen.

In den verwendeten Beispielen wurden üblicherweise Namen bekannter Kino- und Fernsehcharaktere verwendet; der Leser, der den Autoren eine vollständige Liste der Kino- und Fernsehfilme zusendet, aus dem die Namen für die jeweiligen Beispiele verwendet wurden, erhält eine besondere Belohnung durch unseren Lehrstuhl.

Für wertvolle Hinweise, Anregungen und Mitarbeit möchten wir uns herzlich bei

Frau **Katrin Haußmann**, Herrn Dipl.-Kfm. **Jan Fischer**,

Herrn **Christian Schmid** sowie Herrn Dr. **Christian Lösel**

bedanken.

Für Verbesserungsvorschläge, Hinweise auf Schreibfehler und Anregungen sind wir dankbar und verweisen auf die folgenden Internet-Adressen:

christiana.djanani@ku-eichstaett.de bzw.

gernot.braehler@ku-eichstaett.de.

Das Buch basiert auf dem Rechtsstand 01. Januar 2004.

Christiana Djanani / Gernot Brähler

Christiana Djanani/Gernot Brähler

Umwandlungssteuerrecht

Inhaltsverzeichnis

KAPITEL II: VERSCHMELZUNG VON KAPITALGESELLSCHAFTEN AUF PERSONENGESELLSCHAFTEN

KAPITEL III: VERSCHMELZUNG VON KAPITALGESELLSCHAFTEN

KAPITEL V: EINBRINGUNG IN KAPITAL- UND PERSONENGESELLSCHAFTEN

Abbildungsverzeichnis

Abkürzungs- und Symbolverzeichnis

a.A.	andere(r) Ansicht
Abs.	Absatz
a.F.	alte Fassung
AfA	Abschreibung
AG	Aktiengesellschaft
AHK	Anschaffungs- oder Herstellungskosten
AktG	Aktiengesetz
AO	Abgabenordnung
AV	Anlagevermögen
BB	Betriebs-Berater (Zeitschrift)
b&b	Bilanz & Buchhaltung (Zeitschrift)
BewG	Bewertungsgesetz
BFH	Bundesfinanzhof
BGB	Bürgerliches Gesetzbuch
BMG	Bemessungsgrundlage
Bst.	Buchstabe
BStBl.	Bundessteuerblatt
BT	Bundestag
BR-Drucks.	Bundesrats-Drucksache
BT-Drucks.	Bundestags-Drucksache
DB	Der Betrieb (Zeitschrift)
DStR	Deutsches Steuerrecht (Zeitschrift)
DStZ	Deutsche Steuerzeitung (Zeitschrift)
EFG	Entscheidungen der Finanzgerichte (Zeitschrift)
EK	Eigenkapital
ErbSt	Erbschaftsteuer
ErbStG	Erbschaftsteuergesetz
ESt	Einkommensteuer
EStG	Einkommensteuergesetz
EStR	Einkommensteuerrichtlinien
EWIV	Europäische Wirtschaftliche Interessenvereinigung
FG	Finanzgericht
FK	Fremdkapital
FN-IDW	IDW-Fachnachrichten (Zeitschrift)
FR	Finanz-Rundschau (Zeitschrift)
GA	Gewinnausschüttung
GbR	Gesellschaft bürgerlichen Rechts
gem.	gemäß
GewSt	Gewerbesteuer
GewStG	Gewerbesteuergesetz
GewStR	Gewerbesteuerrichtlinien

GFW	Geschäfts- oder Firmenwert
ggf.	gegebenenfalls
GmbH	Gesellschaft mit beschränkter Haftung
GmbHG	GmbH-Gesetz
GmbHR	GmbH-Rundschau (Zeitschrift)
GoB	Grundsätze ordnungsmäßiger Buchführung
GrESt	Grunderwerbsteuer
GrEStG	Grunderwerbsteuergesetz
HFA	Hauptfachausschuss
HGB	Handelsgesetzbuch
h.M.	herrschende(r) Meinung
hr.	handelsrechtlich
Hrsg.	Herausgeber
HS.	Halbsatz
IDW	Institut der Wirtschaftsprüfer
IStR	Internationales Steuerrecht
KapGes	Kapitalgesellschaft
KG	Kommanditgesellschaft
KGaA	Kommanditgesellschaft auf Aktien
KSt	Körperschaftsteuer
KStG	Körperschaftsteuergesetz
LG	Landgericht
NK	Nominalkapital
Nr.	Nummer
n.V.	nach Verschmelzung
OHG	offene Handelsgesellschaft
OLG	Oberlandesgericht
p.a.	per annum
pers.	persönlich
PersGes	Personengesellschaft
PV	Privatvermögen
Rz.	Randziffer
S.A.	Sociedad Anónima / Société Anonyme
SE	Societas Europaea
SE-VO	Verordnung über das Statut der SE
StB	Der Steuerberater (Zeitschrift)
StBereinG	Steuerbereinigungsgesetz
SteuerStud	Steuer und Studium (Zeitschrift)
StSenkG	Steuersenkungsgesetz
StVergAbG	Steuervergünstigungsabbaugesetz
Tz.	Textziffer
ÜN	Übernehmerin
ÜT	Überträgerin
UmwBerG	Gesetz zur Bereinigung des Umwandlungsrechts

UmwG	Umwandlungsgesetz
UmwStE	Umwandlungssteuererlass
UmwStG	Umwandlungssteuergesetz
UnStFG	Unternehmensteuerfortentwicklungsgesetz
USt	Umsatzsteuer
UStG	Umsatzsteuergesetz
UV	Umlaufvermögen
vEK	verwendbares Eigenkapital
VSt	Vermögensteuer
v.V.	vor Verschmelzung
VZ	Veranlagungszeitraum
Wpg	Die Wirtschaftsprüfung (Zeitschrift)

Kapitel I: Überblick zum Umwandlungsrecht

1 Einleitung

Ein Unternehmen unterliegt im Laufe seines Bestehens Veränderungen. Es ist kein statisches Objekt, sondern passt sich in einem dynamischen Prozess an eine sich ständig ändernde Umwelt an. Dies bedeutet, dass sich das Unternehmen im Laufe seines Lebens geänderten Rahmenbedingungen stellen muss. Die Änderungen der Rahmenbedingungen können sowohl auf einer geänderten Zielsetzung des Unternehmens, bspw. der Konzentration auf das Kerngeschäft, als auch auf Änderungen der Umwelt, wie z.B. Änderungen der Rechtsprechung oder einer Gesetzesänderung, beruhen. Daher muss eine Anpassung der gewählten Unternehmensstruktur bzw. der ursprünglichen Rechtsform an die geänderten Rahmenbedingungen möglich sein. Diese Umstrukturierungen von Unternehmen sind sowohl zivil- als auch steuerrechtlich komplexe Sachverhalte. Ohne zivil- und steuerrechtliche Sonderregelungen müsste ein Unternehmen in seiner ursprünglichen Rechtsform aufgegeben bzw. eine Gesellschaft liquidiert werden. Danach müsste ein neues Unternehmen in der gewünschten Rechtsform gegründet werden. Abgesehen von einem hohen administrativen Aufwand könnten diese Umwandlungen ohne Sonderregelungen steuerlich nicht erfolgsneutral vorgenommen werden, da im Betriebsvermögen evtl. vorhandene stille Reserven bei der Betriebsaufgabe aufzudecken wären.

Merke: Ohne zivil- und steuerrechtliche Sonderregelungen würde im Fall der Umwandlung von Unternehmen ein hoher administrativer Aufwand entstehen sowie die im Betriebsvermögen des Unternehmens enthaltenen stillen Reserven aufgedeckt und besteuert werden.

Das **Umwandlungsgesetz** reduziert den hohen administrativen Aufwand, indem es Umwandlungen auch ohne Abwicklung des übertragenden Rechtsträgers ermöglicht. Das **Umwandlungssteuergesetz** erlaubt die Vermeidung der Realisierung der stillen Reserven, indem unter bestimmten Vorraussetzungen die Übertragung der stillen Reserven auf den übernehmenden Rechtsträger zugelassen wird.

1.1 Begriff der Umwandlung

Die Umwandlung lässt sich allgemein als **Fortführung einer wirtschaftlichen Einheit in einer anderen Rechtsform** beschreiben. Zivilrechtlich fallen unter den Begriff der Umwandlung Änderungen der Unternehmensstruktur durch Umstrukturierungen i.S.d. Umwandlungsgesetzes (UmwG), durch Einbringungen, durch Kapitalerhöhungen gegen Sacheinlage, durch Realteilungen sowie durch Anwachsung. Umwandlungen können dabei grundsätzlich im Wege der Einzel- oder der (partiellen) Gesamtrechtsnachfolge erfolgen.

1.1.1 Einzelrechtsnachfolge

Der Begriff **Einzelrechtsnachfolge** (Singularsukzession) bezeichnet den Eintritt einer Person in *einzelne* Rechte und Pflichten einer anderen Person. Die wichtigsten Übertragungsformen im Wege der Einzelrechtsnachfolge sind:

- Übertragung von Forderungen durch Abtretung (§ 398 BGB),
- Übertragung von Schulden durch Schuldübernahme (§ 414 BGB) bei Zustimmung des Gläubigers (§ 415 BGB),
- Übertragung von Grundstücken durch notariell beurkundete Einigung mit anschließender Eintragung der Auflassung in das Grundbuch (§ 873 BGB) sowie
- Übertragung beweglicher Sachen durch Einigung und Übergabe (§ 929 BGB).

Beispiel

Singularsukzession
Axel kauft von der Fränzchen GmbH einen neuen Rückwandprojektor-Fernseher für sein Wohnzimmer. Er erwirbt das Eigentum an diesem durch Abschluss eines Kaufvertrags (§ 433 BGB) und anschließende Übergabe (§ 929 BGB). Axel tritt hierbei jedoch nicht in alle Rechte und Pflichten, die die Fränzchen GmbH bezüglich des Fernsehers besitzt, ein. Hat diese den Fernseher z.B. fremdfinanziert, haftet Axel nicht für die hieraus resultierende Verpflichtung, es sei denn, dies wäre im Kaufvertrag ausdrücklich vereinbart.

1.1.2 Gesamtrechtsnachfolge

Unter dem Begriff **Gesamtrechtsnachfolge** (Universalsukzession) versteht man den Eintritt einer Person in *alle* Rechte und Pflichten einer anderen Person in einem Rechtsakt. Dies ist z.B. im Fall der Erbschaft oder der Verschmelzung zweier Unternehmen gegeben. Das Vermögen wird hierbei **als Ganzes in einem Rechtsakt** (uno actu) erworben.

Beispiel

Universalsukzession
Die Fränzchen GmbH wird auf die Metzger GmbH verschmolzen. Bei dieser Verschmelzung durch Aufnahme geht das Vermögen der Fränzchen GmbH einschließlich ihrer Verbindlichkeiten auf die übernehmende Metzger GmbH über. Die Metzger GmbH tritt im Zeitpunkt des Wirksamwerdens der Verschmelzung in einem Rechtsakt in alle Rechte und Pflichten der Fränzchen GmbH, somit auch in deren Verbindlichkeiten, ein.

Wird jedoch nur ein Teil des Vermögens übertragen und tritt der Übernehmer in alle Rechte und Pflichten hinsichtlich dieses Vermögensteils ein, spricht man von einer **partiellen Gesamtrechtsnachfolge** (Sonderrechtsnachfolge). Dies bedeutet, dass nur ein Teil des Vermögens mit allen Rechten und Pflichten auf einen übernehmenden Rechtsträger übergeht, während der andere Teil entweder beim übertragenden Rechtsträger zurückbleibt oder auf einen dritten Rechtsträger überführt wird. Es handelt sich um eine Sonderform der Gesamtrechtsnachfolge, da die Ergebnisse hinsichtlich des übertragenen Vermögensteils denen der Gesamtrechtsnachfolge entsprechen.

Beispiel

Sonderrechtsnachfolge
Die Fränzchen GmbH besitzt zwei selbstständige Teilbetriebe, einen Elektronikmarkt und eine Reparaturwerkstatt. Die Fränzchen GmbH entschließt sich, die Reparaturwerkstatt auf die Metzger GmbH auszugliedern. Bei dieser Ausgliederung geht das Vermögen der Reparaturwerkstatt auf die übernehmende Metzger GmbH über. Die Metzger GmbH tritt in alle Rechte und Pflichten der Reparaturwerkstatt in einem Rechtsakt ein. Allerdings tritt sie in keine Rechte und Pflichten des Elektronikmarkts ein, da dieser Teil der Vermögensmasse nicht auf die Metzger GmbH übergeht. Es handelt sich daher um eine partielle Gesamtrechtsnachfolge.

1.2 Motive für eine Umwandlung

Bei der Darstellung der Motive für eine Umwandlung muss beachtet werden, dass eine Vielzahl von Faktoren die Wahl der Rechtsform und der Unternehmensorganisation beeinflusst. Daher können auch für Unternehmen vergleichbarer Größe und Struktur unterschiedliche Rechtsformen vorteilhaft sein. Die Motive für eine Änderung der Rechtsform sind somit vielfältig und oftmals von den Präferenzen der Anteilseigner bzw. Gesellschafter abhängig. An dieser Stelle werden einige allgemeine Kriterien aufgezählt, die bei der späteren Diskussion der einzelnen Umwandlungsarten näher bestimmt werden. Gründe für eine Umwandlung sind insbesondere:[1]

Gesellschaftsrechtliche und betriebswirtschaftliche Motive:

- Unterschiede zwischen Kapital- und Personengesellschaften:[2]

1 Vgl. Semler, J./ Stengel, A., in: Semler, J./ Stengel, A. (Hrsg.), Beck´sche Kurzkommentare, Band 56, Umwandlungsgesetz, München 2003, Einleitung A, Rz. 4; Sagasser, B./ Ködderitzsch, L., in: Sagasser, B./ Bula, T./ Brünger, T., Umwandlungen, 3. Aufl., München 2002, S. 131 f., Rz. 1-3; Madl, R., Umwandlungssteuerrecht, 2. Aufl., Stuttgart 2002, S. 4-9.

2 Vgl. hierzu insbesondere: Brähler, G., Deutsche Direktinvestitionen in den USA, Hamburg 2002, S. 23-37; Jacobs, O. (Hrsg.), Unternehmensbesteuerung und Rechtsform, 3. Aufl., München 2002, S. 8-50.

Unterschiede zwischen Kapitalgesellschaften und Personengesellschaften		
Vergleichs-kriterium	**KapGes**	**PersGes**
Alleingesell-schafter	möglich	nicht möglich, Austritt eines Gesellschafters aus zweigliedriger OHG führt zur Auflösung
Anteilsver-äußerung	Kauf und Verkauf von Aktien/ GmbH-Anteilen unkompliziert, da diese selbstständige Vermögensgegenstände sind	kompliziert, Übertragung eines Anteils erfordert Zustimmung aller Gesellschafter
Arbeitneh-mermitbe-stimmung	unterliegen den Bestimmungen des Betriebsverfassungsgesetzes	unterliegen nicht den Bestimmungen des Betriebsverfassungsgesetzes; Mitbestimmung lediglich durch Bildung eines Betriebsrats
Geschäftsfüh-rungsbefugnis	Fremdorganschaft, Vorstände/ Geschäftsführer müssen nicht Aktionäre/ Gesellschafter sein	im Außenverhältnis Grundsatz der Einzelgeschäftsführungsbefugnis der Gesellschafter; Kommanditisten haben lediglich Kontrollrechte
Gewinn- und Verlustbetei-ligung	Gewinne/ Verluste entstehen auf Ebene der Gesellschaft; über die Ausschüttung des Gewinns entscheidet die Haupt- bzw. Gesellschafterversammlung; Gesellschafter haben Dividenden- bzw. Ausschüttungsanspruch; keine Verpflichtung zum Ausgleich von Verlusten der Gesellschaft	Gewinne/ Verluste erhöhen/ mindern das Kapitalkonto des Gesellschafters; Komplementäre besitzen Entnahmerechte; grundsätzlicher Auszahlungsanspruch des Kommanditisten, soweit die vereinbarte Einlage geleistet wurde
Haftung (aus Sicht des Ge-sellschafters)	beschränkt auf die Einlage	persönlich, unbeschränkt, solidarisch (Komplementär) bzw. beschränkt in Höhe der Einlage (Kommanditist)
Publizitäts-/ Prüfungsbe-stimmungen	Pflicht zur Aufstellung und Offenlegung des Jahresabschlusses; für (mittel-)große KapGes zusätzlich Prüfungspflicht	keine Publizitäts- und Prüfungspflichten (sofern nicht die Kriterien des PublG erfüllt sind[3])

Abbildung 1: Gesellschaftsrechtliche Unterschiede zwischen Kapital- und Personengesellschaften

[3] Kriterien sind: Bilanzsumme größer 65 Mio. €, Umsätze größer 130 Mio. €, Arbeitnehmeranzahl größer 5.000 Beschäftigte (§ 1 Abs. 1 i.V.m. § 3 Abs. 1 Nr. 1 PublG).

Weitere gesellschaftsrechtliche und betriebswirtschaftliche Motive sind z.B.:

- Zusammenschluss von verschiedenen Unternehmen eines Anteilseigners und damit einhergehende Vereinfachung der Struktur der Beteiligungen,
- Beendigung einer Kapitalgesellschaft ohne den erhöhten Aufwand der Liquidation, da der übertragende Rechtsträger bei Umwandlungen i.S.d. Umwandlungsgesetzes ohne Liquidation durch Löschung im Handelsregister untergeht,
- Abwendung der Insolvenz eines Tochterunternehmens durch Verschmelzung auf das Mutterunternehmen,
- Konzentration von Ressourcen zur Ausweitung von Marktanteilen, zur Ausweitung der Finanzierungsbasis, zur Durchsetzung von Rationalisierungsmaßnahmen oder zur gemeinsamen Nutzung von Patenten und Lizenzen,
- Möglichkeit zur Bildung von Pensionsrückstellungen für (beherrschende) geschäftsführende Gesellschafter einer GmbH,
- Zugang zum Kapitalmarkt (z.B. bei Umwandlung einer Personengesellschaft/ Einzelunternehmung in eine AG).

Beispiele für **steuerrechtliche Motive** einer Umwandlung sind:

- Unterschiede zwischen Kapital- und Personengesellschaften:

Unterschiede zwischen Kapitalgesellschaften und Personengesellschaften		
Vergleichs-kriterium	**KapGes**	**PersGes**
Ertrags-besteuerung	Besteuerung auf Ebene der KapGes im Entstehungszeitpunkt des Gewinns mit KSt und GewSt; Besteuerung des Anteileigners im Ausschüttungsfall	Besteuerung des Gesellschafters im Entstehungszeitpunkt mit seinem pers. ESt-Satz; teilweise Anrechnung der GewSt auf die persönliche ESt (§ 35 EStG)
Erbschaft-steuer	Ansatz von börsennotierten **Kapitalgesellschaftsanteilen** mit dem **Kurswert** (§ 11 Abs. 1 und 3 BewG; bei nicht börsennotierten Anteilen gem. § 11 Abs. 2 BewG Ableitung des Werts aus Verkäufen oder Schätzung unter Berücksichtigung des vorhandenen Vermögens und der Ertragsaussichten (sog. Stuttgarter Verfahren)	Ansatz von **Betriebsvermögen** (Mitunternehmeranteil) mit dem **Buchwert** im Besteuerungszeitpunkt (§ 109 BewG); Bewertung von (Betriebs-)Grundstücken durch sog. Bedarfsbewertung mit dem Grundbesitzwert (§ 99 i.V.m. § 138 BewG) ⇨ **Nichtberücksichtigung** von **Ertragsaussichten** und **stillen Reserven**

Vergleichs-kriterium	**KapGes**	**PersGes**
Trennung zwischen Privat- und Betriebs-vermögen	strikte Trennung zwischen Vermögen der KapGes und Vermögen des Anteilseigners	Trennung, aber Möglichkeit der Bildung von Sonderbetriebs-vermögen
Verträge zwischen Gesellschafter und Gesellschaft	werden steuerrechtlich im Rahmen des Fremdvergleichs anerkannt; Abzugsfähigkeit als Betriebs-ausgaben	werden nicht mit steuerlicher Wirkung anerkannt

Abbildung 2: Steuerrechtliche Unterschiede zwischen Kapital- und Personengesellschaften

- Verschmelzung zur Nutzung von Verlustvorträgen, da Verlustvorträge bei der Verschmelzung einer Kapitalgesellschaft auf eine andere Kapitalgesellschaft bei Erfüllung bestimmter Voraussetzungen übergehen können.

2 Umwandlungsgesetz, Umwandlungssteuergesetz und Umwandlungssteuererlass

Das Umwandlungsgesetz und das Umwandlungssteuergesetz traten nach einer grundlegenden Überarbeitung am 1. Januar 1995 in Kraft. Aufgabe der beiden Gesetze ist es, **Umwandlungsvorgänge** zu **vereinfachen** und **steuerliche Hindernisse** bei Umstrukturierungen von Unternehmen **abzuschaffen.**[4] Das Umwandlungsgesetz vereinfacht zivilrechtlich die Umstrukturierung von Unternehmen, indem es Umwandlungen des übertragenden Rechtsträgers auch ohne Abwicklung ermöglicht. Das Umwandlungssteuergesetz reduziert flankierend hierzu die Steuerbelastung einer Umwandlung, indem unter bestimmten Voraussetzungen eine steuerneutrale Übertragung des Vermögens ermöglicht wird.

4 Vgl. BT-Drucks. 12/6699 v. 01.02.1994, S. 71; BT-Drucks. 12/6885 v. 24.02.1994, S. 1.

Präsenz-Zugangskarte

Deutsche Telekom AG
Ordentliche Hauptversammlung am 26. und ggf. 27. April 2005

Merke:	Ohne die Möglichkeit zur steuerneutralen Übertragung von stillen Reserven würden nur wenige Unternehmen eine Umwandlung in Betracht ziehen.
Begründung:	Im Gegensatz zur Aufdeckung der stillen Reserven bei Verkauf fließt dem Unternehmen bei Umwandlungen **keine Liquidität** zu. Sofern eine Umwandlung die steuerwirksame Auflösung stiller Reserven bewirken würde, müsste die daraus entstehende Steuerschuld ohne Liquiditätszufluss beglichen werden.

Die **Regelungen des Umwandlungssteuergesetzes** können **nicht losgelöst vom Umwandlungsgesetz** betrachtet werden, denn § 1 des Umwandlungssteuergesetzes (UmwStG) bestimmt, dass der zweite bis siebte Teil (§§ 3-19) des UmwStG ausschließlich für Umwandlungen i.S.d. Umwandlungsgesetzes (UmwG) gelten. Mit Ausnahme der in den §§ 20 ff. UmwStG geregelten Umwandlungen bildet das UmwG folglich die zivilrechtliche Grundlage für Umstrukturierungen i.S.d. UmwStG. Daher werden zunächst die Regelungen des UmwG und der Aufbau des UmwStG kurz erläutert. Dies soll einen Überblick über den Aufbau beider Gesetze und ihrer Interdependenzen geben. Die einzelnen Regelungen werden im Rahmen der jeweiligen Umwandlungsarten genauer betrachtet.

2.1 Das Umwandlungsgesetz

Das in acht Bücher gegliederte UmwG trat am 1. Januar 1995 in Kraft. Das erste Buch, welches aus nur einem Paragraphen besteht, bestimmt die nach dem UmwG möglichen Umwandlungen. Die Bücher zwei bis fünf bestehen aus Vorschriften zu den jeweiligen Umwandlungsarten. Die Bücher sechs bis acht enthalten Regelungen zum Spruchverfahren, zu Strafvorschriften und Zwangsgeldern sowie die Übergangs- und Schlussvorschriften.

Der Vorteil des UmwG besteht insbesondere darin, dass Umstrukturierungen als Ausnahme von dem Grundsatz, dass Vermögensgegenstände und Verbindlichkeiten im Wege der Einzelrechtsnachfolge zu übertragen sind, im Wege der **Gesamtrechtsnachfolge** durchgeführt werden können. Der Erwerb des Vermögens in vielen Einzelschritten, wie sie bei der Einzelrechtsnachfolge erforderlich sind, ist dadurch entbehrlich. Auf diese Weise sind Umstrukturierungen erheblich einfacher durchführbar. Dies gilt v.a. für die Übertragung von Verbindlichkeiten, für die die Zustimmung jedes einzelnen Gläubigers gem. §§ 414 ff. BGB aufgrund der Gesamtrechtsnachfolge nicht erforderlich ist.

Merke:	Ein Vorteil des UmwG liegt darin, dass Umwandlungen i.S.d. UmwG eine Vermögensübertragung im Wege der **Gesamtrechtsnachfolge** ermöglichen. Zudem erlöschen die übertragenden Rechtsträger im Falle der Verschmelzung und Aufspaltung ohne Liquidation (§§ 20 Abs. 1 Nr. 2 bzw. 36 Abs. 1 Satz 1, 131 Abs. 1 Nr. 2 UmwG).

Das UmwG definiert den Begriff der Umwandlung nicht. § 1 Abs. 1 UmwG enthält lediglich eine Aufzählung der nach dem UmwG möglichen Umwandlungen:

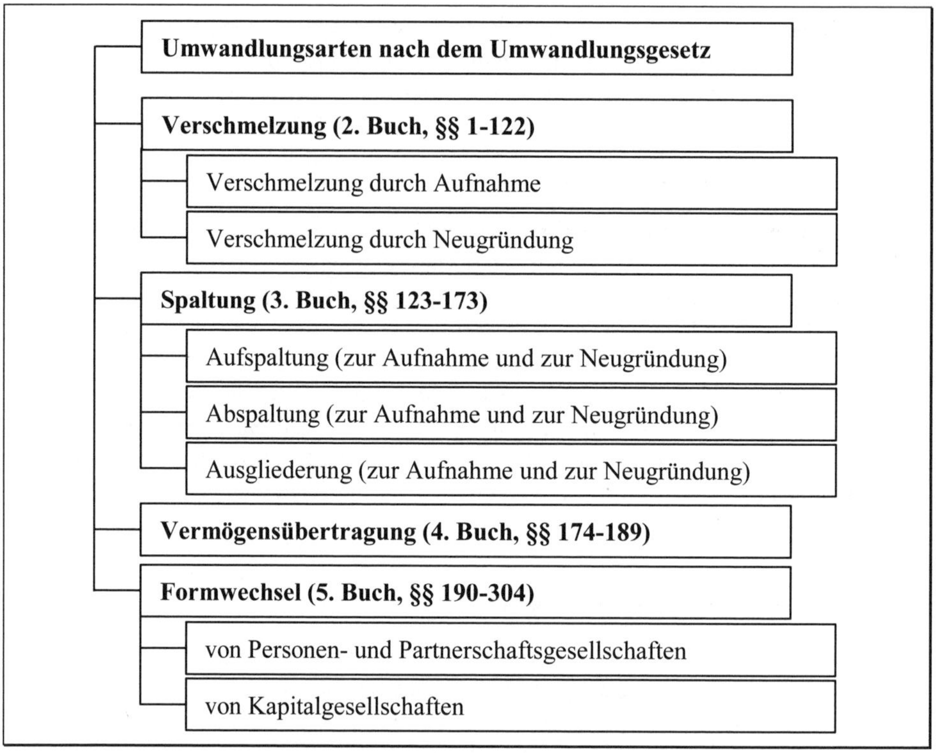

Abbildung 3: Umwandlungsarten nach dem UmwG

Die **Aufzählung der Umwandlungsarten** in § 1 Abs. 1 UmwG ist **abschließend**.[5] Eine analoge Anwendung der Regelungen des UmwG auf im UmwG nicht explizit geregelte Sachverhalte ist nicht möglich (sog. **Analogieverbot**). Die Umwandlungsmöglichkeiten des UmwG sind **auf Rechtsträger mit Sitz im Ausland derzeit nicht anwendbar**. In den Büchern zwei bis fünf werden die Rechtsträger aufgeführt, die an der jeweiligen Umwandlungsart beteiligt sein dürfen.

2.1.1 Verschmelzung nach dem Umwandlungsgesetz

Bei der Verschmelzung (geregelt im 2. Buch des UmwG, §§ 2-122) geht das Vermögen des übertragenden Rechtsträgers im Wege der Gesamtrechtsnachfolge auf den übernehmenden Rechtsträger über. Gem. § 2 UmwG bestand dieser entweder schon vor der Umwandlung (Verschmelzung durch Aufnahme (§§ 4-35 UmwG)) oder entsteht durch Neugründung

[5] Vgl. BT-Drucks. 12/6699 v. 01.02.1994, S. 80.

(Verschmelzung durch Neugründung (§§ 36-38 UmwG)). Im Falle der Verschmelzung durch Neugründung geht das Vermögen zweier oder mehrerer Rechtsträger auf einen eigens zu diesem Zweck gegründeten Rechtsträger über. Der übertragende Rechtsträger wird ohne Abwicklung durch Löschung im jeweiligen Register aufgelöst. Für die Anteilseigner findet ein Anteilstausch statt. Anstelle der Anteile am übertragenden Rechtsträger erhalten sie Anteile am übernehmenden Rechtsträger.

Wesentliche Merkmale der Verschmelzung nach dem UmwG:

- ✓ Übertragung des gesamten Vermögens
- ✓ auf einen bestehenden Rechtsträger (durch Aufnahme)
- ✓ oder auf einen neu zu gründenden Rechtsträger (durch Neugründung)
- ✓ im Wege der Gesamtrechtsnachfolge
- ✓ mit Anteilstausch für die Anteilseigner
- ✓ und Untergang des übertragenden Rechtsträgers ohne Abwicklung.

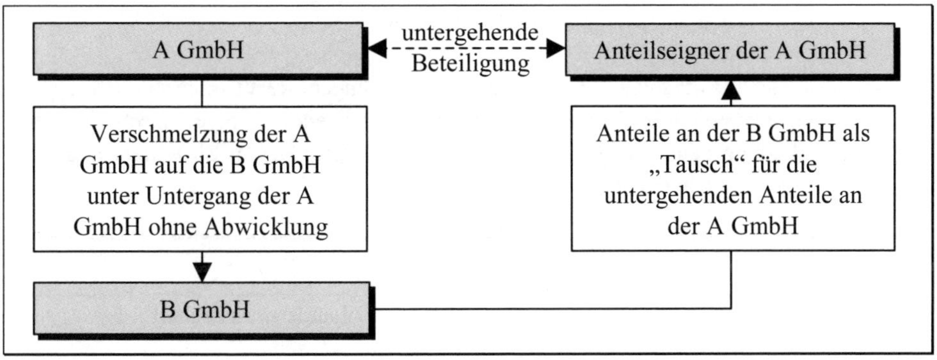

Abbildung 4: Verschmelzung nach dem UmwG

An einer Verschmelzung können folgende Rechtsträger beteiligt sein (§ 3 UmwG):

Rechtsträger	Übertragender Rechtsträger	Übernehmender Rechtsträger
Personenhandelsgesellschaften und Partnerschaftsgesellschaften	✓	✓
Kapitalgesellschaften	✓	✓
Eingetragene Genossenschaften	✓	✓
Eingetragene Vereine	✓	✓
Genossenschaftliche Prüfungsverbände	✓	✓
Versicherungsvereine auf Gegenseitigkeit	✓	✓
Wirtschaftliche Vereine	✓	(-)
Natürliche Person als Alleingesellschafter einer KapGes	(-)	✓

Abbildung 5: Verschmelzungsfähige Rechtsträger

Die grundsätzliche Aufzählung der verschmelzungsfähigen Rechtsträger in § 3 UmwG erfährt in den weiteren Vorschriften zur Verschmelzung jedoch einige Einschränkungen. Folgende Abbildung zeigt die (für dieses Lehrbuch) relevanten, im Einzelnen möglichen Verschmelzungsmöglichkeiten:

Verschmelzung von ...	*auf...*
Personenhandelsgesellschaft	- Personenhandelsgesellschaft - Kapitalgesellschaft
Kapitalgesellschaft	- Personenhandelsgesellschaft - Kapitalgesellschaft - natürliche Person

Abbildung 6: Relevante Verschmelzungsmöglichkeiten nach dem UmwG

Die wichtigsten allgemeinen Regelungen zur Verschmelzung nach dem UmwG werden im Folgenden kurz dargestellt. Im Rahmen der Diskussion der einzelnen Verschmelzungsarten werden diese weiter ausgeführt:

- Die Vertretungsorgane der beteiligten Rechtsträger müssen gem. § 4 Abs. 1 Satz 1 UmwG einen Verschmelzungsvertrag schließen. Dessen Inhalt wird in § 5 Abs. 1 bzw. § 37 UmwG genauer bestimmt.
- Gem. § 5 Abs. 1 Nr. 6 UmwG ist im Verschmelzungsvertrag ein Verschmelzungsstichtag festzulegen. Ab diesem Verschmelzungsstichtag gelten die Handlungen des übertragenden Rechtsträgers als für Rechnung des übernehmenden Rechtsträgers vorgenommen.

- Der Verschmelzungsvertrag muss notariell beurkundet werden (§ 6 UmwG). Zudem ist er von einem Verschmelzungsprüfer zu prüfen (§ 9 Abs. 1 UmwG).
- Außerdem ist ein Verschmelzungsbericht, in dem die Verschmelzung erläutert und begründet wird, anzufertigen (§ 8 Abs. 1 UmwG). Dieser muss nicht erstellt werden, soweit alle Anteilseigner darauf verzichten oder sich alle Anteile am übertragenden Rechtsträger in der Hand des übernehmenden Rechtsträgers befinden (§ 8 Abs. 3 UmwG).
- Die Verschmelzung ist von den Vertretern der beteiligten Rechtsträger zur Eintragung in das jeweilige Register (Handels-, Partnerschafts-, Genossenschafts- oder Vereinsregister) anzumelden (§ 16 Abs. 1 UmwG). Der Registeranmeldung der übertragenden Rechtsträger ist jeweils eine Schlussbilanz beizufügen (§ 17 Abs. 2 Satz 1 UmwG).

2.1.2 Spaltung nach dem Umwandlungsgesetz

Die Spaltung ist im Dritten Buch des UmwG (§§ 123-173 UmwG) geregelt und stellt das Gegenstück zur Verschmelzung dar. Vereinfachend kann dies folgendermaßen dargestellt werden:

- Vor einer Verschmelzung existieren mehrere Rechtsträger. Danach existiert nur noch ein Einziger.
- Vor einer Spaltung existiert nur ein Rechtsträger. Danach existieren Mehrere.

Merke:	Verschmelzung:	„Aus Mehreren mach' Einen"
	Spaltung:	„Aus Einem mach' Mehrere"

Die Spaltung lässt sich in drei unterschiedliche Formen – die Aufspaltung, die Abspaltung und die Ausgliederung – unterteilen. Letztere wird steuerlich als Einbringung behandelt.

Spaltungsarten nach dem Umwandlungsgesetz

- Aufspaltung (zur Aufnahme oder zur Neugründung)
- Abspaltung (zur Aufnahme oder zur Neugründung)
- Ausgliederung (zur Aufnahme oder zur Neugründung)

Abbildung 7: Spaltungsarten nach dem Umwandlungsgesetz

Merke: Während Auf- und Abspaltung sowohl zivil- als auch steuerrechtlich als Spaltung gelten, wird die Ausgliederung steuerrechtlich als Einbringung behandelt.

Die Spaltung kann sowohl als Spaltung zur Aufnahme (§§ 126-134 UmwG) auf einen **bestehenden Rechtsträger** als auch als Spaltung zur Neugründung (§§ 135-137 UmwG) auf einen **neu zu gründenden Rechtsträger** erfolgen. Die Vermögensübertragung erfolgt dabei nicht durch Gesamtrechtsnachfolge, sondern durch partielle Gesamtrechtsnachfolge (Sonderrechtsnachfolge), da bei der Spaltung im Unterschied zur Verschmelzung nicht das gesamte Vermögen des übertragenden Rechtsträgers auf einen übernehmenden Rechtsträger übertragen wird. Gem. § 125 Satz 1 UmwG sind die Regelungen des zweiten Buchs (Verschmelzung) auch auf die Spaltung anzuwenden, sofern diese nicht explizit von der Anwendung ausgeschlossen sind oder sich aus den Vorschriften zur Spaltung etwas anderes ergibt. Folgende Rechtsträger dürfen an der Spaltung nach dem UmwG beteiligt sein (§ 124 i.V.m. § 3 UmwG):

Rechtsträger	**Übertragender Rechtsträger**	**Übernehmender Rechtsträger**
Personenhandelsgesellschaften und Partnerschaftsgesellschaften	✓	✓
Kapitalgesellschaften	✓	✓
eingetragene Genossenschaften	✓	✓
eingetragene Vereine	✓	✓
genossenschaftliche Prüfungsverbände	✓	✓
Versicherungsvereine auf Gegenseitigkeit	✓	✓
wirtschaftliche Vereine	✓	(-)

Abbildung 8: Spaltungsfähige Rechtsträger

Bei der Spaltung in Form der Ausgliederung kommen zudem noch Einzelkaufleute, Stiftungen und (Zusammenschlüsse von) Gebietskörperschaften als übertragende Rechtsträger in Betracht. Die Aufzählung der grundsätzlich spaltungsberechtigten Rechtsträger wird in weiteren Vorschriften des dritten Buchs des UmwG konkretisiert. Dabei muss zwischen den Vorschriften zu Auf- und Abspaltungen einerseits und zur Ausgliederung andererseits unterschieden werden. Das UmwG erlaubt folgende (für dieses Lehrbuch) relevante **Auf- und Abspaltungen**:

Auf- und Abspaltung von ...	***auf ...***
Personenhandelsgesellschaft	- Personenhandelsgesellschaft - Kapitalgesellschaft
Kapitalgesellschaft	- Personenhandelsgesellschaft - Kapitalgesellschaft

Abbildung 9: Relevante Auf- und Abspaltungsmöglichkeiten nach dem UmwG

Als (relevante) **Ausgliederungen** nach dem UmwG sind folgende Fälle möglich:

Ausgliederung von ...	***auf ...***
Personenhandelsgesellschaft	- Personenhandelsgesellschaft - Kapitalgesellschaft
Kapitalgesellschaft	- Personenhandelsgesellschaft - Kapitalgesellschaft
Einzelkaufmann	- Personenhandelsgesellschaft - Kapitalgesellschaft

Abbildung 10: Relevante Ausgliederungsmöglichkeiten nach dem UmwG

Analog zum Verschmelzungsvertrag muss bei der Spaltung zur Aufnahme gem. § 126 Abs. 1 UmwG ein Spaltungsvertrag geschlossen werden. Dieser ist ebenfalls notariell zu beurkunden und – außer bei der Ausgliederung – prüfungspflichtig (§ 125 i.V.m. §§ 6, 9 UmwG). Die Spaltung ist sowohl in das Register des übertragenden als auch in das des übernehmenden Rechtsträgers einzutragen. Bei der Spaltung zur Neugründung wird der Spaltungsvertrag durch den Spaltungsplan (§ 136 UmwG) ersetzt. Im Folgenden werden die einzelnen Spaltungsarten kurz dargestellt.

2.1.2.1 Aufspaltung

Bei der Aufspaltung (zur Aufnahme oder zur Neugründung) geht das gesamte Vermögen eines Rechtsträgers auf zwei oder mehrere übernehmende, bereits bestehende oder neu zu gründende Rechtsträger im Wege der partiellen Gesamtrechtsnachfolge (Sonderrechtsnachfolge) über. Der übertragende Rechtsträger wird dabei ohne Abwicklung aufgelöst. Die Anteilseigner des übertragenden Rechtsträgers erhalten Anteile an den übernehmenden Rechtsträgern (§ 131 Abs. 1 Nr. 2 und 3 UmwG).

Wesentliche Merkmale der Aufspaltung nach dem UmwG:

- ✓ Übertragung des gesamten Vermögens des übertragenden Rechtsträgers
- ✓ auf mindestens zwei
- ✓ bestehende Rechtsträger (zur Aufnahme)
- ✓ oder neu zu gründende Rechtsträger (zur Neugründung)
- ✓ im Wege der partiellen Gesamtrechtsnachfolge,
- ✓ wobei die Anteilseigner des übertragenden Rechtsträgers
- ✓ Anteile an den übernehmenden Rechtsträgern erhalten
- ✓ und der übertragende Rechtsträger ohne Abwicklung untergeht.

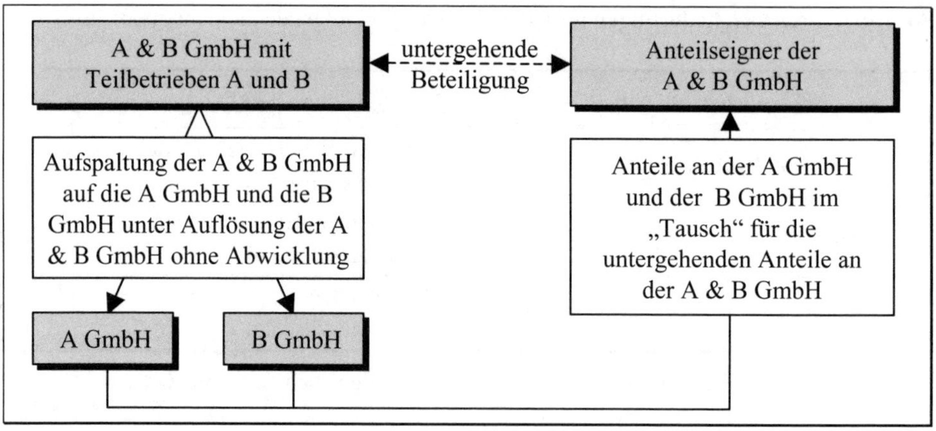

Abbildung 11: Aufspaltung nach dem UmwG

Die **Aufspaltung** stellt das **Gegenstück zur Verschmelzung** dar. Während bei der Verschmelzung eine Konzentration von Vermögen im Vordergrund steht, dient die Aufspaltung der Aufteilung von Vermögen auf verschiedene Rechtsträger. Folgendes Schaubild verdeutlicht den Gegensatz:

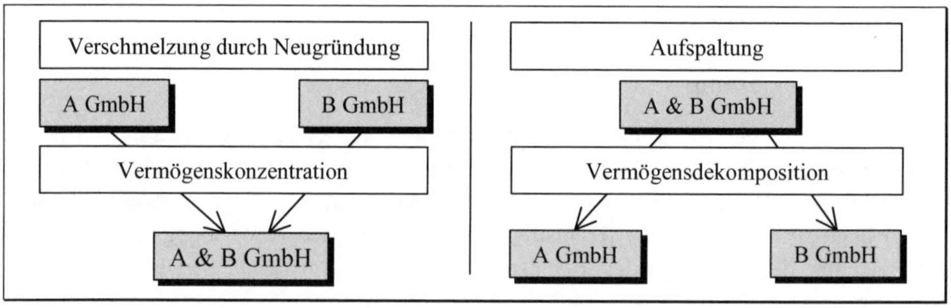

Abbildung 12: Vergleich zwischen der Verschmelzung durch Neugründung und der Aufspaltung

2.1.2.2 Abspaltung

Bei der Abspaltung bleibt der übertragende Rechtsträger bestehen. Nur ein Teil seines Vermögens wird dabei auf mindestens einen schon bestehenden oder neu zu gründenden Rechtsträger übertragen. Die Anteilseigner des übertragenden Rechtsträgers erhalten Anteile an dem bzw. den übernehmenden Rechtsträger(n) (§ 131 Abs. 1 Nr. 3 Satz 1 UmwG).

Wesentliche Merkmale der Abspaltung nach dem UmwG:
- ✓ Übertragung eines Teils des Vermögens
- ✓ auf einen bestehenden Rechtsträger (zur Aufnahme)
- ✓ oder neu zu gründenden Rechtsträger (zur Neugründung)
- ✓ im Wege der partiellen Gesamtrechtsnachfolge,
- ✓ wobei die Anteilseigner des übertragenden Rechtsträgers
- ✓ Anteile am übernehmenden Rechtsträger erhalten
- ✓ und der übertragende Rechtsträger **nicht** untergeht.

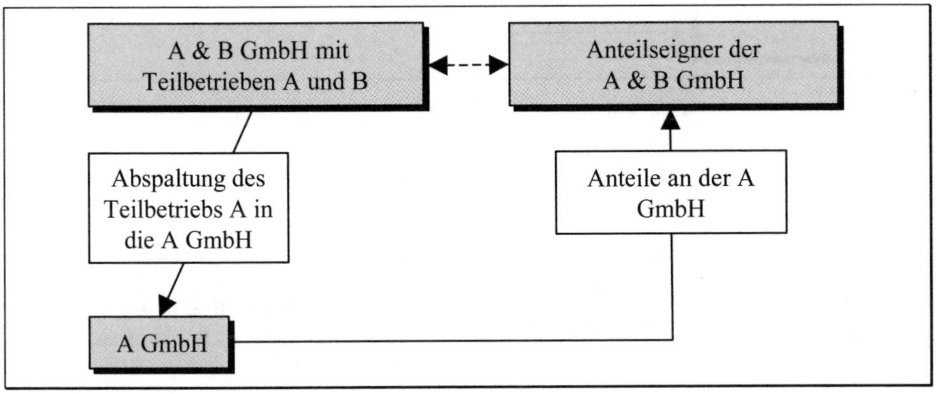

Abbildung 13: Abspaltung nach dem UmwG

2.1.2.3 Ausgliederung

Die Ausgliederung ist mit der Abspaltung bis auf einen Punkt identisch: Im Unterschied zur Abspaltung erhalten **nicht die Anteilseigner** des übertragenden Rechtsträgers Anteile am übernehmenden Rechtsträger, sondern **der übertragende Rechtsträger selbst** (§ 131 Abs. 1 Nr. 3 Satz 3 UmwG). Steuerrechtlich wird die Ausgliederung als **Einbringung** behandelt.

Wesentliche Merkmale der Ausgliederung nach dem UmwG:
- ✓ Übertragung eines Teils des Vermögens
- ✓ auf mindestens einen
- ✓ bestehenden Rechtsträger (zur Aufnahme)
- ✓ oder neu zu gründenden Rechtsträger (zur Neugründung)
- ✓ im Wege der partiellen Gesamtrechtsnachfolge,
- ✓ wobei der **übertragende Rechtsträger**
- ✓ Anteile am übernehmenden Rechtsträger erhält
- ✓ und der übertragende Rechtsträger nicht untergeht.

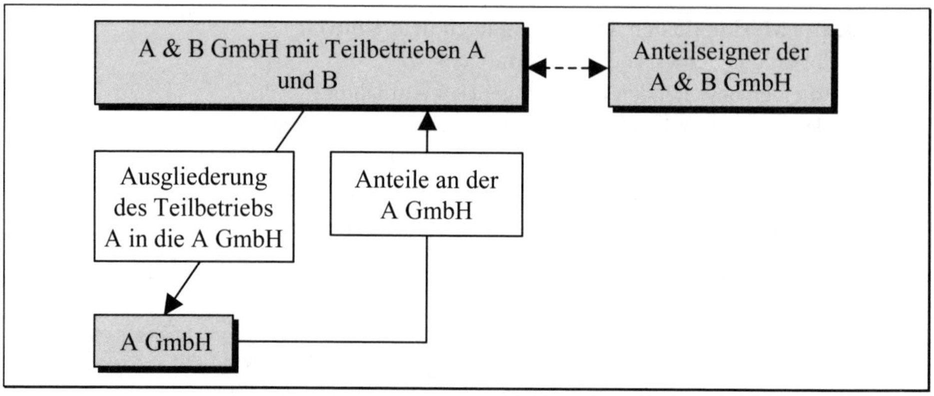

Abbildung 14: Ausgliederung nach dem UmwG

Folgende Tabelle macht die wesentlichen Unterschiede zwischen den drei Spaltungsarten deutlich:

Art der Spaltung	Untergang des übertragenden Rechtsträgers?	Anteile am übernehmenden Rechtsträger erhält/ erhalten
Aufspaltung	Ja	Anteilseigner des übertragenden Rechtsträgers
Abspaltung	Nein	Anteilseigner des übertragenden Rechtsträgers
Ausgliederung	Nein	Übertragender Rechtsträger selbst

Abbildung 15: Unterschiede zwischen den Spaltungsarten

2.1.3 Vermögensübertragung nach dem Umwandlungsgesetz

Die Vermögensübertragung (4. Buch, §§ 174-189 UmwG) kann gem. § 175 UmwG zwischen Versicherungsunternehmen oder von einer Kapitalgesellschaft auf die öffentliche Hand stattfinden. Sie kann entweder als Teil- oder als Vollübertragung ausgestaltet sein. Die Vollübertragung entspricht dabei gem. § 176 UmwG der Verschmelzung, die Teilübertragung gem. § 177 UmwG der Spaltung. Für die in diesem Lehrbuch erläuterten Fälle ist die Vermögensübertragung irrelevant und wird daher nicht weiter diskutiert.

2.1.4 Formwechsel nach dem Umwandlungsgesetz

Im Gegensatz zur Verschmelzung, Spaltung und Vermögensübertragung findet beim Formwechsel (5. Buch, §§ 190-304 UmwG) **keine Vermögensübertragung** statt. Beim Formwechsel ändert der formwechselnde Rechtsträger lediglich sein Rechtskleid, wobei seine wirtschaftliche Identität gewahrt bleibt. Dabei fordert der Gesetzgeber, dass sich beim Formwechsel an den Beteiligungsverhältnissen grundsätzlich nichts ändert.[6]

Gem. § 191 UmwG können folgende Rechtsträger ihr Rechtskleid ändern:

Rechtsträger	Formwechselnder Rechtsträger	Rechtsträger neuer Rechtsform
Personenhandelsgesellschaften und Partnerschaftsgesellschaften	✓	✓
Kapitalgesellschaften	✓	✓
eingetragene Genossenschaften	✓	✓
rechtsfähige Vereine	✓	(-)
Versicherungsvereine auf Gegenseitigkeit	✓	(-)
Körperschaften und Anstalten des öffentlichen Rechts	✓	(-)
Gesellschaften bürgerlichen Rechts	(-)	✓

Abbildung 16: In den Formwechsel nach dem UmwG einbezogene Rechtsträger

Aufgrund der Einzelbestimmungen des fünften Buchs des Umwandlungsgesetzes sind folgende (für dieses Lehrbuch relevante) Formwechsel möglich:

Formwechsel von ...	***in ...***
Personenhandelsgesellschaft	- Kapitalgesellschaft
Kapitalgesellschaft	- Personenhandelsgesellschaft - Kapitalgesellschaft - Gesellschaft bürgerlichen Rechts

Abbildung 17: Relevante Formwechsel nach dem UmwG

Für den Formwechsel ist ein Umwandlungsbeschluss notwendig und notariell zu beurkunden (§ 193 UmwG). Zudem ist ein Umwandlungsbericht inklusive einer Vermögensaufstellung anzufertigen (§ 192 UmwG). Der formwechselnde Rechtsträger muss den Formwechsel zum Registereintrag anmelden (§ 198 Abs. 1 UmwG). Für den Rechtsträger neuer Rechtsform müssen die für die jeweilige Rechtsform gültigen Gründungsvorschriften beachtet werden (§ 197 UmwG).

6 Vgl. BT-Drucks. 12/6699 v. 01.02.1994, S. 136.

Wesentliche Merkmale des Formwechsels nach dem UmwG:

- ✓ Kein Vermögensübergang;
- ✓ lediglich Änderung des Rechtskleids,
- ✓ unter Wahrung der wirtschaftlichen Identität
- ✓ und grundsätzlich unter Wahrung der Beteiligungsverhältnisse.

2.2 Das Umwandlungssteuergesetz

Durch das zeitgleich mit dem UmwG in Kraft getretene UmwStG wurden die steuerrechtlichen Vorschriften an das handelsrechtliche UmwG angeglichen. Steuerliche Hemmnisse, insbesondere die Aufdeckung stiller Reserven, sollen durch das UmwStG beseitigt werden.[7] Es begründet daher keine eigenständige Steuer für Unternehmensumstrukturierungen, sondern enthält Regelungen, die sich auf (schon bestehende) Ertragssteuern (ESt, KSt, GewSt) beziehen.[8]

Merke: Das UmwStG regelt die steuerliche Behandlung von Rechtsformänderungen. Zur Erleichterung von Umstrukturierungen wird **von der ansonsten steuerlich zwingenden Auflösung der stillen Reserven** unter bestimmten Voraussetzungen **abgesehen**. Das UmwStG begründet jedoch **keine eigenständige Steuer für Umwandlungsfälle**.

2.2.1 Aufbau des Umwandlungssteuergesetzes

Das UmwStG gliedert sich in zwölf Teile:

[7] Vgl. BT-Drucks. 12/6885 v. 24.02.1994, S. 14.

[8] Vgl. Hörtnagl, R., in: Schmitt, J./ Hörtnagl, R./ Stratz, R.-C., Umwandlungsgesetz, Umwandlungssteuergesetz, 3. Aufl., München 2001, Einf UmwStG, Rz. 11.

Aufbau des Umwandlungssteuergesetzes

- 1. Teil, §§ 1-2 (Allgemeine Vorschriften)
- 2. Teil, §§ 3-10 (Vermögensübergang auf eine PersGes oder auf eine natürliche Person)
- 3. Teil, §§ 11-13 (Verschmelzung oder Vermögensübertragung auf eine andere Körperschaft)
- 4. Teil, § 14 (Formwechsel einer KapGes bzw. einer Genossenschaft in eine PersGes)
- 5. Teil, §§ 15-16 (Aufspaltung, Abspaltung und Vermögensübertragung)
- 6. Teil, § 17 (Barabfindung des Minderheitsgesellschafters, mit Gesetz v. 22.12.1999 aufgehoben)
- 7. Teil, § 18-19 (Gewerbesteuer)
- 8. Teil, §§ 20-23 (Einbringung in eine KapGes)
- 9. Teil, § 24 (Einbringung in eine PersGes)
- 10. Teil, § 25 (Formwechsel einer PersGes in eine KapGes)
- 11. Teil, § 26 (Verhinderung von Missbräuchen)
- 12. Teil, §§ 27-28 (Übergangs-, Schluss- und Ermächtigungsvorschriften)

Abbildung 18: Aufbau des Umwandlungssteuergesetzes

2.2.2 Beziehung zwischen Umwandlungsgesetz und Umwandlungssteuergesetz

Wie bereits ausgeführt, bildet das zivilrechtliche UmwG die Grundlage für die Mehrzahl der im UmwStG geregelten Umwandlungsarten. So sind gem. § 1 Abs. 1 UmwStG der zweite bis siebte Teil des UmwStG nur für Umwandlungen i.S.d. § 1 UmwG anwendbar. Dennoch sind die beiden Gesetzeswerke nicht vollständig aufeinander abgestimmt. Umwandlungen im Wege der Einzelrechtsnachfolge bleiben im UmwG unbehandelt. Demgegenüber enthält das **UmwStG** auch Vorschriften, die eine **steuerneutrale Umwandlung ohne (partielle) Gesamtrechtsnachfolge** ermöglichen. Auf der anderen Seite greift das UmwStG nicht alle Regelungen des UmwG auf. Folgende Abbildung verdeutlicht das Verhältnis der beiden Gesetze zueinander:

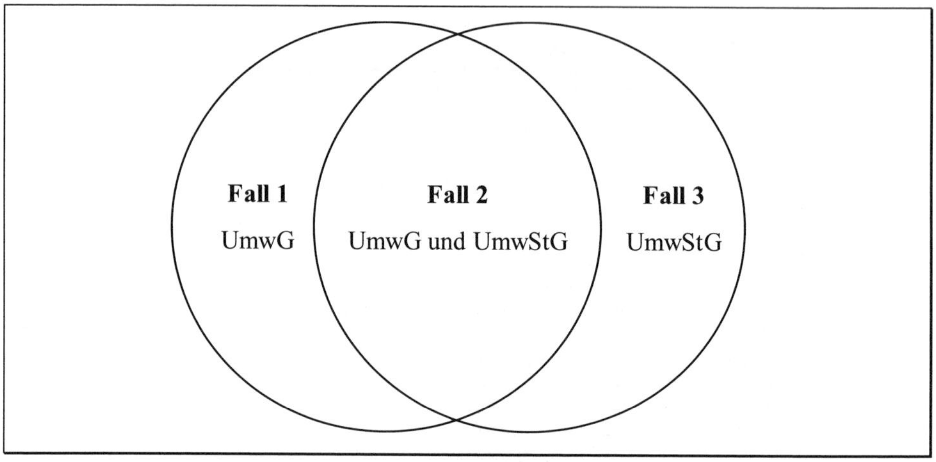

Abbildung 19: Verhältnis von UmwG und UmwStG

- Beispiel zu **Fall 1**: Die Spaltung von Personengesellschaften ist nur im UmwG, nicht aber im UmwStG geregelt.
- Beispiel zu **Fall 2**: Die Verschmelzung oder Spaltung einer Kapitalgesellschaft auf eine Kapitalgesellschaft oder Personengesellschaft ist sowohl im UmwG als auch im UmwStG geregelt.
- Beispiel zu **Fall 3**: Die Einbringung eines Betriebs im Wege der Einzelrechtsnachfolge ist nur im UmwStG geregelt.

Merke: Der zweite bis siebte Teil des UmwStG regelt die steuerlichen Folgen von Umwandlungen i.S.d. UmwG und damit für Umwandlungen im Rahmen der **Gesamtrechtsnachfolge.**
Der achte und neunte Teil beinhalten dagegen Vermögensübertragungen im Rahmen der **Gesamt- und Einzelrechtsnachfolge**.

2.3 Der Umwandlungssteuererlass

Die Finanzverwaltung hat im sog. Umwandlungssteuererlass (UmwStE)[9] ihre Auffassung zu Zweifels- und Auslegungsfragen des UmwStG dargelegt. Außer einer ausführlichen Kommentierung des Gesetzes enthält der UmwStE auch Einschränkungen des Gesetzeswortlauts. Als wichtigste Einschränkung ist die Versagung des Wahlrechts des § 3 UmwStG zu nennen. Die im UmwStE getroffenen Auslegungen des Gesetzestextes wurden

[9] Als UmwStE wird das Schreiben des BMF betr. Umwandlungssteuergesetz (UmwStG); Zweifels- und Auslegungsfragen, v. 20.03.1998, IV B 7 - S 1978 - 21/98/ IV B 2 - S 1909 - 33/98, BStBl. I 1998, S. 268, geändert durch BMF-Schreiben v. 21.08.2001, IV A 6 - S 1909 - 11/01, BStBl. I, S. 543, bezeichnet.

in der Fachliteratur z.T. heftig kritisiert. Dies gilt insbesondere für die Versagung des Wahlrechts des § 3 UmwStG.[10]

Am 16.12.2003 hat das BMF[11] zu den Änderungen des UmwStG durch das StSenkG und das UnStFG Stellung genommen. In diesem Erlass werden die Aussagen des UmwStE an den geänderten Gesetzestext angepasst. Allerdings bleiben die Aussagen des UmwStE von dem neueren Erlass grundsätzlich unberührt.

Merke: Der Umwandlungssteuererlass erläutert die **Auslegung des UmwStG aus Sicht der Finanzverwaltung**. Er entfaltet **Bindungswirkung für die Finanzverwaltung**, jedoch **nicht für den Steuerpflichtigen**.

10 Vgl. Bula, T./ Schlösser, J., in: Sagasser, B./ Bula, T./ Brünger, T., Umwandlungen, 3. Aufl., München 2002, S. 51 ff., Rz. 15 ff. m.w.N.

11 Vgl. BMF v. 16.12.2003, IV A 2 - S 1978 - 16/03, BStBl. I 2003, S. 786.

Kapitel II: Verschmelzung von Kapitalgesellschaften auf Personengesellschaften

1 Allgemeines

Unter einer Verschmelzung versteht man die Übertragung des gesamten Vermögens eines oder mehrerer Rechtsträger auf einen anderen Rechtsträger im Wege der Gesamtrechtsnachfolge. Für die Übertragung des Vermögens wird den Anteilseignern des oder der übertragenden Rechtsträger im Wege des Anteilstausches eine Beteiligung am übernehmenden Rechtsträger gewährt. Die gesellschaftsrechtliche Verbundenheit des Vermögens und der Anteilseigner des oder der übertragenden Rechtsträger wird aufgelöst. Durch den Anteilstausch setzt sie sich aber im größeren Rahmen des übernehmenden Rechtsträgers fort. Der oder die übertragenden Rechtsträger gehen gem. § 2 UmwG durch Auflösung ohne Abwicklung unter.

Bei der Verschmelzung einer Kapitalgesellschaft auf eine Personengesellschaft wird das gesamte Vermögen der Kapitalgesellschaft auf eine bereits bestehende (Verschmelzung durch Aufnahme) oder neu zu gründende (Verschmelzung durch Neugründung) Personengesellschaft übertragen. Die Anteilseigner der Kapitalgesellschaft werden zu Mitunternehmern der übernehmenden Personengesellschaft. Die übertragende Kapitalgesellschaft geht durch Auflösung ohne Abwicklung unter (§ 2 UmwG).

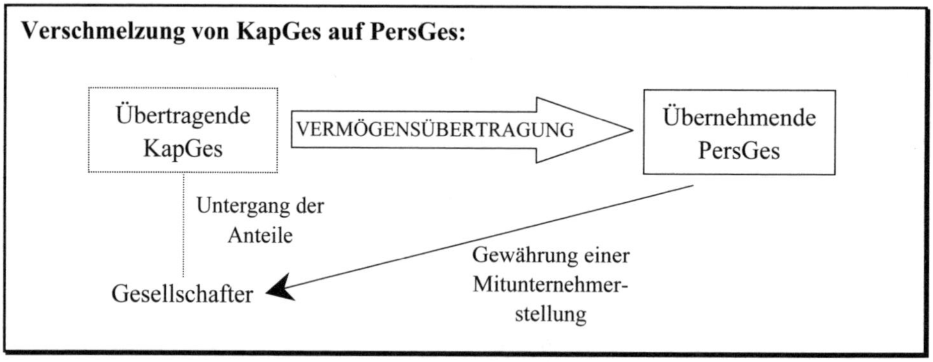

Abbildung 20: Verschmelzung von Kapitalgesellschaft(en) auf eine Personengesellschaft

2 Verschmelzungsmotive

Wie die Motive für eine Umwandlung im Allgemeinen, so können auch die Motive für die Umwandlung einer Kapitalgesellschaft in eine Personengesellschaft vielfältig sein. Vor jeder Entscheidung zur Verschmelzung einer Kapitalgesellschaft auf eine Personengesellschaft müssen die Sachverhalte des Einzelfalls betrachtet werden. Neben den bereits dargestellten Unterschieden zwischen Kapital- und Personengesellschaften sind insbesondere folgende **steuerrechtliche** Motive hervorzuheben:

- Unterschiedliche Belastung mit KSt, ESt und GewSt
  - aufgrund des Wechsels von einer intransparenten in eine transparente Besteuerung,
  - aufgrund der fast vollständigen Reduktion der Gewerbesteuerbelastung bei Personengesellschaften durch die Möglichkeit der Anrechnung der Gewerbesteuer auf die persönliche Einkommensteuer des Mitunternehmers (§ 35 EStG).[12]
- Reduzierung der Belastung mit Erbschaftsteuer aufgrund der Bevorzugung von Betriebsvermögen einer Personengesellschaft (Bewertung mit Buchwert/ Bedarfswert bei Grundstücken) gegenüber Kapitalgesellschaftsanteilen im Rahmen der Erbschafts- bzw. Schenkungsteuer.
- Sofortige Realisierung des Körperschaftsteuerguthabens und Umgehung des durch das Steuervergünstigungsabbaugesetz eingeführten dreijährigen Moratoriums13 zur Realisierung des Körperschaftsteuerguthabens, da die Beschränkungen des § 37 Abs. 2a Nr. 1 KStG gem. § 10 Satz 2 UmwStG n.F. für Umwandlungsfälle nicht gelten.

Ein Rechtsformwechsel – z.B. durch eine Verschmelzung der Kapitalgesellschaft auf eine Personengesellschaft – sollte jedoch nicht ausschließlich aufgrund steuerlicher Motive erfolgen, da die sich oft ändernde Steuergesetzgebung eine langfristige Steuerplanung erschwert.[14] Aus der Verschmelzung resultierende steuerliche Vorteile müssen daher nicht von dauerhafter Natur sein.

3 Handelsrechtliche Regelungen

3.1 Systematik

Die Verschmelzung einer Kapitalgesellschaft auf eine Personengesellschaft fällt, wie alle Verschmelzungen, in den Regelungsbereich des zweiten Buchs des UmwG, welches zugleich die Grundlage für alle anderen im UmwG geregelten Umwandlungsarten darstellt.

---

12 Vgl. hierzu ausführlich Djanani, C./ Brähler, G./ Lösel, C., Die Anrechnung der Gewerbeertragsteuer auf die Einkommensteuer, BB 2003, S. 1254-1257.

13 Vgl. zum dreijährigen Moratorium Djanani, C./ Brähler, G./ Wesel, K., Das „Körperschaftsteuer-Moratorium" oder die „Notbremse" des Fiskus, StB 2003, S. 284-288.

14 Vgl. Madl, R., Umwandlungssteuerrecht, 2. Aufl., Stuttgart 2002, S. 9.

Im ersten Teil (Allgemeine Vorschriften, §§ 2-38 UmwG) werden zunächst für alle verschmelzungsfähigen Rechtsträger gültige Vorschriften bestimmt. Der zweite Teil (Besondere Vorschriften, §§ 39-122 UmwG) beinhaltet rechtsträgerspezifische Vorschriften.

3.2 Verschmelzungsfähige Rechtsträger

Verschmelzungsfähige Rechtsträger bei der Verschmelzung einer Kapitalgesellschaft auf eine Personengesellschaft nach dem UmwG sind (§ 3 UmwG):

Verschmelzungsfähige Rechtsträger bei der Verschmelzung KapGes auf PersGes	
übertragender Rechtsträger	*übernehmender Rechtsträger*
- AG - KGaA - GmbH	- OHG - KG - GmbH & Co. KG - Partnerschaftsgesellschaft

Abbildung 21: Verschmelzungsfähige Rechtsträger (KapGes auf PersGes)

Voraussetzung:	Sowohl übertragende als auch übernehmende Rechtsträger müssen nach § 1 Abs. 1 Nr. 1 UmwG **im Inland ansässig** sein.

Ab dem 08. Oktober 2004 wird mit der Societas Europaea (SE) eine Europäische Gesellschaft in der Rechtsform einer Kapitalgesellschaft existieren. Die Gründung einer SE kann gem. Art. 2 Abs. 1-4 SE-VO durch die grenzüberschreitende Verschmelzung von zwei Kapitalgesellschaften, die Gründung einer gemeinschaftlichen Holding durch zwei Kapitalgesellschaften, die Gründung einer Tochter-SE durch zwei Gesellschaften, die gem. Art. 48 Abs. 2 EG-Vertrag juristische Personen des öffentlichen oder privaten Rechts der Mitgliedstaaten sind, oder durch die Umwandlung einer Aktiengesellschaft eines Mitgliedsstaats in eine SE vollzogen werden. Eine Personengesellschaft kann dabei an der Gründung einer Tochter-SE beteiligt sein, da sie zu den Gesellschaften i.S.d. Art. 48 Abs. 2 des EG-Vertrags zählt. Eine Verschmelzung einer Kapitalgesellschaft mit einer Personengesellschaft unter Untergang der beiden Gesellschaften zu einer daraus hervorgehenden SE ist indes nicht möglich. Daher wird auf die SE in diesem Kapitel nicht weiter eingegangen.

3.3 Verschmelzung durch Aufnahme

Bei der Verschmelzung durch Aufnahme (§§ 4-35 UmwG) gehen das Vermögen und die Verbindlichkeiten der übertragenden Kapitalgesellschaft im Wege der Gesamtrechtsnachfolge auf die bereits bestehende, übernehmende Personengesellschaft über. Die Kapitalgesellschaft erlischt dabei ohne Abwicklung. Ihre Anteilseigner erhalten im Austausch Anteile am übernehmenden Rechtsträger, d.h. sie werden Gesellschafter der übernehmenden Personengesellschaft.

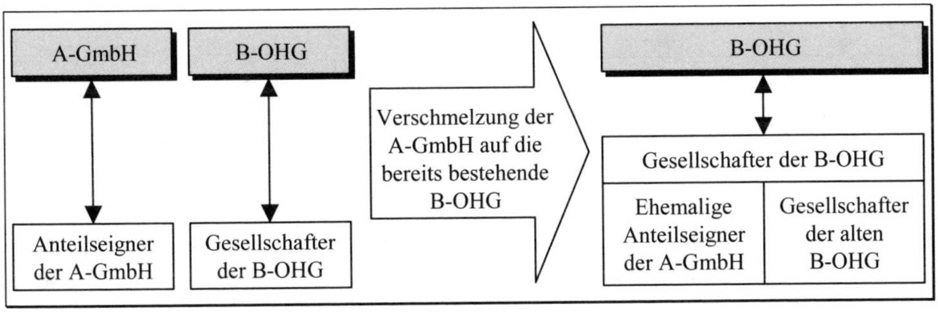

Abbildung 22: Verschmelzung durch Aufnahme

In der Praxis sind die Gesellschafter der übernehmenden Personengesellschaft regelmäßig gleichzeitig auch die Gesellschafter der übertragenden Kapitalgesellschaft.

Beispiel

Verschmelzung durch Aufnahme
Die Brüder Werner und Ernst Wiesenkamp sind schon seit Jahren Geschäftspartner. Zuerst gründeten sie die WF (Wiesenkamp Fertighäuser) OHG, später die Wiesenkamp GmbH. Aufgrund ihres Alters und der Begünstigung des Betriebsvermögens einer Personengesellschaft im Vergleich zu GmbH-Anteilen im Rahmen der ErbSt entschließen sie sich, die Wiesenkamp GmbH auf die WF-OHG zu verschmelzen, um die ErbSt-Belastung ihrer Söhne zu reduzieren. Hierbei handelt es sich um eine Verschmelzung durch Aufnahme. Das Vermögen und die Schulden der Wiesenkamp GmbH gehen im Wege der Gesamtrechtsnachfolge auf die WF-OHG über.

3.4 Verschmelzung durch Neugründung

Im Unterschied zur Verschmelzung durch Aufnahme geht bei der Verschmelzung durch Neugründung (§§ 36-38 UmwG) das Vermögen auf eine eigens zu diesem Zweck gegründete Personengesellschaft über. Es müssen **zwei oder mehr** übertragende Kapitalgesellschaften vorhanden sein (§ 2 Nr. 2 UmwG). Soll **nur eine** Kapitalgesellschaft in eine noch nicht bestehende Personengesellschaft umgewandelt werden, so wäre dies nur über einen **Formwechsel** der Kapitalgesellschaft in eine Personengesellschaft möglich. Wie bei der Verschmelzung durch Aufnahme gehen das Vermögen und die Schulden im Wege der Gesamtrechtsnachfolge über. Die übertragenden Kapitalgesellschaften erlöschen ohne Abwicklung. Ihre Anteilseigner werden Mitunternehmer der Personengesellschaft.

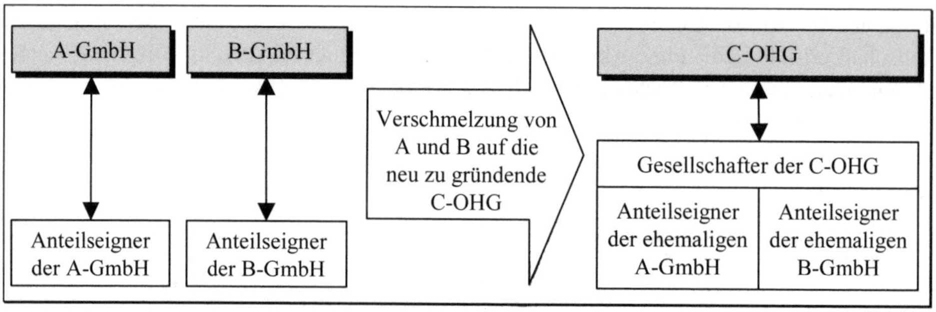

Abbildung 23: Verschmelzung durch Neugründung

Merke: Die Verschmelzung durch Neugründung erfordert **zwei übertragende Kapitalgesellschaften** (§ 2 Nr. 2 UmwG). Soll nur eine Kapitalgesellschaft in eine noch nicht vorhandene Personengesellschaft umgewandelt werden, so liegt ein **Formwechsel** (§§ 190-304 UmwG) vor. Aus diesem Grunde ist in Klausuren häufig ein Formwechsel Gegenstand der Prüfung.

Beispiel

Verschmelzung durch Neugründung

Kalle und Philipp besitzen jeweils eine GmbH. Um einen größeren Marktanteil zu erreichen, entschließen sich die Freunde, ihre Gesellschaften auf eine neu zu gründende OHG zu verschmelzen. Hierbei handelt es sich um eine Verschmelzung durch Neugründung. Das Vermögen und die Schulden ihrer GmbHs gehen im Wege der Gesamtrechtsnachfolge in einem einzigen Rechtsakt auf die neu zu gründende OHG über. Ihre GmbHs erlöschen ohne Abwicklung.

Merke: Bei der Verschmelzung **durch Aufnahme** wird auf einen **schon bestehenden Rechtsträger** verschmolzen. Im Falle der Verschmelzung **durch Neugründung** wird dieser **eigens zu diesem Zweck neu gegründet**.

3.5 Ablauf einer Verschmelzung im Überblick

Im Anschluss an den Entschluss zur Verschmelzung ist die Umwandlung sorgfältig zu planen, da die Vorteile des Umwandlungsrechts und damit auch des Umwandlungssteuerrechts nur dann genutzt werden können, wenn die Umwandlung den Bestimmungen des UmwG entspricht. Die in der sog. **Planungsphase** vorzunehmenden Schritte lassen sich in drei Phasen unterteilen:[15] Zunächst müssen die zur Verschmelzung nach dem UmwG notwendigen Maßnahmen vorbereitet werden (**Vorbereitungsphase**). Im Anschluss daran kommt es zum Beschlussverfahren, in welchem die Verschmelzung von den Anteilseignern

[15] Vgl. Sagasser, B./ Ködderitzsch, L., in: Sagasser, B./ Bula, T./ Brünger, T., Umwandlungen, 3. Aufl., München 2002, S. 145, Rz. 9.

der beteiligten Rechtsträger genehmigt werden muss (**Beschlussphase**). In der **Vollzugsphase** wird die Verschmelzung schließlich wirksam. Folgendes Schaubild zeigt die wichtigsten Komponenten der einzelnen Phasen im Falle der Verschmelzung einer Kapitalgesellschaft auf eine Personengesellschaft.

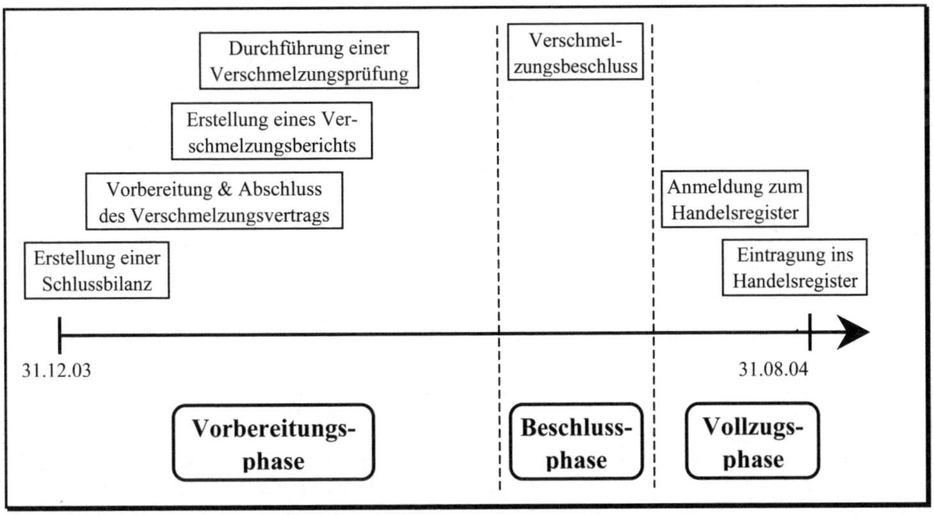

Abbildung 24: Ablauf einer Verschmelzung

3.5.1 Vorbereitungsphase

In der Vorbereitungsphase werden die für die eigentliche Verschmelzung grundlegenden Vorarbeiten geleistet. Dazu gehört das Erstellen einer Schlussbilanz des übertragenden Rechtsträgers. Diese ist entsprechend den Vorschriften über die Jahresbilanz und deren Prüfung aufzustellen (§ 17 Abs. 2 Satz 2 UmwG). Danach muss ein Verschmelzungsvertrag vorbereitet und beschlossen werden. Zudem ist ein Verschmelzungsbericht anzufertigen, und die Verschmelzung ist einer Prüfung zu unterziehen. Zu beachten ist dabei, dass sich die gesetzlichen Vorgaben für den Verschmelzungsvertrag an der Verschmelzung von Kapitalgesellschaften orientieren. Auf die sich aus der Struktur von Personengesellschaften ergebenden Besonderheiten wird kaum eingegangen.[16]

[16] Vgl. Limmer, P., in: Limmer, P. (Hrsg.), Handbuch der Unternehmensumwandlung, 2. Aufl., Recklinghausen 2001, S. 189, Rz. 869.

3.5.1.1 Verschmelzungsvertrag

Für den Abschluss des Verschmelzungsvertrags sind die **Vertretungsorgane** der beteiligten Rechtsträger zuständig (§ 4 Abs. 1 UmwG). Gem. §§ 5 Abs. 1 Nr. 1-9, 29 Abs. 1 bzw. 40 UmwG muss der Verschmelzungsvertrag folgendes beinhalten:

Inhalt des Verschmelzungsvertrages bei der Verschmelzung auf eine Personengesellschaft

- Firma und Sitz der an der Verschmelzung beteiligten Rechtsträger (§ 5 Abs. 1 Nr. 1 UmwG)
- Vereinbarung über die Vermögensübertragung als Ganzes gegen Anteilsgewähr (§ 5 Abs. 1 Nr. 2 UmwG)
- Angaben zum Umtauschverhältnis und Höhe der baren Zuzahlungen (§ 5 Abs. 1 Nr. 3 UmwG)
- Einzelheiten für die Übertragung der Anteile des übernehmenden Rechtsträgers (§ 5 Abs. 1 Nr. 4 UmwG)
- Zeitpunkt des Anspruchs auf Gewinnbeteiligung (§ 5 Abs. 1 Nr. 5 UmwG)
- Verschmelzungsstichtag (§ 5 Abs. 1 Nr. 6 UmwG)
- Rechte einzelner Anteilsinhaber sowie Inhaber besonderer Rechte (§ 5 Abs. 1 Nr. 7 UmwG)
- Vorteile für Aufsichtsratsmitglieder, Vertretungsorgane, Geschäftsführer usw. (§ 5 Abs. 1 Nr. 8 UmwG)
- Folgen der Verschmelzung für die Arbeitnehmer (§ 5 Abs. 1 Nr. 9 UmwG)
- Angaben zum Barabfindungsangebot (§ 29 Abs. 1 UmwG)
- Stellung und Einlage hinzutretender Gesellschafter (§ 40 UmwG)

Abbildung 25: Inhalt des Verschmelzungsvertrags bei der Verschmelzung einer Kapitalgesellschaft auf eine Personengesellschaft

Grundsätzlich muss den Anteilseignern des übertragenden Rechtsträgers als Gegenleistung für ihre untergegangenen Anteile an der übertragenden Körperschaft eine Beteiligung an der übernehmenden Personengesellschaft gewährt werden.

Beispiel

Verschmelzung durch Aufnahme

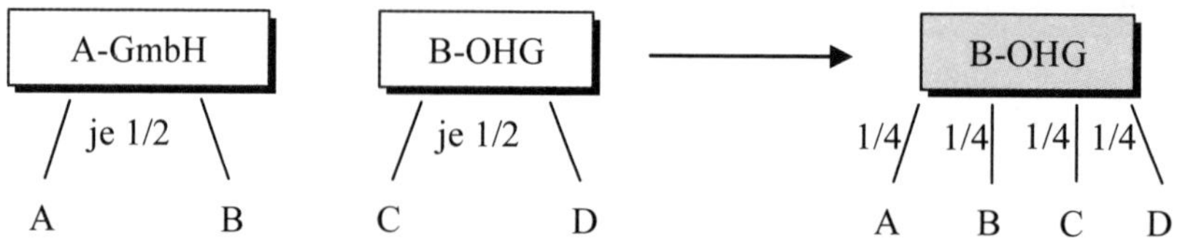

Die Anteilseigner der A-GmbH erhalten im Gegenzug für ihre untergehenden Anteile an der A-GmbH eine Beteiligung an der übernehmenden B-OHG. Sie werden dadurch Gesellschafter der B-OHG.

§ 40 UmwG bestimmt, dass im Gesellschaftsvertrag angegeben werden muss, welche Stellung der durch die Umwandlung hinzutretende Gesellschafter einnimmt. Da Anteilsinhaber der übertragenden Kapitalgesellschaft bisher nicht gesamtschuldnerisch, persönlich und unbeschränkt gehaftet haben, ist ihnen in der übernehmenden Personengesellschaft die Stellung eines **Kommanditisten** zu gewähren (§ 40 Abs. 1 Satz 1 UmwG). Eine abweichende Regelung ist nur möglich, wenn der betroffene Anteilsinhaber dem Verschmelzungsbeschluss des übertragenden Rechtsträgers zustimmt (§ 40 Abs. 2 UmwG).

Merke: Die Vorschrift des § 40 UmwG stellt sicher, dass die Übernahme einer Haftung durch einen Anteilseigner des untergehenden übertragenden Rechtsträgers nur mit dessen Zustimmung erfolgen kann.[17]

Beispiel

Im obigen Beispiel müssen die Gesellschafter A und B daher dem Verschmelzungsbeschluss zustimmen. Stimmen sie einer unbeschränkten, persönlichen und gesamtschuldnerischen Haftung und damit der Stellung eines Komplementärs nicht zu, so ist ihnen die Stellung eines Kommanditisten zu gewähren. Die übernehmende B-OHG wird dann durch Formwechsel zur B-KG.

Zudem müssen im Verschmelzungsvertrag Angaben zum **Umtauschverhältnis** und zur **Höhe der baren Zuzahlungen** gemacht werden (§ 5 Abs. 1 Nr. 3 UmwG). Das Umtauschverhältnis soll ausdrücken, wie viele Anteile des übertragenden Rechtsträgers auf wie viele Anteile des übernehmenden Rechtsträgers entfallen. Daher wird bei jedem Unternehmen zunächst eine Unternehmensbewertung, meistens mit dem Ertragswertverfahren, durchgeführt.[18] Aus dem Vergleich dieser Unternehmenswerte ergibt sich das Umtauschverhältnis. Bei der Verschmelzung einer Kapitalgesellschaft auf eine Personengesellschaft sind hierbei zwei Besonderheiten zu beachten: Zum einen trägt der Komplementär einer übernehmenden KG ein höheres Haftungsrisiko. Der für diesen Nachteil zu zahlende Ausgleich muss im Rahmen der Verschmelzung berücksichtigt werden. Er lässt sich jedoch mit Hilfe eines Unternehmensbewertungsverfahrens kaum berechnen.[19] Zum anderen geht das HGB in den §§ 120-123 von einem variablen Kapital als Rechengröße aus. Dadurch ergibt sich das Problem, dass bei der Bestimmung des Umtauschverhältnisses nicht auf die Nennbeträge der Anteile, sondern auf die Kapitalkonten der Gesellschafter abgestellt werden muss. Hierzu ist eine Änderung des Gesellschaftsvertrags der übernehmenden Personengesellschaft nötig. Die genaue Art und Höhe der Kapitalkonten der neu hinzutretenden Gesellschafter müssen im Verschmelzungsvertrag namentlich zugeordnet werden.[20]

---

[17] Vgl. BT-Drucks. 12/6699 v. 01.02.1994, S. 98.

[18] Vgl. Stratz, R.-C., in: Schmitt, J./ Hörtnagl, R./ Stratz, R.-C., Umwandlungsgesetz, Umwandlungssteuergesetz, 3. Aufl., München 2001, § 5 UmwG, Rz. 9.

[19] Vgl. Bula, T./ Schlösser, J., in: Sagasser, B./ Bula, T./ Brünger, T., Umwandlungen, 3. Aufl., München 2002, S. 170, Rz. 56.

[20] Vgl. Müller, W., in: Kallmeyer, H., Umwandlungsgesetz Kommentar, Köln 2001, § 5, Rz. 20.

Ist die Personengesellschaft am übertragenden Rechtsträger beteiligt, treten (den Anteil der Personengesellschaft an der übertragenden Gesellschaft betreffend) keine neuen Gesellschafter hinzu. Daher sind in diesem Fall keine Angaben zur zukünftigen Gesellschafterstellung und zum Betrag der Einlage nötig und möglich.[21]

Beispiel

Bestimmung des Umtauschverhältnisses

Im obigen Beispiel wurde vereinfachend von einem Umtauschverhältnis von 1:1 ausgegangen. Der Unternehmenswert der A-GmbH betrage nun 200 und der der B-OHG 100. Ein Anteil an der A-GmbH ist daher doppelt soviel wert wie ein Anteil an der B-OHG.

Unternehmenswert der A-GmbH (Überträgerin)	=	200
Unternehmenswert der B-OHG (Übernehmerin)	=	100

$$\text{Umtauschverhältnis} = \frac{\text{Unternehmenswert des Überträgers}}{\text{Unternehmenswert des Übernehmers}} = \frac{200}{100} = 2:1$$

Die Gesellschafter der A-GmbH stimmen der Gesellschafterstellung eines unbeschränkt haftenden Gesellschafters in der übernehmenden B-OHG zu. Auf den Ausgleich für die Übernahme des Haftungsrisikos soll in diesem Beispiel aus Vereinfachungsgründen nicht eingegangen werden.

Zusätzlich zur Gewährung von Anteilen an der übernehmenden Personengesellschaft können den Anteilseignern der übertragenden Körperschaft auch bare Zuzahlungen als Ausgleich für ihre untergehenden Anteile an der übertragenden Kapitalgesellschaft gewährt werden. Die Höhe der baren Zuzahlungen ist bei einer Personengesellschaft als aufnehmender Gesellschaft nicht beschränkt.[22]

Die **Höhe der Einlage** eines jeden hinzutretenden Gesellschafters ist festzusetzen (§ 40 Abs. 1 UmwG). Ihre Höhe richtet sich dabei nach dem in § 5 Abs. 1 Nr. 3 UmwG festgelegten Umtauschverhältnis. Da der Gesetzgeber keine Regelung getroffen hat, in der die Gewährung von Kapitalanteilen an der aufnehmenden Personengesellschaft bestimmt wird, ist sowohl eine Gewährung von zusätzlichen Kapitalanteilen als auch eine Aufteilung der bisherigen Gesamtkapitalgröße auf die einzelnen Kapitalanteile der – sowohl alten als auch neuen – Gesellschafter möglich.[23] Zu beachten ist hierbei jedoch der Grundsatz der Einheitlichkeit der Beteiligung an einer Personengesellschaft. Dies bedeutet, dass einem bereits an

---

[21] Vgl. Ihrig, H.-C., in: Semler, J./ Stengel, A. (Hrsg.), Beck'sche Kurzkommentare, Band 56, Umwandlungsgesetz, München 2003, § 40, Rz. 11.

[22] Vgl. Limmer, P. in: Limmer, P. (Hrsg.), Handbuch der Unternehmensumwandlung, 2. Aufl., Recklinghausen 2001, S. 75, Rz. 275.

[23] Vgl. Limmer, P., in: Limmer, P. (Hrsg.), Handbuch der Unternehmensumwandlung, 2. Aufl., Recklinghausen 2001, S. 192, Rz. 894 f.

der aufnehmenden Personengesellschaft beteiligten Gesellschafter kein weiterer eigenständiger Anteil gewährt werden kann.[24] In diesem Fall ist daher eine Erhöhung des schon vorhandenen Kapitalkontos des Gesellschafters nötig.[25]

Beispiel

Gewährung von Gesellschaftsrechten

Die Gesellschafter der B-OHG hatten vor der Umwandlung Kapitalkonten i.H.v. jeweils 50 T€, die zugleich Grundlage für die Verteilung des Gewinns der OHG waren. Wie das Umtauschverhältnis von 2:1 angibt, ist ein Anteil an der übertragenden A-GmbH doppelt so viel wert wie ein Anteil an der übernehmenden B-OHG. Den hinzutretenden Gesellschaftern A und B sind daher Kapitalanteile in Form eines Kapitalkontos i.H.v. jeweils 100 T€ zu gewähren. Damit entspricht ihr wirtschaftliches Verhältnis (unter Vernachlässigung des Haftungsrisikos) vor der Verschmelzung demjenigen nach der Verschmelzung.

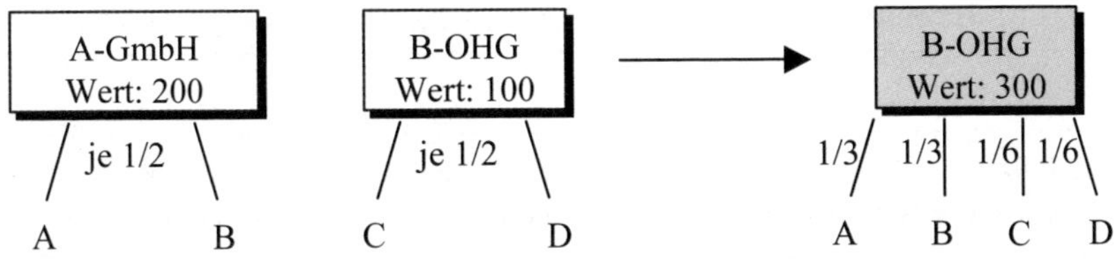

Probe (für Gesellschafter A): 1/2 von 200 = 1/3 von 300 = 100 ✓

Folgendes Schema verdeutlicht die Gewährung von Gesellschaftsrechten bei der Verschmelzung einer Kapitalgesellschaft auf eine Personengesellschaft:

24 Vgl. Limmer, P., in: Limmer, P. (Hrsg.), Handbuch der Unternehmensumwandlung, 2. Aufl., Recklinghausen 2001, S. 66, Rz. 229.

25 Vgl. Bula, T./ Schlösser, J., in: Sagasser, B./ Bula, T./ Brünger, T., Umwandlungen, 3. Aufl., München 2002, S. 155, Rz. 27.

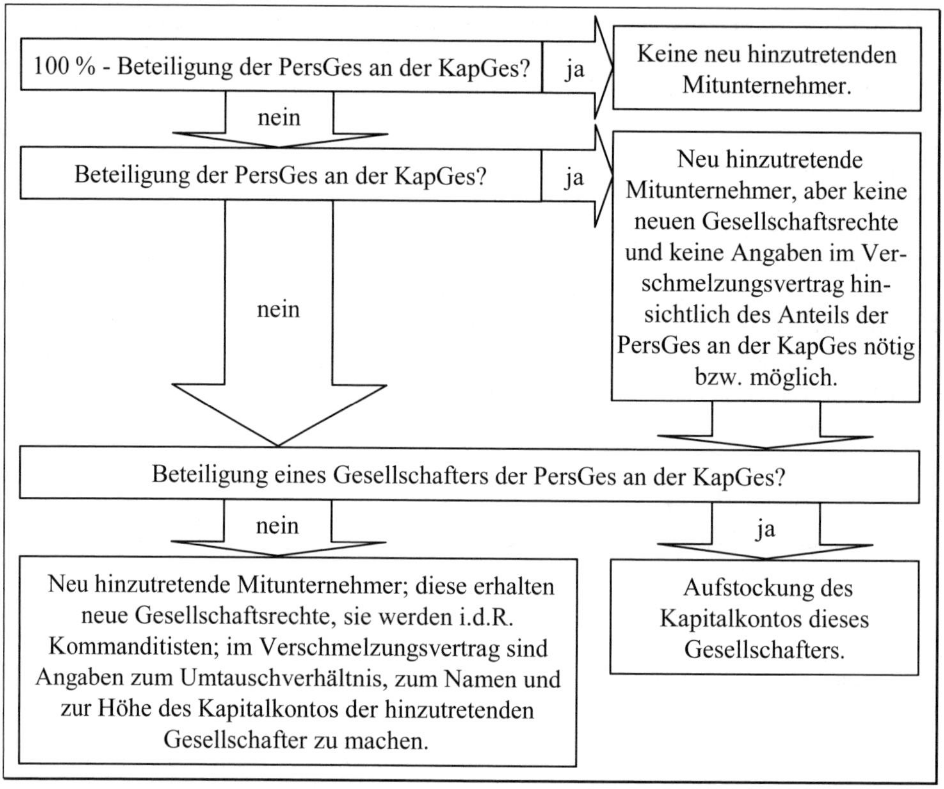

Abbildung 26: Gewährung von Gesellschaftsrechten bei der Verschmelzung KapGes auf PersGes im Überblick

Beispiel

Erhöhung eines Kapitalanteils

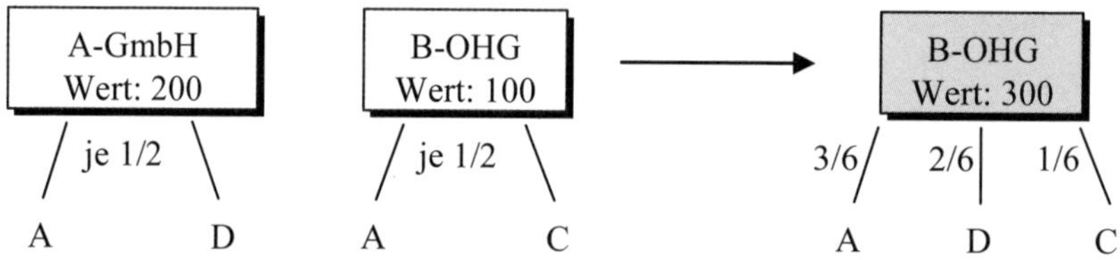

Die Gesellschafter A und C der B-OHG hatten vor der Umwandlung Kapitalkonten i.H.v. jeweils 50 T€. Das Umtauschverhältnis beträgt 2:1. Durch die Umwandlung tritt der Gesellschafter D der B-OHG hinzu. Dem Gesellschafter D ist (unter Vernachlässigung des Haftungsrisikos) ein Kapitalanteil an der übernehmenden B-OHG in Form eines Kapitalkontos i.H.v. 100 T€ zu gewähren. Da der Gesellschafter A schon vor der Verschmelzung an der übernehmenden B-OHG beteiligt war, muss sein Kapitalkonto aufgrund der Einheitlichkeit der Beteiligung an einer Personengesellschaft um 100 T€ auf 150 T€ erhöht werden (Probe: 3/6 von 300 T€ = 150 T€ ✓).

Im Verschmelzungsvertrag muss außerdem ein **Verschmelzungsstichtag** (§ 5 Abs. 1 Nr. 6 UmwG) festgelegt werden. Ab diesem Tag gelten die Handlungen der übertragenden Rechtsträger als für Rechnung des übernehmenden Rechtsträgers vorgenommen.

3.5.1.2 Verschmelzungsbericht

Die Vertretungsorgane der beteiligten Rechtsträger müssen gem. § 8 Abs. 1 UmwG einen **Verschmelzungsbericht** anfertigen. In diesem sind der Verschmelzungsvertrag, insbesondere das **Umtauschverhältnis** der Anteile oder die **Angaben über die Mitgliedschaft** sowie die Höhe einer an ausscheidende Gesellschafter anzubietenden Barabfindung **rechtlich und wirtschaftlich zu erläutern und zu begründen**. Der Verschmelzungsbericht soll den Anteilseigner ausreichend informieren, so dass dieser die Auswirkungen der Verschmelzung überblicken und sein Abstimmungsverhalten danach richten kann. Er dient daher dem Schutz der Anteilseigner.[26]

Auf die Aufstellung des Verschmelzungsberichts kann verzichtet werden, wenn alle Anteile an der übertragenden Körperschaft in der Hand der übernehmenden Personengesellschaft sind oder wenn alle Anteilseigner notariell beurkundet auf die Aufstellung verzichten (§ 8 Abs. 3 UmwG). Der Verschmelzungsbericht braucht für die Personengesellschaft ebenfalls dann nicht aufgestellt zu werden, wenn alle Gesellschafter der Personengesellschaft zur Geschäftsführung berechtigt sind (§ 41 UmwG).

3.5.1.3 Verschmelzungsprüfung

Nach § 9 Abs. 1 UmwG muss der Verschmelzungsvertrag grundsätzlich einer **Prüfung durch sachverständige Prüfer** unterzogen werden. Ist der übertragende Rechtsträger eine AG bzw. eine KGaA, ist eine Verschmelzungsprüfung zwingend vorgeschrieben. Bei der GmbH besteht die Pflicht zur Verschmelzungsprüfung nur auf Verlangen eines Gesellschafters (§ 48 Satz 1 UmwG). Bei der aufnehmenden Personengesellschaft besteht die Pflicht zur Verschmelzungsprüfung aufgrund der Sondervorschrift des § 44 UmwG nur dann, wenn einer ihrer Gesellschafter dies verlangt. Die Verschmelzungsprüfung braucht im Übrigen aus den gleichen Gründen wie beim Verzicht auf den Verschmelzungsbericht nicht durchgeführt zu werden (§ 9 Abs. 3 i.V.m. § 8 Abs. 3 UmwG). Der Prüfungsbericht soll den Anteilseignern ein **unabhängiges Urteil über die Angemessenheit des Umtauschverhältnisses** und die **Änderungen in ihrer Gesellschafterstellung** ermöglichen. Er dient somit dem **Schutz der Anteilseigner** sowohl des übertragenden als auch des übernehmenden Rechtsträgers.[27]

---

26 Vgl. Sagasser, B./ Ködderitzsch, L., in: Sagasser, B./ Bula, T./ Brünger, T., Umwandlungen, 3. Aufl., München 2002, S. 184, Rz. 80.

27 Vgl. Mayer, D., in Widmann, S./ Mayer, D. (Hrsg.), Umwandlungsrecht, Band 2: § 1 - § 59 UmwG, 72. Erg.Lief., Berlin 2003, § 9 UmwG, Rz. 15.

Merke: **Verschmelzungsbericht** und **Verschmelzungsprüfung** dienen dem **Schutz der Anteilseigner**. Durch die Begründung der Verschmelzung und durch das unabhängige Urteil des Prüfers soll sichergestellt werden, dass die Anteilseigner einen angemessenen Ausgleich erhalten.

3.5.2 Beschlussverfahren

In der Beschlussphase wird die Verschmelzung durch die Anteilsinhaber der beteiligten Rechtsträger festgelegt. Die Anteilsinhaber aller beteiligten Gesellschaften müssen der Verschmelzung in einer Versammlung zustimmen (§ 13 Abs. 1 UmwG). Erst zu diesem Zeitpunkt wird der Verschmelzungsvertrag wirksam. Zum Wirksamwerden des Vertrags ist auf Seiten der Kapitalgesellschaft eine **Mehrheit von mindestens 75 % der abgegebenen Stimmen** nötig (§ 50 UmwG (GmbH), § 65 UmwG (AG)). Bei der übernehmenden Personengesellschaft müssen grundsätzlich alle Gesellschafter zustimmen (§ 43 Abs. 1 UmwG). Sofern der Gesellschaftsvertrag eine Mehrheitsentscheidung vorsieht, reicht eine Mehrheit von 75 % der abgegebenen Stimmen aus (§ 43 Abs. 2 Satz 2 UmwG).

3.5.3 Vollzug

Die Vollzugsphase beginnt mit der Anmeldung der Verschmelzung zur Eintragung in die jeweiligen Register. Die Verschmelzung wird erst durch Eintragung in die Handelsregister aller an der Verschmelzung beteiligten Rechtsträger wirksam. Gem. §§ 16 Abs. 1 Satz 1, 38 UmwG müssen die Vertretungsorgane der beteiligten Rechtsträger die Verschmelzung zur Eintragung in das jeweils zuständige Register anmelden. Der Anmeldung zum Handelsregister sind gem. § 17 UmwG insbesondere der Verschmelzungsvertrag und -bericht beizulegen. Zudem muss die übertragende Kapitalgesellschaft ihrer Anmeldung eine Schlussbilanz beifügen, die auf einen höchstens acht Monate vor der Anmeldung liegenden Stichtag aufgestellt ist (§ 17 Abs. 2 Satz 4 UmwG). Der Stichtag der handelsrechtlichen Schlussbilanz liegt immer einen Tag vor dem im Verschmelzungsvertrag gem. § 5 Abs. 1 Nr. 6 UmwG festgelegten Verschmelzungsstichtag.[28]

Merke: Der übertragende Rechtsträger muss seiner Anmeldung zur Handelsregistereintragung eine handelsrechtliche Schlussbilanz beifügen, die auf einen höchstens acht Monate zurückliegenden Stichtag aufgestellt ist. Der Stichtag der handelsrechtlichen Schlussbilanz liegt immer einen Tag vor dem Verschmelzungsstichtag gem. § 5 Abs. 1 Nr. 6 UmwG.

[28] Vgl. Tz. 02.02 UmwStE.

Tipp:
Aus Kostengründen sollte als Verschmelzungsstichtag gem. § 5 Abs. 1 Nr. 6 UmwG immer der erste Tag des Wirtschaftsjahres des übertragenden Rechtsträgers gewählt werden: Da die Schlussbilanz gem. § 17 Abs. 2 UmwG auf den dem Verschmelzungsstichtag vorhergehenden Stichtag aufzustellen ist, kann die Jahresbilanz der Überträgerin als Schlussbilanz i.S.d. UmwG verwendet werden.
Daraus ergibt sich, dass die Verschmelzung bis spätestens zum 31. August des Folgejahres zur Handelsregistereintragung angemeldet werden muss.

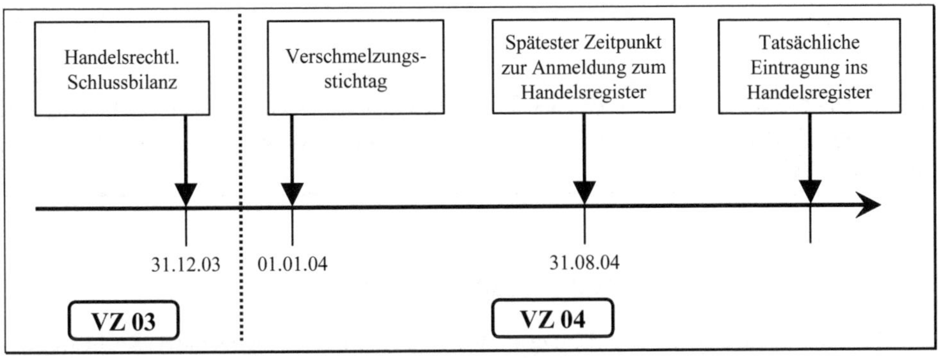

Abbildung 27: Handelsrechtliche Schlussbilanz und Verschmelzungsstichtag

Nach Einreichung der gem. § 17 UmwG erforderlichen Unterlagen überprüft das jeweilige Registergericht die beigefügten Anlagen auf Vollständigkeit und formale Richtigkeit.[29] Danach wird die Verschmelzung in folgender Reihenfolge in die Register eingetragen:

[29] Vgl. Stengel, A., in: Haritz, D./ Benkert, M. (Hrsg.), Umwandlungssteuergesetz Kommentar, 2. Aufl., München 2000, Einf., Rz. 121.

Eintragung ins Register am Sitz der übertragenden Kapitalgesellschaft mit dem Vermerk, dass die Verschmelzung erst mit der Eintragung ins Register am Sitz der übernehmenden Personengesellschaft wirksam wird (§ 19 Abs. 1 Satz 2 UmwG).

⇩

Eintragung ins Register am Sitz der übernehmenden Personengesellschaft (§ 19 Abs. 1 Satz 1 UmwG).

⇩

Die Verschmelzung ist nach § 19 Abs. 3 UmwG von den jeweils am Sitz der beteiligten Rechtsträger zuständigen Gerichte durch den Bundesanzeiger und durch mindestens ein anderes Blatt bekannt zu machen.

3.6 Rechtsfolgen einer Verschmelzung

Mit der Eintragung der Verschmelzung in das Register des übernehmenden Rechtsträgers treten gem. § 20 Abs. 1 UmwG folgende Wirkungen ein:

- Das Vermögen der übertragenden Rechtsträger geht einschließlich der Verbindlichkeiten auf den übernehmenden Rechtsträger im Wege der Gesamtrechtsnachfolge über (Nr. 1).
- Die übertragenden Rechtsträger erlöschen ohne Liquidation (Nr. 2).
- Die Anteilseigner der übertragenden Rechtsträger werden Gesellschafter der übernehmenden Personengesellschaft (Nr. 3).
- Eine evtl. unterlassene notarielle Beurkundung des Verschmelzungsvertrags oder erforderlicher Zustimmungs- oder Verzichtserklärungen wird geheilt (Nr. 4).

4 Bilanzielle Behandlung in der Handelsbilanz

Die handelsbilanzielle Behandlung von Verschmelzungen wird im UmwG durch § 17 Abs. 2 Satz 2 UmwG für den übertragenden Rechtsträger und durch § 24 UmwG für den übernehmenden Rechtsträger geregelt. Danach muss der **übertragende Rechtsträger** die bei der Anmeldung zur Handelsregistereintragung einzureichende Schlussbilanz entsprechend seiner Jahresbilanz aufstellen. Er besitzt also **kein Wahlrecht** bezüglich Ansatz und Bewertung seiner Wirtschaftsgüter. Demgegenüber besitzt der **übernehmende Rechtsträger** das **Wahlrecht**, die übernommenen Wirtschaftsgüter zu Buchwerten oder zu seinen Anschaffungskosten anzusetzen.

4.1 Bilanzierung bei der übertragenden Kapitalgesellschaft

Für die Schlussbilanz sind gem. § 17 Abs. 2 Satz 2 UmwG die Bestimmungen für den handelsrechtlichen Jahresabschluss anzuwenden. Es gelten die Grundsätze der

- Bilanzkontinuität (§ 252 Abs. 1 Nr. 1 HGB), der
- Bewertungsstetigkeit (§ 252 Abs. 1 Nr. 6 HGB) [30], der
- ordnungsgemäßen Buchführung einschließlich der
- allgemeinen Vorschriften nach §§ 238 ff. HGB und der
- ergänzenden Regelungen für Kapitalgesellschaften (§ 264 ff. HGB).

Die Vermögensgegenstände sind in der handelsrechtlichen Schlussbilanz der übertragenden Kapitalgesellschaft mit den Anschaffungs- bzw. Herstellungskosten (§ 255 Abs. 1 und 2 HGB), vermindert um planmäßige sowie außerplanmäßige Abschreibungen anzusetzen (§ 253 Abs. 1 Satz 1 HGB). Ist eine außerplanmäßige Abschreibung vorgenommen worden und fallen die Gründe für diese Abschreibung weg, so kann diese durch Wertaufholung bis zu den um planmäßige Abschreibungen verminderten Anschaffungs- oder Herstellungskosten rückgängig gemacht werden (§§ 253 Abs. 5, 254 Satz 2, 280 HGB).

Merke: Zuschreibungen sind in der handelsrechtlichen Schlussbilanz der übertragenden Kapitalgesellschaft nur im Rahmen der Rückgängigmachung einer außerplanmäßigen Abschreibung möglich.

4.2 Bilanzierung bei der übernehmenden Personengesellschaft

Die übernehmende Personengesellschaft hat gem. § 24 UmwG ein **Wahlrecht**. Sie kann das übernommene Vermögen entweder mit den Buchwerten aus der Schlussbilanz der übertragenden Körperschaft ansetzen oder das übernommene Vermögen mit den Anschaffungskosten ausweisen. Das Wahlrecht des § 24 UmwG kann für das übernommene Vermögen nur einheitlich angewandt werden.[31]

30 Der Grundsatz der Bewertungsstetigkeit kann durchbrochen werden, sofern die Bewertungsmethoden an die Bilanzierung des übernehmenden Rechtsträgers angeglichen werden sollen und dieser die Buchwerte fortführt; vgl. IDW, Stellungnahme HFA 2/1997: Zweifelsfragen der Rechnungslegung bei Verschmelzungen, FN-IDW 1997, S. 176.

31 Vgl. IDW, Stellungnahme HFA 2/1997: Zweifelsfragen der Rechnungslegung bei Verschmelzungen, FN-IDW 1997, S. 180.

Das Aufstellen einer Übernahmebilanz ist im Falle der Verschmelzung durch Aufnahme nicht nötig. Die Verschmelzung stellt in diesem Falle einen laufenden Geschäftsvorfall dar.[32]

Merke: Weil die Verschmelzung aus Sicht der übernehmenden Personengesellschaft einen Anschaffungsvorgang darstellt, kann sie die Anschaffungskosten für das übergehende Vermögen ansetzen. Zudem wird ihr die Möglichkeit zur Fortführung der Buchwerte gewährt.

Die **Anschaffungskosten** bestehen aus der ggf. baren Zuzahlung und den gewährten oder untergehenden Anteilen. Das Aktivierungsverbot für nicht entgeltlich erworbene immaterielle Vermögensgegenstände des Anlagevermögens (§ 248 Abs. 2 HGB) findet auf übergehende immaterielle Vermögensgegenstände keine Anwendung, da es sich aus Sicht der übernehmenden Personengesellschaft um einen entgeltlichen Anschaffungsvorgang handelt.[33] Da die Anschaffungskosten dem Wert der Gegenleistung entsprechen, wird weder ein Verschmelzungsgewinn noch ein Verschmelzungsverlust ausgewiesen. In diesem Falle sind die im übernommenen Vermögen enthaltenen stillen Reserven gleichmäßig für alle Wirtschaftsgüter aufzustocken. Die Aufstockung ist allerdings auf die im übernommenen Vermögen enthaltenen stillen Reserven beschränkt. Sind die Anschaffungskosten höher als die Teilwerte (= Verkehrswerte) des übergehenden Vermögens (= Teilwerte der Vermögensgegenstände ./. Teilwerte der Schulden), so kann entweder ein Geschäfts- oder Firmenwert aktiviert werden, sofern dieser werthaltig ist, oder der Unterschiedsbetrag direkt als Aufwand erfasst werden.[34]

Merke: Da die Anschaffungskosten grundsätzlich dem Wert der Gegenleistung entsprechen, ist der Ansatz der Anschaffungskosten üblicherweise **erfolgsneutral**.

Im Falle der **Buchwertfortführung** ist die übernehmende Personengesellschaft an die Wertansätze der übertragenden Kapitalgesellschaft gebunden. Dies gilt sowohl für Ansatzwahlrechte, die für die übernehmende Personengesellschaft eigentlich nicht zulässig wären, als auch für Wertansatzverbote, wie z.B. das Ansatzverbot originär entstandener immaterieller Vermögensgegenstände.[35] Die Buchwertfortführung ist **nicht erfolgsneutral**. Ein **Verschmelzungsverlust** ergibt sich immer dann, wenn stille Reserven der übernehmenden

[32] Vgl. Hörtnagl, R., in: Schmitt, J./ Hörtnagl, R./ Stratz, R.-C., Umwandlungsgesetz, Umwandlungssteuergesetz, 3. Aufl., München 2001, § 24 UmwG, Rz. 4.

[33] Vgl. IDW, Stellungnahme HFA 2/1997: Zweifelsfragen der Rechnungslegung bei Verschmelzungen, FN-IDW 1997, S. 180.

[34] Vgl. Bula, B./ Schlösser, J., in: Sagasser, B./ Bula, T./ Brünger, T., Umwandlungen, 3. Aufl., München 2002, S. 351 f., Rz. 65 f.; IDW, Stellungnahme HFA 2/1997: Zweifelsfragen der Rechnungslegung bei Verschmelzungen, FN-IDW 1997, S. 182.

[35] Vgl. Müller, W. in: Kallmeyer, H., Umwandlungsgesetz Kommentar, 2. Aufl., Köln 2001, § 24, Rz. 11.

Kapitalgesellschaft abgegolten wurden. In diesem Fall ist der Wert der neu gewährten Gesellschaftsrechte höher als der Buchwert des übergegangenen Vermögens. Dieser Verschmelzungsverlust ist als Aufwand zu verbuchen.[36] Im umgekehrten Fall ergibt sich ein **Verschmelzungsgewinn**. Dieser ist den Kapitalkonten der Gesellschafter entsprechend ihres Beteiligungsverhältnisses zuzuschreiben oder in eine gesamthänderisch gebundene Rücklage einzustellen.[37] War die Personengesellschaft schon vor der Verschmelzung an der übertragenden Kapitalgesellschaft beteiligt, so ist ein sich aus dem Vergleich des Buchwerts des übernommenen Vermögens mit dem Buchwert der untergehenden Beteiligung ergebener Verschmelzungsgewinn oder Verschmelzungsverlust ebenfalls erfolgswirksam zu verbuchen.[38]

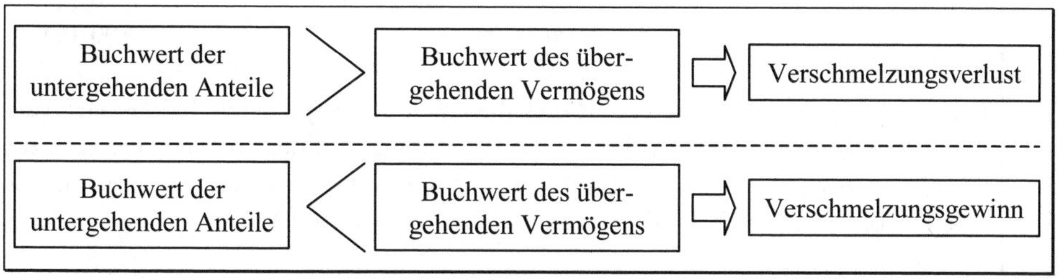

Abbildung 28: Handelsrechtlicher Verschmelzungsgewinn oder -verlust bei Buchwertfortführung

Der handelsrechtliche Verschmelzungsgewinn / -verlust berechnet sich dabei wie folgt:

	Buchwert der übernommenen Vermögensgegenstände
./.	Buchwert der übernommenen Schulden
=	**Buchwert des übernommenen Vermögens**
./.	Buchwert der untergehenden Beteiligung
=	**Verschmelzungsgewinn / -verlust**

36 Vgl. IDW, Stellungnahme HFA 2/1997: Zweifelsfragen der Rechnungslegung bei Verschmelzungen, FN-IDW 1997, S. 183.

37 Vgl. Bula, T./ Schlösser, J., in: Sagasser, B./ Bula, T./ Brünger, T., Umwandlungen, 3. Aufl., München 2002, S. 366, Rz. 84.

38 Vgl. IDW, Stellungnahme HFA 2/1997: Zweifelsfragen der Rechnungslegung bei Verschmelzungen, FN-IDW 1997, S. 183.

Beispiel

Handelsrechtlicher Verschmelzungsgewinn/ -verlust

Die Wiesenkamp GmbH wird auf die bestehende WF-OHG verschmolzen. An der WF-OHG sind die beiden Gesellschafter Werner und Ernst Wiesenkamp zu je 50 % beteiligt. Die WF-OHG besitzt 100 % der Anteile der Wiesenkamp GmbH im Betriebsvermögen. Die Anschaffungskosten dieser Anteile betrugen 100 T€. Die handelsrechtliche Schlussbilanz der Wiesenkamp GmbH (§ 17 Abs. 2 UmwG) sieht wie folgt aus:

Aktiva	Wiesenkamp-GmbH		Passiva
Aktiva	100 T€	Eigenkapital	50 T€
		Fremdkapital	50 T€
	100 T€		100 T€

Die Aktiva der Wiesenkamp GmbH enthalten stille Reserven i.H.v. 400 T€. Der Teilwert der Aktiva beträgt daher 500 T€. Da Zuschreibungen nur innerhalb der Grenzen der §§ 253 Abs. 5, 254 Satz 2, 280 HGB möglich sind, ist eine Aufstockung auf die höheren Teilwerte durch Aufdeckung stiller Reserven nicht möglich.

Aktiva	WF-OHG		Passiva
Beteiligung	100 T€	Kapital Ernst	50 T€
Sonst. Aktiva	100 T€	Kapital Werner	50 T€
		Fremdkapital	100 T€
	200 T€		200 T€

Die WF-OHG ist die alleinige Gesellschafterin der Wiesenkamp GmbH. Aus diesem Grund müssen bei der Verschmelzung keine ausscheidenden Gesellschafter abgefunden oder neue Gesellschafteranteile an der übernehmenden WF-OHG gewährt werden.

Der Buchwert des übergehenden Vermögens entspricht dem Eigenkapital der Wiesenkamp GmbH:

	Buchwert der übernommenen Vermögensgegenstände	100 T€
./.	Buchwert der übernommenen Schulden	./. 50 T€
=	Buchwert des übernommenen Vermögens	50 T€

Durch die Verschmelzung gehen die Aktiva der Wiesenkamp GmbH auf die WF-OHG über. Die Beteiligung an der Wiesenkamp GmbH geht unter. Je nachdem, ob die WF-OHG die Buchwerte fortführt oder aber die Anschaffungskosten ansetzt, ergibt sich entweder ein oder kein Verschmelzungsverlust:

Fortführung der Buchwerte

Bei Fortführung der Buchwerte ergibt sich folgender Verschmelzungsverlust, der als Aufwand zu erfassen ist:

	Buchwert des übernommenen Vermögens	50 T€
./.	Buchwert der untergehenden Beteiligung	./. 100 T€
=	Verschmelzungsverlust	./. 50 T€

Aktiva				WF-OHG			Passiva
Beteiligung		100 T€		Kapital Ernst		50 T€	
./. Beteiligung	./.	**100 T€**	0 T€	Kapital Werner		50 T€	
				Verschm.verlust	./.	**50 T€**	50 T€
sonst. Aktiva		100 T€		FK		100 T€	
+ Aktiva W-GmbH*	+	**100 T€**	200 T€	+ FK W-GmbH*	+	**50 T€**	150 T€
			200 T€				200 T€

Ansatz mit Anschaffungskosten

Der Ansatz mit Anschaffungskosten erlaubt, dass ein Verschmelzungsverlust vermieden wird. Hierzu sind die im übergehenden Vermögen enthaltenen stillen Reserven soweit aufzudecken, dass die Anschaffungskosten gedeckt sind. Die Aktiva der übernommenen Wirtschaftsgüter sind folglich um stille Reserven i.H.v. 50 T€ zu erhöhen. Das Vermögen der Wiesenkamp GmbH wird dann mit den Anschaffungskosten, d.h. dem Wert der untergehenden Beteiligung, in der Bilanz der WF-OHG ausgewiesen.

Beachte: Obwohl die stillen Reserven in den übernommenen Wirtschaftsgütern 400 T€ betragen, darf handelsrechtlich nicht auf die Teilwerte aufgestockt werden. Eine Aufdeckung der stillen Reserven ist nur bis zur Höhe der Anschaffungskosten der Personengesellschaft möglich.

Aktiva				WF-OHG			Passiva
Beteiligung		100 T€		Kapital Ernst			50 T€
./. Beteiligung	./.	**100 T€**	0 T€	Kapital Werner			50 T€
sonst. Aktiva		100 T€					
+ Aktiva W-GmbH*	+	**100 T€**		FK		100 T€	
+ stille Reserven	+	**50 T€**	250 T€	+ FK W-GmbH*	+	**50 T€**	150 T€
			250 T€				250 T€

*W-GmbH = Wiesenkamp GmbH

5 Steuerrechtliche Regelungen

5.1 Systematik

Die Verschmelzung einer Kapitalgesellschaft auf eine Personengesellschaft wird im UmwStG durch die §§ 3-10 UmwStG sowie § 18 UmwStG geregelt:

Verschmelzung einer Kapitalgesellschaft auf eine Personengesellschaft nach dem UmwStG

- § 3 Wertansätze in der steuerlichen Schlussbilanz der übertragenden Körperschaft
- § 4 Auswirkungen auf den Gewinn der übernehmenden Personengesellschaft
- § 5 Auswirkungen auf den Gewinn der übernehmenden Personengesellschaft in Sonderfällen
- § 6 Gewinnerhöhung durch Vereinigung von Forderungen und Verbindlichkeiten
- § 7 Ermittlung der Einkünfte von nicht im Sinne des § 17 EStG beteiligten Anteilseignern
- § 8 Vermögensübergang auf eine Personengesellschaft ohne Betriebsvermögen
- § 9 Entsprechende Anwendung von Vorschriften beim Vermögensübergang auf eine natürliche Person
- § 10 Körperschaftsteuerminderung und Körperschaftsteuererhöhung
- § 18 Gewerbesteuer bei Vermögensübergang auf eine Personengesellschaft oder auf eine natürliche Person sowie bei Formwechsel in eine Personengesellschaft

Abbildung 29: Regelungen zur Verschmelzung KapGes auf PersGes nach dem UmwStG

Dabei ist folgendes zu beachten:

- Voraussetzung für die Anwendung der Vorschriften ist, dass die übertragende Kapitalgesellschaft gem. § 1 Abs. 5 UmwStG unbeschränkt körperschaftsteuerpflichtig sein muss.
- Im Gegensatz zum UmwG differenziert das UmwStG nicht zwischen einer Verschmelzung durch Aufnahme und einer Verschmelzung durch Neugründung.
- Die §§ 3-10 UmwStG sind nur auf die Verschmelzung einer Kapitalgesellschaft auf eine Personengesellschaft anwendbar. Die Verschmelzung zweier Personengesellschaften wird steuerrechtlich als Einbringung (§ 24 UmwStG) behandelt.

Merke: Die **Verschmelzung zweier Personengesellschaften** ist steuerrechtlich als **Einbringung** i.S.d. § 24 UmwStG zu behandeln.

5.1.1 Die Problematik stiller Reserven

Durch das UmwStG können Umwandlungsprozesse steuerneutral gestaltet werden. Steuerliche Belastungen des Umwandlungsvorgangs durch die Realisation und Besteuerung von stillen Reserven sollen verhindert werden. Im Folgenden soll die Entstehung und Realisation von stillen Reserven erläutert werden. Anschließend wird die Behandlung von stillen Reserven im UmwStG verdeutlicht.

5.1.1.1 Entstehung stiller Reserven

Stille Reserven entstehen durch Unterbewertung von Aktiva und/ oder durch Überbewertung von Passiva. Grundsätzlich ist das Vorsichtsprinzip gem. § 252 Abs. 1 Nr. 4 HGB für diese Unter- bzw. Überbewertungen des Vermögens verantwortlich:

- Gewinne sind erst auszuweisen, wenn sie durch einen Umsatzakt realisiert wurden (Realisationsprinzip). Davor sind Vermögensgegenstände nur zu den fortgeführten Anschaffungskosten und nicht etwa zu höheren Teilwerten anzusetzen.
- Verluste müssen dagegen bereits dann berücksichtigt werden, wenn sie mit ausreichender Sicherheit bekannt sind. Die unterschiedliche zeitliche Berücksichtigung von Gewinnen und Verlusten wird auch als Imparitätsprinzip bezeichnet.

Merke: Stille Reserven entstehen durch Unterbewertung von Aktiva und/ oder Überbewertung von Passiva.

5.1.1.2 Realisation und Besteuerung von stillen Reserven

Stille Reserven können nur realisiert werden, wenn unterbewertete Wirtschaftsgüter aus dem Betriebsvermögen des Steuerpflichtigen ausscheiden (Veräußerungstatbestand). Beim Ausscheiden eines Wirtschaftsguts (z.B. durch Verkauf) endet für dieses Wirtschaftsgut die Steuerpflicht beim Veräußerer. Liegt der Veräußerungspreis eines Wirtschaftsguts über dem Buchwert, entspricht die Differenz zwischen Veräußerungspreis und Buchwert den stillen Reserven.

	Veräußerungspreis
./.	Buchwert
=	**stille Reserven ≙ Veräußerungsgewinn**

Bei Veräußerungstatbeständen müssen die stillen Reserven aufgedeckt und als Veräußerungsgewinn der Besteuerung unterworfen werden. Die Besteuerung des Veräußerungsgewinns entspricht dem Gedanken, dass Steuersubjekte nach ihrer wirtschaftlichen Leistungsfähigkeit zu besteuern sind: Vor der Veräußerung der Wirtschaftsgüter führen die stillen Reserven beim Steuersubjekt zu einem zunächst unrealisierten und damit steuerfreien

Wertzuwachs. Im Zeitpunkt der Veräußerung wird dieser Wertzuwachs jedoch am Markt umgesetzt und erhöht dadurch die wirtschaftliche Leistungsfähigkeit des Veräußerers. Daher sind die stillen Reserven als Veräußerungsgewinn der Besteuerung zu unterwerfen.

5.1.1.3 Stille Reserven bei Umwandlungen

Auch Umwandlungen stellen grundsätzlich Veräußerungstatbestände dar. Die Wirtschaftsgüter des umzuwandelnden Rechtsträgers scheiden ganz (z.B. Aufspaltung) oder teilweise (z.B. Abspaltung) aus dem Betriebsvermögen des umzuwandelnden Rechtsträgers aus. Die übergehenden Wirtschaftsgüter sind danach beim umzuwandelnden Rechtsträger nicht mehr steuerverhaftet. Daher müsste nach oben erläutertem Grundsatz eine Realisation und Besteuerung der stillen Reserven erfolgen. Durch das UmwStG kann diese Realisation und Besteuerung von stillen Reserven jedoch verschoben werden, so dass Umwandlungen steuerneutral, d.h. ohne steuerliche Belastung infolge des Umwandlungsprozesses, vorgenommen werden können.

Ohne die Gestaltungsmöglichkeiten des UmwStG müsste eine Änderung der Rechtsform auf folgende Weise verlaufen:

- Der ursprüngliche Betrieb muss aufgegeben (§ 16 EStG) bzw. die Gesellschaft aufgelöst und anschließend liquidiert (GmbH; §§ 60-77 GmbHG) bzw. abgewickelt (AG; §§ 262-277 AktG) werden.
- Ein neues Unternehmen in der gewünschten Rechtsform ist zu gründen.

Bei der Aufgabe eines Betriebs oder der Liquidation/ Abwicklung einer Gesellschaft liegt ein Entstrickungstatbestand vor. Die Wirtschaftsgüter scheiden aus dem Betriebsvermögen des Betriebs oder der Gesellschaft aus. Die im Vermögen enthaltenen stillen Reserven werden aufgedeckt und müssen als Aufgabe- bzw. Liquidationsgewinn der Besteuerung gem. § 16 EStG (Betriebsaufgabe) bzw. gem. § 11 KStG (Liquidation einer Gesellschaft) unterworfen werden.

Das UmwStG ermöglicht es nun, dass trotz Vorliegen eines Veräußerungstatbestands unter bestimmten Voraussetzungen von einer sofortigen Realisation und Besteuerung der stillen Reserven abgewichen wird (teleologische Reduktion der Veräußerung). Dies wird immer dann ermöglicht, wenn die **stillen Reserven der übertragenden Kapitalgesellschaft beim übernehmenden Rechtsträger fortgeführt werden**. Es wird dadurch erreicht, dass der übernehmende Rechtsträger die **Buchwerte der Überträgerin ansetzt**. Damit wird die Realisation und Besteuerung der stillen Reserven nicht etwa aufgehoben, sondern nur auf einen späteren Zeitpunkt verschoben. Eine spätere Veräußerung der Wirtschaftsgüter wäre auch durch die übernehmende Personengesellschaft zu versteuern, sofern sich hieraus ein Veräußerungsgewinn ergäbe.

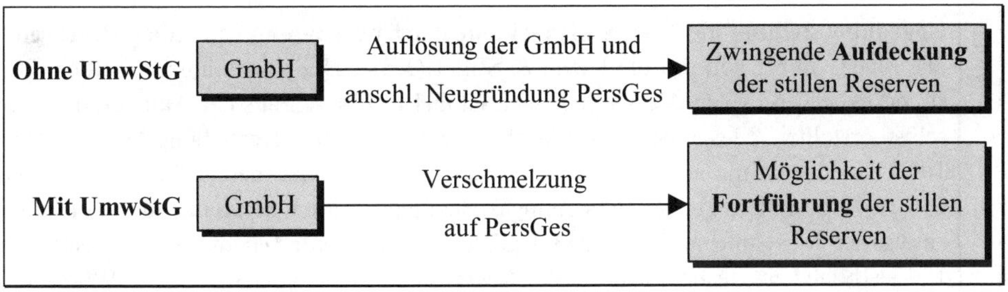

Abbildung 30: Möglichkeit der Buchwertfortführung

Die übernehmende Personengesellschaft ist aufgrund der Vorschriften des UmwStG berechtigt, die stillen Reserven der übertragenden Kapitalgesellschaft fortzuführen, da sie bei einer späteren Veräußerung die stillen Reserven selbst zu versteuern hat. Wären die stillen Reserven nicht weiterhin steuerverhaftet, müssten sie steuerwirksam aufgedeckt werden. Eine Aufdeckung der stillen Reserven würde jedoch auch zu höheren Anschaffungskosten und damit zu einem höheren Bilanzansatz bei der übernehmenden Personengesellschaft führen. Die Entstehung und Realisierung stiller Reserven sowie die Vorteile, aber auch die Nachteile der – nach dem UmwStG möglichen – steuerneutralen Übertragung der stillen Reserven auf die übernehmende Personengesellschaft sollen im folgenden Beispiel erläutert werden:

Beispiel

Gegenüberstellung der Vor- und Nachteile der Übertragung von stillen Reserven

Die Finch GmbH soll auf die Kevin & Stifler (KS) OHG verschmolzen werden. Die stillen Reserven in den Aktiva der Finch GmbH resultieren aus der Aktivierung einer selbst erstellten Maschine. Die Maschine wird mit den Herstellungskosten i.H.v. 100 T€ in der Bilanz ausgewiesen. Ein fremder Dritter wäre bereit, für die Maschine 130 T€ zu bezahlen. Da die Herstellungskosten jedoch die Obergrenze für den Bilanzansatz der Maschine bilden (§ 253 HGB), wird sie weiterhin mit einem Wert von 100 T€ bilanziert. Daher liegen stille Reserven in Höhe von 30 T€ vor. Würde die Finch GmbH die Maschine verkaufen, so würde sie einen Veräußerungsgewinn i.H.v. 30 T€ (Verkaufspreis ./. Buchwert) erzielen. Der Veräußerungsgewinn würde den laufenden Gewinn und die steuerliche Bemessungsgrundlage der Finch GmbH im Veranlagungszeitraum der Veräußerung erhöhen.

Die Nutzungsdauer der Maschine betrage 5 Jahre. Sie wird linear mit 20 T€ pro Jahr (100 T€/ 5 Jahre = 20 T€) abgeschrieben. Im Folgenden soll nun untersucht werden, welche Unterschiede die steuerneutrale Übertragung der Maschine auf die KS-OHG im Rahmen einer Verschmelzung im Vergleich zu einem Verkauf der Maschine an die KS-OHG unmittelbar vor der Verschmelzung bewirkt.

Verkauf der Maschine zum Kaufpreis von 130 T€ unmittelbar vor der Verschmelzung:

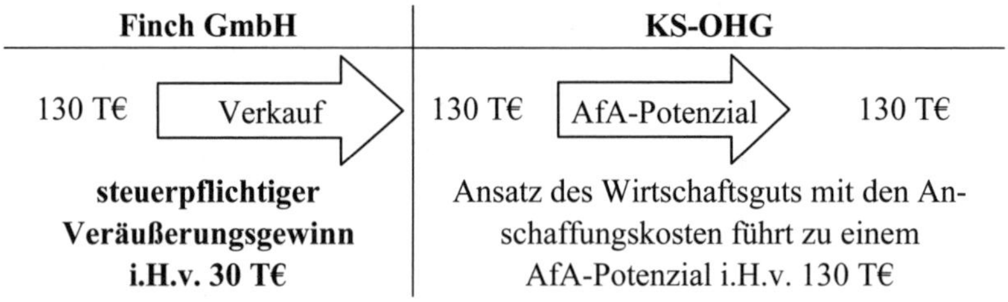

Die KS-OHG hätte damit um 6 T€ pro Jahr höhere Abschreibungen (130 T€/ 5 Jahre = 26 T€) als sie es im Falle einer Übertragung des Wirtschaftsguts zum Buchwert im Rahmen der Verschmelzung gehabt hätte. Findet jedoch eine Verschmelzung statt, so ist kein Veräußerungsgewinn zu versteuern, da das UmwStG die Fortführung der Buchwerte ermöglicht.

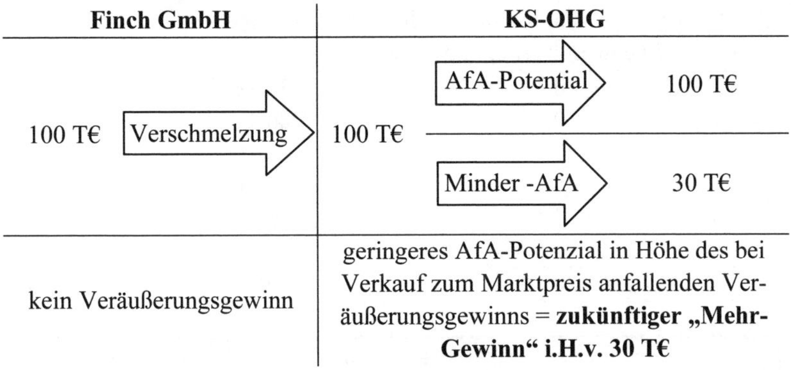

Bei der Übertragung der Wirtschaftsgüter zum Buchwert **lösen sich die stillen Reserven im Zeitablauf beim übernehmenden Rechtsträger auf**. Bei einem Verkauf der Maschine unmittelbar vor der Verschmelzung müsste die Finch GmbH einen Veräußerungsgewinn i.H.v. 30 T€ versteuern. Im Fall der Verschmelzung muss zwar kein Veräußerungsgewinn versteuert werden, allerdings hat die KS-OHG ein geringeres AfA-Potenzial i.H.v. 30 T€ und damit in den folgenden 5 Jahren niedrigere AfA i.H.v. insgesamt 30 T€ (6 T€ über 5 Jahre). Das geringere AfA-Potenzial führt ceteris paribus zu höheren Gewinnen und damit zu einem höheren zu versteuernden Einkommen der KS-OHG in den nächsten fünf Jahren.

Diese Steuermehrbelastungen werden jedoch nicht sofort (wie der Veräußerungsgewinn), sondern erst in der Zukunft fällig. Der **Übergang der Wirtschaftsgüter zum Buchwert** im Rahmen der Verschmelzung hat daher nur **steuerverzögernde bzw. steueraufschiebende Wirkung**. Im Ergebnis ergibt sich bei beiden Varianten eine (Netto-)Minderung der steuerlichen Bemessungsgrundlage i.H.v. 100 T€ über 5 Jahre, wie folgende Tabelle zeigt:

Auswirkungen auf die steuerliche Bemessungsgrundlage		
Jahr	Buchwertübertragung	Verkauf
0	0 T€	+ 30 T€
1	./. 20 T€	./. 26 T€
2	./. 20 T€	./. 26 T€
3	./. 20 T€	./. 26 T€
4	./. 20 T€	./. 26 T€
5	./. 20 T€	./. 26 T€
Σ	./. 100 T€	./. 100 T€

= identisch!

	Nachteile	Vorteile
Verkauf	Sofortige Versteuerung durch den Überträger	Höheres AfA-Potenzial des Übernehmers
Buchwertübertragung	Geringeres AfA-Potenzial des Übernehmers	Keine (sofortige) Versteuerung durch den Überträger

Merke: Da sich stille Reserven im Zeitablauf auflösen, hat der Übergang der Wirtschaftsgüter zum Buchwert im Rahmen der Verschmelzung **nur steueraufschiebende Wirkung**, es entsteht aber **kein materieller Vorteil**.

5.1.2 Die Problematik der Gewinnrücklagen

Obwohl das UmwStG eine Buchwertfortführung ermöglicht, kommt es bei der Verschmelzung einer Kapitalgesellschaft auf eine Personengesellschaft dennoch zu Problemen, die aus der **steuerlichen Ungleichbehandlung von Personengesellschaften und Kapitalgesellschaften** resultieren. Der Gewinn einer Kapitalgesellschaft ist von ihr selbst zu versteuern. Demgegenüber wird der Gewinn einer Personengesellschaft bei dieser lediglich erfasst und danach den beteiligten Gesellschaftern zugerechnet und von diesen versteuert.

Eine **Kapitalgesellschaft**, die ein **selbstständiges Steuersubjekt** darstellt, muss die erwirtschafteten Gewinne im Zeitpunkt der Gewinnentstehung selbst versteuern. Zu einer Besteuerung auf Ebene des Anteilseigners kommt es erst im Zeitpunkt der Gewinnausschüttung an ihn. Für die Kapitalgesellschaft und den Eigentümer gilt das **Trennungsprinzip**. Der Fiskus „blickt" nicht durch die Gesellschaft auf den Gesellschafter durch. Die Kapitalgesellschaft schirmt den Gesellschafter gegenüber dem Fiskus ab. Man spricht daher vom **Intransparenzprinzip** bzw. **der Abschirmwirkung einer Kapitalgesellschaft**.[39]

[39] Vgl. Brähler, G., Deutsche Direktinvestitionen in den USA, Hamburg 2002, S. 25.

Beispiel

Intransparenzprinzip
Die Steve Stifler GmbH, an der die beiden Anteilseigner Paul und Steve je 50% der Anteile halten, erzielt im Veranlagungszeitraum 2003 einen Gewinn i.H.v. 100 T€. Diesen muss die GmbH i.S.d. Körperschaftsteuerrechts im Veranlagungszeitraum 2003, d.h. im Zeitpunkt der Gewinnentstehung, versteuern. Zu einer Besteuerung auf Ebene der Anteilseigner kommt es erst im Fall der Gewinnausschüttung.

Der Gewinn einer Kapitalgesellschaft wird sowohl auf Ebene der Gesellschaft als auch – im Fall der Ausschüttung – auf Ebene des Anteilseigners versteuert. Die Belastung der Kapitalgesellschaft mit KSt erfolgt im sog. **Halbeinkünfteverfahren** getrennt von der ESt- oder KSt-Belastung ihrer Anteilseigner. Eine Anrechnung der auf Ebene der Kapitalgesellschaft angefallenen KSt auf die Steuerlast des Gesellschafters ist nicht vorgesehen. Die unterschiedlichen Steuerbelastungen sind dennoch aufeinander abgestimmt. Einem ESt-Spitzensatz von 45 % steht ein niedrigerer KSt-Satz von 25 % gegenüber. Der Grund für den niedrigen KSt-Satz ist, dass ausgeschüttete Gewinne beim (letzten) Empfänger der Dividende – einer natürlichen Person – erneut besteuert werden. Hierdurch soll ein „Gesamtsteuersatz“ (= KSt + ESt) von ca. 50 % auf die von der Kapitalgesellschaft erzielten Gewinne erreicht werden. Aus diesem Grund wird die Dividendenausschüttung einer Kapitalgesellschaft bei natürlichen Personen begünstigt besteuert und bleibt bei Kapitalgesellschaften als Empfänger der Dividende gänzlich steuerfrei. Im Ergebnis teilen sich Gesellschaft und Gesellschafter aufgrund des Halbeinkünfteverfahrens die Steuerbelastung auf erwirtschaftete und ausgeschüttete Gewinne der Gesellschaft.[40]

Kapitalgesellschaft
schüttet aus
an

natürliche Person	**Kapitalgesellschaft**
⇓	⇓
Besteuerung der Ausschüttung **zur Hälfte** gem. § 3 Nr. 40 Bst. d EStG	**steuerfrei** gem. § 8b Abs. 1 KStG

Abbildung 31: Halbeinkünfteverfahren

Eine **Personengesellschaft** ist dagegen **kein eigenständiges Steuersubjekt**. Sie wird als steuerlich transparent bezeichnet. Die Besteuerung erfolgt beim Gesellschafter im Zeitpunkt der Gewinnentstehung und nicht erst im Zeitpunkt des Zuflusses des Gewinns an den Gesellschafter. Der Zufluss des Gewinns an den Gesellschafter stellt eine steuerlich unbeachtliche Entnahme dar. Es gilt das **Einheitsprinzip**, d.h. dass Gesellschafter und Betrieb steuerlich betrachtet eine Einheit bilden. Der Fiskus „blickt“ folglich durch eine Personen-

[40] Vgl. Djanani, C./ Brähler, G./ Lösel, C., Ertragsteuern, Heidelberg 2004, S. 239 ff.

gesellschaft auf den Gesellschafter durch. Man spricht daher vom **Transparenzprinzip**.[41] Gleiches gilt für Einzelunternehmen. Auch ein Einzelunternehmer muss seinen Gewinn im Entstehungszeitpunkt versteuern, wobei Entnahmen ebenfalls steuerlich nicht relevant sind.

Beispiel

Transparenzprinzip
Die Paul und Steve OHG, an der die beiden Gesellschafter Paul und Steve zu je 50 % beteiligt sind, erzielt im Veranlagungszeitraum 2003 einen Gewinn (nach GewSt) i.H.v. 100 T€. Dieser wird bei der OHG in einer einheitlichen und gesonderten Gewinnfeststellung (§§ 179 ff. AO) erfasst und danach direkt den beteiligten Gesellschaftern zugerechnet, die jeweils einen anteiligen Gewinn i.H.v. 50 T€ mit ihrem persönlichen Einkommensteuersatz zu versteuern haben. Sie müssen den Gewinn folglich im Zeitpunkt der Gewinnentstehung versteuern. Die (spätere) Entnahme der Gewinne durch die Gesellschafter ist hingegen nicht zu versteuern.

	Kapitalgesellschaft	Personengesellschaft
Zeitpunkt der Gewinnentstehung (Ebene der Gesellschaft)	Versteuerung der Gewinne durch die Kapitalgesellschaft mit **niedrigem KSt-Satz**; keine Besteuerung der Anteilseigner (Trennungsprinzip)	Besteuerung der Gewinne beim Anteilseigner, da die Personengesellschaft kein eigenständiges Steuersubjekt ist (Einheitsprinzip)
	Ausschüttung	Entnahme
Zeitpunkt der Gewinnverwendung (Ebene des Anteilseigners/ Gesellschafters)	Besteuerung der Gewinne beim Anteilseigner **hälftig** (nat. Person) bzw. gänzlich (KapGes) **steuerbefreit**	Nicht steuerbar
	Intransparenzprinzip	**Transparenzprinzip**

Abbildung 32: Transparenz- und Intransparenzprinzip bei der Besteuerung von Kapital- und Personengesellschaften

Die Gewinne einer Personengesellschaft werden, sofern sie nicht von den Gesellschaftern entnommen werden, auf den variablen Kapitalkonten der Gesellschafter verbucht.

Wird nun eine Kapitalgesellschaft, die die Gewinne einbehalten und in eine Gewinnrücklage eingestellt hat, auf eine Personengesellschaft verschmolzen, so ergibt sich das Problem,

41 Vgl. Brähler, G., Deutsche Direktinvestitionen in den USA, Hamburg 2002, S. 30 f.

dass eine Gewinnrücklage nicht einfach auf die Kapitalkonten der Gesellschafter der übernehmenden Personengesellschaft aufgeteilt werden kann, da die in ihr enthaltenen Gewinne im Entnahmefall nicht mehr (auf Ebene der Anteilseigner) versteuert werden. Bislang nicht auf Ebene der Anteilseigner besteuerte Gewinne würden also durch die Umwandlung von einer zukünftigen Besteuerung auf Ebene der Gesellschafter steuerfrei gestellt. Damit dies nicht geschieht, fingiert der Gesetzgeber – **trotz Buchwertfortführung** – die **Totalausschüttung aller Gewinnrücklagen der übertragenden Kapitalgesellschaft**. Folgendes Beispiel soll dies verdeutlichen:

Beispiel

Ausschüttungsfiktion

Paul Finch besitzt 100 % der Anteile an der Finch GmbH. Nach ihrer Gründung am 01.01.2003 erwirtschaftete die Gesellschaft 75.000 € Gewinn (nach 25 % KSt-Belastung i.H.v. 25.000 €). Diesen Gewinn schüttete sie nicht aus, sondern stellte ihn in eine Gewinnrücklage ein. Der Gewinn wurde im Entstehungszeitpunkt auf Ebene der Gesellschaft versteuert. Da er jedoch nicht ausgeschüttet wurde, kam es noch nicht zu einer Besteuerung auf Ebene des Anteilseigners. Die Finch GmbH soll unter Fortführung der Buchwerte zum 01.01.2004 auf ihren Alleingesellschafter Paul verschmolzen werden.

Im Folgenden muss untersucht werden, was im Rahmen einer Umwandlung beim **Wechsel vom Intransparenz- zum Transparenzprinzip** zu beachten ist. Zu diesem Zweck wird eine Vollausschüttung der Gewinnrücklagen vor der Umwandlung mit einer Entnahme der Gewinnrücklagen nach der Umwandlung verglichen. Zudem muss überprüft werden, ob der übernehmende Einzelunternehmer die stillen Reserven in den Wirtschaftsgütern übernehmen kann oder ob diese im Rahmen der Umwandlung aufzudecken sind.

Würde die Gesellschaft die in die Gewinnrücklage eingestellten Gewinne unmittelbar vor einer Umwandlung vollständig ausschütten und unterstellt man einen persönlichen durchschnittlichen Steuersatz von 40 %, so hätte Paul nach dem Halbeinkünfteverfahren folgendes zu versteuerndes Einkommen bzw. folgende Steuerbelastung:

	Einkünfte	75.000 €
./.	davon hälftig steuerbefreit (§ 3 Nr. 40 Bst. d EStG)	37.500 €
=	zu versteuerndes Einkommen	37.500 €
	Einkommensteuer (40 % v. 37.500 €)	**15.000 €**

In den Aktiva der Finch GmbH sind stille Reserven i.H.v. 30.000 € enthalten. Im Rahmen der Verschmelzung hat die Finch GmbH folgende steuerliche Schlussbilanz und Paul Finch folgende Eröffnungsbilanz aufgestellt:

Aktiva	Finch-GmbH		Passiva
Aktiva	200 T€	Stammkapital	25 T€
		Gewinnrücklage	75 T€
		Fremdkapital	100 T€
	200 T€		200 T€

Verschmelzung

Aktiva	Paul Finch (Einzelunternehmen)		Passiva
Aktiva*	200 T€	Eigenkapital**	100 T€
		Fremdkapital*	100 T€
	200 T€		200 T€

Überprüfung:

* Bei der Übernahme der Buchwerte der Aktiva durch Paul übernimmt dieser auch die stillen Reserven, da die Wirtschaftsgüter Betriebsvermögen seines Einzelunternehmens werden. Würde Paul die Aktiva nach der Verschmelzung veräußern, würde er einen steuerpflichtigen Veräußerungsgewinn i.H.v. 30 T€ realisieren. Die stillen Reserven bleiben demnach steuerverhaftet. Dies gilt analog für das Fremdkapital, sofern es in der Schlussbilanz der Finch GmbH überbewertet war.

** Eine Verbuchung des Stammkapitals und der Gewinnrücklage der Finch GmbH auf dem Eigenkapitalkonto von Paul ist nicht ohne eine Sicherstellung der Besteuerung möglich. Da Entnahmen bei Einzelunternehmen nicht steuerbar sind, könnte Paul den aus der Gewinnrücklage der GmbH stammenden Gewinn i.H.v. 75.000 € steuerfrei entnehmen. Dies wäre dann folgerichtig, wenn er die Gewinnrücklagen – wie bei einem Einzelunternehmen – bereits im Entstehungszeitpunkt mit seinem persönlichen Einkommensteuersatz versteuert hätte. Es wäre ebenfalls folgerichtig, wenn der übernehmende Rechtsträger eine Kapitalgesellschaft wäre, denn auch Dividendenausschüttungen sind bei einer Kapitalgesellschaft als Anteilseigner einer anderen Kapitalgesellschaft steuerfrei. Die Gewinne sind jedoch bisher (d.h. auch bis zum Umwandlungszeitpunkt) nur mit dem niedrigeren KSt-Satz von 25 % im Entstehungszeitpunkt besteuert worden.

Durch die Umwandlung hätte Paul somit Steuern i.H.v. 15.000 € im Vergleich zur Ausschüttung durch die GmbH unmittelbar vor der Umwandlung (s.o.) gespart.

Entnahmen/ Gewinnausschüttungen (bei einem pers. ESt-Satz von 40 %)	
Steuer unmittelbar **vor** Umwandlung (Halbeinkünfteverfahren)	Steuer unmittelbar **nach** Umwandlung (ohne Sicherstellung der Besteuerung)
25.000 € (KSt der Finch GmbH)	25.000 € (KSt der Finch GmbH)
+ 15.000 € (ESt von Paul)	+ 0 € (nicht steuerbare Entnahmen)
= **40.000 €** (gesamte Steuerbelastung)	= **25.000 €**
! Das System des Halbeinkünfteverfahrens würde unterlaufen !	

Daher fingiert der Gesetzgeber eine Vollausschüttung der Gewinnrücklagen der Kapitalgesellschaft. Paul muss im Rahmen der Umwandlung die Gewinnrücklagen der Kapitalgesellschaft – wie im Halbeinkünfteverfahren – hälftig mit seinem Einkommensteuersatz versteuern.

Merke: Die Besteuerung im Rahmen der Ausschüttungsfiktion ist so vorzunehmen, dass der Anteilseigner so besteuert wird, wie er auch bei einer Ausschüttung sämtlicher Gewinnrücklagen besteuert worden wäre.

Vermögen, dessen Steuerverstrickung bei der Verschmelzung einer Kapitalgesellschaft auf eine Personengesellschaft/ Einzelunternehmung gesichert ist:			
Aktiva, z.B.		Passiva	
• Gebäude • Maschinen • Vorräte • etc.	☺ Steuerverstrickung ist gesichert, soweit die Wirtschaftsgüter Betriebsvermögen des übernehmenden Rechtsträgers werden und die Buchwerte fortgeführt werden.	• Eigenkapital:	
		• gezeichnetes Kapital	☺ Rückgewähr an Anteilseigner ist steuerfrei.
		• Gewinnrücklagen	☹ müssen bei der Verschmelzung im Rahmen einer fiktiven Gewinnausschüttung versteuert werden.
		• Fremdkapital	☺ Steuerverstrickung ist gesichert, soweit die Schulden Betriebsvermögen des übernehmenden Rechtsträgers werden und die Buchwerte fortgeführt werden.

Abbildung 33: Steuerverstrickung bei der Verschmelzung von KapGes auf PersGes

Merke: Das UmwStG vermeidet eine Versteuerung der stillen Reserven, indem es eine **Buchwertfortführung** zulässt. Eine Personengesellschaft kann allerdings die **Gewinnrücklagen** einer Kapitalgesellschaft aufgrund ihrer transparenten steuerlichen Behandlung **nicht fortführen**. Aus diesem Grund fingiert das UmwStG eine **Vollausschüttung der Gewinnrücklagen** an die Anteilseigner.

5.2 Steuerliche Rückwirkung

5.2.1 Handelsrechtlicher Umwandlungsstichtag und steuerlicher Übertragungsstichtag

§ 20 Abs. 1 UmwG bestimmt, dass die Verschmelzung erst mit der Eintragung in das Handelsregister wirksam wird. Ohne weitere Sonderregelungen müsste der Gewinn der übertragenden Körperschaft bis zu diesem Zeitpunkt bei ihr erfasst und besteuert werden. Erst nach der Eintragung wäre der Gewinn bei der Personengesellschaft zu erfassen und von den Gesellschaftern zu versteuern. Auf den Stichtag der Eintragung in das Handelsregister müsste die übertragende Körperschaft eine Schlussbilanz und die übernehmende Personengesellschaft im Falle der Verschmelzung durch Neugründung eine Eröffnungsbilanz aufstellen. Problematisch daran ist insbesondere, dass der Zeitpunkt der Eintragung der Verschmelzung von den beteiligten Gesellschaften nur schwer prognostiziert werden kann.[42] Der Gesetzgeber hat daher bestimmt, dass die Vertragsparteien einen Zeitpunkt festlegen müssen, von dem an die Handlungen der übertragenden Kapitalgesellschaft als für Rechnung der übernehmenden Personengesellschaft vorgenommen gelten. Diesen bezeichnet man als **handelsrechtlichen Verschmelzungsstichtag** (§ 5 Abs. 1 Nr. 6 UmwG). Die übertragende Kapitalgesellschaft hat gem. § 17 Abs. 2 UmwG auf den Schluss des Tages, der dem Verschmelzungsstichtag vorausgeht, eine **handelsrechtliche Schlussbilanz** aufzustellen.[43] Die handelsrechtliche Schlussbilanz muss auf einen höchstens acht Monate vor der Anmeldung der Verschmelzung zur Eintragung lautenden Stichtag aufgestellt sein.

Merke: **Handelsrechtlicher Verschmelzungsstichtag:** Zeitpunkt, von dem an die Handlungen der übertragenden Kapitalgesellschaft als für Rechnung der übernehmenden Personengesellschaft vorgenommen gelten (§ 5 Abs. 1 Nr. 6 UmwG).

Zu beachten ist, dass der **steuerliche Übertragungsstichtag** nicht mit dem handelsrechtlichen Verschmelzungsstichtag übereinstimmt.[44] Der steuerliche Übertragungsstichtag ist der Tag, auf den der übertragende Rechtsträger gem. § 3 UmwStG die steuerliche Schlussbi-

[42] Vgl. Slabon, G., in: Haritz, D./ Benkert, M. (Hrsg.), Umwandlungssteuergesetz Kommentar, 2. Aufl., München 2000, § 2, Rz. 3.

[43] Vgl. Tz. 02.02 UmwStE.

[44] Vgl. Tz. 02.01 UmwStE.

lanz aufzustellen hat. Er liegt einen Tag vor dem handelsrechtlichen Verschmelzungsstichtag und ist identisch mit dem Stichtag der handelsrechtlichen Schlussbilanz. Die Wahl eines anderen steuerlichen Übertragungsstichtags ist nicht erlaubt.[45]

> **Merke:** **Steuerlicher Übertragungsstichtag:** Stichtag, auf den gem. § 17 Abs. 2 UmwG die handelsrechtliche Schlussbilanz aufzustellen ist. Er liegt **einen Tag vor dem handelsrechtlichen Verschmelzungsstichtag**.

Der Wahl des handelsrechtlichen Verschmelzungsstichtags (V-Tag) und damit auch des steuerlichen Übertragungsstichtags (Ü-Tag) ist von erheblicher Bedeutung. Wird der 01.01. eines Jahres als handelsrechtlicher Verschmelzungsstichtag festgelegt, ist sowohl die handelsrechtliche als auch die steuerrechtliche Schlussbilanz auf den 31.12. des Vorjahres aufzustellen. Alle steuerlichen Folgen der Umwandlung treten damit noch im „alten" Veranlagungszeitraum ein, während die Folgen der Umwandlung in der Handelsbilanz erst im nächsten Veranlagungszeitraum sichtbar werden. Wird dagegen der 02.01. als handelsrechtlicher Verschmelzungsstichtag gewählt, so sind sowohl das Übertragungs- als auch das Übernahmeergebnis im „neuen" Veranlagungszeitraum zu versteuern.

> **Merke:** Der u.U. auf Ebene der übertragenden Kapitalgesellschaft anfallende **Übertragungsgewinn** und der sich auf Ebene der übernehmenden Personengesellschaft u.U. ergebende **Übernahmegewinn entstehen im selben Veranlagungszeitraum**.[46]

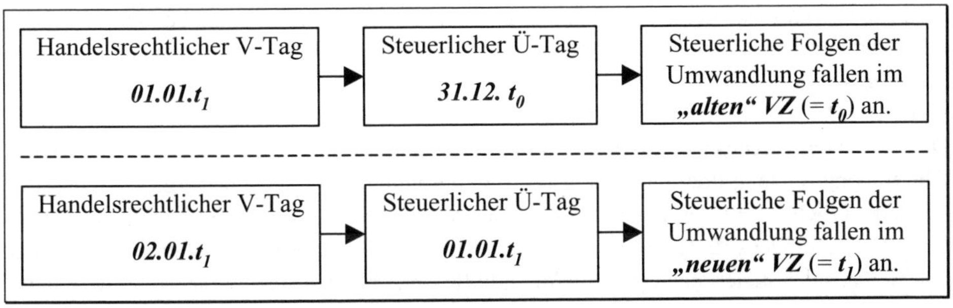

Abbildung 34: Wahl des handelsrechtlichen Umwandlungsstichtags und Auswirkung auf die Besteuerung

---

45 Vgl. Tz. 02.03 UmwStE.

46 Vgl. Tz. 02.05 UmwStE.

Beispiel

Steuerlicher Übertragungsstichtag
Im Verschmelzungsvertrag vereinbaren die Wiesenkamp GmbH und die WF-OHG, dass als handelsrechtlicher Verschmelzungsstichtag der 01.01.2004 gewählt wird. Am 31.08.2004 melden die Vertretungsorgane der beiden Gesellschaften die Verschmelzung zur Eintragung ins Handelsregister an. Als Schlussbilanz reicht die Wiesenkamp GmbH die auf den 31.12.2003 aufgestellte handelsrechtliche Jahresbilanz ein. Der steuerliche Übertragungsstichtag ist damit ebenfalls der 31.12.2003. Dies hat zur Folge, dass sowohl ein Übertragungs- als auch ein Übernahmegewinn noch – sofern steuerpflichtig – im Veranlagungszeitraum 2003 versteuert werden müssen.

5.2.2 Steuerlicher Rückwirkungszeitraum

Die **steuerliche Rückwirkungsfiktion** ergibt sich aus **§ 2 Abs. 1 UmwStG**:

§ 2 Abs. 1 Satz 1 UmwStG: „Das Einkommen und das Vermögen der übertragenden Körperschaft sowie der Übernehmerin sind so zu ermitteln, als ob das Vermögen der Körperschaft mit Ablauf des Stichtags der Bilanz, die dem Vermögensübergang zugrunde liegt (steuerlicher Übertragungsstichtag), ganz oder teilweise auf die Übernehmerin übergegangen wäre."

Die Steuerpflicht der übertragenden Kapitalgesellschaft endet und die der Übernehmerin beginnt folglich mit Ablauf des steuerlichen Übertragungsstichtags. Da es sich im hier betrachteten Fall bei der Übernehmerin um eine Personengesellschaft handelt, die kein eigenständiges Steuersubjekt ist, gilt dies für die Gesellschafter der übernehmenden Personengesellschaft (§ 2 Abs. 2 UmwStG).

Der **steuerliche Rückwirkungszeitraum** ist die Zeitspanne zwischen dem steuerlichen Übertragungsstichtag und der Handelsregistereintragung, d.h. die Zeitspanne zwischen der (steuerrechtlichen) Fiktion des Übergangs des Vermögens und dem zivilrechtlichen Übergang des Vermögens. Folgendes Schaubild verdeutlicht die unterschiedlichen Stichtage und den sich aus der steuerlichen Rückwirkungsfiktion ergebenden steuerlichen Rückwirkungszeitraum.

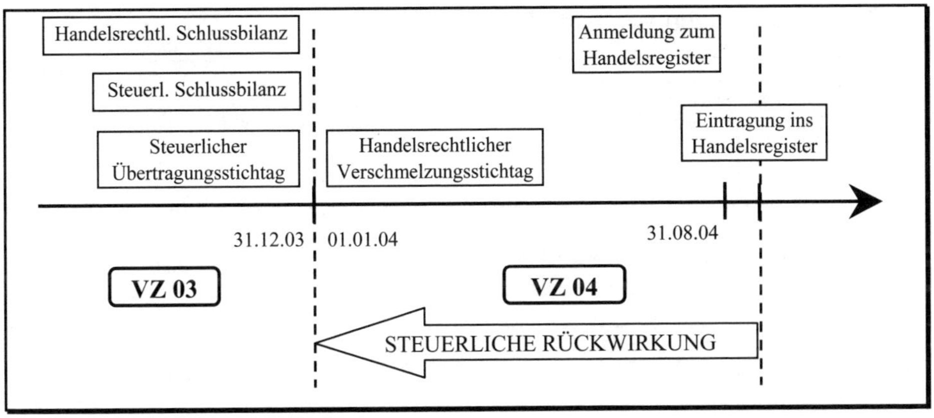

Abbildung 35: Steuerlicher Rückwirkungszeitraum

Die **steuerliche Rückwirkung** gilt dem Wortlaut des § 2 UmwStG entsprechend für Steuern auf Einkommen und Vermögen. Dies sind vor allem die **Körperschaftsteuer, Einkommensteuer** und die **Gewerbesteuer**. **Nicht** unter die Rückwirkungsfiktion fallen jedoch Verbrauchs- und Verkehrssteuern wie z.B. die **Umsatzsteuer**.[47]

5.2.3 Probleme im steuerlichen Rückwirkungszeitraum

Aufgrund der Tatsache, dass die Steuerpflicht der übertragenden Kapitalgesellschaft endet, die Kapitalgesellschaft zivilrechtlich aber bis zur Eintragung ins Handelsregister fortbesteht, können Probleme bei der Zurechnung bestimmter Ereignisse entstehen. Die wichtigsten Besonderheiten im Rückwirkungszeitraum sind dabei:

- Ausscheiden von Anteilseignern,
- Gewinnausschüttungen der übertragenden Kapitalgesellschaft,
- Zahlungen an Gesellschafter der übertragenden Kapitalgesellschaft,
- Lieferungen und Leistungen zwischen den Gesellschaften,
- Aufsichtsratsvergütungen der übertragenden Kapitalgesellschaft,
- Pensionszusagen an Gesellschafter der übertragenden Kapitalgesellschaft.

47 Vgl. Tz. 01.01 UmwStE.

5.2.3.1 Ausscheiden von Anteilseignern

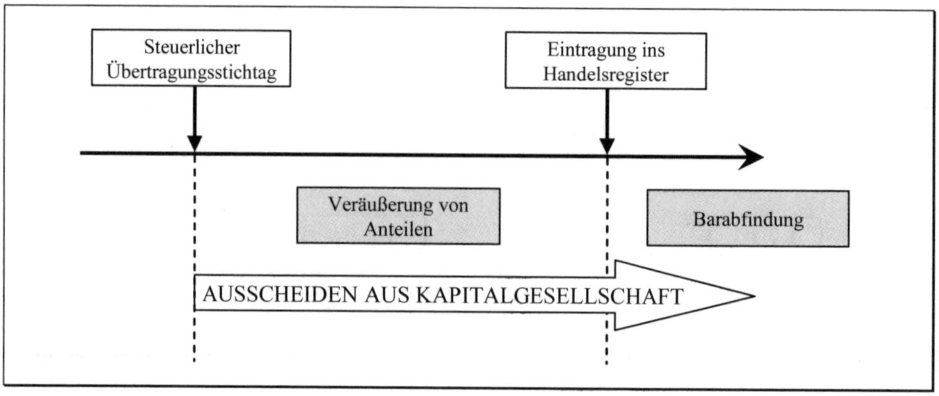

Abbildung 36: Ausscheiden von Anteilseignern

Werden Anteile an der übertragenden Kapitalgesellschaft im Rückwirkungszeitraum veräußert, gilt die Rückwirkungsfiktion des § 2 Abs. 1 UmwStG nicht: Das Ausscheiden des Anteilseigners wird als Ausscheiden aus der übertragenden Kapitalgesellschaft behandelt.[48]

Die Rückwirkungsfiktion ist ebenfalls nicht anzuwenden, wenn Anteilseigner gegen Barabfindung gem. § 29 UmwG ausscheiden. Gem. § 29 UmwG kann jeder Anteilseigner der Kapitalgesellschaft gegen den Umwandlungsbeschluss Widerspruch einlegen. Die Personengesellschaft muss ihm dann den Erwerb seiner Anteile gegen eine angemessene Barabfindung anbieten. Dieses Angebot ist innerhalb von 2 Monaten nach Bekanntmachung der Verschmelzung durch das Gericht des Sitzes der Übernehmerin anzunehmen (§ 31 UmwG). Bei Annahme des Angebots innerhalb der zwei Monate nach Bekanntmachung scheidet der Anteilseigner erst nach der Handelsregistereintragung und damit aus der handelsrechtlich bereits bestehenden Personengesellschaft aus. Steuerlich ist er jedoch so zu behandeln, als ob er aus der übertragenden Kapitalgesellschaft ausgeschieden wäre.[49] Somit wird verhindert, dass ausscheidende Anteilseigner von den steuerlichen Wirkungen der Verschmelzung betroffen werden. Die ausscheidenden Anteilseigner veräußern somit keine Mitunternehmeranteile, sondern Anteile an einer Kapitalgesellschaft, deren Veräußerungsgewinn unter den Voraussetzungen des § 17 EStG für natürliche Personen bzw. § 8b Abs. 2 KStG für Kapitalgesellschaften besteuert wird.

[48] Vgl. Tz. 02.09 UmwStE.

[49] Vgl. Tz. 02.10 UmwStE.

Ausscheiden des Anteilseigners durch	Steuerliche Behandlung
1. Veräußerung:	• Keine Rückwirkung gem. § 2 UmwStG • Ausscheiden des Anteilseigners aus Kapitalgesellschaft (Tz. 02.09 UmwStE)
2. Barabfindung:	• Keine Rückwirkung gem. § 2 UmwStG • Ausscheiden des Anteilseigners aus Kapitalgesellschaft (Tz. 02.10 UmwStE)

Abbildung 37: Steuerliche Behandlung beim Ausscheiden von Anteilseignern

5.2.3.2 Gewinnausschüttungen der übertragenden Kapitalgesellschaft

Aufgrund des Rechtsträgerwechsels und des Wechsels von einer intransparenten in eine transparente Besteuerung ergeben sich Probleme bei Gewinnausschüttungen (inkl. verdeckter Gewinnausschüttungen und Vorabausschüttungen) der übertragenden Körperschaft im Rückwirkungszeitraum. Hierbei ist danach zu differenzieren, ob diese vor oder nach dem Übertragungsstichtag beschlossen bzw. abgeflossen sind und ob nach dem Übertragungsstichtag beschlossene Gewinnausschüttungen ausscheidenden Gesellschaftern oder nicht ausscheidenden Gesellschaftern zufließen.

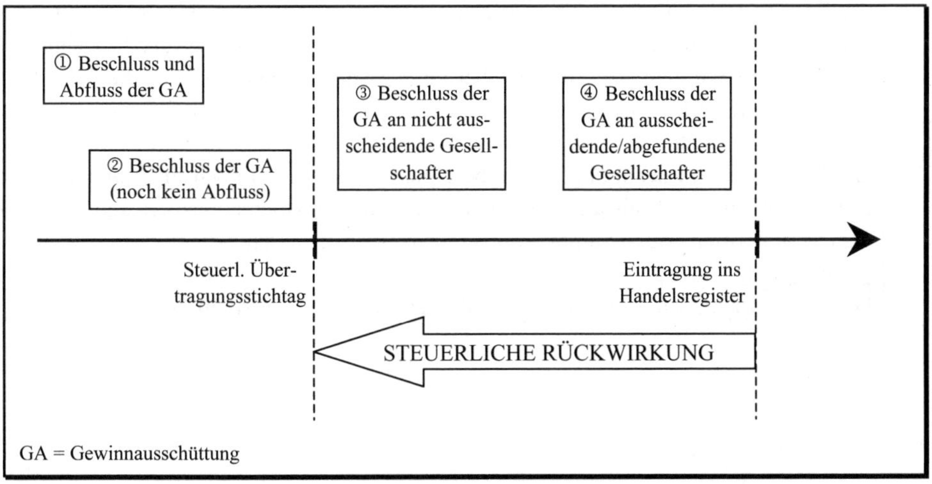

Abbildung 38: Gewinnausschüttungen während des Rückwirkungszeitraums

Fall 1: Vor dem steuerlichen Übertragungsstichtag beschlossene und bereits abgeflossene Gewinnausschüttungen haben das Vermögen der übertragenden Körperschaft am steuerlichen Übertragungsstichtag bereits gemindert.[50] Sie führen bei den Anteilseignern zu Einkünften aus Kapitalvermögen (§ 20 EStG).

Fall 2: Vor dem steuerlichen Übertragungsstichtag beschlossene und noch nicht abgeflossene Gewinnausschüttungen sind steuerlich noch bei der übertragenden Kapitalgesellschaft zu erfassen. Um diese Erfassung sicherzustellen, ist die Schlussbilanz der übertragenden Kapitalgesellschaft zu korrigieren und sind die noch nicht erfolgten Ausschüttungen als Schuldposten (Ausschüttungsverbindlichkeit) in der steuerlichen Übertragungsbilanz zu erfassen.[51] Die Ausschüttungen gelten allerdings unabhängig von ihrer tatsächlichen Zahlung als am steuerlichen Übertragungsstichtag erfolgt,[52] da sie noch der übertragenden Kapitalgesellschaft zuzurechnen sind. Es handelt sich somit um eine Ausschüttung der übertragenden Kapitalgesellschaft, die bei den Anteilseignern zu Einkünften aus Kapitalvermögen (§ 20 EStG) führt. Dies wird für Gesellschafter der übernehmenden Personengesellschaft, die nicht aus der Gesellschaft ausscheiden, dadurch bewirkt, dass die Ausschüttungen als mit dem Vermögensübergang am steuerlichen Übertragungsstichtag zugeflossen gelten.[53] Bei der übernehmenden Personengesellschaft ist der Abfluss der Ausschüttungsverbindlichkeiten erfolgsneutral.[54]

Beispiel

Gewinnausschüttungen im Rückwirkungszeitraum
Die übertragende Wiesenkamp GmbH hat bereits vor dem steuerlichen Übertragungsstichtag beschlossen, 50 T€ an ihre Anteilseigner auszuschütten. Die Ausschüttungen führen bei den Anteilseignern zu Einkünften aus Kapitalvermögen (§ 20 EStG).

Zu Fall 1: Die Ausschüttung wurde beschlossen und ist abgeflossen. Es ist kein Schuldposten zu bilden. Die Ausschüttungen haben das Vermögen der Wiesenkamp GmbH bereits vor dem steuerlichen Übertragungsstichtag gemindert, da die Ausschüttung tatsächlich erfolgt ist.

Zu Fall 2: Die Ausschüttung wurde beschlossen, ist jedoch noch nicht abgeflossen. Die Ausschüttung gilt als am steuerlichen Übertragungsstichtag erfolgt und ist in einem Schuldposten (Ausschüttungsverbindlichkeit) zu erfassen.
Buchungssatz:
Per Gewinnrücklagen 50 T€ an Ausschüttungsverbindlichkeiten 50 T€

[50] Vgl. Tz. 02.15 UmwStE.

[51] Vgl. Tz. 02.21 UmwStE.

[52] Vgl. Tz. 02.22 UmwStE.

[53] Vgl. Tz. 02.24 UmwStE.

[54] Vgl. Tz. 02.26 UmwStE.

Im Zeitpunkt der Zahlung (nach dem steuerlichen Übertragungsstichtag) ist die Gewinnausschüttung (bei der übernehmenden Personengesellschaft) erfolgsneutral.
Buchungssatz:
Per Ausschüttungsverbindlichkeiten 50 T€ an Zahlungsmittelkonto 50 T€

Fall 3: Im Rückwirkungszeitraum beschlossene Gewinnausschüttungen an nicht ausscheidende Gesellschafter fallen unter die Rückwirkungsfiktion des § 2 Abs. 1 UmwStG. Sie sind so zu behandeln, als wären sie vom übernehmenden Rechtsträger erfolgt und stellen daher nicht steuerbare Entnahmen dar.[55] Dies ist folgerichtig, da, wie im Rahmen der Diskussion des Übernahmegewinns verdeutlicht wurde, der Gesetzgeber für die Gesellschafter eine Totalausschüttung der Gewinnrücklagen der Kapitalgesellschaft fingiert. Daher müssen nach dem Übertragungsstichtag beschlossene Gewinnausschüttungen an nicht ausscheidende Gesellschafter steuerlich unbeachtliche Entnahmen darstellen, weil die Gewinnverwendung ansonsten doppelt besteuert würde. Für die Ausschüttungen ist folglich auch kein Passivposten zu bilden.[56]

Fall 4: Im Rückwirkungszeitraum beschlossene Gewinnausschüttungen an ausscheidende Gesellschafter fallen nicht unter die Rückwirkungsfiktion des § 2 Abs. 1 UmwStG. Die Gewinnausschüttungen werden daher noch der übertragenden Kapitalgesellschaft zugerechnet.[57] Die durch die Gewinnausschüttung entstehende Vermögensminderung wird durch Bildung eines passiven Ausgleichpostens, mit dem die Gewinnausschüttungen bei Abfluss verrechnet werden, in der Schlussbilanz der übertragenden Kapitalgesellschaft ausgeglichen. Dieser ist außerhalb der Bilanz zu korrigieren, so dass sich der steuerliche Gewinn der übertragenden Kapitalgesellschaft nicht mindert.[58] Die Ausschüttungen führen bei den Anteilseignern zu Einkünften aus § 20 Abs. 1 Nr. 1-3 EStG[59] und damit nicht zu steuerlich unbeachtlichen Entnahmen. Dies ist folgerichtig, da diese Anteilseigner keine Mitunternehmer der übernehmenden Personengesellschaft werden und daher die Rückwirkungsfiktion nicht greifen kann.

Folgende Übersicht erläutert die unterschiedliche Behandlung von Gewinnausschüttungen im steuerlichen Rückwirkungszeitraum:

55 Vgl. Tz. 02.29 UmwStE.

56 Vgl. Tz. 02.32 UmwStE.

57 Vgl. Tz. 02.33 UmwStE.

58 Vgl. Tz. 02.34 UmwStE.

59 Vgl. Tz. 02.36 UmwStE.

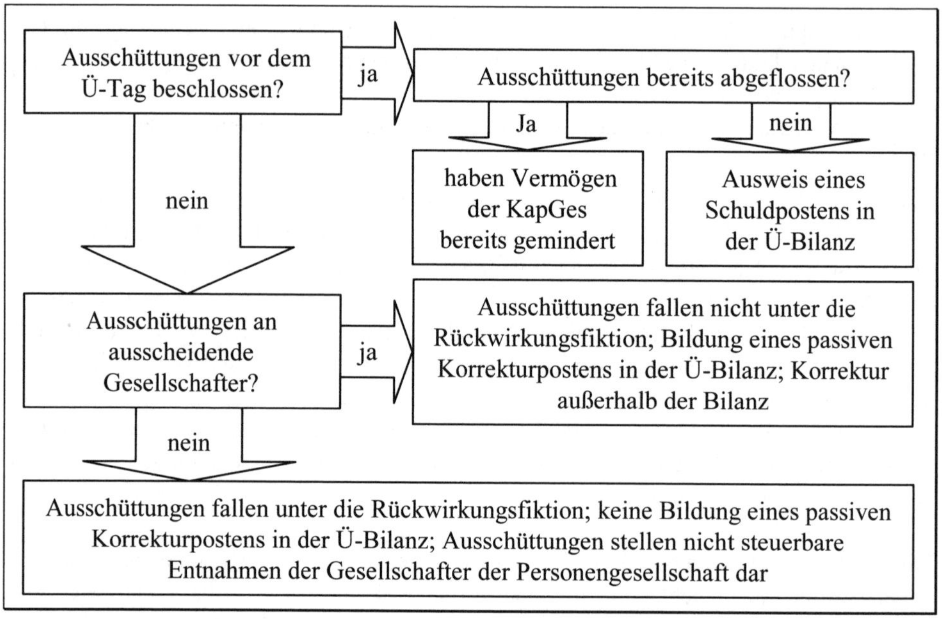

Abbildung 39: Behandlung von Gewinnausschüttungen im Rückwirkungszeitraum bei der Verschmelzung KapGes auf PersGes

Merke: Grundregel bei der Besteuerung von Gewinnausschüttungen

Beschluss der Gewinnausschüttung:

Vor steuerlichem Übertragungsstichtag	➔	Einkünfte gem. § 20 EStG
Nach steuerlichem Übertragungsstichtag	➔	Umqualifizierung in Entnahme

Ausnahme:

Ausschüttung an ausscheidenden Anteilseigner	➔	Immer Einkünfte gem. § 20 EStG

5.2.3.3 Zahlungen an Gesellschafter der übertragenden Kapitalgesellschaft

Im Rückwirkungszeitraum geleistete Zahlungen an Gesellschafter der übertragenden Kapitalgesellschaft wie z.B. Gehälter, Miet- oder Darlehenszinsen sind Gewinnanteile der Mitunternehmerschaft im Sinne des § 15 Abs. 1 Satz 1 Nr. 2 EStG (Sondervergütungen), soweit der Empfänger der Leistungen **Gesellschafter der übernehmenden Personengesellschaft** wird.[60] Dies ist folgerichtig, da für diese Gesellschafter die Rückwirkungsfiktion greift. Insofern müssen sie im Hinblick auf im Rückwirkungszeitraum erhaltene Zahlungen wie Gesellschafter einer Personengesellschaft besteuert werden. Für Gesellschafter von

60 Vgl. Tz. 02.39 UmwStE.

Personengesellschaften zählen Sondervergütungen aufgrund des Einheitsprinzip zu den Einkünften aus der Mitunternehmerschaft (§ 15 Abs. 1 Satz 1 Nr. 2 EStG). Sie werden bei der Ermittlung der Einkünfte aus Gewerbebetrieb des einzelnen Gesellschafters zu seinem Anteil am Gewinn der Personengesellschaft hinzuaddiert und mindern daher den Gewinn der übernehmenden Personengesellschaft nicht.

An **ausscheidende Gesellschafter** geleistete Zahlungen sind Betriebsausgaben der Personengesellschaft. Bei den ausgeschiedenen Gesellschaftern werden diese Zahlungen nach den allgemeinen Regeln besteuert, d.h. z.B. Mietzahlungen als Einkünfte aus Vermietung und Verpachtung (§ 21 EStG), Gehaltszahlungen als Einkünfte aus nichtselbstständiger Arbeit (§ 19 EStG), etc.[61] Dies ist ebenfalls folgerichtig, da ausscheidende Anteilseigner nicht Mitunternehmer werden und daher die Rückwirkungsfiktion nicht gelten kann. Insofern müssen diese Personen im Hinblick auf im Rückwirkungszeitraum erhaltene Zahlungen so wie Gesellschafter einer Kapitalgesellschaft besteuert werden. Nach dem zwischen der Kapitalgesellschaft und ihren Gesellschaftern geltenden Trennungsprinzip sind die erhaltenen Zahlungen entsprechend den allgemeinen Regeln des EStG zu besteuern.

Dies gilt ebenfalls für **Aufsichtsratsvergütungen**. Während steuerrechtlich ein Erlöschen der Steuerpflicht der übertragenden Kapitalgesellschaft zum steuerlichen Übertragungsstichtag fingiert wird, besteht die Kapitalgesellschaft zivilrechtlich fort. Daher besitzt sie bis zur Eintragung der Umwandlung in das Handelsregister noch einen Aufsichtsrat. Für den Rückwirkungszeitraum gezahlte Aufsichtsratsvergütungen der übertragenden Kapitalgesellschaft fallen jedoch steuerrechtlich unter die Rückwirkungsfiktion des § 2 Abs. 1 UmwStG. Sie gelten daher als von der übernehmenden Personengesellschaft geleistet.[62] Werden sie an Anteilseigner gezahlt, die im Rückwirkungszeitraum ausscheiden, hat der Empfänger die Aufsichtsratsvergütungen als Einkünfte i.S.d. § 18 Abs. 1 Nr. 3 EStG zu versteuern, werden sie an Gesellschafter der Personengesellschafter gezahlt, stellen sie nicht steuerbare Entnahmen dar.[63]

---

61 Vgl. Tz. 02.40 UmwStE.

62 Vgl. Tz. 02.42 UmwStE.

63 Vgl. Tz. 02.43 UmwStE.

Zahlungen an Gesellschafter der übertragenden Kapitalgesellschaft	
an verbleibende Anteilseigner	*an ausscheidende Anteilseigner*
• Sondervergütungen; zählen zu den Einkünften aus der Mitunternehmerschaft (§ 15 Abs. 1 Satz 1 Nr. 2 EStG) • Sondervergütungen mindern den Gewinn der Personengesellschaft nicht	• Einkünfte i.S.d. jeweiligen Einkunftsart (z.B. Mietzahlungen = Einkünfte aus Vermietung und Verpachtung gem. § 21 EStG; Aufsichtsratsvergütungen = Einkünfte aus selbstständiger Arbeit gem. § 18 Abs. 1 Nr. 3 EStG) • sind Betriebsausgaben der Personengesellschaft und mindern deren Gewinn

Abbildung 40: Zahlungen an Gesellschafter der übertragenden Kapitalgesellschaft

Beispiel

Zahlungen an Gesellschafter der übertragenden Kapitalgesellschaft
Die Wiesenkamp GmbH, an der Ernst und Werner beteiligt sind, soll auf die WP-OHG verschmolzen werden. Beide Gesellschafter haben in ihrem Besitz befindliche Immobilien an die Wiesenkamp GmbH vermietet. Werner wird Gesellschafter der WP-OHG, während Ernst im Rückwirkungszeitraum aus der GmbH ausscheidet. Daher gilt die Rückwirkungsfiktion des § 2 Abs. 1 UmwStG für Ernst nicht. Er erzielt folglich Einkünfte aus Vermietung und Verpachtung gem. § 21 EStG. Diese sind Betriebsausgaben der Personengesellschaft. Auf die Mietzahlungen an Werner findet die Rückwirkungsfiktion jedoch Anwendung. Die Mietzahlungen sind daher ab dem steuerlichen Übertragungsstichtag als Sondervergütungen für die Überlassung der Immobilie (§ 15 Abs. 1 Satz 1 Nr. 2 EStG) zu qualifizieren und mindern den Gewinn der übernehmenden Personengesellschaft nicht.

5.2.3.4 Lieferungen und Leistungen zwischen übertragender Kapitalgesellschaft und übernehmender Personengesellschaft

Lieferungen und Leistungen zwischen der übertragenden Körperschaft und der übernehmenden Personengesellschaft im steuerlichen Rückwirkungszeitraum stellen aus steuerrechtlicher Sicht **rein innerbetriebliche Vorgänge** dar. Aus diesem Grund sind sie in der nächsten auf die Eintragung in das Handelsregister folgenden Bilanz der übernehmenden Personengesellschaft zu eliminieren.[64]

[64] Vgl. Widmann, S., in Widmann, S./ Mayer, D. (Hrsg.), Umwandlungsrecht, Band 4: § 214 - § 325 UmwG §1 - § 4 UmwStG, 72. Erg.Lief., Berlin 2003, § 2 UmwStG, Rz. 260.

5.2.3.5 Pensionszusagen an Gesellschafter der übertragenden Kapitalgesellschaft

Vor dem steuerlichen Übertragungsstichtag zu Gunsten eines Gesellschafters der übertragenden Kapitalgesellschaft gebildete Pensionsrückstellungen dürfen von der übernehmenden Personengesellschaft fortgeführt werden. Die Zuführungen zu diesen Pensionsrückstellungen nach dem steuerlichen Übertragungsstichtag gelten als Vergütungen der Personengesellschaft an ihren Gesellschafter (Sondervergütungen, § 15 Abs. 1 Satz 1 Nr. 2 EStG).[65]

Merke: Pensionsrückstellungen sind von der Personengesellschaft zu übernehmen. Zuführungen nach dem steuerlichen Übertragungsstichtag stellen Sondervergütungen i.S.d. § 15 Abs. 1 Satz 1 Nr. 2 EStG dar und mindern daher nicht den steuerlichen Gewinn.

Es soll bereits jetzt darauf hingewiesen werden, dass im Fall der Verschmelzung einer Kapitalgesellschaft auf eine natürliche Person die Pensionsrückstellung auf Ebene des Einzelunternehmens nicht übernommen werden kann, da eine Rückstellung gegen sich selbst nicht möglich ist. Die Pensionsrückstellung muss erfolgswirksam aufgelöst werden, wodurch ein Übernahmefolgegewinn (§ 6 UmwStG) entsteht. [66]

5.3 Auswirkungen bei der übertragenden Kapitalgesellschaft

Bei der Verschmelzung einer Kapitalgesellschaft auf eine Personengesellschaft hat die übertragende Kapitalgesellschaft aufgrund des in § 3 UmwStG gewährten Wahlrechts die Möglichkeit, die Wirtschaftsgüter in ihrer steuerlichen Schlussbilanz mit dem Buchwert, einem Zwischenwert oder dem Teilwert anzusetzen. Das **Bewertungswahlrecht des § 3 UmwStG** ist die wichtigste Vorschrift auf Ebene der übertragenden Kapitalgesellschaft.

Zudem muss während des Übergangszeitraums vom Anrechnungs- auf das Halbeinkünfteverfahren die **Körperschaftsteuer** auf Ebene der übertragenden Kapitalgesellschaft **gem. § 10 UmwStG erhöht bzw. gemindert** werden, da das KSt-Guthaben bzw. das KSt-Erhöhungspotenzial nicht auf die Ebene der Personengesellschaft übergehen kann.

[65] Vgl. Tz. 06.03 UmwStE.

[66] Vgl. Tz. 06.04 UmwStE.

5.3.1 Bewertungswahlrecht gem. § 3 UmwStG

§ 3 UmwStG gewährt der übertragenden Körperschaft das **Wahlrecht**, die Wirtschaftsgüter in ihrer steuerlichen Schlussbilanz mit einem über dem Buchwert liegenden Wert anzusetzen.

§ 3 Satz 1 UmwStG: „Wird das Vermögen der übertragenden Körperschaft Betriebsvermögen der übernehmenden Personengesellschaft oder der übernehmenden natürlichen Person, **können die Wirtschaftsgüter in der steuerlichen Schlussbilanz mit dem Buchwert oder einem höheren Wert angesetzt werden.**"

Die Wirtschaftsgüter sind mindestens mit dem Buchwert anzusetzen. Ein niedrigerer Wertansatz ist nicht möglich. Der Teilwert ist die Obergrenze des Wertansatzes im Rahmen des Wahlrechts des § 3 UmwStG:

§ 3 Satz 4 UmwStG: „Die **Teilwerte** der einzelnen Wirtschaftsgüter **dürfen nicht überschritten werden.**"

Die möglichen Wertansätze werden im Folgenden erläutert:

Buchwert ist der Wert, mit welchem das Wirtschaftsgut nach steuerrechtlichen Gewinnvorschriften in der Bilanz angesetzt wird (§ 3 Satz 3 UmwStG). Er entspricht daher:

- den Anschaffungs- oder Herstellungskosten bei nicht abnutzbaren Wirtschaftsgütern,
- den Anschaffungs- oder Herstellungskosten, vermindert um planmäßige Abschreibungen, Sonderabschreibungen und ähnliche Abzüge bei abnutzbaren Wirtschaftsgütern,
- dem Teilwert von abnutzbaren und nicht abnutzbaren Wirtschaftsgütern, falls dieser niedriger ist und eine Teilwertabschreibung vorgenommen werden musste bzw. ein Wahlrecht dahingehend ausgeübt wurde.

Teilwert ist der Betrag, den ein Erwerber des gesamten Betriebs im Rahmen des Gesamtkaufpreises für das einzelne Wirtschaftsgut ansetzen würde; dabei ist davon auszugehen, dass er den Betrieb fortführt (§ 6 Abs. 1 Nr. 1 Satz 3 EStG).

Beim Ansatz des Teilwerts soll sich die Absicht der Betriebsfortführung in der Bewertung der Wirtschaftsgüter widerspiegeln, so dass der Teilwert eines Wirtschaftsguts nicht mit dem Verkaufspreis bzw. dem Liquidationswert gleichgesetzt werden kann. Die Wertuntergrenze des Teilwerts stellt der Einzelveräußerungspreis dar, welchem der Teilwert vor allem bei nicht betriebsnotwendigen Wirtschaftsgütern entspricht, da diese keinen weiteren Nutzen für die Fortführung des Betriebs haben. Obergrenze des Teilwerts sind die Wiederbeschaffungskosten, welchen der Teilwert insbesondere bei Wirtschaftsgütern des Umlaufvermögens entspricht.

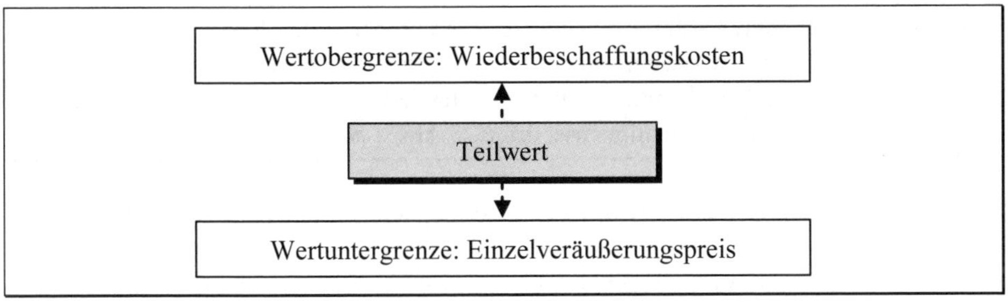

Abbildung 41: Wertober- und Wertuntergrenze des Teilwerts

Beispiel

Grenzen des Teilwerts
Die Schimanski GmbH besitzt eine Spezialmaschine. Der Einzelveräußerungspreis der Maschine entspricht dem Schrottwert i.H.v. 10 T€, da die Maschine in keinem anderen Betrieb zu verwenden ist. Die Wiederbeschaffungskosten betragen jedoch 100 T€.
Fall 1: Die Maschine ist für die laufende Produktion im Unternehmen unersetzlich. Demnach könnte auch ein Käufer des Unternehmens nicht auf die Maschine verzichten, sofern er das Unternehmen fortführen will. Würde er die Maschine nicht miterwerben, so müsste er 100 T€ aufwenden, um das Unternehmen weiterführen zu können. Der Teilwert der Maschine entspricht daher den Wiederbeschaffungskosten.
Fall 2: Die Maschine wird von der Schimanski GmbH nicht mehr genutzt, da ihre Technik veraltet ist. Ein Erwerber der Schimanski GmbH wäre daher auch ohne die Maschine in der Lage, das Unternehmen fortzuführen. Aus diesem Grund entspricht der Teilwert der Maschine dem Einzelveräußerungspreis (Schrottwert i.H.v. 10 T€).

Das Bewertungswahlrecht des § 3 UmwStG ist an folgende Voraussetzung geknüpft:

Bewertungswahlrecht		Voraussetzung
mindestens	• Buchwert	• Das **Bewertungswahlrecht** besteht, wenn die übergehenden Wirtschaftsgüter **Betriebsvermögen** der übernehmenden Personengesellschaft werden.
	• Zwischenwert	
höchstens	• Teilwert	

Abbildung 42: Voraussetzung des Bewertungswahlrechts des § 3 UmwStG

Beachte: Werden die Wirtschaftsgüter nicht Betriebsvermögen der übernehmenden Personengesellschaft, so kommt dies einer Betriebsaufgabe gleich, so dass ein Ansatz mit dem gemeinen Wert erfolgt.[67]

[67] Vgl. Tz. 03.04 u. 03.08 UmwStE.

Begründung:	Hierdurch soll die spätere Besteuerung der stillen Reserven sichergestellt werden. Wirtschaftsgüter, die in das Privatvermögen eines Gesellschafters übergehen, könnten steuerfrei veräußert werden, z.B. Immobilien außerhalb der Spekulationsfrist des § 23 Abs. 1 Satz 1 Nr. 1 EStG.

Das Bewertungswahlrecht des § 3 UmwStG unterliegt jedoch weiteren Einschränkungen:

- Das **Bewertungswahlrecht** des § 3 UmwStG muss bei einem Ansatz mit dem Zwischenwert für **alle Wirtschaftsgüter einheitlich** ausgeübt werden. Dies bedeutet, dass die Buchwerte der Wirtschaftsgüter gleichmäßig und einheitlich aufzustocken sind.[68]
- Der Ansatz von selbst geschaffenen immateriellen Wirtschaftsgütern einschließlich eines originären Geschäfts- oder Firmenwerts ist im Steuerrecht gem. § 5 Abs. 2 EStG nicht möglich. Nach Auffassung der Finanzverwaltung ist der Ansatz selbst geschaffener immaterieller Wirtschaftsgüter einschließlich eines Geschäfts- oder Firmenwerts daher nicht zulässig.[69] Ein von der übertragenden Kapitalgesellschaft erworbener Geschäfts- oder Firmenwert (derivativer Geschäfts- oder Firmenwert) darf bei einem über dem Buchwert liegenden Ansatz gleichfalls nicht aufgestockt werden.[70] Demgegenüber geht die h.M. in der Literatur jedoch davon aus, dass das Bewertungswahlrecht des § 3 UmwStG ein Wertansatzwahlrecht darstellt, so dass auch immaterielle Wirtschaftsgüter einschließlich eines Geschäfts- und Firmenwerts angesetzt werden dürfen.[71]

Wertansätze nach Meinung der Finanzverwaltung	
Mit einem höheren Wert können angesetzt werden:	**Nicht angesetzt werden dürfen**
• alle bereits bilanzierten Wirtschaftsgüter, die stille Reserven enthalten, • mit einheitlicher Aufstockung der stillen Reserven	• selbst geschaffene, immaterielle Wirtschaftsgüter • einschließlich eines originären Firmenwerts

Abbildung 43: Einschränkungen des Bewertungswahlrechts nach Meinung der Finanzverwaltung

[68] Vgl. Schmitt, J., in: Schmitt, J./ Hörtnagl, R./ Stratz, R.-C., Umwandlungsgesetz, Umwandlungssteuergesetz, 3. Aufl., München 2001, § 3 UmwStG, Rz. 53 f.; a.A. Brinkhaus, J., in: Haritz, D./ Benkert, M. (Hrsg.), Umwandlungssteuergesetz Kommentar, 2. Aufl., München 2000, § 3, Rz. 64 ff.

[69] Vgl. Tz. 03.07 UmwStE.

[70] Vgl. Tz. 03.07 UmwStE.

[71] Vgl. Brinkhaus, J., in: Haritz, D./ Benkert, M. (Hrsg.), Umwandlungssteuergesetz Kommentar, 2. Aufl., München 2000, § 3, Rz. 99 ff.; Sagasser, B., in: Sagasser, B./ Bula, T./ Brünger, T., Umwandlungen, 3. Aufl., München 2002, S. 417, Rz. 78.

Merke: Entgegen der Auffassung der Finanzverwaltung normiert § 3 UmwStG ein **Wertansatzwahlrecht**, so dass auch originäre, immaterielle Wirtschaftsgüter einschließlich eines originären Firmenwerts mit einem Wert über dem Buchwert angesetzt werden dürfen.

5.3.2 Übertragungsgewinn

Wie bereits in der Einleitung erwähnt ist das **Hauptziel des UmwStG** die **Vermeidung der Versteuerung von stillen Reserven im Rahmen einer Umwandlung**. Umwandlungen sollen unter bestimmten Voraussetzungen steuerneutral verlaufen. Dies ist genau dann der Fall, wenn die übertragende Kapitalgesellschaft in ihrer steuerlichen Schlussbilanz den Buchwertansatz wählt, da in diesem Fall keine stillen Reserven aufgedeckt werden. Als **stille Reserven** wird der Unterschiedsbetrag zwischen dem tatsächlichen Wert eines Wirtschaftsguts (Teilwert) und dem in der Bilanz angesetzten Wert (Buchwert) bezeichnet.

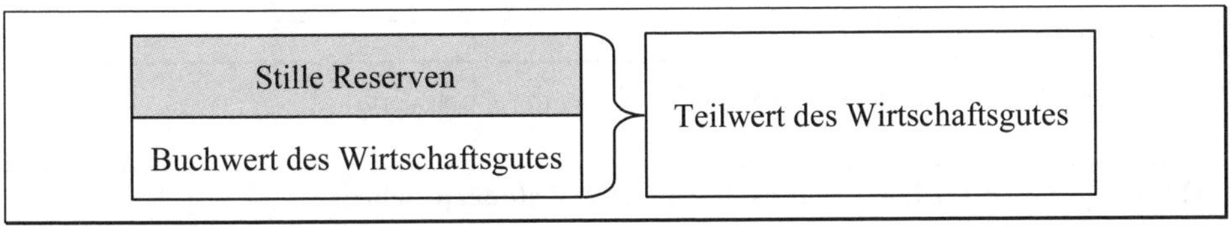

Abbildung 44: Stille Reserven

Wählt die Kapitalgesellschaft in ihrer Schlussbilanz einen höheren Wertansatz als den Buchwert, so ist der daraus entstehende **Übertragungsgewinn** ebenfalls **voll steuerpflichtig**. Dies gilt gem. § 18 Abs. 1 Satz 1 UmwStG **auch** für die **Gewerbesteuer**. Dies ist aus folgenden Gründen konsequent:

Die aufnehmende Personengesellschaft hat aufgrund der Buchwertverknüpfung des § 4 Abs. 1 UmwStG den Wertansatz der übertragenden Kapitalgesellschaft in ihrer Bilanz fortzuführen. Würden die Wirtschaftsgüter in der Schlussbilanz der übertragenden Kapitalgesellschaft aufgestockt, so erhöht sich folglich auch die AfA-Bemessungsgrundlage der Wirtschaftsgüter bei der übernehmenden Personengesellschaft. Sie hat damit – ähnlich der Situation des Käufers eines Wirtschaftsguts – durch die Aufwertung des Wirtschaftsguts in der Schlussbilanz der übertragenden Kapitalgesellschaft **zusätzliches Abschreibungspotenzial** erhalten. Dies verringert den laufenden Gewinn der übernehmenden Personengesellschaft und damit die Steuerbelastung ihrer Gesellschafter in der Zukunft. Auch im Falle von nicht abschreibbaren Wirtschaftsgütern oder bei einer Veräußerung der Wirtschaftsgüter unmittelbar nach der Umwandlung wird die Versteuerung der Wirtschaftsgüter aufgeschoben, da die übernehmende Personengesellschaft im Falle der Veräußerung einen **niedrigeren Veräußerungsgewinn** als im Fall ohne Aufstockung der Wirtschaftsgüter auf Ebene der übertragenden Kapitalgesellschaft erzielt. Der Übertragungsgewinn muss daher

zwangsläufig steuerpflichtig sein, da er durch die **freiwillige Auflösung von stillen Reserven** entsteht.

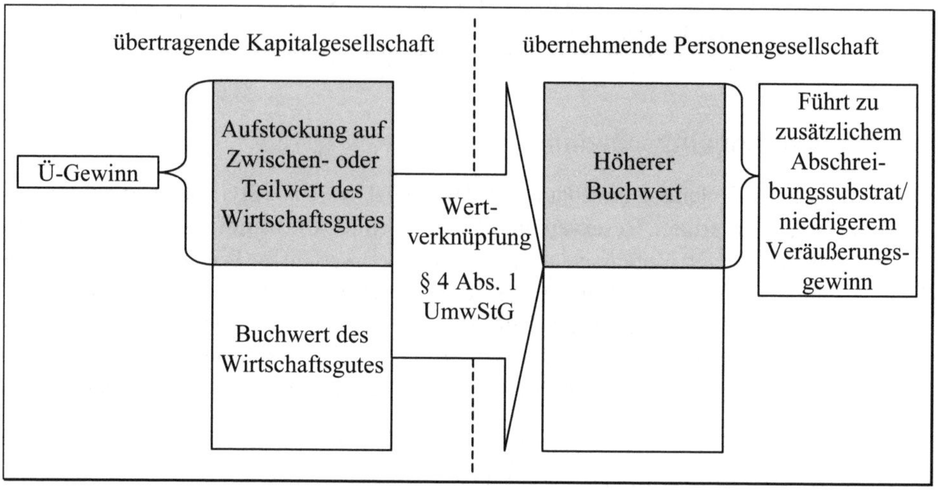

Abbildung 45: Auswirkungen bei Aufstockung der Buchwerte

Merke: Ein **Übertragungsgewinn** ist **voll steuerpflichtig**.

Begründung: Er stammt aus der freiwilligen Auflösung von stillen Reserven der übertragenden Kapitalgesellschaft und führt bei der übernehmenden Personengesellschaft zu einem höheren AfA-Potenzial bzw. einem niedrigeren Veräußerungsgewinn.

Beispiel

Steuerpflicht des Übertragungsgewinns
Im Rahmen der Verschmelzung geht ein Grundstück von der übertragenden Schimanski GmbH auf die übernehmende Derrick OHG über. Der Buchwert des Grundstücks beträgt 100 T€, der Teilwert 150 T€.

Fall 1: Fortführung der Buchwerte und Veräußerung des Grundstücks nach der Umwandlung. Die Schimanski GmbH hat **keinen Übertragungsgewinn** zu versteuern. Demgegenüber hat die Derrick OHG einen **Veräußerungsgewinn** i.H.v. 50 T€ (Teilwert ./. Buchwert) zu versteuern.

Fall 2: Aufstockung des Grundstücks in der Bilanz der Schimanski GmbH und Veräußerung des Grundstücks nach der Umwandlung. Durch die Aufstockung, die eine freiwillige Auflösung von stillen Reserven darstellt, da es sich um ein Bewertungswahlrecht handelt, hat die übertragende Kapitalgesellschaft einen Übertragungsgewinn i.H.v. 50 T€ (Teilwert ./. Buchwert) zu versteuern.

Die übernehmende Personengesellschaft hat bei der Veräußerung **keinen Veräußerungsgewinn** zu versteuern, da der Buchwert des Wirtschaftsguts in ihrer Bilanz dem Teilwert entspricht.

Ergebnis: Der Übertragungsgewinn muss zwangsläufig steuerpflichtig sein, damit in beiden Fällen der Gewinn versteuert wird, der aus der Differenz zwischen Teilwert und Buchwert besteht.

Der bei Zwischen- oder Teilwertansatz entstehende Übertragungsgewinn errechnet sich folgendermaßen:

	übergehendes Vermögen zu Zwischen- bzw. Teilwerten
./.	übergehendes Vermögen zu Buchwerten
=	**Übertragungsgewinn**
./.	Umwandlungskosten
=	**Übertragungsgewinn vor Steuern**
./.	auf den Übertragungsgewinn anfallende GewSt
=	Übertragungsgewinn nach GewSt und vor KSt
./.	Körperschaftsteuer auf den Übertragungsgewinn nach GewSt und vor KSt
=	**versteuerter Übertragungsgewinn**

Die Entstehung eines **Übertragungsverlusts** ist **nicht möglich**. § 3 UmwStG erlaubt nur einen Ansatz mit dem Buchwert bzw. einem höheren Wert. Sind die Wirtschaftsgüter in der Bilanz der Überträgerin vor Anwendung des § 3 UmwStG zu hoch ausgewiesen, so ist u.U. eine Teilwert-AfA vorzunehmen. Diese verringert bereits das laufende Ergebnis der übertragenden Kapitalgesellschaft vor Anwendung des Wahlrechts des § 3 UmwStG in der steuerlichen Schlussbilanz. Sie hat daher keinen Einfluss auf den Übertragungsgewinn.

Folgende Tabelle fasst die Auswirkungen des Bewertungswahlrechts zusammen:

<table>
<tr><th colspan="3">KapGes</th><th>PersGes</th></tr>
<tr><th>Wertansatz</th><th>Aufdeckung der stillen Reserven?</th><th>Übertragungs-gewinn?</th><th>Folgen</th></tr>
<tr><td>Buchwert</td><td>nein</td><td>nein</td><td>PersGes erhält kein zusätzliches Abschreibungssubstrat; keine Auswirkungen auf das Übernahmeergebnis</td></tr>
<tr><td>Zwischenwert</td><td>teilweise</td><td rowspan="2">Übertragungsgewinn ist zu versteuern (soweit keine Verlustvorträge vorhanden sind)</td><td rowspan="2">PersGes erhält zusätzliches Abschreibungspotenzial; erhöht das Übernahmeergebnis</td></tr>
<tr><td>Teilwert</td><td>vollständig</td></tr>
</table>

Abbildung 46: Auswirkung des Bewertungswahlrechts von § 3 UmwStG

Wählt die übertragende Kapitalgesellschaft den Teilwertansatz, entsteht ein steuerpflichtiger Übertragungsgewinn. Dies wäre so, als ob das UmwStG nicht existieren würde und daher seine Vorteile nicht zur Anwendung kämen. Daher wird eine Verschmelzung üblicherweise unter Fortführung der Buchwerte vorgenommen.

Klausurhinweis: Ein aus der Aufstockung der Buchwerte auf Zwischen- oder Teilwerte resultierender Übertragungsgewinn ist i.d.R. nicht Prüfungsgegenstand, da in Klausuren regelmäßig von einer Buchwertfortführung der übertragenden Kapitalgesellschaft ausgegangen wird.

Beispiel

Die Düsentrieb-GmbH soll zum 01.01.2004 auf die Helferlein-OHG verschmolzen werden.
Die vorläufige Steuerbilanz der Düsentrieb-GmbH zeigt zum 31.12.2003 folgende Werte:

Aktiva	Düsentrieb-GmbH		Passiva
Wirtschaftsgut A	300 T€	Stammkapital	400 T€
Wirtschaftsgut B	200 T€	Fremdkapital	100 T€
	500 T€		500 T€

Im Wirtschaftsgut A sind stille Reserven in Höhe von 100 T€ enthalten.
Im Wirtschaftsgut B sind stille Reserven in Höhe von 200 T€ enthalten.

Fall 1:
Die Düsentrieb-GmbH will die **Buchwerte fortführen** (§ 3 Satz 1 UmwStG). Beim Buchwertansatz werden die in den Wirtschaftsgütern enthaltenen stillen Reserven nicht aufgedeckt. Deshalb entsteht **kein Übertragungsgewinn**. Die endgültige Schlussbilanz der Düsentrieb-GmbH zum 31.12.2003 ist somit mit der vorläufigen identisch:

Aktiva	Düsentrieb-GmbH		Passiva
Wirtschaftsgut A	300 T€	Stammkapital	400 T€
Wirtschaftsgut B	200 T€	Fremdkapital	100 T€
	500 T€		500 T€

Fall 2:
Die Düsentrieb-GmbH wählt den **Teilwertansatz** (§ 3 Satz 1 UmwStG). Dadurch werden die in den Wirtschaftsgütern enthaltenen stillen Reserven aufgedeckt. In Höhe der aufgedeckten stillen Reserven entsteht ein **Übertragungsgewinn**, der von der Düsentrieb-GmbH der KSt in Höhe von 25 % und gem. § 18 Abs. 1 UmwStG auch der GewSt zu unterwerfen ist.

Es ergibt sich die folgende steuerliche Schlussbilanz der Düsentrieb-GmbH:

Aktiva		Düsentrieb-GmbH		Passiva
Wirtschaftsgut A	300 T€		Stammkapital	400 T€
+ stille Reserven	+ **100 T€**	400 T€	**Übertragungsgewinn**	**300 T€**
Wirtschaftsgut B	200 T€		Fremdkapital	100 T€
+ stille Reserven	+ **200 T€**	400 T€		
		800 T€		800 T€

Fall 3:
In der steuerlichen Schlussbilanz will die Düsentrieb-GmbH **Zwischenwerte** ansetzen (§ 3 Satz 1 UmwStG). Dabei sollen stille Reserven in Höhe von 180 T€ aufgedeckt werden. In Höhe der aufgedeckten stillen Reserven entsteht ein **Übertragungsgewinn**, der von der Düsentrieb-GmbH der KSt (einschl. SolZ) und gem. § 18 Abs. 1 UmwStG auch der GewSt zu unterwerfen ist. Die stillen Reserven sind beim Zwischenwertansatz gleichmäßig und verhältnismäßig, d.h. um einen konstanten Prozentsatz aufzustocken.[72] Analog zu Tz. 22.08 UmwStE (Zwischenwertansatz in Einbringungsfällen) ist dabei wie folgt vorzugehen:

[72] Vgl. Schmitt, J., in: Schmitt, J./ Hörtnagl, R./ Stratz, R.-C., Umwandlungsgesetz, Umwandlungssteuergesetz, 3. Aufl., München 2001, § 3 UmwStG, Rz. 54 u. 56.

1. Feststellen der in den einzelnen Wirtschaftsgütern enthaltenen stillen Reserven
Wirtschaftsgut A: 100 T€
Wirtschaftsgut B: 200 T€

2. Summe der stillen Reserven
100 T€ + 200 T€ = 300 T€

3. Ermittlung des Prozentsatzes der Aufstockung der jeweiligen stillen Reserven

$$\text{Prozentsatz} = \frac{\text{Aufstockungsbetrag}}{\sum \text{stille Reserven}} = \frac{180\text{ T€}}{300\text{ T€}} = \mathbf{60\ \%}$$

4. Anteilige Aufstockung
Anteilige Aufstockung = stille Reserven x Prozentsatz

Die Buchwerte der Wirtschaftsgüter A und B nach der Aufstockung betragen:
Wirtschaftsgut A: 300 T€ **+ 100 T€ x 60 %** = 300 T€ **+ 60 T€** = 360 T€
Wirtschaftsgut B: 200 T€ **+ 200 T€ x 60 %** = 200 T€ **+ 120 T€** = 320 T€

Es ergibt sich folgende steuerliche Schlussbilanz der Düsentrieb-GmbH:

Aktiva		Düsentrieb-GmbH		Passiva
Wirtschaftsgut A	300 T€		Stammkapital	400 T€
+ stille Reserven	+ **60 T€**	360 T€	**Übertragungsgewinn**	**180 T€**
Wirtschaftsgut B	200 T€		Fremdkapital	100 T€
+ stille Reserven	+ **120 T€**	320 T€		
		680 T€		680 T€

5.3.3 Umwandlungskosten

Die Abzugsfähigkeit der Umwandlungskosten ist im UmwStG nicht geregelt. Nach der vom BFH[73] und der Finanzverwaltung[74] vertretenen Auffassung sind die verschmelzungsbedingten Kosten wie folgt zu behandeln:

- Die Umwandlungskosten können sich nur bei demjenigen Unternehmen auswirken, durch das die Kosten entstanden sind. Es besteht **kein Wahlrecht** zur Verteilung der Umwandlungskosten auf die an der Verschmelzung beteiligten Rechtsträger.

[73] Vgl. BFH vom 22.04.1998, I-R-83/96, BStBl. II 1998, S. 698.

[74] Vgl. Tz. 03.13 UmwStE.

Bei der übertragenden Körperschaft anfallende, als Betriebsausgaben i.S.d. § 4 Abs. 4 EStG abzugsfähige Umwandlungskosten sind bspw.:[75]

- Im Rahmen der Verschmelzung anfallende Gebühren für Notare, Gerichte, Registereinträge etc.,
- Kosten für Beratung und Prüfung der Verschmelzung,
- Kosten der Gesellschafterversammlung zur Zustimmung zu der Verschmelzung,
- Kosten für die Erstellung und ggf. Veröffentlichung der Bilanz.

Sind die Kosten am Übertragungsstichtag noch nicht bezahlt, so sind sie in der steuerlichen Schlussbilanz als Verbindlichkeiten zu passivieren. Sie mindern daher in jedem Fall sowohl den Gewinn der übertragenden Kapitalgesellschaft als auch das auf die übernehmende Personengesellschaft übergehende Vermögen und dadurch einen eventuellen Übernahmegewinn.

5.3.4 Maßgeblichkeit zwischen Handels- und Steuerbilanz bei Verschmelzungen

Die Gültigkeit des Grundsatzes der Maßgeblichkeit der Handels- für die Steuerbilanz stellt sowohl auf Seiten der Überträgerin als auch auf Seiten der Übernehmerin die umstrittenste Frage im Umwandlungssteuerrecht dar. Die Finanzverwaltung geht von einer strikten Gültigkeit des Maßgeblichkeitsgrundsatzes bei Umwandlungsvorgängen aus. In der einschlägigen Literatur stößt diese Haltung überwiegend auf Kritik.

Probleme entstehen vor allem dadurch, dass UmwG und UmwStG unterschiedliche Zielsetzungen verfolgen:

- Das **UmwStG** erlaubt es, Umwandlungsvorgänge steuerneutral zu gestalten. Auf eine sofortige Aufdeckung und Besteuerung der stillen Reserven bei der Überträgerin wird verzichtet, indem die Überträgerin in der steuerlichen Schlussbilanz einen Ansatz zu Buchwerten wählen kann (§ 3 Satz 1 UmwStG).[76] Es steht ihr aber auch frei, die Wirtschaftsgüter zu Zwischen- oder Teilwerten anzusetzen. Da durch das UmwStG die Besteuerung der stillen Reserven nicht aufgehoben, sondern nur auf einen späteren Zeitpunkt verschoben werden soll, ist die Übernehmerin in ihrer steuerlichen Übernahmebilanz an den Wertansatz der Überträgerin gebunden (§ 4 Abs. 1 UmwStG).
- Das **UmwG** normiert dagegen für den Ansatz in der handelsrechtlichen Schlussbilanz der Überträgerin den Ansatz zu Buchwerten (§ 17 Abs. 2 Satz 2 UmwG). Der Übernehmerin wird dagegen gem. § 24 UmwG das Wahlrecht eingeräumt, in ihrer Über-

[75] Vgl. Dötsch, E., in: Dötsch, E./ Jost, W./ Patt, J./ Pung, A., Umwandlungssteuerrecht, 5. Aufl., Stuttgart 2003, § 3 UmwStG, Rz. 53; Schmitt, J., in: Schmitt, J./ Hörtnagl, R./ Stratz, R.-C., Umwandlungsgesetz, Umwandlungssteuergesetz, 3. Aufl., München 2001, § 3 UmwStG, Rz. 101.

[76] Vgl. BT-Drucks. 12/6885 v. 24.02.1994, S. 14 f.

nahmebilanz statt der Buchwerte der Überträgerin ihre tatsächlichen Anschaffungskosten anzusetzen. Damit soll die Entstehung eines Verschmelzungsverlusts vermieden werden, der zu nicht gerechtfertigten negativen Ergebnisauswirkungen führen würde und somit die Verschmelzung beeinträchtigen könnte.[77]

Die differierenden Intentionen von UmwG und UmwStG spiegeln sich in den unterschiedlichen handelsrechtlichen und steuerlichen Wertansatzregelungen wieder. Dadurch ist es fraglich, ob der von der Finanzverwaltung postulierte Grundsatz der Maßgeblichkeit der Handelsbilanz für die Steuerbilanz auch auf Umwandlungsvorgänge Anwendung finden kann.

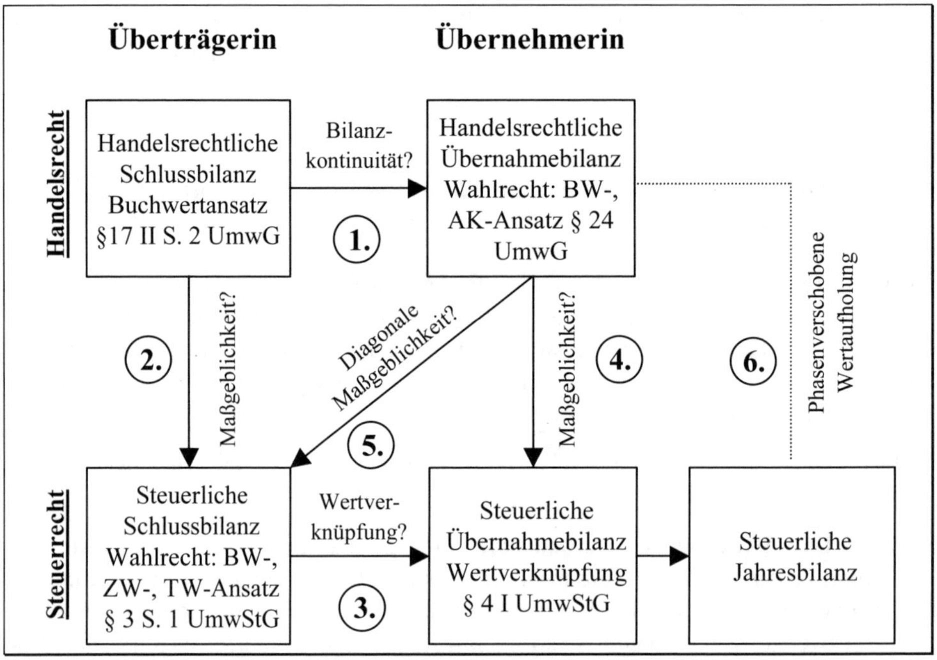

Abbildung 47: Bilanzielle Wertverknüpfungen

Nach Auffassung der Finanzverwaltung kommt der Maßgeblichkeitsgrundsatz auf der Seite der Übernehmerin und auf der Seite der Überträgerin sowie zwischen Überträgerin und Übernehmerin zur Anwendung. Nachfolgend sollen die unterschiedlichen bilanziellen Verknüpfungsmöglichkeiten (vgl. Punkte 1 bis 6 in obiger Abbildung) dargestellt und ihre Anwendung auf Umwandlungsvorgänge erläutert werden.

Zu (1.): Bilanzkontinuität zwischen handelsrechtlicher Schlussbilanz und handelsrechtlicher Übernahmebilanz?

[77] Vgl. BT-Drucks. 12/6699 v. 01.02.1994, S. 93.

Die Überträgerin hat gem. § 17 Abs. 2 UmwG eine handelsrechtliche Schlussbilanz aufzustellen, auf die die Vorschriften über die Jahresbilanz entsprechend anzuwenden sind. Demnach müssen die Wirtschaftsgüter in der handelsrechtlichen Schlussbilanz mit den Buchwerten angesetzt werden. Eine Wertaufholung ist nur in den Grenzen der §§ 253 Abs. 5, 254 Satz 2 und 280 HGB und nur bis zu den (fortgeführten) Anschaffungs- oder Herstellungskosten möglich.
Der Übernehmerin wird dagegen durch § 24 UmwG ein Wahlrecht eingeräumt: Sie kann entweder das übernommene Vermögen mit den Buchwerten der Überträgerin ansetzen oder aber mit den ihr entstandenen Anschaffungskosten für die Beteiligung an der Überträgerin bewerten, so dass der Ausweis eines Verschmelzungsverlusts vermieden wird.
Aufgrund des handelsrechtlichen Bewertungsgebots gem. § 17 Abs. 2 Satz 2 UmwG und des handelsrechtlichen Bewertungswahlrechts gem. § 24 UmwG muss zwischen der handelsrechtlichen Schlussbilanz und der Übernahmebilanz keine Bilanzkontinuität bestehen. In der Schlussbilanz müssen die Wirtschaftsgüter zu Buchwerten angesetzt werden. In der Übernahmebilanz besteht ein Wahlrecht für den Ansatz zu Buchwerten oder zu Anschaffungskosten.

Zu ②: Maßgeblichkeit zwischen handelsrechtlicher und steuerlicher Schlussbilanz der Überträgerin?

Obwohl eine bilanzielle Verknüpfung von handelsrechtlicher und steuerlicher Schlussbilanz in der Literatur einhellig verneint wird,[78] geht die Finanzverwaltung von einer Maßgeblichkeit der Handelsbilanz für die Steuerbilanz auch in Umwandlungsvorgängen aus.

In Tz. 03.01 UmwStE vertritt die Finanzverwaltung die Auffassung, dass nach dem Grundsatz der Maßgeblichkeit (§ 5 Abs. 1 EStG) der Wertansatz der handelsrechtlichen Schlussbilanz in die steuerliche Schlussbilanz übernommen werden muss. Gem. § 17 Abs. 2 Satz 2 UmwG muss in der handelrechtlichen Schlussbilanz ein Ansatz zu Buchwerten erfolgen. Wertaufholungen sind daher nur in den Grenzen der §§ 253 Abs. 5, 254 Satz 2 und 280 HGB möglich. Nach der Auffassung der Finanzverwaltung muss der Buchwertansatz der handelsrechtlichen Schlussbilanz auch in die steuerliche Schlussbilanz übernommen werden. Ein Ansatz zu Zwischen- oder Teilwerten, wie gem. § 3 Satz 1 UmwStG möglich, scheidet aus. Das Wahlrecht des § 3 Satz 1 UmwStG liefe somit ins Leere.

Die Finanzverwaltung bezieht sich in Tz. 03.01 UmwStE auf den in § 5 Abs. 1 EStG enthaltenen Grundsatz der Maßgeblichkeit der Handelsbilanz für die Steuerbilanz. § 5 Abs. 1 EStG beinhaltet jedoch zwei Prinzipien der Maßgeblichkeit:

- Die Allgemeine Maßgeblichkeit gem. § 5 Abs. 1 Satz 1 EStG und
- die Umgekehrte Maßgeblichkeit gem. § 5 Abs. 1 Satz 2 EStG.

---

78 Vgl. z.B. Bula, T./ Schlösser, J., in: Sagasser, B./ Bula, T./ Brünger, T., Umwandlungen, 3. Aufl., München 2002, S. 53 ff., Rz. 16 ff.; Brinkhaus, J., in: Haritz, D./ Benkert, M. (Hrsg.), Umwandlungssteuergesetz Kommentar, 2. Aufl., München 2000, § 3, Rz. 48 ff.

Allgemeine Maßgeblichkeit i.S.v. § 5 Abs. 1 Satz 1 EStG:
„Bei Gewerbetreibenden, [...], ist für den Schluss des Wirtschaftsjahres das Betriebsvermögen anzusetzen, das nach den handelsrechtlichen Grundsätzen ordnungsmäßiger Buchführung auszuweisen ist.“
Steuerlicher Bewertungsvorbehalt i.S.v. § 5 Abs. 6 EStG:
„Die Vorschriften über die [...] Bewertung [...] sind zu befolgen.“

Gemäß der **Allgemeinen Maßgeblichkeit** des § 5 Abs. 1 Satz 1 EStG muss die Steuerbilanz unter Berücksichtigung der handelsrechtlichen Grundsätze ordnungsmäßiger Buchführung (GoB) aufgestellt werden. Eine Ausnahme besteht nur, wenn eigenständige steuerliche Bewertungsvorschriften existieren (Steuerlicher Bewertungsvorbehalt des § 5 Abs. 6 EStG).[79]

In § 3 Satz 1 UmwStG ist keine eigenständige steuerliche Bewertungsvorschrift, sondern nur ein steuerliches Bewertungswahlrecht begründet. Fraglich ist damit, ob grundsätzlich alle steuerlichen Bewertungswahlrechte durch die GoB verdrängt werden oder ob bestimmte steuerliche Bewertungswahlrechte dem Zugriff durch die GoB entzogen sind.

Die GoB dienen dazu, der Funktion des handelsrechtlichen Jahresabschlusses als Instrument des Gläubigerschutzes und der Erhaltung der Haftungsmasse gerecht zu werden. Die Funktion der Steuerbilanz liegt dagegen primär in der periodengerechten Gewinnermittlung. Des Weiteren sollen steuerliche Regelungen auch bestimmte Verhaltensweisen durch Steuerbegünstigungen hervorrufen und unterstützen (z.B. § 4 Abs. 8 EStG, § 4d Abs. 2 EStG). Durch die unterschiedliche Zielsetzung in Handels- und Steuerbilanz ergibt sich, dass die GoB nur solche steuerlichen Wahlrechte zurückdrängen können, die keine eigenständigen steuerlichen Zielsetzungen verfolgen. Wenn die GoB grundsätzlich alle steuerlichen Bewertungswahlrechte überlagern würden, wäre eine steuerliche Subvention bestimmter Verhaltensweisen nicht mehr möglich.

Das Bewertungswahlrecht des § 3 Satz 1 UmwStG beinhaltet eine eigenständige steuerliche Zielsetzung. Es soll dazu dienen, Umwandlungsvorgänge nicht durch Steuerbelastungen zu behindern bzw. möglicherweise ganz zu unterbinden.[80] Dafür überlässt das UmwStG der Überträgerin das Wahlrecht, die Wirtschaftsgüter in der steuerlichen Schlussbilanz zu Buchwerten anzusetzen oder einen über den Buchwerten liegenden Ansatz zu wählen. Somit können die GoB das Bewertungswahlrecht des § 3 Satz 1 UmwStG nicht überlagern.[81]

---

79 Vgl. Tipke, K./ Lang, J., Steuerrecht, 17. Aufl., Köln 2002, S. 303, Rz. 307, S. 310, Rz. 326.

80 Vgl. BT-Drucks. 12/6885 v. 24.02.1994, S. 14 f.

81 Vgl. Bula, T./ Schlösser, J., in: Sagasser, B./ Bula, T./ Brünger, T., Umwandlungen, 3. Aufl., München 2002, S. 54 f., Rz. 20; Tipke, K./ Lang, J., Steuerrecht, 17. Aufl., Köln 2002, S. 303, Rz. 309.

Umgekehrte Maßgeblichkeit i.S.v. § 5 Abs. 1 Satz 2 EStG:
„Steuerrechtliche Wahlrechte bei der Gewinnermittlung sind in Übereinstimmung mit der handelsrechtlichen Jahresbilanz auszuüben."

Die **Umgekehrte Maßgeblichkeit** gem. § 5 Abs. 1 Satz 2 EStG besagt, dass steuerliche Wahlrechte in Übereinstimmung mit der Handelsbilanz auszuüben sind. Die Anwendung des § 5 Abs. 1 Satz 2 EStG kommt also nur dann in Frage, wenn in Handelsbilanz und Steuerbilanz korrespondierende Wahlrechte vorliegen.[82] Bei Verschmelzungen liegt jedoch nur auf steuerlicher Seite ein Bewertungswahlrecht (§ 3 Satz 1 UmwStG) vor. In der handelsrechtlichen Schlussbilanz erfolgt zwingend ein Ansatz zu Buchwerten (§ 17 Abs. 2 Satz 2 UmwG). Da somit keine übereinstimmenden handelsrechtlichen und steuerlichen Bewertungswahlrechte vorliegen, kann das Prinzip der Umgekehrten Maßgeblichkeit des § 5 Abs. 1 Satz 2 EStG keine Einschränkung des Bewertungswahlrechts gem. § 3 Satz 1 UmwStG bewirken.[83]

Im Ergebnis können weder die Allgemeine noch die Umgekehrte Maßgeblichkeit das Bewertungswahlrecht des § 3 Satz 1 UmwStG einschränken. Die Auffassung der Finanzverwaltung in Tz. 03.01 UmwStE ist daher abzulehnen.

Merke: Das Bewertungswahlrecht des § 3 Satz 1 UmwStG ist unabhängig vom handelsrechtlichen Buchwertansatz gem. § 17 Abs. 2 Satz 2 UmwG auszuüben.

Zu ③: Wertverknüpfung zwischen steuerlicher Schlussbilanz und steuerlicher Übernahmebilanz?

Zwischen der steuerlichen Schlussbilanz der Überträgerin und der steuerlichen Übernahmebilanz der Übernehmerin besteht eine zwingende Wertverknüpfung. Um die spätere Besteuerung der stillen Reserven sicherzustellen, muss die Übernehmerin gem. § 4 Abs. 1 UmwStG die Werte aus der steuerlichen Schlussbilanz der Überträgerin übernehmen.

Zu ④: Maßgeblichkeit zwischen handelsrechtlicher und steuerlicher Übernahmebilanz der Übernehmerin?

Handelsrechtlich kann die Übernehmerin gem. § 24 UmwG die Buchwerte der Überträgerin fortsetzen oder ihre tatsächlichen Anschaffungskosten ansetzen. Diesem handelsrechtlichen Wahlrecht steht ein steuerliches Wertansatzgebot gegenüber: Gem. § 4 Abs. 1 UmwStG muss die Übernehmerin in ihrer steuerlichen Übernahmebilanz zwingend die Wertansätze aus der steuerlichen Schlussbilanz der Überträgerin fortführen.

---

82 Vgl. BFH-Urteil v. 21.10.1993, IV-R-87/92, BStBl. II 1994, S. 176 ff.

83 Vgl. z.B. Bula, T./ Schlösser, J., in: Sagasser, B./ Bula, T./ Brünger, T., Umwandlungen, 3. Aufl., München 2002, S. 55 f., Rz. 22 f.

Da hier ein handelsrechtliches Wahlrecht und ein steuerliches Gebot zusammentreffen, scheidet eine Allgemeine Maßgeblichkeit der Handelsbilanz für die Steuerbilanz gem. § 5 Abs. 1 Satz 1 EStG i.V.m. § 5 Abs. 6 EStG aus. Auch die Umgekehrte Maßgeblichkeit i.S.d. § 5 Abs. 1 Satz 2 EStG kann nicht zur Anwendung kommen, da dazu zwei korrespondierende Wahlrechte in Handels- und Steuerbilanz erforderlich sind.

Folglich besteht zwischen der handelsrechtlichen und der steuerlichen Übernahmebilanz keinerlei Maßgeblichkeit. In der Steuerbilanz sind die Werte der Überträgerin gem. § 4 Abs. 1 UmwStG fortzuführen. Handelsrechtlich kann in der Übernahmebilanz zur Vermeidung eines Verschmelzungsverlusts auf die Anschaffungskosten aufgestockt werden, oder aber es können die Buchwerte der Überträgerin fortgeführt werden.

Zu⑤: Diagonale Maßgeblichkeit zwischen handelsrechtlicher Übernahmebilanz und steuerlicher Schlussbilanz?

Ursprünglich vertrat die Finanzverwaltung die Auffassung[84], dass das Bewertungswahlrecht gem. § 3 Satz 1 UmwStG nur in Übereinstimmung mit der handelsrechtlichen Bilanzierung der Übernehmerin auszuüben ist. Demnach ist ein Buchwertansatz in der steuerlichen Schlussbilanz nur dann möglich, wenn die Übernehmerin auf ihr handelsrechtliches Bewertungswahlrecht zu Anschaffungskosten gem. § 24 UmwG verzichtet und ebenfalls die Buchwerte ansetzt.

Eine sog. Diagonale Maßgeblichkeit entbehrt jedoch jeder Rechtsgrundlage. Deshalb ist sie in der Literatur auf heftige Kritik gestoßen.[85] Die Diagonale Maßgeblichkeit steht im Widerspruch zu den vom Gesetzgeber festgelegten Zielsetzungen des handelrechtlichen Wahlrechts gem. § 24 UmwG und des steuerlichen Wahlrechts gem. § 3 Satz 1 UmwStG:

- § 24 UmwG ermöglicht den Ansatz zu Anschaffungskosten, um die Entstehung eines Verschmelzungsverlusts zu verhindern, der zu wirtschaftlich nicht gerechtfertigten negativen Ergebnisauswirkungen führen und somit die Verschmelzung beeinträchtigen könnte.[86]
- § 3 Satz 1 UmwStG will Umwandlungen nicht durch steuerliche Belastungen erschweren. Aus diesem Grund kann durch den Buchwertansatz in der steuerlichen Schlussbilanz auf die sofortige Besteuerung der stillen Reserven verzichtet werden.[87]

Damit ist es ausdrücklicher Wille des Gesetzgebers, dass die Möglichkeit zum Ansatz von Anschaffungskosten gem. § 24 UmwG in der Handelsbilanz und zugleich der Buchwertan-

[84] Vgl. Entwurf BMF-Schreiben zum UmwStG, Stand April 1997, Tz. 03.02.

[85] Vgl. Bula, T./Schlösser, J., in: Sagasser, B. /Bula, T./ Brünger, T., Umwandlungen, 3. Aufl., München 2002, S. 56 ff., Rz. 24 ff.; ebenso: Brinkhaus, J., in: Haritz, D./ Benkert, M. (Hrsg.), Umwandlungssteuergesetz Kommentar, 2. Aufl., München 2000, § 3, Rz. 56.

[86] Vgl. BT-Drucks. 12/6699 v. 01.02.1994, S. 93.

[87] Vgl. BT-Drucks. 12/6885 v. 24.02.1994, S. 14 f.

satz in der Steuerbilanz gem. § 3 Satz 1 UmwStG besteht.[88] Ein Auseinanderfallen der handelsrechtlichen Bewertung der Übernehmerin und dem Ansatz in der steuerlichen Schlussbilanz der Überträgerin ist vom Gesetzgeber nicht nur wissentlich herbeigeführt, sondern sogar ausdrücklich verlangt worden.[89]

In der Zwischenzeit hat sich die Finanzverwaltung der herrschenden Literaturmeinung angeschlossen und auf jegliche Diagonale Maßgeblichkeit verzichtet.

Zu (6.): Konzept der Phasenverschobenen Wertaufholung?

Nachdem die Finanzverwaltung das Konzept der Diagonalen Maßgeblichkeit fallengelassen hat, vertritt sie in Tz. 03.02 UmwStE nun folgende Auffassung:

Phasenverschobene Wertaufholung gem. Tz. 03.02 UmwStE:
„Setzt der übernehmende Rechtsträger nach § 24 UmwG in seiner Jahresbilanz über den Wertansätzen in der Schlussbilanz der übertragenden Körperschaft liegende Werte an, sind die Wirtschaftsgüter an dem der Umwandlung folgenden Bilanzstichtag auch in der Steuerbilanz insoweit bis zur Höhe der steuerlichen Anschaffungs- oder Herstellungskosten der übertragenden Körperschaft (ggf. gemindert um Absetzungen für Abnutzung) erfolgswirksam aufzustocken."

Auf Ebene der übernehmenden Personengesellschaft räumt § 24 UmwG für die handelsrechtliche Übernahmebilanz ein Bewertungswahlrecht ein. Dagegen schreibt § 4 Abs. 1 UmwStG für die steuerliche Übernahmebilanz die zwingende Übernahme der Buchwerte aus der steuerlichen Schlussbilanz der übertragenden Kapitalgesellschaft vor. Nimmt die übernehmende Personengesellschaft nach § 24 UmwG ihr Bewertungswahlrecht in Anspruch und setzt in ihrer handelsrechtlichen Übernahmebilanz einen über dem Buchwert liegenden Wert an (Obergrenze: eigene Anschaffungskosten), so weicht ihr Wertansatz von dem in der steuerlichen Schlussbilanz der übertragenden Kapitalgesellschaft ab. Die Finanzverwaltung schreibt deshalb in Tz. 03.02 UmwStE eine Phasenverschobene Wertaufholung vor. Demnach sind die Wirtschaftsgüter in der Steuerbilanz, die auf den der Verschmelzung folgenden Bilanzstichtag aufzustellen ist, bis zur Höhe der steuerlichen Anschaffungs- oder Herstellungskosten (vermindert um die AfA) erfolgswirksam aufzustocken.

In der Literatur[90] wird die Phasenverschobene Wertaufholung abgelehnt. Dem handelsrechtlichen Bewertungswahlrecht gem. § 24 UmwG steht mit § 4 Abs. 1 UmwStG eine zwingende steuerliche Bewertungsvorschrift gegenüber. Der Auffassung der Finanzverwal-

---

88 Vgl. Bula, T./ Schlösser, J., in: Sagasser, B./ Bula, T./ Brünger, T., Umwandlungen, 3. Aufl., München 2002, S. 58 f., Rz. 29 f.

89 Vgl. BT-Drucks. 12/6699 v. 01.02.1994, S. 93 und BT-Drucks. 12/6885 v. 24.02.1994, S. 14 f.

90 Vgl. Brinkhaus, J., in: Haritz, D./ Benkert, M. (Hrsg.), Umwandlungssteuergesetz Kommentar, 2. Aufl., München 2000, § 3, Rz. 62; Rödder, T., Anmerkungen zur neuen Maßgeblichkeitskonzeption des UmwSt.-Erlasses für die Umwandlung von Kapitalgesellschaften, DB 1998, S. 999.

tung ist zu widersprechen, da für das steuerrechtliche Wertaufholungsgebot keine entsprechende handelsrechtliche Wertaufholung maßgeblich ist. § 24 UmwG gewährt der übernehmenden Personengesellschaft ein Wahlrecht zwischen dem Ansatz der Buchwerte oder der Anschaffungskosten. Die Bewertung der übernommen Wirtschaftsgüter zu Anschaffungskosten ist nicht als Wertaufholung i.S.v. §§ 253 Abs. 5, 254 Satz 2, 280 HGB zu interpretieren. Durch die von der Finanzverwaltung befürwortete Phasenverschobene Wertaufholung entsteht zudem ein steuerlicher Nachteil in Form eines zu versteuernden Gewinns. Dieser lässt sich nur vermeiden, wenn in der handelsrechtlichen Schlussbilanz die Buchwerte fortgeführt werden. Eine Wertaufholung ist dann nicht geboten, jedoch kann der Ansatz mit den Buchwerten handelsrechtlich ggf. zum Ausweis eines Verschmelzungsverlusts führen. Dies wiederum beeinträchtigt das Ziel des § 24 UmwG, die Entstehung eines Verschmelzungsverlusts durch den Ansatz der Anschaffungskosten zu vermeiden.[91]

Zusammenfassung:

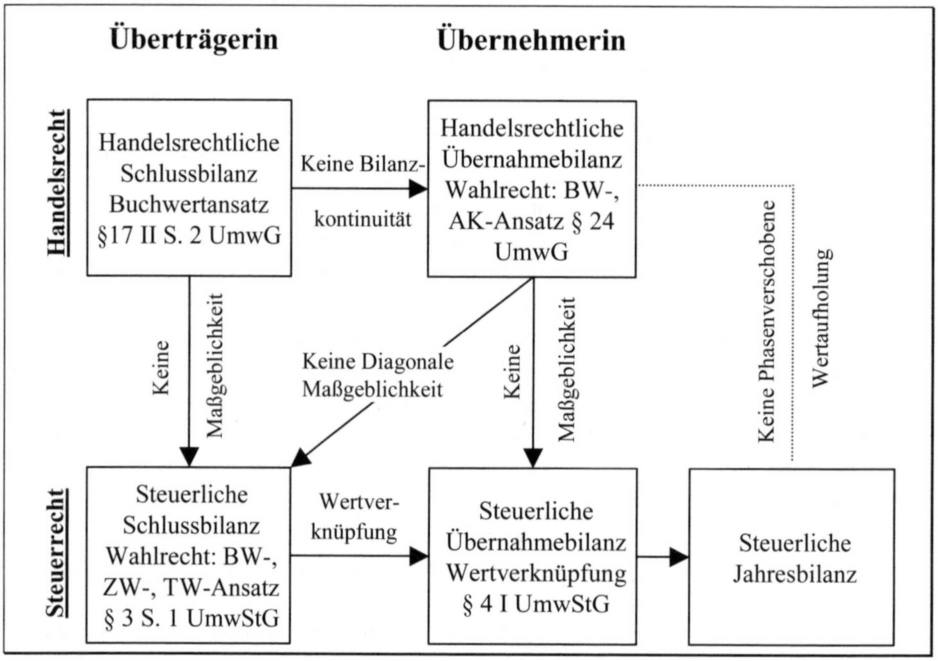

Abbildung 48: Ergebnis bilanzielle Wertverknüpfungen

Weder auf Seite der Überträgerin noch auf Seite der Übernehmerin kann der Grundsatz der Maßgeblichkeit der Handelsbilanz für die Steuerbilanz angewendet werden. Der Auffassung der Finanzverwaltung ist damit nicht zu folgen.

91 Vgl. Haritz, D./ Paetzold, H., Bilanzielle Verknüpfungen und der Maßgeblichkeitsgrundsatz bei Verschmelzungen, FR 1998, S. 352, 357.

Merke: Das steuerliche Bewertungswahlrecht des § 3 Satz 1 UmwStG ist unabhängig vom handelsrechtlichen Buchwertansatz gem. § 17 Abs. 2 Satz 2 UmwG auszuüben. In der steuerlichen Schlussbilanz kann die Überträgerin einen Ansatz zu Buch-, Zwischen- oder Teilwerten wählen. Der Grundsatz der Maßgeblichkeit findet im Gegensatz zur Auffassung der Finanzverwaltung in Tz. 03.01 UmwStE keine Anwendung.

Die in der Finanzverwaltung in Tz. 03.02 UmwStE geforderte Phasenverschobene Wertaufholung steht im Widerspruch zur Wertverknüpfung des § 4 Abs. 1 UmwStG. Außerdem entfaltet sie in der Praxis Auswirkungen, die mit dem gesetzgeberischen Ziel des § 24 UmwG nicht vereinbar sind. Der Auffassung der Finanzverwaltung ist daher nicht zu folgen.

Merke: Die von der Finanzverwaltung vorgeschriebene Phasenverschobene Wertaufholung ist abzulehnen.

Klausurhinweis: Das Problem der Maßgeblichkeit hat für das Lösen von Klausuraufgaben wenig Relevanz, da die Aufstockung auf Zwischen- oder Teilwerte und damit die Entstehung eines Übertragungsgewinns i.d.R. nicht Prüfungsgegenstand sind.

5.3.5 Körperschaftsteuerguthaben bzw. Körperschaftsteuerschuld der übertragenden Kapitalgesellschaft nach § 10 UmwStG

Ein auf Ebene der übertragenden Kapitalgesellschaft vorhandenes Körperschaftsteuerguthaben bzw. ein vorhandenes Körperschaftsteuererhöhungspotenzial kann die übernehmende Personengesellschaft aufgrund des Wechsels der Besteuerungsprinzipien nicht fortführen. Wie bereits dargelegt, wird bei der Verschmelzung einer Kapitalgesellschaft auf eine Personengesellschaft steuerlich eine Vollausschüttung der Gewinnrücklagen der Kapitalgesellschaft fingiert. In diesem Zusammenhang fällt – wie bei einer ordentlichen Gewinnausschüttung – auf Ebene der übertragenden Kapitalgesellschaft eine KSt-Minderung bzw. KSt-Erhöhung an.

Zum besseren Verständnis werden im Folgenden die für die Körperschaftsteuererhöhung und -minderung ursächlichen Faktoren, ein unbelasteter Teilbetrag (§ 38 Abs. 1 Satz 1 KStG; ehemaliges EK 02) und ein Körperschaftsteuerguthaben (§ 37 Abs. 1 KStG), kurz dargestellt.

Ein **Unbelasteter Teilbetrag** (§ 38 Abs. 1 Satz 1 KStG) repräsentiert ehemaliges EK 02, welches im Anrechnungsverfahren nicht mit Körperschaftsteuer belastet wurde. Ausschüttungen aus diesem innerhalb des 18-jährigen Übergangszeitraums[92] vom Anrechnungs- zum Halbeinkünfteverfahren führen zu einer Körperschaftsteuererhöhung um 3/7 des ausgeschütteten Betrages (§ 38 Abs. 2 Satz 1 KStG). Gleichzeitig mindert diese Erhöhung der KSt-Schuld jedoch das festgestellte EK 02 (§ 38 Abs. 2 Satz 2 KStG), so dass nur 7/10 des unbelasteten Teilbetrags für Ausschüttungen verwendet werden können. Im Ergebnis beträgt die **Körperschaftsteuererhöhung** daher **3/10 des ehemaligen EK 02**.

Das **Körperschaftsteuerguthaben** i.S.v. § 37 Abs. 1 KStG beträgt 1/6 des ehemaligen EK 40, das im Anrechnungsverfahren mit 40 % Körperschaftsteuer belastet war und im Ausschüttungsfall zu einer 10 %-Körperschaftsteuerminderung bei der ausschüttenden Kapitalgesellschaft führte. Im Ausschüttungsfall erfolgt während des Übergangszeitraums vom Anrechnungs- zum Halbeinkünfteverfahren eine **Minderung der Körperschaftsteuer** der übertragenden Kapitalgesellschaft i.H.v. **1/6 des Ausschüttungsbetrages** (§ 37 Abs. 2 Satz 1 KStG), soweit genügend Körperschaftsteuerguthaben i.S.d. § 37 Abs. 1 KStG vorhanden ist.

Beachte: Das Körperschaftsteuer-Moratorium[93] (Begrenzung der KSt-Minderung auf 0 € für die Jahre 2003 bis 2005 gem. § 37 Abs. 2a Nr. 1 KStG) ist auf die fiktive Gewinnausschüttung i.S.d. § 10 UmwStG nicht anzuwenden (§ 10 Satz 2 UmwStG).

KSt-Erhöhung:	KSt-Minderung:
→ 3/10 des ehemaligen EK 02	→ 1/6 des als ausgeschüttet geltenden Betrages → maximal das KSt-Guthaben

Abbildung 49: Erhöhung bzw. Minderung der KSt-Schuld

Da im Rahmen der Verschmelzung einer Kapitalgesellschaft auf eine Personengesellschaft eine Totalausschüttung der Gewinnrücklagen fingiert wird, müssen die Regelungen des § 10 UmwStG mit der Körperschaftsteuererhöhung bzw. –minderung, wie sie bei einer „normalen" Gewinnausschüttung anfallen würde, übereinstimmen. Als ausschüttbarer Gewinn einer Kapitalgesellschaft gilt das gesamte Eigenkapital abzgl. des gezeichneten Kapitals und des steuerlichen Einlagekontos (§ 27 Abs. 1 Satz 4 KStG). Die Rückgewähr von gezeichnetem Kapital bzw. die Ausschüttung aus dem steuerlichen Einlagekonto führen nicht zu einer Besteuerung auf Ebene des Empfängers. Im Rahmen der Ausschüttungsfikti-

92 Vgl. Djanani, C./ Brähler, G./ Wesel, K., Das „Körperschaftsteuer – Moratorium" oder die „Notbremse" des Fiskus, StB 2003, S. 284-288.

93 Vgl. Djanani, C./ Brähler, G./ Wesel, K., Das „Körperschaftsteuer-Moratorium" oder die „Notbremse" des Fiskus, StB 2003, S. 284-288.

on muss daher ebenfalls das steuerliche Eigenkapital abzüglich des gezeichneten Kapitals und des steuerlichen Einlagekontos als für die fiktive Gewinnausschüttung verwendet gelten.[94]

> **§ 10 Satz 1 UmwStG:** „Die Körperschaftsteuerschuld der übertragenden Körperschaft mindert oder erhöht sich für den Veranlagungszeitraum der Umwandlung um den Betrag, der sich nach den §§ 37 und 38 des Körperschaftsteuergesetzes ergeben würde, wenn das in der Steuerbilanz ausgewiesene Eigenkapital abzüglich des Betrages, der nach § 28 Abs. 2 Satz 1 des Körperschaftsteuergesetzes in Verbindung mit § 29 Abs. 1 des Körperschaftsteuergesetzes dem steuerlichen Einlagekonto gutzuschreiben ist, als am Übertragungsstichtag für eine Ausschüttung verwendet gelten würde.“

Wie der Wortlaut des § 10 UmwStG ausdrückt, ist zunächst auf einer „rechnerischen Vorstufe“[95] § 29 Abs. 1 KStG anzuwenden. Das Nennkapital der übertragenden Körperschaft ist nach § 29 Abs. 1 i.V.m. § 28 Abs. 2 Satz 1 KStG fiktiv herabzusetzen. Bei der fiktiven Kapitalherabsetzung nach § 28 Abs. 2 Satz 1 KStG ist zunächst die Minderung eines evtl. vorhandenen Sonderausweises i.S.d. § 28 Abs. 1 Satz 3 KStG vorgesehen.

Ein **Sonderausweis** i.S.d. § 28 Abs. 1 Satz 3 KStG entsteht, wenn im Rahmen einer Kapitalerhöhung Gewinnrücklagen in Nennkapital umgewandelt werden.[96] Während die Rückgewähr von Nennkapital nicht zu versteuern ist, führt die Herabsetzung und Ausschüttung des Sonderausweises an die Anteilseigner zu Einkünften i.S.d. § 20 Abs. 1 Nr. 2 EStG (§ 28 Abs. 2 Satz 2 KStG) und damit zu steuerpflichtigen Einkünften. Dies ist folgerichtig, da der im Nennkapital enthaltene Sonderausweis aus auf Ebene des Anteilseigners noch nicht versteuerten Gewinnrücklagen stammt. Demgegenüber enthält das **steuerliche Einlagekonto** (§ 27 Abs. 1 Satz 1 KStG) nicht in das Nennkapital geleistete Einlagen der Gesellschafter. Ausschüttungen aus diesem sind gem. § 20 Abs. 1 Nr. 1 Satz 3 EStG steuerfrei.

Gem. § 29 Abs. 1 i.V.m. § 28 Abs. 2 Satz 1 KStG ist das Nennkapital der übertragenden Körperschaft folgendermaßen herabzusetzen:

	Nennkapital
./.	Sonderausweis i.S.d. § 28 Abs. 1 Satz 3 KStG (falls vorhanden)
=	Unterschiedsbetrag (wird dem steuerlichen Einlagekonto zugeschrieben)

94 Vgl. Krüger, H., Umwandlung einer Körperschaft in eine Personenunternehmung als Ausweg aus dem „Körperschaftsteuer-Moratorium“?, DB 2003, S. 2250.

95 Vgl. Dötsch, E., in: Dötsch, E./ Jost, W./ Patt, J./ Pung, A., Umwandlungssteuerrecht, 5. Aufl., Stuttgart 2003, § 10 UmwStG, Rz. 28b.

96 Vgl. Förster, G./ van Lishaut, I., Das körperschaftsteuerliche Eigenkapital i.S.d. §§ 27-29 KStG 2001 (Teil 1), FR 2002, S. 1213.

Der Unterschiedsbetrag ist dem steuerlichen Einlagekonto zuzuschreiben. Das steuerliche Einlagekonto enthält daher nach Anwendung von § 29 Abs. 1 KStG sowohl das Nennkapital (ohne Sonderausweis) als auch das schon vor der Umwandlung vorhandene steuerliche Einlagekonto.

Als fiktiv ausgeschüttet gelten:

	Eigenkapital lt. Steuerbilanz
./.	steuerliches Einlagekonto (nach Anwendung von § 29 Abs. 1 i.V.m. § 28 Abs. 2 Satz 1 KStG), in dem nunmehr das Nennkapital ohne Sonderausweis enthalten ist
=	als ausgeschüttet geltender Betrag (entspricht den Gewinnrücklagen)

Beispiel

KSt-Minderung/ -Erhöhung

Die Schimanski GmbH soll auf die Derrick OHG verschmolzen werden. Die Schimanski GmbH hat einen unbelasteten Teilbetrag (ehemaliges EK 02) i.H.v. 30 T€ und ein KSt-Guthaben i.H.v. 25 T€. Ein Sonderausweis ist nicht vorhanden. Das steuerliche Einlagekonto weist einen Saldo von 100 T€ auf, der in die Kapitalrücklage eingestellt wurde.

Aktiva	Schimanski-GmbH		Passiva
Aktiva	350 T€	Stammkapital	50 T€
		Kapitalrücklage	100 T€
		Gewinnrücklage	200 T€
	350 T€		350 T€

Durch die fiktive Kapitalherabsetzung gem. § 29 Abs. 1 i.V.m. § 28 Abs. 2 Satz 1 KStG gilt das Stammkapital als dem steuerlichen Einlagekonto gutgeschrieben. Es beträgt danach 150 T€. Als ausgeschütteter Betrag gilt:

	Eigenkapital laut Steuerbilanz	350 T€
./.	Steuerliches Einlagekonto (= 100 T€ Kapitalrücklage + 50 T€ Stammkapital aufgrund § 29 Abs. 1 KStG)	./. 150 T€
=	als ausgeschüttet gelten	200 T€

Der als ausgeschüttet geltende Betrag entspricht damit exakt den Gewinnrücklagen der übertragenden Kapitalgesellschaft. Dies ist folgerichtig, da eine Totalausschüttung der Gewinnrücklagen fingiert wird.

KSt-Minderung: 1/6 des als ausgeschüttet geltenden Betrages	
(1/6 x 200 T€ = 34 T€, max. das KSt-Guthaben)	25 T€
KSt-Erhöhung: 3/10 des ehemaligen EK 02 (unbelasteter Teilbetrag)	
(3/10 x 30 T€ = 9 T€)	./. 9 T€
KSt-Forderung gegenüber dem Finanzamt	16 T€

Aktiva	Schimanski-GmbH		Passiva
Aktiva	350 T€	Stammkapital	50 T€
KSt-Forderung	16 T€	Kapitalrücklage	100 T€
		Gewinnrücklage	200 T€
		Jahresüberschuss	16 T€
	366 T€		366 T€

Die Körperschaftsteuerschuld erhöht oder mindert sich für den Veranlagungszeitraum der Umwandlung. Die Körperschaftsteuerminderung (bzw. -erhöhung) erhöht (mindert) das Betriebsvermögen der übertragenden Körperschaft. Dadurch erhöht (mindert) sie auch das Übernahmeergebnis.

Merke:	Das auf das KSt-Guthaben i.S.d. § 37 KStG entfallende KSt-Minderungspotenzial und das auf Rücklagen i.S.d. § 38 KStG entfallende KSt-Erhöhungspotenzial mindern bzw. erhöhen die KSt-Schuld der übertragenden Kapitalgesellschaft.
Begründung:	Totalausschüttungsfiktion der Gewinnrücklagen bei der Verschmelzung einer Kapitalgesellschaft auf eine Personengesellschaft.
Hintergrund:	Auch bei einer Vollausschüttung der Gewinnrücklagen der Kapitalgesellschaft ohne Verschmelzung während des Übergangszeitraums vom Anrechnungs- zum Halbeinkünfteverfahren hätte die Kapitalgesellschaft die Körperschaftsteuerminderung erhalten.

Exkurs: Auffassung der Finanzverwaltung.
Würde man dem genauen Wortlaut des § 10 UmwStG folgen, so wäre nur derjenige Betrag vom Eigenkapital lt. Steuerbilanz abzuziehen, der nach §§ 29 Abs. 1 i.V.m. 28 Abs. 2 Satz 1 KStG dem steuerlichen Einlagekonto zuzuschreiben ist und nicht das gesamte steuerliche Einlagekonto. Im neuesten BMF-Schreiben zum UmwStG[97] folgt auch die Finanzverwaltung dem exakten Wortlaut des Gesetzestextes. Der Unterschied soll anhand folgenden Beispiels verdeutlicht werden:

[97] Vgl. BMF v. 16.12.2003, IV A 2-S 1978-16/03, BStBl. I 2003, S. 786, Tz. 11.

Beispiel

Es gelten die Angaben aus dem obigen Beispiel:

Dem Wortlaut des § 10 UmwStG und der Auffassung der Finanzverwaltung folgend wäre nun *nur das Stammkapital* vom steuerlichen Eigenkapital abzuziehen, da nur dieses gem. §§ 29 Abs. 1 i.V.m. 28 Abs. 2 Satz 1 KStG dem steuerlichen Einlagekonto zuzuschreiben ist:

	Eigenkapital lt. Steuerbilanz	350 T€
./.	Betrag, der gem. §§ 29 Abs. 1 i.V.m. 28 Abs. 2 Satz 1 KStG dem steuerlichen Einlagekonto zuzuschreiben ist	./. 50 T€
=	als ausgeschüttet geltender Betrag	300 T€

Als fiktiv ausgeschüttet gelten in diesem Falle 300 T€. Damit wäre im fiktiven Ausschüttungsbetrag auch der Anteil des steuerlichen Einlagekontos, der vor der Umwandlung bei der übertragenden Kapitalgesellschaft bestand, enthalten.

In diesem Falle liegt ein offensichtliches gesetzgeberisches Versehen vor. Die Auffassung der Finanzverwaltung ist **abzulehnen**. § 10 UmwStG soll eine Totalausschüttung sämtlicher Gewinnrücklagen fingieren.[98] Insofern ist es nicht ersichtlich, warum ein schon vor der Umwandlung vorhandenes steuerliches Einlagekonto im als ausgeschüttet geltenden Betrag enthalten sein soll, da es sich bei dem steuerlichen Einlagekonto nicht um thesaurierte Gewinne, sondern um Einlagen durch die Gesellschafter handelt. § 10 UmwStG ist daher so auszulegen, dass das **gesamte steuerliche Einlagekonto**, folglich auch jenes, welches vor der Umwandlung vorhanden war, vom Eigenkapital lt. Steuerbilanz abzuziehen ist.[99]

Ende Exkurs

Soweit einer unbeschränkt steuerpflichtigen Körperschaft als Gesellschafter der übernehmenden Personengesellschaft ein Anteil am Übernahmeergebnis zuzurechnen ist, führt die Minderung der Körperschaftsteuer auf Ebene der übertragenden Körperschaft zu einer Erhöhung der Körperschaftsteuer der an der Personengesellschaft beteiligten Körperschaft (§ 37 Abs. 3 Satz 3 KStG). Die Körperschaftsteuer und das Körperschaftsteuerguthaben erhöhen sich bei der an der übernehmenden Personengesellschaft beteiligten Körperschaft um den ihr zurechenbaren Betrag an der Körperschaftsteuerminderung der übertragenden Körperschaft (§ 37 Abs. 3 Satz 3 i.V.m. Satz 1 KStG). Der ihr zurechenbare Betrag ergibt sich aus dem Anteil der an der Personengesellschaft beteiligten Körperschaft am Übernahmeergebnis.[100] Die Körperschaftsteuer verlagert sich auch dann, wenn die an der übernehmenden Personengesellschaft beteiligte Körperschaft Verluste erwirtschaftet hat und daher

---

98 Vgl. BT-Drucks. 14/2683 v. 15.02.2000, S. 128.

99 Vgl. Widmann, S., in Widmann, S./Mayer, D. (Hrsg.), Umwandlungsrecht, Band 5: § 1 - § 20 UmwStG, 72. Erg.Lief., Berlin 2003, § 10 UmwStG (StSenkG/ UntStFG), Rz. 5.

100 Vgl. Dötsch, E., in: Dötsch, E./ Jost, W./ Patt, J./ Pung, A., Umwandlungssteuerrecht, 5. Aufl., Stuttgart 2003, § 10 UmwStG, Rz. 30.

keine Körperschaftsteuer schuldet. Dadurch verschiebt sich das Körperschaftsteuerguthaben der übertragenden Körperschaft anteilig auf die an der übernehmenden Personengesellschaft beteiligte(n) Körperschaft(en).[101]

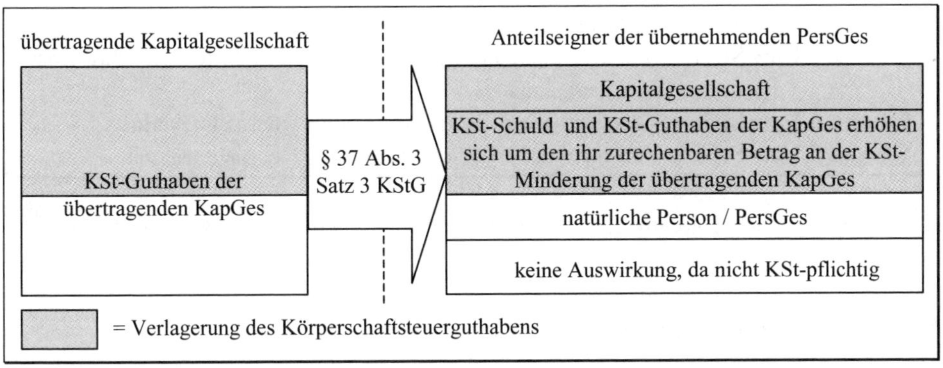

Abbildung 50: Verlagerung von Körperschaftsteuerguthaben

Beispiel

An der aufnehmenden Derrick OHG sind Mia Wallace und die Marcellus Wallace GmbH zu je 50 % beteiligt. Der Marcellus Wallace GmbH sei 50 % des Übernahmeergebnisses zuzurechnen. Bei der Marcellus Wallace GmbH erhöhen sich das Körperschaftsteuerguthaben und die Körperschaftsteuerschuld um 50 % der von der Schimanski GmbH in Anspruch genommenen Körperschaftsteuerminderung, folglich um: 50 % x 25 T€ = **12.500 €**.

50 % des Körperschaftsteuerguthabens der Schimanski GmbH verlagern sich daher auf die Marcellus Wallace GmbH.

5.4 Auswirkungen bei der übernehmenden Personengesellschaft

Die grundlegenden Vorschriften über die Auswirkungen der Verschmelzung bei der übernehmenden Personengesellschaft finden sich in § 4 UmwStG:

[101] Vgl. Förster, G./ van Lishaut, I., Steuerliche Folgen der Umwandlung einer Kapitalgesellschaft in ein Personenunternehmen nach dem neuen Umwandlungssteuerrecht, FR 2000, S. 1191.

§ 4 Abs. 1 UmwStG:	Wertverknüpfung
§ 4 Abs. 2 UmwStG:	Eintritt in die Rechtsstellung der übertragenden KapGes, kein Übergang eines verbleibenden Verlustvortrags
§ 4 Abs. 3 UmwStG:	Abschreibung der übergehenden Wirtschaftsgüter
§ 4 Abs. 4 UmwStG:	Ermittlung des Übernahmeergebnisses
§ 4 Abs. 5 UmwStG:	Hinzurechnung des Sperrbetrages (§ 50c EStG a.F.) zum Übernahmeergebnis
§ 4 Abs. 6 UmwStG:	Vorschriften zur Besteuerung eines Übernahmeverlusts
§ 4 Abs. 7 UmwStG:	Vorschriften zur Besteuerung eines Übernahmegewinns

Die Regelungen des § 4 UmwStG werden durch die §§ 5 und 6 UmwStG ergänzt.

5.4.1 Wertverknüpfung

Die übernehmende Personengesellschaft hat gem. § 4 Abs. 1 UmwStG die in der steuerlichen Schlussbilanz der übertragenden Körperschaft ausgewiesenen Wertansätze der Wirtschaftsgüter zu übernehmen. Auf diese Weise wird die spätere Besteuerung der stillen Reserven sichergestellt.

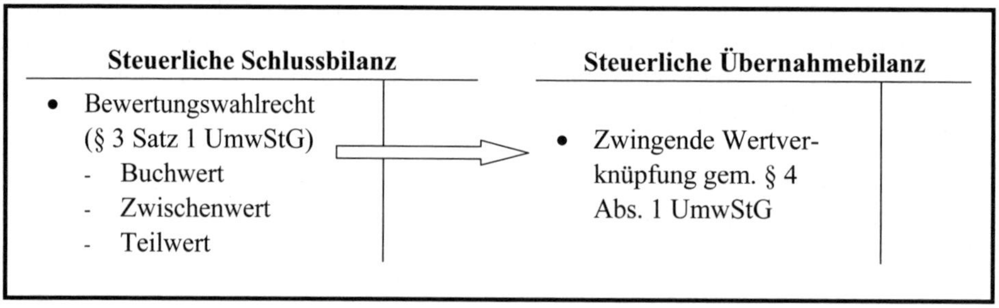

Abbildung 51: Steuerliche Schlussbilanz und steuerliche Übernahmebilanz

Der Wertansatz in der Bilanz der übernehmenden Personengesellschaft hängt damit entscheidend davon ab, ob die übertragende Kapitalgesellschaft in ihrer steuerlichen Schlussbilanz die Buchwerte fortführt oder den Zwischen- oder Teilwertansatz wählt. Die Wertverknüpfung muss sich jedoch nicht zwangsweise in der Gesellschaftsbilanz der übernehmenden Personengesellschaft niederschlagen. Soweit dies keine Auswirkungen auf die Ermittlung des Übernahmegewinns und zukünftiger laufender Gewinne hat, können die übernommenen Werte auch in den Ergänzungsbilanzen der Gesellschafter ausgewiesen werden. Im Ergebnis ist der Wertansatz der Wirtschaftsgüter der übertragenden Kapitalgesellschaft daher in der Gesellschaftsbilanz einschließlich der Ergänzungsbilanzen der Gesellschafter zu übernehmen.[102]

[102] Vgl. Benkert, M., in: Haritz, D./ Benkert, M. (Hrsg.), Umwandlungssteuergesetz Kommentar, 2. Aufl., München 2000, § 4, Rz. 20.

Merke: Die übernehmende PersGes hat die Werte aus der Schlussbilanz der übertragenden KapGes fortzuführen.

Begründung: Dadurch wird die spätere Besteuerung der in den übergehenden Wirtschaftsgütern enthaltenen stillen Reserven (bei einem Ansatz unter dem Teilwert seitens der übertragenden KapGes) gesichert.

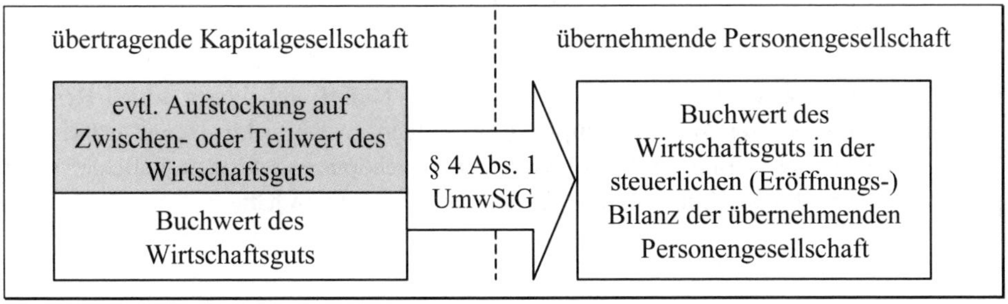

Abbildung 52: Wertverknüpfung (§ 4 Abs. 1 UmwStG)

Beispiel

Wertverknüpfung

Die Elm Street GmbH soll zum 01.01.2004 auf die Nightmare OHG, an der Freddy und Jason zu je 50 % beteiligt sind, verschmolzen werden. Die Nightmare OHG hält eine Beteiligung i.H.v. 100 % der Anteile an der Elm Street GmbH im Betriebsvermögen. Die Elm Street GmbH führt in ihrer steuerlichen Schlussbilanz gem. dem in § 3 UmwStG gewährten Wahlrecht die Buchwerte der Wirtschaftsgüter fort.

Aktiva	Elm Street-GmbH		Passiva
Aktiva	50 T€	Stammkapital	25 T€
		Fremdkapital	25 T€
	50 T€		50 T€

Die Aktiva der Elm Street GmbH enthalten stille Reserven i.H.v. 50 T€.

Aktiva	Nightmare-OHG		Passiva
Beteiligung	25 T€	Kapital Freddy	25 T€
Sonst. Aktiva	75 T€	Kapital Jason	25 T€
		Fremdkapital	50 T€
	100 T€		100 T€

Aufgrund der Wertverknüpfung des § 4 Abs. 1 UmwStG hat die übernehmende Nightmare OHG die Wirtschaftsgüter mit dem Wertansatz in der steuerlichen Schlussbilanz der Elm Street GmbH zu übernehmen.

Aktiva		Nightmare OHG			Passiva
Beteiligung	25 T€		Kapital Freddy		25 T€
./. Beteiligung	./. **25 T€**	0 T€	Kapital Jason		25 T€
Sonst. Aktiva	75 T€		FK	50 T€	
+ Aktiva E-GmbH*	+ **50 T€**	125 T€	+ FK E-GmbH*	+ **25 T€**	75 T€
		125 T€			125 T€

*E-GmbH = Elm Street GmbH

Die in den Aktiva der übertragenden Elm Street GmbH enthaltenen **stillen Reserven sind aufgrund der Wertverknüpfung** im Folgenden **weiterhin steuerverhaftet**, da sie zum Betriebsvermögen der Nightmare OHG gehören und diese im Falle der Veräußerung der Aktiva einen Veräußerungsgewinn zu versteuern hätte.

5.4.2 Übernahmeergebnis

Wie bereits im einleitenden Beispiel erläutert, ist die übernehmende Personengesellschaft aufgrund des Wechsels von einer intransparenten in eine transparente Besteuerung nicht berechtigt, die Gewinnrücklagen der übertragenden Kapitalgesellschaft fortzuführen. Die Gewinnrücklagen der übertragenden Kapitalgesellschaft müssen beim Vermögensübergang im Rahmen der Verschmelzung versteuert werden. Die Besteuerung des Übernahmeergebnisses ist daher eine Sonderform der Dividendenbesteuerung.[103]

5.4.2.1 Ermittlung des Übernahmeergebnisses

Die übernehmende Personengesellschaft ist in ihrer steuerlichen Übernahmebilanz gem. § 4 Abs. 1 UmwStG an die Werte aus der steuerlichen Schlussbilanz der Überträgerin gebunden. Hält die übernehmende Personengesellschaft Anteile an der übertragenden Kapitalgesellschaft, fallen diese mit Zugang der Wirtschaftsgüter weg.

	Aktiva	B-OHG		Passiva
	Aktiva	450 T€	Eigenkapital	500 T€
←	Beteiligung	./. **250 T€**	Fremdkapital	200 T€
→	Wirtschaftsgüter	+ **250 T€**		
		700 T€		700 T€

Die übernehmende Personengesellschaft wird um die übergehenden Wirtschaftsgüter (hier: 250 T€) reicher und um die wegfallende Beteiligung (hier: 250 T€) ärmer.

103 Vgl. Pung, A., in: Dötsch, E./ Jost, W./ Patt, J./ Pung, A., Umwandlungssteuerrecht, 5. Aufl., Stuttgart 2003, § 4 UmwStG, Rz. 19.

Dieser Vorgang löst auf Ebene der übernehmenden Personengesellschaft steuerliche Folgen aus, wenn die wegfallende Beteiligung den übergehenden Wirtschaftsgütern wertmäßig nicht entspricht: In Höhe der Differenz zwischen wegfallender Beteiligung und zugegangenen Wirtschaftsgütern ergibt sich ein **Übernahmegewinn oder ein Übernahmeverlust**. Dieser ermittelt sich gem. § 4 Abs. 4, 5 UmwStG wie folgt:

	Wert, mit dem die Wirtschaftsgüter nach § 4 Abs. 1 UmwStG zu übernehmen sind
./.	Buchwert der Anteile an der übertragenden Körperschaft
=	Übernahmegewinn/ -verlust (1. Stufe)
+	Sperrbetrag nach § 50c EStG a.F.
=	Übernahmegewinn/ -verlust (2. Stufe)

Der Wert, mit dem die Wirtschaftsgüter übergegangen sind, ist:

	Buchwert der übernommenen Vermögensgegenstände der übertragenden KapGes
./.	Buchwert der übernommenen Schulden der übertragenden KapGes
=	Wert, mit dem die Wirtschaftsgüter nach § 4 Abs. 1 UmwStG zu übernehmen sind

Die Buchwerte der übernommenen Vermögensgegenstände der übertragenden Kapitalgesellschaft ergeben sich aus der steuerlichen Schlussbilanz der übertragenden Kapitalgesellschaft nach Anwendung des Bewertungswahlrechts des § 3 UmwStG inklusive einer evtl. Körperschaftsteuererhöhung bzw. -minderung nach § 10 UmwStG.

Der Buchwert der untergehenden Anteile ist der Wert, mit dem die Anteile nach den steuerrechtlichen Vorschriften über die Gewinnermittlung in einer auf den steuerlichen Übertragungsstichtag aufzustellenden Bilanz angesetzt sind bzw. anzusetzen wären (§ 4 Abs. 4 Satz 2 UmwStG). Da es sich bei dem übernehmenden Rechtsträger um eine Personengesellschaft handelt, ist unter dem Begriff Steuerbilanz i.S.d. § 4 Abs. 4 Satz 2 UmwStG nicht nur die Gesamthandsbilanz, sondern die Gesamthandsbilanz einschließlich der Sonder- und Ergänzungsbilanzen der Gesellschafter zu verstehen. Existiert keine auf den steuerlichen Übertragungsstichtag aufgestellte Bilanz, ist der Wert der untergehenden Beteiligung so zu ermitteln, als ob auf diesen Stichtag eine Bilanz aufzustellen wäre.[104]

Folgende Grafik verdeutlicht das Entstehen des Übernahmeergebnisses anhand der Bilanzen der übertragenden Kapitalgesellschaft und der übernehmenden Personengesellschaft:

[104] Vgl. Pung, A., in: Dötsch, E./ Jost, W./ Patt, J./ Pung, A., Umwandlungssteuerrecht, 5. Aufl., Stuttgart 2003, § 4 UmwStG, Rz. 23.

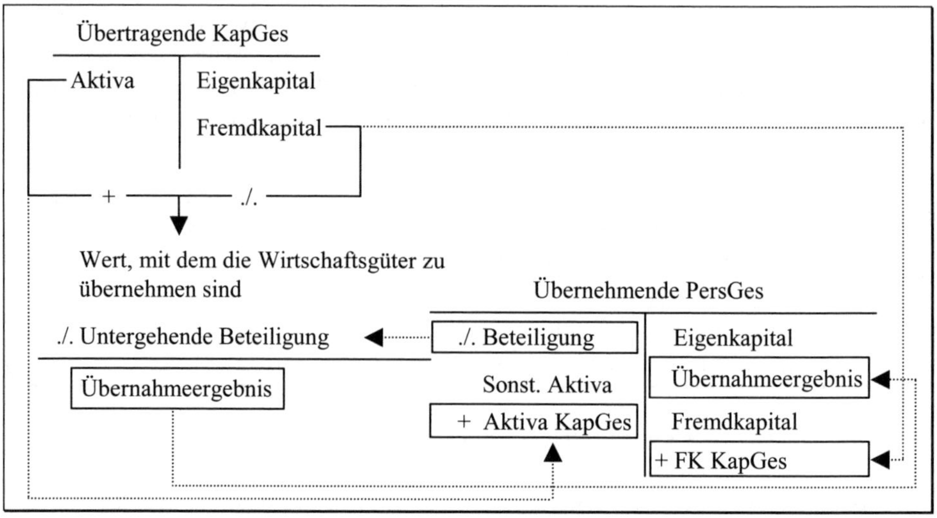

Abbildung 53: Berechnung des Übernahmeergebnisses (1. Stufe)

Ein Übernahmegewinn (-verlust) entsteht, wenn der Wert der untergehenden Beteiligung geringer (höher) ist als der Wert, mit dem die Wirtschaftsgüter (WG) zu übernehmen sind:

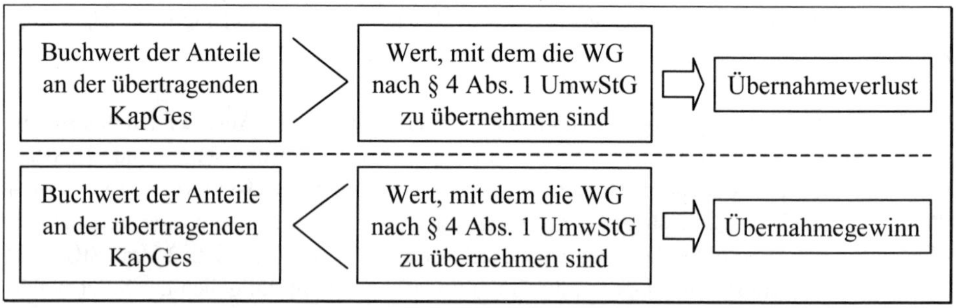

Abbildung 54: Entstehung eines steuerrechtlichen Übernahmegewinns/-verlusts

Führt die übertragende Körperschaft die Buchwerte fort und vermeidet somit eine steuerpflichtige Aufdeckung der stillen Reserven, hängt das Übernahmeergebnis maßgeblich vom Buchwert der untergehenden Beteiligung an der übertragenden Kapitalgesellschaft und damit von den Anschaffungskosten dieser Anteile ab. Nimmt man außerdem an, dass die zu verschmelzende Kapitalgesellschaft nach ihrer Gründung sowohl stille Reserven gebildet als auch Gewinne erzielt und thesauriert hat, hängt das Übernahmeergebnis entscheidend **vom Zeitpunkt des Erwerbs der Anteile** ab:

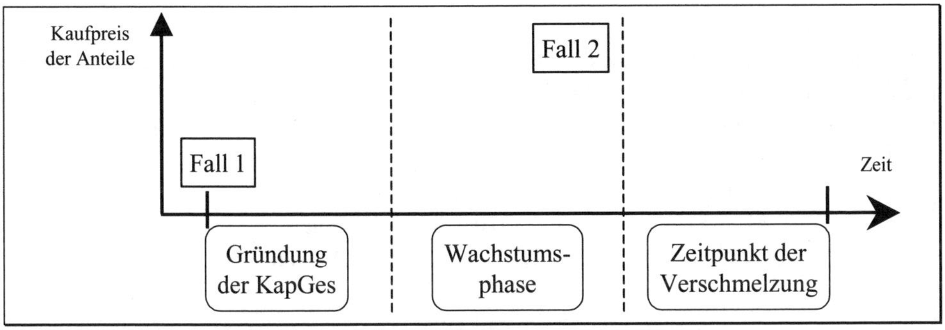

Abbildung 55: Zeitpunkte des Erwerbs der Anteile an der KapGes

Fall 1: Die Anschaffungskosten eines **Gründungsgesellschafters**, die die Obergrenze für den Buchwert der Anteile darstellen, beinhalten keine stillen Reserven bzw. Gewinnrücklagen, die die übertragende Kapitalgesellschaft im Zeitpunkt der Umwandlung besitzt, da die stillen Reserven und Gewinnrücklagen erst nach der Gründung der Gesellschaft gebildet worden sind. Die Anschaffungskosten entsprechen daher dem Stammkapital. Im Falle der Buchwertfortführung sind bei den Gründungsgesellschaftern die Werte, mit denen die Wirtschaftsgüter übernommen werden, folglich um die Gewinnrücklagen höher als die Anschaffungskosten. Der **Übernahmegewinn** entspricht daher den Gewinnrücklagen der Kapitalgesellschaft.

Fall 2: Bei einem Erwerb der Kapitalgesellschaftsanteile nach der Gründung wird der Verkäufer der Anteile vom **Erwerber** einen Kaufpreis fordern, der dem Marktwert der Kapitalgesellschaft entspricht und daher auch stille Reserven der Kapitalgesellschaft enthält. Im Fall der Buchwertfortführung sind bei diesem Gesellschafter die Werte, mit denen die Wirtschaftsgüter übernommen werden, aufgrund der mitbezahlten stillen Reserven häufig niedriger als seine Anschaffungskosten. Daher entsteht in diesen Fällen meist ein **Übernahmeverlust**.

Merke: Entscheidend für die Höhe des Übernahmeergebnisses sind:

1) Wertansatz der übergehenden Wirtschaftsgüter (§ 3 UmwStG).
2) Anschaffungskosten/ Buchwert der Beteiligung an der übertragenden KapGes.

Begründung:

1) Eine Aufwertung der Wirtschaftsgüter in der steuerlichen Übertragungsbilanz der übertragenden KapGes erhöht den Wert des übergehenden Vermögens und damit das Übernahmeergebnis.
2) Höhere Buchwerte der Anteile an der übertragenden KapGes mindern das Übernahmeergebnis, da in diesem Falle im Kaufpreis bereits stille Reserven vergütet wurden.

Beispiel

Übernahmeergebnis

Die Renton GmbH soll auf die bereits bestehende Begbie & Spud OHG verschmolzen werden. Die Renton GmbH hat folgende steuerliche Schlussbilanz, in der sie gem. dem in § 3 UmwStG gewährten Wahlrecht die Buchwerte fortführt, aufgestellt:

Aktiva	Renton	GmbH	Passiva
Aktiva	220 T€	Stammkapital	50 T€
		Gewinnrücklagen	70 T€
		Fremdkapital	100 T€
	220 T€		220 T€

In den Aktiva der Renton GmbH sind stille Reserven i.H.v. 200 T€ enthalten. Der Teilwert der Aktiva beträgt daher 420 T€.

Fall 1: Die Begbie & Spud OHG ist alleinige Gründungsgesellschafterin der Renton GmbH. In diesem Fall entspricht der Buchwert ihrer Anteile dem bei Gründung der Renton GmbH eingezahlten Stammkapital, d.h. 50 T€.

	Wert, mit dem die Wirtschaftsgüter nach § 4 Abs. 1 UmwStG zu übernehmen sind (220 T€ ./. 100 T€)	120 T€
./.	Buchwert der Anteile an der übertragenden Körperschaft	./. 50 T€
=	Übernahmegewinn	70 T€

Dieser **Übernahmegewinn** entspricht den **Gewinnrücklagen** der übertragenden Kapitalgesellschaft.

Fall 2: Die Begbie & Spud OHG erwirbt alle Anteile an der Renton GmbH unmittelbar vor der Verschmelzung. Die Begbie & Spud OHG kauft die Anteile zum Marktwert. Dieser beträgt 320 T€ (Teilwerte der Aktiva ./. Fremdkapital). In diesem Fall entspricht der Buchwert ihrer Anteile daher den Anschaffungskosten i.H.v. 320 T€.

	Wert, mit dem die Wirtschaftsgüter nach § 4 Abs. 1 UmwStG zu übernehmen sind (220 T€ ./. 100 T€)	120 T€
./.	Buchwert der Anteile an der übertragenden Körperschaft	./. 320 T€
=	Übernahmeverlust	./. 200 T€

Auch im Falle eines Übernahmeverlusts gilt die Ausschüttungsfiktion. Dadurch, dass in dem Wert des übernommenen Vermögens die Gewinnrücklagen enthalten sind und vom Wert der übernommenen Wirtschaftsgüter der Buchwert der Anteile, also folglich die Anschaffungskosten, abzuziehen sind, stellen nur die **stillen Reserven** den **Übernahmeverlust** dar. Die fiktive Ausschüttung der Gewinnrücklagen hat daher auch in diesem Falle eine das Übernahmeergebnis erhöhende (bzw. den Übernahmeverlust verringernde) Wirkung. Folgende Gegenüberstellung verdeutlicht dies:

	Gründerfall	Erwerberfall
übergehendes Vermögen (entspricht ⇨)	Stammkapital + **Gewinnrücklagen**	Stammkapital + **Gewinnrücklagen**
./. Buchwert der Anteile (entspricht ⇨)	./. Stammkapital	./. (Stammkapital + **Gewinnrücklagen** + stille Reserven)
Übernahmeergebnis (entspricht ⇨)	**Gewinnrücklagen**	./. stille Reserven
in diesem Beispiel:	**70 T€**	**./. 200 T€**

5.4.2.1.1 Anschaffungs- und Einlagefiktion (§ 5 UmwStG)

Die Regelungen des § 5 UmwStG sind als Ergänzungen zu der Ermittlung des Übernahmeergebnisses nach § 4 Abs. 4, 5 UmwStG zu verstehen. Bei der Ermittlung des Übernahmeergebnisses nach § 4 Abs. 4 Satz 1 UmwStG (Übernahmeergebnis 1. Stufe) geht der Gesetzgeber davon aus, dass die übernehmende Personengesellschaft am steuerlichen Übertragungsstichtag alle Anteile an der übertragenden Kapitalgesellschaft in ihrem Betriebsvermögen hält.[105] Das Tatbestandsmerkmal der Betriebszugehörigkeit leitet sich aus § 3 Satz 1 UmwStG ab. Demnach müssen die Wirtschaftsgüter Betriebsvermögen der übernehmenden Personengesellschaft werden, damit die übertragende Kapitalgesellschaft die Buchwerte fortführen kann. Hierauf bauen wiederum die Vorschriften zum Übernahmeergebnis nach § 4 Abs. 4, 5 UmwStG auf.[106] § 5 UmwStG ist daher systematisch erforderlich, um auch in den Fällen, in denen die übernehmende Personengesellschaft am steuerlichen Übertragungsstichtag nicht alle Anteile an der übertragenden Kapitalgesellschaft hält, den vom Gesetzgeber unterstellten Grundfall herbeizuführen.

[105] Vgl. Pung, A., in: Dötsch, E./ Jost, W./ Patt, J./ Pung, A., Umwandlungssteuerrecht, 5. Aufl., Stuttgart 2003, § 5 UmwStG, Rz. 1.

[106] Vgl. Haritz, D., in: Haritz, D./ Benkert, M. (Hrsg.), Umwandlungssteuergesetz Kommentar, 2. Aufl., München 2000, § 5, Rz. 1.

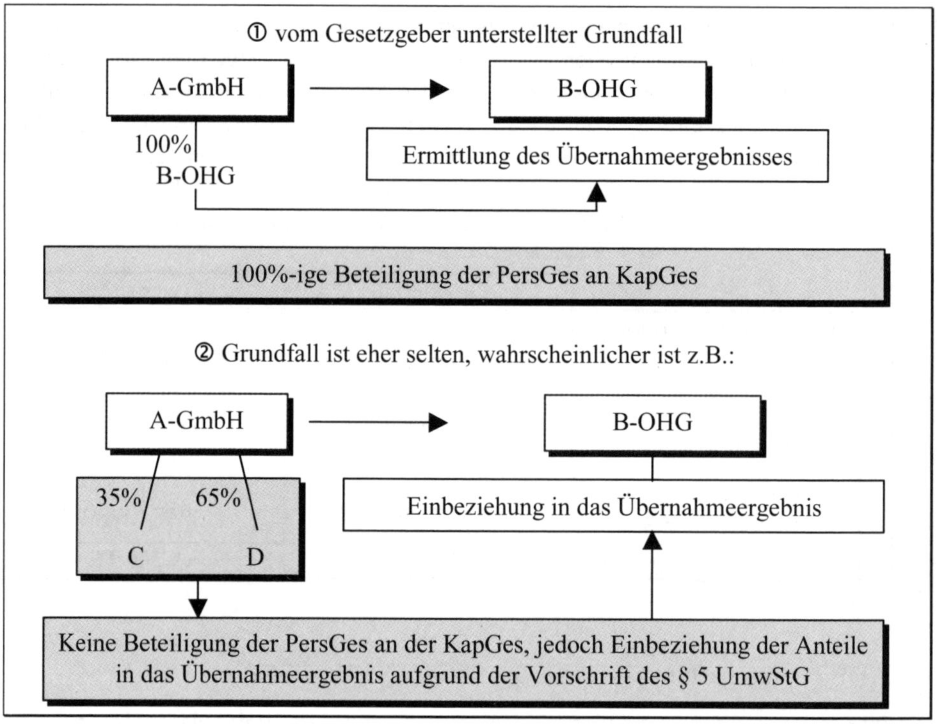

Abbildung 56: Zweck des § 5 UmwStG

Merke:	Immer dann, wenn die übernehmende PersGes am steuerlichen Übertragungsstichtag nicht zu 100 % an der übertragenden KapGes beteiligt ist, sind die Anschaffungs- bzw. Einlagefiktionen des § 5 UmwStG zu prüfen.

Sind die Voraussetzungen des § 5 UmwStG erfüllt, gelten die Anteile als zum steuerlichen Übertragungsstichtag in das Betriebsvermögen der übernehmenden Personengesellschaft eingelegt bzw. als von der übernehmenden Personengesellschaft angeschafft und nehmen an der Ermittlung des Übernahmeergebnisses nach § 4 Abs. 4, 5 UmwStG teil.

Folgende Abbildung zeigt die Anwendungsfälle von § 5 UmwStG:

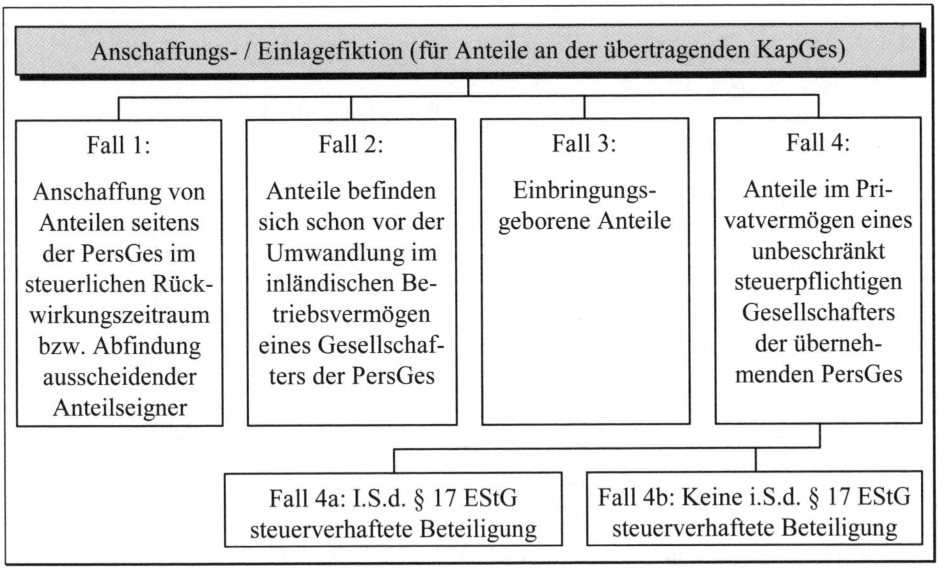

Abbildung 57: Fälle der Anschaffungs-/ Einlagefiktion des § 5 UmwStG

Die in den Fällen 1-4a genannten Anteile nehmen grundsätzlich an der Ermittlung des Übernahmeergebnisses teil. Anteile, die nicht i.S.d. § 17 EStG steuerverhaftet sind (Fall 4b), werden hingegen gem. § 7 UmwStG besteuert und nehmen nicht an der Ermittlung des Übernahmeergebnisses teil. Die unterschiedliche Besteuerung von nicht i.S.d. § 17 EStG beteiligten Anteilseignern lässt sich dadurch begründen, dass diese – im Unterschied zu allen anderen Anteilseignern, deren Anteile in das Übernahmeergebnis einbezogen werden – bei Veräußerung ihrer Anteile keinen Veräußerungsgewinn versteuern müssten bzw. keinen Veräußerungsverlust steuerlich geltend machen könnten.

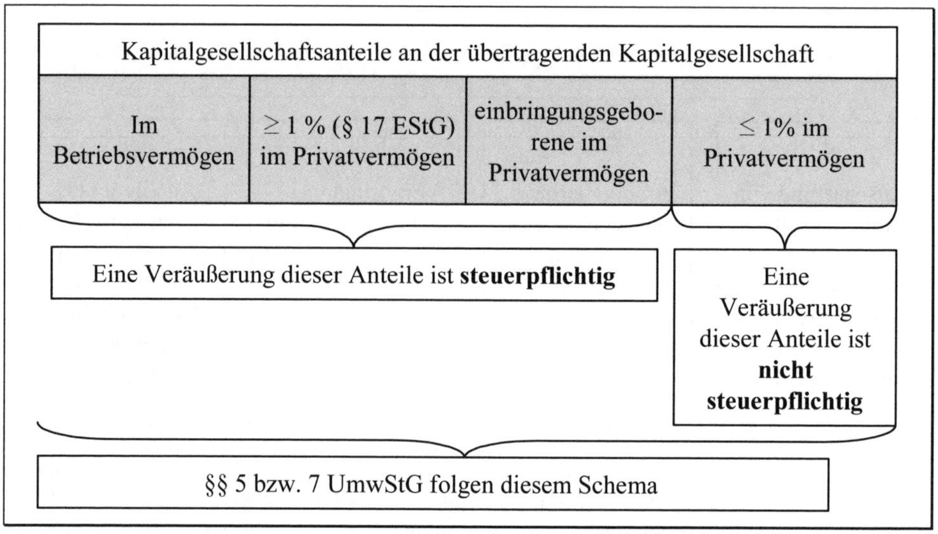

Abbildung 58: Grund für die unterschiedliche Behandlung gem. §§ 5 und 7 UmwStG

Fall 1 (§ 5 Abs. 1 UmwStG): **Anschaffung von Anteilen nach dem steuerlichen Übertragungsstichtag durch die übernehmende Personengesellschaft bzw. Abfindung ausscheidender Anteilseigner**. Nach dem steuerlichen Übertragungsstichtag angeschaffte Anteile gelten als **zum steuerlichen Übertragungsstichtag angeschafft**. Dies gilt auch für Anteile abgefundener und ausscheidender Anteilseigner. Der für die Ermittlung des Übernahmeergebnisses nach § 4 Abs. 4, 5 UmwStG maßgebliche Buchwert der Anteile ergibt sich aus den **Anschaffungskosten** (bei Kauf der Anteile) bzw. der **Abfindungssumme** (bei ausscheidenden Anteilseignern).[107]

Fall 2 (§ 5 Abs. 3 Satz 1 f. UmwStG): **Anteile befinden sich in einem anderen inländischen Betriebsvermögen eines Anteilseigners**. Anteile, die sich in einem anderen inländischen Betriebsvermögen eines Gesellschafters der übernehmenden Personengesellschaft befinden, gelten als **mit dem Buchwert** in das Betriebsvermögen der übernehmenden Personengesellschaft **überführt**. Die Anteile sind mit den Anschaffungskosten anzusetzen, sofern diese niedriger als der Buchwert sind und die Anteile innerhalb der letzten 5 Jahre vor dem steuerlichen Übertragungsstichtag in ein inländisches Betriebsvermögen eines Gesellschafters eingelegt worden sind (§ 5 Abs. 3 Satz 2 UmwStG; dies ist eine Missbrauchsvorschrift, die im Folgenden noch genauer erläutert wird).

---

[107] Vgl. Pung, A., in: Dötsch, E./ Jost, W./ Patt, J./ Pung, A., Umwandlungssteuerrecht, 5. Aufl., Stuttgart 2003, § 5 UmwStG, Rz. 10.

Fall 3 (§ 5 Abs. 4 UmwStG): **Einbringungsgeborene Anteile**.[108] Einbringungsgeborene Anteile (§ 21 UmwStG) gelten als zum steuerlichen Übertragungsstichtag **mit den Anschaffungskosten** in das Betriebsvermögen der übernehmenden Personengesellschaft **eingelegt**. § 5 Abs. 3 UmwStG ist lex specialis zu den Regelungen von § 5 Abs. 4 UmwStG. Daher sind auf zu einem inländischen Betriebsvermögen gehörende einbringungsgeborene Anteile die Regelungen von § 5 Abs. 3 UmwStG (Fall 2) anzuwenden. Für im Privatvermögen gehaltene einbringungsgeborene Anteile gilt jedoch § 5 Abs. 4 UmwStG und nicht § 5 Abs. 2 UmwStG.[109]

Fall 4a (§ 5 Abs. 2 UmwStG): **Steuerverhaftete Beteiligung i.S.d. § 17 EStG**. Im Privatvermögen gehaltene steuerverhaftete Beteiligungen i.S.d. § 17 EStG gelten als **mit den Anschaffungskosten** zum steuerlichen Übertragungsstichtag in das Betriebsvermögen der übernehmenden Personengesellschaft **eingelegt**. Im Rahmen der Einlagefiktion gelten Anteile, bei deren Veräußerung ein Veräußerungsverlust nach § 17 Abs. 2 Satz 4 EStG nicht zu berücksichtigen wäre, nicht als Anteile i.S.d. § 17 EStG (auch hierbei handelt es sich um eine Missbrauchsvorschrift, die im Folgenden noch erörtert wird). Sie werden wie Fall 4b behandelt.

Fall 4b: **Keine steuerverhaftete Beteiligung i.S.d. § 17 EStG**. Im Privatvermögen gehaltene nicht i.S.d. § 17 EStG steuerverhaftete Beteiligungen **gelten nicht als eingelegt**. Sie werden **gem. den Vorschriften von § 7 UmwStG besteuert**.[110] Nach der Absenkung der „Wesentlichkeitsgrenze" des § 17 EStG auf 1 % zum Veranlagungszeitraum 2002 hat diese Vorschrift erheblich an Bedeutung verloren.

Die Regelungen von § 5 UmwStG enthalten zwei **Missbrauchsvorschriften**. Für den Fall, dass Gesellschafter die Anteile an der Kapitalgesellschaft kurz vor der Umwandlung erwerben und die Kapitalgesellschaft danach in eine Personengesellschaft umwandeln (Erwerberfall), erzielen die Gesellschafter üblicherweise einen Übernahmeverlust (2. Stufe). Im alten Recht (vor dem StSenkG; gem. § 27 Abs. 1a UmwStG bei Umwandlungen, deren Anmeldung zum Handelsregister noch im (Kalender-)Jahr 2000 erfolgte) wurde ein Übernahmeverlust gem. § 4 Abs. 6 UmwStG a.F. durch Aufstocken der Wirtschaftsgüter in der Bilanz der übernehmenden Personengesellschaft (bzw. in den jeweiligen Ergänzungsbilanzen) in AfA-Potential umgewandelt (sog. Step-up). Durch das zusätzliche AfA-Potential minderten die Gesellschafter ihre Steuerbelastung in der Zukunft. Die Möglichkeit des Step-up war jedoch auf Anteilseigner, deren Anteile an der Ermittlung des Übernahmeergebnisses teilnahmen, beschränkt. Der Step-up galt daher nicht für Anteilseigner, deren Beteiligungen an der übertragenden Kapitalgesellschaft nicht i.S.d. § 17 EStG steuerverhaftet waren. Diese

---

[108] Einbringungsgeborene Anteile i.S.d. § 21 UmwStG sind Anteile, die ein Anteilseigner als Gegenleistung für die Einbringung eines Betriebs, Teilbetriebs, Mitunternehmeranteils oder mehrheitsvermittelnder Kapitalgesellschaftsanteile zu Buch- oder Zwischenwerten (Sacheinlage) in eine Kapitalgesellschaft erhalten hat.

[109] Vgl. Tz. 05.13 UmwStE.

[110] Vgl. Tz. 05.10 UmwStE.

mussten und müssen gem. § 7 UmwStG die auf ihren Anteil an der Kapitalgesellschaft entfallenden Gewinnrücklagen versteuern, unabhängig davon, ob sie bei Einbeziehung ihrer Anteile in das Übernahmeergebnis einen Übernahmeverlust erzielt hätten oder nicht. Aus diesem Grund versuchten nicht i.S.d. § 17 EStG beteiligte Anteilseigner, durch Aufstockung ihrer Beteiligung in den Genuss des Step-up zu kommen. Obwohl die Möglichkeit des Step-up seit dem StSenkG nicht mehr besteht, da ein Übernahmeverlust gem. § 4 Abs. 6 UmwStG n.F. außer Ansatz bleibt, sind die Missbrauchsvorschriften nicht abgeschafft worden.

Merke:	Das UmwStG enthält Vorschriften, die verhindern sollen, dass jeder Gesellschafter durch Einlage seiner Anteile am Übernahmeergebnis teilnehmen kann. Obwohl der Übernahmeverlust im UmwStG n.F. gänzlich außer Ansatz bleibt, wurden die Missbrauchsvorschriften nicht abgeschafft.

1. Missbrauchsvorschrift: § 5 UmwStG enthält eine Vorschrift (§ 5 Abs. 3 Satz 3 UmwStG, bzw. Einschränkung zu Fall 2, § 5 Abs. 3 Satz 2 UmwStG), die auch dann zu prüfen ist, wenn die übernehmende Personengesellschaft am steuerlichen Übertragungsstichtag zu 100 % an der übertragenden Kapitalgesellschaft beteiligt ist. Nach § 5 Abs. 3 Satz 3 UmwStG sind die Anteile an der übertragenden Körperschaft mit den **Anschaffungskosten** anzusetzen, **sofern** die Anschaffungskosten der Anteile **niedriger als ihr Buchwert** sind und die Anteile **innerhalb von 5 Jahren** vor dem steuerlichen Übertragungsstichtag in das Betriebsvermögen der übernehmenden Personengesellschaft (bzw. im Fall von § 5 Abs. 3 Satz 2 UmwStG in ein anderes inländisches Betriebsvermögen) **eingelegt** worden sind. Durch § 5 Abs. 3 Satz 2 und 3 UmwStG soll verhindert werden, dass ein nicht i.S.d. § 17 EStG Beteiligter seine Beteiligung an der übertragenden Kapitalgesellschaft unmittelbar vor der Umwandlung gem. § 6 Abs. 1 Nr. 5 EStG zum Teilwert in das inländische Betriebsvermögen der Personengesellschaft oder in ein anderes inländisches Betriebsvermögen einlegt, da die Einlage bei diesem Anteilseigner außerhalb der Spekulationsfrist von § 23 EStG nicht zu versteuern ist. Wäre die Einlage zum Teilwert möglich, würde der Anteilseigner am Übernahmeergebnis nach § 4 Abs. 4, 5 UmwStG teilnehmen und hätte damit im alten Recht üblicherweise einen Übernahmeverlust und durch den Step-up zusätzliches AfA-Potenzial generiert.

2. Missbrauchsvorschrift: Im Rahmen der Einlagefiktion gelten Anteile, bei deren Veräußerung ein Veräußerungsverlust nach § 17 Abs. 2 Satz 4 EStG nicht zu berücksichtigen wäre, nicht als steuerverhaftete Anteile i.S.d. § 17 EStG. Hierbei kommt es nicht darauf an, ob sich bei einer Veräußerung tatsächlich ein Veräußerungsverlust ergeben würde, sondern nur, ob die Tatbestandsvoraussetzungen von § 17 Abs. 2 Satz 4 EStG erfüllt sind.[111] § 17 Abs. 2 Satz 4 EStG besagt, dass ein Veräußerungsverlust von durch § 17 EStG erfassten Anteilen dann nicht geltend gemacht werden darf, wenn

[111] Vgl. Tz. 05.05 UmwStE.

- ein Steuerpflichtiger Anteile innerhalb der letzten 5 Jahre unentgeltlich erworben hat. Dies gilt nicht, sofern der Rechtsvorgänger den Veräußerungsverlust hätte geltend machen können (§ 17 Abs. 2 Satz 4 Bst. a EStG),
- die Anteile zwar entgeltlich erworben wurden, aber nicht innerhalb der letzten 5 Jahre zu einer Beteiligung i.S.d. § 17 EStG gehört haben. Dies gilt allerdings dann nicht, wenn der Erwerb innerhalb der letzten 5 Jahre zu einer Begründung oder Aufstockung einer Beteiligung i.S.d. § 17 EStG geführt hat (§ 17 Abs. 2 Satz 4 Bst. b EStG).

Dieser Missbrauchsvorschrift kam im alten Recht Bedeutung zu. Auch sie sollte verhindern, dass durch die kurzfristige Aufstockung der Beteiligung eine i.S.d. § 17 EStG steuerverhaftete Beteiligung entstand, die zur Einbeziehung der Anteile in das Übernahmeergebnis und damit zur Schaffung eines Übernahmeverlusts und eines folgenden Step-up berechtigte.[112]

5.4.2.1.2 Behandlung von Anteilseignern der übertragenden Körperschaft, die nicht i.S.d. § 17 EStG beteiligt sind (§ 7 UmwStG)

§ 7 UmwStG regelt die Behandlung von Anteilseignern, deren Anteile nicht unter die Einlagefiktion des § 5 UmwStG fallen. Dies sind:

- **nicht i.S.d. § 17 EStG beteiligte Anteilseigner** (Fall 4b; § 7 Satz 1 UmwStG),
- **Anteilseigner**, bei denen ein **Veräußerungsverlust nach § 17 Abs. 2 Satz 4 EStG nicht zu berücksichtigen wäre** (§ 7 Satz 2 UmwStG).

Handels- und steuerrechtlich werden natürlich auch die Anteilseigner, deren Anteile steuerlich nicht als in die übernehmende Personengesellschaft eingelegt gelten und die daher nicht am Übernahmeergebnis gem. § 4 Abs. 4, 5 UmwStG teilnehmen, Gesellschafter bzw. Mitunternehmer der übernehmenden Personengesellschaft (sofern sie nicht im Rückwirkungszeitraum ausscheiden). Auch die nicht i.S.d. § 17 EStG beteiligten Anteilseigener erzielen in den auf die Umwandlung folgenden Veranlagungszeiträumen ebenfalls Einkünfte aus Gewerbebetrieb (§ 15 EStG) als Mitunternehmer der Personengesellschaft. Nur für **Zwecke der Ermittlung des Übernahmeergebnisses** geht das Steuerrecht **bei Anteilseignern, deren Anteile nicht nach § 17 EStG steuerverhaftet sind,** einen anderen Weg:

---

[112] Vgl. Schmitt, J., in: Schmitt, J./ Hörtnagl, R./ Stratz, R.-C., Umwandlungsgesetz, Umwandlungssteuergesetz, 3. Aufl., München 2001, § 5 UmwStG, Rz. 31.

Merke:	Der Wert der Wirtschaftsgüter, der auf Anteile entfällt, die nicht in die Ermittlung des Übernahmeergebnisses nach § 4 Abs. 4, 5 UmwStG einbezogen werden, bleibt bei der Ermittlung des Übernahmeergebnisses außer Ansatz (§ 4 Abs. 4 Satz 3 UmwStG).
Begründung:	Veräußerungsgewinne werden bei nicht i.S.d. § 17 EStG beteiligten Anteilseignern steuerlich nicht erfasst (Quellentheorie im Privatvermögen).

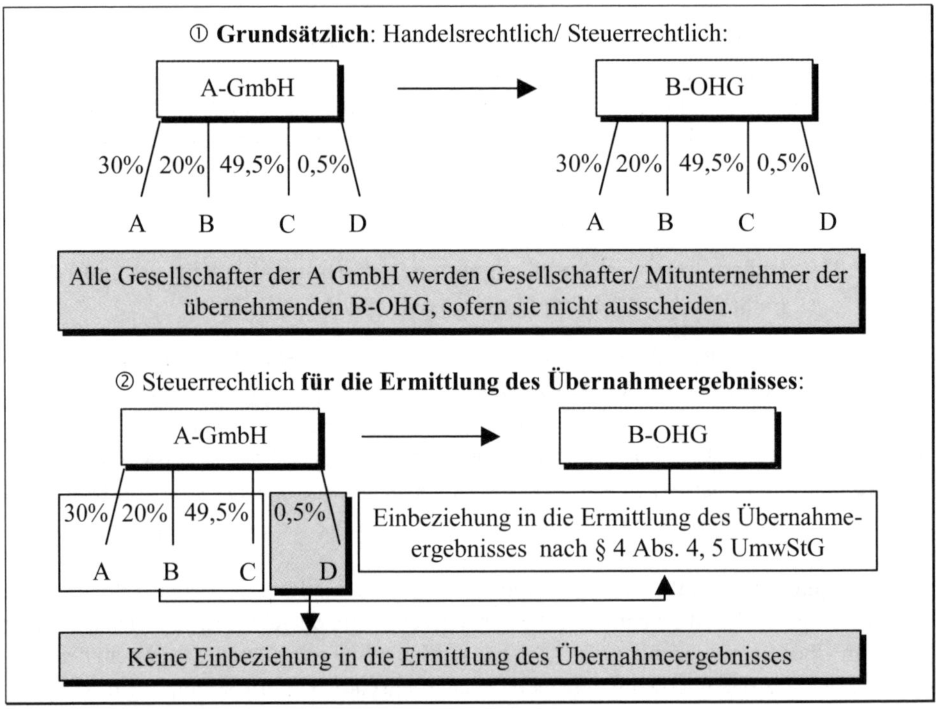

Abbildung 59: Einbeziehung von Anteilen in die Ermittlung des Übernahmeergebnisses

§ 7 UmwStG: „Haben Anteile an der übertragenden Körperschaft zum Zeitpunkt des Vermögensübergangs zum Privatvermögen eines Gesellschafters der übernehmenden Personengesellschaft gehört, und handelt es sich nicht um Anteile im Sinne des § 17 des Einkommensteuergesetzes, so ist ihm der Teil des in der Steuerbilanz ausgewiesenen **Eigenkapitals abzüglich** des Bestands des **steuerlichen Einlagekontos** im Sinne des § 27 des Körperschaftsteuergesetzes, der sich **nach Anwendung des § 29 Abs. 1 des Körperschaftsteuergesetzes** ergibt, in dem **Verhältnis der Anteile zum Nennkapital** der übertragenden Körperschaft **als Bezüge aus Kapitalvermögen** im Sinne des § 20 Abs. 1 Nr. 1 des Einkommensteuergesetzes zuzurechnen. Für Anteile, bei deren Veräußerung ein Veräußerungsverlust nach § 17 Abs. 2 Satz 4 des Einkommensteuergesetzes nicht zu berücksichtigen wäre, gilt Satz 1 entsprechend."

Wie bei der Berechnung der Körperschaftsteuererhöhung nach § 10 UmwStG ist zunächst § 29 Abs. 1 i.V.m. § 28 Abs. 2 Satz 1 KStG anzuwenden:

	Nennkapital
./.	Sonderausweis i.S.d. § 28 Abs. 1 Satz 3 KStG (falls vorhanden)
=	Unterschiedsbetrag (wird dem steuerlichen Einlagekonto zugeschrieben)

Aufgrund der Berechnungsvorschrift von § 7 UmwStG ermitteln sich die Bezüge aus Kapitalvermögen danach wie folgt:

	Eigenkapital lt. Steuerbilanz
./.	modifiziertes steuerliches Einlagekonto (§ 29 Abs. 1 i.V.m. § 28 Abs. 2 Satz 1 KStG)
=	Zwischenergebnis (entspricht den Gewinnrücklagen)

$$\text{Zwischenergebnis} \times \frac{\text{Anteil am Nennkapital}}{\text{Gesamtes Nennkapital}} = \begin{array}{c}\text{Bezüge aus Kapitalvermögen i.S.d.}\\ \text{§ 20 Abs. 1 Nr. 1 EStG}\end{array}$$

Bezüge aus Kapitalvermögen i.S.d. § 20 Abs. 1 Nr. 1 EStG unterliegen dem **Halbeinkünfteverfahren** und sind gem. § 3 Nr. 40 Bst. d EStG **zur Hälfte steuerfrei**. Die Besteuerung der Gewinnrücklagen **entspricht der Vollausschüttungsfiktion**. Zu beachten ist, dass die Besteuerung unabhängig von der Höhe der Anschaffungskosten der Anteile erfolgt und dass dem Anteilseigner keine Liquidität zur Begleichung der Steuerschuld zufließt.[113]

113 Vgl. Maiterth, R./ Müller, H., Gründung, Umwandlung und Liquidation von Unternehmen im Steuerrecht, München 2001, S. 62.

Merke: Die nicht wesentlich beteiligten Anteilseigner, die ihre Anteile im Privatvermögen halten, **versteuern** die ihnen zurechenbaren **Gewinnrücklagen**, unabhängig von der Höhe der Anschaffungskosten der Anteile.

Da der in den Regelungsbereich des § 7 UmwStG fallende Anteilseigner nicht an der Ermittlung des Übernahmeergebnisses teilnimmt, besteht das auf ihn entfallende Kapitalkonto aus dem auf seine Anteile entfallenden Vermögen, bewertet mit den Buchwerten aus der Schlussbilanz der übertragenden Kapitalgesellschaft. Veräußert der Anteilseigner später seinen Mitunternehmeranteil, so muss er dann auch die stillen Reserven versteuern, die aus dem Übergang des Vermögens der übertragenden Körperschaft resultieren.

Beispiel

Besteuerung von nicht i.S.d. § 17 EStG Beteiligten

Die Wiesenkamp GmbH soll zum 01.01.2005 (handelsrechtlicher Umwandlungsstichtag) auf die bereits bestehende Maurerhülse OHG verschmolzen werden. Steuerlicher Übertragungsstichtag ist daher der 31.12.2004. Die Wiesenkamp GmbH hat folgende steuerliche Schlussbilanz, in der sie gem. dem in § 3 UmwStG gewährten Wahlrecht die Buchwerte fortführt, aufgestellt:

Aktiva	Wiesenkamp GmbH		Passiva
Aktiva	200 T€	Stammkapital	50 T€
		Gewinnrücklagen	50 T€
		Fremdkapital	100 T€
	200 T€		200 T€

Philipp besitzt 0,5 % der Anteile an der Wiesenkamp GmbH. Sein Anteil bleibt bei der Ermittlung des Übernahmeergebnisses außer Ansatz (§ 4 Abs. 4 Satz 3 UmwStG). Nach der Berechnungsvorschrift von § 7 UmwStG (i.V.m. §§ 29 Abs. 1, § 28 Abs. 2 Satz 1 KStG) sind ihm folgende Einkünfte zuzurechnen:

	Eigenkapital lt. Steuerbilanz	100 T€
./.	Stammkapital (nunmehr im steuerlichen Einlagekonto)	./. 50 T€
=	Zwischenergebnis (Gewinnrücklagen)	50 T€

Philipps Anteil am Nennkapital beträgt 0,5 %. Er erzielt daher **Einkünfte aus Kapitalvermögen** i.S.d. § 20 Abs. 1 Nr. 1 EStG i.H.v. 0,5 % x 50 T€ = **250 €**. Sie unterliegen dem Halbeinkünfteverfahren und sind gem. § 3 Nr. 40 Bst. d EStG zur Hälfte steuerfrei.

5.4.2.1.3 Ermittlung des Übernahmeergebnisses unter Berücksichtigung der Einlagefiktion

Die nach § 5 UmwStG als eingelegt bzw. angeschafft geltenden Anteile nehmen an der Ermittlung des Übernahmeergebnisses nach § 4 Abs. 4, 5 UmwStG teil:

./.	Wert, mit dem die Wirtschaftsgüter nach § 4 Abs. 1 UmwStG zu übernehmen sind (Buchwert der Anteile an der übertragenden Körperschaft **einschl. der nach § 5 UmwStG zum steuerlichen Übertragungsstichtag als eingelegt bzw. angeschafft geltenden Anteile**)
=	Übernahmegewinn/ -verlust (1.Stufe)
+	Sperrbetrag nach § 50c EStG a.F.
=	Übernahmegewinn/ -verlust (2.Stufe)

Das **Übernahmeergebnis ist gesellschafterbezogen zu ermitteln**. Dies liegt daran, dass die Gesellschafter die Beteiligung **zu unterschiedlichen Anschaffungskosten** erworben haben und vor der Umwandlung in die Personengesellschaft **eingelegt** haben könnten. Die unterschiedlichen Anschaffungskosten schlagen sich in diesem Falle in Ergänzungsbilanzen nieder. Möglich wäre auch, dass die Gesellschafter die Anteile zu **unterschiedlichen Anschaffungskosten** gekauft haben und **aufgrund der Anschaffungs- bzw. Einlagefiktion von § 5 UmwStG** Anteile an der übertragenden Kapitalgesellschaft als zum steuerlichen Übertragungsstichtag in das Betriebsvermögen der übernehmenden Personengesellschaft eingelegt bzw. überführt gelten. Zudem können (nur) einige Anteile mit einem **Sperrbetrag i.S.d. § 50c EStG a.F.** behaftet sein. Auf eine gesellschafterbezogene Ermittlung des Übernahmeergebnisses kann daher nur dann verzichtet werden, wenn die Anschaffungskosten der Anteile für alle Gesellschafter gleich hoch waren und keinem Anteil ein Sperrbetrag i.S.d. § 50c EStG a.F. anhaftet.[114]

Merke:	Das Übernahmeergebnis muss nicht für alle Gesellschafter gleich hoch sein. Während ein Gesellschafter einen Übernahmeverlust erzielt, kann es bei einem anderen Gesellschafter zu einem Übernahmegewinn kommen.
Begründung:	Die Anschaffungskosten der Anteile können unterschiedlich hoch sein.

[114] Vgl. Tz. 04.14 UmwStE.

Beispiel

Anschaffungs-/ Einlagefiktion

Die Angaben zur Wiesenkamp GmbH entsprechen obigem Beispiel

Aktiva	Wiesenkamp GmbH		Passiva
Aktiva	200 T€	Stammkapital	50 T€
		Gewinnrücklagen	50 T€
		Fremdkapital	100 T€
	200 T€		200 T€

In den Aktiva der Wiesenkamp GmbH sind stille Reserven i.H.v. 200 T€ enthalten. Der Teilwert der Aktiva beträgt daher 400 T€. Die Anteile an der Wiesenkamp GmbH werden von den vier Gesellschaftern der Maurerhülse OHG gehalten. Auf den Anteilen lastet kein Sperrbetrag i.S.d. § 50c EStG a.F.:

Gesellschafter	Beteiligung	Einlagefiktion	Teilnahme am Übernahmeergebnis?
Horst	49,5 % der Anteile, seit 10 Jahren im PV mit AK = 24.750 €	Einlage mit AK (§ 5 Abs. 2 Satz 1 UmwStG)	✓
Marek GmbH	40 % der Anteile in einem anderen inl. BV mit BW = 20 T€	Überführung zum BW (§ 5 Abs. 3 Satz 1 UmwStG)	✓
Kalle	einbringungsgeborene Anteile i.H.v. 10 % der Anteile im PV mit AK = 30 T€	Einlage mit AK (§ 5 Abs. 4 UmwStG)	✓
Philipp	0,5 % der Anteile im PV mit AK = 250 €	**Keine Einlage**, Besteuerung nach § 7 UmwStG	(-)

Am steuerlichen Übertragungsstichtag ist die übernehmende Maurerhülse OHG aufgrund der Einlagefiktion folglich zu 99,5 % an der Wiesenkamp GmbH beteiligt. Der restliche Anteil i.H.v. 0,5 % bleibt bei der Ermittlung des Übernahmeergebnisses außer Ansatz (§ 4 Abs. 4 Satz 3 UmwStG). Philipp hat gem. § 7 UmwStG die Gewinnrücklagen der Wiesenkamp GmbH zu versteuern (vgl. obiges Bsp.).

Der Wert, mit dem die Wirtschaftsgüter der Wiesenkamp GmbH nach § 4 Abs. 1 UmwStG zu übernehmen sind, beträgt 100 T€ (Aktiva ./. Fremdkapital). Das Übernahmeergebnis ist aufgrund der unterschiedlichen Anschaffungskosten gesellschafterbezogen zu ermitteln und beträgt:

Gesellschafter	Übergehendes Vermögen	./. Buchwert bzw. Anschaffungskosten	Übernahmeergebnis
Horst	49,5 % v. 100 T€= 49.500 €	./. 24.750 €	**+ 24.750 €**
Marek GmbH	40 % v. 100 T€ = 40 T€	./. 20.000 €	**+ 20.000 €**
Kalle	10 % v. 100 T€ = 10 T€	./. 30.000 €	**./. 20.000 €**
Σ	99,5 %		

5.4.2.2 Besteuerung des Übernahmeergebnisses

Der **Übernahmegewinn** (2. Stufe)[115] muss im Rahmen der fiktiven Totalausschüttung der Gewinnrücklagen steuerfrei sein, wenn er auf eine Kapitalgesellschaft als Anteilseigner entfällt, da auch die Dividendenausschüttung bei dieser steuerfrei ist (Dividendenprivileg des § 8b Abs. 1 KStG). Er muss hälftig steuerbefreit sein, falls er auf eine natürliche Person als Anteilseigner entfällt, da Dividenden von Kapitalgesellschaften bei natürlichen Personen und Personengesellschaften zur Hälfte steuerfrei sind (§ 3 Nr. 40 Bst. d EStG). Dies stellt die Nachbelastung der auf Ebene der übertragenden Kapitalgesellschaft bis zum Übertragungsstichtag lediglich mit 25 % Körperschaftsteuer besteuerten Gewinne sicher.

Merke: Obwohl die Anteilseigner, deren Anteile an der Ermittlung des Übernahmeergebnisses teilnehmen, einen Übernahmegewinn – analog zum Halbeinkünfteverfahren – nur zur Hälfte zu versteuern haben, erzielen sie **gewerbliche Einkünfte** i.S.d. § 15 EStG als Gesellschafter der Personengesellschaft und nicht Einkünfte aus Kapitalvermögen i.S.d. § 20 EStG. Lediglich die Anteilseigner, die gem. § 7 UmwStG die auf sie entfallenden Gewinnrücklagen zu versteuern haben, erzielen Einkünfte aus Kapitalvermögen i.S.d. § 20 EStG.

[115] Der Übernahmegewinn 2. Stufe ergibt sich aus der Addition des Übernahmegewinns 1. Stufe mit dem – im neuen Recht abgeschafften – Sperrbetrag gem. § 50c EStG. Aus didaktischen Gründen wird vor der Erläuterung des § 50c EStG bereits die Besteuerung des endgültigen Übernahmegewinns verdeutlicht.

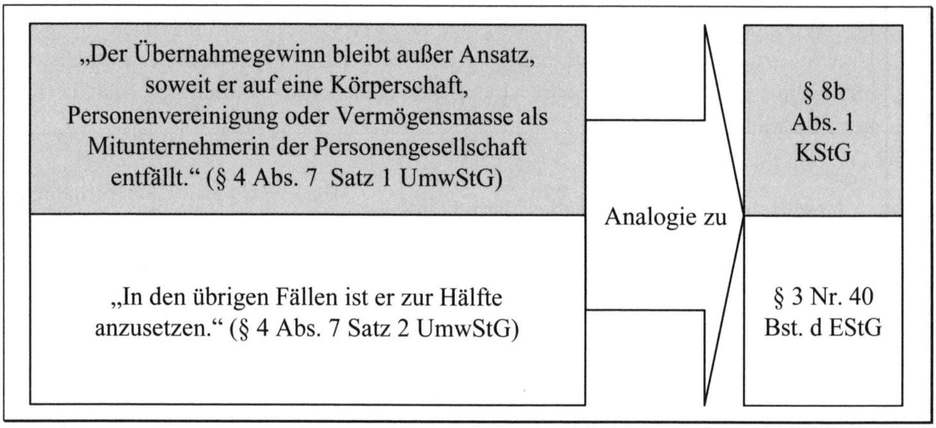

Abbildung 60: Steuerliche Behandlung des Übernahmegewinns

Die Nachversteuerung der Gewinnrücklagen kann zu einer erheblichen Liquiditätsbelastung führen, sofern der Übernahmegewinn auf eine natürliche Person als Anteilseigner entfällt und das Unternehmen profitabel gewirtschaftet hat.[116]

Ein **Übernahmeverlust** (2. Stufe) bleibt gem. § 4 Abs. 6 UmwStG gänzlich außer Ansatz, unabhängig davon, ob eine natürliche Person oder eine Kapitalgesellschaft Mitunternehmer der übernehmenden Personengesellschaft ist. Im alten Recht wäre ein Übernahmeverlust durch den sog. Step-up vermieden worden. Seit der Unternehmenssteuerreform bleiben die im Kaufpreis vergüteten stillen Reserven, die sich im Falle einer Weiterveräußerung der Anteile steuerlich durch einen niedrigeren Veräußerungsgewinn ausgewirkt hätten, ohne steuerliche Wirkung. Nach der Umwandlung gehen sie daher steuerlich verloren.

[116] Vgl. Förster, G./ van Lishaut, I., Steuerliche Folgen der Umwandlung einer Kapitalgesellschaft in ein Personenunternehmen, FR 2000, S. 1190.

Beispiel

Fortführung des Beispiels
Die Gesellschafter haben bei einem durchschnittlichen persönlichen Steuersatz von 40 % für natürliche Personen folgendes zu versteuernde Einkommen:

Gesellschafter	Übernahmeergebnis	Steuerschuld
Horst	+ 24.750 €	50 % x 24.750 € x 40 % = **4.950 €**
Marek GmbH	+ 20.000 €	**steuerfrei**
Kalle	./. 20.000 €	**bleibt außer Ansatz**

Horst muss sein Übernahmeergebnis hälftig steuerbefreit mit seinem persönlichen Steuersatz versteuern. Durch die hälftige Besteuerung des Übernahmegewinns wird sichergestellt, dass die Regelungen des Halbeinkünfteverfahrens nicht durch die Verschmelzung umgangen werden. Das Übernahmeergebnis der Marek GmbH muss diese analog zu § 8b Abs. 1 KStG nicht versteuern, da Dividenden im Halbeinkünfteverfahren nur beim letzten Empfänger der Dividende – einer natürlichen Person – besteuert werden. Kalle hat beim Erwerb der Anteile die stillen Reserven mitvergütet. Diese sind nun steuerlich verloren, da der Übernahmeverlust grundsätzlich außer Ansatz bleibt.

Die Nichtberücksichtigung des Übernahmeverlusts sollte lt. Begründung des Gesetzgebers[117] Missbrauchsgestaltungen vermeiden und die Einmalbesteuerung der stillen Reserven sichern. In der Gesetzesbegründung wird auf folgende Missbrauchsgestaltung hingewiesen: ein Einzelunternehmer bringt seinen Betrieb zu Buchwerten in eine Kapitalgesellschaft ein und veräußert anschließend die Anteile an der Kapitalgesellschaft. Der Veräußerungsgewinn unterliegt grundsätzlich der Halbeinkünftebesteuerung. Der Erwerber der Anteile wandelt die Kapitalgesellschaft daraufhin in eine Personengesellschaft um und erzielt einen Übernahmeverlust, da er die stillen Reserven im Kaufpreis mitvergütet hat. Durch Aufdeckung der stillen Reserven in Höhe des Übernahmeverlusts würde er zusätzliches Abschreibungspotential erhalten und müsste bei Verkauf der Anteile aufgrund der Aufdeckung der stillen Reserven keinen Veräußerungsgewinn versteuern, womit die Einmalbesteuerung der stillen Reserven vermieden worden wäre.

Diese Vorschrift geht allerdings über ihr Ziel hinaus.[118] Unterstellt man, dass die im Rahmen des Kaufpreises der Anteile vergüteten stillen Reserven, d.h. die stillen Reserven in den Kapitalgesellschaftsanteilen, mit den stillen Reserven im übergehenden Vermögen der Kapitalgesellschaft identisch sind, so werden die stillen Reserven im übergehenden Vermögen u.U. 1 ½-fach besteuert.[119]

117 Vgl. BT-Drucks. 14/2683 v. 15.02.2000, S. 128.

118 Vgl. Förster, G./ van Lishaut, I., Steuerliche Folgen der Umwandlung einer Kapitalgesellschaft in ein Personenunternehmen nach dem neuen Umwandlungssteuerrecht, FR 2000, S. 1193.

119 Vgl. Schmitt, J., in: Schmitt, J./ Hörtnagl, R./ Stratz, R.-C., Umwandlungsgesetz, Umwandlungssteuergesetz, 3. Aufl., München 2001, § 4 UmwStG, Rz. 147; Stegner, A./ Heinz, C., Übernah-

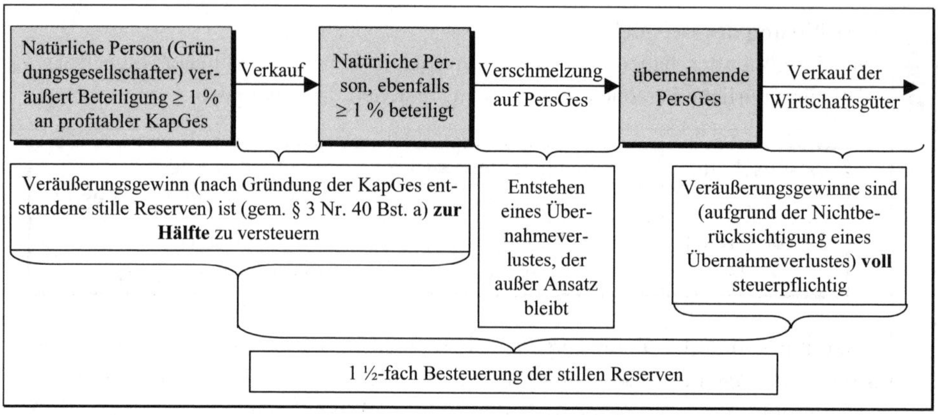

Abbildung 61: 1 ½-fach Besteuerung der stillen Reserven aufgrund der Nichtberücksichtigung eines Übernahmeverlusts

Zu einer 1 ½-fach Besteuerung der stillen Reserven kommt es allerdings dann nicht, wenn die Veräußerung der Kapitalgesellschaftsanteile beim Verkäufer steuerfrei ist, z.B. bei einer Kapitalgesellschaft als Veräußerer (aufgrund der Vorschriften des § 8b Abs. 2 KStG). In diesem Fall ist die Nichtberücksichtigung eines Übernahmeverlusts logische Folge der Nichtberücksichtigung von Veräußerungsverlusten nach § 8b Abs. 2 KStG.[120]

Ein Übernahmegewinn oder Übernahmeverlust ist gem. § 18 Abs. 2 UmwStG **gewerbesteuerlich nicht zu erfassen**. Hierbei ist jedoch die Missbrauchsvorschrift des § 18 Abs. 4 UmwStG zu beachten. Diese besagt, dass ein Gewinn aus der Veräußerung oder Aufgabe eines Teilbetriebs oder Betriebs der Personengesellschaft bzw. eines Anteils an der Personengesellschaft innerhalb von 5 Jahren nach dem steuerlichen Übertragungsstichtag der Gewerbesteuer unterliegt. Der darauf beruhende Teil des Gewerbesteuermessbetrages kann zudem nicht zur Ermäßigung der Einkommensteuer gem. § 35 EStG berücksichtigt werden (§ 18 Abs. 4 Satz 3 UmwStG). Dadurch soll verhindert werden, dass der aus der Aufgabe einer Kapitalgesellschaft resultierende Gewinn nicht mit Gewerbesteuer belastet wird,[121] wie folgendes Schaubild verdeutlicht:

meverlust bei der Umwandlung einer Kapitalgesellschaft in ein Personenunternehmen, GmbHR 2001, S. 59; Förster, G./ van Lishaut, I., Steuerliche Folgen der Umwandlung einer Kapitalgesellschaft in ein Personenunternehmen nach dem neuen Umwandlungssteuerrecht, FR 2000, S. 1194.

[120] Vgl. Hey, J., Umwandlungssteuergesetz nach der Unternehmenssteuerreform, GmbHR 2001, S. 996.

[121] Vgl. Pung, A., in: Dötsch, E./ Jost, W./ Patt, J./ Pung, A., Umwandlungssteuerrecht, 5. Aufl., Stuttgart 2003, § 18 UmwStG, Rz. 35.

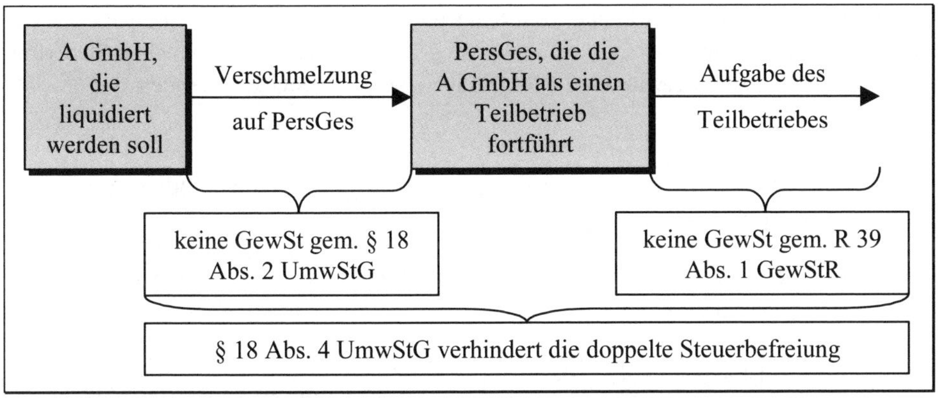

Abbildung 62: Sinn und Zweck des § 18 Abs. 4 UmwStG

Folgende Tabelle fasst die **Besteuerung** eines **Übernahmeergebnisses** zusammen:

		natürliche Person als Mitunternehmer der PersGes	KapGes als Mitunternehmer der PersGes
Übernahmegewinn	**ESt/ KSt**	zur Hälfte steuerpflichtig (§ 4 Abs. 7 Satz 2 UmwStG)	bleibt außer Ansatz (§ 4 Abs. 7 Satz 1 UmwStG)
	GewSt	bleibt außer Ansatz (§ 18 Abs. 2 UmwStG); jedoch Nachsteuer bei Weiterveräußerung innerhalb von 5 Jahren (§ 18 Abs. 4 UmwStG)	
Übernahmeverlust	**ESt/ KSt**	bleibt außer Ansatz (§ 4 Abs. 6 UmwStG)	
	GewSt	bleibt außer Ansatz (§ 18 Abs. 2 UmwStG)	

Abbildung 63: Steuerliche Behandlung des Übernahmeergebnisses

Beachte: Mit Ablauf des steuerlichen Übertragungsstichtags entsteht das Übernahmeergebnis.[122] Das Übernahmeergebnis (2. Stufe) ist in demjenigen Veranlagungszeitraum zu versteuern, in dem das Wirtschaftsjahr der übernehmenden Personengesellschaft endet, in welchem der steuerliche Übertragungsstichtag liegt.[123]

Auf Ebene der übernehmenden Personengesellschaft bzw. bei deren Gesellschaftern anfallende **Umwandlungskosten** sind nicht in die Ermittlung des Übernahmeergebnisses einzu-

[122] Vgl. Tz. 04.09 UmwStE.

[123] Vgl. Pung, A., in: Dötsch, E./ Jost, W./ Patt, J./ Pung, A., Umwandlungssteuerrecht, 5. Aufl., Stuttgart 2003, § 4 UmwStG, Rz. 156.

beziehen.[124] Die Finanzverwaltung vertritt im jüngsten Schreiben zum UmwStG die Ansicht, dass auf die Umwandlungskosten – analog zur hälftigen bzw. gänzlichen Steuerfreistellung des Übernahmegewinns – die Regelungen des § 3c EStG anzuwenden sind.[125]

5.4.2.3 Zusammenfassung und Zusammenhang zwischen Übertragungs- und Übernahmeergebnis

Folgende Tabelle verdeutlicht noch einmal die **Unterschiede** zwischen **Übertragungs- und Übernahmeergebnis**.

<table>
<tr><th></th><th>Übertragungsergebnis (KapGes)</th><th colspan="2">Übernahmeergebnis (PersGes)</th></tr>
<tr><td rowspan="2">Gewinn</td><td rowspan="2">entsteht durch freiwillige Aufstockung der Buchwerte in der steuerlichen Schlussbilanz der übertragenden KapGes; ist voll zu versteuern</td><td colspan="2">entsteht aufgrund der Totalausschüttungsfiktion der Gewinnrücklagen der übertragenden KapGes</td></tr>
<tr><td>zur Häfte steuerfrei, soweit Übernahmegewinn auf eine natürliche Person entfällt</td><td>gänzlich steuerfrei, soweit Übernahmegewinn auf eine KapGes entfällt</td></tr>
<tr><td>Verlust</td><td>nicht möglich</td><td colspan="2">ein Übernahmeverlust entsteht, falls die untergehenden Anteile an der übertragenden KapGes mit einem höheren Wert als das übergegangene Vermögen anzusetzen waren; er bleibt steuerlich außer Ansatz</td></tr>
</table>

Abbildung 64: Vergleich von Übertragungs- und Übernahmegewinn

Übertragungsgewinn und Übernahmegewinn entstehen allerdings nicht unabhängig voneinander, sondern bilden ein dynamisches System:
Durch eine Aufdeckung von stillen Reserven bei der Überträgerin und damit einer freiwilligen Erzeugung eines Übertragungsgewinns steigen der Wert des übergehenden Vermögens sowie die Gewinnrücklagen der Kapitalgesellschaft. Dies führt zu folgenden Konsequenzen bei der übernehmenden Personengesellschaft:

- Durch die Wertverknüpfung des § 4 Abs. 1 UmwStG erhöht sich der Bilanzansatz der Übernehmerin. Damit steigt die AfA-Bemessungsgrundlage (bzw. bei einer Veräußerung sinkt der Veräußerungsgewinn).

[124] Vgl. Benkert, M., in: Haritz, D./ Benkert, M. (Hrsg.), Umwandlungssteuergesetz Kommentar, 2. Aufl., München 2000, § 4, Rz. 82.

[125] Vgl. BMF v. 16.12.2003, IV A 2-S 1978-16/03, BStBl. I 2003, S. 786, Tz. 04.

- Durch die Erhöhung der Gewinnrücklagen der Kapitalgesellschaft erhöht sich das Übernahmeergebnis der Übernehmerin.

Kurz gefasst: Ein höherer Übertragungsgewinn führt stets auch zu einem höheren Übernahmeergebnis.

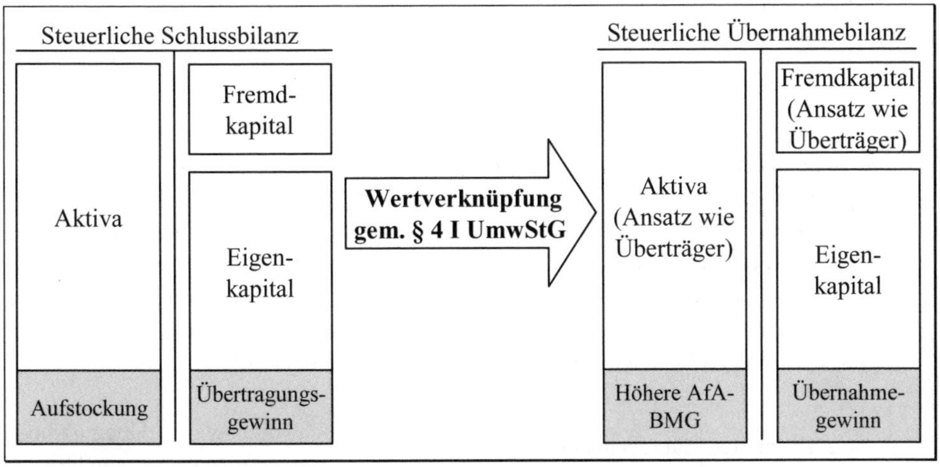

Abbildung 65: Zusammenspiel von Übertragungs- und Übernahmegewinn

Dieser Zusammenhang soll an folgendem Beispiel verdeutlicht werden:

Beispiel

Übertragungsgewinn/ Übernahmegewinn

Die übertragende Hobbit GmbH soll auf die Tuk & Beutlin OHG verschmolzen werden. An beiden Gesellschaften halten Tuk und Beutlin je 50 % der Anteile. Ihre Anschaffungskosten der GmbH-Anteile betragen jeweils 50 T€, folglich insgesamt 100 T€.

Aktiva	Hobbit GmbH			Passiva
	Buchwert	*Teilwert*		
Wirtschaftsgut	100 T€	200 T€	Stammkapital	100 T€
	100 T€	200 T€		100 T€

Im Folgenden sollen nun (a) die steuerlichen Auswirkungen eines Verkaufs des Wirtschaftsguts unmittelbar vor der Umwandlung und anschließender Ausschüttung des Gewinns mit (b) den steuerlichen Folgen der Umwandlung bei Teilwertansatz in der steuerlichen Schlussbilanz verglichen werden (mit ESt-Satz = 40 %).

a) Bei Verkauf des Wirtschaftsguts fällt ein Verkaufserlös i.H.v. 100 T€ an. Dieser ist mit 25 % KSt auf Ebene der Hobbit GmbH zu versteuern (ohne Berücksichtigung der GewSt sowie des SolZ). Im Halbeinkünfteverfahren müssen die Anteilseigner die Hälfte der ausgeschütteten Gewinne erneut versteuern.

Aktiva	Hobbit GmbH		Passiva		Besteuerungsfolgen	
Bank	200 T€	Stammkapital	100 T€		ESt (für Tuk u. Beutlin):	
		Gewinnrücklagen	75 T€	→	x 0,5 x 40 % ESt = 15 T€	
		KSt-Rückstellung	25 T€	→	KSt:	25 T€
	200 T€		200 T€			40 T€

b) Setzt die Hobbit GmbH in ihrer steuerlichen Schlussbilanz die Teilwerte an, so stimmt die Bilanz mit der obigen überein, da der Übertragungsgewinn i.H.v. 100 T€ ebenfalls mit KSt i.H.v. 25 T€ belastet wird. **Der Übertragungsgewinn ist daher die Fiktion einer Veräußerung durch die freiwillige Aufgedeckung stillen Reserven.** Die Anteile von Tuk & Beutlin nehmen an der Ermittlung des Übernahmeergebnisses teil (§ 5 Abs. 2 UmwStG). Durch den aus der Aufstockung resultierenden Übertragungsgewinn erhöht sich folglich auch das Übernahmeergebnis:

Gesellschafter	übergehendes Vermögen	./. Buchwert bzw. Anschaffungskosten	Übernahme-ergebnis
Für beide Gesellschafter	175 T€	./. 100 T€	**75 T€**

Das Übernahmeergebnis entspricht den Gewinnrücklagen der Hobbit GmbH. **Der Übernahmegewinn ist daher die Fiktion einer Ausschüttung der Gewinnrücklagen.** Auch das Übernahmeergebnis müssen die OHG-Gesellschafter somit zur Hälfte versteuern (§ 4 Abs. 7 Satz 2 UmwStG). Die darauf anfallende Steuer beträgt für Tuk und Beutlin gemeinsam: 75 T€ x 0,5 x 40 % ESt = 15 T€. Die gesamte Steuerbelastung beträgt daher auch in diesem Fall (25 T€ KSt + 15 T€ ESt =) 40 T€.
Im Ergebnis ergibt sich daraus folgender Zusammenhang:

Übertragungs-/ bzw. Übernahmegewinn im UmwStG	
Übertragungsgewinn	**Übernahmegewinn**
• Fiktion einer Veräußerung	• Fiktion einer Gewinnausschüttung
• durch die freiwillige Aufstockung stiller Reserven	• Gewinnrücklagen können von der übernehmenden PersGes nicht fortgeführt werden

5.4.2.4 Bilanzielle Behandlung des Übernahmeergebnisses

Der außer Ansatz bleibende Teil des Übernahmegewinns bzw. der außer Ansatz bleibende Übernahmeverlust ist **außerbilanziell** bei der Ermittlung des zu versteuernden Einkommens der Gesellschafter **zu korrigieren**. Dies soll wie folgt verdeutlicht werden:

Beispiel

Besteuerung und außerbilanzielle Korrektur des Übernahmeergebnisses

Die Röhrich-GmbH soll auf die Rohrfrei-OHG, die alle Anteile an der Röhrich-GmbH hält, verschmolzen werden. An der Rohrfrei-OHG sind die Gesellschafter Werner und Eckhardt zu je 50 % beteiligt.

Aktiva	Röhrich-GmbH		Passiva
Aktiva	300 T€	Eigenkapital	300 T€
	300 T€		300 T€

Im Folgenden sollen drei verschiedene Varianten untersucht werden.

a) Die Beteiligung an der Röhrich-GmbH ist in der Bilanz der Rohrfrei-OHG mit Anschaffungskosten i.H.v. 300 T€ aktiviert.

Aktiva	Rohrfrei-OHG vor Verschmelzung		Passiva
Beteiligung	300 T€	Kapital Werner	200 T€
Sonst. Aktiva	100 T€	Kapital Eckhardt	200 T€
	400 T€		400 T€

Es entsteht folglich weder ein Übernahmegewinn, noch ein Übernahmeverlust:

Aktiva		Rohrfrei-OHG			Passiva
Beteiligung		300 T€		Kapital Werner	200 T€
← ./. Beteiligung	./.	**300 T€**	0 T€	Kapital Eckhardt	200 T€
sonst. Aktiva		100 T€			
→ + Aktiva*	+	**300 T€**	400 T€		
			400 T€		400 T€

*Aktiva der Röhrich-GmbH

b) Die Beteiligung an der Röhrich-GmbH ist in der Bilanz der Rohrfrei-OHG mit Anschaffungskosten i.H.v. 200 T€ aktiviert.

Aktiva	Rohrfrei-OHG vor Verschmelzung		Passiva
Beteiligung	200 T€	Kapital Werner	150 T€
sonst. Aktiva	100 T€	Kapital Eckhardt	150 T€
	300 T€		300 T€

Es entsteht folglich ein Übernahmegewinn:

Aktiva			Rohrfrei-OHG			Passiva
Beteiligung	200 T€		Kapital Werner	150 T€	
← ./. Beteiligung	./. **200 T€**	0 T€	+ Ü-Gewinn	+ **50 T€**	200 T€
sonst. Aktiva	100 T€		Kapital Eckhardt	150 T€	
→ + Aktiva*	+ **300 T€**	400 T€	+ Ü-Gewinn	+ **50 T€**	200 T€
		400 T€			400 T€

*Aktiva der Röhrich-GmbH

Der Übernahmegewinn ist auf den Kapitalkonten der Gesellschafter zu verbuchen und außerhalb der Bilanz im Rahmen der Ermittlung des zu versteuernden Einkommens wieder zu korrigieren:

Übernahmeergebnis pro Gesellschafter

bilanziell		außerhalb	
Kapital	150 T€		(§ 4 Abs. 7 Satz 2 UmwStG, zur Hälfte steuerbefreit)
→ + anteiliger Ü-gewinn	50 T€	./. 25 T€	
	200 T€		
zu versteuerndes Einkommen		25 T€	

c) Die Beteiligung an der Röhrich-GmbH wurde in der Bilanz der Rohrfrei-OHG mit Anschaffungskosten i.H.v. 400 T€ aktiviert.

Aktiva	Rohrfrei-OHG vor Verschmelzung		Passiva
Beteiligung	400 T€	Kapital Werner	250 T€
sonst. Aktiva	100 T€	Kapital Eckhardt	250 T€
	500 T€		500 T€

Es entsteht folglich ein Übernahmeverlust:

Aktiva	Rohrfrei-OHG					Passiva
Beteiligung	400 T€		Kapital Werner	250 T€		
./. Beteiligung	./. **400 T€**	0 T€	./. Ü-Verlust	./. **50 T€**	200 T€	
sonst. Aktiva	100 T€		Kapital Eckhardt	250 T€		
+ Aktiva*	+ **300 T€**	400 T€	./. Ü-Verlust	./. **50 T€**	200 T€	
		400 T€			400 T€	

*Aktiva der Röhrich-GmbH

Der Übernahmeverlust ist ebenfalls auf den Kapitalkonten der Gesellschafter zu verbuchen und außerhalb der Bilanz im Rahmen der Ermittlung des zu versteuernden Einkommens wieder zu korrigieren:

Übernahmeergebnis pro Gesellschafter

bilanziell		außerhalb	
Kapital	250 T€		(§ 4 Abs. 6 UmwStG, bleibt gänzlich außer Ansatz)
./. anteiliger Ü-verlust	./.50 T€	+ 50 T€	
	200 T€		
zu versteuerndes Einkommen		0 T€	

Merke: Da die untergehende Beteiligung durch das übergehende Vermögen der übertragenden Kapitalgesellschaft ersetzt wird, muss ein evtl. entstehender Differenzbetrag als Ertrag oder Aufwand verbucht werden. Dieser ist erst außerhalb der Bilanz zu korrigieren.

5.4.2.5 Sperrbetrag i.S.d. § 50c EStG a.F.

Kenntnisse über den Sperrbetrag i.S.d. § 50c EStG a.F. sind deshalb wichtig, weil dieser – soweit vorhanden – zum Übernahmeergebnis 1. Stufe hinzuzuaddieren ist:

§ 4 Abs. 5 UmwStG: „Ein Übernahmegewinn erhöht sich und ein Übernahmeverlust verringert sich um einen Sperrbetrag im Sinne des § 50c des Einkommensteuergesetzes, soweit die Anteile an der übertragenden Körperschaft am steuerlichen Übertragungsstichtag zum Betriebsvermögen der übernehmenden Personengesellschaft gehören."

Die Hinzurechnung des Sperrbetrages erfolgt **außerhalb der Bilanz**. Auf diese Weise wird das **Übernahmeergebnis 2. Stufe** ermittelt.
Die Sperrbetragsregelung des § 50c EStG a.F. sollte **die Einmalbesteuerung von Beteiligungserträgen sichern**. § 50c EStG a.F. sollte verhindern, dass nicht zur Anrechnung der Körperschaftsteuer Berechtigte (bspw. Steuerausländer, von der Körperschaftsteuer befreite Körperschaften) in den Genuss des Körperschaftsteuerguthabens kamen (Abs. 1), bzw. dass

steuerpflichtige Kapitalerträge in steuerfreie Veräußerungsgewinne transformiert werden konnten (Abs. 11).[126] § 50c EStG a.F. ist **durch das StSenkG aufgehoben** worden. Gründe hierfür waren zum einen die **Abschaffung des Anrechnungsverfahrens** und zum anderen die **Herabsetzung der Beteiligungsgrenze des § 17 EStG auf 1 %.**[127]

Das bis zum StSenkG geltende Anrechnungsverfahren erlaubte es einem anrechnungsberechtigten Gesellschafter einer Kapitalgesellschaft, die Körperschaftsteuer auf ausgeschüttete Gewinne einer Kapitalgesellschaft auf die persönliche Einkommen- bzw. Körperschaftsteuer anrechnen zu lassen. Für einen nicht zur Anrechnung der Körperschaftsteuer berechtigten Steuerausländer (bzw. eine nichtanrechnungsberechtigte steuerbefreite Körperschaft) bedeutete dies, dass die Körperschaftsteuerbelastung der thesaurierten Gewinne definitiv war.[128]

Der Grundfall des § 50c Abs. 1 EStG a.F. bestand dabei in einer Dreierbeziehung zwischen

- einer inländischen, unbeschränkt KSt-pflichtigen **Kapitalgesellschaft**, deren Anteile veräußert werden,
- einem nicht zur Anrechnung der KSt berechtigten **Veräußerer** und
- einem zur Anrechung der KSt berechtigten **Erwerber**.

Ein Steuerausländer verkaufte dabei seine Anteile an einen inländischen Erwerber, an welchen die Kapitalgesellschaft eine Dividende ausschüttete. Im Gegensatz zum Veräußerer war der Erwerber zur Anrechnung der KSt auf seine ESt- oder KSt-Schuld berechtigt. Der Veräußerer forderte daher einen Kaufpreis, in dem das KSt-Anrechungsguthaben mitvergütet wurde. Dadurch hätte der Steuerausländer das Anrechnungsguthaben im Kaufpreis vergütet bekommen, obwohl er zu dieser Anrechnung nicht berechtigt war. Er hätte die Definitivbelastung mit Körperschaftsteuer vermieden.[129] Durch die Ausschüttung hätte sich der Wert der Beteiligung an der ausschüttenden Kapitalgesellschaft gemindert. Nach der Ausschüttung durch die Kapitalgesellschaft war auf die Anteile an der Kapitalgesellschaft eine Teilwert-AfA vorzunehmen (§ 6 Abs. 1 Nr. 1 Satz 2 EStG), sofern diese im Betriebsvermögen gehalten wurden. Bei im Privatvermögen gehaltenen Beteiligungen machte sich eine Wertminderung erst im Falle der Veräußerung bemerkbar. Dadurch wurde der Gewinn aus dem Zufluss der Dividende de facto nicht versteuert, da dem Dividendenertrag ein Aufwand in Form der Teilwert-AfA gegenüberstand. Der Veräußerungsgewinn des nichtanrechnungsberechtigten Ausländers wurde im Inland ebenfalls nicht besteuert, da der Gewinn gem. Art. 13 Abs. 4 OECD-MA a.F. nur in seinem Ansässigkeitsstaat besteuert wer-

---

[126] Vgl. Weber-Grellet, H., in: Schmidt, L. (Hrsg.), Einkommensteuergesetz, 22. Aufl., München 2003, § 50c, Rz. 1.

[127] Vgl. BT-Drucks. 14/2683 v. 15.02.2000, S. 118 f.

[128] Vgl. Weber-Grellet, H., § 50c Abs. 11 EStG - Zur Belastbarkeit des Einkommensteuerrechts, BB 1999, S. 290.

[129] Vgl. Weber-Grellet, H., § 50c Abs. 11 EStG - Zur Belastbarkeit des Einkommensteuerrechts, BB 1999, S. 290.

den darf.[130] Im Ergebnis wurde der Gewinn in Deutschland weder vom Erwerber noch vom Veräußerer versteuert.

Die Einmalbesteuerung des Beteiligungsertrages sollte dadurch sichergestellt werden, dass dem Erwerber die **ausschließlich durch Ausschüttungen bedingte Teilwert-AfA für einen Zeitraum von 10 Jahren (Sperrfrist) verboten** wurde, sofern die Teilwert-AfA den Sperrbetrag i.S.d. § 50c Abs. 4 EStG a.F. nicht überstieg. Der Sperrbetrag betrug nach § 50c Abs. 4 EStG a.F.:

	Anschaffungskosten der Anteile
./.	Nennwert der Anteile
=	Sperrbetrag i.S.d. 50c Abs. 4 EStG a.F.

Begründung:	Der Unterschied zwischen den Anschaffungskosten und dem Nennbetrag der Anteile entspricht den auf den Anteilseigner entfallenden und im Erwerbszeitpunkt vorhandenen (offenen versteuerten und stillen unversteuerten) Reserven der Kapitalgesellschaft.

Der Sperrbetrag minderte sich während der Sperrzeit um die Gewinnminderungen, die in den früheren Wirtschaftsjahren gem. § 50c Abs. 1 EStG a.F. nicht zu berücksichtigen waren.[131]

Ein wichtiges Tatbestandsmerkmal des § 50c Abs. 1 EStG a.F. war der Erwerb der Anteile von einem nicht zur KSt-Anrechung berechtigten Veräußerer, bei dem der Veräußerungsgewinn im Inland nicht zur Besteuerung herangezogen werden konnte. Folglich waren die Regelungen des § 50c Abs. 1 EStG a.F. nicht auf den Erwerb der Kapitalgesellschaftsanteile von Anteilseignern, die zur Anrechung der Körperschaftsteuer berechtigt waren, anwendbar. Doch auch bei im Privatvermögen gehaltenen Beteiligungen war die Einmalbesteuerung des Beteiligungsertrages nicht sichergestellt. Veräußerungen von im Privatvermögen gehaltenen Anteilen an Kapitalgesellschaften, die weder i.S.d. § 17 EStG (wesentliche Beteiligung) noch i.S.d. § 23 EStG (Spekulationsgewinne bzw. private Veräußerungsgeschäfte) steuerverhaftet waren, wurden ebenfalls nicht versteuert, wohingegen die Ausschüttungen aus der Kapitalgesellschaft bei den Anteilseignern zu steuerpflichtigen Einkünften aus Kapitalvermögen geführt hätten. Daher wurde § 50c EStG a.F. um Abs. 11 ergänzt. § 50c Abs. 11 EStG a.F. erklärt, dass § 50c Abs. 1-8 EStG a.F. auch dann anwendbar sind, wenn der Veräußerer der Kapitalgesellschaftsanteile zwar zur Anrechung der KSt berechtigt ist, der Veräußerungsgewinn jedoch im Inland nicht der Steuerpflicht unterliegt.

130 Vgl. Djanani, C./ Brähler, G., Internationales Steuerrecht, Wiesbaden 2003, S. 155.

131 Vgl. H 227 d EStH 1999.

Beachte: § 50c EStG a.F. ist **immer dann zu prüfen**, wenn Kapitalgesellschaftsanteile von einem **Steuerausländer** bzw. einem **nicht i.S.d. § 17 EStG Beteiligten** erworben wurden.

Beispiel

Sperrbetrag i.S.d. § 50c Abs. 11 EStG a.F.

Die zur KSt-Anrechnung berechtigten 10 Geschwister der Hobbit-Familie halten am 01.01.1998 jeweils eine 10 %-ige, nicht wesentliche Beteiligung[132] an der von ihnen gegründeten Mittelerde-GmbH.

Aktiva	Mittelerde GmbH		Passiva
Aktiva	160 T€	Stammkapital	100 T€ (10 x 10 T€)
		Gewinnrücklagen	60 T€ (10 x 6 T€)
	160 T€		160 T€
(Firmenwert	100 T€)		

Da die Hobbits wissen, dass Veräußerungsgewinne nicht wesentlicher Beteiligungen steuerfrei sind, will jeder seine Beteiligung für 30 T€ verkaufen.

	Verkaufspreis pro Hobbit	∑ alle Hobbits
Anteiliges Stammkapital	10 T€	100 T€
Anteilige Rücklagen	6 T€	60 T€
Anteiliges KSt-Guthaben	4 T€	40 T€
Anteiliger Firmenwert	10 T€	100 T€
∑	30 T€	300 T€

Der Käufer Golum, ein zur Anrechnung der Körperschaftsteuer berechtigter Steuerinländer, erwirbt am 01.01.1998 sämtliche Anteile an der Mittelerde GmbH. Unmittelbar nach dem Kauf schüttet die Mittelerde GmbH die Gewinnrücklagen an Golum aus. Golum erhält 70 T€ (60 T€ Gewinnrücklage zzgl. einer Minderung der Körperschaftsteuer i.H.v. 10 T€ (§ 27 Abs. 1 KStG a.F.)), da thesaurierte Gewinne im Anrechnungsverfahren ab 1998 mit 40 % und ausgeschüttete Gewinne mit 30 % KSt belastet wurden. Steuerpflichtig waren 100 T€ (70 T€ ausgeschüttete Dividende zzgl. des verbleibenden KSt-Anrechnungsguthabens i.H.v. 30 T€). Direkt nach der Ausschüttung sinkt der Teilwert der Anteile an der Mittelerde GmbH auf 200 T€, da sich das Vermögen der Mittelerde GmbH um die Gewinnrücklagen gemindert hat, so dass eine Teilwert-AfA i.H.v. 100 T€ die Betriebseinnahme i.H.v. 100 T€ neutralisieren kann. Gleichzeitig

[132] Die Wesentlichkeitsgrenze i.S.d. § 17 EStG betrug am 01.01.1998 gem. § 17 Abs. 2 Satz 4 EStG 1998 25 %.

hat Golum jedoch Anspruch auf Anrechnung der KSt in Höhe von 3/7 der Bardividende, d.h. 3/7 * 70 T€ = 30 T€. § 50c EStG a.F. verhindert nun diese Teilwert-AfA, so dass Golum nicht bereit sein wird, die KSt über den Kaufpreis mitzuvergüten.

Der Sperrbetrag i.S.d. § 50c EStG a.F. ist dem Übernahmeergebnis nach § 4 Abs. 4 UmwStG hinzuzurechnen, damit die Regelungen des § 50c EStG a.F. nicht durch eine Verschmelzung unterlaufen werden können, wie die Fortsetzung des Beispiels verdeutlicht.

Beispiel

Um zu vermeiden, dass sie das KSt-Guthaben nicht vom Erwerber abgegolten bekommen, haben die Hobbits die Idee, dass Golum die Mittelerde GmbH in ein Einzelunternehmen umwandeln solle, ohne vorher die Gewinnrücklagen auszuschütten. Aufgrund der damals existierenden Step-up-Möglichkeit könnte Golum den sich ergebenden Übernahmeverlust in zusätzliches AfA-Potenzial umwandeln. Zu der Umsetzung dieses Vorschlags wird Golum aufgrund der Sperrbetragsregelungen jedoch nicht bereit sein. Da der Sperrbetrag der Differenz zwischen Anschaffungskosten und Stammkapital entspricht und zum Übernahmeverlust (1. Stufe) hinzuzuaddieren ist, ist die Besteuerung des Beteiligungsertrages auch im Umwandlungsfall sichergestellt. Der Sperrbetrag (aller Anteile) beträgt:

	Anschaffungskosten der Anteile	300 T€
./.	Nennwert der Anteile	./. 100 T€
=	Sperrbetrag i.S.d. § 50c EStG a.F.	200 T€

Das Übernahmeergebnis beträgt:

		ohne Sperrbetrag	mit Sperrbetrag
	übergehendes Vermögen	160 T€	160 T€
./.	Buchwert der Anteile	./. 300 T€	./. 300 T€
	Übernahmeverlust 1. Stufe	./. 140 T€	./. 140 T€
+	anzurechnende KSt[133]	+ 40 T€	+ 40 T€
+	Sperrbetrag	-	+ 200 T€
	Übernahmegewinn/ -verlust 2. Stufe	**./. 100 T€**	**+ 100 T€**

Ohne die Sperrbetragsregelung hätte Golum den Übernahmeverlust 2. Stufe i.H.v. 100 T€ gem. der Regelung des § 4 Abs. 6 UmwStG a.F. durch Aufstockung der Wirtschaftsgüter der Mittelerde GmbH bis zu ihren Teilwerten bzw. durch Ansatz des Firmenwerts aktivieren können (sog. Step-up).

[133] § 4 Abs. 5 UmwStG a.F.; vgl. Berechnungsschema in Tz. 04.10 UmwStE.

Durch die Hinzurechnung des Sperrbetrages zum Übernahmeergebnis 1. Stufe ergibt sich für Golum ein Übernahmegewinn i.H.v. 100 T€.

Ergebnis: Durch die Sperrbetragsregelung wird die Einmalbesteuerung des Beteiligungsertrages auch im Fall der Verschmelzung sichergestellt, da die 100 T€ den Gewinnrücklagen zzgl. des KSt-Guthabens entsprechen. Der Anteilseigner wird wie ein Gründungsgesellschafter behandelt, der die Gewinnrücklagen der KapGes als Übernahmegewinn versteuern muss.

Der Sperrbetrag i.S.d. § 50c EStG a.F. ist immer außerhalb der Bilanz zu korrigieren, wie folgendes Beispiel verdeutlicht:

Beispiel

Außerbilanzielle Korrektur des Sperrbetrages i.S.d. § 50c EStG a.F.
Die Röhrich-GmbH soll zum 01.01.2004 auf die Rohrfrei-OHG, die alle Anteile an der Röhrich-GmbH hält, verschmolzen werden.

Aktiva	Röhrich-GmbH		Passiva
Aktiva	200 T€	Stammkapital	100 T€
		Gewinnrücklagen	100 T€
	200 T€		200 T€
(Firmenwert	100 T€)		

An der Rohrfrei-OHG sind die Gesellschafter Werner und Eckhardt zu je 50 % beteiligt. Die Rohrfrei-OHG hat im Jahre 1999 alle Anteile von einem Steuerausländer zum Preis von 300 T€ erworben. Der Nennbetrag der Anteile betrug 100 T€. Aufgrund von § 50c Abs. 1 EStG a.F. ist hierdurch ein Sperrbetrag i.H.v. 200 T€ (300 T€ ./. 100 T€, § 50c Abs. 4 EStG a.F.) entstanden.

Aktiva	Rohrfrei-OHG		Passiva
Aktiva	100 T€	Kapital Werner	200 T€
Beteiligung	300 T€	Kapital Eckhardt	200 T€
	400 T€		400 T€

Durch die Verschmelzung entsteht ein Übernahmeverlust auf der ersten Stufe i.H.v. 100 T€:

Aktiva	Rohrfrei-OHG					Passiva
Beteiligung	300 T€		Kapital Werner		200 T€	
./. Beteiligung	./. **300 T€**	0 T€	./. Ü-Verlust	./.	**50 T€**	150 T€
sonst. Aktiva	100 T€		Kapital Eckhardt		200 T€	
+ Aktiva*	+ **200 T€**	300 T€	./. Ü-Verlust	./.	**50 T€**	150 T€
		300 T€				300 T€

*Aktiva der Röhrich-GmbH

Vor der Ermittlung des zu versteuernden Einkommens ist zunächst noch der Sperrbetrag i.S.d. § 50c EStG a.F. außerhalb der Bilanz hinzuzurechnen:

Übernahmeergebnis pro Gesellschafter

bilanziell		außerhalb	
Kapital	200 T€		(§ 4 Abs. 5 UmwStG, Hinzurechnung des Sperrbetrages)
./. anteiliger Ü-Verlust	./. 50 T€	+ 100 T€	
	150 T€		
Übernahmeergebnis 2. Stufe		50 T€	
		./. 25 T€	(§ 4 Abs. 7 Satz 2 UmwStG, zur Hälfte steuerbefreit)
zu versteuerndes Übernahmeergebnis		25 T€	

§ 50c EStG a.F. ist **durch das StSenkG aufgehoben** worden. Gem. § 52 Abs. 59 EStG bleiben die Vorschriften des § 50c EStG a.F. jedoch weiterhin anwendbar, soweit für die Kapitalgesellschaftsanteile vor Ablauf des ersten Wirtschaftsjahres, für das das KStG in der Form des StSenkG gilt, ein Sperrbetrag i.S.d. § 50c EStG a.F. gebildet werden musste. Existierende Sperrbeträge bleiben bis zum Ende der zehnjährigen Sperrfrist (§ 50c Abs. 1 EStG a.F.) bestehen[134] und müssen zum Übernahmeergebnis 1. Stufe hinzuaddiert werden, sofern der steuerliche Übertragungsstichtag innerhalb der zehnjährigen Sperrfrist liegt.

	übertragende Kapitalgesellschaft	
Letztmalige Neubildung eines Sperrbetrages i.S.d. § 50c EStG a.F.	Wirtschaftsjahr = Kalenderjahr	VZ 2001
	Wirtschaftsjahr ≠ Kalenderjahr	Ende des WJ 2001/2002

Abbildung 66: Letztmalige Neubildung eines Sperrbetrages i.S.d. § 50c EStG a.F.

134 Vgl. Förster, G./ van Lishaut, I., Steuerliche Folgen der Umwandlung einer Kapitalgesellschaft in ein Personenunternehmen nach dem neuen Umwandlungssteuerrecht, FR 2000, S. 1197.

Klausurhinweis: Sofern ein Anteilseigner der übertragenden Kapitalgesellschaft in Klausurfällen innerhalb der letzten zehn Jahre Anteile von einem **Steuerausländer** oder einem **nicht i.S.d. § 17 EStG Beteiligten** erworben hatte, ist § 50c EStG a.F. zu prüfen.

5.4.2.6 Konfusionsgewinne (§ 6 UmwStG)

Konfusionsgewinne entstehen durch die Vereinigung von Gläubiger- und Schuldnerstellung bei der übernehmenden Personengesellschaft durch die Verschmelzung mit der übertragenden Kapitalgesellschaft. Konfusionsgewinne setzen dabei naturgemäß voraus, dass die Forderung und die korrespondierende Verbindlichkeit **in unterschiedlicher Höhe** ausgewiesen waren. Ein Beispiel für Konfusionsgewinne sind Rückstellungen, die einer der beteiligten Rechtsträger aufgrund einer Verpflichtung gegenüber dem anderen Rechtsträger gebildet hatte und die aufgrund der Verschmelzung aufgelöst werden. Ein Konfusionsgewinn ist ein **Übernahmefolgegewinn**, der **nicht Bestandteil des Übernahmeergebnisses** (§ 4 Abs. 4, 5 UmwStG) ist.[135] Um eine sofortige Versteuerung zu vermeiden, darf gem. § 6 Abs. 1 UmwStG eine den Konfusionsgewinn neutralisierende Rücklage gebildet werden. Die Rücklage ist in den drei Folgejahren zu mindestens je einem Drittel aufzulösen.

Merke: Konfusionsgewinne können entstehen, falls Überträgerin und Übernehmerin vor der Verschmelzung in schuldrechtlicher Beziehung zueinander standen.

Beispiel

Konfusionsgewinne

Die Schlucke GmbH wird auf die Keek OHG verschmolzen. Die Schlucke GmbH hatte vor der Verschmelzung eine Verbindlichkeit gegenüber der Keek OHG i.H.v. 10 T€. Bei der Verschmelzung entsteht kein Konfusionsgewinn, wenn die Forderung und die Verbindlichkeit in identischer Höhe ausgewiesen wurden.

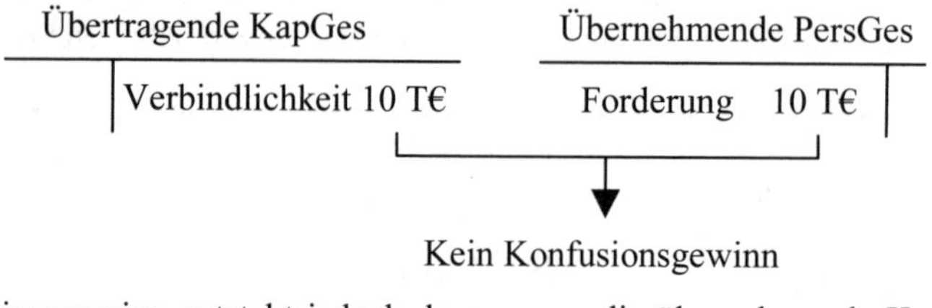

Ein Konfusionsgewinn entsteht jedoch dann, wenn die übernehmende Keek OHG die Forderung um z.B. 3 T€ einzelwertberichtigt hat. Die entsprechende Verbindlichkeit war demgegenüber bei der übertragenden Kapitalgesellschaft weiterhin mit dem Rückzahlungsbetrag (§ 253 Abs. 1 Satz 2 HGB) zu bilanzieren. Im Rahmen der Verschmelzung sind die Verbindlichkeit und die korrespondierende Forderung aufzulösen.

135 Vgl. Tz. 06.02 UmwStE.

Es kommt daher zu einem Konfusionsgewinn:

Übertragende KapGes	Übernehmende PersGes
Verbindlichkeit 10 T€	Forderung 7 T€

Konfusionsgewinn = 3 T€

Dieser Konfusionsgewinn kann nun in eine Rücklage eingestellt werden. In den Folgejahren ist die Rücklage zu je einem Drittel (d.h. zu je 1 T€) aufzulösen. Der Gewinn und die damit einhergehende Steuerbelastung der Gesellschafter verteilen sich somit auf drei Jahre.

Wie das Beispiel zeigt, ist es folgerichtig, dass der Konfusionsgewinn nicht zum Übernahmeergebnis zählt und daher voll zu versteuern ist, da er lediglich eine **Korrektur der zuvor erfolgten Wertberichtigung** darstellt.

5.4.3 Eintritt in die Rechtsposition der übertragenden Kapitalgesellschaft

Nach der Aufzählung in § 4 Abs. 2 UmwStG tritt die übernehmende Personengesellschaft bezüglich

- der AfA, einschließlich erhöhter AfA sowie Sonder-AfA,
- der Bewertung der Wirtschaftsgüter seitens der übertragenden Kapitalgesellschaft und
- der Inanspruchnahme von den steuerlichen Gewinn mindernden Rücklagen

in die Rechtsstellung der übertragenden Kapitalgesellschaft ein. Der Eintritt in die Rechtstellung der übertragenden Kapitalgesellschaft erfolgt im Wege **der Gesamtrechtsnachfolge**. Die Aufzählung in § 4 Abs. 2 UmwStG ist somit nicht als abschließend zu interpretieren.[136]

Der Vermögensübergang im Wege der Gesamtrechtsnachfolge bedeutet, dass bei der übernehmenden Personengesellschaft **steuerrechtlich kein Anschaffungsvorgang** vorliegt.[137] Daher kann die übernehmende Personengesellschaft im Rahmen der Verschmelzung

- weder § 6 Abs. 2 EStG (= Geringwertige Wirtschaftsgüter) anwenden,
- noch eine Investitionszulage beanspruchen,
- noch § 6b EStG auf einen Übernahmegewinn anwenden.[138]

---

[136] Vgl. Tz. 04.08 UmwStE.

[137] Vgl. Tz. 04.07 UmwStE.

5.4.3.1 Abschreibung der übernommenen Wirtschaftsgüter und Besitzzeitanrechnung

Gem. § 4 Abs. 2 UmwStG tritt die übernehmende Personengesellschaft auch bezüglich der Abschreibungen in die Rechtsstellung der übertragenden Kapitalgesellschaft ein, unabhängig davon, ob die übertragende Kapitalgesellschaft in ihrer Schlussbilanz die Wirtschaftsgüter zu Buch-, Zwischen- oder Teilwerten bewertet.

Bei **Fortführung der Buchwerte** seitens der übertragenden Kapitalgesellschaft sind die AfA, die erhöhte AfA, Sonderabschreibungen, Bewertungsfreiheiten und -abschläge von der übernehmenden Personengesellschaft gleichbleibend weiterzuführen.

Bei **Aufstockung der Buchwerte** in der steuerlichen Schlussbilanz der übertragenden Kapitalgesellschaft bemisst sich die AfA bei der übernehmenden Personengesellschaft gem. § 4 Abs. 3 UmwStG wie folgt:

- Die Abschreibung von Gebäuden (§ 7 Abs. 4 Satz 1 EStG, lineare Gebäude-AfA und § 7 Abs. 5 EStG, degressive Gebäude-AfA) bemisst sich nach der bisherigen Bemessungsgrundlage, vermehrt um den Unterschiedsbetrag zwischen dem Buchwert des Gebäudes und dem aufgestockten Wert in der steuerlichen Schlussbilanz der übertragenden Kapitalgesellschaft (Aufstockungsbetrag). Auf die hierdurch erhöhte Bemessungsgrundlage ist der bisherige AfA-Satz weiterhin anzuwenden.[139] Aus diesem Grund würde sich der Abschreibungszeitraum verlängern.[140] Kann das Gebäude daher in den Fällen des § 7 Abs. 4 Satz 1 EStG innerhalb der tatsächlichen Nutzungsdauer nicht vollständig abgeschrieben werden, so kann die AfA nach der Restnutzungsdauer des Gebäudes bemessen werden.[141]
- Für alle anderen übergegangenen Wirtschaftsgüter bemisst sich die Abschreibung nach dem Wert, mit dem die übertragende Kapitalgesellschaft das Wirtschaftsgut ansetzt (dies entspricht dem bisherigen Buchwert zzgl. dem Aufstockungsbetrag) und der (u.U. neu zu schätzenden) Restnutzungsdauer des jeweiligen Wirtschaftsguts.[142]

---

[138] Vgl. Tz. 04.07 UmwStE.

[139] Vgl. Tz. 04.03 UmwStE.

[140] Vgl. Sagasser, B., in: Sagasser, B./ Bula, T./ Brünger, T., Umwandlungen, 3. Aufl., München 2002, S. 424 f., Rz. 98.

[141] Vgl. Tz. 04.03 UmwStE.

[142] Vgl. Tz. 04.04 f. UmwStE.

Merke: Unterschiedliche Ermittlung der neuen AfA-Bemessungsgrundlage bei Aufstockung auf Zwischen- oder Teilwerte in der steuerlichen Schlussbilanz:

	neue Bemessungsgrundlage
Gebäude	bisherige Bemessungsgrundlage + Aufstockungsbetrag
Sonst. Wirtschaftsgüter	bisheriger Buchwert + Aufstockungsbetrag

Begründung: Die differenzierte Behandlung von Gebäuden und sonstigen Wirtschaftsgütern ist zurückzuführen auf die jeweilige Methode der AfA, die sich für Gebäude und sonstige Wirtschaftsgüter unterscheidet.

Beispiel

Eintritt der übernehmenden Personengesellschaft in die AfA der übertragenden Kapitalgesellschaft

Im Rahmen der Verschmelzung zum 31.12.10 gehen auf die übernehmende Personengesellschaft ein Radlader und ein Betriebsgebäude über.

Der Radlader wurde zu Beginn des Jahres 08 für 100.000 € angeschafft. Seine Nutzungsdauer wurde auf 10 Jahre veranschlagt. Die Abschreibung erfolgt linear. Das Betriebsgebäude ist Anfang des Jahres 01 zu Herstellungskosten von 100.000 € errichtet worden. Die Abschreibung richtet sich nach § 7 Abs. 4 EStG.

Aus didaktischen Gründen soll mit der AfA des Radladers begonnen werden, da die Vorgehensweise leichter nachvollziehbar ist.

Lösung

1. Abschreibung des Radladers

Gem. § 7 Abs. 1 Satz 1 EStG erfolgt die Abschreibung linear.

$$\text{Abschreibungsbetrag/Jahr} = \frac{100.000\ €}{10\ \text{Jahre}} = 10.000\ €/\text{Jahr}$$

Am Ende des Jahres 10 beträgt der Buchwert des Radladers 70.000 € (= 100.000 ./. 3*10.000). Im Rahmen der Verschmelzung wird er in der Übertragungsbilanz mit einem Teilwert von 84.000 € angesetzt. Gem. Tz. 04.05 UmwStE ist die Restnutzungsdauer nach den Verhältnissen am steuerlichen Übertragungsstichtag neu zu schätzen. Die noch verbleibende Nutzungsdauer von 7 Jahren kann in diesem Fall beibehalten werden.

Die Bemessungsgrundlage ermittelt sich wie folgt:

	Bisheriger **Buchwert**	70.000 €
+	Aufstockungsbetrag (84.000 ./. 70.000)	14.000 €
=	Neue Bemessungsgrundlage	**84.000 €**

Aus der neuen Bemessungsgrundlage und der verbleibenden Nutzungsdauer ergibt sich:

$$\text{Abschreibungsbetrag/Jahr} = \frac{84.000\ €}{7\ \text{Jahre}} = 12.000\ €/\text{Jahr}$$

2. Abschreibung des Betriebsgebäudes

Hier ist Vorsicht geboten: die neue Bemessungsgrundlage für die AfA ergibt sich NICHT aus dem „bisherigen **Buchwert** + Aufstockungsbetrag“, sondern aus der „bisherigen **AfA-Bemessungsgrundlage** + Aufstockungsbetrag“. Dies liegt darin begründet, dass sich die AfA für Gebäude nach den ursprünglichen Anschaffungs- bzw. Herstellungskosten bemisst.
Gem. § 7 Abs. 4 Satz 1 Nr. 1 EStG erfolgt die Abschreibung mit jährlich 3 %.

$$\text{Abschreibungsbetrag/Jahr} = 100.000\ € * 0{,}03 = 3.000\ €/\text{Jahr}$$

$$\text{Abschreibungsdauer in Jahren} = \frac{100.000\ €}{3.000\ €} \approx 33\ \text{Jahre}$$

Am Ende des Jahres 10 beträgt der Buchwert des Gebäudes 70.000 € (= 100.000 ./. 10 * 3.000). Im Rahmen der Verschmelzung wird das Gebäude in der Übertragungsbilanz mit einem Teilwert von 84.000 € angesetzt. Der AfA-Satz von 3 % ist von der übernehmenden Kapitalgesellschaft fortzuführen. Die Bemessungsgrundlage ermittelt sich wie folgt:

	Bisherige **AfA-Bemessungsgrundlage**	100.000 €
+	Aufstockungsbetrag (84.000 ./. 70.000)	14.000 €
=	Neue AfA-Bemessungsgrundlage	**114.000 €**

$$\text{Neuer Abschreibungsbetrag/Jahr} = 114.000\ € * 0{,}03 = 3.420\ €/\text{Jahr}$$

Dieser Abschreibungsbetrag von 3.420 € mindert am Ende jedes Jahres den Bilanzbuchwert des Gebäudes. Am Ende des Jahres der Verschmelzung mindert er folglich

den übernommenen Teilwert von 84.000 €.
Daraus ergibt sich folgende noch verbleibende Abschreibungsdauer in Jahren:

$$\text{Abschreibungsdauer in Jahren} = \frac{84.000\ €}{3.420\ €} \approx 24{,}6\ \text{Jahre}$$

Die gesamte Laufzeit der AfA beträgt damit 34,6 Jahre (= 10 + 24,6).

Klausurhinweis: Da in Klausuren regelmäßig von einer Buchwertfortführung der übertragenden Kapitalgesellschaft ausgegangen wird, ist i.d.R. keine neue AfA zu berechnen.

Soweit die Dauer der Zugehörigkeit eines Wirtschaftsguts zum Betriebsvermögen für die weitere Besteuerung bei der übernehmenden Personengesellschaft von Bedeutung ist (bspw. Vorbesitzzeiten im Rahmen der Rücklage für Ersatzbeschaffung, der § 6b EStG-Rücklage, Verbleibefristen nach dem Investitionszulagengesetz etc.), führt die übernehmende Personengesellschaft, da sie im Wege der Gesamtrechtsnachfolge in die Rechtsstellung der übertragenden Kapitalgesellschaft eintritt, die Besitz- oder Verbleibefristen fort (§ 4 Abs. 2 Satz 3 UmwStG).

Merke: Besitz- bzw. Verbleibefristen werden durch die Verschmelzung nicht unterbrochen.

5.4.3.2 Steuerliche Behandlung von Verlustvorträgen

Der Eintritt in die Rechtsstellung der übertragenden Kapitalgesellschaft umfasst jedoch keinen ggf. vorhandenen körperschaft- oder gewerbesteuerlichen **Verlustvortrag** bei der übertragenden Kapitalgesellschaft. Gem. § 4 Abs. 2 Satz 2 UmwStG **gehen** Verlustvorträge i.S.d. §§ 2a, 10d, 15 Abs. 4 oder § 15a EStG **nicht** auf die Gesellschafter der übernehmenden Personengesellschaft **über**. Ein gewerbesteuerlicher Verlustvortrag kann gem. § 18 Abs. 1 Satz 2 UmwStG ebenfalls nicht übertragen werden.

Merke:	Verlustvorträge der übertragenden Kapitalgesellschaft gehen nicht auf die Gesellschafter der übernehmenden Personengesellschaft über.
Begründung:	Verlustvorträge der übertragenden Kapitalgesellschaft stammen aus Verlusten, die auf Ebene der übertragenden Kapitalgesellschaft vor dem steuerlichen Übertragungsstichtag entstanden sind und das Vermögen der übertragenden Kapitalgesellschaft bereits vermindert haben. Durch die Umwandlung kommt es zu einem Wechsel von der Besteuerung nach dem Intransparenzprinzip (KapGes) hin zur Besteuerung nach dem Transparenzprinzip (PersGes). Daher können die Gesellschafter der übernehmenden Personengesellschaft nicht die auf Ebene der Besteuerung mit KSt gebildeten Verlustvorträge fortführen.[143]

Die Verlustvorträge können genutzt werden, wenn die übertragende Kapitalgesellschaft in ihrer steuerlichen Schlussbilanz ihre Wirtschaftsgüter mit einem über deren Buchwert liegenden Wert bewertet (Wahlrecht des § 3 UmwStG). Der daraus resultierende steuerpflichtige Übertragungsgewinn kann mit den vorhandenen Verlustvorträgen verrechnet werden.[144] Durch die Aufstockung würde zudem zusätzliches AfA-Potenzial bei der übernehmenden Personengesellschaft geschaffen. Eine Aufdeckung der stillen Reserven kann jedoch das Übernahmeergebnis bei der übernehmenden Personengesellschaft erhöhen.

Merke:	Verlustvorträge der übertragenden Kapitalgesellschaft können durch Aufstockung der Buchwerte der Wirtschaftsgüter (§ 3 UmwStG) genutzt werden, da ein durch die Aufstockung entstehender Übertragungsgewinn mit vorhandenen Verlustvorträgen verrechnet werden kann.

5.5 Besonderheiten bei beschränkt steuerpflichtigen Anteilseignern

Zur Behandlung von Anteilen an der übertragenden Kapitalgesellschaft im Besitz von beschränkt Steuerpflichtigen macht das UmwStG keine Aussage. Es muss somit eine Ableitung aus den allgemeinen Grundsätzen erfolgen. Danach ist zu unterscheiden, ob ein DBA vorliegt, das eine Besteuerung des Übernahmegewinns in Deutschland verhindert oder ob der beschränkt Steuerpflichtige aus einem Nicht-DBA-Land stammt. Nach deutschem innerstaatlichen Recht wird der Übernahmegewinn als gewerbliche Einkünfte (§ 15 EStG) aus einer Personengesellschaft erfasst, da er auf Ebene der übernehmenden Personengesellschaft anfällt. Abkommensrechtlich wird diese Qualifikation im Allgemeinen jedoch nicht

143 Vgl. BT-Drucks. 12/6885 v. 24.02.1994, S. 17 f.

144 Vgl. Schmitt, J., in: Schmitt, J./ Hörtnagl, R./ Stratz, R.-C., Umwandlungsgesetz, Umwandlungssteuergesetz, 3. Aufl., München 2001, § 3 UmwStG, Rz. 60.

nachvollzogen. Der Übernahmegewinn wird hierbei als Veräußerungsgewinn gem. Art 13 Abs. 4 OECD-MA im Ansässigkeitsstaat des Gesellschafters besteuert.[145]

Die Finanzverwaltung[146] ist daher der Ansicht, dass auf beschränkt steuerpflichtige Anteilseigner, die durch die Umwandlung Gesellschafter der übernehmenden Personengesellschaft werden, die Einlagefiktion des § 5 Abs. 2 nur dann anzuwenden ist, wenn die Anteile an der übertragenden Kapitalgesellschaft eine **gem. § 17 EStG steuerverhaftete Beteiligung** darstellen, deren Veräußerung mangels eines DBA in Deutschland zu versteuern ist (§ 49 Abs. 1 Nr. 2 Bst. e EStG). Daraus folgt, dass i.S.d. § 17 EStG steuerverhaftete Anteile dann nicht in die Ermittlung des Übernahmeergebnisses einzubeziehen sind, wenn deren Veräußerung aufgrund eines DBA nicht in Deutschland besteuert wird.

Gehören die Anteile an der übertragenden Kapitalgesellschaft zu einem anderen **inländischen Betriebsvermögen eines beschränkt Steuerpflichtigen**, so gelten diese gem. § 5 Abs. 3 UmwStG als mit dem Buchwert (bzw. den Anschaffungskosten) zum steuerlichen Übertragungsstichtag eingelegt.[147]

Anteile beschränkt Steuerpflichtiger	Teilnahme am Übernahmeergebnis?
gehören zu einem inländischen Betriebsvermögen	✓ (§ 5 Abs. 3 UmwStG)
sind steuerverhaftete Beteiligung i.S.d. § 17 EStG, Veräußerungsgewinn ist mangels oder aufgrund eines DBA in Deutschland zu versteuern	✓ (§ 5 Abs. 2 UmwStG)
Anteile i.S.d. § 17 EStG, Veräußerungsgewinn ist aufgrund eines DBA (Art. 13 Abs. 4 OECD-MA) nicht in Deutschland zu versteuern	(-) (Tz. 05.12 UmwStE)

Abbildung 67: Einbeziehung von Anteilen beschränkt steuerpflichtiger Anteilseigner in das Übernahmeergebnis

Stellen die Anteile im Privatbesitz von beschränkt Steuerpflichtigen **keine Beteiligung i.S.d. § 17 EStG** dar, so werden diese Anteile von § 7 UmwStG nicht erfasst.[148] Die Anteile nehmen damit weder an der Ermittlung des Übernahmeergebnisses teil noch fallen sie in den Anwendungsbereich des § 7 UmwStG.

---

145 Vgl. Wassermeyer, F., in: Debatin, H./ Wassermeyer, F. (Hrsg.), Doppelbesteuerung, Band I: Kommentierung des OECD-MA, 91. Erg.Lief., München 2003, Art. 13 OECD-MA, Rz. 136; Schaumburg, H., Inländische Umwandlungen mit Auslandsbezug, GmbHR 1996, S. 418.

146 Vgl. Tz. 05.12 UmwStE.

147 Vgl. Tz. 05.12 UmwStE.

148 Vgl. Tz. 07.01 UmwStE.

Die auf Anteile der beschränkt Steuerpflichtigen, die nicht am Übernahmeergebnis teilnehmen, entfallenden stillen Reserven müssen von der übernehmenden Personengesellschaft fortgeführt werden. Die stillen Reserven sind im Fall der Auflösung als Betriebsstättengewinne zu versteuern,[149] weil die beschränkt steuerpflichtigen Mitunternehmer der übernehmenden Personengesellschaft werden und als solche in Deutschland steuerpflichtige Einkünfte aus einer inländischen Betriebsstätte (§ 49 Abs. 1 Nr. 2 Bst. a EStG) erzielen.

5.6 Nebensteuern

5.6.1 Grunderwerbsteuer

Sofern zum übergehenden Vermögen des übertragenden Rechtsträgers **inländischer Grundbesitz** gehört, fällt aufgrund des Verschmelzungsvorgangs gem. § 1 Abs. 1 Nr. 3 GrEStG Grunderwerbsteuer bei der übernehmenden Personengesellschaft an. Bemessungsgrundlage ist gem. § 8 Abs. 2 Nr. 2 GrEStG der im Wege der Bedarfsbewertung ermittelte Grundbesitzwert i.S.v. § 138 Abs. 2 oder 3 BewG.

Die Behandlung der Grunderwerbsteuer in Umwandlungsfällen ist strittig, weil die Verschmelzung keinen Anschaffungsvorgang darstellt. Nach Auffassung der Finanzverwaltung ist die Grunderwerbsteuer daher eine sofort abzugsfähige Betriebsausgabe, die nicht aktiviert werden muss.[150] Der BFH hat jedoch entschieden, dass die im Rahmen einer Verschmelzung anfallende GrESt als objektbezogene nachträgliche Anschaffungskosten zu aktivieren sind, da die Verschmelzung aufgrund des tauschähnlichen Vorgangs als Veräußerung anzusehen ist.[151] Das Urteil des BFH bezog sich jedoch auf das UmwStG 1977. Das FG Köln[152] hat nunmehr mit Bezug auf die Regierungsbegründung zum UmwStG 1995[153] entschieden, dass die GrESt als Betriebsausgabe abzugsfähig ist. Im Ergebnis ist daher der Auffassung der Finanzverwaltung zu folgen, wonach die **GrESt** nicht aktiviert werden muss, sondern **als Betriebsausgabe abzugsfähig** ist.

Beachte: Die steuerliche Rückwirkung gilt nicht für die GrESt. Sie entsteht daher erst mit der Eintragung der Verschmelzung in das Handelsregister.

Sofern an der Verschmelzung beteiligte Gesellschaften umfangreichen inländischen Grundbesitz haben, kann sich die eintretende GrESt-Belastung als Umwandlungshindernis erweisen. Daher sollten Verschmelzungen auf dasjenige Unternehmen vorgenommen werden, das über den höheren Grundbesitz verfügt.

---

[149] Vgl. Tz. 05.12 UmwStE.

[150] Vgl. Tz. 04.43 UmwStE.

[151] Vgl. BFH v. 15.10.1997, I-R-22/96, BStBl. II 1998, S. 168.

[152] Vgl. FG Köln v. 05.09.2002, 13-K-5561/01, EFG 2003, S. 339; Revision eingelegt (BFH-Aktenzeichen IR 97/02).

[153] Vgl. BT-Drucks. 12/6885 v. 24.02.1994.

Klausurhinweis:	Die Ermittlung der GrESt bei Verschmelzungen ist i.d.R. nicht Prüfungsgegenstand.

5.6.2 Umsatzsteuer

Da das gesamte Vermögen der übertragenden Kapitalgesellschaft auf die übernehmende Personengesellschaft übergeht, ist die Verschmelzung als solche wegen Vorliegens einer Geschäftsveräußerung gem. § 1 Abs. 1a UStG **nicht steuerbar**.

Beachte:	Da die steuerliche Rückwirkung für die USt nicht gilt, erlischt die USt-Pflicht der übertragenden Kapitalgesellschaft erst mit der Eintragung der Verschmelzung in das Handelsregister. Bis zu diesem Datum sind daher USt-Voranmeldungen abzugeben.

6 Umwandlung einer KapGes in eine Einzelunternehmung durch Verschmelzung

Die Verschmelzung einer Kapitalgesellschaft auf ihren Alleingesellschafter unterliegt ebenfalls den Bestimmungen zur **Verschmelzung nach dem UmwG** (§ 3 Abs. 2 Nr. 2 UmwG).

Die **steuerliche Behandlung** der Verschmelzung einer Kapitalgesellschaft auf ihren Alleingesellschafter ist in § 9 UmwStG geregelt. § 9 UmwStG bestimmt, dass **die Vorschriften der §§ 4 bis 7 UmwStG entsprechend** anzuwenden sind, sofern das Vermögen der übertragenden Kapitalgesellschaft **beim übernehmenden Alleingesellschafter Betriebsvermögen wird**. Hierdurch wird sichergestellt, dass die stillen Reserven auch beim Übernehmer weiterhin steuerverhaftet sind. Der übernehmende Alleingesellschafter muss den Betrieb folglich als Einzelunternehmer fortführen. Die untergehenden Anteile der übertragenden Kapitalgesellschaft sind beim Alleingesellschafter üblicherweise Beteiligungen i.S.d. § 17 EStG. Daher gelten die Anteile gem. § 5 Abs. 2 UmwStG als zum steuerlichen Übertragungsstichtag in das Betriebsvermögen eingelegt. Somit sind die im Rahmen der Diskussion der Verschmelzung einer Kapitalgesellschaft auf eine Personengesellschaft dargelegten Regelungen anzuwenden. Zu beachten ist jedoch, dass eine für den Alleingesellschafter gebildete **Pensionsrückstellung** bei der Verschmelzung **ertragswirksam aufzulösen** ist[154] und nicht, wie bei der Verschmelzung einer Kapitalgesellschaft auf eine Personengesellschaft, vom übernehmenden Einzelunternehmen fortgeführt werden kann. Die Folgen der Auflösung werden dadurch gemildert, dass eine in den folgenden drei Jahren aufzulösende Rücklage gem. § 6 UmwStG gebildet werden darf.

---

[154] Vgl. Tz. 06.04 UmwStE.

Merke: Auf eine Verschmelzung einer KapGes auf ihren Alleingesellschafter sind die Regelungen zur Verschmelzung von einer KapGes auf eine PersGes anzuwenden, sofern das Vermögen beim übernehmenden Gesellschafter Betriebsvermögen wird.

Wenn das Vermögen der übertragenden Kapitalgesellschaft jedoch **Privatvermögen** einer natürlichen Person wird, so sind die Vorschriften der §§ 4 Abs. 2 Satz 1 und 2 und Abs. 3 UmwStG sowie §§ 5 Abs. 1, 7, 8 Abs. 2 UmwStG sinngemäß anzuwenden (§ 9 Abs. 2 UmwStG). Die Verschmelzung entspricht dann einer Auflösung der Kapitalgesellschaft i.S.d. § 17 Abs. 4 EStG.[155] Die übertragende Kapitalgesellschaft hat kein Bewertungswahlrecht, und die Wirtschaftsgüter sind mit dem gemeinen Wert anzusetzen.[156]

Beispiel

Beispiel zur Verschmelzung einer Kapitalgesellschaft auf ihren Alleingesellschafter

Die Mittelerde GmbH soll auf ihren Alleingesellschafter Gimli verschmolzen werden. Das übergehende Vermögen wird Betriebsvermögen der Gimli Einzelunternehmung. Gimli hat alle Anteile an der Mittelerde GmbH unmittelbar vor der Umwandlung zum Kaufpreis von 770 T€ erworben und hält diese im Privatvermögen.

Aktiva		Mittelerde GmbH		Passiva
	Buchwert	Teilwert		
Aktiva	580 T€	800 T€	Stammkapital	100 T€
KSt-Forderung	6 T€	6 T€	Gewinnrücklagen	406 T€
			Fremdkapital	80 T€
	586 T€	806 T€		586 T€
(Firmenwert		50 T€)		

Welche steuerlichen Konsequenzen entstehen für Gimli bei Buchwertfortführung?

Gimlis Anteile gelten gem. § 5 Abs. 2 Satz 1 UmwStG als mit den Anschaffungskosten in die Gimli Einzelunternehmung eingelegt. Das Übernahmeergebnis beträgt:

[155] Vgl. BFH v. 22.02.1989, I-R-11/85, BStBl. II 1989, S. 794.

[156] Vgl. Tz. 03.08 UmwStE.

	Gesellschafter	Gimli
	Höhe der Beteiligung	100 %
	Aktiva der Mittelerde GmbH	586 T€
./.	FK der Mittelerde GmbH	80 T€
=	übergehendes Vermögen	506 T€
./.	untergehende Beteiligung	770 T€
=	**Übernahmeergebnis**	**./. 264 T€**

Der Übernahmeverlust bleibt außer Ansatz (§ 9 Abs. 1 i.V.m. § 4 Abs. 6 UmwStG).

Die Gimli Einzelunternehmung hat gem. § 9 Abs. 1 i.V.m. § 4 Abs. 1 UmwStG die Buchwerte der Mittelerde GmbH zu übernehmen. Die Übernahmebilanz der Gimli Einzelunternehmung hat folgendes Aussehen:

Aktiva	Gimli Einzel-	unternehmung	Passiva
Aktiva	580 T€	Eigenkapital	506 T€
KSt-Forderung	6 T€	Fremdkapital	80 T€
	586 T€		586 T€

Das Eigenkapital der Gimli Einzelunternehmung entspricht folglich den Anschaffungskosten abzüglich des Übernahmeverlusts und damit dem übergehenden Vermögen (= 506 T€). Nach dem neuen UmwStG ist es nun nicht mehr möglich, den Übernahmeverlust durch Aufstockung der Wirtschaftsgüter in steuerliches Abschreibungspotenzial zu verwandeln (Step-up). Die von Gimli bezahlten stillen Reserven gehen somit steuerlich verloren.

7 Umwandlung einer KapGes in eine PersGes durch Formwechsel

7.1 Zivil- und handelsrechtliche Regelungen

Der Formwechsel verläuft nach dem UmwG identitätswahrend und damit **ohne Vermögensübertragung**, da der formwechselnde Rechtsträger gem. § 202 Abs. 1 Nr. 1 UmwG nach der Handelsregistereintragung mit dem schon vor dem Formwechsel vorhandenen Vermögen weiterbesteht.[157] Der Gesetzgeber fordert, dass sich beim Formwechsel an den Beteiligungsverhältnissen grundsätzlich nichts ändert und ein identischer Personenkreis vor und nach dem Formwechsel an dem formwechselnden Rechtsträger beteiligt ist. Insofern

---

157 Vgl. Sagasser, B./ Sickinger, M., in: Sagasser, B./ Bula, T./ Brünger, T., Umwandlungen, 3. Aufl., München 2002, S. 685, Rz. 4.

kommt es lediglich zu einer **Änderung des Rechtskleids**, jedoch nicht zu einer Änderung der Vermögens- oder Beteiligungsverhältnisse.[158] Anstatt eines Verschmelzungsvertrags ist daher nur ein **Umwandlungsbeschluss** (§ 193 Abs. 1 Satz 1 UmwG) notwendig. Zudem ist gem. § 192 UmwG von den Vertretungsorganen ein **Umwandlungsbericht** anzufertigen, in dem der Formwechsel und die künftige Beteiligung an dem umwandelnden Rechtsträger rechtlich und wirtschaftlich erläutert und begründet wird.

Der formwechselnde Rechtsträger muss gem. § 192 Abs. 2 UmwG lediglich eine **Vermögensaufstellung** anfertigen, jedoch **keine handelsrechtliche Schlussbilanz** und **keine Übernahme- bzw. Eröffnungsbilanz** erstellen. Die Finanzverwaltung[159] geht jedoch davon aus, dass für den Fall, dass steuerlicher Übertragungsstichtag und handelsrechtlicher Bilanzstichtag der Jahresbilanz des formwechselnden Rechtsträgers zusammenfallen, eine **Maßgeblichkeit** der handelsrechtlichen Bilanz für die steuerrechtliche Schlussbilanz existiert. Diese Ansicht ist – neben den bereits bei der Verschmelzung einer Kapitalgesellschaft auf eine Personengesellschaft aufgeführten Gründen – deshalb abzulehnen, weil es sich nur um ein zufälliges Zusammenfallen der Stichtage der Bilanzen handelt.[160]

Merke:	Eine Verschmelzung durch Neugründung erfordert mindestens zwei übertragende Kapitalgesellschaften (§ 2 Nr. 2 UmwG). Soll hingegen nur eine Kapitalgesellschaft in eine noch nicht vorhandene Personengesellschaft umgewandelt werden, so kann dies im Wege des Formwechsels vollzogen werden. Aus diesem Grund ist der **Formwechsel häufig Prüfungsgegenstand** in Klausuren.

7.2 Steuerrechtliche Behandlung

Steuerrechtlich kommt es bei dem Formwechsel einer Kapitalgesellschaft in eine Personengesellschaft wie im Fall der Verschmelzung zu einem Wechsel von der intransparenten zur transparenten Besteuerungsform. Das UmwStG trifft keine eigenständigen Regelungen für den Formwechsel, sondern verweist auf die Regelungen zur Verschmelzung.

---

158 Vgl. BT-Drucks. 12/6699 v. 01.02.1994, S. 136.

159 Vgl. Tz. 14.02 UmwStE.

160 Vgl. Benkert, M., in: Haritz, D./ Benkert, M. (Hrsg.), Umwandlungssteuergesetz Kommentar, 2. Aufl., München 2000, Einf., Rz. 415.

	Formwechsel KapGes - PersGes
§ 14 Satz 1 UmwStG	Entsprechende **Anwendung der Vorschriften zur Verschmelzung** KapGes auf PersGes (§§ 3 bis 8 und 10 UmwStG), d.h. **entsprechende Berechnung von Übertragungsgewinn, KSt-Erhöhung, Übernahmeergebnis, Besitzzeitanrechnung etc.**
!	Der Formwechsel PersGes auf KapGes wird gem. § 25 Satz 1 UmwStG als **Einbringung** i.S.d. § 20-22 UmwStG behandelt.

Abbildung 68: Formwechsel unter Beteiligung von Kapital- und Personengesellschaften

Aus der Anwendung der Regelungen zur Verschmelzung folgt, dass aufgrund des Wechsels der Besteuerungsprinzipien **steuerrechtlich eine Vermögensübertragung unterstellt** wird.[161] Daher muss die übertragende Kapitalgesellschaft eine Steuerbilanz auf den steuerlichen Übertragungsstichtag und die übernehmende Personengesellschaft eine Eröffnungsbilanz aufstellen (§ 14 Satz 2 UmwStG). Die **Rückbeziehungsmöglichkeit gilt auch beim Formwechsel**, da die steuerliche Schlussbilanz gem. § 14 Satz 3 UmwStG auf einen Stichtag aufgestellt werden kann, der höchstens 8 Monate vor der Anmeldung des Formwechsels zur Eintragung in das Handelsregister liegt.

Einziger hervorzuhebender Unterschied zu den Ausführungen zur Verschmelzung ist, dass sowohl der BFH[162] als auch die Finanzverwaltung[163] den Formwechsel mangels einer zivilrechtlichen Vermögensübertragung nicht als grunderwerbsteuerbaren Vorgang werten. Beim Formwechsel fällt daher **keine GrESt** an.

Merke:	Da beim Formwechsel keine GrESt anfällt, ist der Formwechsel, sofern die übertragende Kapitalgesellschaft über inländischen Grundbesitz verfügt, der Verschmelzung aus steuerlichen Gesichtspunkten vorzuziehen.

8 Abschlussfall

Sachverhalt:

Die Mittelerde GmbH soll in die Gefährten OHG umgewandelt werden. An der Mittelerde GmbH sind die Gesellschafter Aragorn, Gandalf, Legolas und Gimli wie folgt beteiligt:

161 Vgl. Schmitt, J., in: Schmitt, J./ Hörtnagel, R./ Stratz, R.-C., Umwandlungsgesetz Umwandlungssteuergesetz, 3. Aufl., München 2001, § 14 UmwStG, Rz. 2.

162 Vgl. BFH v. 04.12.1996, II-B-116/96, BStBl. II 1997, S. 661.

163 Vgl. FinMin. Baden-Württemberg v. 18.09.1997, S 4520/2, GmbHR 1997, S. 1016.

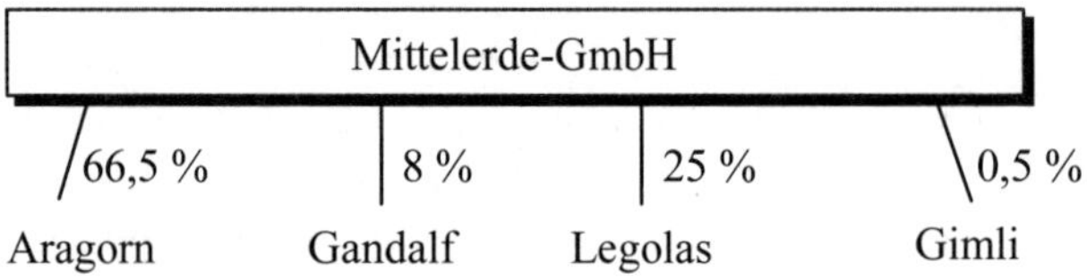

Aragorn ist Gründungsgesellschafter der Mittelerde GmbH. Er hält seine Anteile in einem anderen inländischen Betriebsvermögen (Buchwert = 66.500 €). Gandalf erwarb seine Anteile am 01.01.1998 zu Anschaffungskosten i.H.v. 57.600 € von Saruman, einem Steuerinländer, der die Anteile vor der Veräußerung schon seit mehreren Jahren in seinem Privatvermögen gehalten hatte. Legolas hat die Anteile erst kürzlich erworben und hält sie seitdem im Privatvermögen. Seine Anschaffungskosten betragen 192.500 €. Gimli ist ebenfalls Gründungsgesellschafter der Mittelerde GmbH und hält die Anteile im Privatvermögen. Die Anschaffungskosten der Anteile betragen 500 €. Die Beteiligten entschließen sich, die Mittelerde GmbH zum 01.01.04 in die Gefährten-OHG umzuwandeln. Es liegt ein notariell beurkundeter Umwandlungsbeschluss vom 11.04.04 vor. Die Anmeldung zum Handelsregister erfolgt am 01.07.04, die Eintragung am 14.08.04.

Die Bilanz der Mittelerde GmbH (Stichtag: 31.12.03) stellt sich wie folgt dar:

Aktiva		Mittelerde GmbH		Passiva
	Buchwert	Teilwert		
Aktiva	580 T€	800 T€	Stammkapital	100 T€
			Gewinnrücklagen	400 T€
			FK	80 T€
	580 T€	800 T€		580 T€
(Firmenwert)		(50 T€)		

Das Körperschaftsteuerguthaben i.S.v. § 37 Abs. 1 KStG beträgt 18 T€ (= 1/6 des ehemaligen „EK 40“ i.H.v. 108 T€). Der unbelastete Teilbetrag (§ 38 Abs. 1 Satz 1 KStG, ehemaliges „EK 02“) beträgt 40 T€. Ein Sonderausweis ist nicht vorhanden. Das steuerliche Einlagekonto weist einen Saldo von Null auf. Die Mittelerde GmbH sowie alle am Übertragungsstichtag an ihr Beteiligten sind im Inland ansässig und unbeschränkt steuerpflichtig. Das Wirtschaftsjahr der GmbH stimmt mit dem Kalenderjahr überein.

Aufgaben:

1. Welche Art der Umwandlung kommt in Betracht? Skizzieren Sie grob die Grundzüge dieser Umwandlungsform.
2. Wie wird diese Form der Umwandlung steuerrechtlich behandelt?
3. Welche steuerlichen Konsequenzen ergeben sich auf Ebene der Mittelerde GmbH, wenn diese die Buchwerte fortführt?
4. Welche steuerlichen Konsequenzen ergeben sich auf Ebene der übernehmenden Personengesellschaft bzw. für die Anteilseigner der Mittelerde GmbH? Unterstellen Sie einen

durchschnittlichen persönlichen Steuersatz von 40 %. Stellen Sie die Eröffnungsbilanz der Gefährten-OHG auf. Begründen Sie die Höhe der Kapitalkonten.

1. Art der Umwandlung: Eine Verschmelzung durch Neugründung kommt nicht in Betracht, da bei dieser zwei übertragende Rechtsträger vorliegen müssen (§ 2 Nr. 2 UmwG). Die GmbH kann jedoch durch Formwechsel (§§ 190 ff. UmwG) in die Gefährten-OHG umgewandelt werden. An den Beteiligungsverhältnissen an der Gesellschaft ändert sich durch diese Umwandlungsart nichts. Die Mittelerde GmbH ändert damit lediglich ihr Rechtskleid unter Wahrung ihrer wirtschaftlichen Identität.

2. Steuerrechtliche Behandlung: Auf den Formwechsel einer Kapitalgesellschaft in eine Personengesellschaft sind gem. § 14 Satz 1 UmwStG die §§ 3-8 und 10 UmwStG anzuwenden. Die Kapitalgesellschaft hat eine steuerliche Schlussbilanz, die übernehmende Personengesellschaft eine steuerliche Eröffnungsbilanz auf den steuerlichen Übertragungsstichtag aufzustellen (§ 14 Satz 2 UmwStG). Gem. § 14 Satz 3 UmwStG können diese auch auf einen bis zu acht Monaten vor der Anmeldung zur Eintragung in das Handelsregister liegenden Stichtag aufgestellt sein.

3. Steuerliche Konsequenzen auf Ebene der Mittelerde GmbH bei Buchwertfortführung:

a) <u>Buchwertfortführung</u>

Die Mittelerde GmbH hat gem. § 14 Satz 1 i.V.m. § 3 Satz 1 UmwStG ein Wahlrecht. Sie kann die übergehenden Wirtschaftsgüter in ihrer steuerlichen Schlussbilanz mit dem Buch-, Zwischen- oder Teilwert ansetzen, sofern die Wirtschaftsgüter Betriebsvermögen der übernehmenden Gefährten-OHG werden. Die übertragende Mittelerde GmbH kann in ihrer Schlussbilanz die Buchwerte fortführen. Hierdurch wird die sofortige Versteuerung der stillen Reserven verhindert.

b) <u>Minderung/ Erhöhung der Körperschaftsteuerschuld gem. § 10 UmwStG</u>

Die KSt-Schuld der übertragenden Mittelerde GmbH ist gem. § 14 Satz 1 i.V.m. § 10 UmwStG zu erhöhen bzw. zu mindern. Hierbei ist zunächst auf einer Vorstufe das Nennkapital der Mittelerde GmbH nach § 29 Abs. 1 KStG herabzusetzen. Da kein Sonderausweis vorhanden ist, wird das gesamte Stammkapital dem steuerlichen Einlagekonto gutgeschrieben. Es beträgt demnach 100 T€. Als ausgeschüttet gelten daher:

	Eigenkapital	500 T€
./.	steuerliches Einlagekonto	100 T€
=	als ausgeschüttet gelten	400 T€

KSt-Minderung: 1/6 des als ausgeschüttet geltenden Betrages (1/6 x 400 T€ = 67 T€, max. das KSt-Guthaben)	18 T€
KSt-Erhöhung: 3/10 des ehemaligen EK 02 (3/10 x 40 T€ = 12 T€)	./. 12 T€
KSt-Forderung gegenüber dem Finanzamt	6 T€

Die KSt-Forderung ist als Forderung in die Bilanz der übertragenden Kapitalgesellschaft einzubuchen. Sie erhöht dadurch das übergehende Betriebsvermögen.

Aktiva		Mittelerde GmbH		Passiva
	Buchwert	*Teilwert*		
Aktiva	580 T€	800 T€	Stammkapital	100 T€
KSt-Forderung	6 T€	6 T€	Gewinnrücklagen	406 T€
			FK	80 T€
	586 T€	806 T€		586 T€
(Firmenwert		50 T€)		

4. Steuerliche Konsequenzen auf Ebene der übernehmenden Personengesellschaft: Zunächst ist zu klären, welche Anteile in das Übernahmeergebnis einzubeziehen sind. Aragorns Anteile gelten als mit dem Buchwert zum steuerlichen Übertragungsstichtag in die Gefährten-OHG überführt, weil er sie in einem anderen inländischen Betriebsvermögen hält (§ 5 Abs. 3 Satz 1 UmwStG). Gandalfs Anteile gelten als zum steuerlichen Übertragungsstichtag mit den Anschaffungskosten in das Betriebsvermögen der Gefährten-OHG eingelegt, da sie i.S.d. § 17 EStG steuerverhaftet sind (§ 5 Abs. 2 Satz 1 UmwStG). Gleiches gilt für Legolas Anteile. Gimlis Anteile gelten nicht als in die Gefährten-OHG eingelegt. Diese Anteile nehmen daher nicht am Übernahmeergebnis teil. Gimli muss gem. § 7 UmwStG die auf seine Anteile entfallenden Gewinnrücklagen versteuern. Diese bleiben bei der Berechnung des Übernahmeergebnisses außer Ansatz (§ 4 Abs. 4 Satz 3 UmwStG). Das **Übernahmeergebnis** ist gesellschafterbezogen zu ermitteln und beträgt auf der **ersten Stufe** (§ 4 Abs. 4 UmwStG):

	Gesellschafter	Aragorn	Legolas	Gandalf
	Höhe der Beteiligung	66,5 %	25 %	8 %
	Aktiva der Mittelerde GmbH	389.690 €	146.500 €	46.880 €
./.	FK der Mittelerde GmbH	./. 53.200 €	./. 20.000 €	./. 6.400 €
=	übergehendes Vermögen	336.490 €	126.500 €	40.480 €
./.	untergehende Beteiligung	./. 66.500 €	./. 192.500 €	./. 57.600 €
=	**Übernahmeergebnis**	**269.990 €**	**./. 66.000 €**	**./. 17.120 €**

Zur Berechnung des Übernahmeergebnisses 2. Stufe muss nun noch geprüft werden, ob ein Sperrbetrag i.S.d. § 50c EStG a.F. einem Anteil an der Gesellschaft anhaften könnte. Dies könnte nur bei Gandalf der Fall sein. Da Saruman ein Steuerinländer ist, könnte ein Sperrbetrag i.S.d. § 50c EStG a.F. entstanden sein, soweit Saruman nicht i.S.d. § 17 EStG beteiligt war. Die Wesentlichkeitsgrenze i.S.d. § 17 EStG betrug am 01.01.1998 gem. § 17 Abs. 2 Satz 4 EStG 1998 25 %. Der Verkauf der Anteile verlief bei Saruman ebenfalls außerhalb der Spekulationsfrist von § 23 EStG und wurde daher durch ihn nicht versteuert. Damit ist gem. § 50c Abs. 11 EStG a.F. ein Sperrbetrag i.S.d. § 50c Abs. 4 EStG a.F. entstanden. Der Sperrbetrag beträgt:

	Anschaffungskosten der Anteile	57.600 €
./.	Nennwert der Anteile	./. 8.000 €
=	Sperrbetrag i.S.d. § 50c Abs. 4 EStG a.F.	49.600 €

Die Frist zur Berücksichtigung des Sperrbetrages (10 Jahre gem. § 50c Abs. 1 EStG a.F.) ist am steuerlichen Übertragungsstichtag noch nicht abgelaufen. Daher ist er bei der Ermittlung des Übernahmeergebnisses hinzuzurechnen (§ 4 Abs. 5 UmwStG i.V.m. § 52 Abs. 59 EStG). **Gandalfs Übernahmeergebnis 2. Stufe** (§ 4 Abs. 5 UmwStG) beträgt damit **32.480 €** (Übernahmeergebnis 1. Stufe zzgl. Sperrbetrag). Für alle anderen Gesellschafter entspricht das Übernahmeergebnis 2. Stufe dem der 1. Stufe.

Das aufzuteilende Kapital beträgt 506 T€ und besteht aus den Gewinnrücklagen (inkl. KSt-Forderung) und dem Stammkapital. Da sich an den Beteiligungsverhältnissen durch den Formwechsel nichts ändert, müssen diese 506 T€ nun entsprechend den Beteiligungsverhältnissen auf die Kapitalkonten der Gesellschafter verteilt werden. Das Kapitalkonto von z.B. Aragorn beträgt daher: 506 T€ x 66,5 % = 336.490 T€. Die Eröffnungsbilanz der Gefährten-OHG hat daher folgendes Aussehen:

Aktiva	Gefährten-OHG		Passiva
Aktiva	580.000 €	Kapital Aragorn	336.490 €
KSt-Forderung	6.000 €	Kapital Legolas	126.500 €
		Kapital Gandalf	40.480 €
		Kapital Gimli	2.530 €
		FK	80.000 €
	586.000 €		586.000 €

Da die Gefährten-OHG die Wirtschaftsgüter zu Buchwerten übernimmt, bleiben die stillen Reserven auch weiterhin steuerverhaftet. Die Kapitalkonten erklären sich dabei folgendermaßen: Aragorns Kapitalkonto besteht aus den Anschaffungskosten der Anteile (66.500 € zzgl. dem Übernahmegewinn i.H.v. 269.990 €). Analog dazu bestehen die Kapitalkonten von Gandalf bzw. Legolas ebenfalls aus den Anschaffungskosten bzw. dem Buchwert abzüglich des Übernahmeverlusts (1. Stufe). Das Übernahmeergebnis 1. Stufe je Gesellschafter schlägt sich damit in den Kapitalkonten der Gesellschafter nieder. Auf den ersten Blick erscheint nun das Aufstellen einer Ergänzungsbilanz für Legolas, der einen Übernahmeverlust erlitten hat, notwendig, da er bei Erwerb seiner Beteiligung stille Reserven bezahlt hat. Genau diese darf jedoch nach dem UmwStG n.F. nicht mehr aufgestellt werden. Die mitvergüteten stillen Reserven gehen somit steuerlich verloren. Verkauft er später seinen Mitunternehmeranteil, so muss er die mitvergüteten stillen Reserven u.U. erneut versteuern. In einer Totalbetrachtung kann es daher zu einer 1 ½-fachen Besteuerung kommen.

Für den Gesellschafter Gimli gelten die obigen Ausführungen nicht. Seine Anteile nehmen nicht an der Ermittlung des Übernahmeergebnisses teil. Sein Kapitalkonto lässt sich daher wie folgt ableiten:

	Anschaffungskosten	500 €
+	Anteil an den Gewinnrücklagen, da er nicht am Übernahmeergebnis teilnimmt, die Gewinnrücklagen jedoch gem. § 7 UmwStG versteuern muss: 0,5 % x 406.000 €	+ 2.030 €
=	Kapital Gimli	2.530 €

Das jeweilige Übernahmeergebnis ist nun außerhalb der Bilanz zu korrigieren.

Weder der Übernahmegewinn noch der -verlust werden gewerbesteuerlich erfasst (§ 18 Abs. 2 UmwStG).

Legolas Übernahmeverlust bleibt bei der Ermittlung des zu versteuernden Einkommens außer Ansatz.

Die Steuerschuld von Aragorn beträgt:

	Übernahmegewinn 2. Stufe	269.990 €
	(steuerfrei bleiben gem. § 4 Abs. 7 Satz 2 UmwStG 50 %)	
./.	Korrektur außerhalb der Bilanz: 50 % v. 269.990 €	./. 134.995 €
=	**zu versteuerndes Einkommen**	**134.995 €**
x	40 % (Einkommensteuer) =	53.998 €

Die Steuerschuld von Gandalf beträgt (aufgrund der Hinzurechnung des Sperrbetrages):

	Übernahmegewinn 2. Stufe	32.480 €
	(steuerfrei bleibt gem. § 4 Abs. 7 Satz 2 UmwStG 50 %)	
./.	Korrektur außerhalb der Bilanz: 50 % v. 32.480 €	./. 16.240 €
=	**zu versteuerndes Einkommen**	**16.240 €**
x	40 % (Einkommensteuer) =	6.496 €

Gimli muss gem. § 7 UmwStG den auf ihn entfallenden Anteil an den Gewinnrücklagen der Mittelerde GmbH versteuern. Nach der Berechnungsvorschrift von § 7 UmwStG (i.V.m. §§ 29 Abs. 1, 28 Abs. 2 Satz 1 KStG) sind ihm folgende Einkünfte zuzurechnen:

	Eigenkapital lt. Steuerbilanz	506.000 €
./.	Stammkapital (nunmehr im steuerlichen Einlagekonto)	./. 100.000 €
=	Zwischenergebnis (Gewinnrücklagen)	406.000 €

Gimlis Anteil am Nennkapital beträgt 0,5 %. Er erzielt daher **Einkünfte aus Kapitalvermögen** i.S.d. § 20 Abs. 1 Nr. 1 EStG i.H.v. 0,5 % x 406 T€ = **2.030 €**. Die Einkünfte unterliegen dem Halbeinkünfteverfahren und sind gem. § 3 Nr. 40 Bst. d EStG zur Hälfte steuerfrei. Hierdurch ergibt sich folgendes zu versteuernde Einkommen:

	Einkünfte aus Kapitalvermögen i.S.d. § 20 Abs. 1 Nr. 1 EStG	2.030 €
./.	hälftig steuerbefreit gem. § 3 Nr. 40 Bst. d EStG	./. 1.015 €
=	**zu versteuerndes Einkommen**	**1.015 €**
x	40 % (Einkommensteuer) =	406 €

Kapitel III: Verschmelzung von Kapitalgesellschaften

1 Allgemeines

Bei der Verschmelzung von Kapitalgesellschaften wird das gesamte Vermögen einer oder mehrerer Kapitalgesellschaften im Wege der Gesamtrechtsnachfolge auf eine andere Kapitalgesellschaft übertragen. Im Gegenzug werden die Anteilseigner der übertragenden Kapitalgesellschaft(en) durch Anteilstausch an der übernehmenden Kapitalgesellschaft beteiligt (§ 2 UmwG). Die übertragenden Kapitalgesellschaft(en) gehen unter Auflösung ohne Abwicklung unter.

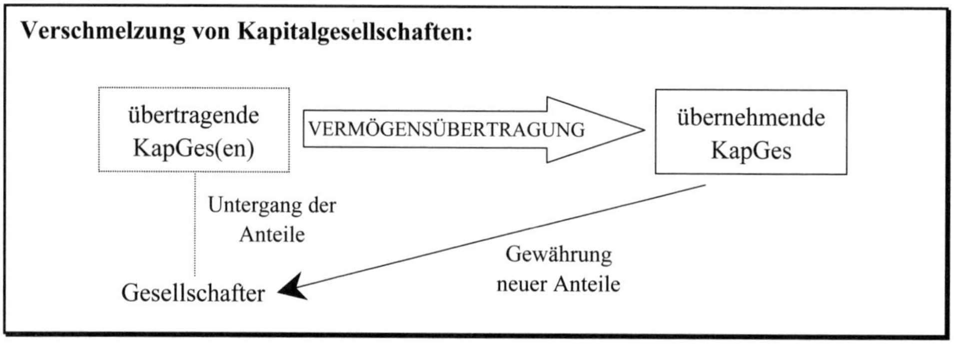

Abbildung 69: Verschmelzung von Kapitalgesellschaften

Handelsrechtlich unterscheidet sich die Verschmelzung von Kapitalgesellschaften nur geringfügig von der im vorhergehenden Kapitel aufgezeigten Verschmelzung einer Kapitalgesellschaft auf eine Personengesellschaft. Umwandlungssteuerrechtlich ergeben sich jedoch deutliche Unterschiede in den Rechtsfolgen:

	Verschmelzung KapGes auf PersGes	Verschmelzung KapGes auf KapGes
Übertragungs-gewinn	**steuerpflichtig**, da Übertragungsgewinn = Buchgewinn, der durch die Aufdeckung stiller Reserven entsteht	
Übernahme-gewinn	**steuerpflichtig**, da Bereich der KSt-Pflicht verlassen wird und PersGes die Gewinnrücklagen der KapGes nicht fortführen kann ⇨ fiktive Totalausschüttung der Gewinnrücklagen und Besteuerung auf Ebene der Gesellschafter der PersGes	**steuerfrei**, da Rücklagen der übertragenden KapGes bei der übernehmenden KapGes weiterhin dem KSt-System unterliegen und fortgeführt werden können ⇨ keine fiktive Totalausschüttung notwendig

Abbildung 70: Steuerliche Behandlung der Verschmelzung von Kapitalgesellschaften auf eine Personengesellschaft bzw. auf eine Kapitalgesellschaft

Der Grund für die differenzierte Behandlung des Übernahmegewinns bei der Verschmelzung von Kapitalgesellschaften bzw. der Verschmelzung von Kapital- auf Personengesellschaften findet sich in den jeweiligen Besteuerungsprinzipien. Bei der Verschmelzung einer Kapitalgesellschaft auf eine andere Kapitalgesellschaft wird, im Gegensatz zur Verschmelzung auf eine Personengesellschaft, das Besteuerungsprinzip nicht gewechselt. Daher verbleiben die Rücklagen der übertragenden Kapitalgesellschaft weiterhin im Bereich der Körperschaftsteuer und können von der übernehmenden Kapitalgesellschaft weitergeführt werden. Eine Totalausschüttung der Gewinnrücklagen der übertragenden Kapitalgesellschaft ist hier deshalb nicht zu fingieren.

Wie bereits im vorigen Kapitel aufgezeigt, ist das Besteuerungsprinzip für Kapitalgesellschaften das **Intransparenz- oder Trennungsprinzip**. Danach sind Gesellschafts- und Anteilseignerebene zivilrechtlich voneinander getrennt. Die Kapitalgesellschaft ist als intransparente Einheit ein eigenständiges Steuersubjekt. Erst im Fall von Ausschüttungen werden die Gewinne der Besteuerung auf Ebene der Anteilseigner unterworfen.

Für Personengesellschaften gilt dagegen das **Transparenzprinzip**. Demnach ermittelt die Personengesellschaft zwar selbständig ihren Gewinn, dieser wird jedoch den Gesellschaftern zugewiesen und unterliegt dort je nach Rechtsform der Einkommen- bzw. Körperschaftsteuer.

2 Verschmelzungsmotive

Die Gründe für die Verschmelzung einer Kapitalgesellschaft auf eine andere Kapitalgesellschaft sind vielfältiger Natur. Die Hauptmotive liegen v.a. im betriebswirtschaftlichen, aber auch im steuerrechtlichen und allgemein rechtlichen Bereich.[164]

Betriebswirtschaftliche Gründe:

- Reorganisation von Teilbereichen zur effizienteren Nutzung und Kombination der Produktionsfaktoren,
- gemeinsame Patentnutzung,
- Kosteneinsparungen durch Größen- und Synergieeffekte,
- bessere Möglichkeiten zur Umsetzung von Rationalisierungsmaßnahmen,
- konzerninterne Verschmelzungen zur Reduzierung von Verwaltungs- und Kommunikationskosten,
- Steigerung der Markt- und Machtposition.

Steuerrechtliche/ allgemein rechtliche Gründe:

- Verhinderung der Liquidation eines insolventen Unternehmens,
- Nutzung von Verlustvorträgen,
- Durchführung einer vereinfachten Kapitalherabsetzung.

3 Handelsrechtliche Regelungen

Im Folgenden werden die handelsrechtlichen Regelungen der Verschmelzung einer Kapitalgesellschaft auf eine andere Kapitalgesellschaft dargestellt. Dabei werden das Rechtsinstitut der Verschmelzung, die Durchführung und die Rechtsfolgen im Rahmen des UmwG kurz erläutert.

3.1 Verschmelzung von Kapitalgesellschaften im UmwG

3.1.1 Systematik

Die Verschmelzung von Kapitalgesellschaften ist im zweiten Buch des UmwG geregelt, welches die §§ 2-122 umfasst. Im Ersten Teil (§§ 2-38 UmwG) werden allgemeine Vorschriften formuliert. Der Zweite Teil (§§ 46-122 UmwG) beinhaltet besondere Vorschriften zur Verschmelzung unter Beteiligung von Kapitalgesellschaften unterschiedlicher Rechtsformen (bspw. GmbH, AG, KGaA).

---

[164] Vgl. Sagasser, B./ Ködderitzsch, L., in: Sagasser, B./ Bula, T./ Brünger, T., Umwandlungen, 3. Aufl., München 2002, S. 131, Rz. 1 f.

Merke: Die Vorschriften des ersten Teils (§§ 2-38 UmwG) sind grundsätzlich auf alle Verschmelzungsvorgänge anzuwenden.
Die Regelungen des zweiten Teils (§§ 39-122 UmwG) normieren rechtsformspezifische Ausnahmen, Abweichungen oder Erleichterungen vom ersten Teil.

3.1.2 Verschmelzungsfähige Kapitalgesellschaften

Verschmelzungsfähig sind gem. § 1 Abs. 1 Nr. 1 UmwG ausschließlich Kapitalgesellschaften **mit Sitz im Inland**. Daraus lässt sich ableiten, dass das UmwG bei grenzüberschreitenden Verschmelzungen keine Anwendung findet.[165] Das UmwG ist somit lediglich auf Verschmelzungen anwendbar, bei denen die beteiligten Kapitalgesellschaften die Voraussetzungen des § 1 Abs. 1 Nr. 1 UmwG erfüllen.

Gem. § 3 Abs. 1 UmwG können an der Verschmelzung **Kapitalgesellschaften** sowohl als übertragende als auch als übernehmende Rechtsträger beteiligt sein. Es handelt sich um Kapitalgesellschaften in den Rechtsformen der GmbH, AG und der KGaA.

Verschmelzungen können gem. § 3 Abs. 4 UmwG sowohl unter gleichzeitiger Beteiligung von mehreren Kapitalgesellschaften derselben Rechtsform (z.B. Verschmelzung von GmbHs) als auch von mehreren Kapitalgesellschaften unterschiedlicher Rechtsformen (z.B. Verschmelzung einer GmbH auf eine AG) durchgeführt werden.

3.1.3 Verschmelzung durch Aufnahme und Neugründung

Wie bereits am Anfang des Kapitels einleitend erwähnt, geht bei der Verschmelzung das gesamte Vermögen eines oder mehrerer Rechtsträger im Wege der Gesamtrechtsnachfolge auf einen anderen Rechtsträger über. Der bzw. die übertragenden Rechtsträger erlöschen. Die Anteilseigner der übertragenden Rechtsträger werden durch Anteile am übernehmenden Rechtsträger abgefunden. Das UmwG unterscheidet gem. § 2 UmwG zwei Möglichkeiten der Verschmelzung von Kapitalgesellschaften, die den Möglichkeiten zur Verschmelzung von Kapital- auf Personengesellschaften entsprechen:

- **Verschmelzung durch Aufnahme gem. §§ 4-35 UmwG:**
  Übertragung des Vermögens einer oder mehrerer Kapitalgesellschaften auf eine bereits bestehende Kapitalgesellschaft.
- **Verschmelzung durch Neugründung gem. §§ 36-38 UmwG:**
  Übertragung der Vermögen zweier oder mehrerer Kapitalgesellschaften auf eine von ihnen neu gegründete Kapitalgesellschaft.

---

[165] Vgl. BT-Drucks. 12/6699 v. 01.02.1994, S. 80.

Einzelheiten zur Verschmelzung durch Aufnahme bzw. durch Neugründung sind aufgrund der identischen gesetzlichen Regelung (§ 2 UmwG) dem Kapitel zur Verschmelzung von Kapitalgesellschaften auf Personengesellschaften zu entnehmen.

Wesentliche Merkmale einer Verschmelzung nach dem UmwG:
- ✓ Verschmelzung durch Aufnahme oder Neugründung,
- ✓ Vermögensübertragung als Ganzes,
- ✓ Gesamtrechtsnachfolge der übernehmenden Kapitalgesellschaft,
- ✓ Gewährung von neuen Anteilsrechten an die Gesellschafter der übertragenden Kapitalgesellschaft(en) sowie
- ✓ Untergang der übertragenden Kapitalgesellschaft(en) ohne Abwicklung.

3.2 Ablauf der Verschmelzung im Überblick

Der Ablauf der Verschmelzung von Kapitalgesellschaften ist im Allgemeinen in den §§ 4-38 UmwG geregelt. Dabei sind die Vorschriften des zweiten Teils (§§ 39-122 UmwG) je nach Rechtsform der beteiligten Rechtsträger ergänzend anzuwenden. Wie bei der Verschmelzung von Kapital- auf Personengesellschaften lässt sich das Verschmelzungsverfahren dem zeitlichen Ablauf entsprechend in drei Entwicklungsphasen einteilen:

- Vorbereitungsphase,
- Beschlussverfahren und
- Vollzug.

Die zeitliche Abfolge der wichtigsten Maßnahmen ist der Abbildung zum Ablauf der Verschmelzung von Kapital- auf Personengesellschaften in Kapitel II zu entnehmen.

3.2.1 Vorbereitungsphase

3.2.1.1 Verschmelzungsvertrag

Die Verschmelzung wird gem. § 4 Abs. 1 UmwG eingeleitet mit einem **Verschmelzungsvertrag** zwischen den Vertretungsorganen der beteiligten Kapitalgesellschaften. Vertretungsorgane sind bei der GmbH die Geschäftsführer (§ 35 Abs. 1 GmbHG) und bei der AG der Vorstand (§ 78 Abs. 1 AktG). Der Verschmelzungsvertrag ist nach § 6 UmwG notariell zu beurkunden.

Der Inhalt dieses Vertrags entspricht mit Ausnahme von § 40 UmwG dem des Verschmelzungsvertrags bei der Verschmelzung von Kapital- auf Personengesellschaften. Insofern kann auf die Erläuterungen in Kapitel II verwiesen werden. Die nachfolgenden Ausführungen enthalten lediglich die Besonderheiten des Verschmelzungsvertrags, welche für die Verschmelzung von Kapitalgesellschaften gelten.

3.2.1.2 Umtauschverhältnis und bare Zuzahlungen

Das Umtauschverhältnis ist für die Anteilseigner der übertragenden Kapitalgesellschaft von besonderer Bedeutung. Es gibt an, in welchem Verhältnis die Anteile an der übertragenden Kapitalgesellschaft gegen neue Anteile an der übernehmenden Kapitalgesellschaft umzutauschen sind. Dabei schreibt das UmwG nicht vor, wie dieses Umtauschverhältnis zu ermitteln ist, sondern enthält lediglich in § 12 Abs. 2 Satz 1 UmwG die Vorschrift zur Prüfung der Angemessenheit. Ein Umtauschverhältnis gilt dann als angemessen, wenn die neuen Anteile an der übernehmenden Kapitalgesellschaft nach der Verschmelzung wertmäßig den Anteilen an der übertragenden Kapitalgesellschaft entsprechen.[166]

Maßgebend für das Umtauschverhältnis sind die Unternehmenswerte der beteiligten Kapitalgesellschaften. Es muss also eine Unternehmensbewertung durchgeführt werden. Diese erfolgt in der Praxis überwiegend nach dem Ertragswertverfahren.[167] Bei der übernehmenden Kapitalgesellschaft ist der Unternehmenswert zu ermitteln, der sich nach der Verschmelzung ergibt. Das Umtauschverhältnis errechnet sich aus dem Verhältnis der Unternehmenswerte der beteiligten Kapitalgesellschaften.[168]

Beispiel

Bestimmung des Umtauschverhältnisses

Unternehmenswert der Überträgerin = 100
Unternehmenswert der Übernehmerin (nach Verschmelzung) = 200

$$\text{Umtauschverhältnis} = \frac{\text{Unternehmenswert der Überträgerin}}{\text{Unternehmenswert der Übernehmerin}} = \frac{100}{200} = \frac{1}{2}$$

Wie das ermittelte Umtauschverhältnis von 1:2 zeigt, ist ein Anteil an der übernehmenden Kapitalgesellschaft nach der Verschmelzung doppelt so viel wert wie ein Anteil an der übertragenden Kapitalgesellschaft. Um die Anteilseigner der übertragenden Kapitalgesellschaft angemessen abzufinden, ist ihnen für zwei untergehende Anteile ein Anteil an der übernehmenden Kapitalgesellschaft zu gewähren. Damit entspricht ihr wirtschaftliches Verhältnis vor der Verschmelzung dem nach der Verschmelzung.

Ergeben sich Umtauschverhältnisse, die keinen exakten Tausch der Aktien ermöglichen, schaffen **bare Zuzahlungen** einen Ausgleich für die Aufgabe der Aktien. Wertunterschiede zwischen den Anteilen an der übertragenden Kapitalgesellschaft und den neuen Anteilen an

[166] Vgl. Bula, T./ Schlösser, J., in: Sagasser, B./ Bula, T./ Brünger, T., Umwandlungen, 3. Aufl., München 2002, S. 155 f., Rz. 28.

[167] Vgl. Marsch-Barner, R., in: Kallmeyer, H., Umwandlungsgesetz Kommentar, 2. Aufl., Köln 2001, § 8, Rz. 13.

[168] Vgl. Stratz, R.-C., in: Schmitt, J./ Hörtnagl, R./ Stratz, R.-C., Umwandlungsgesetz, Umwandlungssteuergesetz, 3. Aufl., München 2001, § 5 UmwG, Rz. 26 f.

der übernehmenden Kapitalgesellschaft sollen mit diesem **Spitzenausgleich** ausgeglichen werden. Soll ein abzufindender Anteilseigner bspw. laut Umtauschverhältnis seine 357 Anteile gegen 232,7 neue Anteile eintauschen, werden 232 Aktien und eine bare Zuzahlung als Ausgleich für den fehlenden 0,7-Anteil gewährt. Bare Zuzahlungen sind von der übernehmenden Kapitalgesellschaft an die Anteilseigner der übertragenden Kapitalgesellschaft zu gewähren.[169] Die Höhe der baren Zuzahlungen ergibt sich aus der Differenz zwischen dem Unternehmenswert der übertragenden Kapitalgesellschaft und dem Wert der gewährten Anteile an der übernehmenden Kapitalgesellschaft. Gem. § 5 Abs. 1 Nr. 3 UmwG ist die Höhe der baren Zuzahlungen im Verschmelzungsvertrag anzugeben. **Die baren Zuzahlungen dürfen 10 % des Gesamtnennbetrags der von der übernehmenden Kapitalgesellschaft an die abzufindenden Gesellschafter gewährten Anteile nicht übersteigen** (§§ 54 Abs. 4, 68 Abs. 3 UmwG). Dabei ist es unerheblich, ob für die Anteilsgewährung Anteile aus einer Kapitalerhöhung, eigene Anteile oder Anteile der übertragenden an der übernehmenden Kapitalgesellschaft verwendet werden.[170] Die 10 %-Beschränkung dient dem Schutz der abzufindenden Anteilsinhaber vor einem Auskauf ihrer Anteilsrechte sowie dem Erhalt der Kapitalgrundlagen und der Liquidität der übernehmenden Kapitalgesellschaft.[171]

Beispiel

Bestimmung der baren Zuzahlung und 10 %-Beschränkung

Unternehmenswert der übertragenden KapGes	=	350 T€
Wert der gewährten Anteile an der übernehmenden KapGes	=	320 T€
Gesamtnennbetrag der gewährten Anteile	=	150 T€

	Unternehmenswert der übertragenden KapGes	350 T€
./.	Wert der gewährten Anteile an der übernehmenden KapGes	320 T€
=	Bare Zuzahlung durch die übernehmende KapGes	30 T€

Um ein angemessenes Umtauschverhältnis zu erzielen, hat die übernehmende Kapitalgesellschaft bare Zuzahlungen in Höhe von 30 T€ zu leisten. Allerdings dürfen die baren Zuzahlungen nach §§ 54 Abs. 4, 68 Abs. 3 UmwG 10 % des Gesamtnennbetrags aller an die Gesellschafter der übertragenden Kapitalgesellschaft ausgegebenen Anteile nicht übersteigen.

169 Vgl. Stratz, R.-C., in: Schmitt, J./ Hörtnagl, R./ Stratz, R.-C., Umwandlungsgesetz, Umwandlungssteuergesetz, 3. Aufl., München 2001, § 54 UmwG, Rz. 16.

170 Vgl. Bermel, A., in: Goutier, K./ Knopf, R./ Tulloch, A. (Hrsg.), Kommentar zum Umwandlungsrecht, Umwandlungsgesetz, Umwandlungssteuerrecht, Heidelberg 1996, § 54 UmwG, Rz. 21, § 68 UmwG, Rz. 13.

171 Vgl. Winter, M., in: Lutter, M. (Hrsg.), Umwandlungsgesetz Kommentar, Köln 1996, § 54, Rz. 26.

Bare Zuzahlung	≤	10 % des Gesamtnennbetrags der gewährten Anteile
30 T€	≤	0,1 * 150 T€
30 T€	≤	15 T€

Die Höhe der baren Zuzahlungen, die von der übernehmenden Kapitalgesellschaft zu leisten sind, ist folglich auf 15 T€ begrenzt.

Merke:

$$\textbf{Umtauschverhältnis} = \frac{\text{Unternehmenswert des Überträgers}}{\text{Unternehmenswert des Übernehmers}}$$

	Unternehmenswert der übertragenden Kapitalgesellschaft
./.	Wert der gewährten Anteile an der übernehmenden Gesellschaft
=	**Bare Zuzahlungen durch die übernehmende Gesellschaft**

Liegt ein „up-stream merger" (Verschmelzung durch Aufnahme einer 100 %igen Tochterkapitalgesellschaft) vor, sind keine Gesellschafter der übertragenden Kapitalgesellschaft abzufinden. Die übernehmende Kapitalgesellschaft ist alleiniger Gesellschafter. Insofern sind gem. § 5 Abs. 2 UmwG keine Angaben über den Umtausch der Anteile zu machen.

3.2.1.3 Verschmelzungsbericht

Von den Vertretungsorganen aller beteiligten Kapitalgesellschaften ist gem. § 8 UmwG ein Verschmelzungsbericht zu erstatten. Darin sind gem. § 8 Abs. 1 UmwG Sachverhalte wie Sinn und Zweck der Verschmelzung, Einzelheiten des Verschmelzungsvertrags, Umtauschverhältnis der Anteile und ggf. Höhe der Barabfindung zu erläutern und zu begründen.

Der Verschmelzungsbericht ist gem. § 8 Abs. 3 UmwG entbehrlich, wenn alle Anteilseigner aller beteiligten Kapitalgesellschaften in notarieller Form darauf verzichten oder ein „up-stream merger" vorliegt.

3.2.1.4 Verschmelzungsprüfung und Prüfungsbericht

Nach § 9 UmwG unterliegt der Verschmelzungsvertrag grundsätzlich der Voraussetzung einer Prüfung durch sachverständige Prüfer. Die Verschmelzungsprüfer werden gem. § 10 Abs. 1 Satz 1 UmwG entweder vom Vertretungsorgan oder auf dessen Antrag vom Gericht bestellt. Der nach § 12 Abs. 1 Satz 1 UmwG erforderliche Prüfungsbericht enthält eine Erklärung über die Angemessenheit des angegebenen Umtauschverhältnisses und der baren Zuzahlungen. Prüfung und Prüfungsbericht können unter denselben Voraussetzungen, unter denen ein Verschmelzungsbericht entbehrlich ist, entfallen (§ 9 Abs. 2, 3, § 12 Abs. 3 UmwG).

3.2.1.5 Kapitalerhöhung

Im Rahmen der Verschmelzung werden die Anteilseigner mit Anteilen an der übernehmenden Kapitalgesellschaft abgefunden. Da die eigenen Anteile[172] einer bereits bestehenden Kapitalgesellschaft im Regelfall nicht ausreichen bzw. eine neu gegründete Kapitalgesellschaft über keine eigenen Anteile verfügt, müssen die Anteile erst mittels einer Kapitalerhöhung geschaffen werden.[173] Die verschmelzungsbedingte Kapitalerhöhung ist für eine GmbH in den §§ 53-55 UmwG, für eine AG in den §§ 66-69 UmwG geregelt. Gem. §§ 55, 69 UmwG findet sie in einem Verfahren entsprechend den Regeln des GmbHG bzw. AktG statt, jedoch in vereinfachter Form. Ziel der Kapitalerhöhung ist es, Anteile zu schaffen, die wertmäßig den untergehenden Anteilen an der übertragenden Kapitalgesellschaft entsprechen. Der Umfang der Kapitalerhöhung bemisst sich daher nach dem Umtauschverhältnis, also dem Verhältnis der Unternehmenswerte der beteiligten Kapitalgesellschaften.[174]

Beispiel

Verschmelzung der A-GmbH auf die bereits bestehende B-GmbH

Unternehmenswert der A-GmbH vor Verschmelzung	= 100
Unternehmenswert der B-GmbH vor Verschmelzung	= 200
Stammkapital der B-GmbH vor Verschmelzung	= 160

Lösung

1. Merke: Die abzufindenden Gesellschafter der übertragenden A-GmbH tauschen ihre Anteile gegen neue Anteile an der übernehmenden B-GmbH. Für ein angemessenes Umtauschverhältnis muss gelten:

Wert der Anteile vor Verschmelzung = Wert der Anteile nach Verschmelzung

[172] Eigene Anteile können entweder aus einer früheren Kapitalerhöhung stammen oder vor der Verschmelzung erworben worden sein; vgl. Buyer, C., Änderung der Unternehmensform, 7. Aufl., Berlin 1999, S. 324, Rz. 3/7.

[173] Vgl. Stratz, R.-C., in: Schmitt, J./ Hörtnagl, R./ Stratz, R.-C., Umwandlungsgesetz, Umwandlungssteuergesetz, 3. Aufl., München 2001, § 55 UmwG, Rz. 2.

[174] Vgl. Sagasser, B./ Ködderitzsch, L, in: Sagasser, B./ Bula, T./ Brünger, T., Umwandlungen, 3. Aufl., München 2002, S. 215 f., Rz. 131.

2. Der Wert der Anteile an einer Kapitalgesellschaft bemisst sich nach dem Unternehmenswert dieser Kapitalgesellschaft. Demnach gilt:

Wert der Anteile an der übertragenden Kapitalgesellschaft (= Unternehmenswert)	=	Wert der übernehmenden Kapitalgesellschaft nach der Verschmelzung (Unternehmenswert)	*	Beteiligungsquote der abzufindenden Gesellschafter an der übernehmenden Kapitalgesellschaft

Unter der vereinfachenden Prämisse, dass die Summe aus Unternehmenswert der Überträgerin vor Verschmelzung und Unternehmenswert der Übernehmerin vor Verschmelzung dem Unternehmenswert der Übernehmerin nach Verschmelzung entspricht, ergibt sich folgende **Formel zur Berechnung der notwendigen Kapitalerhöhung**:

Kapitalerhöhung	= X
Unternehmenswert der Überträgerin	= UW Überträgerin
Unternehmenswert der Übernehmerin vor Verschmelzung	= UW Übernehmerin
Nennkapital der Übernehmerin vor Verschmelzung	= NK Übernehmerin

$$\text{UW Überträgerin} = (\text{UW Überträgerin} + \text{UW Übernehmerin}) * \text{Beteiligungsquote}$$

$$\Rightarrow \text{UW Überträgerin} = (\text{UW Überträgerin} + \text{UW Übernehmerin}) * \frac{X}{\text{NK Übernehmerin} + X}$$

Vereinfachung der Formel:

$$\Rightarrow \text{UW Überträgerin} * (\text{NK Übernehmerin} + X) = (\text{UW Überträgerin} + \text{UW Übernehmerin}) * X$$

$$\Rightarrow \text{UW Überträgerin} * \text{NK Übernehmerin} + \text{UW Überträgerin} * X = \text{UW Überträgerin} * X + \text{UW Übernehmerin} * X$$

$$\Rightarrow \text{UW Überträgerin} * \text{NK Übernehmerin} = \text{UW Übernehmerin} * X$$

$$\Rightarrow X = \frac{\text{UW Überträgerin}}{\text{UW Übernehmerin}} * \text{NK Übernehmerin}$$

Anwendung der Formel auf das obige Beispiel:

$$X = \frac{\text{Unternehmenswert der A-GmbH vor Verschmelzung}}{\text{Unternehmenswert der B-GmbH vor Verschmelzung}} * \text{Stammkapital der B-GmbH vor Verschmelzung}$$

$$\Rightarrow X = \frac{100}{200} * 160 = \frac{1}{2} * 160 = 80$$

Das Stammkapital der B-GmbH nach Verschmelzung beträgt 240 (= 160 + 80).
Die Kapitalerhöhung von 80 entspricht einer Beteiligung der Gesellschafter der A-GmbH am neuen Stammkapital der B-GmbH in Höhe von $^1/_3$.

Der Wert der Anteile der abzufindenden Gesellschafter vor der Verschmelzung entspricht damit dem Wert ihrer Anteile nach der Verschmelzung:

$$\text{UW Überträger} = \text{UW Überträger} + \text{UW Übernehmer} * \frac{X}{\text{NK Übernehmer} + X}$$

$$\Rightarrow \quad 100 = 100 + 200 * \frac{80}{160 + 80}$$

$$\Rightarrow \quad 100 = 300 * \frac{1}{3}$$

$$\Rightarrow \quad 100 = 100$$

Vereinfachte Berechnungsformel für die Kapitalerhöhung:

$$\text{Kapitalerhöhung} = \text{Nennkapital d. Übernehmerin} * \frac{\text{Unternehmenswert d. Überträgerin}}{\text{Unternehmenswert d. Übernehmerin}}$$

Nennkapital und Unternehmenswerte jeweils vor der Verschmelzung verwenden!

§ 54 Abs. 1 Satz 1 bzw. § 68 Abs. 1 Satz 1 UmwG sprechen jedoch **Kapitalerhöhungsverbote** aus, soweit

- die übernehmende Kapitalgesellschaft an der übertragenden beteiligt ist oder
- eine übertragende Kapitalgesellschaft eigene Anteile innehat.

Begründung: Liegen die Voraussetzungen des § 54 Abs. 1 Satz 1 bzw. § 68 Abs. 1 Satz 1 UmwG vor, sind insoweit keine Gesellschafter für den Übergang des Vermögens abzufinden. Wäre in diesem Fall die Kapitalerhöhung gestattet, würde die übernehmende Kapitalgesellschaft damit eigene Anteile schaffen. Dies soll jedoch verhindert werden, weshalb § 54 Abs. 1 Satz 1 (§ 68

Abs. 1 Satz 1) UmwG diesbezüglich Kapitalerhöhungsverbote ausspricht.[175]

Beispiel

Verschmelzung der A-GmbH auf bereits bestehende B-GmbH
Die B-GmbH ist zu 80% an der A-GmbH beteiligt.
Die Angaben entsprechen im übrigen dem vorhergehenden Beispiel zur Kapitalerhöhung.

Lösung

$$\text{Erhöhung des Stammkapitals} = \frac{100}{200} * 160 = \frac{1}{2} * 160 = 0{,}5 * 160$$

Das Stammkapital der B-GmbH wäre daher um 50 % zu erhöhen.
Da die B-GmbH jedoch mit 80 % an der A-GmbH beteiligt ist, besteht insoweit ein Kapitalerhöhungsverbot.
Kapitalerhöhung = 0,2 * (0,5 * 160) = 16
Das Stammkapital der B-GmbH nach Verschmelzung beträgt 178 (= 160 + 16).

§ 54 Abs. 1 Satz 2 bzw. § 68 Abs. 1 Satz 2 UmwG gestalten die **Kapitalerhöhung als Wahlrecht**, soweit

- die übernehmende Kapitalgesellschaft eigene Anteile innehat oder
- eine übertragende Kapitalgesellschaft Anteile der übernehmenden Kapitalgesellschaft innehat, auf welche die Einlagen bereits in voller Höhe erfolgt sind.

Begründung: Sind die Voraussetzungen des § 54 Abs. 1 Satz 2 bzw. § 68 Abs. 1 Satz 2 UmwG gegeben, so kann die übernehmende Kapitalgesellschaft diese Anteile für den Umtausch der Anteile der Gesellschaftern der übertragenden Kapitalgesellschaft verwenden. Eine Kapitalerhöhung ist insoweit nicht notwendig.[176]

Eine evtl. Kapitalerhöhung muss gem. § 53 GmbHG bzw. § 182 Abs. 1 Satz 1 AktG mit einer Mehrheit von mindestens 75 % der Altgesellschafter beschlossen werden.

3.2.2 Beschlussverfahren

Hinsichtlich des Beschlussverfahrens gelten die Ausführungen zum Beschlussverfahren bei Verschmelzungen von Kapital- auf Personengesellschaften entsprechend.

175 Vgl. BT-Drucks. 12/6699 v. 01.02.1994, S. 101.

176 Vgl. Sagasser, B./ Ködderitzsch, L., in: Sagasser, B./ Bula, T./ Brünger, T., Umwandlungen, 3. Aufl., München 2002, S. 217, Rz. 133.

3.2.3 Vollzug

Die Vollzugsphase der Verschmelzung von Kapitalgesellschaften gestaltet sich aufgrund der identischen Regelungen entsprechend der Vollzugsphase der Verschmelzung von Kapital- auf Personengesellschaften, weshalb auf die Erläuterungen des vorhergehenden Kapitels verwiesen wird.

Bzgl. der Reihenfolge der Eintragungen bei der Verschmelzung von Kapitalgesellschaften hat der Gesetzgeber jedoch Folgendes festgelegt:

Bei der übertragenden Kapitalgesellschaft wird die Verschmelzung mit dem Vermerk eingetragen, dass diese erst mit Eintragung der Verschmelzung ins Register der übernehmenden Kapitalgesellschaft wirksam wird (§ 19 Abs. 1 Satz 2 UmwG).

⇩

Soweit bei der übernehmenden Kapitalgesellschaft eine Kapitalerhöhung durchzuführen ist, muss diese gem. §§ 53, 66 UmwG ins Handelsregister am Sitz der übernehmenden Kapitalgesellschaft eingetragen werden.

⇩

Nach der Eintragung der Kapitalerhöhung ist die Verschmelzung (bzw. die neu gegründete Kapitalgesellschaft) ins Handelsregister am Sitz der übernehmenden Kapitalgesellschaft einzutragen (§§ 19 Abs. 1, 36 Abs. 1 i.V.m. den §§ 53, 66 UmwG).

⇩

Die Verschmelzung ist nach § 19 Abs. 3 UmwG von den zuständigen Gerichten am Sitz der beteiligten Kapitalgesellschaften durch den Bundesanzeiger und durch mindestens ein anderes Blatt bekannt zu machen.

3.3 Rechtsfolgen einer Verschmelzung

Die Rechtsfolgen einer Verschmelzung von Kapitalgesellschaften entsprechen denen der Verschmelzung von Kapital- auf Personengesellschaften. Sie sind daher dem vorhergehenden Kapitel zu entnehmen.

4 Bilanzielle Behandlung in der Handelsbilanz

Die handelsbilanzielle Behandlung der Verschmelzung von Kapitalgesellschaften unterscheidet sich nicht wesentlich von der Behandlung der Verschmelzung von Kapital- auf Personengesellschaften. Die Bilanzierung bei der übertragenden Kapitalgesellschaft richtet sich ebenfalls nach § 17 Abs. 2 UmwG. Für die übernehmende Kapitalgesellschaft räumt § 24 UmwG ein Wahlrecht ein.

4.1 Bilanzierung bei der übertragenden Kapitalgesellschaft

Aufgrund der identischen gesetzlichen Vorschrift des § 17 Abs. 2 UmwG kann hinsichtlich der Bilanzierung bei der übertragenden Kapitalgesellschaft im Fall der Verschmelzung von Kapitalgesellschaften auf die Erläuterungen in Kapitel II, Punkt 4.1 „Bilanzierung bei der übertragenden Kapitalgesellschaft" verwiesen werden.

Merke: Die übertragende Kapitalgesellschaft hat in ihrer Schlussbilanz die Buchwerte fortzuführen und kann nur im Rahmen der §§ 253 Abs. 5, 254 Satz 2, 280 HGB Zuschreibungen vornehmen.

4.2 Bilanzierung bei der übernehmenden Kapitalgesellschaft

§ 24 UmwG räumt der übernehmenden Kapitalgesellschaft ein Bewertungswahlrecht ein. Sie hat die Wahl zwischen der Fortführung der Buchwerte der übertragenden Kapitalgesellschaft oder der Bewertung der übernommenen Vermögensgegenstände und Schulden zu Anschaffungskosten i.S.d. § 255 Abs. 1 HGB.

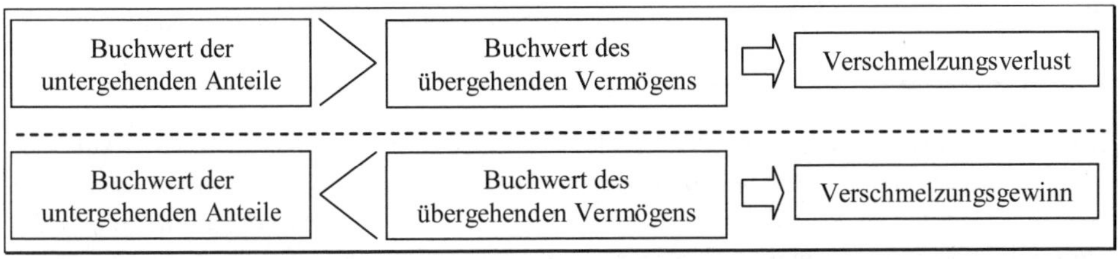

Abbildung 71: Handelsrechtlicher Verschmelzungsgewinn oder -verlust bei Buchwertfortführung

Der **Verschmelzungsverlust** ist in der Gewinn- und Verlustrechnung der übernehmenden Kapitalgesellschaft als Aufwand auszuweisen.[177] Der **Verschmelzungsgewinn** ist im Fall der Gewährung von Anteilen als Agio zu behandeln und gem. § 272 Abs. 2 Nr. 1 HGB in die Kapitalrücklage einzustellen. Soweit die übernehmende Kapitalgesellschaft Anteile an

[177] Vgl. Bula, T./ Schlösser, J., in: Sagasser, B./ Bula, T./ Brünger, T., Umwandlungen, 3. Aufl., München 2002, S. 371 f., Rz. 91; Griesar, P., Verschmelzung und Konzernabschluss, Diss., Düsseldorf 1998, S. 32.

der übertragenden Kapitalgesellschaft hält, ist der Verschmelzungsgewinn in der Gewinn- und Verlustrechnung erfolgswirksam zu erfassen.[178]

Ein **Ansatz der Anschaffungskosten** und damit die Aufstockung der Buchwerte verhindert einen Verschmelzungsverlust. Die Aufstockung des übernommenen Vermögens ist auf die darin enthaltenen stillen Reserven, welche gleichmäßig auf die einzelnen Wirtschaftsgüter zu verteilen sind, beschränkt.[179]

Merke: Die mit dem Bewertungswahlrecht nach § 24 UmwG eingeräumte Möglichkeit des Anschaffungskostenansatzes verfolgt den Zweck, die Entstehung eines Verschmelzungsverlusts zu vermeiden.[180]

5 Steuerrechtliche Regelungen

5.1 Systematik

Die steuerlichen Folgen der Verschmelzung von Kapitalgesellschaften sind hinsichtlich der Körperschaft- und Einkommensteuer in den §§ 11-13 und hinsichtlich der Gewerbesteuer in § 19 UmwStG geregelt.

§ 11 UmwStG:	Auswirkungen auf den Gewinn der übertragenden Kapitalgesellschaft
§ 12 UmwStG:	Auswirkungen auf den Gewinn der übernehmenden Kapitalgesellschaft
§ 13 UmwStG:	Besteuerung der Gesellschafter der übertragenden Kapitalgesellschaft
§ 19 UmwStG:	Gewerbesteuer bei Vermögensübergang auf eine andere Kapitalgesellschaft

Die Anwendung dieser Vorschriften des UmwStG ist gem. § 1 Abs. 2 UmwStG auf Verschmelzungen i.S.d. § 2 UmwG beschränkt. Da die Anwendung des UmwStG nach § 1 Abs. 1 UmwStG grundsätzlich eine Umwandlung i.S.d. § 1 UmwG voraussetzt, bleibt das UmwStG grenzüberschreitenden Verschmelzungen verschlossen.

In § 1 Abs. 5 UmwStG wird zudem die unbeschränkte Körperschaftsteuerpflicht (Geschäftsleitung oder Sitz im Inland) der an der Verschmelzung beteiligten Kapitalgesellschaften i.S.d. § 1 Abs. 1 Nr. 1 KStG vorausgesetzt.

---

[178] Vgl. Priester, H.-J., in: Lutter, M. (Hrsg.), Umwandlungsgesetz Kommentar, Köln 1996, § 24, Rz. 33; Bula, T./ Schlösser, J., in: Sagasser, B./ Bula, T./ Brünger, T., Umwandlungen, 3. Aufl., München 2002, S. 368 f., Rz. 87.

[179] Vgl. Buyer, C., Änderung der Unternehmensform, 6. Aufl., Berlin 1996, S. 83 f., Rz. 93/94.

[180] Vgl. Thiel, J., Die Maßgeblichkeit im Umwandlungssteuerrecht, GmbHR 1997, S. 146; Haritz, D./ Paetzold, H., Bilanzielle Verknüpfungen und der Maßgeblichkeitsgrundsatz bei Verschmelzungen, FR 1998, S. 352.

Hinsichtlich der steuerlichen Auswirkungen wird im UmwStG im Gegensatz zum UmwG nicht zwischen der Verschmelzung durch Aufnahme und der Verschmelzung durch Neugründung unterschieden.

5.2 Steuerliche Rückwirkung

Die bereits im Rahmen der Verschmelzung von Kapitalgesellschaften auf Personengesellschaften erläuterte Fiktion der steuerlichen Rückwirkung nach § 2 Abs. 1 UmwStG gilt ebenfalls für die Verschmelzung von Kapitalgesellschaften.

Steuerliche Rückwirkungsfiktion des § 2 Abs. 1 UmwStG: „Das Einkommen und das Vermögen der übertragenden bzw. der übernehmenden Kapitalgesell-schaft sind so zu ermitteln, als ob das Vermögen bereits mit Ablauf des Stichtags der handelsrechtlichen Schlussbilanz, die dem Vermögensübergang zugrunde liegt (steuerlicher Übertragungsstichtag), ganz oder teilweise auf die Übernehmerin übergegangen wäre."

Die Verschmelzung einer Kapitalgesellschaft auf eine andere Kapitalgesellschaft wird damit für die steuerliche Behandlung auf den Stichtag der handelsrechtlichen Schlussbilanz zurückbezogen.

5.3 Verschmelzungsvarianten

Bei einer Verschmelzung lassen sich folgende Varianten unterscheiden:

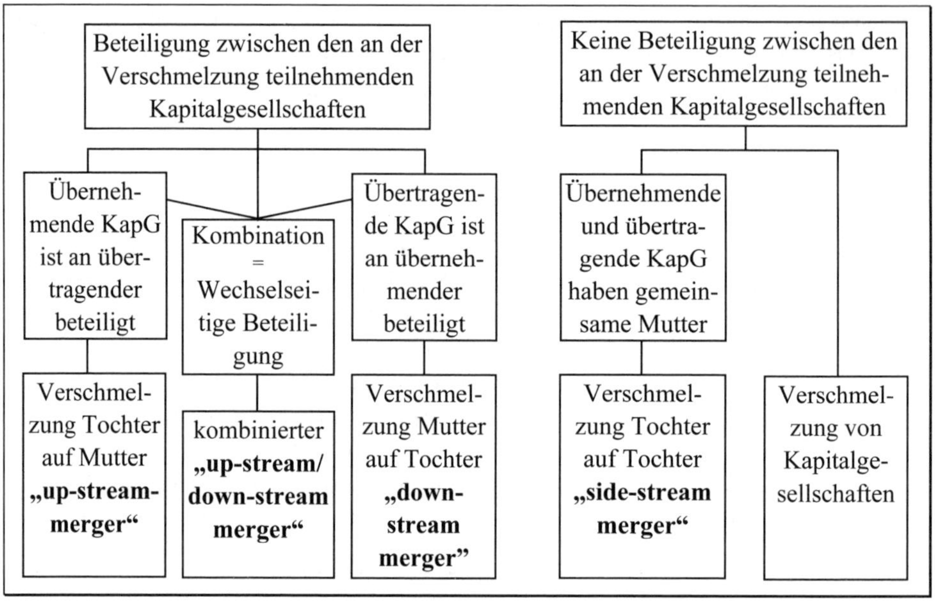

Abbildung 72: Verschmelzungsvarianten

Verschmelzungen im Rahmen bestehender Beteiligungsverhältnisse sind vielfach dadurch gekennzeichnet, dass eine Gegenleistung für den Vermögensübergang (teilweise) nicht gewährt wird bzw. nicht gewährt werden kann. Fraglich ist, ob auf Verschmelzungen dieser Art die Vorschriften des dritten Teils des UmwStG (§§ 11-13) anwendbar sind, da diese eine Verschmelzung i.S.d. § 2 UmwG voraussetzen. Nach dem UmwG fallen unter den Begriff der Verschmelzung lediglich solche Umwandlungen, bei denen die übernehmende Kapitalgesellschaft den Anteilseignern der übertragenden Kapitalgesellschaft als Gegenleistung für die Vermögensübertragung Anteile gewährt.[181] Diese Frage der Anwendbarkeit der §§ 11-13 UmwStG soll u.a. nachfolgend für die betreffenden Verschmelzungsvarianten geklärt werden.

5.3.1 Verschmelzung von Kapitalgesellschaften ohne gegenseitige Beteiligung

Bei der Verschmelzung von Kapitalgesellschaften, bei der die übernehmende und die übertragende Kapitalgesellschaft nicht gegenseitig beteiligt sind und somit keine der beteiligten Kapitalgesellschaften Tochter oder Mutter der anderen ist, handelt es sich um eine Verschmelzung i.S.d. UmwG. Die Anteilseigner erhalten als Ausgleich für die Vermögensübertragung Anteile an der übernehmenden Kapitalgesellschaft. Die Anteilsgewährungs-

---

[181] Vgl. Bärwaldt, R., in: Haritz, D./ Benkert, M. (Hrsg.), Umwandlungssteuergesetz Kommentar, 2. Aufl., München 2000, Vor §§ 11-13, Rz. 2 f.

pflicht kann entweder durch die Schaffung von Anteilen mittels Kapitalerhöhung oder durch die Ausgabe eigener Anteile erfüllt werden. Bestehen Teile des Vermögens der übertragenden Kapitalgesellschaft aus eigenen Anteilen, so besteht insoweit ein Kapitalerhöhungsverbot (§ 54 Abs. 1 Satz 1 Nr. 2 UmwG). Da eine Gegenleistung für den Vermögensübergang in jedem Fall gewährt wird und damit eine Verschmelzung i.S.d. § 2 UmwG vorliegt, kommen die Regelungen der §§ 11-13 UmwStG hier zur Anwendung.

5.3.2 „up-stream merger“

Ist die übernehmende Kapitalgesellschaft (Muttergesellschaft) an der übertragenden Kapitalgesellschaft (Tochtergesellschaft) beteiligt, d.h. wird die Tochter- auf die Muttergesellschaft verschmolzen, liegt unabhängig von der Beteiligungshöhe ein „up-stream merger“ vor.

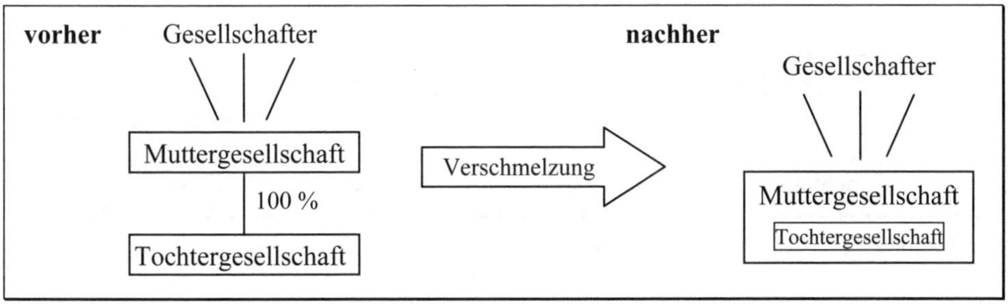

Abbildung 73: „up-stream merger“

Die Beteiligung der übernehmenden Kapitalgesellschaft an der übertragenden Kapitalgesellschaft geht bei einem „up-stream merger“ mit Übergang des Vermögens unter. Eine Kapitalerhöhung ist gem. § 54 Abs. 1 Satz 1 Nr. 1 UmwG nicht zulässig, soweit die übernehmende Kapitalgesellschaft an der übertragenden Kapitalgesellschaft beteiligt ist. Zudem erübrigt sich die Gewährung von Anteilen als Gegenleistung für den Vermögensübergang, da insoweit auch keine Anteilseigner der übertragenden Kapitalgesellschaft abzufinden sind.

Beispiel

„up-stream merger“ bei 80 %iger Beteiligung der Muttergesellschaft
Die Wilma-GmbH ist zu 80 % und Gesellschafter Fred Feuerstein zu 20 % an der Barnie-GmbH beteiligt. Die Barnie-GmbH wird auf die Wilma-GmbH verschmolzen. Da das gesamte Vermögen der Barnie-GmbH auf die Wilma-GmbH übergeht, ist folglich nur Fred Feuerstein für den Vermögensübergang mit Anteilen an der Wilma-GmbH abzufinden. Zur Schaffung dieser Anteile muss die Wilma-GmbH ihr Stammkapital erhöhen.

Die Konsequenz der fehlenden Gegenleistung wäre, dass es sich bei einem „up-stream merger" nicht um eine Verschmelzung i.S.d. UmwG handelt. Jedoch ergibt sich aus dem Wortlaut der §§ 5 Abs. 2, 8 Abs. 3 Satz 1, 9 Abs. 2 sowie 62 Abs. 1 Satz 1 UmwG, dass der Gesetzgeber den „up-stream merger" als Verschmelzung gem. § 1 UmwG betrachtet. Demzufolge können auch die §§ 11-13 UmwStG in Anspruch genommen werden.[182] Zudem erklärt die Finanzverwaltung in Tz. 11.13 UmwStE die Vorschriften von § 11 Abs. 1 und § 12 Abs. 2 UmwStG für anwendbar.

5.3.3 „down-stream merger"

In diesem Fall wird die Muttergesellschaft auf die Tochtergesellschaft verschmolzen.

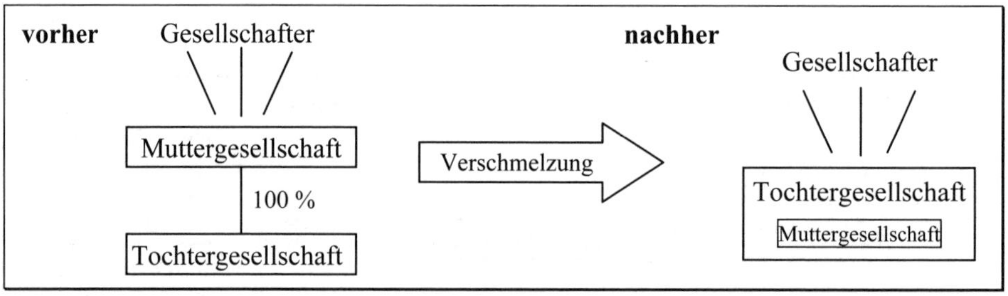

Abbildung 74: „down-stream merger"

Die von der übertragenden Kapitalgesellschaft (Muttergesellschaft) gehaltenen Anteile an der übernehmenden Kapitalgesellschaft (Tochtergesellschaft) werden nach dem Vermögensübergang eigene Anteile der übernehmenden Kapitalgesellschaft. Die Gesellschafter der übertragenden Kapitalgesellschaft können mit diesen eigenen Anteilen abgefunden werden (**Durchgangserwerb der Anteile**).[183] Nach Tz. 11.28 i.V.m. Tz. 11.27 UmwStE ist ein derartiger Übergang der Anteile auf Ebene der übernehmenden Kapitalgesellschaft nicht steuerpflichtig, d.h. die in den Anteilen enthaltenen stillen Reserven müssen nicht aufgedeckt und versteuert werden.

---

[182] Vgl. Bärwaldt, R., in: Haritz, D./ Benkert, M. (Hrsg.), Umwandlungssteuergesetz Kommentar, 2. Aufl., München 2000, Vor §§ 11-13, Rz. 4.

[183] Daneben wird in der Literatur die Auffassung vertreten, dass die Anteile der übertragenden an der übernehmenden Kapitalgesellschaft direkt auf die abzufindenden Gesellschafter übergehen (**Direkterwerb der Anteile**); vgl. Rödder, T./ Wochinger, P., Besteuerung des down-stream merger, FR 1999, S. 1 ; Willemsen, H., in: Kallmeyer, H., Umwandlungsgesetz Kommentar, 2. Aufl., Köln 2001, § 5, Rz. 71. Dem ist entgegenzuhalten, dass bei einem Direkterwerb der Anteile nur ein Teil des Vermögens und nicht - wie in § 2 UmwG gefordert - das gesamte Vermögen übertragen wird. Die Annahme eines Direkterwerbs steht somit in Widerspruch zur Verschmelzung i.S.d. § 2 UmwG und ist daher abzulehnen; vgl. Bärwaldt, R., in: Haritz, D./ Benkert, M. (Hrsg.), Umwandlungssteuergesetz Kommentar, 2. Aufl., München 2000, Vor §§ 11-13, Rz. 13.

Daneben hat die übernehmende Kapitalgesellschaft gem. § 54 Abs. 1 Satz 2 Nr. 2 UmwG in Fällen eines „down-stream merger" grundsätzlich ein Kapitalerhöhungswahlrecht. Anstatt den abzufindenden Gesellschaftern die übergegangenen Anteile der übertragenden an der übernehmenden Kapitalgesellschaft zu gewähren, kann die übernehmende Kapitalgesellschaft diese eigenen Anteile einziehen und zur Abfindung neue Anteile mittels Kapitalerhöhung schaffen. Die in den übergehenden Anteilen enthaltenen stillen Reserven müssen auch dann nicht aufgedeckt werden.[184] Beträgt die Beteiligung der übertragenden an der übernehmenden Kapitalgesellschaft weniger als 100 %, reichen die Anteile nicht aus, um die Anteilseigner der Überträgerin abzufinden. In diesem Fall ist zwingend eine Kapitalerhöhung vorzunehmen.

Im Ergebnis vollzieht sich der Vermögensübergang beim „down-stream merger" grundsätzlich gegen Gewährung von Gesellschaftsrechten an die abzufindenden Gesellschafter (als eigene Anteile qualifizierte Anteile der übertragenden an der übernehmenden Kapitalgesellschaft bzw. neu geschaffene Anteile). Da der „down-stream merger" bei Annahme eines Durchgangserwerbs der Anteile somit eine Verschmelzung i.S.d. § 2 UmwG darstellt, sind die §§ 11-13 UmwStG anzuwenden.[185]

Dagegen bestimmt die Finanzverwaltung in Tz. 11.24 UmwStE, dass die Ausübung der Vorschriften der §§ 11-13 UmwStG eine übereinstimmende Antragstellung aller am „down-stream merger" Beteiligten voraussetzt. Um § 13 UmwStG anzuwenden, müssen die Anteile der Anteilseigner zudem der inländischen Besteuerung unterliegen.[186] Die Auffassung der Finanzverwaltung ist abzulehnen, da es sich bei einem „down-stream merger" um eine Verschmelzung i.S.d. § 2 UmwG handelt und die Vorschriften der §§ 11-13 UmwStG gem. § 1 Abs. 2 UmwStG anwendbar sind. Das Erfordernis der übereinstimmenden Antragstellung ist damit nicht gerechtfertigt.

5.3.4 „up-stream merger" und „down-stream merger" im Vergleich

Ein Vergleich anhand des folgenden Beispiels soll aufzeigen, dass „up-stream merger" und „down-stream merger" trotz ihrer Unterschiede zu den gleichen Ergebnissen führen.

Beispiel

Vergleich von „up-stream merger" und „down-stream merger"
Die M-GmbH ist zu 100 % an der T-GmbH beteiligt. Die Anschaffungskosten der Beteiligung betrugen 50 T€. Die übernehmende GmbH führt das Vermögen zu Buchwerten fort. In den Bilanzen beider Unternehmen sind keine stillen Reserven enthalten.

---

[184] Vgl. Tz. 11.27 UmwStE.

[185] Vgl. Bärwaldt, R., in: Haritz, D./ Benkert, M. (Hrsg.), Umwandlungssteuergesetz Kommentar, 2. Aufl., München 2000, Vor §§ 11-13, Rz. 14.

[186] Vgl. Tz. 11.24 UmwStE.

Aktiva	M-GmbH		Passiva
Beteiligung	50 T€	Stammkapital	100 T€
Sonst. Aktiva	500 T€	Fremdkapital	450 T€
	550 T€		550 T€

Aktiva	T-GmbH		Passiva
Aktiva	350 T€	Stammkapital	50 T€
		Fremdkapital	300 T€
	350 T€		350 T€

Lösung

1. „up-stream merger“: T-GmbH wird auf M-GmbH verschmolzen

Da die aufnehmende M-GmbH alle Anteile an der T-GmbH hält, ist eine Erhöhung des Stammkapitals der M-GmbH gem. § 54 Abs. 1 UmwG verboten. Zudem ist die M-GmbH der alleinige Gesellschafter der T-GmbH, weshalb keine weiteren Gesellschafter abgefunden werden müssen.

	Buchwert der übernommenen Vermögensgegenstände	350 T€
./.	Buchwert der übernommenen Schulden	300 T€
=	Buchwert des übernommenen Vermögens	50 T€

Der Buchwert des übernommenen Vermögens entspricht dem Eigenkapital (hier: Stammkapital) der T-GmbH.

Mit der Übernahme des Vermögens geht die Beteiligung der M-GmbH an der T-GmbH unter.

	Buchwert des übernommenen Vermögens	50 T€
./.	Buchwert der gewährten Gegenleistung	50 T€
=	Verschmelzungsgewinn / -verlust	0 T€

Bilanz der M-GmbH nach Verschmelzung:

Aktiva		M-GmbH			Passiva
Beteiligung	50 T€		Stammkapital		100 T€
./. Beteiligung	./. **50 T€**	0 T€			
Sonst. Aktiva	500 T€		FK M-GmbH	450 T€	
+ Aktiva T-GmbH	+ **350 T€**	850 T€	+ FK T-GmbH	+ **300 T€**	750 T€
		850 T€			850 T€

2. „down-stream merger“: M-GmbH wird auf T-GmbH verschmolzen

Die Anteile der M-GmbH an der T-GmbH werden zur Abfindung der Gesellschafter der übertragenden M-GmbH verwendet. Eine Kapitalerhöhung gem. § 54 Abs. 1 Satz 2 Nr. 2 UmwG ist nur notwendig, wenn diese Anteile nicht ausreichen, um die Gesellschafter der M-GmbH abzufinden.

$$\text{Kapitalerhöhung} = \frac{100}{50} * 50 = 2 * 50 = 100$$

Die aufnehmende T-GmbH müsste folglich ihr Stammkapital um 100 T€ erhöhen. Da jedoch die Anteile der M-GmbH an der T-GmbH zur Abfindung herangezogen werden können, reduziert sich die notwendige Kapitalerhöhung auf einen Betrag in Höhe von 50 T€. Das Stammkapital der T-GmbH beträgt nach der Verschmelzung somit 100 T€.

	Buchwert der übernommenen Vermögensgegenstände	550 T€
./.	Buchwert der übernommenen Schulden	450 T€
=	Buchwert des übernommenen Vermögens	100 T€

Der Buchwert des übernommenen Vermögens entspricht dem Eigenkapital (Stammkapital) der M-GmbH.

	Buchwert des übernommenen Vermögens	100 T€
./.	Buchwert der gewährten Gegenleistung	100 T€
=	Verschmelzungsgewinn / -verlust	0 T€

Bilanz der T-GmbH nach Verschmelzung:

Aktiva		T-GmbH			Passiva
Aktiva	350 T€		Stammkapital		100 T€
+ Aktiva M-GmbH	+ **500 T€**	850 T€	FK T-GmbH	300 T€	
			+ FK M-GmbH	+ **450 T€**	750 T€
		850 T€			850 T€

Merke: „up-stream merger" und „down-stream merger" führen zum gleichen Ergebnis!

Dies ist sachgerecht, da es keinen Unterschied machen darf, ob die Tochter auf die Mutter „up-stream merger") oder die Mutter auf die Tochter („down-stream merger") verschmolzen wird. Wäre eine dieser Verschmelzungsvarianten vorteilhafter, würde die andere nie als Möglichkeit zur Verschmelzung in Betracht kommen.

Abgesehen davon gibt es in der Praxis natürlich Gründe, statt eines „up-stream merger" einen „down-stream merger" zu wählen: Verfügt die Tochtergesellschaft bspw. über umfassendes Grundvermögen, löst eine Verschmelzung auf die Mutter in entsprechender Höhe Grunderwerbsteuer aus. In diesem Fall ist ein „down-stream merger" vorteilhafter, da aufgrund des fehlenden Übergangs des Grundvermögens keine Grunderwerbsteuer anfällt.[187]

[187] Vgl. Dreissig, H., Down-stream merger im deutschen Steuerrecht, DB 1997, S. 1301.

5.3.5 Kombinierter „up-stream/ down-stream merger“

Bei einem kombinierten „up-stream/ down-stream merger“ sind die übertragende und die übernehmende Kapitalgesellschaft wechselseitig aneinander beteiligt, d.h. jede Kapitalgesellschaft ist zugleich Mutter als auch Tochter der anderen Kapitalgesellschaft.

Die Vorschriften der §§ 11-13 UmwStG sind, isoliert betrachtet, sowohl im Fall eines „up-stream merger“ als auch im Fall eines „down-stream merger“ anwendbar. Daher ist davon auszugehen, dass diese auch auf die Kombination aus „up-stream merger“ und „down-stream merger“ Anwendung finden. Voraussetzung ist auch hier für den Teil der Verschmelzung, der als „down-stream merger“ vonstatten geht, ein übereinstimmender Antrag aller Beteiligten.[188]

5.3.6 „side-stream merger“

Als „side-stream merger“ wird die Verschmelzung von Schwestergesellschaften bezeichnet. Diese Verschmelzungsvariante liegt vor, wenn beide, die übertragende und die übernehmende Kapitalgesellschaft, Töchter einer gemeinsamen Muttergesellschaft sind.[189]

Werden Schwestergesellschaften verschmolzen, sind bei der gemeinsamen Muttergesellschaft die Bilanzansätze der Beteiligungen bei den Schwestergesellschaften zu summieren und als Bilanzansatz der Beteiligung an der übernehmenden Schwestergesellschaft auszuweisen. Für den „side-stream merger“ verlangt der Gesetzgeber zwingend die Vornahme einer Kapitalerhöhung. Der dritte Teil des UmwStG (§§ 11-13) ist anzuwenden.[190]

5.4 Auswirkungen bei der übertragenden Kapitalgesellschaft

5.4.1 Bewertungswahlrecht gem. § 11 Abs. 1 UmwStG

Gem. § 11 Abs. 1 Satz 1 Hs. 1 UmwStG hat die übertragende Kapitalgesellschaft auf den steuerlichen Übertragungsstichtag eine steuerliche Schlussbilanz aufzustellen. Um steuerneutrale Verschmelzungen zu ermöglichen, normiert § 11 Abs. 1 UmwStG folgendes Bewertungswahlrecht für die übergehenden Wirtschaftsgüter:[191]

---

[188] Vgl. Bärwaldt, R., in: Haritz, D./ Benkert, M. (Hrsg.), Umwandlungssteuergesetz Kommentar, 2. Aufl., München 2000, Vor §§ 11-13, Rz. 19.

[189] Vgl. Bärwaldt, R., in: Haritz, D./ Benkert, M. (Hrsg.), Umwandlungssteuergesetz Kommentar, 2. Aufl., München 2000, Vor §§ 11-13, Rz. 20.

[190] Vgl. Tz. 11.14 UmwStE.

[191] Vgl. BT-Drucks. 12/6885 v. 24.02.1994, S. 20.

Bewertungswahlrecht		**Voraussetzungen**
		Das Bewertungswahlrecht gilt, *soweit*
mindestens	• Buchwert	**(1)** die spätere Versteuerung der in dem übergehenden Vermögen enthaltenen stillen Reserven bei der übernehmenden Kapitalgesellschaft sichergestellt ist **und**
↓	• Zwischenwert	
höchstens	• Teilwert	**(2)** eine Gegenleistung nicht gewährt wird oder in Gesellschaftsrechten besteht.

Abbildung 75: Das Bewertungswahlrecht gem. § 11 Abs. 1 UmwStG

Merke: Selbstgeschaffene immaterielle Wirtschaftsgüter einschließlich eines Geschäfts- oder Firmenwerts dürfen nach Auffassung der Finanzverwaltung in der Übertragungsbilanz nicht angesetzt werden.[192]

Begründung: Bei § 11 Abs. 1 UmwStG handelt es sich lediglich um ein Bewertungswahlrecht und kein Ansatzwahlrecht.[193]

Der Auffassung der Finanzverwaltung wird in der Literatur – wie auch bei der Verschmelzung von Kapitalgesellschaften auf Personengesellschaften – größtenteils widersprochen: **§ 11 Abs. 1 UmwStG** normiert – wie § 3 UmwStG – **sowohl ein Bewertungs- als auch ein Ansatzwahlrecht**.[194]

Merke: Entgegen der Auffassung der Finanzverwaltung dürfen bei der freiwilligen Aufstockung nach § 11 Abs. 1 Satz 2 UmwStG selbstgeschaffene immaterielle Wirtschaftsgüter angesetzt werden.

§ 11 Abs. 1 UmwStG normiert steuerrechtlich ein Bewertungswahlrecht, welchem kein korrespondierendes handelsrechtliches Bewertungswahlrecht gegenübersteht. Demzufolge kann es zu erheblichen Bewertungsdifferenzen zwischen handelsrechtlicher und steuerrechtlicher Schlussbilanz kommen.

---

192 Vgl. Tz. 11.19 UmwStE.

193 Vgl. Dehmer, H., Umwandlungsgesetz, Umwandlungssteuergesetz, 2. Aufl., München 1996, § 11 UmwStG, Rz. 2.

194 Vgl. Bärwaldt, R., in: Haritz, D./ Benkert, M. (Hrsg.), Umwandlungssteuergesetz Kommentar, 2. Aufl., München 2000, § 11, Rz. 13; ebenso Schmitt, J., in: Schmitt, J./ Hörtnagl, R./ Stratz, R.-C., Umwandlungsgesetz, Umwandlungssteuergesetz, 3. Aufl., München 2001, § 11 UmwStG, Rz. 18.

Handelsrechtliche Schlussbilanz	Steuerrechtliche Schlussbilanz
• zwingender Buchwertansatz (§ 17 Abs. 2 Satz 2 UmwG) • Zuschreibungen nur im Rahmen der Vorschriften über den Jahresabschluss zulässig	• Bewertungswahlrecht (§ 11 Abs. 1 UmwStG) - Buchwert - Zwischenwert - Teilwert

Abbildung 76: Gegenüberstellung von handels- und steuerrechtlichen Bewertungsvorschriften für die Schlussbilanz der übertragenden Kapitalgesellschaft

5.4.1.1 Sicherstellung der späteren Besteuerung i.S.d. § 11 Abs. 1 Satz 1 Nr. 1 UmwStG

§ 11 Abs. 1 UmwStG ermöglicht einen Aufschub der Besteuerung der im übergegangenen Vermögen enthaltenen stillen Reserven, wenn sichergestellt ist, dass der Gewinn aus der späteren Auflösung bei der übernehmenden Kapitalgesellschaft der Körperschaftsteuer unterliegt. Dabei kann jedoch nur das sichergestellt werden, was bereits am steuerlichen Übertragungsstichtag dem deutschen Besteuerungsrecht unterworfen war. Dies bedeutet, dass Wirtschaftsgüter des übergehenden Vermögens, die bereits vor der Verschmelzung dem deutschen Besteuerungszugriff entzogen waren, der Anwendung des Bewertungswahlrechts i.S.d. § 11 Abs. 1 UmwStG nicht entgegenstehen.

	Sicherstellung der Besteuerung der stillen Reserven	Anwendung des Bewertungswahlrechts
• Verschmelzung auf eine unbeschränkt körperschaftsteuerpflichtige KapGes, die nicht nach § 5 KStG von der Körperschaftsteuer befreit ist[195]	✓ (grundsätzlich)	✓
• übertragende KapGes verfügt über ausl. Betriebsstättenvermögen, welches (aufgrund eines DBA) dem Besteuerungsrecht des Belegenheitsstaats unterliegt[196]	Erfordernis der Sicherstellung der Besteuerung der übergehenden stillen Reserven gilt nicht	✓

[195] Vgl. Tz. 11.03 UmwStE.

[196] Vgl. Tz. 11.04 UmwStE.

	Sicherstellung der Besteuerung der stillen Reserven	**Anwendung des Bewertungswahlrechts**
• übertragende KapGes besitzt im Ausland belegenes Grundstück, welches grundsätzlich dem Besteuerungsrecht des Belegenheitsstaats unterliegt[197]	Erfordernis der Sicherstellung der Besteuerung der übergehenden stillen Reserven nicht notwendig	✓
• ausl. Wirtschaftsgüter der übertragenden KapGes, die nicht Teil einer Betriebsstätte sind und es durch die Verschmelzung auch nicht werden, unterliegen grundsätzlich dem dt. Besteuerungsrecht[198]	✓	✓
• Verschmelzung auf eine unbeschränkt körperschaftsteuerpflichtige KapGes, die nach § 5 KStG von der Körperschaftsteuer befreit ist[199]	(-)	(-)
• ausl. Wirtschaftsgüter der übertragenden KapGes, die nicht Teil einer Betriebsstätte sind, werden auf eine ausl. Betriebsstätte der übernehmenden KapGes übertragen, womit im DBA-Fall das dt. Besteuerungsrecht endet[200]	(-)	(-)

Abbildung 77: Die Anwendung des Bewertungswahlrechts nach § 11 Abs. 1 UmwStG in Zweifelsfällen

5.4.1.2 Gegenleistung i.S.d. § 11 Abs. 1 Satz 1 Nr. 2 UmwStG

Nach § 11 Abs. 1 Satz 1 Nr. 2 UmwStG besteht das Bewertungswahlrecht nur insoweit, als „eine Gegenleistung nicht gewährt wird oder in Gesellschaftsrechten besteht".

---

197 Vgl. Dehmer, H., Umwandlungsgesetz, Umwandlungssteuergesetz, 2. Aufl., München 1996, § 11 UmwStG, Rz. 55.

198 Vgl. Dehmer, H., Umwandlungsgesetz, Umwandlungssteuergesetz, 2. Aufl., München 1996, § 11 UmwStG, Rz. 55.

199 Vgl. Tz. 11.03 UmwStE.

200 Vgl. Dehmer, H., Umwandlungsgesetz, Umwandlungssteuergesetz, 2. Aufl., München 1996, § 11 UmwStG, Rz. 54; BFH v. 16.07.1969, I-266/65, BStBl. II 1970, S. 176.

Eine Gegenleistung wird nicht gewährt, wenn

- eine Kapitalerhöhung nicht durchgeführt werden darf (§ 54 Abs. 1 Satz 1 Nr. 1 UmwG).

  Beispiel: „up-stream merger"
  Soweit die übernehmende an der übertragenden Kapitalgesellschaft beteiligt ist, entfällt die Gewährung einer Gegenleistung für den Übergang des Vermögens.[201]
- die Durchführung einer Kapitalerhöhung freiwillig ist und deshalb nicht erfolgt (§ 54 Abs. 1 Satz 2 Nr. 2 UmwG).

  Beispiel: „down-stream merger"
  Die übernehmende Kapitalgesellschaft erhöht ihr Stammkapital nicht, da die Anteile, welche im Besitz der übertragenden Kapitalgesellschaft sind, zur Abfindung der Gesellschafter ausreichen.
- keine **baren Zuzahlungen** i.S.d. § 15 UmwG an die Anteilseigner der übertragenden Kapitalgesellschaft gewährt werden.

  Zu baren Zuzahlungen kann es gem. § 15 Abs. 1 UmwG kommen, wenn das Umtauschverhältnis der Anteile zu niedrig bemessen ist oder wenn die Anteilsrechte an der übernehmenden Kapitalgesellschaft keinen ausreichenden Gegenwert für die weggefallenen Anteile an der übertragenden Kapitalgesellschaft darstellen **(Spitzenausgleich)**. Anders als bei den bereits im Verschmelzungsvertrag festgelegten baren Zuzahlungen, werden bare Zuzahlungen i.S.d. § 15 UmwG per gerichtlicher Entscheidung ermittelt. Zudem sind sie in ihrer Höhe nicht beschränkt.
- widersprechende Gesellschafter nicht gem. § 29 UmwG **bar abgefunden** werden.

Eine Gegenleistung, die gewährt wird, aber ***nicht*** in Gesellschaftsrechten besteht, liegt vor, wenn

- die übernehmende Kapitalgesellschaft **bare Zuzahlungen** i.S.d. § 15 UmwG an die Anteilseigner der übertragenden Kapitalgesellschaft gewährt *oder*
- widersprechende Gesellschafter gem. § 29 UmwG **bar abgefunden** werden.[202]

Merke: Das Bewertungswahlrecht kann ausgeübt werden, wenn
a) eine Gegenleistung nicht gewährt wird, d.h. weder Anteile an die abzufindenden Gesellschafter ausgegeben noch bare Zuzahlungen oder Barabfindungen gewährt werden *oder*
b) Gesellschaftsrechte an die Gesellschafter der übertragenden Kapitalgesellschaft ausgegeben werden.

⇒ GEGENLEISTUNGEN IN BAR SIND GRUNDSÄTZLICH SCHÄDLICH!

[201] Vgl. Tz. 11.13 UmwStE.

[202] Vgl. Tz. 11.05 f. UmwStE.

5.4.2 Konsequenzen bei fehlenden Voraussetzungen des § 11 Abs. 1 Satz 1 UmwStG

Sind die in § 11 Abs. 1 Satz 1 UmwStG genannten Voraussetzungen nicht erfüllt, ist insoweit § 11 Abs. 2 UmwStG anzuwenden. Da in § 11 Abs. 1 UmwStG die Sicherstellung der Besteuerung und die Gewährung von Gesellschaftsrechten bzw. die Nichtgewährung einer Gegenleistung vorausgesetzt wird, ergeben sich mehrere Kombinationsmöglichkeiten, die in den Anwendungsbereich von § 11 Abs. 2 UmwStG fallen.

> **§ 11 Abs. 2 Satz 1 UmwStG:** „Liegen die in Absatz 1 genannten Voraussetzungen nicht vor, sind die übergegangenen Wirtschaftsgüter mit dem Wert der für die Übertragung gewährten Gegenleistung anzusetzen."

§ 11 Abs. 2 Satz 1 UmwStG geht davon aus, dass eine Gegenleistung gewährt wird, die nicht in Gesellschaftsrechten besteht. Die übergegangenen Wirtschaftsgüter sind mit dem Wert der Gegenleistung in der steuerlichen Schlussbilanz anzusetzen. Die Gegenleistung ist mit dem gemeinen Wert i.S.d. § 9 BewG zu bewerten.[203] Die Wertaufstockung auf den Wert der Gegenleistung ist bei allen Wirtschaftsgütern gleichmäßig vorzunehmen.[204]

> **§ 11 Abs. 2 Satz 2 UmwStG:** „Wird eine Gegenleistung nicht gewährt, sind die Wirtschaftsgüter mit dem Teilwert anzusetzen."

Die Vorschrift regelt den Fall, dass die spätere Besteuerung der stillen Reserven nicht sichergestellt ist, die zweite Voraussetzung des § 11 Abs. 1 Satz 1 UmwStG – „eine Gegenleistung wird nicht gewährt" – allerdings erfüllt ist.[205] Die übergehenden Wirtschaftsgüter sind mit dem Teilwert anzusetzen. Wird dagegen eine Gegenleistung nicht gewährt und ist die Sicherstellung der späteren Besteuerung der stillen Reserven gegeben, sind beide Voraussetzungen des § 11 Abs. 1 Satz 1 UmwStG erfüllt. § 11 Abs. 2 UmwStG ist dann grundsätzlich nicht anwendbar.

Weder das Gesetz noch die Finanzverwaltung regeln bislang den Fall, bei welchem die Gegenleistung in Gesellschaftsrechten besteht, aber die Besteuerung der stillen Reserven nicht sichergestellt ist. Gegen die Anwendung des § 11 Abs. 2 Satz 1 UmwStG spricht, dass die Gegenleistung nicht in den von § 11 Abs. 2 Satz 1 UmwStG geforderten sonstigen Vergütungen, sondern in Gesellschaftsrechten besteht. Somit ist eine Aufstockung auf den gemeinen Wert nicht möglich. Folgt man § 11 Abs. 2 Satz 2 UmwStG, ist der Teilwert anzusetzen, da eine Besteuerung der stillen Reserven nicht sichergestellt ist. § 11 Abs. 2

---

[203] Vgl. Bärwaldt, R., in: Haritz, D./ Benkert, M. (Hrsg.), Umwandlungssteuergesetz Kommentar, 2. Aufl., München 2000, § 11, Rz. 40 m.w.N.

[204] Vgl. Tz.11.20 UmwStE.

[205] Vgl. Tz.11.21 UmwStE.

Satz 2 UmwStG setzt jedoch für den Teilwertansatz voraus, dass keine Gegenleistung gewährt wurde. Vor dem UmwStE wurde diese Fallkonstellation § 11 Abs. 2 Satz 1 UmwStG untergeordnet.[206]

Die nachfolgende Abbildung soll einen Überblick über die einzelnen Kombinationsmöglichkeiten geben, die in den Anwendungsbereich des § 11 Abs. 2 UmwStG fallen:[207]

Anwendungsbereich des § 11 Abs. 2 S. 1		**Anwendungsbereich des § 11 Abs. 2 S. 2**	
Sicherstellung der Besteuerung der stillen Reserven	✓	Sicherstellung der Besteuerung der stillen Reserven	(-)
Gegenleistung, die nicht in Gesellschaftsrechten besteht	✓	Keine Gewährung einer Gegenleistung	✓
Sicherstellung der Besteuerung der stillen Reserven	(-)		
Gegenleistung, die nicht in Gesellschaftsrechten besteht	✓		
[Sicherstellung der Besteuerung der stillen Reserven]	(-)		
[Gegenleistung, die in Gesellschaftsrechten besteht]	✓		

Abbildung 78: Überblick über den Anwendungsbereich von § 11 Abs. 2 UmwStG

§ 11 Abs. 2 UmwStG findet auch auf Mischfälle Anwendung. Dazu zählen alle Vermögensübertragungen, die zum Teil unter § 11 Abs. 1 UmwStG, zum Teil unter § 11 Abs. 2 UmwStG fallen. Die Handhabung solcher Mischfälle soll durch das folgende Beispiel aufgezeigt werden:

Beispiel

Verschmelzung der Clever&Smart-AG auf die TomTiger-AG[208]

Der Buchwert des übergehenden Vermögens beträgt 300 T€, der Teilwert 600 T€. Als Gegenleistung für den Vermögensübergang gewährt die TomTiger-AG den Gesellschaftern der Clever&Smart-AG Anteile in Höhe von 550 T€ sowie eine bare Zuzahlung von 50 T€. Da die bare Zuzahlung weniger als 10 % der gewährten Anteile in Höhe von 550 T€ beträgt, ist die handelsrechtliche Vorgabe gem. § 54 Abs. 4 UmwG erfüllt.

206 Vgl. Dehmer, H., Umwandlungsgesetz, Umwandlungssteuergesetz, 2. Aufl., München 1996, § 11 UmwStG, Rz. 79.

207 Quelle: in Anlehnung an Dehmer, H., Umwandlungsgesetz, Umwandlungssteuergesetz, 2. Aufl., München 1996, § 11 UmwStG, Rz. 79.

208 Vgl. Schwedhelm, R., Die Unternehmensumwandlung, 3. Aufl., Köln 1999, S. 233 f., Rz. 1121 f.

	Buchwert	Teilwert
Firmenwert (FW)		80 T€
Immat. Wirtschaftsgüter (iWG)		40 T€
Anlagevermögen (AV)	200 T€	360 T€
Umlaufvermögen (UV)	100 T€	120 T€
	300 T€	600 T€

Lösung

Die bare Zuzahlung i.H.v. 50 T€ stellt eine nicht in Gesellschaftsrechten bestehende Gegenleistung dar. Die Voraussetzung i.S.d. § 11 Abs. 1 Satz 1 Nr. 2 UmwStG ist insofern nicht erfüllt. Hinsichtlich der Gegenleistung, die in Gesellschaftsrechten von 550 T€ besteht, liegt die Voraussetzung aber vor. Die Folge ist, dass die übergehenden Wirtschaftsgüter in der steuerlichen Schlussbilanz der Clever&Smart-AG weder zum Buchwert, noch zum Wert der Gegenleistung angesetzt werden können. Hier kommt das Wort „soweit" aus § 11 Abs. 1 zur Anwendung:

1. Buchwertansatz

Ein Ansatz zu Buchwerten ist nur möglich, soweit die gewährte Gegenleistung in Gesellschaftsrechten besteht:

$$\text{Ansatz des übergehenden Vermögens zu BW} = \frac{\text{Wert der gewährten Gesellschaftsrechte}}{\text{Übergehendes Vermögen zu TW}} * \text{übergehendes Vermögen zu BW}$$

$$\text{Ansatz des übergehenden Vermögens zu BW} = \frac{550\text{ T€}}{600\text{ T€}} * 300\text{ T€} = 275\text{ T€}$$

Um den Buchwertansatz der einzelnen Wirtschaftsgüter zu ermitteln, wird in die Formel an Stelle des Buchwerts des übergehenden Vermögens der Buchwert des übergehenden Wirtschaftsguts eingesetzt.

$$\text{Ansatz des übergehenden Wirtschaftsguts zu BW} = \frac{550\text{ T€}}{600\text{ T€}} * \text{Übergehendes Wirtschaftsgut zum BW}$$

Für den Buchwertansatz der Wirtschaftsgüter ergeben sich folgende Werte:

	FW	iWG	AV	UV	**Summe**
BW			183 T€	92 T€	**275 T€**

2. Aufstockungsbetrag

Soweit es sich bei der gewährten Gegenleistung um eine bare Zuzahlung handelt, sind die übergehenden Wirtschaftsgüter in Höhe dieses Werts, d.h. um 50 T€, aufzustocken.

Formel für die Aufstockungsbeträge der einzelnen Wirtschaftsgüter:

$$\text{Aufstockungsbetrag des einzelnen Wirtschaftsguts} = \frac{\text{Teilwert des Wirtschaftsguts}}{\sum \text{der TW aller Wirtschaftsgüter}} * \text{Wert der baren Zuzahlung}$$

Für die Aufstockungsbeträge der Wirtschaftsgüter ergeben sich entgegen der Meinung der Finanzverwaltung in Tz. 11.20 UmwStE, die davon ausgeht, dass selbst geschaffene immaterielle Wirtschaftsgüter einschließlich eines Firmenwerts nur berücksichtigt werden können, wenn die übrigen Wirtschaftsgüter bis zu den Teilwerten aufgestockt wurden, folgende Werte:

	FW	iWG	AV	UV	**Summe**
Aufstockungsbeträge	7 T€	3 T€	30 T€	10 T€	**50 T€**

Die Werte, mit denen die Wirtschaftsgüter schließlich in der steuerlichen Schlussbilanz anzusetzen sind, ergeben sich aus der Summe der Buchwerte der jeweiligen Wirtschaftsgüter und den entsprechenden Aufstockungsbeträgen:

	FW	iWG	AV	UV	**Summe**
Buchwerte			183 T€	92 T€	**275 T€**
+ Aufstockungsbeträge	7 T€	3 T€	30 T€	10 T€	**50 T€**
= **anzusetzender Wert**	**7 T€**	**3 T€**	**213 T€**	**102 T€**	**325 T€**

Klausurhinweis: In Klausuren kommt es üblicherweise nicht zur Aufstockung nach § 11 Abs. 2 UmwStG, da i.d.R. keine baren Zuzahlungen geleistet werden.

5.4.3 Übertragungsgewinn

Wird in der Schlussbilanz durch Ausübung des Bewertungswahlrechts oder zwangsweise durch § 11 Abs. 2 UmwStG ein Wert angesetzt, der über dem Buchwert liegt, entsteht durch die Auflösung von stillen Reserven ein Übertragungsgewinn. Dieser unterliegt bei der übertragenden Kapitalgesellschaft in vollem Umfang der Körperschaftsteuer und gem. § 19 Abs. 1 UmwStG der Gewerbesteuer. Die Steuerpflicht ergibt sich aus der Tatsache, dass es sich beim Übertragungsgewinn um einen Buchgewinn handelt.[209] Der Buchgewinn entsteht aus der Auflösung stiller Reserven. Damit ist der Übertragungsgewinn die verschmelzungsbedingte Form des Buchgewinns und als solcher stets der Besteuerung zu unterwerfen.

[209] Vgl. Bärwaldt, R., in: Haritz, D./ Benkert, M. (Hrsg.), Umwandlungssteuergesetz Kommentar, 2. Aufl., München 2000, § 11, Rz. 47 f.

Merke: Ein **Übertragungsgewinn** entsteht, wenn die Buchwerte nach § 11 UmwStG aufgestockt werden. Durch die Aufstockung der Buchwerte erhöht sich – für die übernehmende Kapitalgesellschaft – die AfA-Bemessungsgrundlage bzw. der AfA-Betrag und damit die gewinnmindernde Wirkung der AfA. Werden darüber hinaus Wirtschaftsgüter mit aufgestocktem Buchwert veräußert, erzielen sie einen niedrigeren Veräußerungsgewinn als im Fall ohne Aufstockung. Die Aufstockung der Buchwerte führt somit bei der übernehmenden Kapitalgesellschaft zu einem Steuerminderungspotenzial. Dieses Potenzial darf aus steuersystematischen Gründen nicht steuerneutral gebildet werden. Daher ist auch der durch die freiwillige bzw. zwangsweise Auflösung stiller Reserven entstandene Übertragungsgewinn der Besteuerung zu unterwerfen.

Zwischen Wertansatz, Aufdeckung von stillen Reserven und Entstehung eines Übertragungsgewinns besteht folgender Zusammenhang:

Wertansatz	Rechtsfolge I	Rechtsfolge II
Buchwert	Keine Aufdeckung der stillen Reserven	Kein Übertragungsgewinn
Zwischenwert	Teilweise Aufdeckung der stillen Reserven	Übertragungsgewinn in Höhe der aufgedeckten stillen Reserven
Teilwert	Aufdeckung aller im Vermögen enthaltenen stillen Reserven	

Abbildung 79: Entstehung eines Übertragungsgewinns

Der Übertragungsgewinn nach Abzug der Gewerbesteuer und der Körperschaftsteuer ermittelt sich wie folgt:

Ermittlung des Übertragungsgewinns:

	übergehende Wirtschaftsgüter zu Zwischen- oder Teilwerten
./.	übergehende Wirtschaftsgüter zu Buchwerten
=	Buchgewinn
./.	Umwandlungskosten
=	Übertragungsgewinn/-verlust vor GewSt und KSt
./.	GewSt auf den Übertragungsgewinn
=	Übertragungsgewinn nach GewSt und vor KSt
./.	KSt auf den Übertragungsgewinn nach GewSt
=	versteuerter Übertragungsgewinn

Tipp:
In der Praxis werden i.d.R. die Buchwerte angesetzt, um einen Übertragungsgewinn zu vermeiden und somit eine steuerneutrale Verschmelzung herbeizuführen.
Die freiwillige Aufstockung auf Zwischen- oder Teilwerte kommt lediglich dann in Betracht, wenn die Übertragung eines Verlustvortrags auf die übernehmende Kapitalgesellschaft gem. § 12 Abs. 3 Satz 2 UmwStG nicht möglich ist. Der verbleibende Verlustvortrag wird mit dem entstandenen Übertragungsgewinn verrechnet.

Ein Rückblick auf die Verschmelzung einer Kapitalgesellschaft auf eine Personengesellschaft zeigt, dass der Gesetzgeber den Übertragungsgewinn der übertragenden Kapitalgesellschaft – unabhängig davon, wer der übernehmende Rechtsträger ist – gleich behandelt.

Merke:

	Übertragungsgewinn
Verschmelzung KapGes auf PersGes	**steuerpflichtig**
Verschmelzung KapGes auf KapGes	**steuerpflichtig**

Begründung: Der Übertragungsgewinn ist ein Buchgewinn, da er durch die freiwillige bzw. gesetzlich normierte Auflösung der stillen Reserven und den Ansatz der Zwischen- oder Teilwerte entstanden ist. Folge der Aufstockung ist, dass der übernehmende Rechtsträger hinsichtlich der übergehenden Wirtschaftsgüter über ein höheres AfA-Potenzial verfügt bzw. im Veräußerungsfall einen niedrigeren Veräußerungsgewinn erzielt. Aus diesen Gründen unterliegt der Übertragungsgewinn (Buchgewinn) unabhängig von der Rechtsform der übernehmenden Gesellschaft stets der Besteuerung.

5.4.4 Maßgeblichkeit der Handels- für die Steuerbilanz bei Verschmelzungen von Kapitalgesellschaften?

Wie bereits bei der Verschmelzung einer Kapitalgesellschaft auf eine Personengesellschaft stellt sich auch hier das Problem der Maßgeblichkeit der Handelsbilanz für die Steuerbilanz. Entsprechend ihrer Auslegung von § 3 UmwStG geht die Finanzverwaltung bzgl. § 11 Abs. 1 UmwStG ebenfalls vom Grundsatz der Maßgeblichkeit der Handelsbilanz i.S.d. § 5 Abs. 1 EStG aus.[210] Danach können in der steuerlichen Schlussbilanz der übertragenden Kapitalgesellschaft nur die in der Handelsbilanz zulässigen Wertansätze ausgewiesen werden. Da handelsrechtlich Zuschreibungen nur innerhalb der Grenzen der §§ 253 Abs. 5, 254 Satz 2, 280 HGB möglich sind, ist eine Aufstockung auf die höheren Teilwerte durch Auf-

---

[210] Vgl. Tz. 11.01 UmwStE.

deckung stiller Reserven nicht möglich. Das steuerliche Bewertungswahlrecht i.S.d. § 11 Abs. 1 UmwStG liefe somit auch hier ins Leere.[211]

Analog zu § 3 UmwStG liegt allerdings auch mit § 11 Abs. 1 UmwStG eine Durchbrechung des Maßgeblichkeitsgrundsatzes i.S.d. § 5 Abs. 1 EStG vor.[212] Demnach kann das steuerliche Bewertungswahlrecht nach § 11 Abs. 1 UmwStG unabhängig von den Wertansätzen in der handelsrechtlichen Schlussbilanz uneingeschränkt angewendet werden. Zu den Einzelheiten vgl. Kapitel II.

Setzt die übernehmende Kapitalgesellschaft in ihrer handelsrechtlichen Übernahmebilanz nach § 24 UmwG einen über dem Buchwert liegenden Wert an, schreibt die Finanzverwaltung wie schon in Tz. 03.02 auch in Tz. 11.02 UmwStE eine Phasenverschobene Wertaufholung vor. Demnach sind die Wirtschaftsgüter in der steuerlichen Bilanz auf den der Verschmelzung folgenden Bilanzstichtag bis zur Höhe der steuerlichen Anschaffungs- oder Herstellungskosten (vermindert um die AfA) erfolgswirksam aufzustocken. Aufgrund fehlender Rechtsgrundlage ist die Auffassung der Finanzverwaltung bezüglich der Phasenverschobenen Wertaufholung abzulehnen.[213] Zu den einzelnen Kritikpunkten wird auf Kapitel II verwiesen.

Merke: Entgegen der Auffassung der Finanzverwaltung ist das steuerliche Bewertungswahlrecht des § 11 Abs. 1 UmwStG nicht nur in den engen Grenzen des Handelsrechts, sondern uneingeschränkt anwendbar.
Die in Tz. 11.02 UmwStE von der Finanzverwaltung vorgeschriebene Phasenverschobene Wertaufholung ist ebenfalls abzulehnen.

Klausurhinweis: Das Problem der Maßgeblichkeit ist für die Klausurenlösung von geringer Relevanz, da üblicherweise die Buchwerte fortzuführen sind.

---

211 Vgl. Herzig, N., Maßgeblichkeitsgrundsatz bei Umwandlungsvorgängen?, in: Herzig, N. (Hrsg.), Neues Umwandlungssteuerrecht-Praxisfälle und Gestaltungen im Querschnitt, Köln 1996, S. 34 f.; vgl. auch Brinkhaus, J., in: Haritz, D./ Benkert, M. (Hrsg.), Umwandlungssteuergesetz Kommentar, 2. Aufl., München 2000, § 3, Rz. 50 ff.

212 Vgl. Bärwaldt, R., in: Haritz, D./ Benkert, M. (Hrsg.), Umwandlungssteuergesetz Kommentar, 2. Aufl., München 2000, § 11, Rz. 10; Ley, T., Der Grundsatz der Maßgeblichkeit bei Unternehmensumwandlungen nach neuem Recht, Köln 1998, S. 191, 202 f.

213 Vgl. Bula, T./ Schlösser, J., in: Sagasser, B./ Bula, T./ Brünger, T., Umwandlungen, 3. Aufl., München 2002, S. 59 ff., Rz. 31 ff.; Rödder, T., Anmerkungen zur neuen Maßgeblichkeitskonzeption des UmwSt.-Erlasses für die Umwandlung von Kapitalgesellschaften, DB 1998, S. 999; Thiel, J., Die Maßgeblichkeit im Umwandlungssteuerrecht, GmbHR 1997, S. 147 f.

5.5 Auswirkungen bei der übernehmenden Kapitalgesellschaft

Die Rechtsfolgen einer Verschmelzung sind für die übernehmende Kapitalgesellschaft in § 12 mit Verweis auf § 4 UmwStG geregelt. Wie im Handelsrecht ist die Aufstellung einer steuerlichen Übernahmebilanz gesetzlich nicht vorgeschrieben. Weder § 12 noch § 4 UmwStG enthalten diesbezüglich eine ausdrückliche Regelung. Somit ist bei einer Verschmelzung durch Aufnahme der Vermögensübergang als laufender Geschäftsvorfall in der ersten Jahresbilanz nach der Verschmelzung zu erfassen. Bei einer Verschmelzung durch Neugründung sind die übergehenden Wirtschaftsgüter in die steuerliche Eröffnungsbilanz der neu gegründeten Kapitalgesellschaft aufzunehmen.[214]

5.5.1 Wertverknüpfung

Gem. § 12 Abs. 1 Satz 1 i.V.m. § 4 Abs. 1 UmwStG hat die übernehmende Kapitalgesellschaft die auf sie übergegangenen Wirtschaftsgüter mit dem in der steuerlichen Schlussbilanz der übertragenden Kapitalgesellschaft ausgewiesenen Wert zu übernehmen (Wertverknüpfung). Durch die Wertverknüpfung wird sichergestellt, dass die bei der übertragenden Kapitalgesellschaft nicht aufgedeckten stillen Reserven nach Vermögensübergang bei der übernehmenden Kapitalgesellschaft später steuerlich erfasst werden.[215]

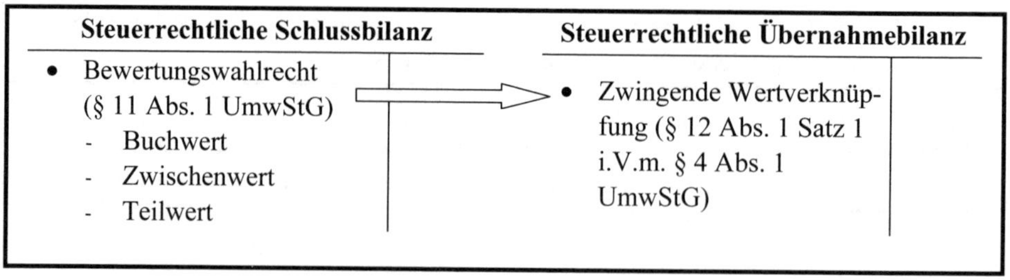

Abbildung 80: Wertverknüpfung gem. § 12 Abs. 1 Satz 1 i.V.m. § 4 Abs. 1 UmwStG

Merke: Die übertragende Kapitalgesellschaft hat für die Aufstellung ihrer steuerlichen Schlussbilanz mit § 11 Abs. 1 UmwStG ein Bewertungswahlrecht.
Die übernehmende Kapitalgesellschaft ist an die Werte der steuerlichen Schlussbilanz der übertragenden Kapitalgesellschaft gebunden.

Die Wertverknüpfung bleibt nicht ohne Konsequenzen für die übernehmende Kapitalgesellschaft. Die Ausübung des Bewertungswahlrechts durch die übertragende Kapitalgesellschaft determiniert zum einen die Wertansätze in der steuerlichen Übernahmebilanz der

[214] Vgl. Buyer, C., Änderung der Unternehmensform, 7. Aufl., Berlin 1999, S. 354, Rz. 3/90.

[215] Vgl. Thomas, G., Verschmelzung von Kapitalgesellschaften, NWB Fach 18, S. 3791.

übernehmenden Kapitalgesellschaft und somit deren Übernahmeergebnis und AfA-Volumen. Wurden bspw. die Buchwerte in der steuerlichen Schlussbilanz bis auf die Teilwerte aufgestockt, ist der Übernahmegewinn im Vergleich zu dem Übernahmegewinn ohne Aufstockung um die aufgelösten stillen Reserven höher. Gleichzeitig erhöht sich durch die Aufstockung die AfA-Bemessungsrundlage und der zukünftige AfA-Aufwand der übernehmenden Kapitalgesellschaft. Zum anderen wird durch die Wertverknüpfung die Höhe der noch im übergehenden Vermögen enthaltenen stillen Reserven festgelegt, die fortan auf Ebene der übernehmenden Kapitalgesellschaft der Besteuerung unterliegen.[216]

Ausnahme: Geht das Vermögen von einer steuerbefreiten auf eine steuerpflichtige Kapitalgesellschaft über, gilt die Wertverknüpfung nicht. In diesem Fall sind die übergegangenen Wirtschaftsgüter, unabhängig vom Wertansatz in der steuerlichen Schlussbilanz der Überträgerin, mit dem Teilwert anzusetzen (§ 12 Abs. 1 Satz 2 UmwStG). Diese Regelung soll gewährleisten, dass die während der steuerfreien Zeit entstandenen stillen Reserven nicht der Besteuerung unterliegen.[217]

5.5.2 Übernahmeergebnis der übernehmenden Kapitalgesellschaft

Die übernehmende Kapitalgesellschaft hat die übergehenden Wirtschaftsgüter mit den in der steuerlichen Schlussbilanz der übertragenden Kapitalgesellschaft ausgewiesenen Werten zu übernehmen (§ 12 Abs. 1 i.V.m § 4 Abs. 1 UmwStG). Hält die übernehmende Kapitalgesellschaft Anteile an der übertragenden Kapitalgesellschaft, fallen diese mit Zugang der Wirtschaftsgüter weg. Die übernehmende Kapitalgesellschaft tauscht damit ihre Beteiligung gegen die übergehenden Wirtschaftsgüter.

Aktiva	B-GmbH		Passiva
Aktiva	450 T€	Stammkapital	500 T€
← Beteiligung	./. **250 T€**	Fremdkapital	200 T€
→ Wirtschaftsgüter	+ **250 T€**		
	700 T€		700 T€

Dieser Vorgang löst auf Ebene der übernehmenden Kapitalgesellschaft steuerliche Folgen aus, wenn die wegfallende Beteiligung den übergehenden Wirtschaftsgütern wertmäßig nicht entspricht: In Höhe der Differenz zwischen dem Wert der wegfallenden Beteiligung und dem Wert der zugegangenen Wirtschaftsgüter ergibt sich ein buchmäßiger **Übernahmegewinn oder -verlust**. Dieser ermittelt sich gem. § 12 Abs. 2 Satz 1 UmwStG wie folgt:

216 Vgl. Thomas, G., Verschmelzung von Kapitalgesellschaften, NWB Fach 18, S. 3791 f.

217 Vgl. Schmitt, J., in: Schmitt, J./ Hörtnagl, R./ Stratz, R.-C., Umwandlungsgesetz, Umwandlungssteuergesetz, 3. Aufl., München 2001, § 12 UmwStG, Rz. 7.

Ermittlung des Übernahmegewinns/-verlusts:	
	Wert, mit dem übergegangene Wirtschaftsgüter zu übernehmen sind (= Saldo aus übergehenden Vermögensgegenständen und Schulden)
./.	Buchwert der wegfallenden Beteiligung an der übertragenden KapGes
=	Übernahmegewinn/-verlust

Der Übernahmegewinn/-verlust ist folglich von zwei Größen abhängig: vom Wert, mit dem die übergegangenen Wirtschaftsgüter zu übernehmen sind und vom Buchwert der wegfallenden Beteiligung. Wurden die Buchwerte der übergegangenen Wirtschaftsgüter von der übertragenden Kapitalgesellschaft auf Zwischen- oder Teilwerte aufgestockt, ist der Übernahmegewinn (-verlust) um die aufgelösten stillen Reserven höher (niedriger). Da die Anschaffungskosten der wegfallenden Beteiligung die Obergrenze für den anzusetzenden Buchwert dieser Beteiligung darstellen, hängt die Höhe des Buchwerts vom Zeitpunkt des Erwerbs der Anteile ab:

Im **Gründungsfall** erwirbt die übernehmende Kapitalgesellschaft die Anteile an der übertragenden Kapitalgesellschaft durch Gründung derselben. Die Anschaffungskosten der Anteile entsprechen dem Stammkapital zzgl. evtl. geleisteter Kapitalrücklagen. Der Buchwert der Beteiligung ist maximal zu diesen Anschaffungskosten anzusetzen. Unter der Annahme, dass die übertragende Kapitalgesellschaft die Buchwerte fortführt, ist der Wert, mit dem die übergehenden Wirtschaftsgüter zu übernehmen sind, um die nach Gründung gebildeten Gewinnrücklagen höher als der Buchwert der wegfallenden Beteiligung. Der entstehende **Übernahmegewinn** entspricht folglich den übergehenden Gewinnrücklagen der übertragenden Kapitalgesellschaft.

Im **Erwerberfall** erwirbt die übernehmende Kapitalgesellschaft die Anteile an der übertragenden Kapitalgesellschaft, welche bereits seit Jahren besteht. Der Kaufpreis und folglich der Buchwert der Beteiligung entspricht dem Marktwert des Unternehmens. Damit werden bisher gebildete stille Reserven und Gewinnrücklagen abgegolten. Im Falle der Buchwertfortführung durch die übertragende Kapitalgesellschaft ist der Wert, mit dem die übergehenden Wirtschaftsgüter zu übernehmen sind, um die stillen Reserven geringer als der Buchwert der Beteiligung. Es entsteht ein **Übernahmeverlust** in Höhe der stillen Reserven der übertragenden Kapitalgesellschaft.

Daneben kann es zur **Entstehung eines Übernahmeverlusts** kommen, wenn die übergehenden Schulden der übertragenden Kapitalgesellschaft größer sind als die übergehenden Vermögensgegenstände, oder wenn ein verbleibender Verlustvortrag der übertragenden Kapitalgesellschaft auf die übernehmende Kapitalgesellschaft übergeht.

Die Ermittlung des Übernahmeergebnisses nach § 12 Abs. 2 Satz 1 UmwStG ist auf die 100 %ige Beteiligung der übernehmenden an der übertragenden Kapitalgesellschaft beschränkt.[218] Um diesen Fall herbeizuführen, gelten Anteile an der übertragenden Kapitalgesellschaft, die die übernehmende Kapitalgesellschaft erst nach dem steuerlichen Übertragungsstichtag erworben hat, als an diesem Stichtag angeschafft (§ 12 Abs. 4 i.V.m. § 5 Abs. 1 UmwStG). Sie sind deshalb in die Berechnung des Übernahmegewinns oder -verlusts mit einzubeziehen. Einzelheiten zu § 5 UmwStG sind Kapitel II, Punkt 5.4.2.1.1 „Anschaffungs- und Einlagefiktion“ zu entnehmen.

Beispiel

Gründungsfall und „up-stream merger“
Eine Mutter-Kapitalgesellschaft gründet am 01.01.04 eine Tochter-Kapitalgesellschaft mit einem Stammkapital von 100 T€. Dies stellt den einzigen Geschäftsvorfall der Mutter-KapGes im Jahr 2004 dar.

Tochter-KapGes

Bank	100	NK	100

Mutter-KapGes

Beteiligung	100	NK	100

Im Geschäftsjahr 04 erwirtschaftet die Tochter-Kapitalgesellschaft einen Gewinn in Höhe von 250 T€. Es ergibt sich folgende Bilanz:

Tochter-KapGes (in T€)

Bank	350	NK	100
	___	JÜ	250
	350		350

Mutter-KapGes (in T€)

Beteiligung	100	NK	100

Findet nun im Jahr 05 rückwirkend zum 31.12.04 eine Verschmelzung der Tochter- auf die Mutter-Kapitalgesellschaft unter Buchwertfortführung statt, so erzielt die Mutter-Kapitalgesellschaft folgendes Übernahmeergebnis:

	Wert des übergehenden Vermögens	350 T€
./.	Buchwert der untergehenden Beteiligung	100 T€
=	Übernahmegewinn	250 T€

Der Übernahmegewinn in Höhe von 250 T€ besteht offensichtlich aus den übergehenden Gewinnrücklagen bzw. dem Jahresüberschuss der Tochter-Kapitalgesellschaft.

[218] Vgl. Dötsch, E., in: Dötsch, E./ Patt, J./ Pung, A./ Jost, W., Umwandlungssteuerrecht, 5. Aufl., Stuttgart 2003, § 12 UmwStG, Rz. 11.

Beispiel

Erwerberfall und „up-stream merger“
Die Mutter-Kapitalgesellschaft erwirbt am 31.12.03 sämtliche Anteile einer Kapitalgesellschaft. Mit dem Kaufpreis werden auch stille Reserven der Tochter-Kapitalgesellschaft in Höhe von 50 abgegolten. Die Beteiligung wird zu Anschaffungskosten bilanziert.

Tochter-KapGes

Aktiva	250	NK	100
		GewinnRL	150
	250		250

Mutter-KapGes

Beteiligung	300	NK	250
Sonst. Aktiva	450	Fremdkapital	500
	750		750

Findet nun im Jahr 04 rückwirkend zum 31.12.03 eine Verschmelzung der Tochter- auf die Mutter-Kapitalgesellschaft statt, so erzielt die Mutter-Kapitalgesellschaft folgendes Übernahmeergebnis:

	Wert des übergehenden Vermögens	250 T€
./.	Buchwert der untergehenden Beteiligung	300 T€
=	Übernahmeverlust	./. 50 T€

Der Übernahmeverlust in Höhe von 50 T€ besteht offensichtlich aus den stillen Reserven der Tochter-Kapitalgesellschaft, welche im Kaufpreis mitvergütet wurden.

Der **Übernahmegewinn oder -verlust** entsteht mit Ablauf des steuerlichen Übertragungsstichtags.[219] Er bleibt gem. § 12 Abs. 2 Satz 1 UmwStG bei der Ermittlung des Gewinns der übernehmenden Kapitalgesellschaft grundsätzlich **außer Ansatz**.

Damit unterscheidet sich die steuerliche Behandlung des **Übernahmegewinns** bei Verschmelzung von Kapitalgesellschaften von der bei Verschmelzung einer Kapitalgesellschaft auf eine Personengesellschaft. Der Grund für die differenzierte Behandlung lässt sich aus der Tatsache ableiten, dass der Übernahmegewinn bei Buchwertansatz der übergehenden Wirtschaftsgüter lediglich die Gewinnrücklagen der übertragenden Kapitalgesellschaft umfasst, die von der übernehmenden Kapitalgesellschaft ohne steuerliche Belastung fortgeführt werden können. Dieser Zusammenhang soll noch einmal im Rahmen eines komplexeren Beispiels dargestellt werden:

Beispiel

„up-stream merger“
Die unbeschränkt körperschaftsteuerpflichtige Daltons-GmbH soll auf ihre Mutter, die ebenfalls unbeschränkt körperschaftsteuerpflichtige LuckyLuke-AG, verschmolzen werden. Die LuckyLuke-AG ist zu 100 % an der Daltons-GmbH beteiligt. Es wird angenommen, dass die Voraussetzungen des § 11 Abs. 1 UmwStG erfüllt sind.

[219] Vgl. Tz. 04.09 UmwStE.

Aktiva	LuckyLuke-AG		Passiva
Beteiligung	100 T€	Stammkapital	200 T€
Sonst. Aktiva	550 T€	Gewinnrücklagen	270 T€
		Fremdkapital	180 T€
	650 T€		650 T€

Aktiva	Daltons-GmbH		Passiva
Aktiva	370 T€	Stammkapital	100 T€
		Gewinnrücklagen	150 T€
		Fremdkapital	120 T€
	370 T€		370 T€

Lösung

1. Ebene der übertragenden Kapitalgesellschaft

Die Daltons-GmbH hat gem. § 11 Abs. 1 UmwStG ein Wahlrecht. Sie kann in ihrer steuerlichen Schlussbilanz die Buchwerte fortführen oder die in den übergehenden Wirtschaftsgütern enthaltenen stillen Reserven aufdecken und die Zwischen- oder Teilwerte ansetzen. Unter der Annahme, dass die Daltons-GmbH die Buchwerte ansetzt, ergibt sich kein Übertragungsgewinn. Die steuerliche Jahresbilanz dient aufgrund des Buchwertansatzes als steuerliche Schlussbilanz.

2. Ebene der übernehmenden Kapitalgesellschaft

Bei der LuckyLuke-AG ist der Vermögensübergang als laufender Geschäftsvorfall zu erfassen. Die übergehenden Wirtschaftsgüter (Aktiva und Passiva) sind gem. § 12 Abs. 1 UmwStG mit den in der Bilanz der Daltons-GmbH angesetzten Werten zu übernehmen. Sie werden zu den bereits vorhandenen Bilanzpositionen der LuckyLuke-AG hinzugerechnet.

Mit Einbuchung des Vermögens geht die Beteiligung der LuckyLuke-AG an der Daltons-GmbH unter. Es ergibt sich folgendes Übernahmeergebnis:

	Wert des übergehenden Vermögens (= Saldo aus übergehenden Vermögensgegenständen und Schulden = 370 T€ ./. 120 T€)	250 T€
./.	Buchwert der untergehenden Beteiligung	100 T€
=	Übernahmegewinn	150 T€

Die Berechnung zeigt, dass es sich beim Übernahmegewinn nur um die Gewinnrücklagen der Daltons-GmbH handeln kann. Gem. § 12 Abs. 2 bleibt der Übernahmegewinn bei der Ermittlung des zu versteuernden Einkommens **außer Ansatz**.

Die Bilanz der LuckyLuke-AG nach der Verschmelzung hat folgendes Aussehen:

Aktiva			LuckyLuke-AG			Passiva
Beteiligung	100 T€		Stammkapital			200 T€
./. Beteiligung	./. **100 T€**	0 T€	Gewinnrücklagen			270 T€
			Übernahmegewinn			**150 T€**
Sonst. Aktiva	550 T€		Fremdkapital		180 T€	
+ Aktiva D-GmbH	+ **370 T€**	920 T€	+ FK D-GmbH	+	**120 T€**	300 T€
		920 T€				920 T€

D-GmbH = Daltons-GmbH

Der Übernahmegewinn bleibt im Gegensatz zur Verschmelzung einer Kapitalgesellschaft auf eine Personengesellschaft bei der Gewinnermittlung außer Ansatz, da bei der Verschmelzung einer Kapitalgesellschaft auf eine andere Kapitalgesellschaft kein Wechsel des Besteuerungsprinzips stattfindet. Die übernehmende Kapitalgesellschaft unterliegt demselben Besteuerungskonzept (Intransparenzprinzip) wie die übertragende Kapitalgesellschaft. Daher verbleiben die Gewinnrücklagen auch nach Übergang auf die übernehmende Kapitalgesellschaft im Bereich der Körperschaftsteuer. Deshalb kann die übernehmende Kapitalgesellschaft die Rücklagen der übertragenden Kapitalgesellschaft weiterführen. Der Übergang der Rücklagen auf die übernehmende Kapitalgesellschaft ist nicht als Ausschüttung zu behandeln.[220] Steuerliche Auswirkungen ergeben sich erst bei einer Ausschüttung der Gewinnrücklagen durch die übernehmende Kapitalgesellschaft. Die Ausschüttungen unterliegen dann der persönlichen Einkommensteuer der Gesellschafter im Rahmen des Halbeinkünfteverfahrens bzw. werden bei Kapitalgesellschaften als Anteilseigner nach § 8b Abs. 1 KStG von der Besteuerung freigestellt.

Die Formulierung des Gesetzgebers „ein Übernahmegewinn bzw. -verlust bleibt bei der Gewinnermittlung außer Ansatz" ist insoweit misslungen, da sich der Übernahmegewinn bzw. -verlust aus eben dieser Gewinnermittlung nach §§ 4, 5 EStG ergibt. Zudem ist der Übernahmegewinn oder -verlust handelsrechtlich in der Bilanz zu erfassen und aufgrund der Maßgeblichkeit der Handelsbilanz für die Steuerbilanz zwangsläufig Bestandteil der bilanziellen Gewinnermittlung. Daraus lässt sich schließen, dass der Gesetzgeber viel mehr gemeint hat, der Übernahmegewinn oder -verlust soll bei der **Ermittlung des Einkommens** außer Ansatz bleiben. Damit ist der Übernahmegewinn bzw. -verlust **außerhalb der Bilanz zu eliminieren bzw. hinzuzurechnen**.[221]

---

220 Vgl. Eversberg, H./ van Lishaut, I., Das neue Umwandlungssteuerrecht, Köln 1995, S. 40; Dötsch, E., in: Dötsch, E./ Patt, J./ Pung, A./ Jost, W., Umwandlungssteuerrecht, 5. Aufl., Stuttgart 2003, Vor §§ 11-13 UmwStG, Rz. 2.

221 Vgl. Sagasser, B., in: Sagasser, B./ Bula, T./ Brünger, T., Umwandlungen, 3. Aufl., München 2002, S. 384 f., Rz. 17.

Merke: Der **Übernahmegewinn** ist **steuerfrei**, da übertragende und übernehmende Kapitalgesellschaft demselben Besteuerungsprinzip unterliegen und im Übernahmegewinn enthaltene Rücklagen der übertragenden Kapitalgesellschaft daher von der übernehmenden Kapitalgesellschaft fortgeführt werden können. Wenn der Übernahmegewinn steuerfrei ist, kann auch ein eintretender Verlust steuerlich nicht berücksichtigt werden. Der **Übernahmeverlust** bleibt daher ebenfalls **außer Ansatz**.

Merke:

	Übernahmegewinn
Verschmelzung KapGes auf PersGes	steuerpflichtig
Verschmelzung KapGes auf KapGes	**steuerfrei**

Begründung: Bei der Verschmelzung auf eine Kapitalgesellschaft ist der Übergang der Rücklagen nicht als Ausschüttung zu behandeln, da das Besteuerungsprinzip beibehalten wird und somit die Rücklagen im Bereich der Körperschaftsteuer verbleiben.

5.5.3 Übernahmeergebnis in Fällen, in denen kein (100 %iger) „upstream merger" vorliegt

§ 12 Abs. 2 Satz 1 UmwStG erfasst den Fall, dass die übernehmende Kapitalgesellschaft zu 100 % an der übertragenden Kapitalgesellschaft beteiligt ist. Insofern werden in der Literatur verschiedene Auffassungen hinsichtlich der Ermittlung des Übernahmeergebnisses im Fall einer nicht 100 %igen Beteiligung bzw. keiner Beteiligung an der übertragenden Kapitalgesellschaft vertreten:

- **Berücksichtigung der Beteiligungsquote bei der Übernahmeergebnisermittlung**
  Bei der Berechnung des Übernahmegewinns oder -verlusts ist der Wert, mit dem die übergegangenen Wirtschaftsgüter zu übernehmen sind, nur anteilig, d.h. entsprechend der Beteiligung, zu berücksichtigen. Damit wird lediglich das übergehende Vermögen einbezogen, das auf die Beteiligung an der übertragenden Kapitalgesellschaft entfällt. Ein Übernahmegewinn ergibt sich nur, soweit eine Beteiligung der übernehmenden an der übertragenden Kapitalgesellschaft vorliegt.[222]

[222] Vgl. Sagasser, B., in: Sagasser, B./ Bula, T./ Brünger, T., Umwandlungen, 3. Aufl., München 2002, S. 384, Rz. 16.

- **Agio-Gewinn/-Verlust statt Übernahmeergebnis**
  Soweit neben der übernehmenden Kapitalgesellschaft auch Dritte an der übertragenden Kapitalgesellschaft beteiligt sind, ist kein Übernahmeergebnis, sondern ein Agio-Gewinn bzw. -Verlust zu ermitteln.[223] Dabei ist lediglich das übergehende Vermögen zu berücksichtigen, für das Anteile an der übernehmenden Kapitalgesellschaft gewährt werden.

Ermittlung von Agio-Gewinn/-Verlust:	
	Wert der übergegangenen Wirtschaftsgüter, soweit dafür Anteile an der übernehmenden Kapitalgesellschaft gewährt werden
./.	Buchwert der eigenen Anteile oder Nennwert der mittels Kapitalerhöhung neu geschaffenen Anteile
=	Agio-Gewinn/-Verlust

Ist der anzusetzende Wert der übergehenden Wirtschaftsgüter höher als der Wert der hingegebenen Anteile, handelt es sich um einen steuerfreien **Agio-Gewinn**, der nach § 272 Abs. 2 Nr. 1 HGB als Kapitalrücklage auszuweisen ist. Übersteigt dagegen der Wert der gewährten Anteile den anzusetzenden Wert des übergehenden Vermögens, liegt eine nicht zulässige Unterpari-Ausgabe der Anteile vor. Der entstehende **Agio-Verlust** ist nicht abzugsfähig und daher bei der steuerlichen Einkommensermittlung außerbilanziell zu korrigieren.[224]

- **Ermittlung des Übernahmeergebnisses unabhängig von der Beteiligungsquote**
  Das Übernahmeergebnis wird unabhängig davon, ob die übernehmende Kapitalgesellschaft vor der Verschmelzung zu 100 %, zu weniger als 100 % oder überhaupt nicht an der übertragenden Kapitalgesellschaft beteiligt war, ermittelt. Liegt bspw. keine Beteiligung an der übertragenden Kapitalgesellschaft vor, so ist bei der Ermittlung des Übernahmeergebnisses ein Buchwert der Beteiligung in Höhe von „0" anzusetzen. Das Übernahmeergebnis fällt somit entsprechend höher aus.[225] Im Fall einer Kapitalerhöhung ist das Übernahmeergebnis zur Finanzierung der Kapitalerhöhung heranzuziehen und entsprechend zu mindern.[226]

---

[223] Vgl. Wisniewski, T., in: Haritz, D./ Benkert, M. (Hrsg.), Umwandlungssteuergesetz Kommentar, 2. Aufl., München 2000, § 12, Rz. 22 ff.

[224] Vgl. Sagasser, B., in: Sagasser, B./ Bula, T./ Brünger, T., Umwandlungen, 3. Aufl., München 2002, S. 385, Rz. 20 ff.; ebenso Wisniewski, T., in: Haritz, D./ Benkert, M. (Hrsg.), Umwandlungssteuergesetz Kommentar, 2. Aufl., München 2000, § 12, Rz. 22 ff.

[225] Vgl. Dötsch, E., in: Dötsch, E./ Patt, J./ Pung, A./ Jost, W., Umwandlungssteuerrecht, 5. Aufl., Stuttgart 2003, § 12 UmwStG, Rz. 15.

[226] Vgl. Buyer, C., Änderung der Unternehmensform, 7. Aufl., Berlin 1999, S. 418, Rz. 3/223.

Ermittlung von Übernahmegewinn/-verlust in Fällen abseits eines 100 %igen „up-stream merger“:	
	Wert mit dem übergegangene Wirtschaftsgüter zu übernehmen sind (= Saldo aus übergehenden Vermögensgegenständen und Schulden)
./.	Buchwert der wegfallenden Beteiligung an der übertragenden KapGes
=	Übernahmegewinn/-verlust
./.	Nennwert der mittels Kapitalerhöhung geschaffenen Anteile
=	Übernahmegewinn/-verlust nach Kapitalerhöhung

Die Ermittlung des Übernahmeergebnisses unabhängig von der Beteiligungsquote scheint auch der Auffassung der Finanzverwaltung zu entsprechen, die weder im UmwStG noch im UmwStE eine entsprechende Unterscheidung vorgibt. So enthält § 12 Abs. 2 keine Regelung zur Ermittlung eines anteiligen Übernahmeergebnisses, wie sie in § 4 Abs. 4 Satz 3 UmwStG zu finden ist. Des Weiteren enthalten UmwStG und UmwStE keinen Hinweis auf die Ermittlung eines Agio-Gewinns oder -Verlusts, weshalb dieser als Sonderform bzw. Bestandteil des Übernahmeergebnisses zu betrachten ist.[227] Der Auffassung der Finanzverwaltung ist daher zuzustimmen.

Merke:

- ✓ Ein Übernahmeergebnis ist grundsätzlich unabhängig von der Beteiligungsquote der übernehmenden an der übertragenden Kapitalgesellschaft zu ermitteln.
- ✓ Eine Unterscheidung in Übernahmeergebnis und Agio-Gewinn bzw. -Verlust ist nicht vorzunehmen.
- ✓ Das Übernahmeergebnis ist nach obiger Formel zu ermitteln, wobei bei fehlender Beteiligung der übernehmenden an der übertragenden Kapitalgesellschaft ein Buchwert der Beteiligung in Höhe von „0“ anzusetzen ist.

Beispiel

Verschmelzung durch Aufnahme

Die unbeschränkt körperschaftsteuerpflichtige Rent-A-Tent-AG soll auf die ebenfalls unbeschränkt körperschaftsteuerpflichtige Camper-AG verschmolzen werden. Die Camper-AG ist zu 80 % an der Rent-A-Tent-AG beteiligt. Weitere 20 % werden von Camper Willi gehalten. Es wird angenommen, dass die Voraussetzungen des § 11 Abs. 1 UmwStG erfüllt sind.

---

[227] Vgl. Dötsch, E., in: Dötsch, E./ Patt, J./ Pung, A./ Jost, W., Umwandlungssteuergesetz, 5. Aufl., Stuttgart 2003, Vor §§ 11-13 UmwStG, Rz. 14 f.; Buyer, C., Änderung der Unternehmensform, 7. Aufl., Berlin 1999, S. 349, Rz. 3/74.

Aktiva	Camper-AG		Passiva
Beteiligung	80 T€	Stammkapital	300 T€
Sonst. Aktiva	520 T€	Gewinnrücklagen	150 T€
		Fremdkapital	150 T€
	600 T€		600 T€

Der Unternehmenswert der Camper-AG beträgt vor der Verschmelzung 450 T€.

Aktiva	Rent-A-Tent-AG		Passiva
Aktiva	300 T€	Stammkapital	100 T€
		Gewinnrücklagen	80 T€
		Fremdkapital	120 T€
	300 T€		300 T€

Der Unternehmenswert der Rent-A-Tent-AG beträgt 180 T€.

Lösung

1. Ebene der übertragenden Kapitalgesellschaft
Da die Voraussetzungen des § 11 Abs. 1 UmwStG erfüllt sind, kann die Rent-A-Tent-AG die Buchwerte in ihrer steuerlichen Schlussbilanz ansetzen. Ein Übertragungsgewinn entsteht somit nicht.

2. Ebene der übernehmenden Kapitalgesellschaft
a) Kapitalerhöhung
Die Verschmelzung der Rent-A-Tent-AG auf die Camper-AG stellt einen 80 %igen „up-stream merger" dar. In diesem Fall ist im Umfang der Beteiligung der Mutter an der Tochter eine Kapitalerhöhung zum einen nach § 68 Abs. 1 Satz 1 Nr. 1 UmwG verboten und zum anderen auch nicht notwendig, da insoweit auch keine Anteilseigner mit Anteilen an der Camper-AG abzufinden sind. Lediglich dem Anteilseigner Camper Willi sind Anteile an der Camper-AG zu gewähren, weshalb insoweit eine Kapitalerhöhung durchzuführen ist.

$$X = \frac{\text{Unternehmenswert Rent-A-Tent-AG}}{\text{Unternehmenswert Camper-AG}} * \text{Stammkapital Camper-AG} * 0{,}2$$

$$X = \frac{180\text{ T€}}{450\text{ T€}} * 300\text{ T€} * 0{,}2 = 0{,}4 * 300\text{ T€} * 0{,}2 = 24\text{ T€}$$

Das Stammkapital der Camper-AG ist daher um 24 T€ zu erhöhen. Das Stammkapital beträgt somit nach der Verschmelzung 324 T€ (= 300 T€ + 24 T€).

b) Vermögensübergang und Übernahmegewinn

Bei der Camper-AG ist der Vermögensübergang als laufender Geschäftsvorfall zu erfassen. Die übergehenden Wirtschaftsgüter (Aktiva und Passiva) sind gem. § 12 Abs. 1 i.V.m. § 4 Abs. 1 UmwStG mit den in der Bilanz der Rent-A-Tent-AG angesetzten Werten zu übernehmen. Sie werden zu den bereits vorhandenen Bilanzpositionen der Camper-AG hinzuaktiviert.

Mit Einbuchung des Vermögens geht die Beteiligung der Camper-AG an der Rent-A-Tent-AG unter und ein Übernahmeergebnis stellt sich ein:

	Wert des übergehenden Vermögens (= Saldo aus übergehenden Vermögensgegenständen und Schulden = 300 T€ ./. 120 T€)	180 T€
./.	Buchwert der untergehenden Beteiligung	80 T€
=	Übernahmegewinn	100 T€

Der Übernahmegewinn ist um den Teil, der für die Kapitalerhöhung verwendet wird, zu reduzieren:

	Übernahmegewinn	100 T€
./.	Nennwert der mittels Kapitalerhöhung geschaffenen Anteile	24 T€
=	Übernahmegewinn nach Kapitalerhöhung	76 T€

Der Übernahmegewinn nach Kapitalerhöhung umfasst die nach Kapitalerhöhung verbleibenden Gewinnrücklagen der Rent-A-Tent-AG. Zu den Einzelheiten der Auswirkungen einer Verschmelzung auf die Eigenkapitalbestandteile wird auf Punkt 5.6 „Auswirkungen auf den steuerlichen Eigenkapitalausweis" verwiesen.

Gem. § 12 Abs. 2 Satz 1 UmwStG bleibt der Übernahmegewinn bei der Ermittlung des zu versteuernden Einkommens außer Ansatz.

c) Bilanz der Camper-AG nach der Verschmelzung

Aktiva	Camper-AG		Passiva		
Beteiligung	80 T€		Stammkapital	300 T€	
./. Beteiligung	./. **80 T€**	0 T€	+ Kapitalerhöhung	+ **24 T€**	324 T€
Sonst. Aktiva	520 T€		Gewinnrücklagen		150 T€
+ Aktiva RaT-AG	+ **300 T€**	820 T€	Übernahmegewinn		**76 T€**
			Fremdkapital	150 T€	
			+ FK RaT-AG	+ **120 T€**	270 T€
		820 T€			820 T€

RaT-AG = Rent-A-Tent-AG

5.5.4 Beteiligungskorrekturgewinn

Wie bereits unter Punkt 5.5.2. erläutert, stellt § 12 Abs. 2 Satz 1 UmwStG den Übernahmegewinn grundsätzlich von der Besteuerung frei. Ist im Übernahmegewinn jedoch ein Beteiligungskorrekturgewinn enthalten, wird dieser Teil des Übernahmegewinns steuerpflichtig.

Ein **Beteiligungskorrekturgewinn** entsteht, wenn die tatsächlichen Anschaffungskosten der Beteiligung an der übertragenden Kapitalgesellschaft höher sind als deren Buchwert in der Bilanz der übernehmenden Kapitalgesellschaft. Der Unterschiedsbetrag zwischen Anschaffungskosten und Buchwert ist als Beteiligungskorrekturgewinn gem. § 12 Abs. 2 Satz 2 UmwStG dem laufenden Gewinn der übernehmenden Kapitalgesellschaft hinzuzurechnen.

Ermittlung des Beteiligungskorrekturgewinns:

	Tatsächl. Anschaffungskosten der Beteiligung an der übertragenden KapGes
./.	Buchwert der Beteiligung in der Bilanz der übernehmenden KapGes
=	steuerpflichtiger Beteiligungskorrekturgewinn

Zu einem Unterschiedsbetrag zwischen den tatsächlichen Anschaffungskosten und dem Buchwert der Beteiligung kann es dann kommen, wenn von den Anschaffungskosten der Beteiligung in der Vergangenheit eine **Teilwertabschreibung** vorgenommen wurde oder eine Übertragung der stillen Reserven nach **§ 6b EStG** erfolgt ist.[228]

Der Beteiligungskorrekturgewinn ist in demjenigen Veranlagungszeitraum, in den der steuerliche Übertragungsstichtag fällt, dem körperschaftsteuerlichen Einkommen der übernehmenden Kapitalgesellschaft außerbilanziell hinzuzurechnen.[229] Mit der Hinzurechnung bezweckt der Gesetzgeber die Rückgängigmachung der einstigen steuerlichen Gewinnminderung durch die Teilwertabschreibung oder die Übertragung nach § 6b EStG, da die Berechtigung für diese Maßnahmen mit der Übertragung des Vermögens weggefallen ist.

Die Hinzurechung zum körperschaftsteuerlichen Einkommen ist sachgerecht, da mit dem Beteiligungskorrekturgewinn diejenigen stillen Reserven besteuert werden, die die übernehmende Kapitalgesellschaft in ihren Anteilen an der übertragenden Kapitalgesellschaft durch Teilwertabschreibung oder Übertragung nach § 6b EStG selbst geschaffen hat.[230]

---

[228] Vgl. Tz. 12.04 UmwStE.

[229] Vgl. Tz. 12.05 UmwStE.

[230] Vgl. Dehmer, H., Umwandlungsgesetz, Umwandlungssteuergesetz, 2. Aufl., München 1996, § 12 UmwStG, Rz. 63.

Beispiel

„up-stream merger"
Die unbeschränkt körperschaftsteuerpflichtige Bert-GmbH soll rückwirkend zum 31.12.05 auf ihre Alleingesellschafterin, die ebenfalls unbeschränkt körperschaftsteuerpflichtige Ernie-GmbH, verschmolzen werden. Dabei geht das Vermögen der Bert-GmbH in Höhe von 600 T€ auf die Ernie-GmbH über. Die Anschaffungskosten der Beteiligung der Ernie-GmbH an der Bert-GmbH im Jahr 01 haben 500 T€ betragen. In 03 hat die Ernie-GmbH auf ihre Beteiligung eine Teilwertabschreibung in Höhe von 300 T€ vorgenommen. Der Buchwert der Beteiligung beträgt seit der Teilwertabschreibung 200 T€ (= AK 500 T€ ./. TW-AfA 300 T€).

Lösung

1. Übernahmegewinn der Ernie-GmbH gem. § 12 Abs. 2 Satz 1 UmwStG:

	Wert des übergehenden Vermögens der Bert-GmbH	600 T€
./.	Buchwert der untergehenden Beteiligung an der Bert-GmbH	200 T€
=	Übernahmegewinn der Ernie-GmbH	400 T€

Der Übernahmegewinn ist gem. § 12 Abs. 2 UmwStG grundsätzlich steuerfrei und deshalb außerhalb der Bilanz zu korrigieren.

2. Beteiligungskorrekturgewinn gem. § 12 Abs. 2 Satz 2 UmwStG:

Die Ernie-GmbH hat ihre Beteiligung an der Bert-GmbH mit einem unter den tatsächlichen Anschaffungskosten liegenden Buchwert angesetzt. Ursache ist die in 03 vorgenommene Teilwertabschreibung. Gem. § 12 Abs. 2 Satz 2 UmwStG ist der Unterschiedsbetrag zwischen den Anschaffungskosten und dem Buchwert der Beteiligung dem Gewinn der Ernie-GmbH hinzuzurechnen.

	Anschaffungskosten der Beteiligung an der Bert-GmbH	500 T€
./.	Buchwert der Beteiligung an der Bert-GmbH	200 T€
=	Beteiligungskorrekturgewinn der Ernie-GmbH	300 T€

Der Beteiligungskorrekturgewinn ist dem zu versteuernden Einkommen der Ernie-GmbH hinzuzurechnen und unterliegt in vollem Umfang der Körperschaft- und der Gewerbesteuer. Damit wird die Gewinnminderung, welche durch die in 03 vorgenommene Teilwertabschreibung von 300 T€ eingetreten ist, rückgängig gemacht.

Voraussetzungen für die Anwendung von § 12 Abs. 2 Satz 2 UmwStG nach Tz. 12.07 UmwStE:

- ✓ Beteiligung der übernehmenden an der übertragenden Kapitalgesellschaft, welche mit Übergang des Vermögens untergeht,
- ✓ außer Ansatz bleibendes Übernahmeergebnis i.S.d. § 12 Abs. 2 Satz 1 UmwStG,
- ✓ Teilwertabschreibung vor dem steuerlichen Übertragungsstichtag, welche den steuerlichen Gewinn gemindert hat *oder*
- ✓ Übertragung aufgedeckter stiller Reserven nach § 6b EStG auf die erworbene Beteiligung an der übertragenden Kapitalgesellschaft.

Gem. Tz. 12.07 UmwStE gilt § 12 Abs. 2 Satz 2 UmwStG auch in den Fällen eines „downstream merger" oder eines „side-stream merger".

Liegt neben einem Beteiligungskorrekturgewinn ein Übernahmeverlust i.S.d. § 12 Abs. 2 Satz 1 UmwStG vor, ist eine Verrechnung der beiden Größen nicht möglich.[231] Ein steuerlich außer Ansatz bleibender Übernahmeverlust kann nicht mit einem steuerpflichtigen Beteiligungskorrekturgewinn verrechnet werden. Dieser Fall tritt ein, wenn der Wert des übertragenen Vermögens geringer ist als der Buchwert der untergehenden Beteiligung und bereits in der Vergangenheit eine Teilwertabschreibung auf die Beteiligung erfolgt ist.

Merke: Der Beteiligungskorrekturgewinn kann nicht mit einem Übernahmeverlust verrechnet werden.

Achtung: Seit dem Veranlagungszeitraum 2001 besteht gem. § 8 Abs. 3 KStG ein Verbot der steuerlichen Berücksichtigung von Gewinnminderungen, die auf einer Teilwertabschreibung eines Anteils an einer Kapitalgesellschaft basieren (§ 34 Abs. 4 KStG).

5.5.5 Beschränkung der Hinzurechnung

Die Beschränkung der Hinzurechnung i.S.d. § 12 Abs. 2 Satz 2 UmwStG ist in § 12 Abs. 2 Satz 3 UmwStG geregelt.

§ 12 Abs. 2 Satz 3 UmwStG: „Die Hinzurechnung unterbleibt, soweit eine Gewinnminderung, die sich durch den Ansatz der Anteile mit dem niedrigeren Teilwert ergeben hat, nach § 50c des Einkommensteuergesetzes [oder nach § 8b Abs. 3 des Körperschaftsteuergesetzes] steuerlich nicht anerkannt worden ist."

[231] Vgl. Tz. 12.06 UmwStE.

Durch die Nichtanerkennung der Gewinnminderung ergeben sich auch keine steuerlichen Auswirkungen bzgl. der Teilwertabschreibung. Die Vorschrift der Beschränkung der Hinzurechnung verhindert, dass der nicht steuermindernd anerkannte Betrag doppelt besteuert wird: im Rahmen der nicht anerkannten Teilwertabschreibung und als Beteiligungskorrekturgewinn in Höhe des Unterschiedsbetrags zwischen den Anschaffungskosten der Beteiligung und deren Buchwert.[232]

§ 50c EStG betrifft Gewinnminderungen, die durch den Ansatz eines niedrigeren Teilwerts oder durch Veräußerung bzw. Entnahme des Anteils entstehen und bei der Gewinnermittlung nicht zu berücksichtigen sind. Hinsichtlich der Einzelheiten wird auf Kapitel II, Punkt 5.4.2.5 „Sperrbetrag i.S.d. § 50c EStG a.F." verwiesen.

Nach § 8b Abs. 3 KStG sind Gewinnminderungen, die in Zusammenhang mit Anteilen an Kapitalgesellschaften stehen, bei der Gewinnermittlung nicht zu berücksichtigen. Dies ergibt sich konsequenterweise aus § 8b Abs. 2 KStG, nach welchem Gewinne aus der Veräußerung des Anteils an Kapitalgesellschaften bei der Ermittlung des Einkommen außer Ansatz bleiben. Der Tatbestand der nach § 8b Abs. 3 KStG nicht anerkannten Teilwertabschreibung wurde erst mit Einführung des StSenkG in § 12 Abs. 2 Satz 3 UmwStG aufgenommen. Nach § 27 Abs. 1a UmwStG ist § 12 Abs. 2 Satz 3 UmwStG erstmals auf Verschmelzungen anzuwenden, deren steuerlicher Übertragungsstichtag in dem ersten Wirtschaftsjahr liegt, für das das Körperschaftsteuergesetz i.d.F. des StSenkG erstmals anzuwenden ist.

Beispiel

Zeitliche Anwendung von § 8b Abs. 3 KStG im Rahmen von § 12 Abs. 2 Satz 3 UmwStG

Das Körperschaftsteuergesetz i.d.F. des StSenkG gilt nach § 34 Abs. 1 KStG i.d.F. des StSenkG erstmals für den Veranlagungszeitraum 2001.
Liegt der steuerliche Übertragungsstichtag im Jahr 2001, so ist § 8b Abs. 3 KStG erstmals auf die Verschmelzung anzuwenden.

Die Beschränkung der Hinzurechnung des Beteiligungskorrekturgewinns nach § 12 Abs. 2 Satz 3 UmwStG soll im folgenden Beispiel verdeutlicht werden:

232 Vgl. Wisniewski, T., in: Haritz, D./ Benkert, M. (Hrsg.), Umwandlungssteuergesetz Kommentar, 2. Aufl., München 2000, § 12, Rz. 31.

Beispiel

Beschränkung der Hinzurechnung
Die unbeschränkt körperschaftsteuerpflichtige Dachdecker-AG soll rückwirkend zum 31.12.2004 auf ihre Alleingesellschafterin, die ebenfalls unbeschränkt körperschaftsteuerpflichtige Zimmerer-GmbH, verschmolzen werden. Die Zimmerer-GmbH hat die Anteile an der Dachdecker-AG im Jahr 1999 von einem nicht anrechnungsberechtigten Anteilseigner erworben. Der Nennwert der Anteile beträgt 450 T€. Da mit dem Kaufpreis auch Rücklagen und stille Reserven der Dachdecker-AG abgegolten wurden, betrugen die Anschaffungskosten 550 T€.

Im Jahr 2003 hat die Zimmerer-GmbH auf ihre Beteiligung eine Teilwertabschreibung i.H.v. 200 T€ vorgenommen. Nach § 50c Abs. 1 EStG a.F. ist dadurch ein Sperrbetrag i.S.d. § 50c Abs. 4 EStG a.F. i.H.v. 100 T€ (550 T€ ./. 450 T€) entstanden, da insoweit die Teilwertabschreibung durch die Ausschüttung bedingt ist. Aus diesem Grund wurde lediglich eine Teilwertabschreibung in Höhe von 100 T€ anerkannt. Der Buchwert der Beteiligung beträgt seit der Teilwertabschreibung 350 T€ (= AK 550 T€ ./. TW-AfA 200 T€).

Lösung

1. Beteiligungskorrekturgewinn gem. § 12 Abs. 2 Satz 2 UmwStG:
Aufgrund der Teilwertabschreibung in 2003 ist die Beteiligung an der Dachdecker-AG in der steuerlichen Schlussbilanz der Zimmerer-GmbH mit einem unter den tatsächlichen Anschaffungskosten liegenden Buchwert angesetzt. Gem. § 12 Abs. 2 Satz 2 UmwStG erhöht sich der Gewinn der Zimmerer-GmbH um den Unterschiedsbetrag zwischen den Anschaffungskosten und dem Buchwert der Beteiligung.

	Anschaffungskosten der Beteiligung an der Dachdecker-AG	550 T€
./.	Buchwert der Beteiligung an der Dachdecker-AG	350 T€
=	Beteiligungskorrekturgewinn der Zimmerer-GmbH	200 T€

Der Beteiligungskorrekturgewinn i.H.v. 200 T€ ist dem zu versteuernden Einkommen der Zimmerer-GmbH hinzuzurechnen.

2. Beschränkung des Beteiligungskorrekturgewinns gem. § 12 Abs. 2 Satz 3 UmwStG:
Nach § 12 Abs. 2 Satz 3 UmwStG unterbleibt die Hinzurechnung des Beteiligungskorrekturgewinns, soweit eine Gewinnminderung nach § 50c EStG nicht anerkannt wurde.

	Beteiligungskorrekturgewinn der Zimmerer-GmbH	200 T€
./.	Nicht anerkannter Teil der Teilwertabschreibung	100 T€
=	Stpfl. Beteiligungskorrekturgewinn der Zimmerer-GmbH	100 T€

Dem zu versteuernden Einkommen der Zimmerer-GmbH sind somit nicht 200 T€, sondern lediglich 100 T€ als Beteiligungskorrekturgewinn hinzuzurechnen.

Merke: Die Vorschrift des § 12 Abs. 2 UmwStG ist nach dem Muster *Grundsatz – Ausnahme – Rückausnahme* aufgebaut:

- **§ 12 Abs. 2 Satz 1 UmwStG:** *Grundsätzlich* bleibt ein Übernahmegewinn bzw. -verlust bei der Ermittlung des zu versteuernden Einkommens außer Ansatz.
- **§ 12 Abs. 2 Satz 2 UmwStG:** Die *Ausnahme* von Satz 1 besteht in Form eines steuerpflichtigen Hinzurechnungsbetrags in Höhe der Differenz zwischen den tatsächlichen Anschaffungskosten der Beteiligung und deren Buchwertansatz.
- **§ 12 Abs. 2 Satz 3 UmwStG:** Bei der Beschränkung der Hinzurechnung handelt es sich um die *Rückausnahme.*

5.5.6 Eintritt in die Rechtsposition der übertragenden Kapitalgesellschaft

Nach § 12 Abs. 3 UmwStG tritt die übernehmende Kapitalgesellschaft entsprechend dem Grundsatz der Gesamtrechtsnachfolge in die Rechtsposition der übertragenden Kapitalgesellschaft ein. Dies gilt nicht nur dann, wenn die Buchwerte der übernommenen Wirtschaftsgüter fortgeführt werden, sondern auch, wenn die übertragende Kapitalgesellschaft in der steuerlichen Schlussbilanz die Zwischen- oder Teilwerte ansetzt.[233]

Der Eintritt in die Rechtsstellung bezieht sich gem. § 12 Abs. 3 Satz 1, Abs. 4 Satz 1 UmwStG auf folgende Bereiche:

- Absetzung für Abnutzung,
- Erhöhte Absetzung (z.B. gem. § 7d EStG),
- Sonderabschreibung (z.B. gem. § 7g EStG),
- Inanspruchnahme einer Bewertungsfreiheit oder eines Bewertungsabschlags,
- den steuerlichen Gewinn mindernde Rücklagen,
- Vorbesitzzeiten der übertragenden Kapitalgesellschaft, soweit diese für die Besteuerung von Bedeutung sind (§ 12 Abs. 4 Satz 1 i.V.m. § 4 Abs. 2 Satz 3 UmwStG),
- Behaltefristen.[234]

Bei Fortführung der Buchwerte sind AfA, erhöhte AfA, Sonderabschreibungen, Bewertungsfreiheiten und -abschläge unverändert fortzuführen.

Wurden die Wertansätze in der steuerlichen Schlussbilanz der übertragenden Kapitalgesellschaft auf den Zwischen- oder Teilwert aufgestockt, so bemisst sich die AfA bei der übernehmenden Kapitalgesellschaft wie folgt:

---

[233] Vgl. Tz. 12.27 i.V.m. Tz. 04.02 UmwStE.

[234] Vgl. Tz. 12.27 i.V.m. Tz. 04.08 UmwStE.

Merke:

	neue Bemessungsgrundlage
Gebäude	bisherige Bemessungsgrundlage + Aufstockungsbetrag
Sonst. Wirtschaftsgüter	bisheriger Buchwert + Aufstockungsbetrag

Einzelheiten, insbesondere zur Neuermittlung der AfA-Bemessungsgrundlage im Fall der Aufstockung der Buchwerte, sind den Erläuterungen in Kapitel II, Punkt 5.4.3 und 5.4.3.1 zu entnehmen.

5.5.7 Behandlung von Verlustvorträgen

Bei der Verschmelzung von Kapitalgesellschaften ist zwischen der Inanspruchnahme eines Verlustvortrags der übernehmenden Kapitalgesellschaft und dem Übergang eines Verlustvortrags der übertragenden Kapitalgesellschaft zu differenzieren. Die Nutzung eines eigenen Verlustvortrags durch die übernehmende Kapitalgesellschaft ist abhängig von § 8 Abs. 4 KStG. Für den Übergang eines verbleibenden vortragsfähigen Verlusts der übertragenden Kapitalgesellschaft ist § 12 Abs. 3 Satz 2 UmwStG relevant.[235]

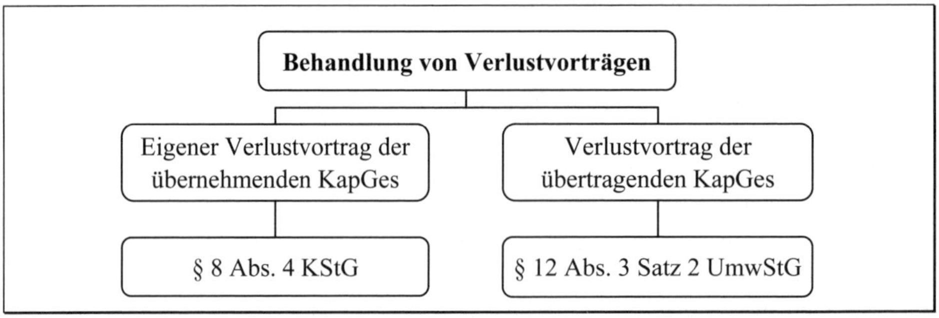

Abbildung 81: Behandlung von Verlustvorträgen

5.5.7.1 Fortführung eines eigenen Verlustvortrags

Für die weitere Inanspruchnahme eines steuerlichen Verlustvortrags der übernehmenden Kapitalgesellschaft ist das **KStG** maßgebend. Nach der Regelung des sog. Mantelkaufs gem. § 8 Abs. 4 KStG ist eine Kapitalgesellschaft zum Verlustabzug i.S.d. § 10d Abs. 2 EStG berechtigt, wenn sie mit der Kapitalgesellschaft, die den Verlust erlitten hat, nicht nur rechtlich, sondern auch wirtschaftlich identisch ist. Die wirtschaftliche Identität wird negativ definiert: sie geht verloren, wenn mehr als die Hälfte der Anteile an einer Kapitalgesell-

[235] Vgl. BMF v. 16.04.1999, IV C 6 - S-2745 12/99, BStBl. I 1999, S. 455, Tz. 47.

schaft übertragen werden und die Kapitalgesellschaft ihren Geschäftsbetrieb mit überwiegend neuem Betriebsvermögen fortführt (§ 8 Abs. 4 Satz 2 KStG).

Verlust der wirtschaftlichen Identität nach § 8 Abs. 4 Satz 2 KStG		
Gesetzestext	Hauptanwendungsfall: Mantelkauf	Verschmelzung
Übertragung von mehr als 50 % der Anteile an der Verlustgesellschaft	Eine Gesellschaft erwirbt mehr als 50 % der Anteile an einer Verlustgesellschaft	Die übernehmende Verlustgesellschaft gewährt den abzufindenden Anteilseignern der übertragenden Kapitalgesellschaft Anteile von insgesamt mehr als 50 %.
Zuführung überwiegend neuen Betriebsvermögens	Als Anteilseigner führt diese Gesellschaft der Verlustgesellschaft überwiegend neues Betriebsvermögen zu.	Im Wege der Verschmelzung geht das Vermögen der übertragenden Kapitalgesellschaft auf die übernehmende Verlustgesellschaft über. Dabei kann es sich um **überwiegend** neues Betriebsvermögen handeln.
Fazit:	**Bei Verschmelzungen handelt es sich um einen wirtschaftlich dem Hauptanwendungsfall des § 8 Abs. 4 KStG entsprechenden Fall:** ➡ **Verlust der wirtschaftlichen Identität auch bei Verschmelzungen möglich**	

Abbildung 82: Anwendung von § 8 Abs. 4 KStG im Rahmen von Verschmelzungen

Wie die Abbildung aufzeigt, besteht bei der Verschmelzung von Kapitalgesellschaften die Gefahr, dass die geforderte wirtschaftliche Identität und damit die Möglichkeit des Verlustvortrags verloren geht. Dieser Fall tritt ein, wenn die Voraussetzungen des § 8 Abs. 4 Satz 2 KStG *kumulativ* erfüllt sind:

☹ **Es liegt eine schädliche Anteilsübertragung i.S.d. § 8 Abs. 4 Satz 2 Hs. 1 KStG vor.**

Sind Gesellschafter der übertragenden Kapitalgesellschaft mit neuen Anteilen an der übernehmenden Kapitalgesellschaft abzufinden, werden diese Anteile in der Regel durch eine Kapitalerhöhung geschaffen. Werden dadurch die abzufindenden Gesellschafter zu mehr als 50 % an der übernehmenden Kapitalgesellschaft beteiligt, liegt eine schädliche Anteilsgewährung vor.[236] Dies ist auch der Fall, wenn innerhalb eines Zeitraums von fünf Jahren neben der verschmelzungsbedingten Anteilsgewährung weitere Anteile übertragen werden und insgesamt eine Übertragungsquote von mehr als 50 % der Anteile erreicht wird.[237]

---

236 Vgl. BMF v. 16.04.1999, IV C 6 - S-2745 12/99, BStBl. I 1999, S. 455, Tz. 3-5 i.V.m. Tz. 26.

237 Vgl. BMF v. 16.04.1999, IV C 6 - S-2745 12/99, BStBl. I 1999, S. 455, Tz. 6 i.V.m. Tz. 27.

Beispiel

An der Steinzeit-GmbH sind Fred zu 40 % und Barnie zu 60 % beteiligt. Im Jahr 01 veräußert Fred seine Anteile an Dino. Im Jahr 05 wird die Jura-GmbH auf die Steinzeit-GmbH verschmolzen. Die Gesellschafter der Jura-GmbH werden mit 20 % an der Steinzeit-GmbH beteiligt. Insgesamt betrachtet werden innerhalb von fünf Jahren mehr als 50 % der Anteile der Steinzeit-GmbH übertragen.

☹ **Die übernehmende Kapitalgesellschaft führt ihren Geschäftsbetrieb mit überwiegend neuem Betriebsvermögen fort (§ 8 Abs. 4 Satz 2 Hs. 2 KStG).**
Dies ist gegeben, wenn das übergehende Aktivvermögen das im Zeitpunkt der Anteilsübertragung vorhandene Aktivvermögen der übernehmenden Kapitalgesellschaft übersteigt. Dabei sind die Aktivvermögen mit dem Teilwert anzusetzen und immaterielle Wirtschaftsgüter zu berücksichtigen.[238] Im Gegensatz dazu neigt die Rechtsprechung des BFH eher dazu, lediglich auf das Anlagevermögen abzustellen.[239] Wird innerhalb eines Zeitraums von fünf Jahren nach der schädlichen Anteilsübertragung weiteres Betriebsvermögen von außen zugeführt, ist dieses in die Überprüfung mit einzubeziehen.[240]

Die Zuführung von neuem Betriebsvermögen ist entsprechend der Mantelkaufregelung nach § 8 Abs. 4 Satz 3 KStG allerdings unschädlich, wenn

- es ausschließlich der Sanierung des Geschäftsbetriebs dient, welcher den Verlust verursacht hat *und*
- dieser Geschäftsbetrieb in den folgenden fünf Jahren in einem nach dem Gesamtbild der wirtschaftlichen Verhältnisse vergleichbaren Umfang fortgeführt wird.

Die Zuführung neuen Betriebsvermögens dient allein Sanierungszwecken, wenn die übernehmende Kapitalgesellschaft auch sanierungsbedürftig ist. Dabei darf der für das Fortbestehen des Geschäftsbetriebs notwendige Umfang an Betriebsvermögen durch die Zuführung nicht wesentlich überschritten werden.[241]

Der Geschäftsbetrieb wird in vergleichbarem Umfang fortgeführt, wenn dieser bis zum Ablauf des Fortführungszeitraums von fünf Jahren nicht um mehr als die Hälfte seines Umfangs reduziert wurde. Zur Überprüfung stellt die Finanzverwaltung auf Vergleichsmerkmale wie Umsatz, Auftragsvolumen, Aktivvermögen und Anzahl der Arbeitnehmer ab. Haben sich diese Merkmale im Fortführungszeitraum um mehr als die Hälfte verringert, war die Zuführung neuen Betriebsvermögens schädlich.[242]

---

[238] Vgl. BMF v. 16.04.1999, IV C 6 - S-2745 12/99, BStBl. I 1999, S. 455, Tz. 9, 11.

[239] Vgl. BFH v. 19.12.2001, I R 58/01, BStBl. II 2002, S. 395.

[240] Vgl. BMF v. 16.04.1999, IV C 6 - S-2745 12/99, BStBl. I 1999, S. 455, Tz. 12.

[241] Vgl. BMF v. 16.04.1999, IV C 6 - S-2745 12/99, BStBl. I 1999, S. 455, Tz. 14.

[242] Vgl. BMF v. 16.04.1999, IV C 6 - S-2745 12/99, BStBl. I 1999, S. 455, Tz. 16 f.

Merke: Der eigene Verlustvortrag der übernehmenden Kapitalgesellschaft geht verschmelzungsbedingt unter, wenn folgende Merkmale kumulativ vorliegen:

- die Gesellschafter der übertragenden Kapitalgesellschaft werden zu mehr als 50 % an der übernehmenden Kapitalgesellschaft beteiligt (schädliche Anteilsgewährung),
- der Geschäftsbetrieb der übernehmenden Kapitalgesellschaft wird mit überwiegend neuem Betriebsvermögen fortgeführt und
- bei der übernehmenden Kapitalgesellschaft handelt es sich um keinen Sanierungsfall.

Der Untergang des Verlustvortrags gilt über § 10a Satz 4 GewStG auch für die Gewerbesteuer.

5.5.7.2 Übergang eines verbleibenden Verlustvortrags

Wie anhand der Mantelkaufregelung des § 8 Abs. 4 KStG aufgezeigt wurde, ist es für den Verlustabzug einer Kapitalgesellschaft erforderlich, dass sie mit der Kapitalgesellschaft, die den Verlust erlitten hat, identisch ist. Dies schließt eine Übertragung von Verlusten auf ein anderes Steuersubjekt grundsätzlich aus, weshalb dies auch nicht im Rahmen von Verschmelzungen möglich ist (vgl. Verbot der Verlustübernahme bei Verschmelzung einer Kapital- auf eine Personengesellschaft).[243] Bei der Verschmelzung von Kapitalgesellschaften macht der Gesetzgeber jedoch eine Ausnahme: um betriebswirtschaftlich gewollte Umstrukturierungen von Kapitalgesellschaften durch den Untergang des Verlustabzugs nicht zu behindern, gestattet § 12 Abs. 3 Satz 2 UmwStG grundsätzlich die Übertragung von Verlusten.[244]

Gem. § 12 Abs. 3 Satz 2 UmwStG tritt die übernehmende Kapitalgesellschaft im Wege der Gesamtrechtsnachfolge auch bzgl. eines verbleibenden Verlustvortrags i.S.d. § 10d EStG in die Rechtstellung der übertragenden Kapitalgesellschaft ein.

Merke:

	Verlustvortrag der übertragenden KapGes
Verschmelzung KapGes auf PersGes	**geht nicht über**
Verschmelzung KapGes auf KapGes	**kann übergehen**

Begründung: Im Gegensatz zur Verschmelzung auf eine Personengesellschaft verbleibt der Verlustvortrag der übertragenden Kapitalgesellschaft bei Verschmel-

[243] Vgl. BFH v. 19.08.1958, I 78/58 U, BStBl. III 1958, S. 468; BFH v. 05.11.1969, I R 60/67, BStBl. II 1970, S. 149.

[244] Vgl. BT-Drucks. 12/6885 v. 24.02.1994, S. 14.

zung auf eine Kapitalgesellschaft auf Ebene der Körperschaftsteuer.[245] Die Fortführung des Verlustvortrags durch die übernehmende Kapitalgesellschaft ist somit rechtstechnisch möglich.

Der verbleibende Verlustvortrag der übertragenden Kapitalgesellschaft definiert sich wie folgt:

Definition des verbleibenden Verlustvortrags nach § 10d Abs. 4 Satz 2 EStG:

Bei der Ermittlung der Einkünfte nicht ausgeglichene negative Einkünfte
./. nach § 10d Abs. 1 EStG abgezogene Beträge
./. nach § 10d Abs. 2 EStG abziehbare Beträge
\+ verbleibender Verlustvortrag, der auf den Schluss des vorangegangenen Veranlagungszeitraums festgestellt wurde
= verbleibender Verlustvortrag

Der verbleibende Verlustvortrag geht mit Ablauf des steuerlichen Übertragungsstichtags auf die übernehmende Kapitalgesellschaft über.[246] Dies ermöglicht der übernehmenden Kapitalgesellschaft einen Verlustabzug bereits in dem Veranlagungszeitraum, in dem der steuerliche Übertragungsstichtag liegt. Das zu versteuernde Einkommen der übernehmenden Kapitalgesellschaft kann mit dem übergegangenen Verlustabzug verrechnet werden. Der danach verbleibende Verlustabzug kann als Verlustvortrag in den folgenden Veranlagungszeiträumen mit zukünftigen Gewinnen verrechnet werden. Ein Verlustrücktrag kommt dagegen nur bei den eigenen Verlusten der übernehmenden Kapitalgesellschaft und nicht bei den übernommenen Verlustabzügen in Betracht.[247]

Der Übergang des Verlustvortrags setzt nach § 12 Abs. 3 Satz 2 UmwStG – analog zum Sanierungsfall nach § 8 Abs. 4 KStG[248] – voraus, dass der Betrieb oder Betriebsteil, der den Verlust verursacht hat, über den Verschmelzungsstichtag hinaus in einem nach dem Gesamtbild der wirtschaftlichen Verhältnisse vergleichbaren Umfang in den fünf Jahren, die auf den Verschmelzungsstichtag folgen, fortgeführt wird. Diese Voraussetzung verfolgt den Zweck, Verschmelzungen zu verhindern, die lediglich mit dem Ziel der Verlustübernahme vorgenommen werden. Mit der Verschmelzung soll keine Möglichkeit geschaffen werden, die Regelung des § 8 Abs. 4 KStG umgehen zu können.[249]

---

245 Umkehrschluss aus BT-Drucks. 12/6885 v. 24.02.1994, S. 17 f.

246 Vgl. Tz. 12.15 UmwStE.

247 Vgl. Tz. 12.16 UmwStE.

248 Vgl. BT-Drucks. 12/6885 v. 24.02.1994, S. 21.

249 Vgl. Maiterth, R./ Müller, H., Gründung, Umwandlung und Liquidation von Unternehmen im Steuerrecht, München 2001, S. 78; Honert, J./ Neumayer, J., Nutzung von Verlustvorträgen bei der Verschmelzung von Kapitalgesellschaften, GmbHR 1997, S. 151.

§ 12 Abs. 3 Satz 2 UmwStG verwendet eine Reihe unbestimmter Rechtsbegriffe. Der *Betrieb* umfasst ebenso wie der Geschäftsbetrieb in § 8 Abs. 4 KStG die gesamte wirtschaftliche Aktivität eines Unternehmens. Der *Betriebsteil* entspricht nicht dem Teilbetrieb i.S.d. R 139 Abs. 3 EStR. Es handelt sich dabei viel eher um eine abgrenzbare wirtschaftliche Aktivität, der bestimmte sachliche und personelle Ressourcen zugeordnet werden können. Als Beispiel für einen Betriebsteil kann eine Produktlinie genannt werden.[250] Für die *Fortführung des Betriebs(teils) in vergleichbarem Umfang* gelten die Ausführungen zu § 8 Abs. 4 Satz 3 KStG entsprechend. Wird der verlustverursachende Betrieb(steil) innerhalb der nächsten fünf Jahre erweitert, bleibt dies für den Übergang des Verlustvortrags ohne negative Auswirkungen. Der Fünfjahreszeitraum beginnt mit dem steuerlichen Übertragungsstichtag.[251]

§ 8 Abs. 4 KStG	**§ 12 Abs. 3 Satz 2 UmwStG**

Voraussetzungen für den Abzug eigener Verluste einer Kapitalgesellschaft:
- Keine Übertragung von mehr als 50 % der Anteile
- Keine Zuführung von überwiegend neuem Betriebsvermögen
- Zuführung von überwiegend neuem Betriebsvermögen unschädlich,
  ▪ bei Sanierung des verlustverursachenden Geschäftsbetriebs *und*
  ▪ Fortführung des Geschäftsbetriebs in vergleichbarem Umfang in den folgenden 5 Jahren
	Voraussetzungen für den Übergang eines verbleibenden Verlustvortrags der übertragenden Kapitalgesellschaft bei einer Verschmelzung:
	- Betrieb oder Betriebsteil, der den Verlust verursacht hat
	- Fortführung dieses Betriebs(teils) in den folgenden 5 Jahren
	- Umfang des fortgeführten Betriebs(teils) entspricht bisherigen wirtschaftlichen Verhältnissen

Abbildung 83: Gegenüberstellung von § 8 Abs. 4 KStG und § 12 Abs. 3 Satz 2 UmwStG

Die Gegenüberstellung lässt eindeutige Unterschiede zwischen § 12 Abs. 3 Satz 2 UmwStG und § 8 Abs. 4 KStG erkennen:

- Die Fortführung des Verlustvortrags der übertragenden Kapitalgesellschaft i.S.d. § 12 Abs. 3 Satz 2 UmwStG wird durch eine Übertragung von Anteilen an der übernehmenden Kapitalgesellschaft im Umfang von mehr als 50 % nicht beeinträchtigt.
- Wird der übernehmenden Kapitalgesellschaft neues Betriebsvermögens zugeführt, hat dies keine Auswirkungen auf die Anwendung von § 12 Abs. 3 Satz 2 UmwStG.
- Die Zuführung neuen Betriebsvermögens innerhalb von fünf Jahren nach dem steuerlichen Übertragungsstichtag ist auch dann unschädlich, wenn es der Erweiterung des verlustverursachenden Betrieb(steil)s dient.

---

[250] Vgl. BMF v. 16.04.1999, IV C 6 - S-2745 12/99, BStBl. I 1999, S. 455, Tz. 37 f.

[251] Vgl. BMF v. 16.04.1999, IV C 6 - S-2745 12/99, BStBl. I 1999, S. 455, Tz. 41 f.

- § 12 Abs. 3 Satz 2 UmwStG enthält im Gegensatz zu § 8 Abs. 4 KStG keine Ausnahmeregelung für Sanierungsfälle.

Die Regelung des § 12 Abs. 3 Satz 2 UmwStG ist auf ein Tatbestandsmerkmal der wirtschaftlichen Identität gem. § 8 Abs. 4 KStG reduziert. Trotz Anlehnung an § 8 Abs. 4 KStG wurde lediglich der Tatbestand der fünfjährigen Betriebsfortführung gem. § 8 Abs. 4 Satz 3 Hs. 2 KStG in § 12 Abs. 3 Satz 2 UmwStG übernommen. In diesem Zusammenhang schreibt die Finanzverwaltung hinsichtlich des Verlustvortrags der übertragenden Kapitalgesellschaft vorrangig vor § 12 Abs. 3 Satz 2 UmwStG auch die Anwendung von **§ 8 Abs. 4 KStG** vor. Wird eine Verlustkapitalgesellschaft auf eine Gewinnkapitalgesellschaft verschmolzen, so kann die übernehmende Kapitalgesellschaft den Verlust der Überträgerin nur dann übernehmen, wenn letztere die Berechtigung zum Verlustabzug im Zeitpunkt der Verschmelzung noch hat. Relevant ist dies für den Fall, bei welchem vor der Verschmelzung mehr als die Hälfte der Anteile an der Verlustkapitalgesellschaft übertragen wird. Hier ist § 8 Abs. 4 KStG im Hinblick auf das Vorliegen einer schädlichen Betriebsvermögenszuführung *auch* auf Ebene der übernehmenden Gewinnkapitalgesellschaft zu prüfen.[252]

Vorgehensweise:
(Achtung: dies gilt nur in Verbindung mit einer zuvor erfolgten, schädlichen Anteilsgewährung!)

- Wird der übernehmenden Gewinnkapitalgesellschaft innerhalb eines Zeitraums von fünf Jahren nach der Verschmelzung neues Betriebsvermögen zugeführt, so wird dies fiktiv der übertragenden Verlustgesellschaft zugerechnet[253] und auf den steuerlichen Übertragungsstichtag zurückbezogen.
- Dabei ist lediglich das Betriebsvermögen relevant, welches von außen, z.B. durch Gesellschafter der übernehmenden Gewinnkapitalgesellschaft, zugeführt wird.[254]
- In Anlehnung an die Rechtsprechung des BFH kann angenommen werden, dass sämtliches zugeführtes Betriebsvermögen mit dem Anlagevermögen der Verlustkapitalgesellschaft vor der Verschmelzung zu vergleichen ist.[255] Daraus ergibt sich, dass die Zuführung neuen Betriebsvermögens in den bisherigen Geschäftsbetrieb der übernehmenden Gewinnkapitalgesellschaft ebenfalls als schädlich gilt.[256]

---

252 Vgl. BMF v. 16.04.1999, IV C 6 -S-2745 12/99, BStBl. I 1999, S. 455, Tz. 49.

253 Vgl. Maiterth, R./ Müller, H., Gründung, Umwandlung und Liquidation von Unternehmen im Steuerrecht, München 2001, S. 79.

254 Vgl. Djanani, C./ Brähler, G./ Zölch, S., § 8 Abs. 4 KStG und § 12 Abs. 3 Satz 2 UmwStG, BB 2000, S. 1498; Winter, W., Abzug von GmbH-Verlusten in Zusammenhang mit Gesellschafterwechsel und Verschmelzung, GmbHR 2003, S. 321.

255 Vgl. Djanani, C./ Brähler, G./ Zölch, S., § 8 Abs. 4 KStG und § 12 Abs. 3 Satz 2 UmwStG, BB 2000, S. 1498, wobei Djanani, C./ Brähler, G./ Zölch, S. bei der Prüfung von § 8 Abs. 4 KStG auf das gesamte Aktivvermögen abstellen; vgl. BFH v. 19.12.2001, I R 58/01, BStBl. II 2002, S. 395.

256 Vgl. Djanani, C./ Brähler, G./ Zölch, S., § 8 Abs. 4 KStG und § 12 Abs. 3 Satz 2 UmwStG, BB 2000, S. 1498.

- Übersteigt das zugeführte Anlagevermögen das am steuerlichen Übertragungsstichtag vorhandene Anlagevermögen der Verlustkapitalgesellschaft (beide Anlagevermögen zu Teilwerten bewertet!), so hat die Verlustkapitalgesellschaft an diesem Tag ihre wirtschaftliche Identität verloren.[257]

Hat die Verlustkapitalgesellschaft ihre wirtschaftliche Identität verloren, geht ihr Verlustvortrag gem. § 8 Abs. 4 KStG unter und kann nicht nach § 12 Abs. 3 Satz 2 UmwStG auf die übernehmende Kapitalgesellschaft übergehen.[258] Da der Verlustabzug in den meisten Fällen bereits übergegangen ist, kann angenommen werden, dass der Übergang des Verlustvortrags rückgängig zu machen ist und die Steuerbescheide der übernehmenden Kapitalgesellschaft entsprechend zu ändern sind.

Prüfungsschritte bei der Verschmelzung einer Verlustkapitalgesellschaft auf eine Gewinnkapitalgesellschaft:

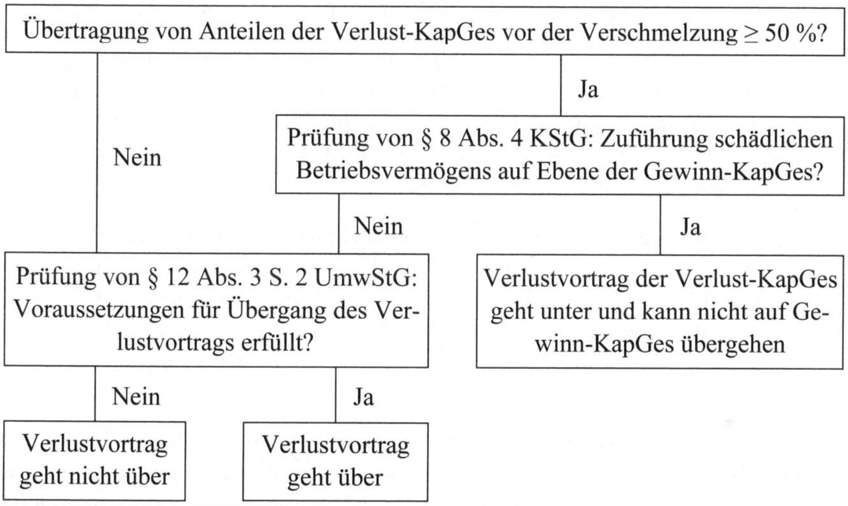

Abbildung 84: Prüfungsschritte bei der Verschmelzung einer Verlustkapitalgesellschaft auf eine Gewinnkapitalgesellschaft

Beispiel

Geltendmachung von Verlustabzügen einer Verlustgesellschaft.
Eine Gewinngesellschaft hat 60 % der Anteile an einer Verlustgesellschaft erworben. Kurz nach dem Erwerb soll der Verlustgesellschaft neues Betriebsvermögen zugeführt werden. Es handelt sich um keinen Sanierungsfall i.S.d. § 8 Abs. 4 Satz 3 KStG. Verlust- und Gewinngesellschaft sind unbeschränkt körperschaftsteuerpflichtig.

257 Vgl. BMF v. 16.04.1999, IV C 6 - S-2745 12/99, BStBl. I 1999, S. 455, Tz. 9; BFH v. 19.12.2001, I R 58/01, BStBl. II 2002, S. 395.

258 Vgl. BMF v. 16.04.1999, IV C 6 - S-2745 12/99, BStBl. I 1999, S. 455, Tz. 49.

Lösung

1. Alternative:
Bei der Veräußerung der Anteile an die Gewinngesellschaft handelt es sich um eine schädliche Anteilsübertragung i.S.d. § 8 Abs. 4 Satz 2 Hs. 1 KStG, da die 50 %-Grenze überschritten ist. Die Zuführung von überwiegend neuem Betriebsvermögen innerhalb von fünf Jahren nach der schädlichen Anteilsübertragung („kurz nach dem Erwerb") bewirkt den Verlust der wirtschaftlichen Identität der Verlustgesellschaft (§ 8 Abs. 4 Satz 2 KStG). Gem. § 8 Abs. 4 Satz 1 KStG kann die Verlustgesellschaft ihren Verlustabzug nicht mehr geltend machen.

2. Alternative:
Nach dem Anteilserwerb wird die Verlust- auf die Gewinngesellschaft verschmolzen. Hier liegt zunächst ein Anwendungsfall von § 12 Abs. 3 Satz 2 UmwStG vor. Da jedoch eine schädliche Anteilsgewährung durch die übertragende Verlustgesellschaft gegeben ist, ist § 8 Abs. 4 KStG im Hinblick auf das Vorliegen einer schädlichen Betriebsvermögenszuführung auf Ebene der übernehmenden Gewinngesellschaft zu prüfen. § 12 Abs. 3 Satz 2 UmwStG wird damit von § 8 Abs. 4 KStG überlagert.[259]

a) Wird der übernehmenden Kapitalgesellschaft nach der Verschmelzung überwiegend neues Betriebsvermögen von außen zugeführt, handelt es sich um eine mit der 1. Alternative vergleichbare Gestaltung.[260] Der Verlust der Verlustgesellschaft geht unter und kann nicht nach § 12 Abs. 3 Satz 2 UmwStG auf die übernehmende Kapitalgesellschaft übergehen.

b) Ist keine schädliche Betriebsvermögenszuführung gegeben, sind die Voraussetzungen für die Anwendung § 8 Abs. 4 KStG nicht erfüllt. Nach § 12 Abs. 3 Satz 2 UmwStG kann die Gewinngesellschaft den Verlustabzug der Verlustgesellschaft übernehmen, wenn sie den Betrieb(steil), der den Verlust verursacht hat, in vergleichbarem Umfang in den nächsten fünf Jahren fortführt.

Das Beispiel zeigt die **Notwendigkeit der Überprüfung von § 8 Abs. 4 KStG in Verschmelzungsfällen**. Durch den nachträglichen Untergang des Verlustabzugs der übertragenden Kapitalgesellschaft i.S.d. § 8 Abs. 4 KStG soll verhindert werden, dass § 8 Abs. 4 KStG durch das Instrument der Verschmelzung umgangen werden kann.[261] Dennoch könnte auf die Anwendung von § 8 Abs. 4 KStG in Verschmelzungsfällen verzichtet werden, wenn § 12 Abs. 3 Satz 2 KStG eine entsprechende Regelung bzgl. der Zuführung neuen Betriebsvermögens enthielte.

---

[259] Vgl. Djanani, C./ Brähler, G./ Zölch, S., § 8 Abs. 4 KStG und § 12 Abs. 3 Satz 2 UmwStG, BB 2000, S. 1498.

[260] Vgl. BMF v. 16.04.1999, IV C 6 -S-2745 12/99, BStBl. I 1999, S. 455, Tz. 49.

[261] Vgl. Maiterth, R./ Müller, H., Gründung, Umwandlung und Liquidation von Unternehmen im Steuerrecht, München 2001, S. 79; Neumann, R./ Neu, N., Beschränkung des Verlustabzugs gemäß § 8 Abs. 4 KStG nach dem Kabinettsbeschluß zum StVergAbG, GmbHR 2003, S. 79.

§ 12 Abs. 3 Satz 2 UmwStG ist gem. § 19 Abs. 2 UmwStG auf die vortragsfähigen Fehlbeträge der übertragenden Kapitalgesellschaft i.S.d. § 10a GewStG entsprechend anzuwenden. Geht der verbleibende Verlustvortrag der übertragenden Kapitalgesellschaft auf die übernehmende Kapitalgesellschaft über, so ist der Gewerbeertrag der übernehmenden Kapitalgesellschaft in Höhe des übergehenden Verlustvortrags zu kürzen.

5.5.8 Übernahmefolgegewinn

Durch **Konfusion von Forderungen und Verbindlichkeiten**, welche zwischen der übertragenden und der übernehmenden Kapitalgesellschaft bestehen, bzw. durch Wegfall einer Rückstellung kann sich der Gewinn der übernehmenden Kapitalgesellschaft erhöhen (§ 12 Abs. 4 Satz 2 i.V.m. § 6 Abs. 1 Satz 1 UmwStG). Dieser bereits aus der Verschmelzung von Kapital- auf Personengesellschaften bekannte **Übernahmefolgegewinn** entsteht gem. Tz. 06.01 UmwStE mit Ablauf des steuerlichen Übertragungsstichtags und ist in vollem Umfang steuerpflichtig.

Da § 12 Abs. 4 Satz 2 UmwStG hinsichtlich des Übernahmefolgegewinns bei der Verschmelzung von Kapitalgesellschaften auf § 6 Abs. 1 und 2 UmwStG verweist, gelten die Ausführungen zur Verschmelzung von Kapital- auf Personengesellschaften in Kapitel II, Punkt 5.4.2.6 „Konfusionsgewinne (§ 6 UmwStG)“ entsprechend.

Gem. § 12 Abs. 4 Satz 2 i.V.m. § 6 Abs. 1 UmwStG kann die übernehmende Kapitalgesellschaft in Höhe des Übernahmefolgegewinns eine den steuerlichen Gewinn mindernde Rücklage bilden. Sie ist in den folgenden drei Wirtschaftsjahren zu mindestens je einem Drittel gewinnerhöhend aufzulösen. Die Bildung der Rücklage kann nur insoweit in Anspruch genommen werden, als die übernehmende an der übertragenden Kapitalgesellschaft beteiligt war (§ 12 Abs. 4 Satz 2 UmwStG).

Achtung: Diese Möglichkeit der Rücklagenbildung besteht jedoch nicht für einen aus der Auflösung von Rückstellungen entstandenen Übernahmefolgegewinn, da § 12 Abs. 4 Satz 2 UmwStG die Anwendung des § 6 Abs. 1 UmwStG auf die Konfusionswirkung von Forderungen und Verbindlichkeiten beschränkt.[262] Der Grund dafür ist, dass es sich nur im letzteren Fall um echte Konfusionsgewinne handelt.

[262] Vgl. Dötsch, E., in: Dötsch, E./ Patt, J./ Pung, A./ Jost, W., Umwandlungssteuerrecht, 5. Aufl., Stuttgart 2003, § 12 UmwStG, Rz. 124.

Beispiel

Übernahmefolgegewinn
Die Dachdecker-AG soll rückwirkend zum 31.12.03 auf die Zimmerer-GmbH verschmolzen werden. Die Dachdecker-AG hat gegen die Zimmerer-GmbH eine Forderung aus Lieferung und Leistung in Höhe von 120 T€. Bei der Zimmerer-GmbH ist entsprechend eine Verbindlichkeit aus Lieferung und Leistung in Höhe von 120 T€ passiviert. Allerdings hat die Dachdecker-AG im Jahr 03 auf ihre Forderung gegen die Zimmerer-GmbH eine Wertberichtigung in Höhe von 20 T€ vorgenommenen, welche in dieser Höhe auch den Gewinn der Dachdecker-AG gemindert hat. Nach der Wertberechtigung beträgt die Forderung nur noch 100 T€.

Lösung

Im Rahmen der Verschmelzung sind auf Ebene der Zimmerer-GmbH folgende Ausbuchungen vorzunehmen:

- bzgl. der übergehenden Forderung LuL:
  Aufwand an Forderung LuL 100 T€
- bzgl. der eigenen Verbindlichkeit LuL:
  Verbindlichkeiten LuL an Ertrag 120 T€

Aufwand	GuV		Ertrag
Aufwand	100 T€	Ertrag	120 T€
Saldo = Übernahmefolgegewinn	**20 T€**		
	120 T€		120 T€

Mit dem steuerpflichtigen Übernahmefolgegewinn i.H.v. 20 T€ wird die einstige Gewinnminderung, d.h. die Wertberichtigung i.H.v. 20 T€, rückgängig gemacht.

5.6 Auswirkungen auf den steuerlichen Eigenkapitalausweis

Die Verschmelzung von Kapitalgesellschaften zieht Konsequenzen auf der jeweiligen Eigenkapitalsphäre der beteiligten Unternehmen nach sich. Dabei ist zwischen den einzelnen Bestandteilen des steuerlichen Eigenkapitalausweises zu differenzieren.

Bestandteile des steuerlichen Eigenkapitalausweises:[263]

- Gezeichnetes Kapital (Nenn-, Grund-, oder Stammkapital),
- steuerliches Einlagekonto (ehemaliges EK 04),
- Unbelasteter Teilbetrag i.S.d. § 38 Abs. 1 Satz 1 KStG (ehemaliges EK 02),

[263] Vgl. Djanani, C./ Brähler, G./ Steffen, M., Die Verwendungsreihenfolge im neuen Körperschaftsteuerrecht, SteuerStud 2003, S. 653, 655.

- neutrales Vermögen (ab 2001 gebildete Rücklagen sowie sämtliche Altrücklagen, die nicht unter die gesondert fortgeführten Bestände des ehemaligen EK 02 bzw. EK 04 fallen),
- evtl. Sonderausweis gem. § 28 Abs. 1 Satz 3 KStG.

Das **gezeichnete Kapital** (Nennkapital) ist das Kapital, auf welches die Haftung der Gesellschafter für Verbindlichkeiten gegenüber den Gläubigern der Kapitalgesellschaft beschränkt ist. Bei Aktiengesellschaften wird es als Grundkapital bezeichnet und entspricht dem Nennbetrag aller ausgegebenen Aktien. Bei Gesellschaften mit beschränkter Haftung heißt das gezeichnete Kapital Stammkapital, welches die Stammeinlagen der Gesellschafter umfasst. Werden im Fall einer Kapitalherabsetzung Teile des Nennkapitals an die Anteilseigner zurückgezahlt, handelt es sich um eine steuerfreie Rückgewähr ihrer einst getätigten Einlagen (§ 20 Abs. 1 Nr. 2 EStG).

Das **steuerliche Einlagekonto**[264] beinhaltet die Einlagen der Gesellschafter, welche nicht in das Nennkapital geleistet wurden. Zudem wird auf diesem Konto das ehemalige EK 04 weitergeführt. Ausschüttungen aus dem steuerlichen Einlagekonto sind gem. § 20 Abs. 1 Nr. 1 Satz 3 EStG steuerfrei. Um die steuerfreie Rückzahlung der Einlagen zu gewährleisten, wird das steuerliche Einlagekonto gem. § 27 Abs. 1 Satz 2 KStG fortgeschrieben und gem. § 27 Abs. 2 Satz 1 KStG gesondert festgestellt.[265]

Als **unbelasteter Teilbetrag** i.S.d. § 38 Abs. 1 Satz 1 KStG gilt das ehemalige EK 02, welches noch nicht der Körperschaftsteuer unterlegen hat. Wird innerhalb der Übergangsphase vom Anrechnungs- auf das Halbeinkünfteverfahren aus dem unbelasteten Teilbetrag ausgeschüttet, so ist die Körperschaftsteuer um $^3/_7$ des ausgeschütteten Betrags zu erhöhen (§ 38 Abs. 2 Satz 1 KStG). Die Körperschaftsteuererhöhung mindert neben der Ausschüttung den Bestand des unbelasteten Teilbetrags (§ 38 Abs. 1 Satz 3, Abs. 2 Satz 1 KStG). Der unbelastete Teilbetrag ist ebenfalls fortzuschreiben und gesondert festzustellen (§ 38 Abs. 1 Satz 1 KStG). Mit Einführung des sog. Körperschaftsteuer-Moratoriums durch das StVergAbG wurde der Übergangszeitraum von 15 auf 18 Jahre verlängert und endet erst im Jahr 2019.[266] Dies bewirkt auch in § 38 Abs. 2 Satz 3 KStG eine Verlängerung um drei Jahre. Damit muss der unbelastete Teilbetrag drei Jahre länger thesauriert werden, um steuerfrei ausgeschüttet werden zu können.[267]

---

[264] Das steuerliche Einlagekonto hat keine vorübergehende Natur, sondern soll über die Übergangszeit von 18 Jahren hinaus Bestand haben; vgl. Dötsch, E./ Pung, A., Die geplante Reform der Unternehmensbesteuerung, DB 2000, Beil. 4, S. 7.

[265] Vgl. BMF v. 04.06.03, IV A 2 - S-2836 - 2/03, BStBl. I 2003, S. 366, Tz. 1.

[266] Vgl. Djanani, C./ Brähler, G./ Wesel, K., Das „Körperschaftsteuer-Moratorium“ oder die „Notbremse“ des Fiskus, StB 2003, S. 285 f.

[267] Vgl. Ott, H., Die Änderungen des Körperschaftsteuerrechts durch das Steuervergünstigungsabbaugesetz, INF 2003, S. 378.

Das **neutrale Vermögen** setzt sich aus den ab 2001 gebildeten Rücklagen sowie sämtlichen Altrücklagen zusammen, die nicht Bestandteil der gesondert fortgeführten Teilbeträge des ehemaligen EK 02 bzw. EK 04 sind. Unter die Altrücklagen fallen somit die Bestände des ehemaligen EK 40, des EK 30, sowie des EK 01/03.[268] Ausschüttungen aus diesem Bereich führen zu unterschiedlichen Folgen auf Ebene der Anteilseigner. Ist der empfangende Anteilseigner eine natürliche Person, unterliegt der ausgeschüttete Betrag dort unter Anwendung des Halbeinkünfteverfahrens der persönlichen Einkommensteuer (§ 20 Abs. 1 Nr. 1 EStG). Ist der Empfänger eine Kapitalgesellschaft, so ist die Dividende nach § 8b Abs. 1 Satz 1 KStG steuerfrei.

Eine Kapitalerhöhung kann neben den Einlagen aus dem steuerlichen Einlagekonto auch durch Gewinnrücklagen finanziert werden. Werden Gewinnrücklagen in Nennkapital umgewandelt, so sind die Beträge gem. § 28 Abs. 1 Satz 3 KStG als **Sonderausweis** getrennt auszuweisen und gesondert festzustellen. Wird das Nennkapital später herabgesetzt und an die Anteilseigner zurückbezahlt, ist dieses in Höhe des Sonderausweises als Gewinnausschüttung zu behandeln, welche beim Anteilseigner zu Einkünften i.S.d. § 20 Abs. 1 Nr. 2 EStG führt (§ 28 Abs. 2 S. 2 KStG). Zu den Einzelheiten und dem Sinn und Zweck des Sonderausweises wird auf Punkt 5.6.1.1 verwiesen.

Kein Bestandteil des steuerlichen Eigenkapitalausweises ist das sog. **Körperschaftsteuerguthaben** i.S.d. § 37 Abs. 1 KStG (KSt-Guthaben).[269] Da es jedoch auf dieselbe Art und Weise wie der unbelastete Teilbetrag i.S.d. § 38 Abs. 1 KStG auf die übernehmende Kapitalgesellschaft übergeht, wird der Übergang des KSt-Guthabens innerhalb dieses Kapitels behandelt.

Bei dem KSt-Guthaben i.S.d. § 37 Abs. 1 KStG handelt es sich um $^1/_6$ des ehemaligen EK 40, einem Teilbetrag des Eigenkapitals, welcher im Anrechnungsverfahren mit 40 % Körperschaftsteuer belastet war. Bei Ausschüttungen aus dem EK 40 minderte sich die Körperschaftsteuer um 10 %, so dass die ausgeschütteten Gewinne nur noch einer Körperschaftsteuer von 30 % unterlagen. Mit dem Wechsel zum Halbeinkünfteverfahren soll noch vorhandenes Körperschaftsteuerminderungspotential entsprechend realisiert werden kön-

---

[268] Vgl. Bott, H., in: Ernst&Young (Hrsg.), KStG-Kommentar, Band 2: §§ 14-40 KStG/ EStG/ SolzG, 36. Erg.-Lief., Berlin 2003, § 37 KStG, Rz. 52; Lang, B., Körperschaftsteuererhöhung und -minderung bei offenen und verdeckten Gewinnausschüttungen während der fünfzehnjährigen Übergangszeit, DB 2001, S. 2110; hiervon abweichend vertritt ein Teil der Literatur die Auffassung, dass neben dem neutralen Vermögen von einem separat geführten ehemaligen EK 40 auszugehen ist; vgl. dazu Dötsch, E./ Pung, A., Die geplante Reform der Unternehmensbesteuerung, DB 2000, Beil. 4, S. 5, 7; Prinz, U., Leitgedanken zum Übergang des verwendbaren Eigenkapitals auf das neue Körperschaftsteuersystem und zur Ausschüttungspolitik, GmbHR 2001, S. 127.

[269] Vgl. Djanani, C./ Brähler, G./ Steffen, M., Die Verwendungsreihenfolge im neuen Körperschaftsteuerrecht, SteuerStud 2003, S. 654.

nen.[270] Bei ordentlichen Ausschüttungen[271] mindert sich daher das KSt-Guthaben gem. § 37 Abs. 2 Satz 1 KStG um $^1/_6$ des Ausschüttungsbetrags. In Höhe dieses Betrags mindert sich auch die Körperschaftsteuerschuld des Veranlagungszeitraums, in dem die Ausschüttung erfolgt (§ 37 Abs. 2 Satz 2 KStG). Das verbleibende KSt-Guthaben ist nach § 37 Abs. 2 Satz 3 KStG bis zum Ablauf der Übergangszeit fortzuführen und am Schluss eines jeden Wirtschaftsjahres gesondert festzustellen. Bislang war § 37 KStG – entsprechend dem Übergangszeitraum vom Anrechnungs- auf das Halbeinkünfteverfahren – für 15 Jahre vorgesehen. Mit dem StVergAbG wurde ein Moratorium eingeführt und die Minderung des KSt-Guthabens beschränkt. Nach § 37 Abs. 2a Nr. 1 KStG wird für die Zeit vom 12.04.2003 bis 31.12.2005 trotz ordentlicher Gewinnausschüttungen kein KSt-Guthaben und damit auch keine Körperschaftsteuer gemindert (KSt-Moratorium). Dafür verlängert sich der bisherige Übergangszeitraum von 15 auf 18 Jahre. Nach Ablauf des Moratoriums mindert sich das KSt-Guthaben bei ordentlichen Ausschüttungen wie bisher um $^1/_6$ des Ausschüttungsbetrags. Die Minderung des KSt-Guthaben wird allerdings begrenzt auf den Betrag, der sich bei linearer Verteilung des jeweils auf den Schluss des vorangegangenen Wirtschaftsjahres festgestellten KSt-Guthabens auf die noch verbleibenden Wirtschaftsjahre ergibt (§ 37 Abs. 2a Nr. 2 KStG).

Die Behandlung dieser einzelnen Bestandteile des Eigenkapitals sowie des KSt-Guthabens im Rahmen von Verschmelzungen ist nicht im UmwStG, sondern im KStG normiert:

- **§ 29 KStG** beinhaltet unter dem Titel „Kapitalveränderungen bei Umwandlungen“ Vorschriften zur Anpassung des steuerlichen Einlagekontos gem. § 27 KStG sowie eines evtl. Sonderausweises gem. § 28 Abs. 1 Satz 3 KStG in Umwandlungsfällen. Dies schließt auch die Auswirkungen auf die jeweilige Nennkapitalsphäre der beteiligten Kapitalgesellschaften mit ein.
- Die Vorschriften des § 29 KStG werden ergänzt durch **§ 40 Abs. 1 und 3 KStG**. § 40 Abs. 1 KStG schreibt vor, dass das Körperschaftsteuerguthaben gem. § 37 Abs. 1 KStG und der unbelastete Teilbetrag gem. § 38 Abs. 1 Satz 1 KStG der übertragenden Kapitalgesellschaft den entsprechenden Beträgen der übernehmenden Kapitalgesellschaft hinzuzurechnen sind. In § 40 Abs. 3 KStG sind Besonderheiten im Fall des Vermögensübergangs im Wege der Gesamtrechtsnachfolge auf eine von der Körperschaftsteuer befreite Kapitalgesellschaft geregelt. Die Besonderheiten des § 40 Abs. 1 und 3 KStG wurden nicht in § 29 KStG geregelt, da es sich bei §§ 37 und 38 KStG nur um Übergangsnormen für einen Zeitraum von 18 Jahren handelt.[272]

---

270 Vgl. Djanani, C./ Brähler, G./ Wesel, K., Das „Körperschaftsteuer-Moratorium“ oder die „Notbremse“ des Fiskus, Steuerberater 2003, S. 285.

271 Die Ausschüttungen müssen nicht aus dem ehemaligen EK 40 finanziert werden. Als Finanzierungsquellen kommen auch das übrige neutrale Vermögen und nachrangig das ehemalige EK 02 sowie das steuerliche Einlagekonto in Betracht; vgl. Bott, H., in: Ernst&Young (Hrsg.), KStG-Kommentar, Band 2: §§ 14-40 KStG/ EStG/ SolzG, 36. Erg.-Lief., Berlin 2003, § 37, Rz. 48 ff.

272 Vgl. Antweiler, P., in: Ernst&Young (Hrsg.), KStG-Kommentar, Band 2: §§ 14-40 KStG/ EStG/ SolzG, 36. Erg.-Lief., Berlin 2003, § 29 KStG, Rz. 9.

- Die Behandlung des **neutralen Vermögens** der übertragenden Kapitalgesellschaft wird im Gesetz nicht explizit geregelt. In Anlehnung an § 40 KStG und die allgemeinen Vorschriften des Vermögensübergangs kann aber davon ausgegangen werden, dass das neutrale Vermögen mit den übrigen Vermögensgegenständen und Schulden auf die übernehmende Kapitalgesellschaft übergeht und dort den jeweiligen Beständen zuzurechnen ist.

Im Folgenden werden die Konsequenzen einer Verschmelzung für die einzelnen Eigenkapitalformen der beteiligten Kapitalgesellschaften anhand von Beispielen näher betrachtet.

5.6.1 Behandlung bei Umwandlungen gem. § 29 KStG

§ 29 KStG regelt seit dem UntStFG die Auswirkungen auf das steuerliche Einlagekonto sowie den evtl. vorhandenen Sonderausweis sowohl bei der übertragenden als auch bei der übernehmenden Kapitalgesellschaft in Umwandlungsfällen.

Damit ersetzt § 29 KStG zum Teil Regelungen, welche bisher in § 27 Abs. 6, 7 KStG (Übergang des steuerlichen Einlagekontos bei Verschmelzung und Auf- oder Abspaltung) und § 28 Abs. 7 KStG i.d.F. des StSenkG vom 23.10.01 (Übergang des Sonderausweises bei Verschmelzung) enthalten waren.[273]

> **§ 29 Abs. 1 KStG:** „In Umwandlungsfällen im Sinne des § 1 des Umwandlungsgesetzes gilt das Nennkapital der übertragenden Kapitalgesellschaft als in vollem Umfang nach § 28 Abs. 2 Satz 1 herabgesetzt."

§ 29 Abs. 1 KStG schreibt somit für jede gesetzlich zugelassene Art der Umwandlung eine fiktive Herabsetzung des Nennkapitals der übertragenden Kapitalgesellschaft vor. Da es sich bei einer Verschmelzung gem. § 1 Abs. 1 Nr. 1 UmwG um einen Umwandlungsfall i.S.d. § 1 UmwG handelt, ist die Fiktion der Kapitalherabsetzung auch auf Verschmelzungen von Kapitalgesellschaften anzuwenden. Der Zweck der Vorschrift ist insoweit verständlich, als dass die übertragende Kapitalgesellschaft bei Verschmelzungen ohne Abwicklung untergeht und somit nach dem Verschmelzungsvorgang auch nicht mehr über Nennkapital verfügen kann.[274]

Folge der fiktiven Kapitalherabsetzung nach § 28 Abs. 2 Satz 1 KStG ist zunächst die Minderung eines evtl. Sonderausweises. Übersteigt der Betrag des herabgesetzten Nennkapitals

---

[273] Vgl. Müller, H./ Maiterth, R., Die Anpassung des gesonderten steuerlichen Eigenkapitalausweises von Körperschaften bei Kapitalveränderungen in Umwandlungsfällen, DStR 2002, S. 747.

[274] Vgl. Antweiler, P., in: Ernst&Young (Hrsg.), KStG-Kommentar, Band 2: §§ 14-40 KStG/ EStG/ SolzG, 36. Erg.-Lief., Berlin 2003, § 29 KStG, Rz. 30.

den Sonderausweis, so ist der Unterschiedsbetrag dem steuerlichen Einlagekonto gutzuschreiben.

Für den Fall der Verschmelzung ordnet § 29 Abs. 2 KStG den Übergang des nach § 29 Abs. 1 KStG ermittelten Bestands des steuerlichen Einlagekontos auf die übernehmende Kapitalgesellschaft an.

§ 29 Abs. 2 Satz 1 KStG: „Geht das Vermögen einer Kapitalgesellschaft durch Verschmelzung nach § 2 des Umwandlungsgesetzes auf eine unbeschränkt steuerpflichtige Körperschaft über, so ist der Bestand des steuerlichen Einlagekontos dem steuerlichen Einlagekonto der übernehmenden Körperschaft hinzuzurechnen."

Damit soll die steuerfreie Rückgewähr der von den Anteilseignern der untergehenden Kapitalgesellschaft geleisteten Einlagen auch nach Übergang auf die übernehmende Kapitalgesellschaft gewährleistet werden.[275]

§ 29 Abs. 2 Satz 1 KStG ist jedoch nur auf Verschmelzungen gem. § 2 UmwG anwendbar. Dies erfordert die Übertragung des gesamten Vermögens im Wege der Gesamtrechtsnachfolge auf eine andere bereits bestehende oder neu gegründete Kapitalgesellschaft. Des Weiteren muss die übernehmende Kapitalgesellschaft den Anteilseignern der übertragenden Kapitalgesellschaft Anteile gewähren, da die übertragende Kapitalgesellschaft erlischt. Verschmelzungen der Tochter- auf die Muttergesellschaft sind von dieser Gewährungspflicht nach § 20 Abs. 1 Nr. 3 UmwG ausgenommen und fallen daher auch unter § 2 UmwG.

Nachdem der Bestand des steuerlichen Einlagekontos auf die übernehmende Kapitalgesellschaft übergegangen ist und dort das steuerliche Einlagekonto erhöht hat, ist gem. § 29 Abs. 4 KStG das Nennkapital der übernehmenden Kapitalgesellschaft anzupassen.

§ 29 Abs. 4 KStG: „Nach Anwendung der Absätze 2 [...] ist für die Anpassung des Nennkapitals der umwandlungsbeteiligten Kapitalgesellschaften § 28 Abs. 1 und 3 anzuwenden."

Das Nennkapital muss dann angepasst werden, wenn Anteilseigner der übertragenden Kapitalgesellschaft mit neuen Anteilen an der übernehmenden Kapitalgesellschaft abgefunden werden müssen. Für die Anpassung des Nennkapitals bei Verschmelzungen verweist § 29 Abs. 4 KStG auf die allgemeinen Regeln einer Kapitalerhöhung aus Gesellschaftsmitteln gem. § 28 Abs. 1 und 3 KStG.

275 Vgl. Antweiler, P., in: Ernst&Young (Hrsg.), KStG-Kommentar, Band 2: §§ 14-40 KStG/ EStG/ SolzG, 36. Erg.-Lief., Berlin 2003, § 29 KStG, Rz. 41.

Der Aufbau des § 29 KStG läst erkennen, dass sich die Anpassung des steuerlichen Einlagekontos sowie des evtl. vorhandenen Sonderausweises bei Verschmelzungen in drei Schritten vollzieht.[276]

Vollziehung des § 29 KStG bei Verschmelzungen in drei Schritten:	
1. Schritt:	Das Nennkapital der übertragenden Kapitalgesellschaft gilt zunächst in vollem Umfang nach § 28 Abs. 2 Satz 1 KStG herabgesetzt (§ 29 Abs. 1 KStG). Dabei ist vorrangig ein bestehender Sonderausweis zu verringern. Ein darüber hinaus gehender Betrag der Kapitalherabsetzung ist dem steuerlichen Einlagekonto gutzuschreiben.
2. Schritt:	Der gem. § 29 Abs. 1 KStG ermittelte Bestand des steuerlichen Einlagekontos ist dem steuerlichen Einlagekonto der übernehmenden Kapitalgesellschaft hinzuzurechnen (§ 29 Abs. 2 Satz 1 KStG).
3. Schritt:	Ist verschmelzungsbedingt bei der übernehmenden Kapitalgesellschaft eine Kapitalerhöhung vorzunehmen, so richtet sich die Anpassung des Nennkapitals gem. § 29 Abs. 4 KStG nach den allgemeinen Regeln der Kapitalerhöhung i.S.d. § 28 Abs. 1 und 3 KStG.

Inkrafttreten des § 29 KStG i.d.F. des UntStFG:

§ 34 Abs. 2a KStG i.d.F. des UntStFG i.V.m. § 34 Abs. 1 i.d.F. des StSenkG	Wirtschaftsjahr = Kalenderjahr	VZ 2001
§ 34 Abs. 2a KStG i.d.F. des UntStFG i.V.m. § 34 Abs. 2 i.d.F. des StSenkG	Wirtschaftsjahr (Beginn vor dem 01.01.2001) ≠ Kalenderjahr	VZ 2002

Da § 29 KStG hinsichtlich der fiktiven Kapitalherabsetzung und der abschließenden Anpassung des Nennkapitals auf § 28 KStG verweist, wird zunächst dieser im nächsten Kapitel näher betrachtet.

5.6.1.1 Exkurs: Kapitalerhöhung und -herabsetzung gem. § 28 KStG

§ 28 KStG, welcher durch das UntStFG größtenteils neu gefasst wurde, regelt in Absatz 1 die Kapitalerhöhung aus Gesellschaftsmitteln und in Absatz 2 die steuerliche Behandlung einer Kapitalherabsetzung. Die Vorschriften gelten für alle unbeschränkt steuerpflichtigen Körperschaften, die ein Nennkapital auszuweisen haben.[277]

---

[276] Vgl. Antweiler, P., in: Ernst&Young (Hrsg.), KStG-Kommentar, Band 2: §§ 14-40 KStG/ EStG/ SolzG, 36. Erg.-Lief., Berlin 2003, § 29 KStG, Rz. 6; Förster, G./ van Lishaut, I., Das körperschaftsteuerliche Eigenkapital i.S.d. §§ 27-29 KStG 2001 (Teil 2), FR 2002, S. 1257.

[277] Vgl. BMF v. 04.06.03, IV A 2 - S-2836 - 2/03, BStBl. I 2003, S. 366, Tz. 32.

Inkrafttreten des § 28 KStG i.d.F. des UntStFG:		
§ 34 Abs. 2a KStG i.d.F. des UntStFG i.V.m. § 34 Abs. 1 i.d.F. des StSenkG	Wirtschaftsjahr = Kalenderjahr	VZ 2001
§ 34 Abs. 2a KStG i.d.F. des UntStFG i.V.m. § 34 Abs. 2 i.d.F. des StSenkG	Wirtschaftsjahr (Beginn vor dem 01.01.2001) ≠ Kalenderjahr	VZ 2002

5.6.1.1.1 Kapitalerhöhung aus Gesellschaftsmitteln

Wird das Nennkapital durch Umwandlung von Rücklagen erhöht, ordnet § 28 Abs. 1 Satz 1 KStG an, dass zunächst der positive Bestand des steuerlichen Einlagekontos als umgewandelt gilt. Gem. § 28 Abs. 1 Satz 2 KStG ist dabei auf den Bestand des steuerlichen Einlagekontos abzustellen, der sich ohne die Kapitalerhöhung zum Schluss des Wirtschaftsjahres (der Kapitalerhöhung) ergeben würde.

Reicht der Bestand des steuerlichen Einlagekontos zur Finanzierung der Kapitalerhöhung nicht aus, so ist der Restbetrag durch die sonstigen Rücklagen zu finanzieren und als Sonderausweis getrennt auszuweisen und gesondert festzustellen (§ 28 Abs. 1 Satz 1, 3 KStG).

	Betrag der Kapitalerhöhung, welcher durch Umwandlung von Rücklagen finanziert werden soll
./.	Bestand des steuerlichen Einlagekontos gem. § 28 Abs. 1 Satz 2 KStG (jedoch maximal Betrag der Kapitalerhöhung!)
=	Evtl. Restbetrag, welcher durch sonstige Rücklagen zu finanzieren ist
=	Sonderausweis gem. § 28 Abs. 1 Satz 3 KStG

Sonstige Rücklagen sind alle in der Steuerbilanz ausgewiesenen Rücklagen, die nicht auf dem steuerlichen Einlagekonto zu erfassen sind.[278] Dazu zählen:

- das **neutrale Vermögen** und
- der **unbelastete Teilbetrag** i.S.d. § 38 Abs. 1 Satz 1 KStG (ehemaliges EK 02).

Eine Reihenfolge für die Verwendung der sonstigen Rücklagen wurde vom Gesetzgeber nicht festgelegt.

---

[278] Dies ergibt sich aus der Definition des Sonderausweises in BMF v. 04.06.2003, IV A 2 - S-2836-2/03, BStBl. I 2003, S. 366, Tz. 33 i.V.m. § 28 Abs. 1 Satz 3 KStG.

Merke: Verwendungsreihenfolge zur Finanzierung einer Kapitalerhöhung nach § 28 Abs. 1 KStG:
1. Steuerliches Einlagekonto
2. sonstige Rücklagen.

Begründung: Die Kapitalerhöhung wird vorrangig aus dem steuerlichen Einlagekonto finanziert, da bei einer späteren Kapitalherabsetzung und -rückzahlung nicht unterschieden werden muss, ob das Nennkapital direkt aus Einlagen der Anteilseigner oder aus dem steuerlichen Einlagekonto finanziert wurde.[279] In beiden Fällen ist die Rückzahlung an den Anteilseigner steuerfrei.

Zu beachten ist auch, dass die Rücklagen **in umgekehrter Reihenfolge** einer Gewinnausschüttung zur Finanzierung einer Kapitalerhöhung verwendet werden. Durch die vorrangige Verwendung des steuerlichen Einlagekontos wird vermieden, dass das Nennkapital durch die Umwandlung von ausschüttbaren Rücklagen finanziert wird und für Ausschüttungen dann das steuerliche Einlagekonto gemindert werden muss. Die Verwendungsreihenfolge für Gewinnausschüttungen ist in nachstehender Graphik veranschaulicht:[280]

279 Vgl. Antweiler, P., in: Ernst&Young (Hrsg.), KStG-Kommentar, Band 2: §§ 14-40 KStG/ EStG/ SolzG, 36. Erg.-Lief., Berlin 2003, § 28 KStG, Rz. 24.

280 Vgl. Djanani, C./ Brähler, G./ Steffen, M., Die Verwendungsreihenfolge im neuen Körperschaftsteuerrecht, SteuerStud 2003, S. 655.

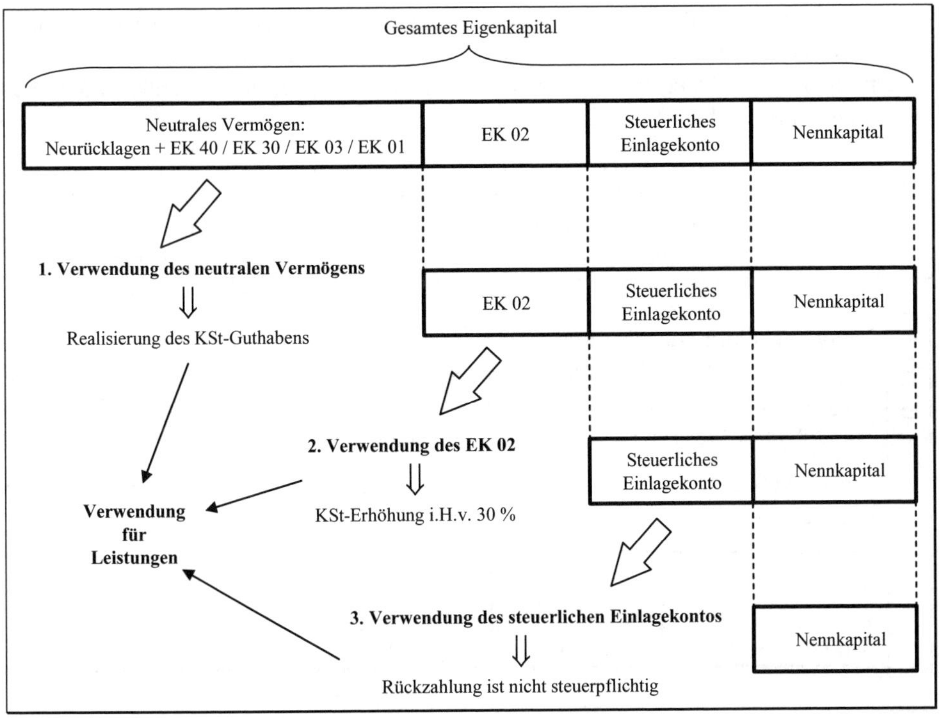

Abbildung 85: Verwendungsreihenfolge für die Finanzierung einer Gewinnausschüttung

Der **Sinn und Zweck des Sonderausweises** ergibt sich dadurch, dass das Nennkapital sowohl durch die Umwandlung von Kapitalrücklagen (steuerliches Einlagekonto) als auch durch die Umwandlung von Gewinnrücklagen (sonstige Rücklagen) finanziert werden kann. Grundsätzlich unterliegt die Ausschüttung von Kapital- bzw. Gewinnrücklagen wie folgt der Besteuerung:

- Ausschüttungen aus dem steuerlichen Einlagekonto gelten als steuerfreie Rückzahlung der Einlagen an die Anteilseigner (§ 20 Abs. 1 Nr. 1 Satz 3 EStG).
- Ausschüttungen aus Gewinnrücklagen unterliegen der Besteuerung im Rahmen des Halbeinkünfteverfahrens (§ 20 Abs. 1 Nr. 1 Satz 1 EStG).

Für eine Kapitalerhöhung wird vorrangig der Bestand des steuerlichen Einlagekontos und, nach dessen Verbrauch, der Bestand der Gewinnrücklagen verwendet. Dadurch enthält das Nennkapital neben den Kapitalrücklagen auch Gewinnrücklagen.

Wird das Nennkapital später herabgesetzt und an die Anteilseigner ausgeschüttet, handelt es sich um eine steuerfreie Rückgewähr ihrer einst getätigten Einlagen (§ 20 Abs. 1 Nr. 1 Satz 3 EStG). Ohne die Regelung des Sonderausweises könnte die Halbeinkünftebesteuerung beim Anteilseigner dadurch umgangen werden, dass die Gewinnrücklagen zunächst in Nennkapital umgewandelt und bei späterer Kapitalherabsetzung steuerfrei an die Anteilseigner ausgezahlt werden.[281] Mit dem Sonderausweis wird letztendlich festgehalten, in welcher Höhe Gewinnrücklagen im Nennkapital enthalten sind, welche im Fall der Herabsetzung und Rückzahlung von Nennkapital beim Anteilseigner zu Einkünften i.S.d. § 20 Abs. 1 Nr. 2 EStG führen.[282]

Merke: Der Sonderausweis dient der Sicherstellung der Besteuerung der ausgeschütteten Gewinnrücklagen im Rahmen des Halbeinkünfteverfahrens auch für den Fall einer späteren Kapitalherabsetzung und -rückzahlung an die Anteilseigner.

Beispiel

Kapitalerhöhung durch Umwandlung von Rücklagen in Nennkapital

Für die Hinkelstein-AG wird in einer Gesellschafterversammlung eine Kapitalerhöhung durch Umwandlung von Rücklagen in Nennkapital in Höhe von 200 T€ für das Jahr 2004 beschlossen. Das bisherige Nennkapital beträgt 150 T€.

Die Hinkelstein-AG verfügt zum 31.12.04 über folgende Bestände an steuerlichem Eigenkapital:

	Steuerliches Einlagekonto	Sonst. Rücklagen lt. Steuerbilanz	
		Ehemaliges EK 02	neutrales Vermögen
Bestände 31.12.04	120 T€	70 T€	140 T€

Lösung

	Betrag der Kapitalerhöhung	200 T€
./.	Bestand des steuerlichen Einlagekontos gem. § 28 Abs. 1 Satz 2 KStG zum 31.12.2004	120 T€
=	Evtl. Restbetrag	80 T€
=	Sonderausweis gem. § 28 Abs. 1 Satz 3 KStG	80 T€

Da der Bestand des steuerlichen Einlagekontos zur Finanzierung der Kapitalerhöhung nicht ausreicht, ist der Restbetrag durch Umwandlung sonstiger Rücklagen (Gewinnrücklagen) in Nennkapital aufzubringen. Die in Nennkapital umgewandelten sonstigen Rücklagen sind gem. § 28 Abs. 1 Satz 3 KStG als Sonderausweis getrennt auszuweisen und gesondert festzustellen.

[281] Vgl. Rosenberg, O., Steuerliches Einlagekonto und Kapitalerhöhung, Kapitalherabsetzung und Auflösung, in: Linklaters, Oppenhoff & Rädler, Steueränderungen zum 1.1.2002 im Unternehmensbereich, DB 2002, Beil. 1, S. 53.

[282] Vgl. Förster, G./ van Lishaut, I., Das körperschaftsteuerliche Eigenkapital i.S.d. §§ 27-29 KStG 2001 (Teil 1), FR 2002, S. 1213.

Nach der Kapitalerhöhung ergeben sich folgende Eigenkapitalbestände:

	Nenn-kapital	Steuerl. Einlage-konto	Sonst. Rücklagen lt. StB		Sonderausweis § 28 I S. 3 KStG
			Ehemaliges EK 02	neutrales Vermögen	
Bestände 31.12.04 vor Kapitalerhöhung	150 T€	120 T€	70 T€	140 T€	
Kapitalerhöhung durch Umwandlung von Rücklagen:	+ 200 T€				
1. Minderung steuerl. Einlagekonto		./. 120 T€			
2. Bildung Sonderausweis				./. 80 T€	+ 80 T€
Bestände 31.12.04 nach Kapitalerhöhung	350 T€	0 T€	70 T€	60 T€	80 T€

Merke: Die Umwandlung von Rücklagen in Nennkapital führt

- zur Erhöhung des Nennkapitals,
- zur Erhöhung des gesondert festzustellenden Sonderausweises,
- zur Minderung des Bestands des steuerlichen Einlagekontos,
- zur Minderung der sonstigen Rücklagen lt. Steuerbilanz, was eine Minderung des neutralen Vermögens bedeutet,
- zu keiner Minderung des gesondert festzustellenden Teilbetrags i.S.d. § 38 KStG.

5.6.1.1.2 Kapitalherabsetzung

Bei Herabsetzung des Nennkapitals ist vorrangig der auf den Schluss des vorangegangenen Wirtschaftsjahres festgestellte Sonderausweis zu mindern. Übersteigt der Betrag der Nennkapitalherabsetzung den Bestand des Sonderausweises, so ist der Differenzbetrag dem steuerlichen Einlagekonto gutzuschreiben, soweit die Einlage in das Nennkapital geleistet wurde (§ 28 Abs. 2 Satz 1 KStG).

	Betrag der Kapitalherabsetzung
./.	Sonderausweis, falls vorhanden (jedoch maximal Betrag der Kapitalherabsetzung!)
=	Evtl. Restbetrag
=	Gutschrift auf steuerlichem Einlagekonto gem. § 28 Abs. 2 Satz 1 KStG

Merke: Im Vergleich zur Kapitalerhöhung läuft die Kapitalherabsetzung konsequenterweise in der **umgekehrten Reihenfolge** ab:

Kapitalerhöhung:	1. Vorrangige Minderung des steuerlichen Einlagekontos
	2. Bildung eines Sonderausweises
Kapitalherabsetzung:	1. Minderung des Sonderausweises
	2. Gutschrift auf steuerlichem Einlagekonto

Mit der vorrangigen Minderung des Sonderausweises werden frühere Kapitalerhöhungen durch Umwandlung von Rücklagen in Nennkapital rückgängig gemacht. Die sonstigen Rücklagen, die einst das Nennkapital erhöht haben, fallen aus der Nennkapital- in die Rücklagensphäre zurück. Wird das herabgesetzte Nennkapital an die Anteilseigner zurückgezahlt, handelt es sich, soweit ein Sonderausweis zu mindern ist, um Einkünfte aus Kapitalvermögen i.S.d. § 20 Abs. 1 Nr. 2 EStG, die der Halbeinkünftebesteuerung unterliegen (§ 28 Abs. 2 Satz 2 Hs. 1 KStG). Im Zusammenhang mit der Bildung des Sonderausweises wird damit sichergestellt, dass die Gewinnrücklagen durch Umwandlung in Nennkapital und anschließender Kapitalherabsetzung und Rückzahlung **nicht** der Besteuerung auf Ebene des Anteilseigners entzogen werden können.[283]

Bei dem nach Minderung des Sonderausweises verbleibenden Restbetrag handelt es sich ausschließlich um Nennkapital, welches aus den geleisteten Einlagen der Anteilseigner besteht. Mit der Gutschrift dieses Betrags auf dem steuerlichen Einlagekonto werden die Einlagen aus dem Nennkapital in das Konto der nicht in das Nennkapital geleisteten Einlagen überführt.[284] Werden die gutgeschriebenen Einlagen im Zuge der Kapitalherabsetzung an die Anteilseigner zurückgezahlt, so liegt wie im Fall einer Ausschüttung aus dem steuerlichen Einlagekonto eine steuerfreie Rückgewähr der Gesellschaftereinlagen i.S.d. § 20 Abs. 1 Nr. 1 Satz 3 EStG vor.

Die Minderung des Sonderausweises und die Gutschrift auf dem steuerlichen Einlagekonto erfolgen am Ende des Wirtschaftsjahres, in dem die Kapitalherabsetzung wirksam wird.[285]

Beispiel

Kapitalherabsetzung

An der Hinkelstein-AG ist die Obelix-GmbH zu 50 % beteiligt. Die restlichen 50 % der Anteile hält Asterix. In einer Gesellschafterversammlung wird für das Jahr 2006 eine Kapitalherabsetzung mit anschließender Rückzahlung an die Anteilseigner in Höhe von 120 T€ beschlossen.

---

283 Vgl. Antweiler, P., in: Ernst&Young (Hrsg.), KStG-Kommentar, Band 2: §§ 14-40 KStG/ EStG/ SolzG, 36. Erg.-Lief., Berlin 2003, § 28 KStG, Rz. 56.

284 Vgl. Franz, M., Das steuerliche Einlagekonto, GmbHR 2003, S. 824.

285 Vgl. BMF v. 04.06.2003, IV A 2 - S-2836- 2/03, BStBl. I 2003, S. 366, Tz. 38.

Die Hinkelstein-AG verfügt zum 31.12.05 über folgende Bestände an steuerlichem Eigenkapital:

	Nenn-kapital	Steuerl. Einlage-konto	Sonst. Rücklagen lt. StB		Sonderausweis § 28 I S. 3 KStG
			Ehemaliges EK 02	Neutrales Vermögen	
Bestände 31.12.05	350 T€	0 T€	70 T€	60 T€	80 T€

Lösung

1. Kapitalherabsetzung

	Betrag der Kapitalherabsetzung	120 T€
./.	Minderung des Sonderausweises	80 T€
=	Evtl. Restbetrag	40 T€
=	Gutschrift auf steuerlichem Einlagekonto gem. § 28 Abs. 2 Satz 1 KStG	40 T€

Nach der Kapitalherabsetzung ergeben sich folgende Eigenkapitalbestände:

	Nenn-kapital	Steuerl. Einlage-konto	Sonst. Rücklagen lt. StB		Sonderausweis § 28 I S. 3 KStG
			Ehemali-ges EK 02	neutrales Vermögen	
Bestände 31.12.05 vor Kapitalherabsetzung	350 T€	0 T€	70 T€	60 T€	80 T€
Kapitalherabsetzung:	./. 120 T€				
1. Minderung Sonder-ausweis				+ 80 T€	./. 80 T€
2. Gutschrift steuerl. Einlagekonto		+ 40 T€			
Bestände 31.12.06 nach Kapitalherabset-zung	230 T€	40 T€	70 T€	140 T€	0 T€
Rückzahlung an die Anteilseigner		./. 40 T€		./. 80 T€	
Bestände 31.12.06	230 T€	0 T€	70 T€	60 T€	0 T€

2. Rückzahlung des herabgesetzten Nennkapitals an die Anteilseigner
An die Obelix-AG und Asterix werden jeweils 20 T€ aus dem steuerlichen Einlagekonto und jeweils 40 T€ aus den sonstigen Rücklagen zurückgezahlt. Bei dem aus dem steuerlichen Einlagekonto stammenden Betrag handelt es sich um steuerfreie Bezüge nach § 20 Abs. 1 Nr. 1 Satz 3 EStG. In Höhe des geminderten Sonderausweises führt die Rückzahlung zu Einkünften aus Kapitalvermögen i.S.d. § 20 Abs. 1 Nr. 2 EStG, die der Halbeinkünftebesteuerung unterliegen:

Obelix-AG:
Nach § 8b Abs. 1 KStG sind Einkünfte aus Kapitalvermögen i.S.d. § 20 Abs. 1 Nr. 2 EStG steuerfrei.

Asterix:
Als natürliche Person muss Asterix die Einkünfte aus Kapitalvermögen i.S.d. § 20 Abs. 1 Nr. 2 EStG nach § 3 Nr. 40 Bst. e EStG gem. dem Halbeinkünfteverfahren zur Hälfte versteuern.

5.6.1.1.3 Minderung des Sonderausweises durch das steuerliche Einlagekonto

Ist bei der Kapitalerhöhung durch Umwandlung von Rücklagen in Nennkapital ein Sonderausweis entstanden, so ist dieser gem. § 28 Abs. 3 KStG zum Schluss eines jeden Wirtschaftsjahres um einen evtl. positiven Bestand des steuerlichen Einlagekontos zu mindern. Das steuerliche Einlagekonto ist entsprechend zu reduzieren. Im Ergebnis werden die in Nennkapital umgewandelten sonstigen Rücklagen durch später getätigte Einlagen der Gesellschafter ersetzt. Dieser Vorgang wird als **Umfinanzierung des Nennkapitals** bezeichnet, da der Sonderausweis durch die späteren Einlagen wieder rückgängig gemacht wird. Die sonstigen Rücklagen, genauer das **neutrale Vermögen**, erhöhen sich durch den Vorgang entsprechend.

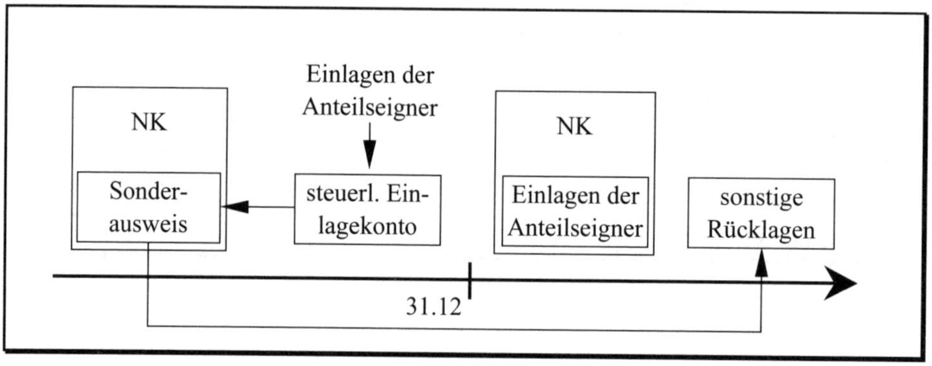

Abbildung 86: Minderung des Sonderausweises durch das steuerliche Einlagekonto

Die Regelung des § 28 Abs. 3 KStG vereinfacht die Umsetzung des KSt-Rechts in der Praxis. Zum einen kann das Nebeneinander von Sonderausweis und steuerlichem Einlagekonto vermieden und zum anderen der komplizierte Sonderausweis beseitigt werden.[286]

Merke: Ein Blick auf den gesamten § 28 KStG lässt erkennen, dass der Gesetzgeber mit dieser Vorschrift beabsichtigt, Nennkapital vorrangig aus Einlagen der Gesellschafter und nachrangig aus sonstigen Rücklagen zu finanzieren.

Beispiel

Minderung des Sonderausweises durch das steuerliche Einlagekonto

Fortführung des Beispiels zur Kapitalerhöhung durch Umwandlung von Rücklagen in Nennkapital unter Punkt 5.6.1.1.1 „Kapitalerhöhung aus Gesellschaftsmitteln".

Die Hinkelstein-AG weist zum 31.12.04 folgende Eigenkapitalbestände aus:

	Nennkapital	Steuerl. Einlagekonto	Sonst. Rücklagen lt. StB		Sonderausweis § 28 I S. 3 KStG
			Ehemaliges EK 02	neutrales Vermögen	
Bestände 31.12.04	350 T€	0 T€	70 T€	60 T€	80 T€

Der Gesellschafter Asterix leistet im Jahr 05 Einlagen in Höhe von 100 T€. Das steuerliche Einlagekonto ist folglich um 100 T€ zu erhöhen.

Lösung

	Nennkapital	Steuerl. Einlagekonto	Sonst. Rücklagen lt. StB		Sonderausweis § 28 I S. 3 KStG
			Ehemaliges EK 02	neutrales Vermögen	
Bestände 31.12.04	350 T€	0 T€	70 T€	60 T€	80 T€
Einlage des Asterix: Zugang steuerl. Einlagekonto		+ 100 T€			
Minderung Sonderausweis durch steuerl. Einlagekonto gem. § 28 III KStG (max. bis Sonderausweis = 0)		./. 80 T€		+ 80 T€	./. 80 T€
Bestände 31.12.05	350 T€	20 T€	70 T€	140 T€	0 T€

[286] Vgl. Förster, G./ van Lishaut, I., Das körperschaftsteuerliche Eigenkapital i.S.d. §§ 27-29 KStG 2001 (Teil 1), FR 2002, S. 1216.

5.6.1.2 Fiktion der Herabsetzung des Nennkapitals der übertragenden Kapitalgesellschaft gem. § 29 Abs. 1 KStG

1. Schritt:	Das Nennkapital der übertragenden Kapitalgesellschaft gilt zunächst als in vollem Umfang nach § 28 Abs. 2 Satz 1 KStG herabgesetzt (§ 29 Abs. 1 KStG). Dabei ist vorrangig ein bestehender Sonderausweis zu verringern. Ein darüber hinaus gehender Betrag der Kapitalherabsetzung ist dem steuerlichen Einlagekonto gutzuschreiben.

	Betrag der Nennkapitals am steuerlichen Übertragungsstichtag
./.	Sonderausweis, falls vorhanden (jedoch maximal Betrag der Kapitalherabsetzung!)
=	Evtl. Restbetrag
=	Gutschrift auf steuerlichem Einlagekonto gem. § 28 Abs. 2 Satz 1 KStG

Beispiel

Fiktion der Herabsetzung des Nennkapitals nach § 29 Abs. 1 KStG

Die Schulze&Schultze AG wird rückwirkend zum 31.12.03 auf die Tim&Struppi GmbH verschmolzen. Es handelt es sich um eine Verschmelzung i.S.d. § 2 UmwG. Die Schulze&Schultze AG verfügt über folgende Bestände steuerlichen Eigenkapitals:

	Nennkapital	Steuerl. Einlagekonto
Bestände 31.12.03	150 T€	50 T€

Lösung

	Betrag der Kapitalherabsetzung	150 T€
./.	Minderung des Sonderausweises	0 T€
=	Evtl. Restbetrag	150 T€
=	Gutschrift auf steuerlichem Einlagekonto gem. § 28 Abs. 2 Satz 1 KStG	150 T€

Da die Schulze&Schultze AG keinen Sonderausweis festzustellen hat, kann dieser auch nicht im Wege der Kapitalherabsetzung vorrangig gemindert werden. Das gesamte Nennkapital besteht aus von den Gesellschaftern geleisteten Einlagen und ist daher dem steuerlichen Einlagekonto gutzuschreiben.

	Nennkapital	Steuerliches Einlagekonto
Bestände 31.12.03	150 T€	50 T€
Herabsetzung des Nennkapitals nach § 29 I KStG i.V.m. § 28 II S. 1 KStG:	./. 150 T€	
Gutschrift auf steuerl. Einlagekonto		+ 150 T€
Bestände 31.12.03	0 T€	200 T€

Merke: Die übernehmende Kapitalgesellschaft verfügt nach der Anwendung des § 29 Abs. 1 KStG lediglich über einen Bestand des steuerlichen Einlagekontos.

5.6.1.3 Übergang des Bestands des steuerlichen Einlagekontos

2. Schritt: Der gem. § 29 Abs. 1 KStG ermittelte Bestand des steuerlichen Einlagekontos ist dem steuerlichen Einlagekonto der übernehmenden Kapitalgesellschaft hinzuzurechnen (§ 29 Abs. 2 Satz 1 KStG).

Die Hinzurechnung hat auf den Schluss des Wirtschaftsjahres der übernehmenden Kapitalgesellschaft zu erfolgen, in dem der steuerliche Übertragungsstichtag liegt. Demnach ist auf diesen Stichtag der nach § 29 Abs. 1 KStG ermittelte Bestand des steuerlichen Einlagekontos der Überträgerin dem Bestand der übernehmenden Kapitalgesellschaft hinzuzurechnen, der sich am Schluss des vorangegangenen Wirtschaftsjahres ergeben hat.[287]

Beispiel

Addition der Bestände des steuerlichen Einlagekontos nach § 29 Abs. 2 Satz 1 KStG

Fortführung des Beispiels zur Fiktion der Herabsetzung des Nennkapitals nach § 29 Abs. 1 KStG unter Punkt 5.6.1.2 „Fiktion der Herabsetzung des Nennkapitals der übertragenden Kapitalgesellschaft gem. § 29 Abs. 1 KStG".

Steuerlicher Übertragungsstichtag ist der 31.12.03.
Die Schulze&Schultze AG weist nach Anwendung von § 29 Abs. 1 KStG ein steuerliches Einlagekonto von 200 T€ aus.

Die Tim&Struppi GmbH verfügt über folgende Bestände steuerlichen Eigenkapitals:

	Nennkapital	Steuerl. Einlagekonto
Bestände 31.12.02	100 T€	60 T€

[287] Vgl. Antweiler, P., in: Ernst&Young (Hrsg.), KStG-Kommentar, Band 2: §§ 14-40 KStG/ EStG/ SolzG, 36. Erg.-Lief., Berlin 2003, § 29 KStG, Rz. 47 f.

Lösung

Tim&Struppi GmbH	Nennkapital	Steuerl. Einlagekonto
Bestände 31.12.02	100 T€	60 T€
Hinzurechnung nach § 29 II S. 1 KStG: Bestand steuerliches Einlagekonto der Schulze&Schultze AG		+ 200 T€
Bestände 31.12.03	100 T€	260 T€

Bestehen vor der Verschmelzung zwischen den beteiligten Kapitalgesellschaften Beteiligungsverhältnisse, so wird die Hinzurechnung nach § 29 Abs. 2 Satz 1 KStG durch Satz 2 und 3 dieser Vorschrift eingeschränkt:

§ 29 Abs. 2 Satz 2 KStG: „Eine Hinzurechnung des Bestands des steuerlichen Einlagekontos nach Satz 1 unterbleibt im Verhältnis des Anteils des Übernehmers an dem übertragenden Rechtsträger."

Dies bedeutet, dass eine Hinzurechnung nicht erfolgt, soweit die übernehmende Kapitalgesellschaft an der übertragenden Kapitalgesellschaft beteiligt ist.

	Bestand des steuerl. Einlagekontos der übertragenden Kapitalgesellschaft zum steuerl. Übertragungsstichtag nach § 29 Abs. 1 KStG
./.	Kürzung des Hinzurechnungsbetrags im Verhältnis der Beteiligung der übernehmenden an der übertragenden Kapitalgesellschaft nach § 29 Abs. 2 Satz 2 KStG
=	Hinzuzurechnender Bestand des steuerl. Einlagekontos der übertragenden Kapitalgesellschaft nach § 29 Abs. 2 KStG

Begründung: Mit dieser Vorgehensweise werden die einst ins Nennkapital bzw. ins steuerliche Einlagekonto der Tochtergesellschaft geleisteten Einlagen der Muttergesellschaft rückgängig gemacht.[288]

Hintergrund: Bei der übernehmenden Muttergesellschaft sind nur diejenigen Einlagen der Tochtergesellschaft zu erfassen und fortzuführen, die von außenstehenden Dritten geleistet wurden. Die von der übernehmenden Muttergesellschaft selbst geleisteten Einlagen sind keine Einlagen eines Dritten mehr und somit auch nicht weiter zu erfassen.[289]

[288] Vgl. Melchior, J., Übersicht über die Änderungen durch das Gesetz zur Fortentwicklung des Unternehmenssteuerrechts (Unternehmenssteuerfortentwicklungsgesetz), DStR 2002, S. 7.

[289] Vgl. Voß, K., Aktuelle Probleme des neuen Eigenkapitalausweises nach den §§ 27-29 KStG, BB 2003, S. 882.

Beispiel

Kürzung der Hinzurechnung im Fall des „up-stream merger"
Die Tom&Jerry-GmbH soll rückwirkend zum 31.12.03 auf die Spike-AG verschmolzen werden. Die Spike-AG ist zu 80 % an der Tom&Jerry-GmbH beteiligt. Weitere 20 % hält der Gesellschafter Tom.

Spike-AG und Tom&Jerry-GmbH verfügen über folgende Bestände steuerlichen Eigenkapitals:

	Nennkapital	Steuerl. Einlagekonto
Bestände Spike-AG 31.12.02	150 T€	40 T€
Bestände Tom&Jerry-GmbH 31.12.03	100 T€	80 T€

Lösung

Tom & Jerry-GmbH:

	Nennkapital	Steuerl. Einlagekonto
Bestände 31.12.03	100 T€	80 T€
Herabsetzung des Nennkapitals nach § 29 I KStG i.V.m. § 28 II S. 1 KStG:	./. 100 T€	
Gutschrift auf steuerl. Einlagekonto		+ 100 T€
Bestände 31.12.03	0 T€	180 T€

Spike-AG:
Nach § 29 Abs. 2 Satz 2 KStG unterbleibt die Hinzurechnung des Bestands des steuerlichen Einlagekontos der Tom&Jerry-GmbH im Umfang der Beteiligung. Demnach werden lediglich 20 % des Bestandes des steuerlichen Einlagekontos der Tom&Jerry-GmbH dem der Spike-AG hinzugerechnet.

	Bestand des steuerl. Einlagekontos der Tom&Jerry-GmbH zum steuerl. Übertragungsstichtag 31.12.03	180 T€
./.	Kürzung des Hinzurechnungsbetrags im Verhältnis der Beteiligung nach § 29 Abs. 2 Satz 2 KStG (0,8 * 180 T€)	144 T€
=	Hinzuzurechnender Bestand des steuerl. Einlagekontos der Tom&Jerry GmbH nach § 29 Abs. 2 KStG	36 T€

Für die aufnehmende Spike-AG ergeben sich folgende Eigenkapitalbestände:

Spike-AG	Nennkapital	Steuerl. Einlagekonto
Bestände 31.12.02	150 T€	40 T€
Hinzurechnung nach § 29 II KStG: Hinzuzurechnender Bestand steuerliches Einlagekonto Tom&Jerry GmbH		+ 36 T€
Bestände 31.12.03	150 T€	76 T€

Entsprechendes gilt für den Fall der Verschmelzung der Mutter- auf die Tochtergesellschaft („down-stream merger"):

> **§ 29 Abs. 2 Satz 3 KStG:** „Der Bestand des Einlagekontos des Übernehmers mindert sich anteilig im Verhältnis des Anteils des übertragenden Rechtsträgers am Übernehmer."

Im Gegensatz zu § 29 Abs. 2 Satz 2 KStG ist hier der Bestand des steuerlichen Einlagekontos der **übernehmenden Kapitalgesellschaft** vor der Hinzurechnung nach Satz 1 zu kürzen, jedoch nur, soweit die übertragende an der übernehmenden Kapitalgesellschaft beteiligt ist.

	Bestand des steuerlichen Einlagekontos der übernehmenden Kapitalgesellschaft zum steuerl. Übertragungsstichtag
./.	Kürzung des steuerl. Einlagekontos im Verhältnis der Beteiligung der übertragenden an der übernehmenden Kapitalgesellschaft gem. § 29 Abs. 2 Satz 3 KStG
=	Bestand des steuerl. Einlagekontos der übernehmenden Kapitalgesellschaft zum steuerlichen Übertragungsstichtag nach § 29 Abs. 2 KStG

Begründung:

- Das steuerliche Einlagekonto der übertragenden Muttergesellschaft umfasst nur die Einlagen der außenstehenden Gesellschafter. Daher kommt eine Kürzung des hinzuzurechnenden Einlagekontos wie beim „up-stream merger" nicht in Betracht.[290]
- Das steuerliche Einlagekonto der aufnehemenden Tochtergesellschaft umfasst u.a. Einlagen der übertragenden Muttergesellschaft. Bei Verschmelzung der Muttergesellschaft auf die Tochtergesellschaft besteht kein Grund mehr, den Teil des steuerlichen Einlagekontos, welcher die Einlagen der Muttergesellschaft beinhaltet, bei der Tochtergesellschaft zu erfassen.[291]

290 Vgl. Voß, K., Aktuelle Probleme des neuen Eigenkapitalausweises nach den §§ 27-29 KStG, BB 2003, S. 882.

291 Vgl. Antweiler, P., in: Ernst&Young (Hrsg.), KStG-Kommentar, Band 2: §§ 14-40 KStG/ EStG/ SolzG, 36. Erg.-Lief., Berlin 2003, § 29 KStG, Rz. 63.

Beispiel

Kürzung im Fall des „down-stream merger"
Die Spike-AG wird rückwirkend zum 31.12.03 auf die Tom&Jerry-GmbH verschmolzen.
Die Spike-AG ist zu 80 % und Tom zu 20 % an der Tom&Jerry-GmbH beteiligt.
Die Gesellschaften verfügen über folgende Bestände steuerlichen Eigenkapitals:

	Nennkapital	Steuerl. Einlagekonto
Bestände Spike-AG 31.12.03	150 T€	40 T€
Bestände Tom&Jerry-GmbH 31.12.02	100 T€	80 T€

Lösung

Spike-AG:

	Nennkapital	Steuerl. Einlagekonto
Bestände 31.12.03	150 T€	40 T€
Herabsetzung des Nennkapitals nach § 29 I KStG i.V.m. § 28 II S. 1 KStG:	./. 150 T€	
Gutschrift auf steuerl. Einlagekonto		+ 150 T€
Bestände 31.12.03	0 T€	190 T€

Tom&Jerry-GmbH:
Nach § 29 Abs. 2 Satz 3 KStG ist der Bestand des steuerlichen Einlagekontos der Tom&Jerry-GmbH vor der Hinzurechnung im Umfang der Beteiligung, d.h. um 80 %, zu kürzen. Damit umfasst das steuerliche Einlagekonto der Tochtergesellschaft lediglich 20 % des ursprünglichen Bestandes.

	Bestand des steuerl. Einlagekontos der Tom&Jerry-GmbH zum steuerl. Übertragungsstichtag 31.12.03	80 T€
./.	Kürzung des steuerl. Einlagekontos im Verhältnis der Beteiligung nach § 29 Abs. 2 Satz 3 KStG (0,8 * 80 T€)	64 T€
=	Bestand des steuerl. Einlagekontos der übernehmenden Kapitalgesellschaft zum steuerl. Übertragungsstichtag nach § 29 Abs. 2 KStG	16 T€

Für die aufnehmende Tom&Jerry-GmbH ergeben sich als Eigenkapitalbestände:

Tom & Jerry-GmbH	Nennkapital	Steuerl. Einlagekonto
Bestände 31.12.02	100 T€	80 T€
Hinzurechnung nach § 29 II KStG: 1. Minderung entsprechend dem Beteiligungsverhältnis gem. § 29 II S. 3 KStG (0,8 * 80 T€)		./. 64 T€
2. Hinzurechnung des steuerlichen Einlagekontos der Spike-AG		+ 190 T€
Bestände 31.12.03 nach § 29 II KStG	100 T€	206 T€

Merke:

	Bestand steuerl. Einlagekonto der Tochtergesellschaft
„up-stream merger“	**Kürzung im Verhältnis der Beteiligung**
„down-stream merger“	**Kürzung im Verhältnis der Beteiligung**

Begründung: Vermeidung der doppelten Erfassung der steuerlichen Einlagekonten von Mutter- und Tochterkapitalgesellschaft, die beim „up-stream merger“ bzw. „down-stream merger“ sonst zustande kommen würde.[292]

Auf den ersten Blick wird das steuerliche Einlagekonto der Tochtergesellschaft beim „up-stream merger“ und „down-stream merger“ gleich behandelt. Es reduziert sich im Verhältnis der Beteiligung der Mutter- an der Tochtergesellschaft. Bei näherer Betrachtung des jeweiligen Bestandes des steuerlichen Einlagekontos der Tochtergesellschaft ist allerdings ein Unterschied in der Behandlung zu erkennen, der auf eine Regelungslücke des § 29 Abs. 1 UmwStG zurückzuführen ist. Wie die beiden vorhergehenden Beispiele zur Kürzung der Hinzurechnung aufzeigen, wird beim „up-stream merger“ ein im Vergleich zum „down-stream merger“ höherer Bestand des steuerlichen Einlagekontos der Tochtergesellschaft im Verhältnis der Beteiligung reduziert. Aufgrund der Regelung in § 29 Abs. 1 KStG ist das steuerliche Einlagekonto der Tochtergesellschaft beim „up-stream merger“ um das Nennkapital höher. Der Gesetzgeber hat es zunächst versäumt, für Fälle des „down-stream merger“ eine entsprechende Vorschrift zu erlassen. In einem BMF-Schreiben wird dieses Versäumnis allerdings beseitigt. **Demnach ist § 29 Abs. 1 KStG im Falle eines „down-stream merger“ auch auf das Nennkapital der übernehmenden Tochtergesellschaft anzuwenden.** Bei der anschließenden Kürzung des steuerlichen Einlagekontos der Tochtergesellschaft im Verhältnis der Beteiligung wird – wie beim „up-stream merger“ – auf

292 Vgl. Rödder, T./ Schumacher, A., Unternehmenssteuerfortentwicklungsgesetz, DStR 2002, S. 111.

den Bestand abgestellt, der sich nach Anwendung von § 29 Abs. 1 KStG ergibt.[293] Mit dieser Vorgehensweise kann das Prinzip der gleichmäßigen Behandlung der beiden Verschmelzungsvarianten aufrechterhalten werden.

Merke: Der für die Kürzung im Verhältnis der Beteiligung nach § 29 Abs. 2 KStG maßgebliche **Bestand des steuerlichen Einlagekontos** ist der sich **nach Anwendung von § 29 Abs. 1 KStG** ergebende Bestand. Dies gilt sowohl im Falle eines „up-stream merger" als auch im Falle eines „down-stream merger".

Das folgende Beispiel dient der Korrektur des vorangehenden Beispiels und soll die Anwendung des § 29 KStG in Fällen eines „down-stream merger" nach der im BMF-Schreiben dargestellten Vorgehensweise aufzeigen:

Beispiel

Korrigierte Fassung: Kürzung im Fall des „down-stream merger"
Die Spike-AG wird rückwirkend zum 31.12.03 auf die Tom&Jerry-GmbH verschmolzen.
Die Spike-AG ist zu 80 % und Tom zu 20 % an der Tom&Jerry-GmbH beteiligt.
Die Gesellschaften verfügen über folgende Bestände steuerlichen Eigenkapitals:

	Nennkapital	Steuerl. Einlagekonto
Bestände Spike-AG 31.12.03	150 T€	40 T€
Bestände Tom & Jerry-GmbH 31.12.02	100 T€	80 T€

Lösung

Spike-AG:

	Nennkapital	Steuerl. Einlagekonto
Bestände 31.12.03	150 T€	40 T€
Herabsetzung des Nennkapitals nach § 29 I KStG i.V.m. § 28 II S. 1 KStG:	./. 150 T€	
Gutschrift auf steuerl. Einlagekonto		+ 150 T€
Bestände 31.12.03	0 T€	190 T€

293 Vgl. BMF v. 16.12.2003, IV A 2 - S 1978 - 16/03, BStBl. I 2003, S. 786, Tz. 39.

Tom & Jerry-GmbH:

1. Fiktive Herabsetzung des Nennkapitals nach § 29 Abs. 1 KStG:

	Nennkapital	Steuerl. Einlagekonto
Bestände 31.12.02	100 T€	80 T€
Herabsetzung des Nennkapitals nach § 29 I KStG i.V.m. § 28 II S. 1 KStG:	./. 100 T€	
Gutschrift auf steuerl. Einlagekonto		+ 100 T€
Bestände 31.12.03	0 T€	180 T€

2. Kürzung des Bestands des steuerlichen Einlagekontos nach Anwendung von § 29 Abs. 1 KStG:

Der sich nach Anwendung von § 29 Abs. 1 KStG ergebende Bestand des steuerlichen Einlagekontos der Tom&Jerry-GmbH ist vor der Hinzurechnung im Umfang der Beteiligung, d.h. um 80 %, zu kürzen (§ 29 Abs. 2 Satz 3 KStG). Damit umfasst das steuerliche Einlagekonto der Tochtergesellschaft lediglich 20 % des ursprünglichen Bestandes.

	Bestand des steuerl. Einlagekontos der Tom&Jerry-GmbH zum steuerl. Übertragungsstichtag 31.12.03	180 T€
./.	Kürzung des steuerl. Einlagekontos im Verhältnis der Beteiligung nach § 29 Abs. 2 Satz 3 KStG (0,8 * 180 T€)	144 T€
=	Bestand des steuerl. Einlagekontos der übernehmenden Kapitalgesellschaft zum steuerl. Übertragungsstichtag nach § 29 Abs. 2 KStG	36 T€

Wie im Beispiel zur Kürzung der Hinzurechnung im Fall des „up-stream merger" ist auch hier, beim „down-stream merger", das steuerliche Einlagekonto der Tochtergesellschaft in Höhe von 180 T€ um 144 T€ zu kürzen. „up-stream merger" und „down-stream merger" erfahren somit diesbezüglich die gleiche Behandlung.

Für die aufnehmende Tom&Jerry-GmbH ergeben sich als Eigenkapitalbestände:

Tom & Jerry-GmbH	Nennkapital	Steuerl. Einlagekonto
Bestände 31.12.02	0 T€	180 T€
Hinzurechnung nach § 29 II KStG:		
1. Minderung entsprechend dem Beteiligungsverhältnis gem. § 29 II S. 3 KStG (0,8 * 180 T€)		./. 144 T€
2. Hinzurechnung des steuerlichen Einlagekontos der Spike-AG		+ 190 T€
Bestände 31.12.03 nach § 29 II KStG	0 T€	226 T€

Bilanziell erfolgt die anteilsmäßige Reduktion des steuerlichen Einlagekontos der Tochterkapitalgesellschaft durch Ausbuchung der Beteiligung in der Bilanz der Mutterkapitalgesellschaft.[294]

5.6.1.4 Anpassung an das Nennkapital

3. Schritt:	Ist verschmelzungsbedingt bei der übernehmenden Kapitalgesellschaft eine Kapitalerhöhung vorzunehmen, so richtet sich die Anpassung des Nennkapitals gem. § 29 Abs. 4 KStG nach den allgemeinen Regeln der Kapitalerhöhung i.S.d. § 28 Abs. 1 und 3 KStG.

Der **Umfang der Anpassung des Nennkapitals** ergibt sich aus der Gegenüberstellung des Nennkapitals der übernehmenden Kapitalgesellschaft vor der Verschmelzung mit dem nach der Verschmelzung:

	Nennkapital der übernehmenden Kapitalgesellschaft nach der Verschmelzung
./.	Nennkapital der übernehmenden Kapitalgesellschaft vor der Verschmelzung
=	Gem. § 29 Abs. 4 KStG anzupassender Teil des Nennkapitals

Da das Nennkapital in Fällen eines „down-stream merger" fiktiv auf Null herabzusetzen ist,[295] umfasst der Anpassungsbetrag das Nennkapital der übernehmenden Kapitalgesellschaft nach der Verschmelzung.

Wird die übernehmende Kapitalgesellschaft durch die Verschmelzung erst neu gegründet, ist ein Vergleich des Nennkapitals vor und nach der Verschmelzung nicht möglich. Der Anpassungsbetrag ist in diesem Fall gleich dem Nennkapital, welches in der Satzung der neu gegründeten Kapitalgesellschaft vorgesehen ist.

Da § 29 Abs. 4 KStG auf § 28 Abs. 1 KStG verweist, wird das Nennkapital durch die Umwandlung von Rücklagen angepasst. Da dieser letzte Schritt erst nach der Anwendung von § 28 Abs. 2 KStG vorzunehmen ist, steht für die Anpassung des Nennkapitals bei der übernehmenden Kapitalgesellschaft neben dem eigenen Bestand des steuerlichen Einlagekontos auch der nach § 29 Abs. 2 KStG übergegangene Bestand der übertragenden Kapitalgesellschaft zur Verfügung. Diese Vorschrift verfolgt wie auch § 28 Abs. 1 KStG das Ziel, das Nennkapital vorrangig aus Einlagen und erst nachrangig aus sonstigen Rücklagen zu finanzieren.[296]

294 Vgl. Antweiler, P., in: Ernst&Young (Hrsg.), KStG-Kommentar, Band 2: §§ 14-40 KStG/ EStG/ SolzG, 36. Erg.-Lief., Berlin 2003, § 29 KStG, Rz. 55.

295 Vgl. BMF v. 16.12.2003, IV A 2 - S 1978 - 16/03, BStBl. I 2003, S. 786, Tz. 39.

296 Vgl. Antweiler, P., in: Ernst&Young (Hrsg.), KStG-Kommentar, Band 2: §§ 14-40 KStG/ EStG/ SolzG, 36. Erg.-Lief., Berlin 2003, § 29 KStG, Rz. 108.

Gem. § 28 Abs. 1 KStG läuft die Anpassung des Nennkapitals im Rahmen der Verschmelzung folgendermaßen ab:

	Gem. § 29 Abs. 4 KStG anzupassender Teil des Nennkapitals
./.	Bestand des steuerl. Einlagekontos der übernehmenden Kapitalgesellschaft zum steuerlichen Übertragungsstichtag gem. § 29 Abs. 2 KStG (jedoch maximal Betrag der Nennkapitalanpassung!)
=	Evtl. Restbetrag, welcher durch sonstige Rücklagen zu finanzieren ist
=	Sonderausweis gem. § 28 Abs. 1 Satz 3 KStG

Beispiel

Anpassung des Nennkapitals im Fall des „down-stream merger“

Fortführung des Beispiels zur Addition der Bestände des steuerlichen Einlagekontos nach § 29 Abs. 2 Satz 1 KStG unter Punkt 5.6.1.3 „Übergang des Bestands des steuerlichen Einlagekontos“.

Die Tim&Struppi GmbH hat zur Abfindung der Gesellschafter der Schulze&Schultze AG ihr Stammkapital um 120 T€ auf 220 T€ zu erhöhen.

Die Tim&Struppi GmbH verfügt nach Anwendung von § 29 Abs. 2 KStG über folgende Eigenkapitalbestände:

	Nennkapital	Steuerl. Einlagekonto
Bestände 31.12.03	100 T€	260 T€

Lösung

	Nennkapital der Tim&Struppi GmbH nach der Verschmelzung	220 T€
./.	Nennkapital der Tim&Struppi GmbH vor der Verschmelzung	100 T€
=	Gem. § 29 Abs. 4 KStG anzupassender Teil des Nennkapitals	120 T€
./.	Bestand des steuerl. Einlagekontos der Tim&Struppi GmbH gem. § 29 Abs. 2 KStG	./.120 T€
=	Evtl. Restbetrag, der durch sonstige Rücklagen zu finanzieren ist	0 T€

Da der Bestand des steuerlichen Einlagekontos für die Finanzierung des Nennkapitals ausreicht, sind keine sonstigen Rücklagen dafür zu verwenden. Insofern ist auch kein Sonderausweis gem. § 28 Abs. 1 Satz 3 KStG zu bilden.

Tim&Struppi GmbH	T€	Nenn-kapital	Steuerl. Einlagekonto	Σ
Bestände nach Anwendung von § 29 II KStG		100 T€	260 T€	360 T€
Anpassung des Nennkapitals nach § 29 IV KStG:				
Gem. § 29 IV KStG anzupassender Teil des NK	120 T€			
Minderung steuerl. Einlagekonto	./. 120 T€	+ 120 T€	./. 120 T€	
Restbetrag	0 T€			
Bestände 31.12.03		220 T€	140 T€	360 T€

Achtung: Muss die Nennkapitalanpassung auch durch die Umwandlung von sonstigen Rücklagen finanziert werden, ist nach § 28 Abs. 1 Satz 3 KStG ein Sonderausweis zu bilden. Für diesen Fall verweist § 29 Abs. 4 auf § 28 Abs. 3 KStG. Demnach ist der Sonderausweis am Ende eines jeden Wirtschaftsjahres mit dem steuerlichen Einlagekonto zu verrechnen, falls dieses (durch Einlagen der Gesellschafter) einen positiven Bestand aufweist.

5.6.1.5 Verschmelzung ohne Kapitalerhöhung

Ist die übernehmende Kapitalgesellschaft zu 100 % an der übertragenden Kapitalgesellschaft beteiligt, so ist nach § 54 Abs. 1 Satz 1 Nr. 1 UmwG eine Erhöhung des Nennkapitals verboten. Allerdings ist eine Kapitalerhöhung auch nicht notwendig, da keine Anteilseigner mit neuen Anteilen abzufinden sind.

Beispiel

§ 29 KStG im Fall des „up-stream merger"

Die Daltons-GmbH wird rückwirkend zum 31.12.03 auf die LuckyLuke-AG verschmolzen. Die LuckyLuke-AG ist Alleingesellschafterin der Daltons-GmbH.

Die Bilanzen der beiden Kapitalgesellschaften haben folgendes Bild:

Aktiva	LuckyLuke-AG		Passiva
Beteiligung	80 T€	Nennkapital	50 T€
		Kapitalrücklage	10 T€
		Gewinnrücklagen	20 T€
	80 T€		80 T€

Aktiva	Daltons-GmbH		Passiva
Aktiva	100 T€	Stammkapital	50 T€
		Kapitalrücklage	30 T€
		Gewinnrücklagen	20 T€
	100 T€		100 T€

Die Eigenkapitalbestände beider Kapitalgesellschaften sind:

	Nennkapital	Steuerl. Einlagekonto	Sonst. Rücklagen
Bestände LuckyLuke-AG 31.12.02	50 T€	10 T€	20 T€
Bestände Daltons-GmbH 31.12.03	50 T€	30 T€	20 T€

Lösung

1. Kapitalveränderungen nach § 29 KStG:

1. Schritt: *Herabsetzung des Stammkapitals der übertragenden Daltons-GmbH nach § 29 Abs. 1 KStG:*

Daltons-GmbH	Nenn-kapital	Steuerl. Einlagekonto	Sonst. Rücklagen
Bestände 31.12.03	50 T€	30 T€	20 T€
Herabsetzung des Stammkapitals nach § 29 I KStG:	./. 50 T€		
Gutschrift auf steuerl. Einlagekonto		+ 50 T€	
Bestände 31.12.03	0 T€	80 T€	20 T€

2. Schritt: *Übergang des steuerlichen Einlagekontos der Daltons-GmbH nach § 29 Abs. 2 KStG:*

Der Bestand des steuerlichen Einlagekontos der Daltons-GmbH ist dem steuerlichen Einlagekonto der LuckyLuke-AG hinzuzurechnen (§ 29 Abs. 2 Satz 1 KStG). Nach § 29 Abs. 2 Satz 2 KStG unterbleibt diese Hinzurechnung, soweit die übernehmende an der übertragenden Kapitalgesellschaft beteiligt ist. Da die LuckyLuke-AG alleiniger Gesellschafter der Daltons-GmbH ist, unterbleibt die Hinzurechnung in vollem Umfang.

3. Schritt: *Anpassung des Nennkapitals der LuckyLuke-AG nach § 29 Abs. 4 KStG:*

Da es sich um einen „up-stream merger" handelt, ist eine Anpassung des Nennkapitals nicht vorzunehmen. Der dritte Schritt entfällt somit.

2. Bilanz der LuckyLuke-AG:

Aktiva			LuckyLuke-AG	Passiva
Beteiligung	80 T€		Nennkapital	50 T€
./. Beteiligung	./. **80 T€**	0 T€	Kapitalrücklage	10 T€
			Gewinnrücklagen	20 T€
+ Aktiva D-GmbH	+ **100 T€**	100 T€	Übernahmegewinn*)	**20 T€**
		100 T€		100 T€

D-GmbH = Daltons-GmbH

*) Berechnung des Übernahmegewinns nach § 12 Abs. 2 UmwStG:

	Wert des übergehenden Vermögens	100 T€
./.	Buchwert der untergehenden Beteiligung	80 T€
=	Übernahmegewinn	20 T€

Der Übernahmegewinn umfasst die übergehenden Gewinnrücklagen der Daltons-GmbH.

5.6.1.6 Verschmelzung mit Kapitalerhöhung

Eine Kapitalerhöhung ist dann notwendig, wenn Anteilseigner der übertragenden Kapitalgesellschaft mit neuen Anteilen abzufinden sind. Dies ist bei der Verschmelzung von Kapitalgesellschaften ohne gegenseitige Beteiligung und u.U. beim „down-stream merger“ der Fall.

Beispiel

§ 29 KStG bei der Verschmelzung von Kapitalgesellschaften ohne gegenseitige Beteiligung

Die Schulze&Schultze AG wird rückwirkend zum 31.12.03 auf die Tim&Struppi GmbH verschmolzen. Zwischen den Gesellschaften besteht kein Beteiligungsverhältnis. Die Tim&Struppi GmbH hat zur Abfindung der Gesellschafter der Schulze&Schultze AG ihr Stammkapital um 60 T€ auf 210 T€ zu erhöhen.

Die Bilanzen der beiden Kapitalgesellschaften haben folgendes Bild:

Aktiva	Tim&Struppi GmbH		Passiva
Aktiva	280 T€	Stammkapital	150 T€
		Kapitalrücklage	130 T€
	280 T€		280 T€

Aktiva	Schulze&Schultze AG		Passiva
Aktiva	90 T€	Nennkapital	50 T€
		Kapitalrücklage	40 T€
	90 T€		90 T€

Die Eigenkapitalbestände beider Kapitalgesellschaften sind:

	Nennkapital	Steuerliches Einlagekonto
Bestände Tim&Struppi GmbH 31.12.02	150 T€	130 T€
Bestände Schulze&Schultze AG 31.12.03	50 T€	40 T€

Lösung

1. Kapitalveränderungen nach § 29 KStG:

1. Schritt: *Herabsetzung des Nennkapitals der übertragenden Schulze&Schultze AG nach § 29 Abs. 1 KStG:*

Schulze&Schultze AG	Nennkapital	Steuerliches Einlagekonto
Bestände 31.12.03	50 T€	40 T€
Herabsetzung des Nennkapitals nach § 29 I KStG:	./. 50 T€	
Gutschrift auf steuerl. Einlagekonto		+ 50 T€
Bestände 31.12.03	0 T€	90 T€

2. Schritt: *Übergang des steuerlichen Einlagekontos der Schulze&Schultze AG nach § 29 Abs. 2 KStG:*

Der Bestand des steuerlichen Einlagekontos der Schulze&Schultze AG ist dem steuerlichen Einlagekonto der Tim&Struppi GmbH in vollem Umfang hinzuzurechnen (§ 29 Abs. 2 KStG).

Tim&Struppi GmbH	Nennkapital	Steuerliches Einlagekonto
Bestände 31.12.02	150 T€	130 T€
Hinzurechnung nach § 29 II S. 1 KStG: Hinzurechnung des steuerl. Einlagekontos der Schulze&Schultze AG		+ 90 T€
Bestände 31.12.03	150 T€	220 T€

3. Schritt: *Anpassung des Nennkapitals der Tim&Struppi GmbH nach § 29 Abs. 4 KStG:*

Tim&Struppi GmbH	T€	Nenn-kapital	Steuerliches Einlagekonto	Σ
Bestände nach Anwendung von § 29 II KStG		150 T€	220 T€	370 T€
Anpassung des Nennkapitals nach § 29 IV KStG:				
Nennkapital n. Verschmelzung	210 T€			
./. Nennkapital v. Verschmelzung	./. 150 T€			
= Gem. § 29 IV KStG anzupassender Teil des Nennkapitals	60 T€			
Minderung steuerl. Einlagekonto	./. 60 T€	+ 60 T€	./. 60 T€	
Restbetrag	0 T€			
Bestände 31.12.03		210 T€	160 T€	370 T€

2. Bilanz der Tim&Struppi GmbH:

Aktiva			Tim&Struppi GmbH		Passiva
Aktiva	280 T€		Nennkapital	150 T€	
+ Aktiva S&S AG	+ **90 T€**	370 T€	+ Kapitalerhöhung	+ **60 T€**	210 T€
			KapitalRL	130 T€	
			+ KapitalRL S&S AG +	**90 T€** *)	
			./. Kapitalerhöhung	./. **60 T€**	160 T€
		370 T€			370 T€

S&S AG = Schulze&Schultze AG

*) Die zunächst der Tim&Struppi GmbH zugehende Kapitalrücklage von 90 T€ stellt den Übernahmegewinn der Tim&Struppi GmbH vor Kapitalerhöhung dar. Der Übernahmegewinn nach Kapitalerhöhung ermittelt sich wie folgt:

	Wert des übergehenden Vermögens	90 T€
./.	Buchwert der untergehenden Beteiligung	0 T€
=	Übernahmegewinn	90 T€
./.	Nennwert der mittels Kapitalerhöhung geschaffenen Anteile	60 T€
=	Übernahmegewinn nach Kapitalerhöhung	30 T€

In diesem Beispiel umfasst der Übernahmegewinn nicht die Gewinnrücklagen der übertragenden Schulze&Schultze AG, da diese keine besitzt. Der Übernahmegewinn enthält vielmehr die übergehenden Kapitalrücklagen der Schulze&Schultze AG, die nach Kapitalerhöhung verbleiben. Daher ist der Übernahmegewinn in der Bilanz der Tim&Struppi GmbH als Kapitalrücklage auszuweisen.

5.6.2 Zuordnung von Körperschaftsteuerguthaben gem. § 37 KStG und unbelastetem Teilbetrag gem. § 38 KStG

Der Übergang des Körperschaftsteuerguthabens (KSt-Guthaben) gem. § 37 KStG und des unbelasteten Teilbetrags gem. § 38 KStG auf die übernehmende Kapitalgesellschaft ist außerhalb des § 29 KStG in der gesonderten Vorschrift des § 40 KStG geregelt:

> **§ 40 Abs. 1 KStG:** „Geht das Vermögen einer unbeschränkt steuerpflichtigen Körperschaft durch Verschmelzung nach § 2 des Umwandlungsgesetzes auf eine unbeschränkt steuerpflichtige Körperschaft über, so sind das Körperschaftsteuerguthaben gemäß § 37 und der unbelastete Teilbetrag gemäß § 38 den entsprechenden Beträgen der übernehmenden Körperschaft hinzuzurechnen."

Die übernehmende Kapitalgesellschaft führt somit die Beträge der übertragenden Kapitalgesellschaft weiter. Erst bei zukünftigen ordentlichen Ausschüttungen der übernehmenden Kapitalgesellschaft kommt es zu einer Mobilisierung des KSt-Guthabens nach § 37 KStG bzw. zu einer evtl. Nachversteuerung des unbelasteten Teilbetrags nach § 38 KStG.

Diese Vorgehensweise unterscheidet sich erheblich von derjenigen, die bei der Verschmelzung einer Kapitalgesellschaft auf eine Personengesellschaft zur Anwendung kommt. Der Grund dafür ist die unterschiedliche Behandlung der Rücklagen der übertragenden Kapitalgesellschaft. Da Rücklagen bei der Verschmelzung von Kapitalgesellschaften auf die übernehmende Kapitalgesellschaft übergehen und dort fortgeführt werden, gehen konsequenterweise das KSt-Guthaben (§ 37 KStG) und der unbelastete Teilbetrag (§ 38 KStG) ebenfalls mit über. Das Körperschaftsteuerminderungs- bzw. -erhöhungspotenzial wird damit erst bei Ausschüttungen in der Zukunft und nicht wie bei der Verschmelzung auf eine Personengesellschaft als zwangsläufige Folge der fingierten Ausschüttung der Rücklagen realisiert.[297] Im Ergebnis wird die Realisierung des Körperschaftsteuerminderungs- bzw. -erhöhungspotenzials bei der Verschmelzung von Kapitalgesellschaften lediglich in die Zukunft verlagert. Vorteilhaft ist jedoch, dass die übernehmende Kapitalgesellschaft durch Thesaurierung des unbelasteten Teilbetrags eine Erhöhung der Körperschaftsteuer nach § 38 KStG vermeiden kann.

---

[297] Vgl. Hey, J., Umwandlungssteuergesetz nach der Unternehmenssteuerreform, GmbHR 2001, S. 994 ff.

	Verschmelzung KapGes auf PersGes	Verschmelzung KapGes auf KapGes
KSt-Guthaben gem. § 37 KStG / Unbelasteter Teilbetrag gem. § 38 KStG	Gehen *nicht* auf die PersGes über, da Ausschüttungsfiktion der Gewinnrücklagen	Gehen nach § 40 Abs. 1 KStG auf die übernehmende KapGes über, da Rücklagen ebenfalls übergehen
Rechtsfolge	Sofortige Mobilisierung des KSt-Guthabens und Nachversteuerung des unbelasteten Teilbetrags auf Ebene der übertragenden KapGes (§ 10 Satz 1 UmwStG) Keine Anwendung von § 37 Abs. 2a KStG (§ 10 Satz 2 UmwStG)	Mobilisierung des KSt-Guthabens und Nachversteuerung des unbelasteten Teilbetrags erst bei entsprechender Gewinnausschüttung auf Ebene der übernehmenden KapGes Achtung: Anwendung von § 37 Abs. 2a KStG!

Abbildung 87: Behandlung von KSt-Guthaben (§ 37 KStG) und unbelastetem Teilbetrag (§ 38 KStG) bei der Verschmelzung einer Kapitalgesellschaft auf eine Personengesellschaft bzw. auf eine Kapitalgesellschaft

Bei der Hinzurechnung nach § 40 Abs. 1 KStG ist auf die Bestände des KSt-Guthabens gem. § 37 KStG und des unbelasteten Teilbetrags gem. § 38 KStG der übertragenden Kapitalgesellschaft zum steuerlichen Übertragungsstichtag abzustellen. Diese sind zum Schluss des Wirtschaftsjahres, in dem der steuerliche Übertragungsstichtag liegt, den entsprechenden Beständen der übernehmenden Kapitalgesellschaft zum Schluss des vorangegangenen Wirtschaftsjahres hinzuzuaddieren.[298]

Beispiel

Zeitliche Anwendung des § 40 Abs. 1 KStG

Die Schulze&Schultze AG wird rückwirkend zum 31.06.04 (steuerlicher Übertragungsstichtag) auf die Tim&Struppi GmbH verschmolzen. Das Wirtschaftsjahr der Tim&Struppi GmbH endet am 31.12. Gem. § 40 Abs. 1 KStG werden am 31.12.04 die Bestände des KSt-Guthabens und des unbelasteten Teilbetrags der Schulze&Schultze AG zum 31.06.04 den entsprechenden Beständen der Tim&Struppi GmbH zum 31.12.03 hinzugerechnet.

[298] Vgl. Antweiler, P., in: Ernst&Young (Hrsg.), KStG-Kommentar, Band 2: §§ 14-40 KStG/ EStG/ SolzG, 36. Erg.-Lief., Berlin 2003, § 40 KStG, Rz. 36 f.

Beispiel

§ 40 Abs. 1 KStG bei der Verschmelzung von Kapitalgesellschaften

Die Hinkelstein-AG wird rückwirkend zum 31.12.03 auf die Obelix-GmbH verschmolzen. Die Obelix-GmbH ist zu 100 % an der Hinkelstein-AG beteiligt. Die Bilanzen der beiden Gesellschaften haben folgendes Bild:

Aktiva	Obelix-GmbH		Passiva
Beteiligung	100 T€	Stammkapital	220 T€
Sonst. Aktiva	780 T€	Gewinnrücklagen	660 T€
	880 T€		880 T€

Aktiva	Hinkelstein-AG		Passiva
Aktiva	470 T€	Nennkapital	100 T€
		Gewinnrücklagen	370 T€
	470 T€		470 T€

Die Eigenkapitalbestände beider Kapitalgesellschaften sind:

	Nennkapital	Gesonderte Feststellungen	
		KSt-Guthaben	Unbelasteter Teilbetrag
Bestände Obelix-GmbH 31.12.02	220 T€	110 T€	
Bestände Hinkelstein-AG 31.12.03	100 T€	50 T€	70 T€

Lösung

1. Kapitalveränderungen nach § 29 KStG:

Die einzelnen Schritte von § 29 KStG werden hier nur kurz erläutert. Das Nennkapital der übertragenden Hinkelstein-AG gilt zwar nach § 29 Abs. 1 KStG als herabgesetzt und auf dem steuerlichen Einlagekonto gutgeschrieben. Allerdings geht der Bestand des steuerlichen Einlagekontos nicht nach § 29 Abs. 2 KStG auf die Obelix-GmbH über. Da die übernehmende Obelix-GmbH sämtliche Anteile an der übertragenden Hinkelstein-AG hält, unterbleibt nach § 29 Abs. 2 Satz 2 KStG die Hinzurechnung des Bestands des steuerlichen Einlagekontos in vollem Umfang. Der dritte Schritt der Anpassung nach § 29 Abs. 4 KStG unterbleibt ebenfalls, da eine Erhöhung des Nennkapitals der Obelix-GmbH nach § 54 Abs. 1 Satz 1 Nr. 1 UmwG verboten ist. Zudem sind keine Anteilseigner abzufinden.

2. Übergang des KSt-Guthabens und des unbelasteten Teilbetrags

Gem. § 40 Abs. 1 KStG sind die Bestände des KSt-Guthabens und des unbelasteten Teilbetrags der Hinkelstein-AG zum 31.12.03 den entsprechenden Beständen der Obelix-GmbH zum 31.12.02 hinzuzurechnen.

Obelix-GmbH	Nennkapital	Gesonderte Feststellungen: KSt-Guthaben	Gesonderte Feststellungen: unbelasteter Teilbetrag
Bestände 31.12.02	220 T€	110 T€	
Hinzurechnung der Bestände der Hinkelstein-AG nach § 40 I KStG:			
KSt-Guthaben Hinkelstein-AG		+ 50 T€	
Unbelasteter Teilbetrag Hinkelstein-AG			+ 70 T€
Bestände 31.12.03	220 T€	160 T€	70 T€

3. Bilanz der Obelix-GmbH:

Aktiva			Obelix-GmbH		Passiva
Beteiligung	100 T€		Nennkapital		220 T€
./. Beteiligung	./. **100 T€**	0 T€			
Sonst. Aktiva	780 T€		Gewinnrücklagen	660 T€	
+ Aktiva H-AG	+ **470 T€**	1.250 T€	+ GewinnRL H-AG	+ **370 T€**	1.030 T€
		1.250 T€			1.250 T€

H-AG = Hinkelstein-AG

Berechnung des Übernahmegewinns nach § 12 Abs. 2 UmwStG:

	Wert des übergehenden Vermögens	470 T€
./.	Buchwert der untergehenden Beteiligung	100 T€
=	Übernahmegewinn	370 T€

Der Übernahmegewinn wird in der Bilanz als Gewinnrücklage ausgewiesen, da er genau die Gewinnrücklagen der Hinkelstein-AG umfasst.

5.6.3 Zusammenfassendes Beispiel

Sachverhalt: Auswirkungen auf den steuerlichen Eigenkapitalausweis bei der Verschmelzung von Kapitalgesellschaften ohne gegenseitige Beteiligung

Die Smart-AG (S-AG) wird rückwirkend zum 31.12.03 auf die Clever-AG (C-AG) verschmolzen. Zwischen den Gesellschaften besteht kein Beteiligungsverhältnis. Die Clever-AG hat zur Abfindung der Gesellschafter der Smart-AG ihr Stammkapital um 150 T€ auf 450 T€ zu erhöhen.

Die Bilanzen der beiden Kapitalgesellschaften haben folgendes Bild:

Aktiva	Smart-AG		Passiva
Aktiva	650 T€	Nennkapital	80 T€
		Kapitalrücklage	30 T€
		Gewinnrücklagen	540 T€
	650 T€		650 T€

Aktiva	Clever-AG		Passiva
Aktiva	900 T€	Nennkapital	300 T€
		Gewinnrücklagen	600 T€
	900 T€		900 T€

Die Eigenkapitalbestände beider Kapitalgesellschaften sind:

	Ausweis in StB		**Gesonderte Feststellungen**	
	Nenn-kapital	RL lt. StB*)	Stl. Einla-gekonto	KSt-Guthaben
Bestände Smart-AG 31.12.03	80 T€	570 T€	30 T€	90 T€
Bestände Clever-AG 31.12.02	300 T€	600 T€		100 T€

*) RL lt. StB = Kapitalrücklage + Gewinnrücklage

Lösung:

1. Kapitalveränderungen nach § 29 KStG:

1. Schritt: *Herabsetzung des Stammkapitals der übertragenden Smart-AG nach § 29 Abs. 1 KStG:*

Smart-AG	**Ausweis in StB**		**Gesonderte Feststellungen**	
	Nenn-kapital	RL lt. StB	Stl. Einla-gekonto	KSt-Guthaben
Bestände 31.12.03	80 T€	570 T€	30 T€	90 T€
Herabsetzung des Nennkapitals nach § 29 I KStG:	./. 80 T€			
Gutschrift auf stl. Einlagekonto		+ 80 T€	+ 80 T€	
Bestände 31.12.03	0 T€	650 T€	110 T€	90 T€

2. und 3. Schritt: *Übergang des steuerlichen Einlagekontos der Smart-AG nach § 29 Abs. 2 KStG sowie Anpassung des Nennkapitals der Clever-AG nach § 29 Abs. 4 KStG*

Mit Übergang des Vermögens geht auch das neutrale Vermögen der Smart-AG (in der Bilanz als Gewinnrücklagen ausgewiesen) auf die Clever-AG über. Konsequente Folge dessen ist der Übergang des KSt-Guthabens der Smart-AG nach § 40 Abs. 1 KStG.

Clever-AG	T€	Ausweis in StB		Gesondert festgestelltes EK		
		Nenn-kapital	RL lt. StB	Steuerl. Einlage-konto	KSt-Guthaben	Sonderausweis § 28 I S. 3 KStG
Bestände 31.12.02		300 T€	600 T€		100 T€	
Übergang des neutralen Vermögens = Hinzurechnung: Gewinnrücklagen Smart-AG			+ 540 T€			
Hinzurechnung nach § 40 I KStG: KSt-Guthaben Smart-AG					+ 90 T€	
Hinzurechnung nach § 29 II S. 1 KStG: Bestand steuerl. Einlagekonto Smart-AG			+ 110 T€	+ 110 T€		
Bestände nach Anwendung von § 29 II KStG		300 T€	1.250 T€	110 T€	190 T€	
Anpassung des Nennkapitals nach § 29 IV KStG:						
Nennkapital nach Verschmelzung	450 T€					
./. Nennkapital vor Verschmelzung	./. 300 T€					
Gem. § 29 IV KStG = anzupassender Teil des Nennkapitals	150 T€					
Minderung steuerl. Einlagekonto	./. 110 T€	+ 110 T€	./. 110 T€	./. 110 T€		
Restbetrag	40 T€					
Bildung Sonderausweis	./. 40 T€	+ 40 T€	./. 40 T€			+ 40 T€
	0 T€					
Bestände 31.12.03		450 T€	1.100 T€	0 T€	190 T€	40 T€

Da der Bestand des steuerlichen Einlagekontos für die Finanzierung der Nennkapitalerhöhung nicht ausreicht, ist der Restbetrag über die Umwandlung von sonstigen Rücklagen in Nennkapital zu finanzieren. In Höhe der umgewandelten sonstigen Rücklagen, hier in Höhe von 40 T€, ist ein Sonderausweis gesondert festzustellen.

2. Bilanz der Clever-AG:

Aktiva		Clever-AG			Passiva
Aktiva	900 T€		Nennkapital	300 T€	
+ Aktiva S-AG	+ **650 T€**	1.550 T€	+ Kapitalerhöhung	+ **150 T€**	450 T€
			+ KapitalRL S-AG	+ **110 T€**	
			./. Kapitalerhöhung	./. **110 T€**	0 T€
			GewinnRL	600 T€	
			+ GewinnRL S-AG	+ **540 T€**	
			./. Kapitalerhöhung	./. **40 T€**	1.100 T€
		1.550 T€			1.550 T€

S-AG = Smart-AG

3. Übernahmegewinn der Clever-AG:

	Wert des übergehenden Vermögens	650 T€
./.	Buchwert der untergehenden Beteiligung	0 T€
=	Übernahmegewinn	650 T€
./.	Nennwert der mittels Kapitalerhöhung geschaffenen Anteile	150 T€
=	Übernahmegewinn nach Kapitalerhöhung	500 T€

Vor der Kapitalerhöhung umfasst der Übernahmegewinn die gesamten übergehenden Kapital- und Gewinnrücklagen der Smart-AG. Die im Übernahmegewinn enthaltene Kapitalrücklage wird in vollem Umfang und die Gewinnrücklagen in Höhe von 40 T€ zur Finanzierung der Kapitalerhöhung verwendet. Nach der Kapitalerhöhung umfasst der Übernahmegewinn somit lediglich die verbleibenden Gewinnrücklagen der übertragenden Smart-AG.

5.7 Steuerliche Folgen für die Gesellschafter der übertragenden Kapitalgesellschaft

Die steuerlichen Folgen einer Verschmelzung für die Gesellschafter der übertragenden Kapitalgesellschaft sind in § 13 UmwStG geregelt. Dabei ist § 13 UmwStG nur insoweit anzuwenden, als die Gesellschafter für ihre untergehenden Anteile an der übertragenden Kapitalgesellschaft Anteile an der übernehmenden Kapitalgesellschaft erhalten.[299]

[299] Vgl. Tz. 13.03 UmwStE.

Grundprinzip des § 13 UmwStG:[300]
Die stillen Reserven, welche in den untergehenden Anteilen an der übertragenden Kapitalgesellschaft enthalten sind, gehen auf die neuen Anteile an der übernehmenden Kapitalgesellschaft über. Sie sind somit nicht aufzudecken und zu versteuern.
⇒ **Steuerneutraler Anteilstausch auf Gesellschafterebene**

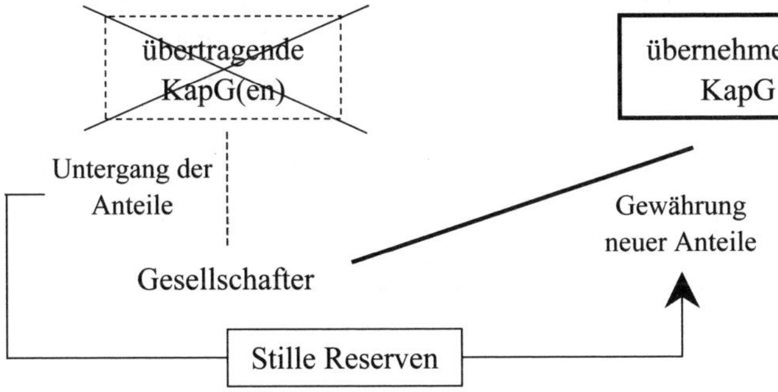

Abbildung 88: Das Grundprinzip des § 13 UmwStG

Der Anteilstausch wird unabhängig von der Ausübung des Bewertungswahlrechts nach § 11 Abs. 1 UmwStG stets steuerneutral vollzogen.[301] Entsteht auf Ebene der übertragenden Kapitalgesellschaft durch Zwischen- oder Teilwertansatz ein Übertragungsgewinn, hat dies auf Ebene der Gesellschafter keine steuerlichen Auswirkungen. Demzufolge räumt § 13 UmwStG dem Gesellschafter kein Wahlrecht ein, sondern gestaltet die **Rechtsfolgen** als für den Gesellschafter **zwingend**.

Der Gesetzgeber stellt mit § 13 Abs. 1 UmwStG die spätere Besteuerung der auf die neuen Anteile übergegangenen stillen Reserven dadurch sicher, dass die neuen Anteile die gleiche steuerliche Qualifikation aufweisen wie die untergehenden Anteile (**sog. Qualifikationsverkettung**).[302]

In Zusammenhang mit § 13 UmwStG ist daher hinsichtlich der steuerlichen Folgen für die Gesellschafter nach der steuerlichen Qualifikation ihrer Anteile zu differenzieren:

---

300 Vgl. Dötsch, E., in: Dötsch, E./ Patt, J./ Pung, A./ Jost, W., Umwandlungssteuerrecht, 5. Aufl., Stuttgart 2003, § 13 UmwStG, Rz. 1.

301 Vgl. Tz. 13.01 UmwStE.

302 Vgl. Schaumburg, H., Inländische Umwandlungen mit Auslandsbezug, GmbHR 1996, S. 421 f.

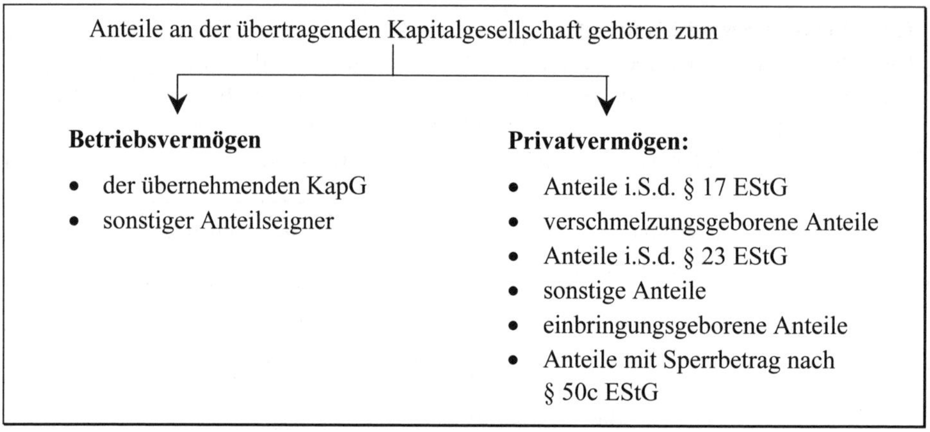

Abbildung 89: Art der Anteile der Gesellschafter der übertragenden Kapitalgesellschaft

5.7.1 Anteile im Betriebsvermögen der übernehmenden Kapitalgesellschaft

Gehören die Anteile an der übertragenden Kapitalgesellschaft ganz oder teilweise zum Betriebsvermögen der übernehmenden Kapitalgesellschaft, so gehen diese im Wege der Verschmelzung unter. An deren Stelle tritt in der Bilanz keine neue Beteiligung, sondern das Vermögen der übertragenden Kapitalgesellschaft. Übersteigt das übernommene Vermögen die untergehende Beteiligung, entsteht auf Ebene der übernehmenden Kapitalgesellschaft ein steuerfreier Übernahmegewinn, der bei der Ermittlung des zu versteuernden Einkommens außerbilanziell zu korrigieren ist.

5.7.2 Anteile im Betriebsvermögen sonstiger Anteilseigner

Für Anteile, die in einem Betriebsvermögen außerhalb der übernehmenden Kapitalgesellschaft gehalten werden, vollzieht sich der steuerneutrale Anteilstausch nach § 13 Abs. 1 Satz 1 UmwStG. Danach gelten die Anteile an der übertragenden Kapitalgesellschaft als zum Buchwert veräußert und die an ihre Stelle tretenden Anteile als mit diesem Wert angeschafft. Mit dieser doppelten Fiktion wird eine Auflösung der stillen Reserven vermieden:

1. Fiktion: Gleichzeitig mit Untergang der Anteile an der übertragenden Kapitalgesellschaft werden die neuen Anteile an der übernehmenden Kapitalgesellschaft erworben.

2. Fiktion: Der Wert der untergehenden Anteile ist identisch mit den Anschaffungskosten der neuen Anteile.[303]

[303] Vgl. Bärwaldt, R., in: Haritz, D./ Benkert, M. (Hrsg.), Umwandlungssteuergesetz Kommentar, 2. Aufl., München 2000, § 13, Rz. 2.

5.7.3 Anteile i.S.d. § 17 EStG

Handelt es sich bei den Anteilen an der Überträgerin um Anteile im Privatvermögen i.S.d. § 17 EStG, gelten diese als zu Anschaffungskosten veräußert und die neuen Anteile als mit diesem Wert angeschafft (§ 13 Abs. 2 Satz 1 UmwStG). Die erworbenen Anteile an der übernehmenden Kapitalgesellschaft gelten ebenfalls als Anteile i.S.d. § 17 EStG (§ 13 Abs. 2 Satz 2 UmwStG).

5.7.4 Verschmelzungsgeborene Anteile

Werden für Anteile an der übertragenden Kapitalgesellschaft i.S.d. § 17 EStG Anteile an der übernehmenden Kapitalgesellschaft gewährt, welche die Beteiligungsgrenze des § 17 EStG unterschreiten, gelten diese ebenfalls als Anteile i.S.d. § 17 EStG und damit als sog. **verschmelzungsgeborene Anteile** (§ 13 Abs. 2 Satz 2 UmwStG i.V.m. Tz. 13.10 UmwStE). Die Folge ist, dass die auf die neuen Anteile übergehenden stillen Reserven auch weiterhin steuerverstrickt bleiben. Ohne die Regelung der verschmelzungsgeborenen Anteile müssten die in den untergehenden Anteilen enthaltenen stillen Reserven aufgelöst und versteuert werden. Ein steuerneutraler Anteilstausch wäre nicht möglich.

Beispiel

Entstehung verschmelzungsgeborener Anteile
Die Beteiligung an der übertragenden Kapitalgesellschaft umfasst 5 % des Nennkapitals. Im Wege der Verschmelzung im Jahre 04 wird der Anteilseigner mit 0,5 % am Nennkapital der übernehmenden Kapitalgesellschaft beteiligt. Obwohl die neue Beteiligungsquote unter der Beteiligungsgrenze des § 17 EStG liegt, handelt es sich bei den neuen Anteilen ebenfalls um Anteile i.S.d. § 17 EStG, sog. verschmelzungsgeborene Anteile.

Wird umgekehrt aus einer Beteiligung an der übertragenden Kapitalgesellschaft von weniger als 1 % eine Beteiligung an der übernehmenden Kapitalgesellschaft i.S.d. § 17 EStG, so gilt diese als zum gemeinen Wert der untergehenden Anteile angeschafft (§ 13 Abs. 2 Satz 3 UmwStG). Maßgeblich ist der gemeine Wert der untergehenden Anteile am steuerlichen Übertragungsstichtag, welcher nach § 9 Abs. 2 BewG zu ermitteln ist.[304] Dadurch wird verhindert, dass die im Zeitraum der „Nicht-Verstrickung" angehäuften stillen Reserven im Rahmen der Verschmelzung der Besteuerung unterworfen werden. Die Steuerverstrickung gilt somit erst für stille Reserven, die nach der Umqualifizierung in die Beteiligung i.S.d. § 17 EStG generiert werden.[305]

[304] Vgl. Tz. 13.10 UmwStE.

[305] Vgl. BT-Drucks. 12/6885, S. 22.

5.7.5 Anteile i.S.d. § 23 EStG

Anteile im Privatvermögen i.S.d. § 23 EStG sind Anteile, bei denen der Zeitraum zwischen Anschaffung und Veräußerung nicht mehr als ein Jahr beträgt (Spekulationsfrist des § 23 EStG). Werden diese Anteile innerhalb der Spekulationsfrist veräußert, liegt ein privates Veräußerungsgeschäft vor (§ 23 Abs. 1 Satz 1 Nr. 2 EStG). Der erzielte Gewinn zählt gem. § 22 Nr. 2 EStG zu den sonstigen Einkünften.

Nach Meinung der Finanzverwaltung führt bei derartigen Anteilen die Verschmelzung auf Ebene der Anteilseigner zu einem Veräußerungsgeschäft.[306] Demnach müssten die in diesen Anteilen enthaltenen stillen Reserven als Veräußerungsgewinn der Besteuerung unterworfen werden. Dies wird dadurch vermieden, dass die Anteile an der übertragenden Kapitalgesellschaft i.S.d. § 23 EStG als zu Anschaffungskosten veräußert und die neuen Anteile an der Übernehmerin als zu diesem Wert angeschafft gelten.[307] Mit Wirkung der Verschmelzung wird jedoch für die neuen Anteile eine neue Spekulationsfrist von einem Jahr in Gang gesetzt.[308] Dies gilt auch, wenn die Spekulationsfrist der Alt-Anteile im Zeitpunkt der Verschmelzung bereits abgelaufen war.[309]

Dieser Auffassung der Finanzverwaltung ist in keinem der beiden Fälle Folge zu leisten, da ein Veräußerungsgeschäft nur fingiert wird, nicht aber tatsächlich stattfindet. Der Inhaber der neuen Anteile ist mit dem Inhaber der untergehenden Anteile identisch.[310] Zu einem Anteilseignerwechsel wie bei einer Veräußerung kommt es nicht, weshalb die Ingangsetzung einer neuen Spekulationsfrist im Fall der Verschmelzung nicht gerechtfertigt ist. Zudem fehlt für eine derartige Vorgehensweise jegliche Rechtsgrundlage. Eine gerechtere Lösung wäre, die noch verbleibende Spekulationsfrist auf die neuen Anteile zu übertragen bzw. bei bereits abgelaufener Spekulationsfrist diese nicht zu erneuern.

5.7.6 Sonstige Anteile

Im Privatvermögen gehaltene Anteile, die weder unter § 17 noch unter § 23 EStG fallen, unterliegen grundsätzlich nicht der Besteuerung. Der Anteilstausch vollzieht sich somit auf Ebene der Gesellschafter steuerneutral.[311]

---

306 Vgl. Tz. 13.08 UmwStE.

307 Vgl. Thomas, G., Verschmelzung von Kapitalgesellschaften, NWB Fach 18, S. 3796.

308 Vgl. Tz. 13.08 UmwStE.

309 Vgl. Rödder, T./ Wochinger, P., Besteuerung des down-stream merger, FR 1999, S. 10, die auf einen Beschluss der KSt-Referatsleiter des Bundes und der Länder hinweisen.

310 Vgl. Bärwaldt, R., in: Haritz, D./ Benkert, M. (Hrsg.), Umwandlungssteuergesetz Kommentar, 2. Aufl., München 2000, § 13, Rz. 28.

311 Vgl. Schönwald, S., Die Verschmelzung von Kapitalgesellschaften, SteuerStud 2001, S. 364.

5.7.7 Einbringungsgeborene Anteile i.S.d. § 21 UmwStG

Bei einbringungsgeborenen Anteilen i.S.d. § 21 UmwStG treten die von der übernehmenden Kapitalgesellschaft erworbenen Anteile an die Stelle der untergegangenen Anteile. Damit gelten auch die neuen Anteile als einbringungsgeborene Anteile i.S.d. § 21 UmwStG und bleiben damit steuerverhaftet. Die bisherigen Anteile gelten als zu Anschaffungskosten bzw. zum Buchwert veräußert und die neuen Anteile als zu diesem Wert angeschafft (§ 13 Abs. 3 UmwStG).

Die Anwendung des § 13 Abs. 3 UmwStG war bislang auf einbringungsgeborene Anteile im Privatvermögen beschränkt. Gehörten die einbringungsgeborenen Anteile zu einem Betriebsvermögen, war § 13 Abs. 1 UmwStG vorrangig anzuwenden (§ 13 Abs. 3 Satz 1 UmwStG i.V.m. Tz. 13.09 UmwStE). Dadurch ging die steuerliche Qualifikation als einbringungsgeborene Anteile bei im Betriebsvermögen gehaltenen Anteilen verloren. In einem BMF-Schreiben wird diese Auffassung revidiert. § 13 Abs. 3 UmwStG findet somit ebenfalls auf Anteile Anwendung, die zu einem Betriebsvermögen gehören.[312] Bei im Betriebsvermögen gehaltenen einbringungsgeborene Anteile geht die steuerliche Qualifikation auch auf die neuen Anteile an der übernehmenden Kapitalgesellschaft über. Grund für die Verwaltungsvorschrift ist, dass § 8b Abs. 4 KStG n.F. bei vorrangiger Anwendung des § 13 Abs. 1 UmwStG umgangen werden könnte.[313]

Einbringungsgeborene Anteile i.S.d. § 21 UmwStG: Anteile, die für die Einbringung eines Betriebs zu Buch- oder Zwischenwerten in eine Kapitalgesellschaft nach § 20 UmwStG gewährt worden sind.

Die einbringungsgeborenen Anteile werden im Kapitel V „Einbringung“ eingehend erläutert.

5.7.8 Anteile mit Sperrbetrag nach § 50c EStG a.F.

Sind Anteile an der übertragenden Kapitalgesellschaft mit einem Sperrbetrag nach § 50c EStG a.F. belastet, so verlagert sich dieser gem. § 13 Abs. 4 UmwStG auf die als Gegenleistung gewährten Anteile an der übernehmenden Kapitalgesellschaft.

---

312 Vgl. BMF v. 16.12.2003, IV A 2 - S 1978 - 16/03, BStBl. I 2003, S. 786, Tz. 18.

313 Vgl. Dötsch, E., in: Dötsch, E./ Patt, J./ Pung, A./ Jost, W., Umwandlungssteuerrecht, 5. Aufl., Stuttgart 2003, § 13 UmwStG, Rz. 30.

5.7.9 Barabfindungen und bare Zuzahlungen

Werden ausscheidende Gesellschafter bar abgefunden oder neben der Gewährung von Anteilen bare Zuzahlungen geleistet, ergeben sich die steuerlichen Folgen nicht aus § 13 UmwStG, sondern richten sich nach allgemeinen steuerlichen Grundsätzen:[314]

Scheidet ein Gesellschafter im Zuge der Verschmelzung gegen **Barabfindung** aus, führt dies nach allgemeinen steuerlichen Grundsätzen zu einem Veräußerungserlös.[315] Damit wird die Barabfindung hinsichtlich der steuerlichen Behandlung der Veräußerung von Anteilen gleichgestellt.[316] Übersteigt die Barabfindung den Buchwert bzw. die Anschaffungskosten der untergehenden Beteiligung, ist sie in Höhe dieser Differenz steuerpflichtig. Dies gilt jedoch nur, wenn die Anteile an der übertragenden Kapitalgesellschaft einem Betriebsvermögen angehören bzw. Anteile i.S.d. §§ 17, 23 EStG oder einbringungsgeborene Anteile i.S.d. § 21 UmwStG sind.[317] Wäre die Barabfindung stets steuerpflichtig, so würden z.B. Gesellschafter, die nicht mit steuerverhafteten Anteilen an der übertragenden Kapitalgesellschaft beteiligt sind, ihre Anteile eher steuerfrei veräußern, als gegen Barabfindung ausscheiden.

Leistet die übernehmende Kapitalgesellschaft neben der Gewährung von Anteilen **bare Zuzahlungen**, führen diese nach Auffassung der Finanzverwaltung beim begünstigten Anteilseigner zu sonstigen Bezügen i.S.d. § 20 Abs. 1 Nr. 1 EStG.[318] Da die baren Zuzahlungen jedoch anstelle von Anteilen gewährt werden, sind sie steuerlich eher wie Veräußerungserlöse als wie Bezüge i.S.d. § 20 EStG zu behandeln.[319] Die baren Zuzahlungen sind somit steuerpflichtig, soweit diese den der baren Zuzahlung entsprechenden Anteil am Buchwert (bzw. an den Anschaffungskosten) der untergehenden Anteile übersteigen.[320] Wie im Fall der Barabfindung sind auch hier die Zuzahlungen nur dann steuerpflichtig, wenn die Anteile an der übertragenden Kapitalgesellschaft einem Betriebsvermögen angehören bzw. Anteile i.S.d. §§ 17, 23 EStG oder einbringungsgeborene Anteile i.S.d. § 21

[314] Vgl. Tz. 13.03 f. UmwStE.

[315] Vgl. Tz. 13.04 UmwStE.

[316] Vgl. Schwedhelm, R., Die Unternehmensumwandlung, 3. Aufl., Köln 1999, S. 243, Rz. 1163.

[317] Vgl. Widmann, S., in: Widmann, S./ Mayer, D. (Hrsg.), Umwandlungsrecht, Band 5: § 5 - § 20 UmwStG, 72. Erg.Lief., Berlin 2003, § 13 UmwStG, Rz. 237, 248 ff., 252 ff., 259 ff., 267 ff.

[318] Vgl. Tz. 13.04 UmwStE.

[319] Vgl. Bärwaldt, R., in; Haritz, D./ Benkert, M. (Hrsg.), Umwandlungssteuergesetz Kommentar, 2. Aufl., München 2000, § 13, Rz. 13.

[320] Vgl. Schmitt, J., in: Schmitt, J./ Hörtnagl, R./ Stratz, R.-C., Umwandlungsgesetz, Umwandlungssteuergesetz, 3. Aufl., München 2001, § 13 UmwStG, Rz. 23; zur Berechnung des steuerpflichtigen Teils der baren Zuzahlung vgl. Widmann, S., in: Widmann, S./ Mayer, D. (Hrsg.), Umwandlungsrecht, Band 5: § 5-§ 20 UmwStG, 72. Erg.Lief., Berlin 2003, § 13 UmwStG, Rz. 238 ff.

UmwStG sind.[321] Veräußerungserlöse wie sonstige Bezüge i.S.d. § 20 Abs. 1 Nr. 1 EStG unterliegen nach § 3 Nr. 40 EStG der Besteuerung nach dem Halbeinkünfteverfahren bzw. sind nach § 8b Abs. 1 bzw. Abs. 2 KStG steuerfrei.

5.8 Besteuerung ausländischer Anteilseigner

§ 13 UmwStG enthält keine expliziten Regelungen zur Besteuerung, sofern ausländische Anteilseigner an der untergehenden Kapitalgesellschaft beteiligt sind oder Anteile ebenfalls im ausländischen Betriebs- bzw. Privatvermögen gehalten werden.

Nach Auffassung der Finanzverwaltung schließt § 13 Abs. 1 UmwStG jedoch sämtliche Anteile mit ein, die zu einem inländischen oder einem ausländischen Betriebsvermögen, das ausnahmsweise bei Fehlen eines eines DBA dem deutschen Besteuerungsrecht unterliegt, gehören.[322] Damit ist für Anteile im Betriebsvermögen in folgenden Fällen ein steuerneutraler Anteilstausch nach § 13 Abs. 1 UmwStG möglich:[323]

Anteile gehören zu	Anwendung von § 13 Abs. 1 UmwStG
• inländ. BV eines ausländ. AE	möglich, da dt. Besteuerungsrecht nach § 49 Abs. 1 Nr. 2a EStG
• ausländ. BV eines inländ. AE	möglich, wenn mangels DBA dt. Besteuerungsrecht vorliegt

Hinsichtlich der Anwendung von § 13 Abs. 2 UmwStG auf in ausländischem Privatvermögen gehaltene Anteile ist darauf abzustellen, ob die Gewinne aus der Veräußerung dieser Anteile einem deutschen Besteuerungsrecht unterliegen.[324] Dies ergibt sich aus Art. 13 Abs. 4 OECD-MA, wonach der verschmelzungsbedingte Anteilstausch zur Veräußerung von Anteilen zählt.[325] Für den Fall, dass kein DBA vorliegt, unterliegt der Gewinn aus der Veräußerung von Anteilen i.S.d. § 17 oder § 23 EStG der beschränkten Steuerpflicht nach § 49 Abs. 1 Nr. 2 Bst. e bzw. Nr. 8 EStG. Die Vorschrift des § 13 Abs. 2 UmwStG ist somit anzuwenden.[326] Besteht dagegen ein DBA, welches das Besteuerungsrecht für Gewinne aus der Veräußerung von Anteilen dem ausländischen Vertragsstaat zuweist, vollzieht sich der

[321] Vgl. Schwedhelm, R., Die Unternehmensumwandlung, 3. Aufl., Köln 1999, S. 243, Rz. 1162, wobei sich Schwedhelm lediglich auf Anteile im Betriebsvermögen und Anteile i.S.d. § 17 EStG bezieht.

[322] Vgl. Tz. 13.05 UmwStE.

[323] Vgl. Schaumburg, H., Inländische Umwandlungen mit Auslandsbezug, GmbHR 1996, S. 421.

[324] Vgl. Tz. 13.07 UmwStE.

[325] Vgl. Prokisch, R., in: Vogel, K./ Lehner, M. (Hrsg.), Doppelbesteuerungsabkommen Kommentar, 4. Aufl., München 2003, Art. 13, Rz. 64.

[326] Vgl. Tz. 13.07 UmwStE.

Anteilstausch nach den steuerrechtlichen Vorschriften dieses Vertragsstaats. Da kein deutsches Besteuerungsrecht vorliegt, welches durch die Verschmelzung berührt werden könnte, ist § 13 Abs. 2 UmwStG nicht anzuwenden.[327]

5.9 Nebensteuern

5.9.1 Gewerbesteuer

Die gewerbesteuerliche Behandlung der Verschmelzung einer Kapitalgesellschaft auf eine andere Kapitalgesellschaft ist in § 19 UmwStG geregelt.

Nach § 19 Abs. 1 UmwStG gelten die §§ 11-13 UmwStG auch für die Ermittlung des Gewerbeertrags sowohl der übertragenden als auch der übernehmenden Kapitalgesellschaft sowie evtl. des Gesellschafters der übertragenden Kapitalgesellschaft.

Gem. § 19 Abs. 2 UmwStG ist § 12 Abs. 3 Satz 2 UmwStG für die vortragsfähigen Fehlbeträge der übertragenden Kapitalgesellschaft i.S.d. § 10a GewStG (gewerbesteuerliche Verlustvorträge) entsprechend anzuwenden.

Ebene der übertragenden Kapitalgesellschaft
Ein evtl. Übertragungsgewinn ist gem. § 19 Abs. 1 i.V.m. § 11 UmwStG gewerbesteuerpflichtig.
Ebene der übernehmenden Kapitalgesellschaft
• Der Übernahmegewinn bleibt bei der Ermittlung des GewSt-Ertrags außer Ansatz (§ 19 Abs. 1 i.V.m. § 12 Abs. 2 UmwStG). • Der Übernahmefolgegewinn ist gewerbesteuerpflichtig (§ 19 Abs. 1 i.V.m. § 12 Abs. 4 Satz 2 UmwStG). Die gewinnmindernde Bildung der Rücklage nach § 12 Abs. 4 Satz 2 i.V.m. § 6 Abs. 1 UmwStG gilt über § 19 Abs. 1 UmwStG auch für die GewSt. • Der gewerbesteuerlicher Verlustvortrag der übertragenden KapGes geht nach Prüfung von § 8 Abs. 4 KStG und § 12 Abs. 3 Satz 2 UmwStG auf die übernehmende KapGes über (§ 19 Abs. 2 UmwStG); der Gewerbeertrag der übernehmenden KapGes ist in Höhe des übergehenden Verlustvortrags zu kürzen.

[327] Vgl. Dötsch, E., in: Dötsch, E./ Patt, J./ Pung, A./ Jost, W., Umwandlungssteuerrecht, 5. Aufl., Stuttgart 2003, § 13 UmwStG, Rz. 13, 20; Sagasser, B., in: Sagasser, B./ Bula, T./ Brünger, T., Umwandlungen, 3. Aufl., München 2002, S. 402, Rz. 50.

Ebene der Gesellschafter der übertragenden Kapitalgesellschaft
Grundsätzlich kein gewerbesteuerpflichtiger Gewinn, da steuerneutraler Anteilstausch nach § 13 UmwStG.

Abbildung 90: Gewerbesteuerliche Folgen der Verschmelzung von Kapitalgesellschaften

5.9.2 Grunderwerbsteuer

Befindet sich im Vermögen der übertragenden Kapitalgesellschaft auch Grundvermögen, welches auf die übernehmende Kapitalgesellschaft übergeht, so fällt gem. § 1 Abs. 1 Nr. 3 GrEStG insoweit Grunderwerbsteuer an. Hierzu kann grundsätzlich auf die Ausführungen zur Verschmelzung von Kapital- auf Personengesellschaften in Kapitel II, Punkt 5.6 „Grunderwerbsteuer" verwiesen werden.

Merke: Die Grunderwerbsteuer spielt v.a. bei der Verschmelzung von Mutter- und Tochtergesellschaft eine wichtige Rolle: verfügt die Tochtergesellschaft über umfangreichen Grundbesitz, ist eine Verschmelzung der Mutter- auf die Tochtergesellschaft vorteilhafter. Beim „down-stream merger" muss der Grundbesitz der Tochtergesellschaft – im Gegensatz zum „up-stream merger" – nicht übertragen werden; somit fällt keine Grunderwerbsteuer an. Da die Grunderwerbsteuer gem. § 11 Abs. 1 GrEStG 3,5 % des Bedarfswerts beträgt, sollte sie stets in die Überlegungen hinsichtlich der Verschmelzungsvarianten einbezogen werden.

Klausurhinweis: Die Ermittlung der GrESt bei Verschmelzungen ist i.d.R. nicht Prüfungsgegenstand.

5.9.3 Umsatzsteuer

Die Verschmelzung einer Kapitalgesellschaft auf eine andere Kapitalgesellschaft wird umsatzsteuerrechtlich als Geschäftsveräußerung im Ganzen i.S.d. § 1 Abs. 1a UStG qualifiziert. Eine Geschäftsveräußerung im Ganzen liegt vor, da das gesamte Vermögen der untergehenden Kapitalgesellschaft auf die aufnehmende Kapitalgesellschaft übertragen wird (R 5 UStR). Demzufolge ist die Verschmelzung von Kapitalgesellschaften nach § 1 Abs. 1a UStG als **nicht steuerbarer** Vorgang zu behandeln.

6 Verschmelzung von Kapitalgesellschaften über die Grenze

Grenzüberschreitende Verschmelzungen von Kapitalgesellschaften sind bislang aufgrund fehlender gesetzlicher Grundlage im deutschen Recht nicht möglich. Das UmwG beschränkt die Verschmelzung auf Kapitalgesellschaften mit Sitz im Inland, d.h. sowohl die übertragende als auch die übernehmende Kapitalgesellschaft müssen im Inland ansässig sein (§ 1 Abs. 1 Nr. 1 UmwG).

Die Verabschiedung der rechtlichen Regelungen zur Errichtung einer europäischen Aktiengesellschaft („Societas Europaea", SE) am 08.10.2001 bewirkt jedoch diesbezüglich einen Wandel: mit den dort verabschiedeten Rechtsakten, der Verordnung über das Statut der Europäischen Gesellschaft (SE-VO)[328] und der Richtlinie zur Ergänzung des Statuts der Europäischen Gesellschaft hinsichtlich der Beteiligung der Arbeitnehmer (SE-Ergänzungs-RILI)[329], werden die gesellschaftsrechtlichen Grundlagen für eine grenzüberschreitende Verschmelzung geschaffen.[330]

Die SE-VO tritt gem. Art. 70 SE-VO am 08.10.2004 als unmittelbar geltendes Recht in Kraft. Die SE-Ergänzungs-RILI ist bis zu diesem Stichtag in nationales Recht der Mitgliedstaaten umzusetzen (Art. 14 SE-Ergänzungs-RILI). Die Gründung einer SE und damit die Verschmelzung über die Grenze ist somit erstmals ab Oktober 2004 möglich.

6.1 Gründung einer SE im Wege der Verschmelzung

Die Gründung einer SE kann neben drei weiteren Möglichkeiten auch im Wege der Verschmelzung erfolgen (Art. 2 SE-VO).

[328] Verordnung (EG) Nr. 2157/2001 des Rates v. 08.10.2001, ABl. EG Nr. L 294 v. 10.11.2001, S. 1.

[329] Richtlinie 2001/86/EG des Rates v. 08.10.2001, ABl. EG Nr. L 294 v. 10.11.2001, S. 22.

[330] Vgl. Hey, J., Umwandlungssteuergesetz nach der Unternehmenssteuerreform, GmbHR 2001, S. 1004; vgl. weiter Schulz, A./ Geismar, B., Die Europäische Aktiengesellschaft, DStR 2001, S. 1078.

Voraussetzungen für die Gründung einer SE im Wege der Verschmelzung gem. Art. 2 Abs. 1 SE-VO:

- ✓ Aktiengesellschaften, welche nach dem Recht eines Mitgliedstaats gegründet worden sind,
- ✓ Sitz und Hauptverwaltung der beteiligten Aktiengesellschaften in der Europäischen Gemeinschaft,
- ✓ mindestens zwei der Aktiengesellschaften unterliegen dem Recht verschiedener Mitgliedstaaten.

Wie im UmwG werden auch in der SE-VO zwei Möglichkeiten der Verschmelzung unterschieden (Art. 17 Abs. 2 SE-VO):

- **Verschmelzung durch Aufnahme gem. Art. 3 Abs. 1 der Richtlinie 78/855/EWG (Fusions-RILI)**[331]
  Dabei werden Aktiva und Passiva der übertragenden Aktiengesellschaft als Ganzes auf die übernehmende Aktiengesellschaft übertragen. Die Aktionäre der übertragenden Aktiengesellschaft werden Aktionäre der übernehmenden Aktiengesellschaft. Die übertragende Aktiengesellschaft erlischt und die übernehmende Aktiengesellschaft nimmt die Rechtsform einer SE an (Art. 29 Abs. 1 SE-VO).

Beispiel

Gründung einer deutschen SE mittels Verschmelzung durch Aufnahme einer französischen société anonyme

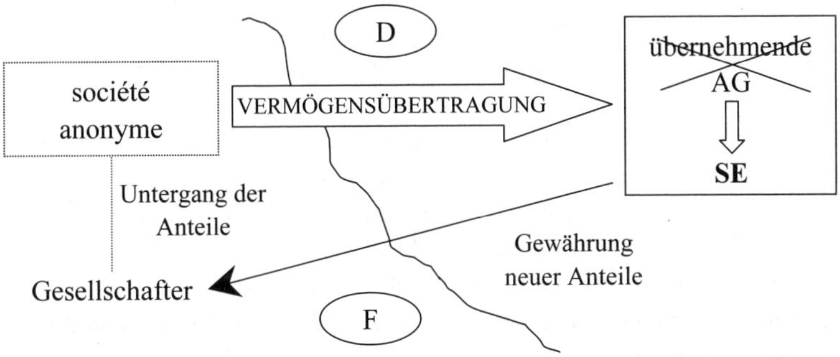

- **Verschmelzung durch Gründung einer neuen Gesellschaft gem. Art. 4 Abs. 1 Fusions-RILI**
  Sämtliches Vermögen der sich verschmelzenden Aktiengesellschaften geht auf die neu gegründete SE über. Die Aktionäre der übertragenden Aktiengesellschaften werden Aktionäre der SE. Die übertragenden Aktiengesellschaften erlöschen (Art. 29 Abs. 2 SE-VO).

---

[331] Dritte Richtlinie 78/855/EWG des Rates v. 09.10.1978, ABl. EG Nr. L 295 v. 20.10.1978, S. 36.

Beispiel

Gründung einer niederländischen SE mittels Verschmelzung einer französischen société anonyme und einer deutschen Aktiengesellschaft. Die Gesellschafter der beiden untergehenden Gesellschaften erhalten Anteile an der niederländischen SE.

Daneben ermöglicht die SE-VO auch die Beteiligung einer bereits bestehenden SE an einer Verschmelzung zur Gründung einer SE (Art. 3 Abs. 1 SE-VO). Zudem kann sich die SE als übertragender oder als übernehmender Rechtsträger an einer Verschmelzung nach nationalem Recht beteiligen (Art. 10 Abs. 1 SE-VO). Dabei ist die Verschmelzung einer SE auf eine nationale Aktiengesellschaft allerdings erst nach einer Sperrfrist von zwei Jahren möglich (Art. 66 Abs. 1 SE-VO).

6.2 Steuerliche Behandlung der Gründung einer SE im Wege der Verschmelzung

Die SE-VO enthält grundsätzlich keine eigenen Vorschriften zur Besteuerung einer SE. Vielmehr wird in Art. 9 Abs. 1 Bst. c ii) SE-VO auf das nationale Recht des Sitzstaats der SE verwiesen, welches auch für die nationalen Aktiengesellschaften anzuwenden wäre. Demnach erfolgt die steuerliche Behandlung der Gründung einer SE im Wege der Verschmelzung nach nationalem Recht. Allerdings finden die umwandlungssteuerrechtlichen Regelungen der §§ 11-13 UmwStG bei der Beteiligung einer deutschen Aktiengesellschaft keine Anwendung, da es sich nicht um eine Umwandlung i.S.d. § 1 UmwG handelt (§ 1 Abs. 1 Satz 1 UmwStG). Zudem gelten die §§ 11-13 UmwStG nur für Kapitalgesellschaften, die in Deutschland unbeschränkt steuerpflichtig sind (§ 1 Abs. 5 UmwStG).

Für die Besteuerung der Verschmelzung zur Gründung einer SE muss folglich auf die allgemeinen steuerlichen Regelungen zurückgegriffen werden. Eine steuerneutrale Verschmelzung über die Grenze, d.h. ohne Aufdeckung der im übergehenden Vermögen enthaltenen stillen Reserven, ist damit nicht immer möglich.[332] Diese Problematik schmälert nicht nur die Attraktivität der grenzüberschreitenden Verschmelzung, sondern lässt insofern auch deren gesetzliche Grundlagen leer laufen.[333] Um die Steuerneutralität dieses Vorgangs herbeizuführen, ist das derzeit geltende Steuerrecht an die neuen Erfordernisse anzupassen. Rechtsgrundlage dafür ist die bisher nur partiell in deutsches Recht umgesetzte Richtlinie über das gemeinsame Steuersystem für Fusionen, Spaltungen, die Einbringung von Unternehmensteilen und den Austausch von Anteilen, die Gesellschaften verschiedener Mitgliedstaaten betreffen (steuerliche Fusions-RILI[334]).[335] Mit der vollständigen Umsetzung dieser

[332] Vgl. Schulz, A./ Petersen, S., Die Europa-AG: Steuerlicher Handlungsbedarf bei Gründung und Sitzverlegung, DStR 2002, S. 1510 ff.

[333] Vgl. Lutter, M., Europäische Aktiengesellschaft - Rechtsfigur mit Zukunft?, BB 2002, S. 6.

[334] Richtlinie 90/434/EWG v. 23.07.1990, ABl. EG Nr. L 225 v. 20.08.1990, S. 1.

Richtlinie in nationales Recht wäre die Verschmelzung über die Grenze für alle Beteiligten ein steuerneutraler Vorgang.

Der deutsche Gesetzgeber ist letztendlich dazu verpflichtet, neben der SE-Ergänzungs-RILI auch die steuerliche Fusions-RILI in innerstaatliches Recht umzusetzen[336] und erforderliche Anpassungen bis zur Einführung der SE am 08.10.2004 vorzunehmen. Mit dem Diskussionsentwurf eines Gesetzes zur Einführung der Europäischen Gesellschaft (SEEG) wurde bislang in Art. 1 ein Gesetz zur Ausführung der Verordnung über das Statut der Europäischen Gesellschaft (SE-Ausführungsgesetz, SE-AG) entworfen. Art. 2 SEEG ist noch in Planung.

7 Abschlussfall

Bearbeitungshinweise:

- Auf die bilanzielle Darstellung der handelsrechtlichen Behandlung der Verschmelzung soll verzichtet werden.
- Bestehende Wahlrechte sind so auszuüben, dass sich eine möglichst niedrige Steuerbelastung auf Ebene der beteiligten Kapitalgesellschaften und ihrer Anteilseigner ergibt.
- Auf umsatzsteuerliche, grunderwerbsteuerliche sowie gewerbesteuerliche Folgen der Verschmelzung ist nicht einzugehen.

Sachverhalt:
Die Daltons-AG soll rückwirkend zum 31.12.03 (steuerlicher Übertragungsstichtag) auf die bereits bestehende LuckyLuke-AG verschmolzen werden. Dem Vorhaben liegt ein notariell beurkundeter Verschmelzungsvertrag vom 12.04.04 zugrunde, welcher zwischen den beiden Gesellschaften geschlossen wurde. Die Anmeldung zum Handelsregister erfolgt am 01.05.04 und die Eintragung am 20.08.04.

---

[335] Vgl. Förster, G./ Lange, C., Steuerliche Aspekte der Gründung einer Europäischen Aktiengesellschaft (SE), DB 2002, S. 288.

[336] Vgl. Hey, J., Umwandlungssteuergesetz nach der Unternehmenssteuerreform, GmbHR 2001, S. 1004; ebenso Lutter, M., Europäische Aktiengesellschaft - Rechtsfigur mit Zukunft?, BB 2002, S. 6.

Die Bilanzen der beiden Gesellschaften zum 31.12.03 stellen sich wie folgt dar:

Aktiva	Daltons-AG			Passiva
	Buchwert	*Teilwert*		
Aktiva	810 T€	*1.030 T€*	Nennkapital	110 T€
			Kapitalrücklage	40 T€
			Gewinnrücklagen	380 T€
			Fremdkapital	280 T€
	810 T€	*1.030 T€*		810 T€

An der Daltons-AG ist die JollyJumper-GmbH zu 60 % beteiligt (Buchwert der Beteiligung: 90 T€). Die weiteren 40 % der Anteile hält MaDalton seit Jahren in ihrem Privatvermögen (Anschaffungskosten: 60 T€).

Aktiva	LukyLuke-AG			Passiva
	Buchwert	*Teilwert*		
Aktiva	1.120 T€	*1.340 T€*	Nennkapital	200 T€
			Kapitalrücklage	100 T€
			Gewinnrücklagen	480 T€
			Fremdkapital	340 T€
	1.120 T€	*1.340 T€*		1.120 T€

Die Eigenkapitalbestände beider Kapitalgesellschaften sind:

	Ausweis in StB		**Gesondert festgestelltes EK**		
	Nenn-kapital	RL lt. StB*)	stl. Einla-gekonto	ehem. EK 02	KSt-Guthaben
Bestände Daltons-AG 31.12.03	110 T€	420 T€	40 T€	50 T€	55 T€
Bestände LuckyLuke-AG 31.12.02	200 T€	580 T€	100 T€	90 T€	65 T€

*) RL lt. StB = Kapitalrücklage + Gewinnrücklagen

Beide Kapitalgesellschaften sind unbeschränkt körperschaftsteuerpflichtig. Das Wirtschaftsjahr stimmt jeweils mit dem Kalenderjahr überein.

Für die Ermittlung der Unternehmenswerte wurde ein Wirtschaftsprüfer beauftragt. Er ermittelte unter Einbeziehung der stillen Reserven folgende Unternehmenswerte vor Verschmelzung:

Unternehmenswert Daltons-AG: 750 T€
Unternehmenswert LuckyLuke-AG: 1.000 T€

Aufgaben:

1. Nach welchen Vorschriften ist die Verschmelzung handelsrechtlich zu behandeln?

2. In welcher Höhe hat die LuckyLuke-AG eine Kapitalerhöhung vorzunehmen?
3. Wie wird die Verschmelzung steuerrechtlich behandelt?
4. Welche steuerlichen Konsequenzen ergeben sich auf Ebene der Daltons-AG, wenn eine Buchwertfortführung angenommen wird?
5. Welche steuerlichen Konsequenzen ergeben sich auf Ebene der LuckyLuke-AG? Welchen Bestand weist der steuerliche Eigenkapitalausweis der LuckyLuke-AG nach der Verschmelzung auf?
6. Welche steuerlichen Konsequenzen ergeben sich für die Gesellschafter der Daltons-AG?

Lösung:

1. Handelsrechtliche Vorschriften für die Verschmelzung

Bei der Verschmelzung der Daltons-AG auf die LuckyLuke-AG handelt es sich um eine Verschmelzung durch Aufnahme i.S.d. § 2 Nr. 1 UmwG. Die Daltons-AG überträgt ihr gesamtes Vermögen auf die LuckyLuke-AG und erlischt ohne Abwicklung. Die JollyJumper-GmbH sowie MaDalton erhalten für die Übertragung des Vermögens Anteile an der LuckyLuke-AG. Für die Verschmelzung gelten die Regeln der §§ 4-35 UmwG. Als rechtsformspezifische Normen für die AG sind ergänzend die §§ 60-72 UmwG anzuwenden.

Die Daltons-AG muss der Anmeldung zum Handelsregister eine handelsrechtliche Schlussbilanz beilegen, die auf einen höchstens acht Monate vor der Anmeldung liegenden Stichtag aufgestellt worden ist (§ 17 Abs. 2 UmwG). Da die Anmeldung am 01.05.04 erfolgt ist, kann die handelsrechtliche Schlussbilanz zum 31.12.03 als Übertragungsbilanz verwendet werden.

Die LuckyLuke-AG kann in ihrer handelsrechtlichen Übernahmebilanz die Buchwerte fortführen. Es ist aber auch möglich, die übernommenen Vermögensgegenstände und Schulden zu Anschaffungskosten zu bewerten (§ 24 UmwG).

2. Kapitalerhöhung

Die LuckyLuke-AG hat zur Abfindung der Gesellschafter der Daltons-AG neue Anteile im Wege einer Kapitalerhöhung zu schaffen. Die Kapitalerhöhung bemisst sich nach dem Verhältnis der tatsächlichen Unternehmenswerte der beiden beteiligten Gesellschaften (= Umtauschverhältnis).

$$\text{Umtauschverhältnis} = \frac{\text{Unternehmenswert Daltons-AG}}{\text{Unternehmenswert LuckyLuke-AG}} = \frac{750 \text{ T€}}{1.000 \text{ T€}} = 0{,}75$$

Das Nennkapital der LuckyLuke-AG ist daher um 75 % vom bisherigen Betrag zu erhöhen.

$$\text{Kapitalerhöhung} = 0{,}75 \; * \; \text{Nennkapital} = 0{,}75 \; * \; 200 \text{ T€} = 150 \text{ T€}$$

Nennkapital der LuckyLuke-AG nach Verschmelzung: **350 T€** (= 200 T€ + 150 T€).

3. Steuerrechtliche Behandlung der Verschmelzung

a) Gesetzliche Vorschriften

Da es sich um eine Verschmelzung i.S.d. § 2 UmwG handelt, sind nach § 1 Abs. 2 UmwStG die Vorschriften der §§ 11-13 UmwStG für eine steuerneutrale Verschmelzung anwendbar. Die Voraussetzung der unbeschränkten Körperschaftsteuerpflicht der beteiligten Kapitalgesellschaften nach § 1 Abs. 5 UmwStG ist ebenfalls erfüllt.

b) Steuerliche Rückwirkung

Die Verschmelzung kann rückwirkend auf den 31.12.03 vorgenommen werden, da auf diesen Stichtag die handelsrechtliche Schlussbilanz erstellt wird (§ 2 Abs. 1 Satz 1 UmwStG). Steuerlicher Übertragungsstichtag ist damit der 31.12.03. Die Steuerpflicht der Daltons-AG endet und die der LuckyLuke-AG bzgl. des übergehenden Vermögens beginnt im Veranlagungszeitraum 03.

4. Steuerliche Konsequenzen auf Ebene der Daltons-AG

Die Daltons-AG hat gem. § 11 Abs. 1 UmwStG ein Wahlrecht. Sie kann die übergehenden Wirtschaftsgüter in ihrer steuerlichen Schlussbilanz mit dem Buch-, Zwischen- oder Teilwert ansetzen. Da sichergestellt ist, dass die in den übergehenden Wirtschaftsgütern enthaltenen stillen Reserven bei der LuckyLuke-AG der Besteuerung unterliegen und eine in Gesellschaftsrechten bestehende Gegenleistung gewährt wird, kann die Daltons-AG die Buchwerte ansetzen. Ein Übertragungsgewinn ergibt sich folglich nicht. Die Verschmelzung auf die LuckyLuke-AG geht steuerneutral vonstatten. Die obige Bilanz dient aufgrund des Buchwertansatzes als steuerliche Schlussbilanz.

5. Steuerliche Konsequenzen auf Ebene der LuckyLuke-AG

a) Vermögensübergang und Übernahmegewinn

Bei der LuckyLuke-AG ist der Vermögensübergang als laufender Geschäftsvorfall zu erfassen. Die übergehenden Wirtschaftsgüter (Aktiva wie Passiva) sind gem. § 12 Abs. 1 UmwStG mit den in der Schlussbilanz der Daltons-AG angesetzten Werten zu übernehmen. Sie werden zu den bereits vorhandenen Bilanzpositionen der LuckyLuke-AG hinzuaddiert.

Mit Einbuchung des Vermögens geht in diesem Fall keine Beteiligung an der übertragenden Daltons-AG unter, da die LuckyLuke-AG vor der Verschmelzung nicht an der Daltons-AG beteiligt war. Dennoch stellt sich folgendes Übernahmeergebnis ein:

	Wert des übergehenden Vermögens (= Saldo aus übergehenden Vermögensgegenständen und Schulden) (= 810 T€ ./. 280 T€)	530 T€
./.	Buchwert der untergehenden Beteiligung	0 T€
=	Übernahmegewinn	530 T€
./.	Nennwert der mittels Kapitalerhöhung geschaffenen Anteile (= für die Kapitalerhöhung verwendeter Übernahmegewinn)	150 T€
=	Verbleibender Übernahmegewinn nach Kapitalerhöhung	380 T€

Der nach der Kapitalerhöhung verbleibende Übernahmegewinn in Höhe von 380 T€ ist in der steuerlichen Übernahmebilanz der LuckyLuke-AG als Gewinnrücklage auszuweisen, da er wertmäßig die Gewinnrücklagen der Daltons-AG umfasst. Nach § 12 Abs. 2 Satz 1 UmwStG bleibt der Übernahmegewinn bei der Ermittlung des steuerlichen Einkommens **außer Ansatz**.

b) Eintritt in die Rechtsstellung der Daltons-AG

Die LuckyLuke-AG tritt gem. § 12 Abs. 3 Satz 1, Abs. 4 Satz 1 UmwStG bzgl. der AfA, der erhöhten Absetzungen, der Sonderabschreibungen, der Inanspruchnahme einer Bewertungsfreiheit oder eines Bewertungsabschlags, der den steuerlichen Gewinn mindernden Rücklagen, der Vorbesitzzeiten und der Behaltefristen in die Rechtsstellung der Daltons-AG ein.

c) Auswirkungen auf den steuerlichen Eigenkapitalausweis

1. Schritt: *Herabsetzung des Nennkapitals der übertragenden Daltons-AG nach § 29 Abs. 1 KStG:*

Daltons-AG	**Ausweis in StB**		**Gesonderte Feststellungen**		
	Nenn-kapital	RL lt. StB	stl. Einla-gekonto	ehem. EK 02	KSt-Guthaben
Bestände 31.12.03	110 T€	420 T€	40 T€	50 T€	55 T€
Herabsetzung des NK nach § 29 I KStG:	./. 110 T€				
Gutschrift auf stl. Einlagekonto		+ 110 T€	+ 110 T€		
Bestände 31.12.03	0 T€	530 T€	150 T€	50 T€	55 T€

2. und 3. Schritt: *Übergang des steuerlichen Einlagekontos der Daltons-AG nach§ 29 Abs. 2 KStG sowie Anpassung des Nennkapitals der Lucky-Luke-AG nach § 29 Abs. 4 KStG:*

Mit Übergang des Vermögens geht auch das neutrale Vermögen der Daltons-AG (in der Bilanz zusammen mit dem ehemaligen EK 02 als Gewinnrücklage ausgewiesen) auf die LuckyLuke-AG über. Konsequente Folge dessen ist der Übergang des KSt-Guthabens der Daltons-AG nach § 40 Abs. 1 KStG. Der Bestand des ehemaligen EK 02 geht ebenfalls nach § 40 Abs. 1 KStG auf die LuckyLuke-AG über.

LuckyLuke-AG	T€	Ausweis in StB		Gesonderte Feststellungen		
		Nenn-kapital	RL lt. StB	Steuerl. Einlage-konto	ehem. EK 02	KSt-Guthaben
Bestände 31.12.02		200 T€	580 T€	100 T€	90 T€	65 T€
Übergang des neutralen Vermögens = Hinzurechnung: Gewinnrücklage (ohne ehem. EK 02) Daltons-AG			+ 330 T€			
Hinzurechnung nach § 40 I KStG: ehem. EK 02 Daltons-AG KSt-Guthaben Daltons-AG			+ 50 T€		+ 50 T€	+ 55 T€
Hinzurechnung nach § 29 II S. 1 KStG: Bestand steuerl. Einlagekonto Daltons-AG			+ 150 T€	+ 150 T€		
Bestände nach Anwendung von § 29 II KStG		200 T€	1.110 T€	250 T€	140 T€	120 T€
Anpassung des NK nach § 29 IV KStG: Nennkapital nach Verschmelzung ./. Nennkapital vor Verschmelzung = Gem. § 29 IV KStG anzupassender Teil des NK Minderung steuerl. Einlagekonto	350 T€ ./. 200 T€ 150 T€ ./. 150 T€ 0 T€	+150 T€	./. 150 T€	./. 150 T€		
Bestände 31.12.03		350 T€	960 T€	100 T€	140 T€	120 T€

d) Bilanz der LuckyLuke-AG nach Verschmelzung

Aktiva			LuckyLuke-AG		Passiva
Aktiva	1.120 T€		Nennkapital	200 T€	
+ Aktiva D-AG	+ **810 T€**	1.930 T€	+ Kapitalerhöhung	+ **150 T€**	350 T€
			KapitalRL	100 T€	
			+ KapitalRL D-AG	+ **150 T€**	
			./. Kapitalerhöhung	./. **150 T€**	100 T€
			GewinnRL	480 T€	
			+ GewinnRL D-AG*)	+ **380 T€**	860 T€
			Fremdkapital	340 T€	
			+ FK D-AG	+ **280 T€**	620 T€
		1.930 T€			1.930 T€

D-AG = Daltons-AG

*) Die übergegangenen Gewinnrücklagen der Daltons-AG entsprechen dem Übernahmegewinn, der sich nach Verwendung des Übernahmegewinns für die Kapitalerhöhung ergibt.

6. Steuerliche Konsequenzen für die Gesellschafter der Daltons-AG

Die Gesellschafter der Daltons-AG erhalten für ihre untergehenden Anteile neue Anteile an der LuckyLuke-AG. Im Vergleich zu vorher ergeben sich durch die Verschmelzung folgende Beteiligungsverhältnisse:

	Anteil am Nennkapital der Daltons-AG		Anteil am Nennkapital der LuckyLuke-AG	
	in %	in €	in %	in €
JollyJumper-GmbH	60 %	66 T€	25,7 %	90 T€
MaDalton	40 %	44 T€	17,1 %	60 T€
Andere Gesellschafter der LuckyLuke-AG			57,2 %	200 T€
Σ	100 %	110 T€	100,0 %	350 T€

Die steuerlichen Konsequenzen des Anteilstausches sind in § 13 UmwStG geregelt. Danach gehen die in den untergehenden Anteilen enthaltenen stillen Reserven auf die neu gewährten Anteile über. Sie sind somit nicht zu versteuern. Damit erfolgt die Verschmelzung auch auf Ebene der Gesellschafter steuerneutral.

a) JollyJumper-GmbH

Die Gesellschaft hält ihre Anteile an der Daltons-AG in ihrem Betriebsvermögen. Nach § 13 Abs. 1 Satz 1 UmwStG gelten die untergehenden Anteile als zum Buchwert veräußert und die neuen Anteile an der LuckyLuke-AG als zu diesem Wert angeschafft. Da der Buchwert der Beteiligung in der Bilanz der JollyJumper-GmbH 90 T€ beträgt, werden die neuen Anteile an der LuckyLuke-AG in Höhe von 25,7 % ebenfalls mit 90 T€ ausgewiesen.

b) MaDalton

Bei der Beteiligung von MaDalton handelt es sich um Anteile im Privatvermögen i.S.d. § 17 EStG. Gem. § 13 Abs. 2 Satz 1 i.V.m. Abs. 1 Satz 1 UmwStG gelten diese als zu Anschaffungskosten veräußert und die neuen Anteile als mit diesem Wert angeschafft. Die Anschaffungskosten der neuen Anteile in Höhe von 17,1 % betragen folglich 60 T€. Die erworbenen Anteile an der LuckyLuke-AG gelten ebenfalls als Anteile i.S.d. § 17 EStG.

Kapitel IV: Spaltung von Kapitalgesellschaften

1 Allgemeines

Mit der Spaltung von Kapitalgesellschaften hat der Gesetzgeber ein Regelwerk geschaffen, welches – im Gegensatz zur konzentrierenden Verschmelzung des vorherigen Kapitels – die Dekonzentration von Kapitalgesellschaften ermöglicht.

Unter dem Begriff der Spaltung von Kapitalgesellschaften ist die Übertragung von Vermögensteilen einer Kapitalgesellschaft auf eine oder mehrere andere Kapitalgesellschaften gegen Gewährung von Anteilen an der oder den übernehmenden Kapitalgesellschaft(en) zu verstehen. Da jeweils nur Teile des Vermögens und nicht das gesamte Vermögen auf eine andere Kapitalgesellschaft übertragen werden, tritt die aufnehmende Kapitalgesellschaft lediglich hinsichtlich des auf sie übergegangenen Vermögensteils in die Rechtsstellung der übertragenden Kapitalgesellschaft ein. Dies wird als partielle Gesamtrechtsnachfolge oder auch Sonderrechtsnachfolge bezeichnet.

Merke:	Bei einer Spaltung im Wege der **partiellen Gesamtrechtsnachfolge** werden bestimmte Teile des Vermögens der zu spaltenden Kapitalgesellschaft als Gesamtheit auf die übernehmende(n) Kapitalgesellschaft(en) übertragen (§ 131 Abs. 1 UmwG). Die Gesamtrechtsnachfolge ist auf die Vermögensteile beschränkt, die laut Spaltungsvertrag auf die Rechtsnachfolger übergehen.

2 Spaltungsmotive

Die häufigsten Beweggründe für eine Spaltung einer Kapitalgesellschaft auf eine oder mehrere Kapitalgesellschaften sind betriebswirtschaftlicher sowie steuerrechtlicher und allgemein rechtlicher Art.[337]

Betriebswirtschaftliche Gründe:

- Schaffung kleinerer Einheiten für mehr Flexibilität am Markt,
- Isolierung von Haftungsrisiken, v.a. im Bereich der Produkthaftung,

[337] Vgl. Geck, R., Die Spaltung von Unternehmen nach dem neuen Umwandlungsrecht, DStR 1995, S. 417; vgl. auch Teichmann, A., Die Bedeutung der Spaltungsvorschriften im UmwG, in: Lutter, M., Verschmelzung, Spaltung, Formwechsel nach neuem Umwandlungsrecht und Umwandlungssteuerrecht, Köln 1995, S. 92; Ott, H., Das neue Umwandlungs- und Umwandlungssteuerrecht, Leitfaden für die Beratungspraxis, Freiburg i.Br. 1996, S. 191; Benkert, M., in: Haritz, D./ Benkert, M. (Hrsg.), Umwandlungssteuergesetz Kommentar, 2. Aufl., München 2000, Einf., Rz. 303 ff.

- Vorbereitung von Unternehmenszusammenschlüssen oder Veräußerungen.

Steuerrechtliche/allgemein rechtliche Gründe:
- Trennung von Gesellschafterstämmen, u.U. Familienstämmen, zur Konfliktreduzierung,
- Vorbereitung von Erbauseinandersetzungen,
- Rückabwicklung von fehlgelaufenen Verschmelzungen.

3 Handelsrechtliche Regelungen

Die handelsrechtlichen Regelungen der Spaltung sind denen der Verschmelzung sehr ähnlich. Im Folgenden werden daher v.a. die handelsrechtlichen Besonderheiten der Spaltung hervorgehoben. Bei Gemeinsamkeiten mit der Verschmelzung wird auf die vorhergehenden Kapitel verwiesen.

3.1 Spaltung von Kapitalgesellschaften im UmwG

3.1.1 Systematik

Die Spaltung von Kapitalgesellschaften ist im Dritten Buch des UmwG (§§ 123-173) geregelt. Wie bereits im Zweiten Buch zur Verschmelzung enthält der Erste Teil (§§ 123-137 UmwG) des Dritten Buchs allgemeine Vorschriften. Im Zweiten Teil (§§ 138-173 UmwG) werden besondere Vorschriften zur Spaltung unter Beteiligung von Gesellschaften unterschiedlicher Rechtsformen (u.a. GmbH, AG, KGaA) normiert.

Merke: Gem. **§ 125 Satz 1 UmwG** sind die Vorschriften des UmwG zur Verschmelzung (Zweites Buch, §§ 2-122) – bis auf wenige Ausnahmen – auch auf die Spaltung von Kapitalgesellschaften anzuwenden, soweit sich aus den §§ 126-173 UmwG keine Abweichungen ergeben.

3.1.2 Arten der Spaltung

Das UmwG unterscheidet in § 123 UmwG drei Arten der Spaltung:

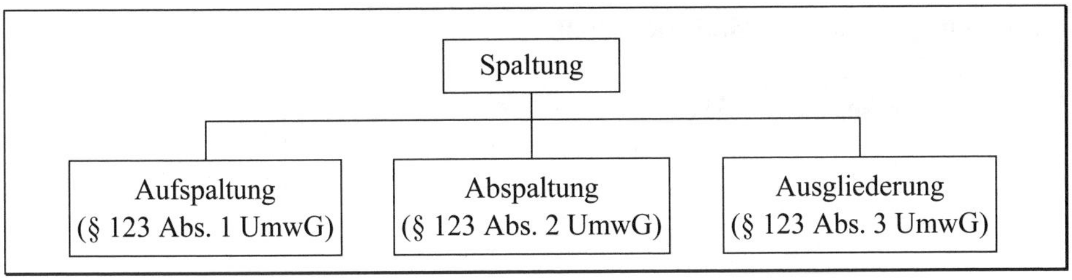

Abbildung 91: Spaltungsarten nach § 123 UmwG

3.1.2.1 Aufspaltung

Bei der **Aufspaltung** wird das gesamte Vermögen einer Kapitalgesellschaft in Teilen auf mindestens zwei andere Kapitalgesellschaften im Wege der partiellen Gesamtrechtsnachfolge übertragen. Dabei wird die übertragende Kapitalgesellschaft ohne Abwicklung aufgelöst. Die Anteilseigner der untergehenden Kapitalgesellschaft werden mit Anteilen an den übernehmenden Kapitalgesellschaften abgefunden (§ 123 Abs. 1 UmwG).

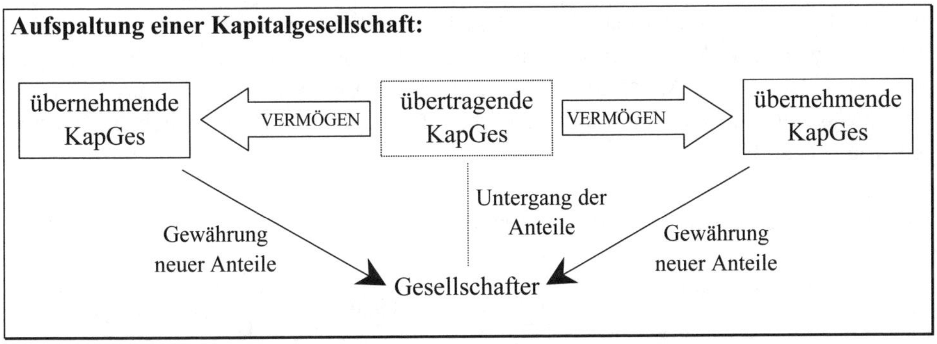

Abbildung 92: Aufspaltung einer Kapitalgesellschaft

3.1.2.2 Abspaltung

Die **Abspaltung** unterscheidet sich von der Aufspaltung dadurch, dass zum einen nicht das gesamte Vermögen, sondern nur Teile davon übertragen werden und zum anderen die übertragende Kapitalgesellschaft nicht erlischt, da ein Teil ihres Vermögens bei ihr verbleibt. Die Anteile an der übertragenden Kapitalgesellschaft gehen folglich nicht unter, sondern werden in ihrem Wert gemindert. Zum Ausgleich erhalten die Anteilseigner der übertragenden Kapitalgesellschaft Anteile an der bzw. den übernehmenden Kapitalgesellschaft(en) (§ 123 Abs. 2 UmwG).

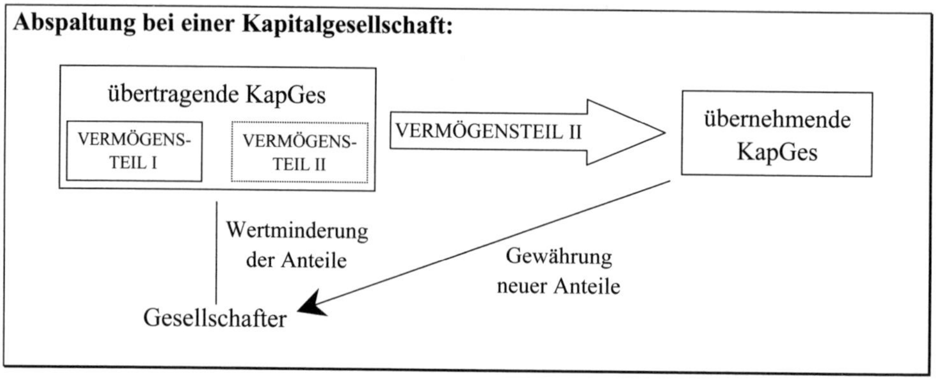

Abbildung 93: Abspaltung bei einer Kapitalgesellschaft

3.1.2.3 Ausgliederung

Die **Ausgliederung** ähnelt der Abspaltung. Teile des Vermögens werden im Wege der partiellen Gesamtrechtsnachfolge auf eine oder mehrere Kapitalgesellschaften übertragen. Einziger Unterschied zur Abspaltung ist, dass die Anteile an der übernehmenden Kapitalgesellschaft nicht den Anteilseignern, sondern der übertragenden Kapitalgesellschaft selbst gewährt werden (§ 123 Abs. 3 UmwG). Damit ist die ausgliedernde Kapitalgesellschaft an der bzw. den übernehmenden Kapitalgesellschaft(en) beteiligt, und es entsteht ein **Mutter-Tochter-Verhältnis**.

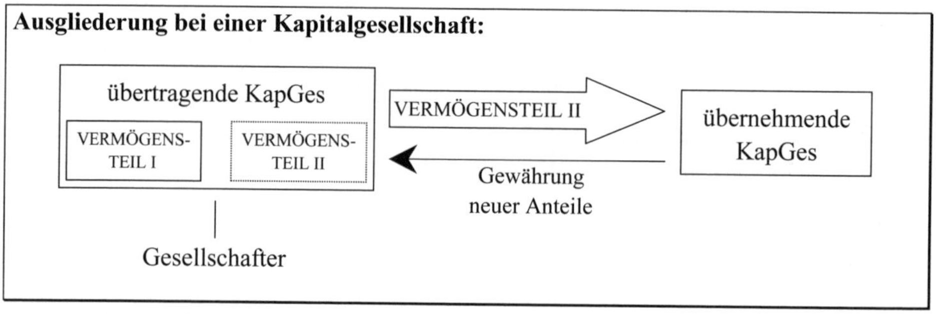

Abbildung 94: Ausgliederung bei einer Kapitalgesellschaft

Bei der Ausgliederung kann es sich aber auch um einen der Aufspaltung ähnlichen Vorgang handeln. Dies ist der Fall, wenn sämtliche Vermögensteile auf andere Kapitalgesellschaften übertragen werden. Die übertragende Kapitalgesellschaft besitzt dann lediglich die Anteile an den übernehmenden Kapitalgesellschaften und wird somit zur reinen **Holding-Gesellschaft**.[338]

3.1.3 Entsprechende Anwendung der Verschmelzungsvorschriften

Wie bereits unter Punkt 3.1.1. hervorgehoben, verweist § 125 UmwG für die Spaltung von Kapitalgesellschaften auf die Verschmelzungsvorschriften der §§ 2-122 UmwG. Diese Verweisung beruht darauf, dass Spaltungsvorgänge häufig das **Spiegelbild von Verschmelzungsvorgängen** sind.[339] So ist die Aufspaltung zur Neugründung das exakte Spiegelbild der Verschmelzung durch Neugründung. Wird bei der Aufspaltung das Vermögen einer Kapitalgesellschaft auf mindestens zwei andere, neu gegründete Kapitalgesellschaften übertragen, so wird bei der Verschmelzung durch Neugründung das Vermögen von mindestens zwei Kapitalgesellschaften auf eine neu gegründete Kapitalgesellschaft übertragen. Weiter ist die Abspaltung zur Neugründung das Gegenstück zur Verschmelzung von Schwestergesellschaften. Durch die Abspaltung eines Vermögensteils auf eine neu gegründete Kapitalgesellschaft erhalten die Gesellschafter sämtliche Anteile der übernehmenden Kapitalgesellschaft, wodurch Schwestergesellschaften entstehen. Die Ausgliederung zur Neugründung ist schließlich, da sie ein Mutter-Tochter-Verhältnis entstehen lässt, die Umkehrung eines „up-stream mergers".

Bei den übrigen Spaltungsmöglichkeiten lässt sich die Verweisung auf die Verschmelzungsvorschriften dadurch rechtfertigen, dass Spaltungen und Verschmelzungen grundsätzlich gemeinsame Merkmale aufweisen. In beiden Fällen wird Vermögen im Wege der Gesamtrechtsnachfolge gegen Gewährung von Anteilen an den übernehmenden Kapitalgesellschaften übertragen. Insofern ist die Verweisung auf die Verschmelzungsvorschriften unumgänglich, da gleichartige Vorgänge i.d.R. auch gleich zu behandeln sind.[340]

3.1.4 Spaltungsfähige Kapitalgesellschaften

Spaltungsfähig sind gem. § 1 Abs. 1 Nr. 2 UmwG ausschließlich Kapitalgesellschaften, die ihren **Sitz im Inland** haben. Demnach ist die Anwendung des UmwG auf Spaltungen beschränkt, bei denen sowohl die übertragende und als auch die übernehmende(n) Kapitalge-

---

338 Vgl. Kallmeyer, H., in: Kallmeyer, H., Umwandlungsgesetz Kommentar, 2. Aufl., Köln 2001, § 123, Rz. 12; Hörtnagl, R., in: Schmitt, J./ Hörtnagl, R./ Stratz, R.-C., Umwandlungsgesetz, Umwandlungssteuergesetz, 3. Aufl., München 2001, § 123 UmwG, Rz. 22.

339 Vgl. Kallmeyer, H., in: Kallmeyer, H., Umwandlungsgesetz Kommentar, 2. Aufl., Köln 2001, § 125, Rz. 3.

340 Vgl. Sagasser, B./ Sickinger, M., in: Sagasser, B./ Bula, T./ Brünger, T., Umwandlungen, 3. Aufl., München 2002, S. 473 f., Rz. 23 f.

sellschaft(en) diese Voraussetzung erfüllen. Bei grenzüberschreitenden Spaltungen ist das UmwG somit nicht anwendbar.[341]

An der Spaltung können nach § 124 Abs. 1 i.V.m. § 3 Abs. 1 UmwG **Kapitalgesellschaften** in der Rechtsform der GmbH, AG und der KGaA als übertragende oder übernehmende Rechtsträger beteiligt sein. Die Spaltung von AGs und KGaAs ist allerdings nur zulässig, wenn sie bereits zwei Jahre im Handelsregister eingetragen sind (§ 141 UmwG).

Gem. § 124 Abs. 2 i.V.m. § 3 Abs. 4 UmwG kann die Spaltung sowohl zwischen Kapitalgesellschaften derselben Rechtsform als auch zwischen Kapitalgesellschaften unterschiedlicher Rechtsform vollzogen werden.

3.1.5 Spaltung zur Aufnahme und Neugründung

Entsprechend der Verschmelzung ist auch die Spaltung zur Aufnahme oder zur Neugründung möglich (§ 123 UmwG):

- **Spaltung zur Aufnahme gem. §§ 126-134 UmwG:**
  Übertragung von Vermögensteilen einer Kapitalgesellschaft auf eine oder mehrere bereits bestehende Kapitalgesellschaften.
- **Spaltung zur Neugründung gem. §§ 135-137 UmwG:**
  Übertragung von Vermögensteilen einer Kapitalgesellschaft auf eine oder mehrere, neu zu gründende Kapitalgesellschaften.

Gem. § 123 Abs. 4 UmwG ist eine **Kombination von Aufnahme und Neugründung** möglich. Dies ist sachgerecht, da bei der Spaltung nicht nur eine, sondern auch mehrere Kapitalgesellschaften als Übernehmerinnen in Betracht kommen können.

Beispiel

Aufspaltung einer GmbH zur Aufnahme und Neugründung
Das Vermögen der B-GmbH lässt sich in zwei Produktionsbereiche aufteilen. Im Wege der Aufspaltung überträgt die B-GmbH Produktionsbereich 1 auf die bereits bestehende A-GmbH und Produktionsbereich 2 auf die zu diesem Zweck gegründete X-GmbH.

3.2 Ablauf einer Spaltung im Überblick

Der Ablauf der Spaltung ist in den §§ 125-137 UmwG geregelt, wobei § 125 UmwG auf die entsprechende Anwendung der Verschmelzungsvorschriften verweist. Die allgemeinen Regelungen werden ergänzt durch die rechtsformspezifischen Vorschriften des Zweiten

[341] Vgl. BT-Drucks. 12/6699 v. 01.02.1994, S. 80.

Teils. So gelten für die Spaltung unter Beteiligung von GmbHs die §§ 138-140 UmwG und für die Spaltung unter Beteiligung von AGs oder KGaAs die §§ 141-146 UmwG. Wie das Verschmelzungsverfahren lässt sich auch das Spaltungsverfahren gemäß dem zeitlichen Ablauf in drei Entwicklungsphasen einteilen:

- Vorbereitungsphase
- Beschlussverfahren
- Vollzug.

Zur schematischen Darstellung des Spaltungsverfahrens wird auf die Abbildung zum zeitlichen Ablauf der Verschmelzung von Kapital- auf Personengesellschaften in Kapitel II verwiesen.

3.2.1 Vorbereitungsphase

3.2.1.1 Spaltungsvertrag

Grundlage der Spaltung ist ein **Spaltungsvertrag** zwischen den Vertretungsorganen der zu spaltenden (übertragenden) Kapitalgesellschaft und der übernehmenden Kapitalgesellschaften (§ 125 i.V.m. § 4 Abs. 1 UmwG). Der Spaltungsvertrag ist gem. § 125 i.V.m. § 6 UmwG notariell zu beurkunden. Der Inhalt dieses Vertrags ist in § 126 UmwG aufgelistet und entspricht in weiten Teilen dem des Verschmelzungsvertrags. Daher wird die nachfolgende Betrachtung auf die abweichenden Inhaltsangaben beschränkt und im Übrigen auf die Ausführungen zum Verschmelzungsvertrag verwiesen.

Nach § 126 Abs. 1 UmwG beinhaltet der Spaltungsvertrag folgende Besonderheiten:

- Angabe des Umtauschverhältnisses der Anteile und ggf. Angabe der Höhe der baren Zuzahlungen bei Auf- und Abspaltung (§ 126 Abs. 1 Nr. 3 UmwG),
- Einzelheiten zur Übertragung der Anteile der übernehmenden Kapitalgesellschaft bei Auf- und Abspaltung (§ 126 Abs. 1 Nr. 4 UmwG),
- Angaben zur Aufteilung und Zuordnung des Vermögens (§ 126 Abs. 1 Nr. 9 UmwG),
- Angaben zur Aufteilung der Anteile sowie zum Maßstab der Aufteilung bei Auf- und Abspaltung (§ 126 Abs. 1 Nr. 10 UmwG).

Sofern die **Spaltung zur Neugründung** erfolgt, muss anstelle eines Spaltungsvertrags ein Spaltungsplan aufgestellt werden (§ 136 UmwG). Die Vorschriften über die Spaltung zur Aufnahme sind gem. § 135 Abs. 1 UmwG entsprechend anzuwenden.

3.2.1.1.1 Umtauschverhältnis und bare Zuzahlungen sowie Einzelheiten zur Anteilsübertragung

Angaben zum **Umtauschverhältnis** und ggf. zur Höhe der **baren Zuzahlungen** sowie Einzelheiten zur **Anteilsgewährung** sind nur bei der Auf- bzw. Abspaltung vorgeschrieben (§ 126 Abs. 1 Nr. 3, 4 UmwG). Der Ausschluss der Ausgliederung lässt sich damit begründen, dass es zu keinem Anteilstausch auf Ebene der Anteilseigner kommt. Vielmehr handelt es sich bei der Ausgliederung um einen Aktivtausch, da Vermögensteile gegen Anteile an der übernehmenden Kapitalgesellschaft übertragen werden.[342]

Das Umtauschverhältnis ermittelt sich bei Auf- und Abspaltungen zur Aufnahme wie folgt:

$$\text{Umtauschverhältnis} = \frac{\text{Tatsächl. Wert des übertragenden Teilvermögens}}{\text{Unternehmenswert der übernehmenden KapGes}}$$

Bei einer **Aufspaltung zur Aufnahme** ist das Umtauschverhältnis angemessen, wenn die Summe der Anteile an den übernehmenden Kapitalgesellschaften wertmäßig den untergehenden Anteilen an der übertragenden Kapitalgesellschaften entspricht.

Bei einer **Abspaltung zur Aufnahme** muss der Wert der Anteile an der übernehmenden Kapitalgesellschaft dem tatsächlichen Wert des übertragenden Vermögensteils entsprechen, da sich die Anteile der abzufindenden Anteilseigner in dieser Höhe wertmäßig reduziert haben.

Auch wenn bei der **Ausgliederung zur Aufnahme** kein Umtauschverhältnis zu ermitteln ist, so ist dennoch vertraglich festzuhalten, dass die gewährten Anteile dem übertragenen Vermögen wertmäßig entsprechen.[343]

Bei einer **Spaltung zur Neugründung** gehen grundsätzlich sämtliche Anteile am Nennkapital der neu gegründeten Kapitalgesellschaft auf die abzufindenden Anteilseigner der übertragenden Kapitalgesellschaft bzw. auf die übertragende Kapitalgesellschaft selbst über. Entscheidend ist hier, dass das Nennkapital der neu gegründeten Kapitalgesellschaft durch das übergehende Vermögen gedeckt ist, da sonst gegen das Verbot der Unterpari-Emission verstoßen wird.[344] Die Aufteilung der neuen Anteile auf die einzelnen Anteilseigner ist gem. § 126 Abs. 1 Nr. 10 UmwG vertraglich zu regeln.

---

[342] Vgl. Müller, W., in: Kallmeyer, H., Umwandlungsgesetz Kommentar, 2. Aufl., Köln 2001, § 126, Rz. 7.

[343] Vgl. Hörtnagl, R., in: Schmitt, J./ Hörtnagl, R./ Stratz, R.-C., Umwandlungsgesetz, Umwandlungssteuergesetz, 3. Aufl., München 2001, § 126 UmwG, Rz. 38, 42.

[344] Vgl. Hörtnagl, R., in: Schmitt, J./ Hörtnagl, R./ Stratz, R.-C., Umwandlungsgesetz, Umwandlungssteuergesetz, 3. Aufl., München 2001, § 126 UmwG, Rz. 30 ff., 37, 39 f.

3.2.1.1.2 Aufteilung und Zuordnung des Vermögens

Abweichend vom Verschmelzungsvertrag müssen im Spaltungsvertrag gem. § 126 Abs. 1 Nr. 9 UmwG die Gegenstände des Aktiv- und Passivvermögens sowie die Betriebe oder Betriebsteile, die übertragen werden sollen, **genau bezeichnet und aufgeteilt** werden. Soll das zu übertragende Vermögen auf mehrere Kapitalgesellschaften übergehen, ist anzugeben, welche Gegenstände, Betriebe oder Betriebsteile der jeweils übernehmenden Kapitalgesellschaft zugeordnet werden.

Die übertragende Kapitalgesellschaft kann die Aufteilung des Vermögens auf die jeweils übernehmende Kapitalgesellschaft grundsätzlich frei gestalten. Es ist nicht erforderlich, dass es sich bei den übergehenden Vermögensteilen um (Teil-)Betriebe handelt. Das Recht der Aufteilungsfreiheit wird allerdings durch die Vorschrift des § 132 UmwG eingeschränkt. Nach § 132 UmwG gelten allgemeine Vorschriften, welche die Übertragbarkeit eines Gegenstandes ausschließen oder hemmen, auch im Rahmen der Spaltung. Damit soll verhindert werden, dass das Verbot zur Übertragung durch Einzelrechtsnachfolge mittels Spaltung im Wege der Gesamtrechtsnachfolge umgangen werden kann.[345]

Merke: **Umwandlungssteuerrechtlich** ist eine steuerneutrale Spaltung nur möglich, wenn jeweils ein Teilbetrieb, ein Mitunternehmeranteil oder eine 100 %ige Beteiligung an einer Kapitalgesellschaft übertragen wird und – im Falle der Abspaltung – im Vermögen der übertragenden Kapitalgesellschaft verbleibt (§ 15 Abs. 1 UmwStG). Um die Steuerneutralität der Spaltung nicht zu gefährden, sollte diese Vorschrift bereits bei der handelsrechtlichen Aufteilung des Vermögens berücksichtigt werden.

Sind bei einer Aufspaltung zur Aufnahme nicht alle Gegenstände des Aktivvermögens im Spaltungsvertrag aufgeführt (d.h. wenn Gegenstände vergessen wurden), und lässt sich die Zuordnung dieser Gegenstände auch nicht durch Auslegung des Vertrags ermitteln, so ergibt sich die Zuordnung aus § 131 Abs. 3 UmwG. Die Regelung ist notwendig, da die aufgespaltene Kapitalgesellschaft mit Eintragung ins Handelsregister erlischt und somit nicht mehr über die **„vergessenen Gegenstände"** verfügen kann. § 131 Abs. 3 Hs. 1 UmwG ordnet zunächst an, dass der vergessene Gegenstand auf alle übernehmenden Kapitalgesellschaften zur gemeinsamen Nutzung übergeht. Der Umfang der Mitberechtigung, welcher den einzelnen Übernehmerinnen zusteht, ermittelt sich aus dem Verhältnis, nach dem der Überschuss der Aktiva über die Passiva vertragsmäßig zu verteilen ist. Ist eine solche Aufteilung nicht möglich, so ist der Gegenwert des Gegenstandes (z.B. erzielt durch Veräußerung) in diesem Verhältnis zu verteilen (§ 131 Abs. 3 Hs. 2 UmwG).

[345] Vgl. Teichmann, A., in: Lutter, M. (Hrsg.), UmwG Kommentar, Köln 1996, § 132, Rz. 3.

3.2.1.1.3 Aufteilung der Anteile

Nach § 126 Abs. 1 Nr. 10 UmwG sind bei Auf- und Abspaltungen Angaben zur Aufteilung der Anteile der übernehmenden Kapitalgesellschaften auf die Anteilseigner der übertragenden Kapitalgesellschaft sowie zum Maßstab der Aufteilung zu machen. Diese Angaben sind erforderlich, da für die Aufteilung der Anteile zwei Möglichkeiten bereitstehen:[346]

- **Verhältniswahrende Spaltung**
  Die Anteile an den übernehmenden Kapitalgesellschaften werden im Verhältnis der bisherigen Beteiligungen an der übertragenden Kapitalgesellschaft aufgeteilt.

Beispiel

Aufspaltung einer GmbH[347]
An der Ernie&Bert-GmbH sind die Gesellschafter Ernie und Bert jeweils zu 50 % beteiligt.

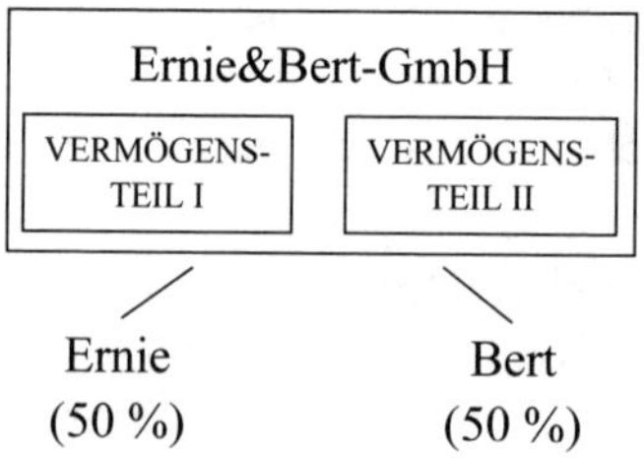

Das Vermögen der Ernie&Bert-GmbH wird im Wege der Aufspaltung auf zwei neu gegründete Gesellschaften, die Ernie-GmbH und die Bert-GmbH, jeweils zur Hälfte übertragen. Ernie und Bert erhalten jeweils 50 % der Anteile an den übernehmenden GmbHs.

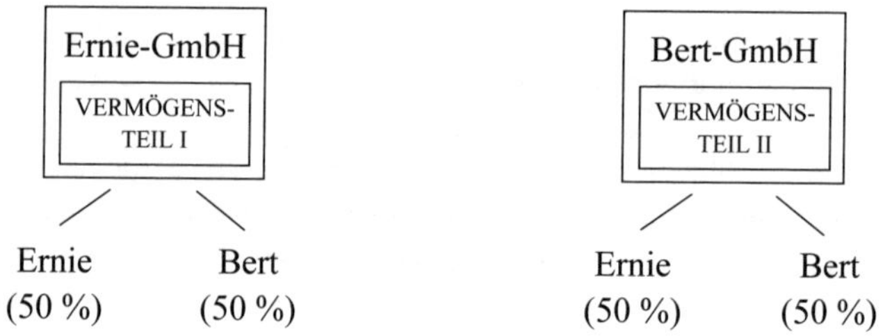

- **Nicht verhältniswahrende Spaltung**
  Die Aufteilung der Anteile an den übernehmenden Kapitalgesellschaften ist beliebig gestaltbar und entspricht nicht dem Verhältnis der bisherigen Beteiligungen (§ 128 UmwG).

---

346 Vgl. Geck, R., Die Spaltung von Unternehmen nach dem neuen Umwandlungsrecht, DStR 1995, S. 420.

347 Vgl. Ott, H., Das neue Umwandlungs- und Umwandlungssteuerrecht, Leitfaden für die Beratungspraxis, Freiburg i.Br. 1996, S. 185.

Beispiel

Aufspaltung einer GmbH[348]
Ausgangspunkt ist das obige Beispiel. Ernie erhält jetzt sämtliche Anteile an der Ernie-GmbH und Bert sämtliche Anteile an der Bert-GmbH.

Der Gesetzgeber hat die nicht verhältniswahrende Spaltung zugelassen, um die Trennung von Gesellschaftergruppen oder Familienstämmen im Wege der partiellen Gesamtrechtsnachfolge zu ermöglichen.[349]

Wird im Spaltungsvertrag eine nicht verhältniswahrende Spaltung festgelegt, so wird der Vertrag nur wirksam, wenn ihm alle Anteilseigner der übertragenden Kapitalgesellschaften zustimmen (§ 128 UmwG).

Bei der Ausgliederung sind die Angaben nach § 126 Abs. 1 Nr. 10 UmwG nicht Bestandteil des Spaltungsvertrags, da die Anteile an den übernehmenden Kapitalgesellschaften der übertragenden Kapitalgesellschaft gewährt werden.[350]

3.2.1.2 Spaltungsbericht

Wie bei der Verschmelzung ist auch bei der Spaltung von den Vertretungsorganen aller beteiligten Kapitalgesellschaften ein ausführlicher Bericht (Spaltungsbericht) zu erstatten (§ 127 Satz 1 UmwG). Darin sind Sachverhalte wie Sinn und Zweck der Spaltung, Einzelheiten des Spaltungsvertrags, Umtauschverhältnis und Aufteilung der Anteile und ggf. Höhe der Barabfindung zu erläutern und zu begründen.

Die Vorschriften des § 8 Abs. 1 Satz 2-4, Abs. 2, 3 UmwG zum Verschmelzungsbericht sind entsprechend anzuwenden (§ 127 Satz 2 UmwG).

---

348 Vgl. Ott, H., Das neue Umwandlungs- und Umwandlungssteuerrecht, Leitfaden für die Beratungspraxis, Freiburg i.Br. 1996, S. 185.

349 Vgl. BT-Drucks. 12/6699 v. 01.02.1994, S. 120.

350 Vgl. Hörtnagl, R., in: Schmitt, J./ Hörtnagl, R./ Stratz, R.-C., Umwandlungsgesetz, Umwandlungssteuergesetz, 3. Aufl., München 2001, § 126 UmwG, Rz. 112.

3.2.1.3 Spaltungsprüfung und Prüfungsbericht

Nach § 125 UmwG gelten bei Auf- und Abspaltungen die Vorschriften zur Verschmelzungsprüfung mit Ausnahme von § 9 Abs. 2 UmwG. Insofern wird auf die Ausführungen der Kapitel II und III verwiesen.

3.2.1.4 Kapitalveränderungen

Spaltungsbedingt durchzuführende Kapitalerhöhungen auf **Ebene der übernehmenden Kapitalgesellschaften** unterscheiden sich nicht wesentlich von denen bei Verschmelzungen, so dass auf die Ausführungen zur Kapitalerhöhung in Kapitel III verwiesen werden kann.

Zu Kapitalveränderungen auf **Ebene der übertragenden Kapitalgesellschaft** kann es kommen, wenn das nach einer Abspaltung verbleibende Nettovermögen nicht mehr zur Deckung des bisherigen Nennkapitals ausreicht.[351] Dies ist der Fall, wenn das übertragene Aktivvermögen höher als das übertragene Passivermögen ist. In diesem Fall ist eine Kapitalherabsetzung vorzunehmen, welche gem. §§ 139 Satz 1, 145 Satz 1 UmwG in vereinfachter Form erfolgen kann. Die vereinfachte Kapitalherabsetzung ist in den §§ 58a bis 58f GmbHG geregelt. Nach § 58a Abs. 1 und 2 GmbHG ermittelt sich die Höhe der vereinfachten Kapitalherabsetzung wie folgt:

	Übertragenes Nettovermögen zu Buchwerten (= übertragene Aktiva ./. übertragene Passiva)
./.	Gewinnvortrag
./.	Gewinnrücklage
./.	Kapitalrücklage
=	Betrag der Kapitalherabsetzung

Offene Eigenkapitalposten wie Gewinnvortrag, Gewinn- und Kapitalrücklage sind abzuziehen, da diese gem. § 58a Abs. 2 GmbHG vorrangig vor einer Kapitalherabsetzung aufzulösen sind, um damit den Nettovermögensabfluss auszugleichen. Eine Kapitalherabsetzung ist folglich erst zulässig, wenn diese Eigenkapitalposten aufgelöst sind.[352]

---

351 Vgl. Hörtnagl, R., in: Schmitt, J./ Hörtnagl, R./ Stratz, R.-C., Umwandlungsgesetz, Umwandlungs-steuergesetz, 3. Aufl. München 2001, § 139 UmwG, Rz. 5.

352 Das Gesetz lässt die Kapitalherabsetzung bereits dann zu, wenn der Teil der auflösbaren Kapital- und Gewinnrücklagen-Summe, der über 10 % des nach Herabsetzung verbleibenden Nennkapitals hinausgeht, vorweg aufgelöst ist (§ 58a Abs. 2 Satz 1 GmbHG). Der Betrag, zu welchem die Rücklagen (im Voraus einer zulässigen Kapitalherabsetzung) mindestens aufzulösen sind, bestimmt sich demnach wie folgt: (Gewinn- + Kapitalrücklage) ./. 10 % des verbleibenden Nennkapitals.

Beispiel

Abspaltung zur Aufnahme[353]

Das Vermögen der MaDalton-GmbH besteht aus einer Gold- und einer Silbermine. Die Silbermine soll auf die bereits bestehende Daltons-AG abgespalten werden. Dabei wird das Fremdkapital der Silbermine ebenfalls mit übertragen.

Aktiva	MaDalton-GmbH		Passiva
Goldmine	600 T€	Stammkapital	250 T€
Silbermine	350 T€	Kapitalrücklage	50 T€
		FK Goldmine	400 T€
		FK Silbermine	250 T€
	950 T€		950 T€

Lösung

1. Verbleibendes Nettovermögen zu Buchwerten nach Abspaltung

	Verbleibende Aktiva (Goldmine)	600 T€
./.	Verbleibende Passiva	400 T€
=	verbleibendes Nettovermögen zu Buchwerten	200 T€

Das nach vollzogener Abspaltung verbleibende Nettovermögen der MaDalton-GmbH in Höhe von 200 T€ reicht nicht mehr aus, um das Stammkapital in Höhe von 250 T€ zu decken. Eine Kapitalherabsetzung ist notwendig.

2. Ermittlung des Umfangs der Kapitalherabsetzung

	Übertragenes Nettovermögen zu Buchwerten (= übertragene Aktiva ./. übertragene Passiva = 350 T€ ./. 250 T€)	100 T€
./.	Gewinnvortrag	0 T€
./.	Gewinnrücklagen	0 T€
./.	Kapitalrücklage	50 T€
=	Betrag der Kapitalherabsetzung	50 T€

Durch den Abzug der Kapitalrücklage wird eben diese aufgelöst und die Verminderung des Nettovermögens zur Hälfte ausgeglichen.

353 Vgl. Hörtnagl, R., in: Schmitt, J./ Hörtnagl, R./ Stratz, R.-C., Umwandlungsgesetz, Umwandlungssteuergesetz, 3. Aufl., München 2001, § 139 UmwG, Rz. 29 ff.

3. Bilanz der MaDalton-GmbH nach Abspaltung

Aktiva			MaDalton-GmbH		Passiva
Goldmine		600 T€	Stammkapital	250 T€	
			./. Kapitalherabsetzung	./. **50 T€**	200 T€
Silbermine	350 T€		Kapitalrücklage	50 T€	
./. Silbermine	./. **350 T€**	0 T€	./. Kapitalrücklage	./. **50 T€**	0 T€
			FK Goldmine		400 T€
			FK Silbermine	250 T€	
			./. FK Silbermine	./. **250 T€**	0 T€
		600 T€			600 T€

3.2.2 Beschlussverfahren

Nach § 125 UmwG sind die Regelungen über das Beschlussverfahren bei Verschmelzungen entsprechend anzuwenden, weshalb auf die Ausführungen zur Verschmelzung verwiesen werden kann.

3.2.3 Vollzug

Für die Anmeldung der Spaltung zur Eintragung ins Handelsregister gelten die Vorschriften über die Anmeldung der Verschmelzung entsprechend (§ 125 UmwG). Gem. § 129 UmwG ist das Vertretungsorgan jeder der übernehmenden Kapitalgesellschaften zur Anmeldung der Spaltung berechtigt.

Das Eintragungsverfahren ist in § 130 UmwG geregelt. Zur Eintragung im Fall der Spaltung zur Neugründung sind zusätzlich die §§ 135, 137 UmwG zu beachten. Die Reihenfolge der Eintragungen ergibt sich gem. § 130 Abs. 1 UmwG folgendermaßen:

Soweit bei der übertragenden Kapitalgesellschaft eine Kapitalherabsetzung vorzunehmen ist, muss diese gem. §§ 139 Satz 2, 145 Satz 2 UmwG ins Handelsregister am Sitz der übertragenden Kapitalgesellschaft eingetragen werden. Entsprechendes gilt gem. § 125 i.V.m. §§ 53, 66 UmwG auch im Fall von Kapitalerhöhungen bei den übernehmenden Kapitalgesellschaften.

⇩

Bei den übernehmenden Kapitalgesellschaften wird die Spaltung mit dem Vermerk eingetragen, dass diese erst mit Eintragung ins Register der übertragenden Kapitalgesellschaft wirksam wird (§ 130 Abs. 1 Satz 2 UmwG).

⇩

Danach darf die Spaltung ins Handelsregister am Sitz der übertragenden Kapitalgesellschaft eingetragen werden (§ 130 Abs. 1 Satz 1 UmwG).

⇩

Die Spaltung ist nach § 125 i.V.m. § 19 Abs. 3 UmwG von den zuständigen Gerichten am Sitz der beteiligten Kapitalgesellschaften durch den Bundesanzeiger und durch mindestens ein anderes Blatt bekannt zu machen.

3.3 Rechtsfolgen einer Spaltung

Die Eintragung der Spaltung am Sitz der übertragenden Kapitalgesellschaft hat gem. § 131 Abs. 1 UmwG folgende Wirkungen:

- Die im Spaltungsvertrag bezeichneten Vermögensteile und Verbindlichkeiten gehen gemäß der vertraglich festgelegten Aufteilung jeweils als Gesamtheit auf die übernehmenden Kapitalgesellschaften über.
- Im Fall einer Aufspaltung erlischt die übertragende Kapitalgesellschaft ohne Liquidation.
- Bei einer Auf- oder Abspaltung werden die Anteilseigner der übertragenden Kapitalgesellschaft entsprechend der vertraglichen Aufteilung Anteilseigner der übernehmenden Kapitalgesellschaften.
  Handelt es sich um eine Ausgliederung, wird die übertragende Kapitalgesellschaft Anteilseigner der übernehmenden Kapitalgesellschaft.

4 Bilanzielle Behandlung in der Handelsbilanz

Der Gesetzgeber hat es unterlassen, für die Bilanzierung in Spaltungsfällen eigene Vorschriften zu erlassen. Vielmehr sind die handelsbilanziellen Vorschriften zur Verschmelzung gem. § 125 UmwG entsprechend anzuwenden. Bei der Spaltung gilt demnach § 17 Abs. 2 UmwG für die Bilanzierung bei der übertragenden Kapitalgesellschaft und § 24 UmwG für die Bilanzierung bei der oder den übernehmenden Kapitalgesellschaft(en).

4.1 Bilanzierung bei der übertragenden Kapitalgesellschaft

Nach § 17 Abs. 2 Satz 1 UmwG muss die übertragende Kapitalgesellschaft der Anmeldung ihrer Spaltung zum Handelsregister eine Schlussbilanz beifügen, die auf einen höchstens acht Monate vor der Anmeldung liegenden Stichtag aufgestellt worden ist. Die Schlussbilanz ist Grundlage für die Übertragung der aktiven und passiven Vermögensgegenstände auf die übernehmenden Kapitalgesellschaften.[354] Diese Tatsache erweist sich jedoch bei der Erstellung der Schlussbilanz in den Fällen der Abspaltung und der Ausgliederung als problematisch, da die übertragende Kapitalgesellschaft nach vollzogener Spaltung nicht erlischt. Nach zum Teil vertretener Auffassung in der Literatur ist statt der Schlussbilanz eine Übertragungsbilanz aufzustellen,[355] welche neben den verbleibenden die zu übertragenden Vermögensteile gesondert ausweist.[356]

Für die Erstellung der Schluss- bzw. Übertragungsbilanz gelten die Vorschriften über die Jahresbilanz entsprechend (§ 125 i.V.m. § 17 Abs. 2 Satz 2 UmwG). Insofern wird auf die Ausführungen zur handelsbilanziellen Behandlung der Verschmelzung in Kapitel II, Punkt 4.1 verwiesen.

4.2 Bilanzierung bei der oder den übernehmenden Kapitalgesellschaften

Die handelsbilanzielle Behandlung einer Spaltung bei der oder den übernehmenden Kapitalgesellschaft(en) unterscheidet sich nicht von der Behandlung im Fall der Verschmelzung. Handelt es sich um eine Spaltung zur Aufnahme, ist der Vermögensübergang als laufender Geschäftsvorfall in der ersten Jahresbilanz nach der Spaltung zu erfassen. Wird die übernehmende Kapitalgesellschaft durch die Spaltung erst neu gegründet, sind die übergegangenen Wirtschaftsgüter in der nach § 242 Abs. 1 HGB zu erstellenden Eröffnungsbilanz auszuweisen. Hinsichtlich des Wertansatzes der übergegangenen Wirtschaftgüter besteht gem. § 125 i.V.m. § 24 UmwG ein Wahlrecht: die übernehmende Kapitalgesellschaft kann die Buchwerte der übertragenden Kapitalgesellschaft fortführen oder ihre eigenen Anschaf-

---

[354] Buyer, C., Änderung der Unternehmensform, Handbuch zum Umwandlungs- und Umwandlungssteuerrecht, 7. Aufl., Berlin 1999, S. 429, Rz. 3/254.

[355] Vgl. Bula, T./ Schlösser, J., in: Sagasser, B./ Bula, T./ Brünger, T., Umwandlungen, 3. Aufl., München 2002, S. 588 f., Rz. 3.

[356] Vgl. Buyer, C., Änderung der Unternehmensform, Handbuch zum Umwandlungs- und Umwandlungssteuerrecht, 7. Aufl., Berlin 1999, S. 429 f., Rz. 3/254.

fungskosten ansetzen. Die Einzelheiten sind den Kapiteln II und III, jeweils Punkt 4.2 zu entnehmen.

5 Steuerrechtliche Regelungen

5.1 Systematik

Im Gegensatz zum UmwG werden im UmwStG lediglich Auf- und Abspaltungen als Spaltungsvorgänge betrachtet. Das UmwStG enthält nur für diese beiden Fälle gesonderte Regelungen zur steuerlichen Behandlung. Bei der **Auf- oder Abspaltung** von Kapitalgesellschaften auf andere Kapitalgesellschaften ist § 15 UmwStG anzuwenden, der in Abs. 1 Satz 1 auf die sinngemäße Anwendung der Regelungen zur Verschmelzung von Kapitalgesellschaften (§§ 11-13 UmwStG) verweist. Dies lässt sich wie bereits im Handelsrecht dadurch rechtfertigen, dass Spaltungsvorgänge häufig das Spiegelbild von Verschmelzungsvorgängen sind bzw. Spaltungen und Verschmelzungen grundsätzlich gemeinsame Merkmale aufweisen. Die gewerbesteuerlichen Folgen einer Auf- oder Abspaltung ergeben sich wie bei der Verschmelzung einer Kapitalgesellschaft auf eine Kapitalgesellschaft aus § 19 UmwStG.

Bei der **Ausgliederung** von Vermögensteilen einer Kapitalgesellschaft auf eine andere Kapitalgesellschaft erhält die übertragende Kapitalgesellschaft zum Ausgleich Anteile an der übernehmenden Kapitalgesellschaft. Dieser Vorgang entspricht der **Einbringung** von Vermögensteilen in eine Kapitalgesellschaft, denn hier gewährt die begünstigte Kapitalgesellschaft dem Einbringenden als Gegenleistung ebenfalls Anteile. Aufgrund dieser Gleichartigkeit von Ausgliederung und Einbringung wird die Ausgliederung steuerlich als Einbringung qualifiziert und ist daher in den §§20-23 UmwStG geregelt.[357] Hinsichtlich der steuerlichen Folgen der Ausgliederung wird insofern auf Kapitel V zur Einbringung verwiesen.

Merke:

Ab- bzw. Aufspaltung	**Ausgliederung**
⇩	⇩
§ 15 UmwStG	steuerlich qualifiziert als Einbringung
⇩	⇩
Entsprechende Anwendung der Verschmelzungsvorschriften in den §§ 11-13 UmwStG	§§ 20-23 UmwStG

357 Vgl. Dötsch, E., Umwandlungssteuerrecht, 4. Aufl., Stuttgart 1998, S. 43, Rz. 42.

Die steuerlichen Folgen einer Auf- bzw. Abspaltung von Kapitalgesellschaften ergeben sich durch den Verweis des § 15 Abs. 1 Satz 1 UmwStG aus den Verschmelzungsvorschriften der §§ 11-13 UmwStG:

§ 11 UmwStG:	Auswirkungen bei der übertragenden Kapitalgesellschaft
§ 12 UmwStG:	Auswirkungen bei der übernehmenden Kapitalgesellschaft
§ 13 UmwStG:	Steuerliche Folgen für die Gesellschafter der übertragenden Kapitalgesellschaft

Grundvoraussetzung der Anwendung von § 15 UmwStG ist eine Auf- bzw. Abspaltung i.S.d. § 123 Abs. 1, 2 UmwG (§ 1 Abs. 4 UmwStG). Dies hat zur Folge, dass grenzüberschreitende Auf- oder Abspaltungen nach dem UmwStG nicht vollzogen werden können, da Spaltungsvorgänge über die Grenze bereits vom UmwG ausgeschlossen sind.

Weitere Voraussetzung ist die in § 1 Abs. 5 UmwStG geforderte unbeschränkte Körperschaftsteuerpflicht der an der Spaltung beteiligten Kapitalgesellschaften i.S.v. § 1 Abs. 1 Nr. 1 KStG (Geschäftsleitung oder Sitz im Inland), welche bei grenzüberschreitenden Spaltungen ebenfalls nur zum Teil erfüllt ist.

Die nachfolgende Darstellung der sinngemäßen Anwendung der §§ 11-13 UmwStG auf die Spaltung beschränkt sich vorwiegend auf die spaltungsbedingten Besonderheiten. Einzelheiten zu den §§ 11-13 UmwStG sind den Ausführungen zur Verschmelzung in Kapitel III zu entnehmen.

5.2 Steuerliche Rückwirkung

Die bereits im Rahmen der Verschmelzung von Kapitalgesellschaften erläuterte Fiktion der steuerlichen Rückwirkung nach § 2 Abs. 1 UmwStG gilt gleichermaßen für die Auf- bzw. Abspaltung. Demnach sind das Einkommen und Vermögen der zu spaltenden Kapitalgesellschaft sowie der übernehmenden Kapitalgesellschaften so zu ermitteln, als ob das Vermögen bereits mit Ablauf des Stichtags der handelsrechtlichen Schlussbilanz, die dem Vermögensübergang zugrunde liegt (steuerlicher Übertragungsstichtag), ganz oder teilweise übergegangen wäre. Die Spaltung wirkt damit für die steuerliche Behandlung auf den Stichtag der handelsrechtlichen Schlussbilanz zurück.

Gem. § 15 Abs. 2 UmwStG hat die zu spaltende Kapitalgesellschaft für steuerliche Zwecke auf den steuerlichen Übertragungsstichtag eine Steuerbilanz aufzustellen. Die Vorschrift ist jedoch nur dann anzuwenden, wenn der steuerliche Übertragungsstichtag nicht mit dem Stichtag des „normalen" Jahresabschlusses identisch ist.[358] Fallen die Stichtage zusammen,

[358] Vgl. BT-Drucks. 12/6885 v. 24.02.1994, S. 24.

wird bereits aufgrund der allgemeinen Steuererklärungspflicht eine Steuerbilanz aufgestellt, die als Steuerbilanz i.S.d. § 15 Abs. 2 UmwStG verwendet werden kann.

Zu den Einzelheiten und Problemen der steuerlichen Rückwirkung wird auf die Ausführungen zur Verschmelzung von Kapital- auf Personengesellschaften in Kapitel II verwiesen.

5.3 Voraussetzungen für eine steuerneutrale Spaltung

Nach § 15 UmwStG ist die Steuerneutralität einer Spaltung an eine Reihe von Voraussetzung geknüpft:

- Erfüllung der Teilbetriebsvoraussetzung in § 15 Abs. 1 UmwStG,
- keine Verletzung der Missbrauchsklauseln in § 15 Abs. 3 UmwStG.

Hintergrund der Vorschrift ist, dass der Gesetzgeber trotz eines Rechtsträgerwechsels auf eine Aufdeckung der stillen Reserven nur verzichtet, wenn das unternehmerische Engagement fortgesetzt wird und die spätere Besteuerung der stillen Reserven sichergestellt ist.[359] Die Voraussetzungen in § 15 Abs. 1 und 3 UmwStG dienen der Sicherung dieser beiden Bedingungen für eine steuerneutrale Spaltung.

5.3.1 Teilbetriebsvoraussetzung in § 15 Abs. 1 UmwStG

Gem. § 15 Abs. 1 Satz 1 UmwStG muss für eine erfolgsneutrale Spaltung folgende Voraussetzung erfüllt sein:

> **§ 15 Abs. 1 Satz 1 UmwStG:** „Geht Vermögen einer Körperschaft durch Aufspaltung oder Abspaltung [...] auf eine andere Körperschaft über, gelten die §§ 11 bis 13 [...] entsprechend, wenn auf die Übernehmerinnen ein Teilbetrieb übertragen wird.“

Die Vorschriften der §§ 11-13 UmwStG zur Verschmelzung von Kapitalgesellschaften sind somit nur dann entsprechend anwendbar, wenn es sich bei dem übertragenden Vermögensteil um einen Teilbetrieb handelt.

Für den Fall einer Abspaltung fordert § 15 Abs. 1 Satz 2 UmwStG außerdem, dass bei der übertragenden Kapitalgesellschaft ein Teilbetrieb oder mehrere Teilbetriebe verbleiben:

[359] Vgl. Ott, H., Das neue Umwandlungs- und Umwandlungssteuerrecht, Leitfaden für die Beratungspraxis, Freiburg i.Br. 1996, S. 209.

§ 15 Abs. 1 Satz 2 UmwStG: „Im Falle der Abspaltung [...] muss das der übertragenden Körperschaft verbleibende Vermögen ebenfalls zu einem Teilbetrieb gehören."

Die **Teilbetriebsvoraussetzung** ist ein steuerrechtliches Konstrukt, das handelsrechtlich nicht besteht. Das UmwG setzt nicht voraus, dass es sich bei den übergehenden Vermögensteilen um Teilbetriebe handeln muss, auch einzelne Wirtschaftsgüter können übertragen werden.[360] Der Grund für die differenzierte Behandlung liegt in den stillen Reserven, welche im übergehenden Vermögen enthalten sind. Da jedes Steuersubjekt grundsätzlich sein eigenes Einkommen zu versteuern hat, sind auch die stillen Reserven bei dem Steuersubjekt steuerlich zu erfassen, der sie erzielt hat. Dies ist spätestens der Fall, wenn die stillen Reserven das Betriebsvermögen der steuerpflichtigen Kapitalgesellschaft verlassen. Werden einzelne Wirtschaftsgüter des Betriebsvermögens veräußert, sind die darin enthaltenen stillen Reserven aufzudecken und der Besteuerung zu unterwerfen. Durch die Teilbetriebsvoraussetzung im UmwStG wird vermieden, dass die Gewinnrealisierung bei der Veräußerung einzelner Wirtschaftsgüter nicht durch die Übertragung im Wege der Spaltung umgangen werden kann.[361] Werden einzelne Wirtschaftsgüter dennoch ohne die Erfüllung des Teilbetriebserfordernisses übertragen, bestimmen sich die steuerlichen Folgen nach den eben geschilderten Vorschriften zur Veräußerung.

Hauptsächlich dient die Teilbetriebsvoraussetzung der Fortführung des unternehmerischen Engagements in sachlicher Hinsicht.[362] Grund ist, dass der Fiskus nur dann auf die Besteuerung der in den übergehenden Wirtschaftsgütern enthaltenen stillen Reserven verzichtet, wenn das unternehmerische Engagement fortgeführt wird. Dies wäre bei der Übertragung einzelner Wirtschaftsgüter nicht gegeben.

Die Teilbetriebsvoraussetzung ist auch erfüllt, wenn Mitunternehmeranteile oder 100 %ige Anteile an Kapitalgesellschaften übertragen werden bzw. das verbleibende Vermögen konstituieren:

§ 15 Abs. 1 Satz 3 UmwStG: „Als Teilbetrieb gilt auch ein Mitunternehmeranteil oder die Beteiligung an einer Kapitalgesellschaft, die das gesamte Nennkapital der Gesellschaft umfasst."

Diese Teilbetriebe werden zur Unterscheidung von den „echten" Teilbetrieben als **fiktive Teilbetriebe** bezeichnet.[363]

---

[360] Vgl. Punkt 3.2.1.1.2 „Aufteilung und Zuordnung des Vermögens".

[361] Vgl. BT-Drucks. 12/6885 v. 24.02.1994, S. 22.

[362] Vgl. Ott, H., Das neue Umwandlungs- und Umwandlungssteuerrecht, Leitfaden für die Beratungspraxis, Freiburg i.Br. 1996, S. 209.

[363] Vgl. Sagasser, B./ Fahrenberg, J., in: Sagasser, B./ Bula, T./ Brünger, T., Umwandlungen, 3. Aufl., München 2002, S. 624, Rz. 16.

5.3.1.1 Begriff des Teilbetriebs

§ 15 UmwStG enthält keine Definition des Teilbetriebs. Nach Tz. 15.02 UmwStE sind die Voraussetzungen eines Teilbetriebs nach den von der Rechtsprechung und der Finanzverwaltung zu § 16 EStG entwickelten Grundsätzen (R 139 Abs. 3 EStR) zu beurteilen. Danach hat ein Teilbetrieb folgende Voraussetzungen zu erfüllen:

Nach R 139 Abs. 3 EStR ist ein Teilbetrieb ein

- ✓ mit einer gewissen Selbständigkeit ausgestatteter,
- ✓ organisch geschlossener Teil des Gesamtbetriebs,
- ✓ der für sich betrachtet alle Merkmale eines Betriebs im Sinne des Einkommensteuergesetzes aufweist und
- ✓ für sich lebensfähig ist.

5.3.1.2 Zuordnung der Wirtschaftsgüter zu den Teilbetrieben

Die einzelnen Wirtschaftsgüter müssen den Teilbetrieben bis zum Spaltungsbeschluss zugeordnet werden.[364] Insofern kann die Zuordnung der Wirtschaftsgüter für gestalterische Zwecke genutzt werden.[365] Konstitutiv für einen Teilbetrieb sind lediglich die jeweiligen **wesentlichen Betriebsgrundlagen.**[366] Betriebsvermögen, dass nicht zu den wesentlichen Betriebsgrundlagen gehört, sog. neutrales Betriebsvermögen, kann jedem der Teilbetriebe zur Kapitalverstärkung frei zugeordnet werden.[367]

Wesentliche Betriebsgrundlage: Ein Wirtschaftsgut stellt eine wesentliche Betriebsgrundlage dar, wenn es funktional gesehen für den Teilbetrieb erforderlich ist und organisatorisch gesehen zum Teilbetrieb dazugehört. Ein Wirtschaftsgut ist nicht schon allein deshalb eine wesentliche Betriebsgrundlage, weil in ihm erhebliche stille Reserven ruhen.[368]

Achtung: Diese Definition der wesentlichen Betriebsgrundlage, welche auf der **funktionalen Betrachtungsweise** basiert, **gilt nur innerhalb des UmwStG**. Nach Auffassung des BFH ist der Begriff der wesentlichen Betriebsgrundlage im Rahmen des § 16 EStG nicht nur funktional, sondern auch quantitativ zu ver-

---

364 Vgl. Tz. 15.10 UmwStE.

365 Vgl. Thiel, J., Die Spaltung (Teilverschmelzung) im Umwandlungsgesetz und im Umwandlungssteuergesetz (Teil I), DStR 1995, S. 240.

366 Vgl. Tz. 15.07 UmwStE.

367 Vgl. Tz. 15.08 UmwStE.

368 Vgl. BMF v. 16.08.2000, IV C - S - 1909 - 23/00, BStBl. I 2000, S. 1253 in Übereinstimmung mit dem BFH-Urteil v. 02.10.1997, IV R 84/96, BStBl. II 1998, S. 104.

stehen.[369] Im Zusammenhang mit § 16 EStG gehören zu den wesentlichen Betriebsgrundlagen auch solche Wirtschaftsgüter, die funktional gesehen für den Betrieb, Teilbetrieb oder Mitunternehmer-Anteil nicht erforderlich sind, in denen aber erhebliche stille Reserven gebunden sind (H 139 Abs. 8 EStR[370]).

Handelt es sich bei einer 100 %igen Beteiligung an einer Kapitalgesellschaft um eine wesentliche Betriebsgrundlage eines Teilbetriebs, stellt diese Beteiligung keinen eigenständigen Teilbetrieb i.S.v. § 15 Abs. 1 UmwStG dar.[371]

Wird eine wesentliche Betriebsgrundlage von mehreren Teilbetrieben genutzt und kann sie somit nicht eindeutig zugeordnet werden, liegen nach Auffassung der Finanzverwaltung keine Teilbetriebe vor. Eine derartige Situation wird gem. Tz. 15.07 UmwStE als **Spaltungshindernis** bezeichnet. Im Schrifttum wird diese Denkweise als überholt angesehen: aus Gründen der Rationalisierung, der Wirtschaftlichkeit und der Sicherung der Existenz ist eine gemeinsame Nutzung von Produktionsanlagen oder auch Verwaltungsgebäuden heutzutage unumgänglich. Die These des Spaltungshindernisses kann u.U. dazu führen, dass wirtschaftlich sinnvolle Spaltungen zum Scheitern verurteilt sind.[372] Die Finanzverwaltung hat dieses Problems bislang nur für gemeinsam genutzte Grundstücke gelöst. Diese müssen bis zum Spaltungsbeschluss zivilrechtlich aufgeteilt werden. Ist eine reale Teilung (räumliche Abgeschlossenheit) des Grundstücks nicht zumutbar, wird aus Billigkeitsgründen eine ideelle Teilung im Verhältnis der tatsächlichen Nutzung (Bruchteilseigentum) unmittelbar nach der Spaltung als ausreichend angesehen.[373] Eine reale Teilung gilt dann als unzumutbar, wenn diese nur durch Umbaumaßnahmen oder Kauf bzw. Anmietung vollzogen werden kann.[374]

Beispiel

Aufspaltung einer GmbH unter Schaffung von Bruchteilseigentum

Die B-GmbH besitzt zwei bebaute Grundstücke. Auf Grundstück 1 befinden sich die Gebäude der zwei voneinander unabhängigen Produktionsbereiche (Teilbetriebe) der B-GmbH. Die Produktionsbereiche nutzen das Grundstück mit ihren Gebäuden zu jeweils 50 %. Auf Grundstück 2 hat das Verwaltungsgebäude seinen Sitz. Beide Grundstücke stellen für die zwei Produktionsbereiche wesentliche Betriebsgrundlagen dar. Die B-GmbH soll auf zwei neugegründete GmbHs aufgespalten werden, wobei jede der neuen GmbHs einen Produktionsbereich enthalten soll.

---

369 Vgl. BMF v. 16.08.2000, IV C - S-1909- 23/00, BStBl. I 2000, S. 1253.

370 H 139 Abs. 8 EStR verweist auf das Urteil des BFH v. 02.10.1997, IV R 84/96, BStBl. II 1998, S. 104 und das BMF-Schreiben v. 16.08.2000, IV C - S - 1909 - 23/00, BStBl. I 2000, S. 1253.

371 Vgl. Tz. 15.06 UmwStE.

372 Vgl. Haritz, D., in Haritz, D./ Benkert, M. (Hrsg.), Umwandlungssteuergesetz Kommentar, 2. Aufl., München 2000, § 15, Rz. 37.

373 Vgl. Tz. 15.07 UmwStE.

374 Vgl. Schönwald, S., Die Spaltung von Kapitalgesellschaften, SteuerStud 2002, S. 10 f.

Lösung

Bei Grundstück 1 ist die reale Teilung möglich, da die Gebäude der Produktionsanlagen nicht von beiden Produktionsbereichen gemeinsam genutzt werden. Die übernehmenden GmbHs erhalten jeweils die 50 % des Grundstücks, die von den auf sie übergehenden Produktionsbereichen genutzt werden.
Aufgrund der gemeinsamen Nutzung des Verwaltungsgebäudes ist eine räumliche Teilung von Grundstück 2 nicht möglich. Das Grundstück und das Gebäude müssen im Verhältnis der tatsächlichen Nutzung aufgeteilt werden. Die Produktionsbereiche erhalten ein Bruchteilseigentum am Verwaltungsgebäude und an Grundstück 2.

Merke: Befindet sich ein Teilbetrieb im Zeitpunkt des Spaltungsbeschlusses bereits im Aufbau (H 139 Abs. 3 EStR), genügt dies für die Erfüllung der Teilbetriebsvoraussetzung.[375]

5.3.1.3 Fehlen der Teilbetriebsvoraussetzung

Liegt die Teilbetriebsvoraussetzung bis zum Zeitpunkt des Spaltungsbeschlusses nicht vor, ist die Anwendung der §§ 11-13 UmwStG für eine steuerneutrale Spaltung nach Tz. 15.10 UmwStE ausgeschlossen. Dies gilt auch, wenn am steuerlichen Übertragungsstichtag im Betriebsvermögen noch Wirtschaftsgüter enthalten sind, die keinem der Teilbetriebe zugeordnet werden können (spaltungshindernde Wirtschaftsgüter).

Bei fehlender Teilbetriebsvoraussetzung bzw. bei spaltungshindernden Wirtschaftsgütern ist eine steuerneutrale Spaltung somit nicht möglich. Es kommt zur Aufdeckung und Versteuerung der vorhandenen stillen Reserven. Nach Tz. 15.11 UmwStE ist eine Aufspaltung dann wie eine Liquidation der aufzuspaltenden Kapitalgesellschaft zu behandeln. Dagegen ist eine Abspaltung als Kapitalherabsetzung mit Sachausschüttung der Wirtschaftsgüter an die Anteilseigner zu qualifizieren. In beiden Fällen sind die übergehenden Wirtschaftsgüter mit dem gemeinen Wert anzusetzen. Die im Fall der Abspaltung im verbleibenden Vermögen enthaltenen stillen Reserven sind jedoch nicht aufzudecken. Die übernehmende Kapitalgesellschaft hat die übergegangenen Wirtschaftsgüter als gesellschaftsrechtliche Einlage mit dem gemeinen Wert zu übernehmen.[376]

---

[375] Vgl. Tz. 15.10 UmwStE.

[376] Vgl. Tz. 15.11 UmwStE.

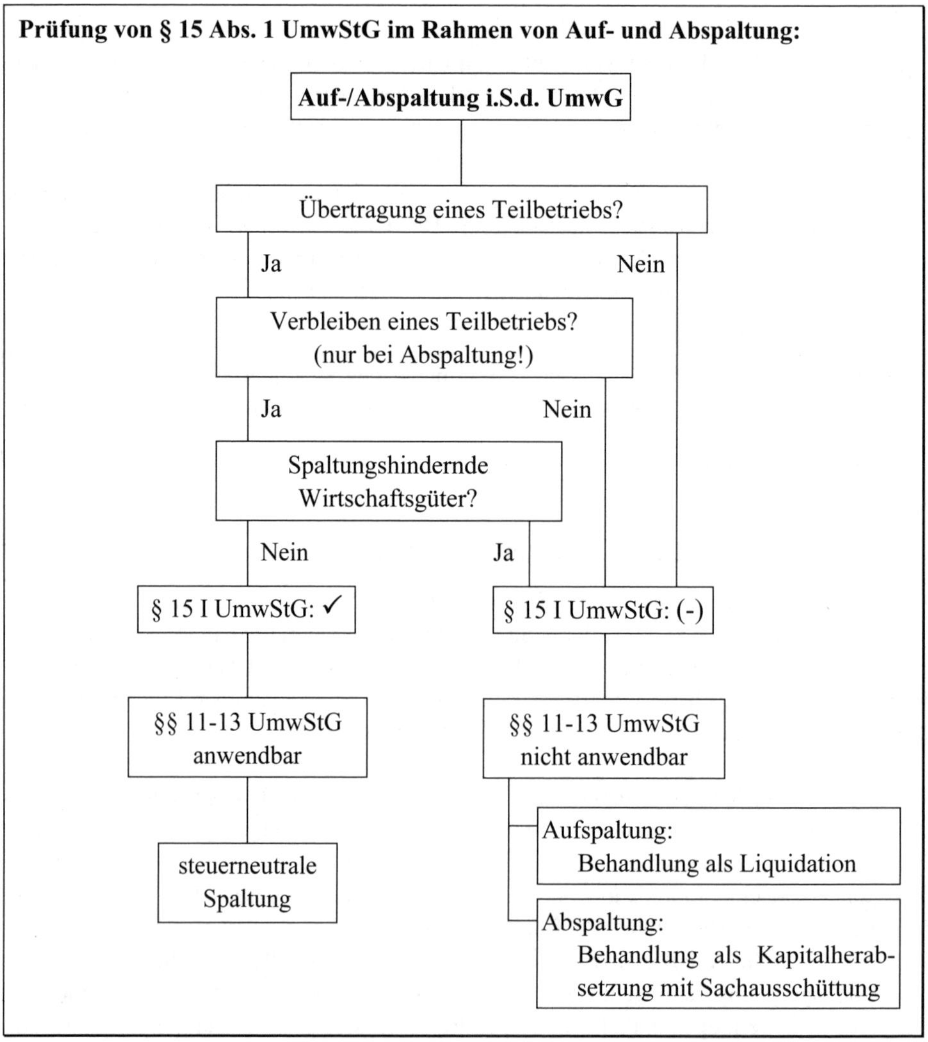

Abbildung 95: Prüfung von § 15 Abs. 1 UmwStG

5.3.2 Missbrauchsklauseln in § 15 Abs. 3 UmwStG

Neben der positiven Voraussetzung in § 15 Abs. 1 UmwStG enthält § 15 Abs. 3 zur Verhinderung von Missbräuchen eine Reihe von negativen Voraussetzungen:

- Erwerb und Aufstockung von Mitunternehmeranteilen und 100 %igen Beteiligungen an Kapitalgesellschaften innerhalb von drei Jahren (§ 15 Abs. 3 Satz 1 UmwStG),
- Veräußerung bzw. Vorbereitung der Veräußerung (§ 15 Abs. 3 Satz 2-4 UmwStG),
- Trennung von Gesellschafterstämmen (§ 15 Abs. 3 Satz 5 UmwStG).

Ist eine dieser Missbrauchsklauseln erfüllt, so ist § 11 Abs. 1 UmwStG nicht anwendbar. Die übertragende Kapitalgesellschaft hat dann kein Wahlrecht, die übergehenden Wirtschaftsgüter zu Buch-, Zwischen- oder Teilwerten anzusetzen. Vielmehr sind die übergehenden Wirtschaftsgüter nach § 11 Abs. 2 UmwStG zwingend mit dem Wert der Gegenleistung bzw. dem Teilwert anzusetzen. Die in den übergehenden Wirtschaftsgütern enthaltenen stillen Reserven sind damit aufzulösen und zu versteuern. Für die übernehmende Kapitalgesellschaft sowie für die Anteilseigner der zu spaltenden Kapitalgesellschaft ist die Spaltung auch weiterhin nach den Regelungen der §§ 12-13 UmwStG steuerneutral möglich (d.h. Wertverknüpfung und steuerneutraler Anteilstausch).

5.3.2.1 Erwerb und Aufstockung von Mitunternehmeranteilen und 100 %igen Beteiligungen an Kapitalgesellschaften

§ 15 Abs. 3 Satz 1 UmwStG enthält für Mitunternehmeranteile und 100 %ige Beteiligungen an Kapitalgesellschaften bzgl. der Anwendung von § 11 Abs. 1 UmwStG eine zusätzliche, negative Voraussetzung:

§ 15 Abs. 3 Satz 1 UmwStG: „§ 11 Abs. 1 ist auf Mitunternehmeranteile und Beteiligungen im Sinne des Absatzes 1 nicht anzuwenden, wenn sie innerhalb eines Zeitraums von drei Jahren vor dem steuerlichen Übertragungsstichtag durch Übertragung von Wirtschaftsgütern, die kein Teilbetrieb sind, erworben oder aufgestockt worden sind.“

§ 15 Abs. 3 Satz 1 UmwStG ist dann erfüllt, wenn ein Mitunternehmeranteil oder eine 100 %ige Beteiligung an einer Kapitalgesellschaft innerhalb des Drei-Jahres-Zeitraums dadurch erworben oder aufgestockt wird, dass Wirtschaftsgüter, die nicht selbst einen Teilbetrieb konstituieren, auf die betreffende Personen- bzw. Kapitalgesellschaft übertragen werden. Dies gilt im Fall der Abspaltung nach Tz. 15.15 UmwStE sowohl für das abgespaltene Vermögen als auch für den zurückbleibenden Teil des Vermögens. In der Literatur wird zum Teil von dieser Auffassung der Finanzverwaltung abgewichen. Demnach ist § 11 Abs. 1 UmwStG auch dann anzuwenden, wenn ein zurückbleibender Teilbetrieb aus einem Mitunternehmeranteil bzw. einer 100 %igen Beteiligung an einer Kapitalgesellschaft besteht, welche i.S.d. § 15 Abs. 3 Satz 1 UmwStG erworben oder aufgestockt wurde. Die Vertreter dieser These stützen ihre Ansicht auf den Verweis von § 15 Abs. 3 Satz 1 UmwStG auf § 11 Abs. 1 UmwStG, welcher sich ausschließlich auf die übergehenden Wirtschaftsgüter bezieht.[377]

---

[377] Vgl. Sagasser, B./ Fahrenberg, J., in: Sagasser, B./ Bula, T./ Brünger, T., Umwandlungen, 3. Aufl., München 2002, S. 632 f., Rz. 32; Hörtnagl, R., in: Schmitt, J./ Hörtnagl, R./ Stratz, R.-C., Umwandlungsgesetz, Umwandlungssteuergesetz, 3. Aufl., München 2001, § 15 UmwStG, Rz. 115.

Unter dem Erwerb bzw. der Aufstockung von Anteilen durch Übertragung von Wirtschaftsgütern sind sämtliche Einlage- und Einbringungsvorgänge der zu spaltenden Kapitalgesellschaft in eine andere Personen- oder Kapitalgesellschaft zu verstehen.[378] Verdeckte Einlagen in das Vermögen einer anderen Kapitalgesellschaft fallen dagegen nicht unter § 15 Abs. 3 Satz 1 UmwStG, weil dadurch weder eine vorhandene Beteiligung aufgestockt noch eine neue erworben wird.[379]

Die Vorschrift des § 15 Abs. 3 Satz 1 UmwStG dient dem **Zweck**, Möglichkeiten zur Umgehung der Teilbetriebsvoraussetzung nach § 15 Abs. 1 Satz 1 UmwStG und damit die **steuerneutrale Übertragung von Einzelwirtschaftsgütern** zu verhindern.[380] Ohne die Regelung des § 15 Abs. 3 Satz 1 UmwStG könnte die Teilbetriebsvoraussetzung folgendermaßen umgangen werden: eine Beteiligung an einer Kapitalgesellschaft, die keine 100%ige Beteiligung darstellt, wird im Rahmen eines Anteilstauschs gem. § 20 UmwStG steuerneutral in eine neu gegründete Kapitalgesellschaft eingebracht. Als Gegenleistung wird der einbringenden Kapitalgesellschaft eine 100%ige Beteiligung an der Übernehmerin gewährt, so dass die Teilbetriebsvoraussetzungen erfüllt sind. Derartige Gestaltungen zur steuerfreien Übertragung einzelner Wirtschaftsgüter sollen durch § 15 Abs. 3 Satz 1 UmwStG vermieden werden.[381]

In der Literatur wird allerdings teilweise die Ansicht vertreten, dass die Missbrauchklausel des § 15 Abs. 3 Satz 1 UmwStG nur dann gilt, wenn die Einlage bzw. Einbringung der Wirtschaftsgüter zu Buchwerten erfolgt ist. Bei einer Einlage bzw. Einbringung zu Teilwerten wurden die stillen Reserven der eingelegten bzw. eingebrachten Wirtschaftsgüter bereits aufgelöst und der Besteuerung unterworfen. Von einem Missbrauch kann dann nicht mehr die Rede sein.[382]

---

378 Vgl. Herzig, N./Förster, G., Problembereiche bei der Auf- und Abspaltung von Kapitalgesellschaften nach neuem Umwandlungssteuerrecht, DB 1995, S. 344.

379 Vgl. Tz. 15.18 UmwStE.

380 Vgl. BT-Drucks. 12/6885 v. 24.02.1994, S. 23; ebenso Hörtnagl, R., in: Schmitt, J./ Hörtnagl, R./ Stratz, R.-C., Umwandlungsgesetz, Umwandlungssteuergesetz, 3. Aufl., München 2001, § 15 UmwStG, Rz. 111.

381 Vgl. Müller-Gatermann, G., Umwandlungssteuerrecht, WPg 1996, S. 874.

382 Vgl. Herzig, N./ Förster, G., Problembereiche bei der Auf- und Abspaltung von Kapitalgesellschaften nach neuem Umwandlungssteuerrecht, DB 1995, S. 344; Sagasser, B./ F ahrenberg, J., in: Sagasser, B./ Bula, T./ Brünger, T., Umwandlungen, 3. Aufl., München 2002, S. 632, Rz. 31; Hörtnagl, R., in: Schmitt, J./ Hörtnagl, R./ Stratz, R.-C., Umwandlungsgesetz, Umwandlungssteuergesetz, 3. Aufl., München 2001, § 15 UmwStG, Rz. 122.

Beispiel

Erwerb einer 100 %igen Beteiligung an einer Kapitalgesellschaft (Tz 15.16 UmwStE)
Die Ernie-GmbH hält 60 % der Anteile der Bert-GmbH. Diese Anteile bringt sie im Jahre 03 in die neu gegründete Sesamstraßen-GmbH gegen Gewährung sämtlicher Anteile an dieser neuen Gesellschaft ein. Im Jahr 04 soll die Ernie-GmbH auf zwei neu zu gründende Kapitalgesellschaften aufgespalten werden.

Lösung

Es handelt sich um einen für die steuerneutrale Aufspaltung schädlichen Vorgang i.S.d. § 15 Abs. 3 Satz 1 UmwStG, da die 100 %-Beteiligung an der Sesamstrassen-GmbH durch die Einbringung der 60 %-Beteiligung an der Bert-GmbH erworben wurde. Die eingebrachte Beteiligung war kein Teilbetrieb i.S.d. § 15 Abs. 1 Satz 3 UmwStG.

Achtung: Die Rechtsfolgen des § 15 Abs. 3 Satz 1 UmwStG treten lediglich dann ein, wenn die **übertragende Kapitalgesellschaft** den fiktiven Teilbetrieb (Mitunternehmeranteil oder 100 %ige Beteiligung an einer Kapitalgesellschaft) durch Übertragung von Wirtschaftsgütern erworben oder aufgestockt hat. Die Übertragung durch eine dritte Person oder einen Anteilseigner der übertragenden Kapitalgesellschaft ist nach Tz. 15.19 UmwStE unschädlich.

Beispiel

Erwerb einer 100 %igen Beteiligung an einer Kapitalgesellschaft durch die Einlage eines Anteilseigners[383]
Die Ernie-GmbH hält 60 % der Anteile der Bert-GmbH. Die verbleibenden 40 % werden von der Gesellschafterin der Ernie-GmbH, Tiffy, gehalten. Im Jahr 03 legt Tiffy ihre Anteile an der Bert-GmbH verdeckt in die Ernie-GmbH ein. Damit ist die Ernie-GmbH zu 100 % an der Bert-GmbH beteiligt. Im Jahr 05 soll die Ernie-GmbH aufgespalten werden.

Lösung

Die 100 %-Beteiligung an der Bert-GmbH stellt einen Teilbetrieb i.S.d. § 15 Abs. 1 Satz 3 UmwStG dar. Es handelt sich **nicht** um einen schädlichen Vorgang i.S.d. § 15 Abs. 3 Satz 1 UmwStG, da die 100 %-Beteiligung an der Bert-GmbH nicht durch die Übertragung eines Wirtschaftsguts durch die Ernie-GmbH, sondern durch eine Einlage eines ihrer Anteilseigner erworben wurde.

Liegt einer der Missbrauchstatbestände des § 15 Abs. 3 Satz 1 UmwStG (schädlicher Erwerb bzw. schädliche Aufstockung) vor, ist § 11 Abs. 1 UmwStG auf die betreffenden Mitunternehmeranteile bzw. 100 %ige Beteiligungen an Kapitalgesellschaften nicht anwendbar. Die Bewertung dieser Anteile in der steuerlichen Schluss- bzw. Übertragungsbi-

[383] Vgl. Tz. 15.19 UmwStE.

lanz der zu spaltenden Kapitalgesellschaft richtet sich somit nach § 11 Abs. 2 UmwStG.[384] Nach dem Wortlaut des § 11 Abs. 1 UmwStG betrifft dies jedoch nur die **übergehenden** Mitunternehmer-Anteile bzw. 100 %ige Beteiligungen an Kapitalgesellschaften i.S.d. § 15 Abs. 3 Satz 1 UmwStG. Bei allen anderen übergehenden Teilbetrieben richtet sich die Bewertung weiterhin nach § 11 Abs. 1 UmwStG.[385] Die im Fall der Abspaltung in den verbleibenden Teilbetrieben enthaltenen stillen Reserven müssen ebenfalls nicht aufgedeckt werden.[386]

5.3.2.2 Veräußerung bzw. Vorbereitung der Veräußerung

Eine weitere negative Zusatzvoraussetzung für die Anwendung von § 11 Abs. 1 UmwStG ist in § 15 Abs. 3 Satz 2-4 UmwStG enthalten. Demnach ist § 11 Abs. 1 UmwStG nicht anwendbar, wenn durch die Spaltung eine **Veräußerung an außenstehende Personen** vollzogen wird oder die **Voraussetzungen für eine Veräußerung** geschaffen werden (§ 15 Abs. 3 Satz 2 und 3 UmwStG). Der Tatbestand der Veräußerung bezieht sich auf die Anteile an den spaltungsbeteiligten Kapitalgesellschaften. Dies ergibt sich aus dem Zweck der Vorschrift. Bei der Veräußerung eines (echten oder fiktiven) Teilbetriebs sind grundsätzlich die darin enthaltenen stillen Reserven aufzudecken und zu versteuern. Diese Besteuerung soll nicht durch Aufspaltung der Gesellschaft in Teilbetriebe bzw. Abspaltung des Teilbetriebs mit anschließender steuerlich begünstigter oder ggf. nicht steuerpflichtiger Veräußerung der Anteile umgangen werden können.[387] So ist die Veräußerung von Anteilen an einer Kapitalgesellschaft durch eine Kapitalgesellschaft nach § 8b Abs. 2 KStG steuerfrei und die Veräußerung durch eine natürliche Person nach § 3 Nr. 40 EStG steuerlich begünstigt. Die Veräußerung derartiger Anteile ist dann nicht steuerpflichtig, wenn der veräußernde Anteilseigner seinen Wohn- oder Geschäftssitz im Ausland hat und der Veräußerungsgewinn laut DBA nicht dem deutschen Besteuerungsrecht unterliegt.[388]

Beispiel

Abspaltung mit anschließender Veräußerung von Anteilen
Die DD-GmbH mit Sitz im Inland verfügt über zwei Teilbetriebe: eine Gold- und eine Silbermine. Im Vermögen beider Teilbetriebe sind erhebliche stille Reserven enthalten. Die Teilbetriebe sind wertgleich. Alleingesellschafter der DD-GmbH ist die inländische Donald Duck-Holding. Die DD-GmbH möchte die Silbermine an die KK-AG, die ebenfalls ihren Sitz im Inland hat, veräußern.

---

384 Zur Bewertung der übergehenden Wirtschaftsgüter nach § 11 Abs. 2 UmwStG vgl. Kapitel III, Punkt 5.4.2 „Konsequenzen bei fehlenden Voraussetzungen des § 11 Abs. 1 Satz 1 UmwStG".

385 Vgl. Dehmer, H. (Hrsg.), Umwandlungssteuererlaß 1998, Erläuterungsbuch für die Praxis, München 1998, Erläuterung, Rdz 15.21.

386 Vgl. Tz. 15.21 UmwStE.

387 Vgl. BT-Drucks. 12/6885 v. 24.02.1994, S. 23.

388 Vgl. Hörtnagl, R., in: Schmitt, J./ Hörtnagl, R./ Stratz, R.-C., Umwandlungsgesetz, Umwandlungssteuergesetz, 3. Aufl., München 2001, § 15 UmwStG, Rz. 141.

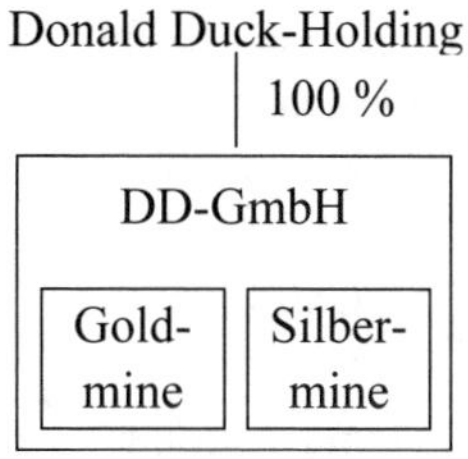

Die Veräußerung der Silbermine an die KK-AG hätte zur Folge, dass sämtliche in der Silbermine enthaltenen stillen Reserven aufgedeckt werden müssten. Der sich daraus ergebende Veräußerungsgewinn der DD-GmbH würde nach § 8 Abs. 1 Satz 1 KStG i.V.m. § 16 Abs. 1 Nr. 1 EStG uneingeschränkt der Körperschaft- und der Gewerbesteuer unterliegen.

Um diese Steuerbelastung zu vermeiden, erfolgt die Übertragung der Silbermine auf die KK-AG im Wege der Abspaltung der Silbermine auf die neu gegründete X-GmbH. Die Donald Duck-Holding wird mit Anteilen an der X-GmbH abgefunden.

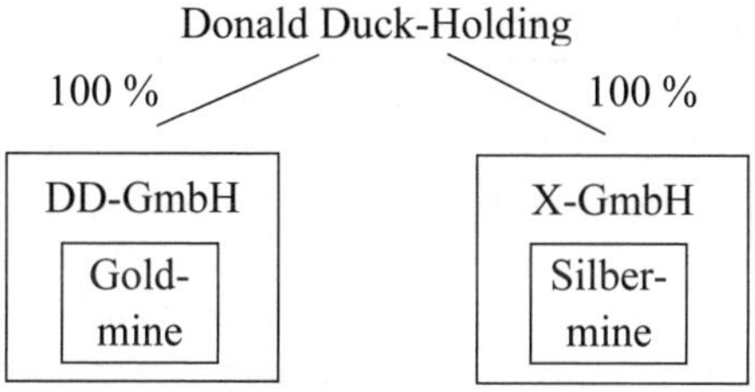

Die Donald Duck-Holding veräußert ihre Beteiligung an der X-GmbH an die KK-AG. Der Veräußerungsgewinn der Donald Duck-Holding ist nach § 8b Abs. 2 KStG steuerfrei. Auf diese Weise könnte die Steuerbelastung der Veräußerung der Silbermine durch die Abspaltung der Silbermine und die anschließende steuerfreie Veräußerung der Anteile an der X-GmbH vermieden werden.

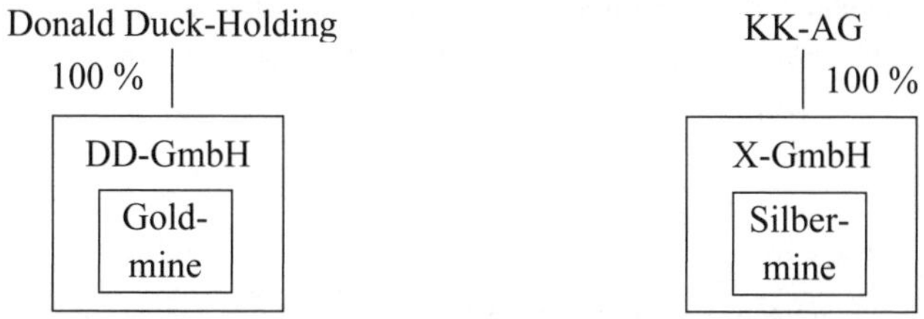

Einer derartigen Vorgehensweise soll anhand der Missbrauchsvorschriften des § 15 Abs. 3 Satz 2-4 UmwStG vergebeugt werden.

Hintergrund von § 15 Abs. 3 Satz 2-4 UmwStG ist, dass die Spaltung die Fortführung des bisherigen unternehmerischen Engagements in anderer Rechtsform ermöglichen soll.[389] In personeller Hinsicht wird die Fortführung des unternehmerischen Engagements durch eine weitgehende Identität der Gesellschafter der übernehmenden Kapitalgesellschaft gewährleistet. Daher fordern die Regelungen des § 15 Abs. 3 Satz 2-4 UmwStG für die Zeit nach der Spaltung indirekt die Identität der Gesellschafter.[390]

Merke: § 15 Abs. 3 Satz 2-4 UmwStG verhindert, dass die Besteuerung der stillen Reserven von Teilbetrieben dadurch umgangen wird, dass die Teilbetriebe steuerneutral durch Auf- bzw. Abspaltung übertragen werden und die im Gegenzug dafür enthaltenen Anteile steuerfrei gem. § 8b Abs. 2 KStG bzw. steuerbegünstigt gem. § 3 Nr. 40 EStG veräußert werden.

5.3.2.2.1 Veräußerung an außenstehende Personen (§ 15 Abs. 3 Satz 2 UmwStG)

§ 15 Abs. 3 Satz 2 UmwStG: „§ 11 Abs. 1 ist ebenfalls nicht anzuwenden, wenn durch die Spaltung die Veräußerung an außenstehende Personen vollzogen wird.“

Soll durch die Spaltung die Veräußerung von Anteilen vollzogen werden, muss es sich bei der Spaltung um einen Vorgang handeln, der die Veräußerungstatbestände erfüllt.[391] Die Veräußerung basiert auf einem schuldrechtlichen Verpflichtungsgeschäft und einem Erfüllungsgeschäft. Letzteres ist die Übertragung des (wirtschaftlichen) Eigentums an den übertragenden Wirtschaftsgütern gegen eine wertmäßig entsprechende Gegenleistung. Diese Tatbestände werden von der Spaltung nicht erfüllt. Bei der Spaltung handelt es sich vielmehr um die Übertragung des Vermögens auf der Basis eines Spaltungsvertrags bzw. -plans.[392]

§ 15 Abs. 3 Satz 2 UmwStG setzt zudem die Veräußerung an außenstehende Personen voraus. Bei einer nach handelsrechtlichen Vorschriften ordnungsgemäßen Spaltung ist eine Beteiligung außenstehender Personen unmöglich. Sämtliche Gesellschafter der übertragenden Kapitalgesellschaft werden mit Anteilen an der übernehmenden Kapitalgesellschaft

---

389 Vgl. Tz. 15.22 UmwStE.

390 Vgl. Herzig, N./ Momen, L., Die Spaltung von Kapitalgesellschaften im neuen Umwandlungssteuergesetz (Teil I), DB 1994, S. 2159 f.

391 Vgl. Sagasser, B./ Fahrenberg, J., in: Sagasser, B./ Bula, T./ Brünger, T., Umwandlungen, 3. Aufl., München 2002, S. 634, Rz. 34.

392 Vgl. Dehmer, H., Umwandlungsgesetz, Umwandlungssteuergesetz, 2. Aufl., München 1996, § 15 UmwStG, Rz. 135.

abgefunden.[393] Folglich können sie ihre untergehenden Anteile nur *vor* der Spaltung und ihre neuen Anteile nur *nach* der Spaltung, aber nicht *durch* die Spaltung veräußern. Außenstehende Dritte können somit nicht an der Spaltung beteiligt sein.

Fazit der obigen Ausführungen ist, dass eine Veräußerung von Anteilen an außenstehende Personen durch die Spaltung nicht möglich ist. § 15 Abs. 3 Satz 2 UmwStG ist daher viel mehr als Einleitung der nachstehenden Sätze 3 und 4 zu betrachten.[394]

Merke: § 15 Abs. 3 Satz 2 UmwStG findet keine Anwendung, da die geforderten Tatbestandsmerkmale grundsätzlich nicht erfüllt werden können.

5.3.2.2.2 Vorbereitung der Veräußerung (§ 15 Abs. 3 Satz 3 und 4 UmwStG)

Nach § 15 Abs. 3 Satz 3 UmwStG ist die Anwendung des Bewertungswahlrechts i.S.v. § 11 Abs. 1 UmwStG auch dann ausgeschlossen, wenn die Veräußerung durch die Spaltung lediglich vorbereitet wird:

§ 15 Abs. 3 Satz 3 UmwStG: „Das gleiche gilt, wenn durch die Spaltung die Voraussetzungen für eine Veräußerung geschaffen werden.“

Von einer Vorbereitung der Veräußerung ist gem. § 15 Abs. 3 Satz 4 UmwStG auszugehen, „[...] wenn innerhalb von fünf Jahren nach dem steuerlichen Übertragungsstichtag Anteile an einer an der Spaltung beteiligten Körperschaft, die mehr als 20 vom Hundert der vor Wirksamwerden der Spaltung an der Körperschaft bestehenden Anteile ausmachen, veräußert werden.“ Damit ist nicht die Vorbereitung der Veräußerung für die Anwendung von § 11 Abs. 1 UmwStG schädlich, sondern die Veräußerung selbst.

Beispiel

Vorbereitung der Veräußerung durch Abspaltung
Abwandlung des Beispiels zur Abspaltung mit anschließender Veräußerung von Anteilen unter Punkt 5.3.2.2 „Veräußerung bzw. Vorbereitung der Veräußerung“ ohne Beachtung der 20 %-Grenze.

Die Silbermine wird – wie bereits dargestellt – auf die X-GmbH abgespalten. Die Anteile an der X-GmbH werden nicht sofort nach der Abspaltung, aber innerhalb von fünf Jahren nach dem steuerlichen Übertragungsstichtag veräußert. Damit wurde durch die Abspaltung die Veräußerung der Silbermine i.S.v. § 15 Abs. 3 Satz 3 i.V.m. Satz 4 UmwStG vorbereitet.

---

393 Vgl. Dehmer, H., Umwandlungsgesetz, Umwandlungssteuergesetz, 2. Aufl., München 1996, § 15 UmwStG, Rz. 137.

394 Vgl. Sagasser, B./ Fahrenberg, J., in: Sagasser, B./ Bula, T./ Brünger, T., Umwandlungen, 3. Aufl., München 2002, S. 634, Rz. 34.

Da § 15 Abs. 3 Satz 2 UmwStG einleitend für Satz 3 und 4 wirkt, ist die (Vorbereitung der) Veräußerung nur dann schädlich, wenn sie an **außenstehende Personen** erfolgt.[395] Eine Veräußerung an bisherige Anteilseigner oder an eine Gesellschaft des Konzerns ist daher nicht als schädlich zu werten.[396]

Unter den Begriff einer schädlichen Veräußerung ist die **Übertragung** von (wirtschaftlichem) Eigentum an den Anteilen der übernehmenden Kapitalgesellschaft(en) **gegen Entgelt** zu verstehen. Unentgeltliche Anteilsübertragungen gelten damit nicht als Veräußerung.[397]

Nach Tz. 15.28 UmwStE bezieht sich die **Quote von 20 %** auf die Anteile an der übertragenden Kapitalgesellschaft vor der Spaltung. Damit ist gemeint, dass eine Veräußerung von Anteilen als schädlich gilt, wenn der Wert der veräußerten Anteile höher ist als der einstige Wert einer 20 %igen Beteiligung an der übertragenden Kapitalgesellschaft vor der Spaltung. Für die Bestimmung der 20 %-Quote ist das Wertverhältnis am steuerlichen Übertragungsstichtag maßgeblich, wie es i.d.R. im Umtauschverhältnis der Anteile im Spaltungsvertrag bzw. -plan zum Ausdruck kommt.[398]

Beispiel

Aufspaltung mit anschließender Veräußerung von Anteilen[399]
Die DD-GmbH verfügt über zwei Teilbetriebe: Eine Gold- und eine Silbermine. Der Verkehrswert der DD-GmbH beträgt zum steuerlichen Übertragungsstichtag 300 T€. Die Teilbetriebe sind wertgleich. Anteilseigner der DD-GmbH ist zu 40 % Donald Duck, zu 10 % Daisy Duck und zu 50 % Dagobert Duck. Die DD-GmbH soll rückwirkend zum 31.12.2003 aufgespalten werden. Nach der Aufspaltung ergeben sich folgende Beteiligungsverhältnisse:

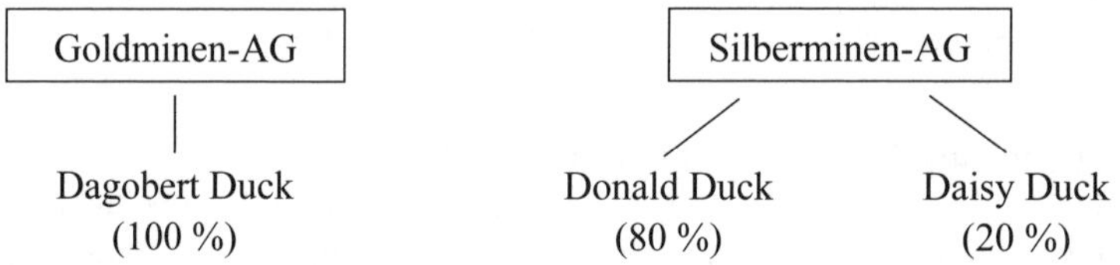

395 Vgl. Sagasser, B./ Fahrenberg, J., in: Sagasser, B./ Bula, T./ Brünger, T., Umwandlungen, 3. Aufl., München 2002, S. 635, Rz. 35; Haritz, D., in: Haritz, D./ Benkert, M. (Hrsg.), Umwandlungssteuergesetz Kommentar, 2. Aufl., München 2000, § 15, Rz. 113.

396 Vgl. Dehmer, H. (Hrsg.), Umwandlungssteuererlaß 1998, Erläuterungsbuch für die Praxis, München 1998, Erläuterung, Rz. 15.26.

397 Vgl. Tz. 15.23 UmwStE.

398 Vgl. Tz. 15.28 UmwStE.

399 In Anlehnung an Dehmer, H., Umwandlungsgesetz, Umwandlungssteuergesetz, 2. Aufl., München 1996, § 15, Rz. 153 ff.

Donald Duck möchte ein Jahr nach der Aufspaltung seine Anteile an der Silberminen-AG an Gustav Gans veräußern. Alternativ soll überprüft werden, ob es schädlich ist, wenn Daisy Duck ihre Anteile an der Silberminen-AG veräußert.

Lösung

1. Alternative: Veräußerung durch Donald Duck
Die Veräußerung der Anteile an Gustav Gans ist dann schädlich, wenn die Quote von 20 % überschritten wird. Dies ist der Fall, wenn der Wert der veräußerten Anteile höher ist als der einstige Wert einer 20 %igen Beteiligung an der übertragenden Kapitalgesellschaft vor der Spaltung.

Veräußert Donald Duck seinen 80 %igen Anteil an der Silberminen-AG, entspricht dies der Veräußerung eines Anteils an der DD-GmbH in Höhe von 40 %. Die 20 %-Quote des § 15 Abs. 3 Satz 4 UmwStG ist damit überschritten und die Veräußerung schädlich:

$$\frac{\text{Wert der Silberminen-AG}}{\text{Wert der DD-GmbH}} * \text{Anteil an Silberminen-AG} = \text{Anteil an DD-GmbH}$$

$$\frac{150 \text{ T€}}{300 \text{ T€}} * 0{,}8 = 0{,}4 > 0{,}2$$

2. Alternative: Veräußerung durch Daisy Duck
Veräußert dagegen Daisy Duck ihren 20 %igen Anteil an der Silberminen-AG, entspricht dies der Veräußerung eines Anteils an der DD-GmbH in Höhe von 10 %. Die 20 %-Quote des § 15 Abs. 3 Satz 4 UmwStG ist nicht überschritten:

$$\frac{150 \text{ T€}}{300 \text{ T€}} * 0{,}2 = 0{,}1 < 0{,}2$$

Mit der Möglichkeit, bis zu 20 % der Anteile ohne steuerliche Konsequenzen zu veräußern, soll vermieden werden, dass bei der Auf- oder Abspaltung von Publikumsgesellschaften (weit gestreuter Anteilsbesitz) die Veräußerung eines einzigen Anteils innerhalb des Fünf-Jahres-Zeitraums zur Versagung des Bewertungswahlrechts nach § 11 Abs. 1 UmwStG führt.[400]

Sämtliche Anteilsveräußerungen, die innerhalb des Fünf-Jahres-Zeitraums erfolgen, werden zusammengerechnet.[401] Wird jedoch ein und derselbe Anteil mehrmals veräußert, wird nur die erstmalige Veräußerung berücksichtigt.[402] Ist die 20 %-Quote durch einen oder mehrere

---

400 Vgl. BT-Drucks. 12/6885 v. 24.02.1994, S. 23.

401 Vgl. Hörtnagl, R., in: Schmitt, J./ Hörtnagl, R./ Stratz, R.-C., Umwandlungsgesetz, Umwandlungssteuergesetz, 3. Aufl., München 2001, § 15 UmwStG, Rz. 183 m.w.N.

402 Vgl. Hörtnagl, R., in: Schmitt, J./ Hörtnagl, R./ Stratz, R.-C., Umwandlungsgesetz, Umwandlungssteuergesetz, 3. Aufl., München 2001, § 15 UmwStG, Rz. 187.

Gesellschafter ausgeschöpft, ist jede weitere Veräußerung schädlich.[403] Um dies zu vermeiden, ist es sinnvoll, vor der Spaltung eine Vereinbarung über die Inanspruchnahme der 20 %-Quote seitens der Gesellschafter zu treffen. Darin sind auch die Rechtsfolgen einer vertragswidrigen Veräußerung zu regeln.[404]

Werden nach dem Fünf-Jahres-Zeitraum Anteile an der übernehmenden Kapitalgesellschaft veräußert, ist § 15 Abs. 3 Satz 3 UmwStG nicht mehr zu berücksichtigen. Demnach ist die Veräußerung von Anteilen über die 20 %-Quote hinaus nach Ablauf der fünf Jahre für die steuerneutrale Gestaltung der Spaltung unschädlich.[405]

Tatbestandsmerkmale einer schädlichen Anteilsveräußerung i.S.d. § 15 Abs. 3 Satz 3 und 4 UmwStG:

- ✓ Veräußerung von Anteilen an der/den übernehmenden Kapitalgesellschaft(en),
- ✓ innerhalb von fünf Jahren nach dem steuerlichen Übertragungsstichtag,
- ✓ Überschreitung der 20 %-Quote (veräußerte Anteile entsprechen mehr als 20 % der Anteile an der übertragenden Kapitalgesellschaft vor der Spaltung),
- ✓ Veräußerung an außenstehende Personen,
- ✓ gegen Entgelt,
- ✓ durch einen oder mehrere Gesellschafter der übernehmenden Kapitalgesellschaft.

5.3.2.2.3 Rechtsfolgen einer schädlichen Anteilsveräußerung

Sind die Voraussetzungen des § 15 Abs. 3 Satz 3 und 4 UmwStG erfüllt, so ist die bis zum Veräußerungszeitpunkt erfolgte steuerneutrale Behandlung der Auf- oder Abspaltung nach § 11 Abs. 1 UmwStG rückgängig zu machen. Die **übergegangenen** Wirtschaftsgüter sind nachträglich nach § 11 Abs. 2 UmwStG mit dem Wert der Gegenleistung bzw. dem Teilwert zu bewerten.[406] Durch die Buchwertverknüpfung nach § 12 Abs. 1 i.V.m. § 4 Abs. 1 UmwStG sind auch die Wertansätze in der Übernahmebilanz der übernehmenden Kapitalgesellschaft zu korrigieren. Nach Tz. 15.33 UmwStE sind Steuerbescheide aufgrund des rückwirkenden Ereignisses gem. § 175 Abs. 1 Satz 1 Nr. 2 AO entsprechend zu ändern, es sein denn, sie wurden von vornherein unter dem Vorbehalt der Nachprüfung gem. § 164 AO erlassen.

---

[403] Vgl. Tz. 15.30 UmwStE.

[404] Vgl. Thiel, J., Die Spaltung (Teilverschmelzung) im Umwandlungsgesetz und im Umwandlungssteuergesetz (Teil I), DStR 1995, S. 242.

[405] Vgl. Tz. 15.31 UmwStE.

[406] Zur Bewertung der übergehenden Wirtschaftsgüter nach § 11 Abs. 2 UmwStG vgl. Kapitel III, Punkt 5.4.2 „Konsequenzen bei fehlenden Voraussetzungen des § 11 Abs. 1 Satz 1 UmwStG".

Die Bewertung der im Fall der Abspaltung zurückbleibenden Wirtschaftsgüter bleibt von den Rechtsfolgen des § 15 Abs. 3 Satz 3 und 4 UmwStG unberührt.[407] Bei einer Aufspaltung sind die Rechtsfolgen auf die übernehmende Kapitalgesellschaft beschränkt, deren Anteile schädlich veräußert wurden.[408]

5.3.2.3 Trennung von Gesellschafterstämmen

Als letztes Tatbestandsmerkmal für die Anwendung von § 11 Abs. 1 UmwStG wird die Trennung von Gesellschafterstämmen geregelt:

> **§ 15 Abs. 3 Satz 5 UmwStG:** „Bei der Trennung von Gesellschafterstämmen setzt die Anwendung des § 11 Abs. 1 außerdem voraus, dass die Beteiligungen an der übertragenden Kapitalgesellschaft mindestens fünf Jahre vor dem steuerlichen Übertragungsstichtag bestanden haben."

Der **Begriff des Gesellschafterstamms** ist gesetzlich nicht definiert. In der Literatur wird ein Gesellschafterstamm als eine Gruppe von Personen betrachtet, die sich entweder selbst als einander zugehörig begreifen oder von anderen Personen als einander zugehörig angesehen werden. Es ist aber auch möglich, dass eine einzelne natürliche oder juristische Person einen Gesellschafterstamm darstellt.[409]

Nach Tz. 15.36 UmwStE liegt eine **Trennung von Gesellschafterstämmen** vor, wenn bei der Aufspaltung an den übernehmenden Kapitalgesellschaften und bei der Abspaltung an der übernehmenden und der übertragenden Kapitalgesellschaft nicht mehr alle Gesellschafter der übertragenden Kapitalgesellschaft beteiligt sind. Nicht-verhältniswahrende Spaltungen, bei denen die Gesellschafter an der einen Kapitalgesellschaft eine geringfügige und an der anderen Kapitalgesellschaft eine umfassende Beteiligung erhalten, fallen nicht unter diese Definition.[410]

Die Trennung von Gesellschafterstämmen ist nach § 15 Abs. 3 Satz 5 UmwStG unschädlich, wenn die Beteiligungen an der übertragenden Kapitalgesellschaft mindestens fünf

---

407 Vgl. Tz. 15.21 UmwStE.

408 Vgl. Dehmer, H., Umwandlungsgesetz, Umwandlungssteuergesetz, 2. Aufl., München 1996, § 15 UmwStG, Rz. 174.

409 Vgl. Dötsch, E., in: Dötsch, E./ Patt, J./ Pung, A./Jost, W., Umwandlungssteuerrecht, 5. Aufl., Stuttgart 2003, § 15 UmwStG, Rz. 139; Haritz, D., in: Haritz, D./ Benkert, M. (Hrsg.), Umwandlungssteuergesetz Kommentar, 2. Aufl., München 2000, § 15, Rz. 135 f.

410 Vgl. Haritz, D., in: Haritz, D./ Benkert, M. (Hrsg.), Umwandlungssteuergesetz Kommentar, 2. Aufl., München 2000, § 15, Rz. 139.

Jahre bestanden haben. Änderungen in der Höhe der Beteiligung bleiben ohne Folgen, entscheidend ist lediglich der Bestand einer Beteiligung innerhalb dieser fünf Jahre.[411]

Wird die Spaltung einer Kapitalgesellschaft, die weniger als fünf Jahre besteht, vorgenommen, ist die Trennung der Gesellschafterstämme nach Auffassung der Finanzverwaltung schädlich.[412] Nach Ansicht einiger Autoren ist § 15 Abs. 3 Satz 5 UmwStG dahingehend auszulegen, dass die Gesellschafter in diesem Fall seit der Gründung der Kapitalgesellschaft beteiligt sein müssen.[413]

Mit § 15 Abs. 3 Satz 5 UmwStG wird der **Zweck** verfolgt, die **Umgehung des § 15 Abs. 3 Satz 2-4 UmwStG** durch eine entsprechende **Anteilsveräußerung *vor* der Spaltung** zu vermeiden. Ohne die Mindestbehaltefrist von fünf Jahren könnte die steuerpflichtige Veräußerung eines Teilbetriebs durch Anteilsveräußerung und anschließende Spaltung umgangen werden.[414]

Beispiel

Veräußerung von Anteilen mit anschließender Abspaltung

Die DD-GmbH verfügt über zwei Teilbetriebe: Eine Gold- und eine Silbermine. In beiden Teilbetrieben sind erhebliche stille Reserven enthalten. Die Teilbetriebe sind wertgleich. Alleingesellschafter der DD-GmbH ist die Donald Duck-Holding. Die DD-GmbH möchte die Silbermine an die KK-AG veräußern.

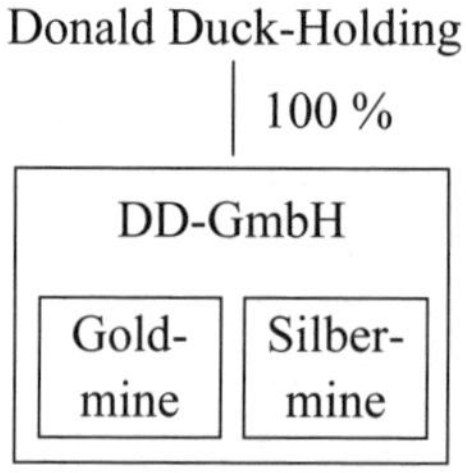

Bei Veräußerung der Silbermine an die KK-AG würden sämtliche in der Silbermine enthaltenen stillen Reserven aufgedeckt werden. Der sich daraus ergebende Veräußerungsgewinn der DD-GmbH würde nach § 8 Abs. 1 Satz 1 KStG i.V.m. § 16 Abs. 1 Nr. 1 EStG uneingeschränkt der Körperschaft- und nach §§ 2, 7 GewStG der Gewerbesteuer unterliegen.

411 Vgl. Tz. 15.35 UmwStE.

412 Vgl. Tz. 15.37 UmwStE.

413 Vgl. Hörtnagl, R., in: Schmitt, J./ Hörtnagl, R./ Stratz, R.-C., Umwandlungsgesetz, Umwandlungssteuergesetz, 3. Aufl., München 2001, § 15 UmwStG, Rz. 226.

414 Vgl. Sagasser, B./ Fahrenberg, J., in: Sagasser, B./ Bula, T./ Brünger, T., Umwandlungen, 3. Aufl., München 2002, S. 638 f., Rz. 41.

Um diese Steuerbelastung zu vermeiden, könnte die Übertragung der Silbermine auf die KK-AG im Wege der Abspaltung der Silbermine auf die neugegründete X-GmbH mit anschließender Veräußerung der Anteile an der X-GmbH erfolgen. Dies verhindern § 15 Abs. 3 Satz 3 und 4 UmwStG, die die Spaltung als Vorbereitung der Veräußerung ansehen, wenn innerhalb von fünf Jahren nach der Spaltung Anteile an der übernehmenden Kapitalgesellschaft veräußert werden und dabei die 20 % Quote überschritten wird.

§ 15 Abs. 3 Satz 3 und 4 UmwStG könnte dadurch umgangen werden, dass die KK-AG zunächst Anteile an der DD-GmbH erwirbt und anschließend eine Abspaltung der Silbermine auf die neugegründete X-GmbH erfolgt, deren alleiniger Gesellschafter die KK-AG wird.

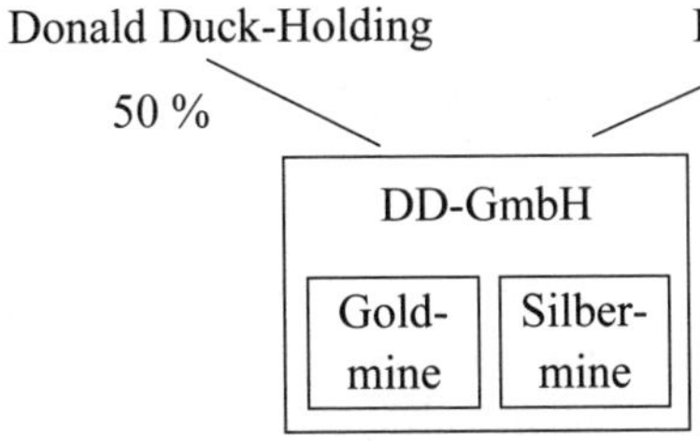

Abspaltung:

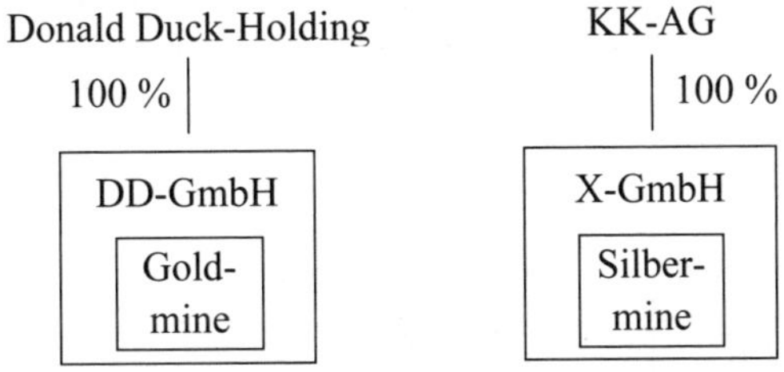

Einer derartigen Vorgehensweise soll anhand der Missbrauchsvorschrift des § 15 Abs. 3 Satz 5 UmwStG vorgebeugt werden. § 11 Abs. 1 UmwStG ist nur dann anwendbar, wenn die Beteiligung der KK-AG an der DD-GmbH bereits fünf Jahre vor der Spaltung bestanden hat.

Allerdings besteht auch bei § 15 Abs. 3 Satz 5 UmwStG eine Möglichkeit der Umgehung. Wird die KK-AG im Rahmen der Spaltung mit einem geringen Anteil an der DD-GmbH und die Donald Duck-Holding entsprechend an der X-GmbH beteiligt, so liegt nach Ansicht der Finanzverwaltung keine Trennung von Gesellschafterstämmen vor.[415] § 15 Abs. 3 Satz 5 UmwStG ist nicht erfüllt und das Bewertungswahlrecht des § 11 Abs. 1 UmwStG anwendbar.

[415] Vgl. Haritz, D., in: Haritz, D./ Benkert, M. (Hrsg.), Umwandlungssteuergesetz Kommentar, 2. Aufl., München 2000, § 15, Rz. 140.

Sind die Voraussetzungen des § 15 Abs. 3 Satz 5 UmwStG erfüllt, so sind sämtliche übergehenden Wirtschaftsgüter nach § 11 Abs. 2 UmwStG zu bewerten.

Die Ausführungen zum Hintergrund von § 15 Abs. 3 Satz 2-4 UmwStG gelten auch für § 15 Abs. 3 Satz 5 UmwStG.[416] Allerdings wird hier die Identität der Gesellschafter dadurch gewährleistet, dass die Trennung von Gesellschafterstämmen nur bei Erfüllung der Mindestbehaltefrist der Beteiligungen möglich ist.

5.3.2.4 Übersicht zur Prüfung von § 15 Abs. 3 UmwStG

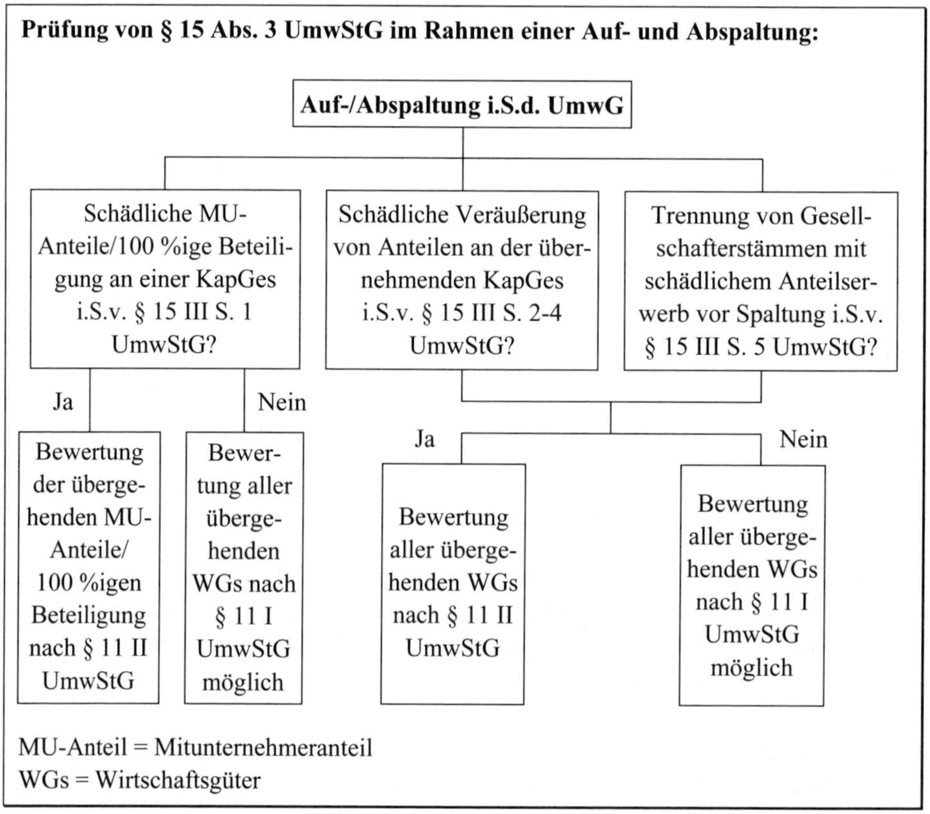

Abbildung 96: Prüfung von § 15 Abs. 3 UmwStG

---

[416] Vgl. Herzig, N./ Momen, L., Die Spaltung von Kapitalgesellschaften im neuen Umwandlungssteuergesetz (Teil I), DB 1994, S. 2159 f.

5.4 Auswirkungen bei der zu spaltenden Kapitalgesellschaft

5.4.1 Bewertungswahlrecht gem. § 11 Abs. 1 UmwStG

Nach § 15 Abs. 2 UmwStG hat die zu spaltende Kapitalgesellschaft auf den steuerlichen Übertragungsstichtag eine steuerliche Schluss- bzw. Übertragungsbilanz aufzustellen. Sind die Voraussetzungen des § 15 Abs. 1 und 3 UmwStG erfüllt, ist das Bewertungswahlrecht nach § 11 Abs. 1 UmwStG auf das übergehende Vermögen anwendbar, wenn die Voraussetzungen des § 11 Abs. 1 UmwStG ebenfalls vorliegen.[417]

Bewertungswahlrecht	**Voraussetzungen**
mindestens • Buchwert • Zwischenwert ↓ höchstens • Teilwert	Das **Bewertungswahlrecht** gilt, *soweit* **(1)** die spätere Versteuerung der in dem übergehenden Vermögen enthaltenen stillen Reserven bei der übernehmenden Kapitalgesellschaft sichergestellt ist **und** **(2)** eine Gegenleistung nicht gewährt wird oder in Gesellschaftsrechten besteht.

Abbildung 97: Das Bewertungswahlrecht gem. § 11 Abs. 1 UmwStG

Die **Ausübung des Bewertungswahlrechts** ist auf die **übergegangenen Wirtschaftsgüter** beschränkt. Für die im Fall einer Abspaltung zurückbleibenden Wirtschaftsgüter sind zwingend die Buchwerte fortzuführen. Dies ergibt sich einerseits aus dem Wortlaut des § 11 Abs. 1 UmwStG und andererseits aus dem Realisationsprinzip, welches eine Gewinnrealisierung durch Aufdeckung der stillen Reserven untersagt, wenn – wie bei den zurückbleibenden Wirtschaftsgütern – kein Übertragungstatbestand vorliegt.[418]

Werden im Rahmen der Auf- oder Abspaltung mehrere Teilbetriebe übertragen, besteht für jeden **einzelnen Teilbetrieb** ein **gesondertes Bewertungswahlrecht**. Dies gilt unabhängig davon, ob die Teilbetriebe auf einen oder mehrere übernehmende Rechtsträger übertragen werden.[419] Davon abweichend wird in der Literatur auch die Auffassung der einheitlichen Ausübung des Wahlrechts für alle übergehenden Teilbetriebe vertreten. Begründet wird

---

[417] Zu den Einzelheiten vgl. Kapitel III, Punkt 5.4 „Auswirkungen bei der übertragenden Kapitalgesellschaft“.

[418] Vgl. Sagasser, B./ Fahrenberg, J., in: Sagasser, B./ Bula, T./ Brünger, T., Umwandlungen, 3. Aufl., München 2002, S. 630, Rz. 26.

[419] Vgl. Herzig, N./ Förster, G., Problembereiche bei der Auf- und Abspaltung von Kapitalgesellschaften nach neuem Umwandlungssteuerrecht, DB 1995, S. 347; Buyer, C., Änderung der Unternehmensform, Handbuch zum Umwandlungs- und Umwandlungssteuerrecht, 7. Aufl., Berlin 1999, S. 460, Rz. 3/326; Dötsch, E., in: Dötsch, E./ Patt, J./ Pung, A./ Jost, W., Umwandlungssteuerrecht, 5. Aufl., Stuttgart 2003, § 15 UmwStG, Rz. 41.

dies mit dem Wortlaut des § 11 Abs. 1 Satz 1 UmwStG, wonach „die übergehenden Wirtschaftsgüter insgesamt" mit dem Buch-, Zwischen- oder Teilwert anzusetzen sind.[420] Dieser Auffassung ist entgegenzuhalten, dass durch zeitlich hintereinander geschaltete Abspaltungen eine unterschiedliche Bewertung der Teilbetriebe erreicht werden kann und somit eine Ausweichmöglichkeit besteht.[421] Dies kann nicht im Sinne des Gesetzgebers sein. Das Wort „insgesamt" ist daher vielmehr auf die separate Bewertung der jeweils übergehenden Teilbetriebe zu beziehen: hinsichtlich der Wirtschaftsgüter, welche einem Teilbetrieb zugeordnet werden, ist das **Bewertungswahlrecht** einheitlich auszuüben.[422] Dagegen ist § 11 Abs. 1 UmwStG für jeden der übergehenden Teilbetriebe unterschiedlich ausübbar.

Sind die **Voraussetzungen** des § 11 Abs. 1 UmwStG bei einem übergehenden Teilbetrieb **nicht erfüllt**, d.h. ist die spätere Besteuerung der übergehenden stillen Reserven nicht sichergestellt und/ oder wird eine Gegenleistung gewährt, die nicht in Gesellschaftsrechten besteht, richtet sich lediglich die Bewertung dieses Teilbetriebs nach § 11 Abs. 2 UmwStG.[423] Im Fall einer gewährten Gegenleistung, die nicht in Gesellschaftsrechten besteht, ist der Teilbetrieb mit dem gemeinen Wert der Gegenleistung anzusetzen (§ 11 Abs. 2 Satz 1 UmwStG). Wird keine Gegenleistung gewährt, ist nach § 11 Abs. 2 Satz 2 UmwStG der Teilwert anzusetzen.

Werden übergehende Teilbetriebe in der Schluss- bzw. Übertragungsbilanz (freiwillig oder zwangsweise) mit einem über dem Buchwert liegenden Wert angesetzt, entsteht durch die Auflösung stiller Reserven ein **Übertragungsgewinn**. Dieser unterliegt ungemildert der Körperschaftsteuer und gem. § 15 i.V.m. § 19 Abs. 1 UmwStG der Gewerbesteuer.

---

420 Vgl. Thiel, J., Die Spaltung (Teilverschmelzung) im Umwandlungsgesetz und im Umwandlungssteuergesetz (Teil I), DStR 1995, S. 239; Sagasser, B./ Fahrenberg, J., in: Sagasser, B./ Bula, T./ Brünger, T., Umwandlungen, 3. Aufl., München 2002, S. 630, Rz. 26.

421 Vgl. Herzig, N./ Förster, G., Problembereiche bei der Auf- und Abspaltung von Kapitalgesellschaften nach neuem Umwandlungssteuerrecht, DB 1995, S. 347; ebenso Buyer, C., Änderung der Unternehmensform, Handbuch zum Umwandlungs- und Umwandlungssteuerrecht, 7. Aufl., Berlin 1999, S. 460, Rz. 3/326; Haritz, D., in: Haritz, D./ Benkert, M. (Hrsg.), Umwandlungssteuergesetz Kommentar, 2. Aufl., München 2000, § 15, Rz. 166.

422 Vgl. Haritz, D., in: Haritz, D./ Benkert, M. (Hrsg.), Umwandlungssteuergesetz Kommentar, 2. Aufl., München 2000, § 15, Rz. 166; Herzig, N./ Momen, L., Die Spaltung von Kapitalgesellschaften im neuen Umwandlungssteuergesetz (Teil I), DB 1994, S. 2158.

423 Vgl. Dötsch, E., in: Dötsch, E./ Patt, J./ Pung, A./ Jost, W., Umwandlungssteuerrecht, 5. Aufl., Stuttgart 2003, § 15 UmwStG, Rz. 41; ebenso Haritz, D., in: Haritz, D./ Benkert, M. (Hrsg.), Umwandlungssteuergesetz Kommentar, 2. Aufl., München 2000, § 15, Rz. 156.

Merke:

- Die Ausübung des **Bewertungswahlrechts** nach § 11 Abs. 1 UmwStG ist auf die übergehenden Teilbetriebe beschränkt.
- Für jeden Teilbetrieb besteht ein **gesondertes Bewertungswahlrecht**.
- Die Bewertung der Wirtschaftsgüter eines Teilbetriebs ist einheitlich vorzunehmen.
- Erfüllt ein Teilbetrieb die Voraussetzungen des § 11 Abs. 1 UmwStG nicht, gelten die Rechtsfolgen des § 11 Abs. 2 UmwStG nur für diesen Teilbetrieb.
- Bei Wertansätzen über dem Buchwert entsteht ein steuerpflichtiger Übertragungsgewinn.

Wie bereits in Kapitel III dargestellt, wird das **Bewertungswahlrecht** i.S.v. § 11 Abs. 1 UmwStG nach Ansicht der Finanzverwaltung aufgrund des **Maßgeblichkeitsgrundsatzes** jedoch insoweit eingeschränkt, als dass in der steuerlichen Schluss- bzw. Übertragungsbilanz nur die in der handelsrechtlichen Übertragungsbilanz zulässigen Werte angesetzt werden dürfen.[424] Das Bewertungswahlrecht läuft somit faktisch leer. Die Ansicht der Finanzverwaltung ist daher abzulehnen.

5.4.2 Aufteilung des Vermögens durch Spaltung

Gem. § 126 Abs. 1 Nr. 9 UmwG müssen die Gegenstände des Aktiv- und Passivvermögens sowie die Betriebe oder Betriebsteile, die übertragen werden sollen, im Spaltungsvertrag genau bezeichnet und aufgeteilt werden. Die Aufteilung des Vermögens ist handelsrechtlich frei gestaltbar. Steuerrechtlich müssen Teilbetriebe übertragen werden und bei der Abspaltung auch verbleiben. Die nachfolgenden Beispiele sollen einen Überblick über mögliche Aufteilungsvarianten des Buchvermögens der übertragenden Kapitalgesellschaft geben.

Beispiel

Abspaltung zur Neugründung
Das Vermögen der MaDalton-GmbH besteht aus zwei Teilbetrieben, einer Gold- und einer Silbermine. Die Silbermine soll zu Buchwerten auf die neu gegründete Daltons-AG abgespalten werden. Die Bilanz der MaDalton-GmbH hat vor der Abspaltung folgendes Bild:

Aktiva	MaDalton-GmbH		Passiva
Goldmine	450 T€	Stammkapital	200 T€
Silbermine	200 T€	Gewinnrücklagen	150 T€
		Fremdkapital	300 T€
	650 T€		650 T€

[424] Vgl. Tz. 15.12 UmwStE.

In den Teilbetrieben sind stille Reserven enthalten. Ein Wirtschaftsprüfer ermittelte für die Teilbetriebe folgende gemeinen Werte:

Gemeiner Wert der Goldmine = 700 T€
Gemeiner Wert der Silbermine = 300 T€

Der Unternehmenswert der MaDalton-GmbH ergibt sich aus der Summe der gemeinen Werte und beträgt damit 1.000 T€.

Die Aufteilung der Gewinnrücklagen und Verbindlichkeiten soll im Verhältnis der gemeinen Werte der Teilbetriebe zum Unternehmenswert vorgenommen werden.

Lösung

1. Aufteilung der Gewinnrücklagen und Verbindlichkeiten

Die für die Aufteilung maßgeblichen Wertverhältnisse ermitteln sich wie folgt:

$$\frac{\text{Gemeiner Wert der Goldmine}}{\text{Unternehmenswert}} = \frac{700\text{ T€}}{1.000\text{ T€}} = \mathbf{0{,}7}$$

$$\frac{\text{Gemeiner Wert der Silbermine}}{\text{Unternehmenswert}} = \frac{300\text{ T€}}{1.000\text{ T€}} = \mathbf{0{,}3}$$

Demnach verbleiben 70 % der Bilanzposten bei der MaDalton-GmbH und 30 % gehen auf die Daltons-AG über.

	Gewinnrücklagen	Verbindlichkeiten
MaDalton-GmbH	150 T€ * 0,7 = **105 T€**	300 T€ * 0,7 = **210 T€**
Daltons-AG	150 T€ * 0,3 = **45 T€**	300 T€ * 0,3 = **90 T€**
Σ	150 T€	300 T€

2. Verbleibendes Nettovermögen zu Buchwerten nach Abspaltung

Fraglich ist, ob das verbleibende Nettovermögen zur Deckung des Stammkapitals in Höhe von 200 T€ ausreicht.

	Verbleibende Aktiva (Goldmine)	450 T€
./.	Verbleibende Passiva (105 T€ + 210 T€)	315 T€
=	verbleibendes Nettovermögen zu Buchwerten	135 T€

Das nach vollzogener Abspaltung verbleibende Nettovermögen der MaDalton-GmbH in Höhe von 135 T€ reicht nicht mehr aus, um das Stammkapital in Höhe von 200 T€ zu decken. Kann die Nettovermögensminderung nicht durch vorhandene Rücklagen ausgeglichen werden, ist eine Kapitalherabsetzung notwendig.[425]

425 Vgl. Punkt 3.2.1.4 „Kapitalveränderungen“.

3. Ermittlung des Umfangs der Kapitalherabsetzung

	Übertragenes Nettovermögen zu Buchwerten (= übertragene Aktiva ./. übertragene Passiva) (= 200 T€ ./. [45 T€ + 90 T€])	65 T€
./.	Gewinnrücklage	65 T€
=	Betrag der Kapitalherabsetzung	0 T€

Durch die Auflösung der Gewinnrücklage (Abzug der Gewinnrücklage) wird die Verminderung des Nettovermögens gem. § 58a Abs. 1, 2 GmbHG ausgeglichen. Da in ausreichendem Umfang Gewinnrücklagen für den Ausgleich vorhanden sind, muss keine Kapitalherabsetzung vorgenommen werden.

4. Bilanz der MaDalton-GmbH nach Abspaltung

Aktiva		MaDalton-GmbH			Passiva
Goldmine		450 T€	Stammkapital		200 T€
Silbermine	200 T€		Gewinnrücklage	150 T€	
./. Silbermine	./. **200 T€**	0 T€	./. GewRL Daltons-AG	./. **45 T€**	
			./. GewRL (s.o.)	./. **65 T€**	40 T€
			Fremdkapital	300 T€	
			./. FK Daltons-AG	./. **90 T€**	210 T€
		450 T€			450 T€

Beispiel

Aufspaltung zur Neugründung

Die Tom&Jerry-AG, an der Tom zu 60 % und Jerry zu 40 % beteiligt sind, soll aufgespalten werden. Die Tom&Jerry-AG besteht aus zwei Teilbetrieben, einer Katzenfutter- und einer Hundefutterproduktion. Die Katzenfutterproduktion (KFP) soll auf die neu zu gründende Cats-AG und die Hundefutterproduktion (HFP) auf die ebenfalls neu zu gründende Spike-AG übertragen werden. Gesellschafter Tom soll sämtliche Anteile an der Cats-AG und Gesellschafter Jerry sämtliche Anteile an der Spike-AG erhalten.

Die Bilanz der Tom&Jerry-AG hat vor der Aufspaltung folgendes Aussehen:

Aktiva	Tom&Jerry-AG		Passiva
KFP	650 T€	Stammkapital	520 T€
HFP	330 T€	Fremdkapital	460 T€
	980 T€		980 T€

Im Aktivvermögen der Tom&Jerry-AG sind stille Reserven in Höhe von 580 T€ enthalten. Davon entfallen 450 T€ auf die Katzenfutterproduktion und 130 T€ auf die Hundefutterproduktion.

Das Vermögen soll entsprechend den Beteiligungsverhältnissen auf die neuen Gesellschaften übergehen. Falls notwendig, soll ein Wertausgleich über die Zuordnung von Verbindlichkeiten geschaffen werden.

Lösung

1. Aufteilung des Vermögens

Da das Vermögen entsprechend der Beteiligungsverhältnisse aufgeteilt werden soll, müssen 60 % des Vermögens auf die Cats-AG und 40 % auf die Spike-AG übertragen werden. Maßgeblich ist der tatsächliche Unternehmenswert der Tom&Jerry-AG, der sich wie folgt ermittelt:

	Aktivvermögen	980 T€
./.	Fremdkapital	460 T€
=	Buchwert des Vermögens	520 T€
+	Stille Reserven	580 T€
=	Unternehmenswert der Tom&Jerry-AG	1.100 T€

Demnach entfallen 660 T€ (60 %) des Unternehmenswerts auf die Cats-AG und 440 T€ (40 %) auf die Spike-AG. Diese Werte stellen jeweils die Unternehmenswerte der Cats-AG und der Spike-AG dar.

Werden nun die Verbindlichkeiten der Tom&Jerry-AG entsprechend dem Beteiligungsverhältnis bzw. den Verhältnissen der gemeinen Werte der Teilbetriebe zum Unternehmenswert aufgeteilt, können diese Unternehmenswerte nicht gewahrt werden:

	Buchwert der Katzenfutterproduktion	650 T€	
./.	Anteiliges Fremdkapital entspr. Beteiligung (460 T€ * 0,6)	276 T€	
+	Stille Reserven	450 T€	
=	Unternehmenswert der Cats-AG	824 T€	> 660 T€

Daher gilt: Die gewünschten Unternehmenswerte der aufnehmenden AGs können nur über die Zuordnung von Verbindlichkeiten erreicht werden (sog. Wertausgleich):

Cats-AG:		Buchwert der Katzenfutterproduktion	650 T€
	+	Stille Reserven	450 T€
	=	Vermögen vor Abzug der Verbindlichkeiten	1.100 T€
	./.	Unternehmenswert der Cats-AG	660 T€
	=	Höhe der zuzuordnenden Verbindlichkeiten	**440 T€**

Spike-AG:		Buchwert der Hundefutterproduktion	330 T€
	+	Stille Reserven	130 T€
	=	Vermögen vor Abzug der Verbindlichkeiten	460 T€
	./.	Unternehmenswert der Spike-AG	440 T€
	=	Höhe der zuzuordnenden Verbindlichkeiten	**20 T€**

Die Summe der zuzuordnenden Verbindlichkeiten (440 T€ + 20 T€) entspricht der Höhe der Verbindlichkeiten der Tom&Jerry-AG.

Merke: Ein nicht angemessenes Umtauschverhältnis der Anteile wird i.d.R. durch einen Wertausgleich in Form von baren Zuzahlungen beseitigt. Dadurch werden allerdings steuerpflichtige Gewinne realisiert[426], weshalb der Ausgleich der Wertunterschiede durch die **Zuordnung von Verbindlichkeiten** dem Ausgleich durch Barzuzahlungen vorzuziehen ist.

5.4.3 Aufteilung des Verlustvortrags

Nach § 15 Abs. 4 UmwStG ist ein bei der übertragenden Kapitalgesellschaft vorhandener Verlustvortrag i.S.d. § 10d Abs. 4 Satz 2 EStG aufzuteilen und unter den Voraussetzungen des § 12 Abs. 3 Satz 2 UmwStG auf die übernehmende(n) Kapitalgesellschaft(en) zu übertragen. Bei einer Abspaltung kann die übertragende Kapitalgesellschaft somit nicht mehr über einen vollen, sondern lediglich über einen reduzierten Verlustvortrag verfügen.

Durch die gesetzlich vorgeschriebene und daher nicht freiwillige Aufteilung des Verlustvortrags kann es sinnvoll sein, stille Reserven im übergehenden Vermögen aufzudecken. Der entstandene Übertragungsgewinn ist mit dem Verlustvortrag zu verrechnen. Eine solche Situation liegt bspw. vor, wenn die übernehmende Kapitalgesellschaft ertragsschwach ist und in naher Zukunft den Verlustvortrag nicht nutzen kann.[427]

Die Einzelheiten der Aufteilung und Übertragung des Verlustvortrags sind den Ausführungen unter Punkt 5.6 „Behandlung von Verlustvorträgen“ zu entnehmen.

5.4.4 Aufteilung des steuerlichen Eigenkapitalausweises

Im Fall der **Aufspaltung** sind sämtliche Bestandteile des steuerlichen Eigenkapitalausweises auf die übernehmenden Kapitalgesellschaften aufzuteilen und zu übertragen. Im Fall der

---

[426] Vgl. Kapitel III, Punkt 5.7.9 „Barabfindungen und bare Zuzahlungen“.

[427] Vgl. Haritz, D., in: Haritz, D./ Benkert, M. (Hrsg.), Umwandlungssteuergesetz Kommentar, 2. Aufl., München 2000, § 15, Rz. 171 ff.

Abspaltung ist der Bestand des steuerlichen Eigenkapitalausweises der übertragenden Kapitalgesellschaft lediglich um den Umfang des übergehenden Teils zu reduzieren.

Zur jeweiligen Vorgehensweise wird auf die Erläuterungen unter Punkt 5.7 „Auswirkungen auf den steuerlichen Eigenkapitalausweis" verwiesen.

5.5 Auswirkungen bei der übernehmenden Kapitalgesellschaft

Liegt die Teilbetriebsvoraussetzung nach § 15 Abs. 1 UmwStG vor, ist die Spaltung auf Ebene der übernehmenden Kapitalgesellschaft nach § 12 UmwStG steuerneutral vollziehbar.

Merke: Die Anwendung von § 12 UmwStG ist unabhängig von § 15 Abs. 3 UmwStG möglich. Selbst wenn die Missbrauchstatbestände des § 15 Abs. 3 UmwStG erfüllt sind, kann § 12 UmwStG angewandt werden.

5.5.1 Wertverknüpfung

Die übernehmende Kapitalgesellschaft hat die auf sie übergehenden Wirtschaftsgüter grundsätzlich mit dem Wert zu übernehmen, mit dem sie in der steuerlichen Schlussbilanz der übertragenden Kapitalgesellschaft angesetzt waren (§ 15 Abs. 1 i.V.m. § 12 Abs. 1, § 4 Abs. 1 UmwStG). Ist die zu spaltende Kapitalgesellschaft allerdings von der Besteuerung befreit und die übernehmende Kapitalgesellschaft steuerpflichtig, sind die übergehenden Wirtschaftsgüter nach § 12 Abs. 1 Satz 2 UmwStG mit dem Teilwert anzusetzen.

Wie bei der Verschmelzung ist auch bei der Spaltung die Erstellung einer steuerlichen Übernahmebilanz gesetzlich nicht vorgeschrieben. § 15 UmwStG fordert in Absatz 2 lediglich die Erstellung einer steuerlichen Übertragungsbilanz. Daher erfolgt die Übernahme der Wirtschaftsgüter bei der Spaltung zur Aufnahme als laufender Geschäftsvorfall in der ersten Jahresbilanz nach der Spaltung. Bei der Spaltung zur Neugründung sind die Wirtschaftsgüter in der steuerlichen Eröffnungsbilanz, welche auf den steuerlichen Übertragungsstichtag aufzustellen ist, zu erfassen.[428]

[428] Vgl. Hörtnagl, R., in: Schmitt, J./ Hörtnagl, R./ Stratz, R.-C., Umwandlungsgesetz, Umwandlungssteuergesetz, 3. Aufl., München 2001, § 15 UmwStG, Rz. 109 f.

5.5.2 Übernahmeergebnis der übernehmenden Kapitalgesellschaft

Sofern die übernehmende Kapitalgesellschaft sämtliche Anteile an der übertragenden Kapitalgesellschaft hält, handelt es sich um einen **partiellen „up-stream merger“**.[429] Mit Zugang der Wirtschaftsgüter bei der Muttergesellschaft fallen die Anteile an der Tochtergesellschaft nicht wie bei der Verschmelzung vollständig, sondern lediglich *anteilig* weg. Der **anteilige Wegfall** der Beteiligung lässt sich dadurch begründen, dass die Beteiligung durch den Abgang der Wirtschaftsgüter bei der übertragenden Tochtergesellschaft an Wert verliert.[430] In Höhe des Unterschiedsbetrags zwischen dem Wert der übergegangenen Wirtschaftsgüter und dem anteilig wegfallenden Beteiligungsbuchwert ergibt sich nach § 12 Abs. 2 Satz 1 UmwStG ein Übernahmegewinn oder -verlust.

Ermittlung des Übernahmegewinns/-verlusts:

	Wert, mit dem übergegangene Wirtschaftsgüter zu übernehmen sind (= Saldo aus übergehenden Vermögensgegenständen und Schulden)
./.	Buchwert der *anteilig* wegfallenden Beteiligung an der übertragenden KapGes
=	Übernahmegewinn/-verlust

Die Höhe des anteilig wegfallenden Buchwerts ergibt sich aus der Kürzung des Beteiligungsbuchwerts im Verhältnis der gemeinen Werte der übertragenen Wirtschaftsgüter zu dem vor der Spaltung bestehenden Unternehmenswert der Tochtergesellschaft.[431]

Merke: Übernahmegewinn bzw. -verlust bleiben gem. § 12 Abs. 2 Satz 1 UmwStG bei der Ermittlung des Einkommens grundsätzlich **außer Ansatz**.

Begründung: Bei der Auf-/ Abspaltung einer Kapitalgesellschaft auf eine andere Kapitalgesellschaft wird das Besteuerungsprinzip beibehalten. Aus diesem Grund können die im Übernahmegewinn enthaltenen Rücklagen der zu spaltenden Kapitalgesellschaft von der oder den übernehmenden Kapitalgesellschaft(en) fortgeführt werden und müssen nicht ausgeschüttet und versteuert werden. Ist ein Übernahmegewinn steuerfrei, kann ein Übernahmeverlust nicht steuerlich geltend gemacht werden.

Einzelheiten zum Übernahmeergebnis sind aufgrund der identischen Regelungen den Ausführungen zur Verschmelzung in Kapitel III Punkt 5.5.2 und 5.5.3 zu entnehmen.

---

429 Vgl. Haritz, D., in: Haritz, D./ Benkert, M. (Hrsg.), Umwandlungssteuergesetz Kommentar, 2. Aufl., München 2000, § 15, Rz. 179.

430 Vgl. Thiel, J., Die Spaltung (Teilverschmelzung) im Umwandlungsgesetz und im Umwandlungssteuergesetz (Teil II), DStR 1995, S. 279.

431 Vgl. Tz. 15.51 UmwStE.

Beispiel

Abspaltung eines Teilbetriebs zur Aufnahme durch die 100 %ige Muttergesellschaft

Die Daltons-AG besteht aus zwei Teilbetrieben, einer Pistolen- und einer Besenproduktion. Die Besenproduktion soll zu Buchwerten auf die MaDalton-GmbH, welche zu 100 % an der Daltons-AG beteiligt ist, abgespalten werden. Die Pistolenproduktion verbleibt bei der Daltons-AG.

Die Bilanzen der Daltons-AG und der MaDalton-GmbH haben vor der Abspaltung folgendes Aussehen:

Aktiva	MaDalton-GmbH		Passiva
Beteiligung	220 T€	Stammkapital	150 T€
Sonst. Aktiva	180 T€	Fremdkapital	250 T€
	400 T€		400 T€

Aktiva	Daltons-AG		Passiva
Pistolensparte	330 T€	Nennkapital	220 T€
Besensparte	270 T€	Fremdkapital	380 T€
	600 T€		600 T€

In beiden Teilbetrieben sind erhebliche stille Reserven enthalten. Ein Wirtschaftsprüfer ermittelte für die Teilbetriebe folgende gemeine Werte:

Gemeiner Wert der Pistolenproduktion = 600 T€
Gemeiner Wert der Besenproduktion = 400 T€

Der Unternehmenswert der MaDalton-GmbH ergibt sich aus der Summe der gemeinen Werte und beträgt damit 1.000 T€.

Die Verbindlichkeiten der Daltons-AG in Höhe von 380 T€ entfallen zu 230 T€ auf die Pistolenproduktion und zu 150 T€ auf die Besenproduktion.

Die Voraussetzungen des § 11 Abs. 1 UmwStG sind erfüllt.

Lösung

1. Übertragende Kapitalgesellschaft

a) Schlussbilanz und Wertansatz

Gem. § 15 Abs. 2 UmwStG hat die Daltons-AG auf den steuerlichen Übertragungsstichtag eine steuerliche Übertragungsbilanz aufzustellen. Laut Angabe sind die übergehenden Wirtschaftsgüter mit den Buchwerten anzusetzen. Der Buchwertansatz ist zulässig, da die Voraussetzungen des § 11 Abs. 1 UmwStG zur Inanspruchnahme des Bewertungswahlrechts annahmegemäß vorliegen. Zudem ist die Teilbetriebsvoraussetzung nach § 15 Abs. 1 UmwStG erfüllt, weshalb die Vorschriften der §§ 11-13 UmwStG angewandt werden dürfen. Ein Übertragungsgewinn entsteht nicht.

b) Aufteilung des Vermögens
Da die Besenproduktion auf die MaDalton-GmbH übertragen wird, verfügt die Daltons-AG nach der Spaltung lediglich über den Teilbetrieb der Pistolenproduktion.
Von den Verbindlichkeiten geht der Teil auf die MaDalton-GmbH über, der von der übergehenden Besenproduktion verursacht wurde. Dies sind Verbindlichkeiten in Höhe von 150 T€.

c) Kapitalherabsetzung
Fraglich ist, ob das verbleibende Nettovermögen zur Deckung des Stammkapitals in Höhe von 200 T€ ausreicht.

	Verbleibende Aktiva (Pistolenproduktion)	330 T€
./.	Verbleibende Passiva (380 T€ ./. 150 T€)	230 T€
=	verbleibendes Nettovermögen zu Buchwerten	100 T€

Das nach vollzogener Abspaltung verbleibende Nettovermögen der Daltons-AG in Höhe von 100 T€ reicht nicht aus, um das Grundkapital in Höhe von 220 T€ zu decken.
Da keine Rücklagen vorhanden sind, um die Nettovermögensminderung auszugleichen, ist eine Kapitalherabsetzung in Höhe des übertragenen Nettovermögens notwendig. Folglich muss das Nennkapital der Daltons-AG um 120 T€ (= 270 T€ ./. 150 T€) herabgesetzt werden.

d) Bilanz der Daltons-AG nach der Abspaltung

Aktiva		Daltons-AG			Passiva
Pistolensparte		330 T€	Nennkapital		100 T€
Besensparte	270 T€		Fremdkapital	380 T€	
./. Besensparte	./. **270 T€**	0 T€	./. FK Besensparte	./. **150 T€**	230 T€
		330 T€			330 T€

2. Übernehmende Kapitalgesellschaft

a) Vermögensübergang
Bei der MaDalton-GmbH ist der Übergang der Besenproduktion als laufender Geschäftsvorfall zu erfassen. Die Besenproduktion sowie die Verbindlichkeiten sind gem. § 12 Abs. 1 UmwStG mit den in der Bilanz der Daltons-AG angesetzten Werten zu übernehmen.

b) Übernahmeergebnis
Infolge des Abgangs der Besenproduktion bei der Daltons-AG und des Zugangs bei der MaDalton-GmbH kommt es zu einer Wertminderung der Beteiligung der MaDalton-GmbH an der Daltons-AG. Anders ausgedrückt: Die Beteiligung fällt im Zuge des Vermögensübergangs anteilig weg. Die Höhe des anteilig wegfallenden Buchwerts (X) ergibt sich aus der Kürzung des Beteiligungsbuchwerts im Verhältnis des gemeinen Werts der übertragenden Besenproduktion zu dem vor der Abspaltung bestehenden Unternehmenswert der Daltons-AG:

$$X = \text{Buchwert der Beteiligung} * \frac{\text{Gemeiner Wert der Besenproduktion}}{\text{Unternehmenswert}}$$

$$X = 220 \text{ T€} * \frac{400 \text{ T€}}{1.000 \text{ T€}} = 88 \text{ T€}$$

In Höhe der Differenz zwischen dem Wert des übergegangenen Vermögens und der anteilig wegfallenden Beteiligung ergibt sich folgendes Übernahmeergebnis:

	Wert des übergehenden Vermögens (= Saldo aus übergehendem Teilbetrieb und Verbindlichkeiten) (= 270 T€ ./. 150 T€)	120 T€
./.	Buchwert der anteilig untergehenden Beteiligung	88 T€
=	Übernahmegewinn	32 T€

c) Bilanz der MaDalton-GmbH nach der Abspaltung

Aktiva		MaDalton-GmbH			Passiva
Beteiligung	220 T€		Nennkapital		150 T€
./. wegfallender Teil	./. **88 T€**	132 T€	+ Übernahmegewinn		**32 T€**
Sonst. Aktiva	180 T€		Fremdkapital	250 T€	
+ Besensparte	+ **270 T€**	450 T€	+ FK Besensparte	+ **150 T€**	400 T€
		582 T€			582 T€

Ein Übernahmeergebnis stellt sich auch dann ein, wenn es sich nicht um einen 100 %igen „partiellen up-stream merger" handelt. Dies betrifft die Fälle, bei denen die übernehmende an der übertragenden Kapitalgesellschaft zu weniger als 100 % beteiligt ist, die übertragende an der übernehmenden Kapitalgesellschaft beteiligt ist oder kein gegenseitiges Beteiligungsverhältnis zwischen übertragender und übernehmender Kapitalgesellschaft besteht. Das Übernahmeergebnis ist dann in abgewandelter Form zu ermitteln, wobei ein Buchwert der Beteiligung in Höhe von „0" anzusetzen ist, wenn keine Beteiligung an der übertragenden Kapitalgesellschaft wegfällt. Wird zudem eine Kapitalerhöhung zur Schaffung von neuen Anteilen vorgenommen, finanziert sich diese durch das Übernahmeergebnis, welches entsprechend zu mindern ist.[432]

[432] Vgl. Kapitel III, Punkt 5.5.3 „Übernahmeergebnis in Fällen, in denen kein (100 %iger) „up-stream merger" vorliegt".

Ermittlung von Übernahmegewinn/-verlust in Fällen abseits eines 100 %igen „up-stream mergers“:

	Wert mit dem übergegangene Wirtschaftsgüter zu übernehmen sind (= Saldo aus übergehenden Vermögensgegenständen und Schulden)
./.	Buchwert der anteilig wegfallenden Beteiligung an der übertragenden KapG
=	Übernahmegewinn/-verlust
./.	Nennwert der mittels Kapitalerhöhung geschaffenen Anteile
=	Übernahmegewinn/-verlust nach Kapitalerhöhung

Ist die übertragende an der übernehmenden Kapitalgesellschaft beteiligt ist, liegt – analog zum „partiellen up-stream merger“ – ein **„partieller down-stream merger“**[433] vor.

5.5.3 Beteiligungskorrekturgewinn und Beschränkung der Hinzurechnung

Nach § 12 Abs. 2 Satz 1 UmwStG ist der Übernahmegewinn grundsätzlich steuerfrei. Sind jedoch die anteiligen tatsächlichen Anschaffungskosten der Beteiligung höher als der anteilige Buchwert in der Bilanz der übernehmenden Kapitalgesellschaft, wird der Übernahmegewinn in Höhe des Unterschiedsbetrags nachträglich steuerpflichtig. Der steuerpflichtige Teil des Übernahmegewinns wird als **Beteiligungskorrekturgewinn** bezeichnet und ist gem. § 12 Abs. 2 Satz 2 UmwStG dem laufenden Gewinn der übernehmenden Kapitalgesellschaft hinzuzurechnen.

Ermittlung des Beteiligungskorrekturgewinns:

	Anteilige tatsächl. Anschaffungskosten d. Beteiligung a. d. übertragenden KapGes
./.	anteiliger Buchwert der Beteiligung in der Bilanz der übernehmenden KapGes
=	steuerpflichtiger Beteiligungskorrekturgewinn

Ursache für einen Beteiligungskorrekturgewinn ist entweder eine in der Vergangenheit vorgenommene Teilwertabschreibung oder eine Übertragung der stillen Reserven nach § 6b EStG.

Soweit die Teilwertabschreibung allerdings nach § 50c EStG oder nach § 8b Abs. 3 KStG steuerlich nicht anerkannt wurde und sich somit nicht gewinnmindernd auswirken konnte, unterbleibt konsequenterweise die Hinzurechnung des Beteiligungskorrekturgewinns zum laufenden Gewinn (§ 12 Abs. 2 Satz 3 UmwStG).

[433] Vgl. Haritz, D., in: Haritz, D./ Benkert, M. (Hrsg.), Umwandlungssteuergesetz Kommentar, 2. Aufl., München 2000, § 15, Rz. 181.

> **Merke:** Der Beteiligungskorrekturgewinn kann nicht mit einem Übernahmeverlust i.S.d. § 12 Abs. 2 Satz 1 UmwStG verrechnet werden.

Eine ausführliche Behandlung des Beteiligungskorrekturgewinns und seiner Beschränkung findet sich in Kapitel III, Punkt 5.5.4 und 5.5.5.

5.5.4 Eintritt in die Rechtsposition der übertragenden Kapitalgesellschaft

Die übernehmende Kapitalgesellschaft tritt gem. § 15 Abs. 1 Satz 1 i.V.m. § 12 Abs. 3 UmwStG bzgl. der übergehenden Wirtschaftsgüter in die Rechtsposition der übertragenden Kapitalgesellschaft ein. Bleibt die übertragende Kapitalgesellschaft wie im Fall der Abspaltung weiter bestehen, sind Ausnahmen von diesem Grundsatz möglich.[434]

Der Eintritt in die Rechtsstellung bezieht sich gem. § 12 Abs. 3 Satz 1, Abs. 4 Satz 1 UmwStG grundsätzlich auf folgende Bereiche:

- Absetzung für Abnutzung,
- Erhöhte Absetzung (z.B. gem. § 7d EStG),
- Sonderabschreibung (z.B. gem. § 7g EStG),
- Inanspruchnahme einer Bewertungsfreiheit oder eines Bewertungsabschlags,
- den steuerlichen Gewinn mindernde Rücklagen,
- Vorbesitzzeiten der übertragenden Kapitalgesellschaft, soweit diese für die Besteuerung von Bedeutung sind (§ 12 Abs. 4 Satz 1 i.V.m. § 4 Abs. 2 Satz 3 UmwStG).

Wurden die Buchwerte der übergegangenen Wirtschaftsgüter durch die übertragende Kapitalgesellschaft nicht aufgestockt, ist die Absetzung für Abnutzung unverändert fortzuführen.

Hat die übertragende Kapitalgesellschaft allerdings von ihrem Bewertungswahlrecht Gebrauch gemacht und die Buchwerte auf Zwischen- oder Teilwerte aufgestockt, ist die AfA-Bemessungsgrundlage neu zu ermitteln. Dabei sind bei Gebäuden und sonstigen Wirtschaftsgütern unterschiedliche Ermittlungsmethoden zu beachten:

---

[434] Vgl. Dehmer, H., Umwandlungsgesetz, Umwandlungssteuergesetz, 2. Aufl., München 1996, § 15, UmwStG, Rz. 340.

Merke:

	neue Bemessungsgrundlage
Gebäude	bisherige Bemessungsgrundlage + Aufstockungsbetrag
Sonst. Wirtschaftsgüter	bisheriger Buchwert + Aufstockungsbetrag

Hinsichtlich der Einzelheiten zur Neuermittlung der AfA-Bemessungsgrundlage im Fall der Aufstockung der Buchwerte wird auf die Erläuterungen in Kapitel III, Punkt 5.5.6 verwiesen.

5.5.5 Übernahmefolgegewinn

Ein Übernahmefolgegewinn entsteht, wenn zwischen der übertragenden und der übernehmenden Kapitalgesellschaft wertmäßig unterschiedliche Forderungen und Verbindlichkeiten bestehen, die im Zuge der Spaltung wegfallen (§ 15 Abs. 1 Satz 1 i.V.m. § 12 Abs. 4 Satz 2 mit Verweis auf § 6 Abs. 1 Satz 1 Alt. 1 UmwStG).

Soweit die übernehmende Kapitalgesellschaft an der übertragenden beteiligt war, kann sie in Höhe des Übernahmefolgegewinns eine gewinnmindernde Rücklage bilden, die in den folgenden drei Jahren zu mindestens je einem Drittel gewinnerhöhend aufzulösen ist (§ 15 Abs. 1 Satz 1 i.V.m. § 12 Abs. 4 Satz 2 mit Verweis auf § 6 Abs. 1 Satz 2 UmwStG).

Übernahmefolgegewinn bzw. ein Gewinn aus der aufgelösten Rücklage unterliegen in vollem Umfang der Körperschaftsteuer und der Gewerbesteuer.

Einzelheiten und ein Beispiel finden sich in Kapitel III, Punkt 5.5.8 „Übernahmefolgegewinn“.

5.6 Behandlung von Verlustvorträgen

Ein verbleibender Verlustvortrag der übertragenden Kapitalgesellschaft i.S.d. § 10d Abs. 4 Satz 2 EStG ist zunächst um einen evtl. entstandenen Übertragungsgewinn zu reduzieren.[435] Ebenso wie bei der Verschmelzung von Kapitalgesellschaften treten die übernehmenden Kapitalgesellschaften gem. § 15 Abs. 1 Satz 1 i.V.m. § 12 Abs. 3 Satz 2 UmwStG auch bei der Spaltung bzgl. des daraufhin verbleibenden Verlustvortrags in die steuerliche Rechtsstellung der übertragenden Kapitalgesellschaft ein. Allerdings ist der verbleibende Verlustvortrag der übertragenden Kapitalgesellschaft in Spaltungsfällen zwischen den überneh-

[435] Vgl. Tz. 15.47 UmwStE.

menden Kapitalgesellschaften (Aufspaltungen) bzw. zwischen der übertragenden und den übernehmenden Kapitalgesellschaften (Abspaltungen) aufzuteilen.

Die **Aufteilung des verbleibenden Verlustvortrags** ist in § 15 Abs. 4 UmwStG geregelt. § 15 Abs. 4 Satz 1 UmwStG ordnet für die Aufteilung **grundsätzlich** folgendes Verhältnis an:

> **§ 15 Abs. 4 Satz 1 UmwStG:** „Ein verbleibender Verlustvortrag [..] ist [...] im Verhältnis der übergehenden Vermögensteile zu dem bei der übertragenden Körperschaft vor der Spaltung bestehenden Vermögen aufzuteilen, wie es in der Regel in den Angaben zum Umtauschverhältnis der Anteile im Spaltungs- und Übernahmevertrag oder im Spaltungsplan (§ 126 Abs. 1 Nr. 3, § 136 des Umwandlungsgesetzes) zum Ausdruck kommt."

Die Formulierung **„Angaben zum Umtauschverhältnis"** bezieht sich nicht auf das Umtauschverhältnis an sich, sondern auf die Vermögenswerte, die der Ermittlung desselben zugrunde liegen.[436] Diese Vermögenswerte dienen gem. § 15 Abs. 4 Satz 1 UmwStG der Ermittlung des Verhältnisses zur Aufteilung des Verlustvortrags.

Bei **nicht verhältniswahrenden Spaltungen** wird das Aufteilungsverhältnis regelmäßig nach § 15 Abs. 4 Satz 1 UmwStG ermittelt. Um Ungleichbehandlungen bei der Aufteilung der Anteile am übernehmenden Rechtsträger (§ 126 Abs. 1 Nr. 10 UmwG) zu vermeiden, sind sämtliche Bewertungsangaben im Spaltungsvertrag bzw. -plan enthalten.

Bei **verhältniswahrenden Spaltungen**, insbesondere denen zur Neugründung, sind Ungleichbehandlungen der Gesellschafter eher ausgeschlossen. Auf Bewertungsangaben im Spaltungsvertrag bzw. -plan wird daher meist verzichtet.[437] Zudem werden bei verhältniswahrenden Abspaltungen neben dem Vermögen der übernehmenden Kapitalgesellschaft(en) nur die übergehenden, nicht aber die verbleibenden Vermögensteile der übertragenden Kapitalgesellschaft bewertet. Daneben ist in einigen Spaltungsfällen kein Umtauschverhältnis zu ermitteln, wodurch eine Ermittlung der Vermögenswerte nicht stattfindet. Dies ist bspw. der Fall, wenn Vermögensteile einer 100 %igen Tochtergesellschaft im Wege der Spaltung auf die Muttergesellschaft übertragen werden (§ 125 i.V.m. § 5 Abs. 2

---

[436] Vgl. Dehmer, H. (Hrsg.), Umwandlungssteuererlaß 1998, Erläuterungsbuch für die Praxis, München 1998, Erläuterung, Rz. 15.43.

[437] Vgl. Haritz, D., in: Haritz, D./ Benkert, M. (Hrsg.), Umwandlungssteuergesetz Kommentar, 2. Aufl., München 2000, § 15, Rz. 222.

UmwG).[438] Für derartige Fälle sieht § 15 Abs. 4 Satz 2 UmwStG eine **Ausnahme** von dem in § 15 Abs. 4 Satz 1 UmwStG enthaltenen Grundsatz vor:[439]

§ 15 Abs. 4 Satz 2 UmwStG: „Entspricht das Umtauschverhältnis der Anteile nicht dem Verhältnis der übergehenden Vermögensteile zu dem bei der übertragenden Körperschaft vor der Spaltung bestehenden Vermögen, ist das Verhältnis der gemeinen Werte der übergehenden Vermögensteile zu dem vor der Spaltung bestehenden Vermögen maßgebend."

Die Formulierung des § 15 Abs. 4 Satz 2 UmwStG ist folglich dahingehend auszulegen, dass der verbleibende Verlustvortrag für den Fall der fehlenden oder nicht ausreichenden Bewertungsangaben im Spaltungsvertrag bzw. -plan nach dem Verhältnis der gemeinen Werte aufzuteilen ist. Dabei ist gem. Tz. 15.42 UmwStE auf die gemeinen Werte der übergehenden Aktivposten abzüglich Verbindlichkeiten abzustellen. Die Ermittlung der gemeinen Werte richtet sich nach § 9 Abs. 2 BewG.[440]

Merke:

§ 15 Abs. 4 Satz 1 UmwStG:	**Grundsatz:** Verhältnis für die Aufteilung des Verlustvortrags ist aus Angaben zum Umtauschverhältnis ableitbar Anwendung bei ausreichenden Bewertungsangaben, d.h. bei nicht verhältniswahrenden Spaltungen
§ 15 Abs. 4 Satz 2 UmwStG:	**Ausnahme:** Aufteilung des Verlustvortrags nach dem Verhältnis der gemeinen Werte Anwendung bei fehlenden/mangelhaften Bewertungsangaben, d.h. bei verhältniswahrenden Spaltungen

[438] Vgl. Hörtnagl, R., in: Schmitt, J./ Hörtnagl, R./ Stratz, R.-C., Umwandlungsgesetz, Umwandlungssteuergesetz, 3. Aufl., München 2001, § 15 UmwStG, Rz. 277.

[439] Vgl. BT-Drucks. 12/6885 v. 24.02.1994, S. 24; ebenso Haritz, D., in: Haritz, D./ Benkert, M. (Hrsg.), Umwandlungssteuergesetz Kommentar, 2. Aufl., München 2000, § 15, Rz. 225; Hörtnagl, R., in: Schmitt, J./ Hörtnagl, R./ Stratz, R.-C., Umwandlungsgesetz, Umwandlungssteuergesetz, 3. Aufl., München 2001, § 15 UmwStG, Rz. 277.

[440] Vgl. Tz. 15.45 UmwStE.

Beispiel

Aufteilung des verbleibenden Verlustvortrags nach § 15 Abs. 4 UmwStG

Die Obelix-GmbH, bestehend aus zwei Teilbetrieben (Hinkelsteinproduktion und Wildschweinemasthaltung), soll rückwirkend zum 31.03.02 aufgespalten werden. Die Hinkelsteinproduktion soll laut Spaltungsplan auf die neu zu gründende Hinkelstein-AG und die Wildschweinemasthaltung auf die ebenfalls neu zu gründende Tier-AG übertragen werden. An der Obelix-GmbH sind Obelix und Idefix zu jeweils 50 % beteiligt. Gem. den Angaben im Spaltungsplan sollen die beiden Gesellschafter mit jeweils 50 % an den übernehmenden Kapitalgesellschaften beteiligt werden. Der Spaltungsplan enthält keine Bewertungsangaben. Die Obelix-GmbH verfügt über einen verbleibenden Verlustvortrag in Höhe von 1.500 T€.

Anhand der gemeinen Werte der einem Teilbetrieb zugehörigen Wirtschaftsgüter ermittelten Wirtschaftsprüfer folgende Werte für die Teilbetriebe:

Gemeiner Wert der Hinkelsteinproduktion	=	550 T€
Gemeiner Wert der Wildschweinemasthaltung	=	450 T€

Lösung

Nach § 15 Abs. 4 Satz 1 UmwStG ist der verbleibende Verlustvortrag der Obelix-GmbH grundsätzlich im Verhältnis der Vermögenswerte der übergehenden Teilbetriebe zu dem bei der Obelix-GmbH vor der Spaltung bestehenden Vermögen aufzuteilen, wie es i.d.R. in den Angaben zum Umtauschverhältnis im Spaltungsplan zum Ausdruck kommt. In diesem Fall besagt der Spaltungsplan allerdings, dass die abzufindenden Gesellschafter für ihre jeweils 50 %ige Beteiligung an der Obelix-GmbH wiederum mit jeweils 50 % an den übernehmenden Kapitalgesellschaften beteiligt werden (verhältniswahrende Spaltung). Aus diesen Angaben zum Umtauschverhältnis ist aufgrund der fehlenden Bewertungsangaben keine Aussage über das Verhältnis der Vermögenswerte der übergehenden Teilbetriebe zu dem vor der Spaltung bestehenden Vermögen ableitbar.

Daher hat die Aufteilung des verbleibenden Verlustvortrags im Verhältnis der gemeinen Werte der übergehenden Teilbetriebe zu dem bei der Obelix-GmbH vor der Spaltung bestehenden Vermögen zu erfolgen (§ 15 Abs. 4 Satz 2 UmwStG). Der Wert des vor der Spaltung bestehenden Vermögens ergibt sich aus der Summe der gemeinen Werte der beiden Teilbetriebe. Der Verlustvortrag teilt sich wie folgt auf die übernehmenden Kapitalgesellschaften auf:

$$\frac{\text{Gemeiner Wert des jeweils übergehenden Teilbetriebs}}{\text{Wert des Vermögens der Obelix-GmbH vor Aufspaltung}} * \begin{array}{c}\text{verbleibender}\\ \text{Verlustvortrag der}\\ \text{Obelix-GmbH}\end{array}$$

Hinkelstein-AG: $\frac{550\ T€}{550\ T€ + 450\ T€}$ * 1.500 T€ = 0,55 * 1.500 T€ = 825 T€

Tier-AG: $\frac{450\ T€}{550\ T€ + 450\ T€}$ * 1.500 T€ = 0,45 * 1.500 T€ = 675 T€

Demnach gehen auf die Hinkelstein-AG 825 T€ und auf die Tier-AG 675 T€ des Verlustvortrags der Obelix-GmbH über.

Die Übertragung und Nutzung der anteiligen Verlustvorträge setzt nach **§ 12 Abs. 3 Satz 2 UmwStG** allerdings voraus, dass der Betrieb oder Teilbetrieb, welcher den Verlust verursacht hat, über den Spaltungsstichtag hinaus in vergleichbarem Umfang in den folgenden fünf Jahren fortgeführt wird.

Wird der durch einen Teilbetrieb verursachte Verlust auf mehrere übernehmende Kapitalgesellschaften übertragen, so muss die Kapitalgesellschaft, welche den verlustverursachenden Teilbetrieb übernommen hat, die Voraussetzung des § 12 Abs. 3 Satz 2 UmwStG erfüllen. Führt diese Kapitalgesellschaft den verlustverursachenden Teilbetrieb nicht über fünf Jahre nach der Spaltung fort, wird damit die Verlustnutzung bei **allen** übernehmenden Kapitalgesellschaften unterbunden. Ein Ausweg aus dem Dilemma wäre eine Klausel im Spaltungsvertrag, welche die betreffende Kapitalgesellschaft zur Fortführung des verlustverursachenden Teilbetriebs verpflichtet.[441]

Im Fall einer **Abspaltung** ist der bei der übertragenden Kapitalgesellschaft verbleibende Verlustvortrag von der Restriktion des § 12 Abs. 3 Satz 2 UmwStG ausgenommen, da § 12 UmwStG grundsätzlich nur für die übernehmende Kapitalgesellschaft gilt.[442]

Der anteilige Verlustvortrag geht mit Ablauf des steuerlichen Übertragungsstichtags auf die übernehmende(n) Kapitalgesellschaft(en) über. Bei einer Spaltung zur Aufnahme mindert er bereits das zu versteuernde Einkommen des Jahres, in dem der steuerliche Übertragungsstichtag liegt. Der danach verbleibende Verlustvortrag ist mit Gewinnen nachfolgender Veranlagungszeiträume zu verrechnen.

Der Übergang der anteiligen Verlustvorträge nach § 12 Abs. 3 Satz 2 UmwStG setzt neben der Fortführung des verlustverursachenden Teilbetriebs voraus, dass die **Teilbetriebsvoraussetzung gem. § 15 Abs. 1 UmwStG** erfüllt ist. Ist dies nicht gegeben, kann zwar eine Aufteilung des Verlustvortrags nach § 15 Abs. 4 UmwStG vorgenommen werden, allerdings können die anteiligen Verlustvorträge mangels Anwendbarkeit des § 12 UmwStG nicht auf die übernehmenden Kapitalgesellschaften übergehen. Insofern kann festgehalten

---

441 Vgl. Sagasser, B./ Fahrenberg, J., in: Sagasser, B./ Bula, T./ Brünger, T., Umwandlungen, 3. Aufl., München 2002, S. 643 f., Rz. 53.

442 Vgl. Haritz, D., in: Haritz, D./ Benkert, M. (Hrsg.), Umwandlungssteuergesetz Kommentar, 2. Aufl., München 2000, § 15, Rz. 231.

werden, dass die Aufteilung nach § 15 Abs. 4 UmwStG die Erfüllung von § 15 Abs. 1 UmwStG voraussetzt.[443] Liegt dagegen einer der Missbrauchstatbestände des § 15 Abs. 3 UmwStG vor, hat dies gem. Tz. 15.49 UmwStE keine Auswirkungen auf die Aufteilung und Übertragung des Verlustvortrags.

Wie bei der Verschmelzung sind auch bei der Spaltung hinsichtlich der Verlustübertragung vorrangig vor § 12 Abs. 3 Satz 2 UmwStG die Vorschriften des **§ 8 Abs. 4 KStG** zu beachten. Der anteilige Verlustvortrag kann nur dann auf die übernehmenden Kapitalgesellschaften übergehen, wenn die übertragende Kapitalgesellschaft die Berechtigung zum Verlustabzug am steuerlichen Übertragungsstichtag noch inne hat. Aus diesem Grund ist § 8 Abs. 4 KStG ebenfalls zu prüfen. Die Einzelheiten sind den Ausführungen zur Verschmelzung in Kapitel III, Punkt 5.5.7.2 „Übergang eines verbleibenden Verlustvortrags" zu entnehmen.

Voraussetzung für die Aufteilung und den Übergang von verbleibenden Verlustvorträgen der übertragenden Kapitalgesellschaft:

- ✓ Vorliegen der Teilbetriebsvoraussetzung nach § 15 Abs. 1 UmwStG,
- ✓ Fortführung des verlustverursachenden Teilbetriebs gem. § 12 Abs. 3 Satz 2 UmwStG über den Spaltungsstichtag hinaus in vergleichbarem Umfang in den folgenden fünf Jahren,
- ✓ Vorliegen der Voraussetzungen für den Abzug der eigenen Verluste der übertragenden Kapitalgesellschaft nach § 8 Abs. 4 KStG.

Das Vorliegen von Missbrauchstatbeständen i.S.d. § 15 Abs. 3 UmwStG behindert NICHT die Anwendung des § 15 Abs. 4 UmwStG!

Letztendlich bleibt noch zu prüfen, ob durch die Spaltung die **Inanspruchnahme eines eigenen Verlustvortrags** der übernehmenden Kapitalgesellschaft gefährdet ist. Die übernehmende Kapitalgesellschaft kann ihren Verlustvortrag nur dann weiterhin steuerlich nutzen, wenn die Voraussetzungen des § 8 Abs. 4 KStG vorliegen. Aufgrund identischen Regelungen wird auf die Ausführungen zur Verschmelzung in Kapitel III, Punkt 5.5.7.1 „Fortführung eines eigenen Verlustvortrags" verwiesen.

Die vortragsfähigen Fehlbeträge der übertragenden Kapitalgesellschaft i.S.v. § 10a GewStG sind ebenfalls nach § 15 Abs. 4 UmwStG zwischen den übernehmenden Kapitalgesellschaften bzw. zwischen der übertragenden und der übernehmenden Kapitalgesellschaft aufzuteilen. Für die Übertragung der anteiligen gewerbesteuerlichen Fehlbeträge ist § 12 Abs. 3 Satz 2 UmwStG entscheidend.

---

[443] Vgl. Tz. 15.48 UmwStE.

5.7 Auswirkungen auf den steuerlichen Eigenkapitalausweis

Wie die Verschmelzung bleibt auch die Spaltung nicht ohne Konsequenzen für die jeweilige Eigenkapitalsphäre der beteiligten Kapitalgesellschaften. Da die Spaltung als Teilverschmelzung betrachtet werden kann, treten die gleichen Rechtsfolgen auf wie bei der Verschmelzung. Die Grundsätze zur Behandlung der einzelnen Bestandteile des steuerlichen Eigenkapitalausweises sowie des Körperschaftsteuerguthabens finden daher in Spaltungsfällen entsprechend Anwendung.[444] Allerdings trägt das KStG dem Umstand Rechnung, dass die Spaltung auch das Spiegelbild der Verschmelzung ist und ordnet die Aufteilung der übergehenden Bestandteile des steuerlichen Eigenkapitalausweises bzw. des KSt-Guthabens an:

- Die Vorschrift des **§ 29 KStG** regelt neben der Anpassung des steuerlichen Einlagekontos, eines evtl. Sonderausweises sowie der Nennkapitalien der an der Spaltung beteiligten Kapitalgesellschaften auch die **Aufteilung des steuerlichen Einlagekontos** der zu spaltenden Kapitalgesellschaft.
- **§ 40 Abs. 2 KStG** normiert den Maßstab zur **Aufteilung des KSt-Guthabens** gem. § 37 Abs. 1 KStG **und des unbelasteten Teilbetrags** gem. § 38 Abs. 1 Satz 1 KStG der zu spaltenden Kapitalgesellschaft.

Die **Anwendungsbereiche der §§ 29, 40 KStG** erfassen nach sachgerechter Ansicht der Finanzverwaltung lediglich Fälle der Auf- bzw. Abspaltung i.S.d. § 123 Abs. 1 und 2 UmwG. Ausgliederungsvorgänge i.S.d. § 123 Abs. 3 UmwG fallen nicht unter die §§ 29, 40 KStG, da es in der Steuerbilanz zu einem Aktivtausch – übergehende Vermögensteile gegen Beteiligung am übernehmenden Rechtsträger – kommt und die Eigenkapitalsphäre bzw. das KSt-Guthaben von diesem Vorgang unberührt bleibt.[445]

Merke: Die Anwendungsbereiche der §§ 29, 40 KStG sind auf Umwandlungen beschränkt, die Auswirkungen auf den steuerlichen Eigenkapitalausweis bzw. das KSt-Guthaben haben. Daher erfassen die §§ 29, 40 KStG Auf- und Abspaltungen, nicht aber Ausgliederungen.

Bei der Aufteilung der einzelnen Bestandteile des steuerlichen Eigenkapitalausweises sowie des KSt-Guthabens ist zwischen Aufspaltung und Abspaltung zu differenzieren:

---

444 Vgl. Kapitel III, Punkt 5.6 „Auswirkungen auf den steuerlichen Eigenkapitalausweis".

445 Vgl. bzgl. § 29 KStG: Förster, G./ van Lishaut, I., Das körperschaftsteuerliche Eigenkapital i.S.d. §§ 27-29 KStG 2001 (Teil 2), FR 2002, S. 1258; Voß, K., Aktuelle Probleme des neuen Eigenkapitalausweises nach den §§ 27-29 KStG, BB 2003, S. 884; vgl. bzgl. § 40 KStG: Antweiler, P., Ernst&Young (Hrsg.), KStG-Komentar, Band 2: §§ 14-40 KStG/ EStG/ SolzG, 36. Erg.-Lief., Berlin 2003, § 40 KStG, Rz. 51; BMF v. 16.12.2003, IV A 2 - S 1978 - 16/03, BStBl. I 2003, S. 786, Tz. 29.

	Aufspaltung	Abspaltung
Behandlung des KSt-Guthabens und der Bestandteile des steuerlichen Eigenkapitalausweises bei der übertragenden KapGes	Aufteilung sämtlicher Bestände auf die übernehmenden KapGes, da die zu spaltende KapGes erlischt	Reduzierung sämtlicher Bestände um den nach Aufteilungsrechnung auf die übernehmenden KapGesen übergehenden Teil
Proberechnung	$\sum$ der auf die übernehmenden KapGes übergehenden Teilbestände = jeweiliger Betrag der Bestände der zu spaltenden KapGes vor Aufspaltung	Verminderte Bestände der zu spaltenden KapGes + $\sum$ der auf die übernehmenden KapGes übergehenden Teilbestände = jeweiliger Betrag der Bestände der zu spaltenden KapGes vor Abspaltung

Abbildung 98: Unterschiede zwischen Aufspaltung und Abspaltung bei der Aufteilung der Eigenkapitalausweisbestände und des KSt-Guthabens

Die **Aufteilung des neutralen Vermögens** der zu spaltenden Kapitalgesellschaft (Bestände des ehemaligen EK 40, EK 30 und EK 01/03 und ab 2001 gebildete Rücklagen) ist mangels gesetzlicher Regelung frei gestaltbar. In den nachfolgenden Beispielen wird das neutrale Vermögen aus Vereinfachungsgründen jeweils entsprechend dem Maßstab zur Aufteilung des verbleibenden Verlustvortrags, des steuerlichen Einlagekontos und des KSt-Guthabens aufgeteilt.

5.7.1 Kapitalveränderungen bei Spaltungen gem. § 29 KStG

Da Auf- bzw. Abspaltungen unter den Anwendungsbereich des § 29 KStG fallen, vollzieht sich die Anpassung des steuerlichen Einlagekontos sowie eines evtl. vorhandenen Sonderausweises wie bei der Verschmelzung von Kapitalgesellschaften in drei Schritten:

1. Schritt: Das Nennkapital der zu spaltenden Kapitalgesellschaft gilt als in vollem Umfang nach § 28 Abs. 2 Satz 1 KStG herabgesetzt (§ 29 Abs. 1 KStG).

2. Schritt: Der gem. § 29 Abs. 1 KStG ermittelte Bestand des steuerlichen Einlagekontos geht entsprechend der Aufteilungsrechnung auf die übernehmende(n) Kapitalgesellschaft(en) über (§ 29 Abs. 3 Satz 1 und 2 KStG).

3. Schritt: Gem. § 29 Abs. 4 KStG richtet sich die Anpassung des Nennkapitals der an der Spaltung beteiligten Kapitalgesellschaften nach den allgemeinen Regeln der Kapitalerhöhung i.S.v. § 28 Abs. 1 und 3 KStG.

Im Folgenden werden die einzelnen Schritte des § 29 KStG anhand von Beispielen kurz erläutert. Einzelheiten sind aufgrund der identischen Regelungen den Ausführungen zur

Verschmelzung in Kapitel III, Punkt 5.6 „Auswirkungen auf den steuerlichen Eigenkapitalausweis“ zu entnehmen.

5.7.1.1 Fiktion der Herabsetzung des Nennkapitals der zu spaltenden Kapitalgesellschaft gem. § 29 Abs. 1 KStG

1. Schritt: Das Nennkapital der zu spaltenden Kapitalgesellschaft gilt als in vollem Umfang nach § 28 Abs. 2 Satz 1 KStG herabgesetzt (§ 29 Abs. 1 KStG).

Das herabgesetzte Nennkapital mindert zunächst einen evtl. bestehenden Sonderausweis. Übersteigt der Betrag der Kapitalherabsetzung den Sonderausweis, ist der Unterschiedsbetrag dem steuerlichen Einlagekonto der zu spaltenden Kapitalgesellschaft gutzuschreiben (§ 28 Abs. 2 Satz 1 KStG).

Der **Zweck der Vorschrift** ist verständlich, wenn die zu spaltende Kapitalgesellschaft nach Vollzug der Spaltung ohne Abwicklung untergeht und somit nicht mehr über Nennkapital verfügen kann. Dies trifft zwar auf die Aufspaltung, nicht aber auf die Abspaltung zu. Der Grund für die vollumfängliche und nicht teilweise Herabsetzung des Nennkapitals auch in Abspaltungsfällen liegt primär in der Vereinfachung der Regelung des § 29 Abs. 1 KStG. Zudem wird durch Anwendung der drei Schritte des § 29 KStG das gleiche Ergebnis erzielt, wie wenn § 29 Abs. 1 KStG die teilweise Herabsetzung des Nennkapitals vorschreiben würde.[446]

Beispiel

Fiktion der Herabsetzung des Nennkapitals nach § 29 Abs. 1 KStG
Das Beispiel ist Ausgangslage für die nachfolgenden Beispiele im Rahmen von § 29 KStG.

Die Tom&Jerry-AG, an der Tom zu 75 % und Jerry zu 25 % beteiligt sind, soll rückwirkend zum 31.03.03 aufgespalten werden. Die Tom&Jerry-AG besteht aus zwei Teilbetrieben, einer Katzenfutter- und einer Hundefutterproduktion. Die Katzenfutterproduktion (KFP) soll laut Spaltungsplan auf die neu zu gründende Cats-AG und die Hundefutterproduktion (HFP) auf die ebenfalls neu zu gründende Spike-AG übertragen werden. Gesellschafter Tom soll sämtliche Anteile an der Cats-AG und Gesellschafter Jerry sämtliche Anteile an der Spike-AG erhalten. Es handelt sich um eine Aufspaltung i.S.d. § 123 Abs. 1 UmwG.

[446] Vgl. Antweiler, P., in: Ernst&Young (Hrsg.), KStG-Komentar, Band 2: §§ 14-40 KStG/ EStG/ SolzG, 36. Erg.-Lief., Berlin 2003, § 29 KStG, Rz. 30.

Die Tom&Jerry-AG verfügt über folgende Bestände steuerlichen Eigenkapitals:

	Nennkapital	Steuerl. Einlagekonto
Bestände 31.12.02	100 T€	60 T€

Lösung

Tom&Jerry-AG	Nennkapital	Steuerliches Einlagekonto
Bestände 31.12.02	100 T€	60 T€
Herabsetzung des Nennkapitals nach § 29 I KStG i.V.m. § 28 II S. 1 KStG:	./. 100 T€	
Gutschrift auf steuerl. Einlagekonto		+ 100 T€
Bestände 31.03.03	0 T€	160 T€

Die vorrangige Minderung des Sonderausweises im Wege der Kapitalherabsetzung entfällt, da bei der Tom&Jerry-AG kein Sonderausweis festzustellen ist. Das gesamte Nennkapital besteht aus von den Gesellschaftern geleisteten Einlagen und ist daher dem steuerlichen Einlagekonto gutzuschreiben. Zum 31.03.03, dem steuerlichen Übertragungsstichtag, verfügt die Tom&Jerry-AG damit über ein steuerliches Einlagekonto in Höhe von 160 T€.

5.7.1.2 Aufteilung und Übergang des Bestands des steuerlichen Einlagekontos

2. Schritt: Der gem. § 29 Abs. 1 KStG ermittelte Bestand des steuerlichen Einlagekontos geht entsprechend der Aufteilungsrechnung auf die übernehmende(n) Kapitalgesellschaft(en) über (§ 29 Abs. 3 Satz 1 und 2 KStG).

§ 29 Abs. 3 KStG regelt für die Fälle der Aufspaltung bzw. Abspaltung die Aufteilung und Übertragung des steuerlichen Einlagekontos der zu spaltenden Kapitalgesellschaft. Nach **§ 29 Abs. 3 Satz 1 KStG** ist der nach § 29 Abs. 1 KStG ermittelten Bestand des steuerlichen Einlagekontos grundsätzlich im Verhältnis der übergehenden Vermögensteile zu dem bei der übertragenden Kapitalgesellschaft vor der Spaltung bestehenden Vermögen aufzuteilen und zuzuordnen. Dieses **Aufteilungsverhältnis** kommt in der Regel in den Angaben zum Umtauschverhältnis der Anteile im Spaltungsvertrag bzw. -plan (§ 126 Abs. 1 Nr. 3, § 136 UmwG) zum Ausdruck.

Entspricht das Umtauschverhältnis allerdings nicht dem Verhältnis der übergehenden Vermögensteile zu dem vor der Spaltung bestehenden Vermögen, ist nach **§ 29 Abs. 3 Satz 2 KStG** das Verhältnis der gemeinen Werte der übergehenden Vermögensteile zu dem bei der übertragenden Kapitalgesellschaft vor der Spaltung bestehenden Vermögen für die Aufteilung zu ermitteln.

Die Aufteilung des steuerlichen Einlagekontos erfolgt damit nach den gleichen Verhältnissen, nach denen der verbleibende Verlustvortrag der übertragenden Kapitalgesellschaft aufgeteilt wird. Die Regelungsinhalte des § 15 Abs. 4 Satz 1 und 2 UmwStG und des § 29 Abs. 3 Satz 1 und 2 KStG entsprechen sich folglich. Insofern kann auf die Ausführungen zur Aufteilung und Übertragung des verbleibenden Verlustvortrags der übertragenden Kapitalgesellschaft unter Punkt 5.6 „Behandlung von Verlustvorträgen" verwiesen werden.

Merke:

§ 29 Abs. 3 Satz 1 KStG:	**Grundsatz:** Verhältnis für die Aufteilung des steuerlichen Einlagekontos ist aus Angaben zum Umtauschverhältnis ableitbar Anwendung bei ausreichenden Bewertungsangaben, d.h bei nicht verhältniswahrenden Spaltungen
§ 29 Abs. 3 Satz 2 KStG:	**Ausnahme:** Aufteilung des steuerlichen Einlagekontos nach dem Verhältnis der gemeinen Werte Anwendung bei fehlenden/mangelhaften Bewertungsangaben, d.h bei verhältniswahrenden Spaltungen

Die für die Aufteilung und Hinzurechnung maßgebende Bestände sowie die zeitliche Erfassung der jeweiligen Änderungen der steuerlichen Einlagekonten sind in nachstehender Abbildung dargestellt:

	Zu spaltende KapGes	Übernehmende KapGes
Maßgebender Bestand...	...für die Aufteilung: Bestand des steuerl. Einlagekontos zum steuerl. Übertragungsstichtag nach Anwendung von § 29 Abs. 1 KStG	...für die Hinzurechnung: Bestand des steuerl. Einlagekontos zum Schluss des vorangegangenen Wirtschaftsjahres (= WJ)
Zeitpunkt der Erfassung in der gesonderten Feststellung nach § 27 Abs. 2 KStG	Nur bei der Abspaltung: Abgang der übergehenden Teilbestände auf den Schluss des WJ, in dem steuerl. Übertragungsstichtag liegt	Zugang zum Schluss des ersten nach der Spaltung endenden WJ (= Ende des WJ, in dem steuerlicher Übertragungsstichtag liegt)

Abbildung 99: Maßgebende Bestände und zeitliche Erfassung der jeweiligen Änderungen der steuerlichen Einlagekonten

Fällt der steuerliche Übertragungsstichtag auf das Ende des Wirtschaftsjahres, erfolgt die Zurechnung des Teilbestandes bei der übernehmenden Kapitalgesellschaft an eben diesem

Stichtag. Dies ist allerdings nicht möglich, wenn die übernehmende Kapitalgesellschaft durch die Spaltung erst neu gegründet wird, da die erste gesonderte Feststellung nach § 27 Abs. 2 KStG erst auf den Schluss des ersten Wirtschaftsjahres erfolgen kann.[447]

Beispiel

Aufteilung und Übergang des steuerlichen Einlagekontos nach § 29 Abs. 3 KStG
Fortführung des Beispiels zur Fiktion der Herabsetzung des Nennkapitals nach § 29 Abs. 1 KStG.

Nach der Anwendung von § 29 Abs. 1 KStG weist die Tom&Jerry-AG zum 31.03.03 ein steuerliches Einlagekonto von 160 T€ aus. Die durch die Aufspaltung neu gegründeten, übernehmenden Kapitalgesellschaften Cats-AG bzw. Spike-AG verfügen bis dahin über einen Bestand des steuerlichen Einlagekontos in Höhe von „0“.

Der Spaltungsplan enthält folgende Bewertungsangaben:

Unternehmenswert der Tom&Jerry-AG	=	1.000 T€
Wert des Teilbetriebs KFP	=	750 T€
Wert des Teilbetriebs HFP	=	250 T€

Lösung

1. Aufteilung des steuerlichen Einlagekontos der Tom&Jerry-AG
Der Bestand des steuerlichen Einlagekontos der Tom&Jerry-AG zum 31.03.03 ist auf die Cats-AG und die Spike-AG aufzuteilen. Für die Aufteilung ist gem. § 29 Abs. 3 Satz 1 KStG grundsätzlich das Verhältnis des jeweils übergehenden Vermögensteils zu dem vor der Spaltung bei der Tom&Jerry-AG bestehenden Vermögen maßgebend. Dieses Verhältnis kommt i.d.R. in den Angaben zum Umtauschverhältnis der Anteile im Spaltungsplan zum Ausdruck. Da der Spaltungsplan die notwendigen Bewertungsangaben für die Ermittlung des Aufteilungsverhältnisses beinhaltet, ist § 29 Abs. 3 Satz 1 KStG anwendbar. Das steuerliche Einlagekonto der Tom&Jerry-AG teilt sich daher wie folgt auf die übernehmenden Kapitalgesellschaften auf:

$$\frac{\text{Wert des jeweils übergehenden Teilbetriebs}}{\text{Wert d. Vermögens d. Tom\&Jerry-AG v. Aufspaltung}} * \text{Stl. Einlagekonto der Tom\&Jerry-AG}$$

$$\text{Cats-AG: } \frac{750 \text{ T€}}{1.000 \text{ T€}} * 160 \text{ T€} = 0{,}75 * 160 \text{ T€} = 120 \text{ T€}$$

$$\text{Spike-AG: } \frac{250 \text{ T€}}{1.000 \text{ T€}} * 160 \text{ T€} = 0{,}25 * 160 \text{ T€} = 40 \text{ T€}$$

[447] Vgl. Antweiler, P., in: Ernst&Young (Hrsg.), KStG-Komentar, Band 2: §§ 14-40 KStG/ EStG/ SolzG, 36. Erg.-Lief., Berlin 2003, § 29 KStG, Rz. 95.

Demnach wird der Cats-AG ein Anteil am steuerlichen Einlagekonto der Tom&Jerry-AG von 120 T€ und der Spike-AG ein Anteil von 40 T€ zugeordnet. Der Bestand des steuerlichen Einlagekontos der Tom&Jerry-AG ist damit „0“. Dies ist sachgerecht, da die zu spaltende Kapitalgesellschaft nach der Aufspaltung erlischt.

2. Übergang der Anteile am steuerlichen Einlagekonto der Tom&Jerry-AG

Cats-AG	Nennkapital	Steuerliches Einlagekonto
Anfangsbestände	0 T€	0 T€
Hinzurechnung des Anteils nach § 29 III KStG: Anteil am steuerl. Einlagekonto Tom&Jerry-AG		+ 120 T€
Bestände 31.12.03	0 T€	120 T€

Spike-AG	Nennkapital	Steuerliches Einlagekonto
Anfangsbestände	0 T€	0 T€
Hinzurechnung des Anteils nach § 29 III KStG: Anteil am steuerl. Einlagekonto Tom&Jerry-AG		+ 40 T€
Bestände 31.12.03	0 T€	40 T€

Die jeweiligen Bestände des steuerlichen Einlagekontos der übernehmenden Kapitalgesellschaften stellen die Ausgangsbasis für die gem. § 27 Abs. 2 Satz 1 KStG erstmals auf den 31.12.03 vorzunehmende gesonderte Feststellung des Bestands des steuerlichen Einlagekontos dar.

Besteht zwischen der zu spaltenden Kapitalgesellschaft und der übernehmenden Kapitalgesellschaft ein Beteiligungsverhältnis, gelten die aus der Verschmelzung bereits bekannten Regelungen des § 29 Abs. 2 Satz 2 und 3 KStG entsprechend:

§ 29 Abs. 3 Satz 3 KStG: „Für die Entwicklung des steuerlichen Einlagekontos des Übernehmers gilt Abs. 2 Satz 2 und 3 entsprechend.“

Demnach unterbleibt im Fall eines **„partiellen up-stream merger“** die Hinzurechnung des Anteils am steuerlichen Einlagekonto der zu spaltenden Kapitalgesellschaft im Verhältnis der Beteiligung der übernehmenden an der zu spaltenden Kapitalgesellschaft (§ 29 Abs. 3 Satz 3 i.V.m. Abs. 2 Satz 2 KStG).

Dagegen ist bei einem **„partiellen down-stream merger“** der Bestand des steuerlichen Einlagekontos der übernehmenden Kapitalgesellschaft vor der Hinzurechnung nach § 29 Abs. 3 Satz 1 oder 2 KStG im Verhältnis der Beteiligung der zu spaltenden an der übernehmenden Kapitalgesellschaft zu kürzen (§ 29 Abs. 3 Satz 3 i.V.m. Abs. 2 Satz 3 KStG). Um Unterschiede in der Behandlung des steuerlichen Einlagekontos bei „up-stream mergern“ bzw. „down-stream mergern“ zu vermeiden, ist § 29 Abs. 1 KStG im Falle eines „down-stream merger“ auch auf das Nennkapital der übernehmenden Tochtergesellschaft anzuwenden.[448]

Merke:

	Bestand steuerl. Einlagekonto der Tochtergesellschaft *nach* Anwendung von § 29 Abs. 1 KStG auf Ebene der Tochtergesellschaft
„partieller up-stream merger“	**Kürzung im Verhältnis der Beteiligung**
„partieller down-stream merger“	**Kürzung im Verhältnis der Beteiligung**

Einzelheiten, Begründungen und Beispiele zur Kürzung im Verhältnis der Beteiligung finden sich aufgrund der identischen Regelungen in Kapitel III, Punkt 5.6.1.3 „Übergang des Bestands des steuerlichen Einlagekontos“.

5.7.1.3 Anpassung der Nennkapitalien der beteiligten Kapitalgesellschaften

3. Schritt: Gem. § 29 Abs. 4 KStG richtet sich die Anpassung des Nennkapitals der an der Spaltung beteiligten Kapitalgesellschaften nach den allgemeinen Regeln der Kapitalerhöhung i.S.v. § 28 Abs. 1 und 3 KStG.

Ist spaltungsbedingt bei der übernehmenden Kapitalgesellschaft eine Kapitalerhöhung vorzunehmen, wird die Anpassung des Nennkapitals wie die unter Kapitel III Punkt 5.6.1.4 bereits erläuterte Nennkapitalanpassung bei einer verschmelzungsbedingten Kapitalerhöhung behandelt. Der **erforderliche Anpassungsbetrag** ergibt sich aus der Differenz zwischen dem Nennkapital vor der Spaltung und dem Nennkapital nach der Spaltung. Wird die übernehmende Kapitalgesellschaft allerdings im Zuge der Spaltung neu gegründet und weist folglich noch kein Nennkapital aus, ist der Anpassungsbetrag gleich dem in der Satzung vorgesehenen Nennkapital.

Die erforderliche Nennkapitalanpassung wird durch Umwandlung von Rücklagen in Nennkapital gem. § 28 Abs. 1 KStG vollzogen. Dabei gilt zunächst der positive Bestand des steuerlichen Einlagekontos zum Schluss des Wirtschaftsjahres der Kapitalerhöhung als umgewandelt. Ist dieser aufgebraucht, ist der Restbetrag durch die sonstigen Rücklagen

[448] Vgl. BMF v. 16.12.2003, IV A 2 - S 1978 - 16/03, BStBl. I 2003, S. 786, Rz. 39.

aufzubringen und als Sonderausweis getrennt auszuweisen sowie gesondert festzustellen (§ 28 Abs. 1 Satz 1 bis 3 KStG).

Im Wege der Abspaltung kommt es allerdings auch zu einer **Anpassung des Nennkapitals der zu spaltenden Kapitalgesellschaft**, da das gesamte Nennkapital gem. § 29 Abs. 1 KStG herabgesetzt wurde. Für die Anpassung des Nennkapitals steht nun nicht mehr der gesamte, sondern der um die übertragenden Anteile reduzierte Bestand des steuerlichen Einlagekontos zur Verfügung. Insofern kann eine Umwandlung von sonstigen Rücklagen zur Finanzierung des ursprünglichen Nennkapitalbetrags notwendig sein. Handelsrechtlich erfolgt die Anpassung des Nennkapitals an die veränderten Bedingungen auf ähnliche Weise. Aufgelöste Gewinn- und Kapitalrücklagen dienen dem Ausgleich des Nettovermögensabflusses und verhindern damit zunächst eine Kapitalherabsetzung. Reichen die Kapital- und Gewinnrücklagen nicht aus, um den Nettovermögensabfluss auszugleichen, ist eine Kapitalherabsetzung vorzunehmen.[449] In diesem Fall verringert sich steuerrechtlich der Anpassungsbetrag um den herabgesetzten Betrag. Durch diesen Vorgang kann u.U. die Bildung eines Sonderausweises vermieden werden.

Beispiel

Anpassung des Nennkapitals nach § 29 Abs. 4 KStG
Fortführung des Beispiel zu Aufteilung und Übergang des steuerlichen Einlagekontos nach § 29 Abs. 3 KStG:
Die neu gegründete Cats-AG soll laut Satzung über ein Nennkapital von 75 T€ verfügen. Aus der Satzung der ebenfalls neu gegründeten Spike-AG geht ein Nennkapital von 50 T€ hervor.
Die Bestände der Cats-AG und der Spike-AG lauten wie folgt:

	Nennkapital	Steuerl. Einlagekonto
Bestände 31.12.03 Cats-AG	0 T€	120 T€
Bestände 31.12.03 Spike-AG	0 T€	40 T€

Lösung

Cats-AG	T€	Nenn-kapital	Steuerl. Einlagekonto
Bestände 31.12.03		0 T€	120 T€
Anpassung des Nennkapitals nach § 29 IV KStG:			
Anpassungsbetrag = NK lt. Satzung	75 T€		
Minderung steuerl. Einlagekonto	./. 75 T€	+ 75 T€	./. 75 T€
Restbetrag	0 T€		
Bestände 31.12.03 nach NK-Anpassung		75 T€	45 T€

[449] Vgl. Punkt 3.2.1.4 „Kapitalveränderungen".

Bei der Cats-AG reicht der Bestand des steuerlichen Einlagekontos zur Finanzierung des in der Satzung vorgesehenen Nennkapitals aus. Ein Sonderausweis ist aufgrund fehlender Umwandlung von sonstigen Rücklagen nicht zu bilden.

Spike-AG	T€	Nenn-kapital	Steuerl. Ein-lagekonto	Sonder-ausweis
Bestände 31.12.03		0 T€	40 T€	0 T€
Anpassung des Nennkapitals nach § 29 IV KStG:				
NK lt. Satzung	50 T€			
Minderung steuerl. Einlagekto.	./. 40 T€	+ 40 T€	./. 40 T€	
Restbetrag	10 T€			
Bildung Sonderausweis	./. 10 T€	+ 10 T€		+ 10 T€
Restbetrag	0 T€			
Bestände 31.12.03 nach NK-Anpassung		50 T€	0 T€	+ 10 T€

Bei der Spike-AG ist der Bestand des steuerlichen Einlagekontos geringer als das anzupassende Nennkapital. Zur Finanzierung des Nennkapitals sind folglich auch sonstige Rücklagen, sogar wenn diese nicht vorhanden sind, heranzuziehen. Ein Sonderausweis ist zu bilden. Erhöht sich zu einem späteren Zeitpunkt das steuerliche Einlagekonto, ist der Sonderausweis gem. § 28 Abs. 3 KStG entsprechend zu mindern. Das Nennkapital wird nachträglich mit den später erfolgten Einlagen finanziert.

Merke:

	Anpassung des Nennkapitals gem. § 29 Abs. 4 KStG
Aufspaltung	**NUR bei den übernehmenden KapGes**
Abspaltung	**bei der übertragenden UND der übernehmenden KapGes**

5.7.2 Aufteilung und Übergang von Körperschaftsteuerguthaben gem. § 37 KStG und unbelasteten Teilbeträgen gem. § 38 KStG

Wie bei der Verschmelzung ist auch im Fall der Auf- bzw. Abspaltung die Aufteilung und Zuordnung des KSt-Guthabens gem. § 37 KStG und des unbelasteten Teilbetrags gem. § 38 KStG der übertragenden Kapitalgesellschaft auf die übernehmende(n) Kapitalgesellschaft(en) in der gesonderten Vorschrift des § 40 KStG geregelt.

§ 40 Abs. 2 Satz 1 und 2 KStG ordnen für die Aufteilung und Zuordnung des KSt-Guthabens und des unbelasteten Teilbetrags der zu spaltenden Kapitalgesellschaft die gleichen Aufteilungsverhältnisse an, die bereits für die Aufteilung des Verlustvortrags und des steuerlichen Einlagekontos der zu spaltenden Kapitalgesellschaft maßgeblich waren. Die Ausführungen zur Aufteilung des verbleibenden Verlustvortrags sowie des steuerlichen Einlagekontos gelten insofern entsprechend.[450]

Merke:

§ 40 Abs. 2 Satz 1 KStG:	**Grundsatz:** Verhältnis für die Aufteilung des KSt-Guthabens und des unbelasteten Teilbetrags ist aus Angaben zum Umtauschverhältnis ableitbar Anwendung bei ausreichenden Bewertungsangaben, d.h. bei nicht verhältniswahrenden Spaltungen
§ 40 Abs. 2 Satz 2 KStG:	**Ausnahme:** Aufteilung des KSt-Guthabens und des unbelasteten Teilbetrags nach dem Verhältnis der gemeinen Werte Anwendung bei fehlenden/mangelhaften Bewertungsangaben, d.h. bei verhältniswahrenden Spaltungen

Für die Ermittlung des Aufteilungsverhältnisses nach § 40 Abs. 2 Satz 1 KStG sind die gemeinen Werte der übergehenden Aktivposten abzüglich Verbindlichkeiten maßgebend, welche nach § 9 Abs. 2 BewG zu ermitteln sind.[451]

Die Vorschrift des § 40 Abs. 2 KStG stellt sicher, dass das KSt-Guthaben und der unbelastete Teilbetrag der zu spaltenden Kapitalgesellschaft in Teilbeträgen durch die übernehmenden Kapitalgesellschaften fortgeführt wird. Die Realisierung des im KSt-Guthaben ruhenden Körperschaftsteuerminderungspotentials und die evtl. Nachversteuerung des unbelasteten Teilbetrags sind somit auch nach der Spaltung ungeschmälert möglich.

Maßgeblich für die Aufteilung der Bestände des KSt-Guthabens und des unbelasteten Teilbetrags der zu spaltenden Kapitalgesellschaft sind die Bestände am steuerlichen Übertragungsstichtag.[452] Die übergehenden Teilbestände sind den entsprechenden Beständen der jeweils übernehmenden Kapitalgesellschaft zum Schluss des vorangegangenen Wirtschafts-

[450] Vgl. Punkt 5.6 „Behandlung von Verlustvorträgen" und Punkt 5.7.1.2 „Aufteilung und Übergang des Bestands des steuerlichen Einlagekontos".

[451] Vgl. Antweiler, P., in: Ernst&Young (Hrsg.), KStG-Komentar, Band 2: §§ 14-40 KStG/ EStG/ SolzG, 36. Erg.-Lief., Berlin 2003, § 40 KStG, Rz. 57.

[452] Vgl. Antweiler, P., in: Ernst&Young (Hrsg.), KStG-Komentar, Band 2: §§ 14-40 KStG/ EStG/ SolzG, 36. Erg.-Lief., Berlin 2003, § 40 KStG, Rz. 54.

jahres – sofern die Kapitalgesellschaft schon bestanden hat – hinzuzurechnen. Hinsichtlich der zeitlichen Erfassung der Abgänge bei der übertragenden Kapitalgesellschaft und der Zugänge bei den übernehmenden Kapitalgesellschaften wird auf die Abbildung zu den maßgeblichen Beständen und zur zeitlichen Erfassung der jeweiligen Änderungen der steuerlichen Einlagekonten unter Punkt 5.7.1.2 verwiesen.

Weitere Einzelheiten zur Übertragung des KSt-Guthabens und des unbelasteten Teilbetrags sind den Erläuterungen zur Verschmelzung in Kapitel III, Punkt 5.6.2 „Zuordnung von KSt-Guthabens gem. § 37 KStG und unbelastetem Teilbetrag gem. § 38 KStG" zu entnehmen.

5.7.3 Zusammenfassendes Beispiel

Auswirkungen auf den steuerlichen Eigenkapitalausweis bei der Abspaltung eines Teilbetriebs einer Kapitalgesellschaft auf eine andere Kapitalgesellschaft

Die Düsentrieb-AG (D-AG) unterhält die Teilbetriebe Flugzeugbau (TB 1) und Alarmanlagenbau (TB 2). Der Teilbetrieb Flugzeugbau soll rückwirkend zum 31.12.03 auf die neu zu gründende Balu-AG abgespalten werden. An der Düsentrieb-AG sind Daniel Düsentrieb und Dagobert Duck zu jeweils 50 % beteiligt. Durch den Abgang des Teilbetriebs Flugzeugbau werden die Anteile der Gesellschafter an der Düsentrieb-AG in ihrem Wert gemindert. Gem. den Angaben im Spaltungsplan erhalten Daniel Düsentrieb und Dagobert Duck zum Ausgleich jeweils 50 % der Anteile an der übernehmenden Balu-AG.

Die Bilanz der Düsentrieb-AG hat folgendes Aussehen:

Aktiva	Düsentrieb-AG		Passiva
TB 1	360 T€	Nennkapital	100 T€
TB 2	240 T€	Kapitalrücklage	80 T€
		Gewinnrücklage	420 T€
	600 T€		600 T€

Die Eigenkapitalbestände der Düsentrieb-AG sind:

	Ausweis in StB		Gesonderte Feststellungen	
	Nenn-kapital	RL lt. StB*)	Stl. Einla-gekonto	KSt-Guthaben
Bestände D-AG 31.12.03	100 T€	500 T€	80 T€	70 T€

*) RL lt. StB = Kapitalrücklage + Gewinnrücklagen

Die Aufteilung des (als Gewinnrücklagen in der Steuerbilanz ausgewiesenen) neutralen Vermögens der Düsentrieb-GmbH richtet sich nach der Aufteilung des steuerlichen Einlagekontos bzw. des KSt-Guthabens.

Die neu zu gründende Balu-AG soll laut Satzung mit einem Nennkapital von 100 T€ ausgestattet werden. Die Düsentrieb-AG soll auch nach der Abspaltung ein Nennkapital von 100 T€ ausweisen.

Im Rahmen der Abspaltung wurde eine Wirtschaftprüfer beauftragt, folgende Werte zu ermitteln:

Gemeiner Wert des TB 1 Flugzeugbau	=	600 T€
Gemeiner Wert des TB 2 Alarmanlagenbau	=	400 T€

Lösung:

1. Aufteilungsmaßstab

Bei der vorliegenden Abspaltung sind das steuerliche Einlagekonto, das KSt-Guthaben und laut Angabe das neutrale Vermögen zwischen der übertragenden Düsentrieb-AG und der übernehmenden Balu-AG aufzuteilen. Mit anderen Worten, der jeweilige Bestand dieser Posten der Düsentrieb-AG zum 31.12.03 ist um den auf die Balu-AG übergehenden Teil zu reduzieren.

Die Aufteilung erfolgt grundsätzlich im Verhältnis der übergehenden Vermögensteile zu dem vor der Spaltung bei der Düsentrieb-AG bestehenden Vermögen (§§ 29 Abs. 3 Satz 1, 40 Abs. 2 Satz 1 KStG). Dieses Verhältnis kommt i.d.R. in den Angaben zum Umtauschverhältnis der Anteile im Spaltungsplan zum Ausdruck. Dies ist im vorliegenden Fall der verhältniswahrenden Abspaltung zur Neugründung nicht gegeben. Die Angaben zum Umtauschverhältnis im Spaltungsplan beschränken sich lediglich darauf, dass die abzufindenden Gesellschafter für ihre jeweils 50 %ige Beteiligung an der Düsentrieb-AG wiederum mit jeweils 50 % an der Balu-AG beteiligt werden. Bewertungsangaben werden keine gemacht.

Nach den §§ 29 Abs. 3 Satz 2, 40 Abs. 2 Satz 2 KStG hat die Aufteilung im Verhältnis der gemeinen Werte der übergehenden Vermögensteile zu dem bei der Düsentrieb-AG vor der Spaltung bestehenden Vermögen zu erfolgen. Der Wert des vor der Spaltung bestehenden Vermögens ergibt sich aus der Summe der gemeinen Werte der beiden Teilbetriebe. Das für die Aufteilung maßgebliche Wertverhältnis ermittelt sich daher wie folgt:

$$\frac{\text{Gemeiner Wert des übergehenden TB 1 Flugzeugbau}}{\text{Wert des Vermögens der Düsentrieb-AG vor Abspaltung}} = \frac{600\text{ T€}}{1.000\text{ T€}} = \mathbf{0{,}6}$$

Demnach gehen 60 % der Bestände des steuerlichen Einlagekontos, des KSt-Guthabens und des neutralen Vermögens auf die Balu-AG über und 40 % verbleiben bei der Düsentrieb-AG (D-AG).

2. Kapitalveränderungen nach § 29 KStG

1. Schritt: *Herabsetzung des Nennkapitals der übertragenden Düsentrieb-AG nach § 29 Abs. 1 KStG:*

Düsentrieb-AG	**Ausweis in StB**		**Gesonderte Feststellungen**	
	Nenn-kapital	RL lt. StB	Stl. Einlagekonto	KSt-Guthaben
Bestände 31.12.03	100 T€	500 T€	80 T€	70 T€
Herabsetzung des Nennkapitals nach § 29 I KStG:	./. 100 T€			
Gutschrift auf stl. Einlagekonto		+ 100 T€	+ 100 T€	
Bestände 31.12.03	0 T€	600 T€	180 T€	70 T€

Zum steuerlichen Übertragungsstichtag weist die Düsentrieb-GmbH ein steuerliches Einlagekonto in Höhe von 180 T€ aus.

2. Schritt: *Aufteilung und Übergang des steuerlichen Einlagekontos der übertragenden Düsentrieb-AG nach § 29 Abs. 3 KStG:*

Aus der Ermittlung des Aufteilungsmaßstabs geht hervor, dass 60 % des steuerlichen Einlagekontos auf die Balu-AG übergehen und 40 % bei der Düsentrieb-AG verbleiben:

Balu-AG: 180 T€ * 0,6 = **108 T€**

Düsentrieb-AG: 180 T€ * 0,4 = **72 T€**

Zwischenschritt: *Aufteilung und Übergang des KSt-Guthabens der übertragendenDüsentrieb-AG nach § 40 Abs. 2 Satz 2 KStG sowie Aufteilung und Übergang des neutralen Vermögens*

Wie bei der Aufteilung des steuerlichen Einlagekontos werden jeweils 60 % der Bestände auf die Balu-AG übertragen. Die Düsentrieb-AG verfügt danach lediglich über 40 % ihrer ursprünglichen Bestände:

	KSt-Guthaben (§ 40 Abs. 2 S. 2 KStG)	Neutrales Vermögen
Balu-AG	70 T€ * 0,6 = **42 T€**	420 T€ * 0,6 = **252 T€**
D-AG	70 T€ * 0,4 = **28 T€**	420 T€ * 0,4 = **168 T€**
Σ	70 T€	420 T€

Die Aufteilung des steuerlichen Einlagekontos, des KSt-Guthabens und des neutralen Vermögens der Düsentrieb-AG zwischen der übernehmenden Balu-AG und der Düsentrieb-AG selbst hat auf die Eigenkapital-Bestände der beiden Gesellschaften folgende Auswirkungen:

Düsentrieb-AG	**Ausweis in StB**		**Gesonderte Feststellungen**	
	Nenn-kapital	RL lt. StB	Stl. Einla-gekonto	KSt-Guthaben
Bestände 31.12.03	0 T€	600 T€	180 T€	70 T€
Aufteilung des stl. Einlagekontos nach § 29 Abs. 3 S. 2 KStG: Minderung stl. Einlagekonto		./. 108 T€	./. 108 T€	
Aufteilung des KSt-Guthabens nach § 40 Abs. 2 S. 2 KStG: Minderung KSt-Guthaben				./. 42 T€
Aufteilung des neutralen Vermögens: Minderung neutrales Vermögen		./. 252 T€		
Bestände 31.12.03	0 T€	240 T€	72 T€	28 T€

Balu-AG	**Ausweis in StB**		**Gesonderte Feststellungen**	
	Nenn-kapital	RL lt. StB	Stl. Einla-gekonto	KSt-Guthaben
Anfangsbestände	0 T€	0 T€	0 T€	0 T€
Hinzurechnung nach § 29 Abs. 3 KStG: Anteil stl. Einlagekonto		+ 108 T€	+ 108 T€	
Hinzurechnung nach § 40 Abs. 2 KStG: Anteil KSt-Guthaben				+ 42 T€
Anteiliger Übergang des neutralen Vermögens: Anteil neutrales Vermögen		+ 252 T€		
Bestände 31.12.03	0 T€	360 T€	108 T€	42 T€

3. Schritt: *Anpassung des Nennkapitals der Düsentrieb-AG und der Balu-AG nach § 29 Abs. 4 KStG*

Düsentrieb-AG		**Ausweis in StB**		**Gesondert festgestelltes EK**		
	T€	Nenn-kapital	RL lt. StB	Steuerl. Einlage-konto	KSt-Guthaben	Sonderausweis § 28 I S. 3 KStG
Bestände 31.12.03		0 T€	240 T€	72 T€	28 T€	0 T€
Anpassung des Nennkapitals nach § 29 IV KStG:						
Gem. § 29 IV KStG anzupassender Teil des Nennkapitals	100 T€					
Minderung steuerl. Einlagekonto	./. 72 T€	+ 72 T€	./. 72 T€	./. 72 T€		
Restbetrag	28 T€					
Bildung Sonder-ausweis	./. 28 T€	+ 28 T€	./. 28 T€			+ 28 T€
	0 T€					
Bestände 31.12.03		100 T€	140 T€	0 T€	28 T€	28 T€

Da der reduzierte Bestand des steuerlichen Einlagekontos der Düsentrieb-AG für die Finanzierung des ursprünglichen Nennkapitals nicht ausreicht, ist der Restbetrag über die Umwandlung von sonstigen Rücklagen in Nennkapital zu finanzieren. In Höhe der umgewandelten sonstigen Rücklagen, hier in Höhe von 28 T€, ist ein Sonderausweis gesondert festzustellen.

Balu-AG	T€	**Ausweis in StB**		**Gesondert festgestelltes EK**		
		Nenn-kapital	RL lt. StB	Steuerl. Einlage-konto	KSt-Guthaben	Sonderausweis § 28 I S. 3 KStG
Bestände 31.12.03		0 T€	360 T€	108 T€	42 T€	0 T€
Anpassung des Nennkapitals nach § 29 IV KStG:						
NK lt. Satzung	100 T€					
= Gem. § 29 IV KStG anzupassender Teil des NK	100 T€					
Minderung steuerl. Einlagekonto	./. 100 T€	+ 100 T€	./. 100 T€	./. 100 T€		
	0 T€					
Bestände 31.12.03		100 T€	260 T€	8 T€	42 T€	0 T€

3. Bilanz der Düsentrieb-AG nach der Abspaltung:

Aktiva		Düsentrieb-AG			Passiva
TB 1	360 T€		Nennkapital	0 T€	
./. TB 1	./. **360 T€**	0 T€	+ Kapitalerhöhung	+ **100 T€**	100 T€
TB 2		240 T€	KapitalRL	180 T€	
			./. KapitalRL B-AG	./. **108 T€**	
			./. Kapitalerhöhung	./. **72 T€**	0 T€
			GewinnRL	420 T€	
			./. GewinnRL B-AG	./. **252 T€**	
			./. Kapitalerhöhung	./. **28 T€**	140 T€
		240 T€			240 T€

B-AG = Balu-AG

4. Bilanz der Balu-AG nach der Abspaltung:

Aktiva		Balu-AG		Passiva
+ TB 1	+ **360 T€**	Nennkapital	0 T€	
		+ Kapitalerhöhung	+ **100 T€**	100 T€
		+ KapitalRL D-AG	+ 108 T€	
		./. Kapitalerhöhung	./. **100 T€**	8 T€
		+ GewinnRL D-AG		**+ 252 T€**
	360 T€			360 T€

D-AG =Düsentrieb-AG

5. Übernahmegewinn der Balu-AG:

	Wert des übergehenden Vermögens	360 T€
./.	Buchwert der untergehenden Beteiligung	0 T€
=	Übernahmegewinn	360 T€
./.	Nennwert der mittels Kapitalerhöhung geschaffenen Anteile	100 T€
=	Übernahmegewinn nach Kapitalerhöhung	260 T€

Vor der Kapitalerhöhung umfasst der Übernahmegewinn die übergehenden Kapital- und Gewinnrücklagenanteile der Düsentrieb-AG. Die im Übernahmegewinn enthaltene Kapitalrücklage wird in Höhe von 100 T€ zur Finanzierung der Kapitalerhöhung verwendet. Nach der Kapitalerhöhung umfasst der Übernahmegewinn somit lediglich die verbleibende Kapitalrücklage in Höhe von 8 T€ und die Gewinnrücklage in Höhe von 252 T€. Der Übernahmegewinn bleibt gem. § 12 Abs. 2 Satz 1 UmwStG bei der Ermittlung des steuerlichen Einkommens **außer Ansatz**.

5.8 Steuerliche Folgen für die Gesellschafter der übertragenden Kapitalgesellschaft

Die steuerlichen Folgen einer Auf- bzw. Abspaltung ergeben sich durch den Verweis des § 15 Abs. 1 Satz 1 UmwStG auf § 13 UmwStG. Die Anwendung des § 13 UmwStG setzt allerdings voraus, dass die Teilbetriebsvoraussetzung i.S.d. § 15 Abs. 1 UmwStG erfüllt ist. Dagegen hemmen vorliegende Missbrauchstatbestände i.S.d. § 15 Abs. 3 UmwStG die Anwendung nicht.

Aufgrund des Verweises des § 15 Abs. 1 Satz 1 auf § 13 UmwStG gelten die Ausführungen zur Verschmelzung in Kapitel III, Punkt 5.7 „Steuerliche Folgen für die Gesellschafter der übertragenden Kapitalgesellschaft", entsprechend. Nach dem **Grundprinzip des § 13 UmwStG** erfolgt der Anteilstausch auch im Fall der Spaltung für die abzufindenden Gesellschafter der übertragenden Kapitalgesellschaft steuerneutral:

Grundprinzip des § 13 UmwStG:
Die Steuerverhaftung der in den untergehenden Anteilen enthaltenen stillen Reserven wird dadurch sichergestellt, dass diese stillen Reserven auf die neuen Anteile an der übernehmenden Kapitalgesellschaft übertragen werden und die Qualifikation der Anteile i.d.R. beibehalten wird.

Nach § 15 Abs. 1 Satz 1 i.V.m. § 13 UmwStG gelten auch hier die untergehenden Anteile als zum Buchwert bzw. zu Anschaffungskosten veräußert und die an ihre Stelle tretenden Anteile an der übernehmenden Kapitalgesellschaft als zu diesem Wert angeschafft. Im Gegensatz zur Verschmelzung, bei der sämtliche Anteile der Gesellschafter an der übertragenden Kapitalgesellschaft untergehen und Anteile an lediglich einer übernehmenden Kapitalgesellschaft gewährt werden, kommt es bei Auf- bzw. Abspaltungen zu anderen Konstellationen:

- Im Fall der **Aufspaltung** können die abzufindenden Gesellschafter für ihre untergehenden Anteile an der zu spaltenden Kapitalgesellschaft Anteile an mindestens zwei übernehmenden Kapitalgesellschaften erhalten.
- Bei der **Abspaltung** werden die Gesellschafter ebenfalls mit Anteilen an der übernehmenden Kapitalgesellschaft abgefunden. Ihre Anteile an der zu spaltenden Kapitalgesellschaft gehen jedoch nicht unter, sondern werden in ihrem Wert gemindert.

Diese Konstellationen verlangen eine **Aufteilung der Buchwerte bzw. Anschaffungskosten** der Anteile an der übertragenden Kapitalgesellschaft auf den evtl. Rest der verbleibenden Anteile sowie auf die an ihre Stelle tretenden Anteile an der übernehmenden Kapitalgesellschaft.[453] Weder § 15 noch § 13 UmwStG beinhalten einen Maßstab zur Aufteilung. Nach Ansicht der Finanzverwaltung erfolgt die Aufteilung unter Zugrundelegung des Umtauschverhältnisses der Anteile laut Spaltungsvertrag bzw. -plan. Ist dies nicht möglich, ist das Verhältnis der gemeinen Werte der übergehenden Vermögensteile zu dem vor der Spaltung bestehenden Vermögen maßgebend.[454] Die Aufteilung ist folglich nach demselben Schema vorzunehmen, nach dem bereits der verbleibende Verlustvortrag, das steuerliche Einlagekonto, das KSt-Guthaben und der unbelastete Teilbetrag i.S.d. § 38 KStG aufgeteilt wurden.

[453] Vgl. Tz. 15.50 f. UmwStE.

[454] Vgl. Tz. 15.51 UmwStE.

Beispiel

Aufteilung der Buchwerte bzw. Anschaffungskosten der Anteile an der zu spaltenden Kapitalgesellschaft

Die DD-GmbH, welche aus den Teilbetrieben einer Gold- und einer Silbermine besteht, soll rückwirkend zum 31.06.04 aufgespalten werden. Dabei soll die Goldmine auf die neu zu gründende Goldminen-AG und die Silbermine auf die neu zu gründende Silberminen-AG übertragen werden.

An der DD-GmbH sind Daisy Duck und die Duck-Holding zu gleichen Teilen beteiligt. Daisy Duck hält ihre Anteile, deren Anschaffungskosten 250 T€ betrugen, im Privatvermögen. Die Duck-Holding hat ihre Anteile zu 300 T€ bilanziert.

Daisy Duck und die Duck-Holding sollen jeweils 50 % der Anteile an der übernehmenden Goldminen-AG erhalten. Die Anteile an der Silberminen-AG erhält ausschließlich die Duck-Holding. Die Angaben zum Umtauschverhältnis der Anteile im Spaltungsplan enthalten keine Bewertungsangaben.

Anhand der gemeinen Werte der einem Teilbetrieb zugehörigen Wirtschaftsgüter ermittelten Wirtschaftsprüfer folgende Werte für die Teilbetriebe:

Gemeiner Wert der Silbermine = 500 T€
Gemeiner Wert der Goldmine = 1.000 T€

Lösung

1. Aufteilung der Anschaffungskosten der Daisy Duck

Da die Gesellschafterin Daisy Duck für ihre untergehenden Anteile an der DD-GmbH lediglich Anteile an einer der übernehmenden Kapitalgesellschaften erhält, müssen die Anschaffungskosten ihrer Alt-Anteile nicht auf die neuen Anteile aufgeteilt werden. Nach § 15 Abs. 1 Satz 1 i.V.m. § 13 Abs. 2 Satz 1 UmwStG gelten die untergehenden Anteile an der DD-GmbH als zu ihren Anschaffungskosten von 250 T€ veräußert und die neuen Anteile an der Goldminen-AG als mit diesem Wert angeschafft.

2. Aufteilung des Buchwerts der Beteiligung der Duck-Holding

Die Duck-Holding ist nach der Aufspaltung sowohl an der Goldminen-AG als auch an der Silberminen-AG beteiligt. Der Buchwert der untergehenden Beteiligung an der DD-GmbH ist folglich auf die Beteiligungen an den übernehmenden Kapitalgesellschaften aufzuteilen. Da der Spaltungsplan keine Bewertungsangaben enthält, erfolgt die Aufteilung im Verhältnis der gemeinen Werte der übergehenden Vermögensteile zu dem vor der Spaltung bestehenden Vermögen der DD-GmbH:

$$\frac{\text{Gemeiner Wert des jeweils übergehenden Teilbetriebs}}{\text{Wert des Vermögens der DD-GmbH vor Aufspaltung}} * \text{BW der Beteiligung an der DD-GmbH}$$

$$\text{AK der Goldminen-AG-Beteiligung: } \frac{1.000 \text{ T€}}{1.000 \text{ T€} + 500 \text{ T€}} * 300 \text{ T€} = 200 \text{ T€}$$

$$\text{AK der Silberminen-AG-Beteiligung: } \frac{500 \text{ T€}}{1.000 \text{ T€} + 500 \text{ T€}} * 300 \text{ T€} = 100 \text{ T€}$$

Demnach wird die Beteiligung an der Goldminen-AG in der Bilanz der Duck-Holding zum Buchwert von 200 T€ und die Beteiligung an der Silberminen-AG zum Buchwert von 100 T€ ausgewiesen.

Wie bereits im Rahmen der Ausführungen zum Übernahmegewinn erläutert,[455] ist der Buchwert der Beteiligung im Fall eines partiellen „up-stream merger“ ebenfalls im Verhältnis der gemeinen Werte der übergehenden Vermögensteile zu dem vor der Spaltung bestehenden Vermögen der Tochtergesellschaft in einen wegfallenden und einen verbleibenden Teil aufzuteilen.[456]

Werden im Wege der Spaltung die Gesellschafterstämme vollständig getrennt, ist eine Aufteilung der Buchwerte bzw. der Anschaffungskosten nicht notwendig. Dies ist bspw. der Fall, wenn ein Gesellschafter bei der Aufspaltung für seine untergehenden Anteile nur Anteile an *einer* der übernehmenden Kapitalgesellschaften erhält.[457]

Eine weitere, spaltungsspezifische Besonderheit neben der Aufteilung der Buchwerte bzw. der Anschaffungskosten, ist die Entstehung von sog. **spaltungsgeborenen Anteilen**. Analog zu den verschmelzungsgeborenen Anteilen liegen spaltungsgeborene Anteile vor, wenn für Anteile an der übertragenden Kapitalgesellschaft i.S.d. § 17 EStG Anteile an der übernehmenden Kapitalgesellschaft gewährt werden, welche die Beteiligungsgrenze des § 17 EStG unterschreiten. Die neuen spaltungsgeborenen Anteile gelten weiterhin als Anteile i.S.d. § 17 EStG (§ 15 Abs. 1 Satz 1 i.V.m. § 13 Abs. 2 Satz 2 UmwStG).

Die **Rechtsfolgen** einer Auf- bzw. Abspaltung **für die übrigen Anteile** sind entsprechend ihrer steuerlichen Qualifikation in der folgenden Übersicht dargestellt:

---

455 Vgl. Punkt 5.5.2 „Übernahmeergebnis der übernehmenden Kapitalgesellschaft“.

456 Vgl. Tz. 15.51 UmwStE.

457 Vgl. Sagasser, B./ Fahrenberg, J., in: Sagasser, B./ Bula, T./ Brünger, T., Umwandlungen, 3. Aufl., München 2002, S. 645, Rz. 58.

	Qualifikation der Anteile	Rechtsfolgen
BV	Anteile im BV der übernehmenden KapGes	Steuerfreier Übernahmegewinn i.H.d. Differenz zwischen dem übernommenen Vermögen und dem anteilig wegfallenden BW der Beteiligung
	Anteile in sonst. BV	Veräußerung der untergehenden Anteile und Anschaffung der neuen Anteile zum anteiligen BW (§ 13 Abs. 1 Satz 1 UmwStG)
BV/ PV	Einbringungsgeborene Anteile	Beibehaltung der Qualifikation: Veräußerung der untergehenden Anteile und Anschaffung der neuen Anteile zu(m) anteiligen BW/AK (§ 13 Abs. 3 UmwStG)
PV	Anteile i.S.d. § 17 EStG	Veräußerung der untergehenden Anteile und Anschaffung der neuen Anteile zu anteiligen AK (§ 13 Abs. 2 Satz 1 UmwStG)
	Anteile i.S.d. § 17 EStG werden zu Anteilen, die die Beteiligungsgrenze des § 17 EStG nicht mehr erfüllen	Entstehung von spaltungsgeborenen Anteilen: Veräußerung der untergehenden Anteile und Anschaffung der neuen Anteile zu anteiligen AK (§ 13 Abs. 2 Satz 2 UmwStG)
	Anteile, die die Beteiligungsgrenze des § 17 EStG nicht erfüllen, werden zu Anteilen i.S.d. § 17 EStG	Entstehung von Anteilen i.S.d. § 17 EStG: Anschaffung der neuen Anteile zum gemeinen Wert (§ 13 Abs. 2 Satz 3 UmwStG)
	Anteile i.S.d. § 23 EStG	Veräußerung der untergehenden Anteile und Anschaffung der neuen Anteile zu anteiligen AK

Abbildung 100: Übersicht über die steuerliche Behandlung der Anteile der Gesellschafter an der übertragenden Kapitalgesellschaft bei einer Auf-/Abspaltung

Für im Rahmen der Spaltung geleistete **Barabfindungen** an ausscheidende Gesellschafter oder **bare Zuzahlungen** an verbleibende Gesellschafter kann hinsichtlich der steuerlichen Behandlung auf die Ausführungen zur Verschmelzung in Kapitel III, Punkt 5.7.9 „Bare Zuzahlungen und Barabfindungen“ verwiesen werden.

5.9 Besteuerung ausländischer Anteilseigner

Für die steuerlichen Konsequenzen einer Auf- oder Abspaltung für ausländische Gesellschafter der übertragenden Kapitalgesellschaft gelten die Ausführungen zur Verschmelzung in Kapitel III, Punkt 5.8 „Besteuerung ausländischer Anteilseigner“ entsprechend.

5.10 Nebensteuern

5.10.1 Gewerbesteuer

Wie bereits bei der Verschmelzung von Kapitalgesellschaften regelt § 19 UmwStG auch bei Auf- oder Abspaltungen von Kapitalgesellschaften die gewerbesteuerlichen Folgen. Aufgrund der identischen Regelung des § 19 UmwStG für Verschmelzungen und Auf- bzw. Abspaltungen von Kapitalgesellschaften wird hinsichtlich der Einzelheiten auf Kapitel III, Punkt 5.9 „Gewerbesteuer", verwiesen.

5.10.2 Grunderwerbsteuer

Wird bei Auf- oder Abspaltungen inländisches Grundvermögen der zu spaltenden Kapitalgesellschaft auf die übernehmende(n) Kapitalgesellschaft(en) übertragen, fällt gem. § 1 Abs. 1 Nr. 3 GrEStG Grunderwerbsteuer an. Die Ausführungen zur Verschmelzung in Kapitel II, Punkt 5.9 „Grunderwerbsteuer", gelten für die Auf- und Abspaltung entsprechend.

5.10.3 Umsatzsteuer

Die Übertragung von Teilbetrieben i.S.d. § 15 Abs. 1 Satz 1 UmwStG bei Auf- oder Abspaltungen kommt umsatzsteuerrechtlich einer Geschäftsveräußerung im Ganzen gleich (§ 1 Abs. 1a Satz 2 UStG i.V.m. R 5 UStR). Als solche ist die Übertragung von Teilbetrieben nach § 1 Abs. 1a Satz 1 UStG nicht steuerbar.

Dagegen stellt die Übertragung von fiktiven Teilbetrieben i.S.d. § 15 Abs. 1 Satz 3 UmwStG (Mitunternehmeranteile/ 100 %ige Beteiligung an einer Kapitalgesellschaft) einen steuerbaren Vorgang dar, der jedoch nach § 4 Nr. 8 Bst. f UStG von der Umsatzsteuer befreit ist.

6 Gesamtübersicht

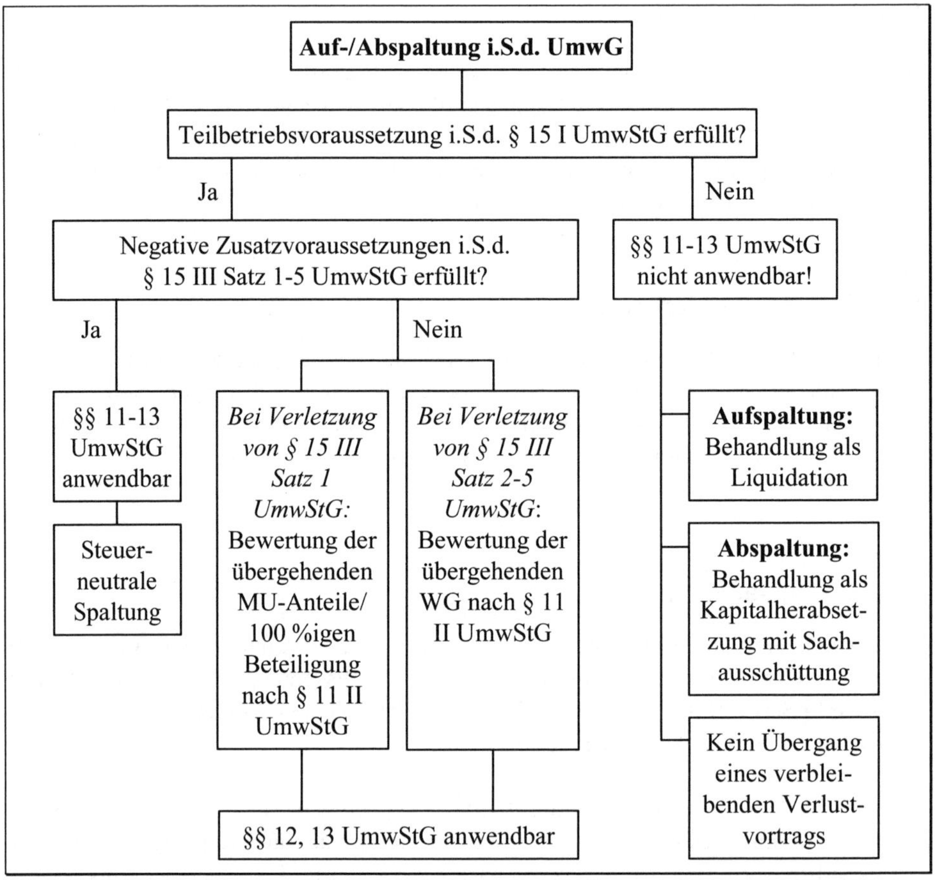

Steuerliche Behandlung der übertragenden KapGes gem. § 11 UmwStG	Voraussetzungen gem. § 11 I UmwStG erfüllt? Ja: Bewertung der übergehenden WGs nach § 11 **I** UmwStG Nein: Bewertung der übergehenden WGs nach § 11 **II** UmwStG • Ein bei Zwischen- oder Teilwert-Ansatz entstehender Übertragungsgewinn ist steuerpflichtig
Steuerliche Behandlung der übernehmenden KapGes gem. § 12 UmwStG	• Buchwertverknüpfung • Übernahmegewinn/-verlust bleibt außer Ansatz • Eintritt in Rechtsposition der übertragenden KapGes • Übergang des nach § 15 Abs. 4 aufgeteilten Verlustvortrags
Steuerliche Behandlung der Gesellschafter gem. § 13 UmwStG	• Steuerneutraler Anteilstausch • Beibehaltung der Qualifikation der Anteile

Abbildung 101: Gesamtübersicht über die steuerliche Behandlung der Spaltung von Kapitalgesellschaften

7 Spaltung von Kapitalgesellschaften über die Grenze

Grenzüberschreitende Spaltungen von Kapitalgesellschaften im Wege der partiellen Gesamtrechtsnachfolge sind bislang im deutschen Handelsrecht nicht vorgesehen. Nach § 1 Abs. 1 Nr. 2 UmwG setzt die Spaltung von Kapitalgesellschaften voraus, dass die zu spaltende Kapitalgesellschaft *und* die übernehmende(n) Kapitalgesellschaft(en) ihren Sitz im Inland haben. Diese Situation der Beschränkung auf inländische Kapitalgesellschaften wird sich nach Ansicht des Bundesjustizministeriums erst dann ändern, wenn die Bundesrepublik Deutschland eigens die Befugnis erhält, auch über ausländische Gesellschaften Recht zu setzen.[458]

Der Missstand der fehlenden handelsrechtlichen Grundlagen für grenzüberschreitende Spaltungen hat eine weitere negative Konsequenz: die bereits im Jahr 1990 verabschiedete Richtlinie über das gemeinsame Steuersystem für Fusionen, Spaltungen, die Einbringung

[458] Vgl. Herzig, N./ Momen, L., Die Spaltung von Kapitalgesellschaften im neuen Umwandlungssteuergesetz (Teil II), DB 1994, S. 2213; Neye, H.-W., Das neue Umwandlungsrecht vor der Verabschiedung im Bundestag, ZIP 1994, S. 919.

von Unternehmensteilen und den Austausch von Anteilen, die Gesellschaften verschiedener Mitgliedstaaten betreffen (steuerliche Fusions-RILI)[459] wurde bisher nur partiell in innerstaatliches Recht umgesetzt. Der Gesetzgeber begründet seine Haltung damit, dass die in Bezug auf die Spaltung umgesetzte steuerliche Fusions-RILI leerläuft, solange eine Spaltung über die Grenze handelsrechtlich nicht möglich ist.[460] Es müssen folglich zunächst die handelsrechtlichen Grundlagen geschaffen werden, damit die steuerliche Fusions-RILI auch in diesen Punkten umgesetzt wird. In diesem Fall wäre die grenzüberschreitende Spaltung für alle Beteiligten steuerneutral gestaltbar.

Bislang werden grenzüberschreitende Spaltungen von Kapitalgesellschaften mit Hilfe von Umwegmodellen (Auf-/Abspaltungsmodelle) auf der Basis der Einzelrechtsnachfolge vollzogen.[461] Die (mögliche) spaltungsbedingte Aufdeckung und Besteuerung der stillen Reserven hindert allerdings viele Kapitalgesellschaften an der Umsetzung ihrer Spaltungspläne. Wirtschaftlich notwendige und sinnvolle Strukturanpassungen werden damit verhindert.[462] Hier stellt sich die Frage, die steuerliche Fusions-RILI nicht auch auf derartige Umwegkonstruktionen anzuwenden, um Steuerneutralität zu erreichen.[463] Weiter sollte der deutsche Gesetzgeber, im Hinblick auf die Zukunft, seine Blockadehaltung aufgeben und gezielt die nötigen Gesetzesanpassungen vornehmen. Nur so kann Deutschland seine Position im europäischen Standortwettbewerb stärken.

Durch Verabschiedung des Statuts zur Errichtung einer europäischen Aktiengesellschaft (SE) wird ein weiteres Umwegmodell geschaffen, welches ab Oktober 2004 die steuerneutrale Übertragung von Teilbetrieben auf eine ausländische Aktiengesellschaft ermöglicht. Der betreffende Teilbetrieb ist zunächst im Wege der Auf- oder Abspaltung auf eine neu gegründete inländische Aktiengesellschaft zu übertragen. Dieser Vorgang gestaltet sich nach § 15 UmwStG i.V.m. §§ 11-13 UmwStG für alle Beteiligten steuerneutral. Anschließend ist die neu gegründete Aktiengesellschaft auf die ausländische Aktiengesellschaft zur Gründung einer SE zu verschmelzen (Art 2 i.V.m. Art 17 Abs. 2a SE-VO). Der Teilbetrieb der inländischen Aktiengesellschaft geht auf die ausländische Aktiengesellschaft, welche die Rechtsform einer SE erlangt, über. Die Steuerneutralität dieser grenzüberschreitenden

---

459 Vgl. Richtlinie 90/434/EWG v. 23.07.1990, ABl. EG Nr. L 225 v. 20.08.1990, S. 1.

460 Vgl. Herzig, N./ Momen, L., Die Spaltung von Kapitalgesellschaften im neuen Umwandlungssteuergesetz (Teil II), DB 1994, S. 2213.

461 Vgl. Herzig, N./ Förster, G., Grenzüberschreitende Spaltung von Kapitalgesellschaften, BB 1992, S. 1251 m.w.N.

462 Vgl. Wöhe, G., Betriebswirtschaftliche Steuerlehre, Bd. II, 1. Halbband: Der Einfluß der Besteuerung auf die Wahl und den Wechsel der Rechtsform des Betriebes, 5. Aufl., München 1990, S. 475; Herzig, N./ Förster, G., Grenzüberschreitende Spaltung von Kapitalgesellschaften, BB 1992, S. 1251.

463 Vgl. Herzig, N./ Momen, L., Die Spaltung von Kapitalgesellschaften im neuen Umwandlungssteuergesetz (Teil II), DB 1994, S. 2214.

Verschmelzung ist vom Gesetzgeber durch Umsetzung der steuerlichen Fusions-RILI bis zur Einführung der SE im Oktober 2004 herbeizuführen.[464]

Da in naher Zukunft die Möglichkeit zur steuerneutralen grenzüberschreitenden Übertragung von Teilbetrieben besteht, wäre es wirtschaftlich gesehen nicht sinnvoll, nicht auch die grenzüberschreitende Spaltung zur Gründung einer SE zuzulassen. Vor dem Hintergrund, dass es sich bei der Spaltung um eine Teilverschmelzung handelt, sollte die Gründung einer SE im Wege der grenzüberschreitenden Umwandlung nur durch Spaltung ebenfalls möglich sein.

8 Abschlussfall

Bearbeitungshinweise:

- Auf die handelsbilanzielle Darstellung der handelsrechtlichen Behandlung der Aufspaltung soll verzichtet werden.
- Die Aufspaltung soll für alle Beteiligten (Kapitalgesellschaften und Anteilseigner) möglichst steuerneutral vonstatten gehen.
- Umsatzsteuerliche, grunderwerbsteuerliche und gewerbesteuerliche Konsequenzen sind nicht zu berücksichtigen.

Sachverhalt:

Die unbeschränkt steuerpflichtige Tim&Struppi-GmbH, welche die Teilbetriebe einer Journalistik-Agentur und einer Hundefutterproduktion unterhält, soll rückwirkend zum 31.12.03 aufgespalten werden. Dabei soll die Journalistik-Agentur (J-A) auf die neu zu gründende Tim-AG und die Hundefutterproduktion (HFP) auf die ebenfalls neu zu gründende Dog-AG übertragen werden. Die übernehmenden Kapitalgesellschaften werden beide ihren Sitz im Inland haben.

An der aufzuspaltenden Kapitalgesellschaft sind die Gesellschafter Tim zu 80 % und Struppi zu 20 % beteiligt. Tim, der seine Beteiligung seit acht Jahren im Privatvermögen hält (Anschaffungskosten: 260 T€), soll sämtliche Anteile an der Tim-AG erhalten. Struppi hat seine Anteile vor 10 Jahren erworben (Anschaffungskosten: 40 T€) und ins Betriebsvermögen (Buchwert: 40 T€) eingelegt. Struppi soll sämtliche Anteile an der Dog-AG erhalten.

Dem Vorhaben liegt ein notariell beurkundeter Spaltungsplan vom 19.05.04 zugrunde. Die Anmeldung der Aufspaltung zur Eintragung ins Handelsregister erfolgt am 25.07.04 und die Eintragung am 07.09.04.

---

464 Vgl. Kapitel III, Punkt 6.2 „Steuerliche Behandlung der Gründung einer SE im Wege der Verschmelzung“.

Die Bilanz der Tim&Struppi-GmbH zum 31.12.03 zeigt folgendes Bild:

Aktiva		Tim&Struppi-GmbH		Passiva
	Buchwert	*Teilwert*		
J-A	960 T€	*1.440 T€*	Stammkapital	200 T€
KFP	240 T€	*360 T€*	Kapitalrücklage	100 T€
			Gewinnrücklagen	520 T€
			Fremdkapital	380 T€
	1.200 T€	*1.800 T€*		1.200 T€

Das Wirtschaftsjahr der Tim&Struppi-GmbH stimmt mit dem Kalenderjahr überein.

Die Eigenkapitalbestände der Tim&Struppi-GmbH sind:

	Ausweis in StB		**Gesonderte Feststellungen**		
	Stammkapital	RL lt. StB*)	stl. Einlagekonto	ehem. EK 02	KSt-Guthaben
Bestände Tim&Struppi-GmbH 31.12.03	200 T€	620 T€	100 T€	130 T€	65 T€

*) RL lt. StB = Kapitalrücklage + Gewinnrücklage

Die Aufteilung des neutralen Vermögens in Höhe von 390 T€ (in der Bilanz zusammen mit dem ehemaligen EK 02 als Gewinnrücklage ausgewiesen) und des Fremdkapitals der Tim&Struppi-GmbH richtet sich nach der Aufteilung des steuerlichen Einlagekontos bzw. des KSt-Guthabens sowie des unbelasteten Teilbetrags.

Der Spaltungsplan enthält folgende Bewertungsangaben:

Unternehmenswert der Tim&Struppi-GmbH	=	1.800 T€
Wert des Teilbetriebs Journalistik-Agentur	=	1.440 T€
Wert des Teilbetriebs Hundefutterproduktion	=	360 T€

Laut jeweiliger Satzung soll das Nennkapital der Tim-AG 200 T€ und das der Dog-AG 50 T€ betragen.

Aufgaben:

1. Nach welchen Vorschriften ist die Aufspaltung handelsrechtlich zu behandeln?
2. Skizzieren Sie kurz den Ablauf der Aufspaltung!
3. Wie wird die Aufspaltung steuerrechtlich behandelt?
4. Welche steuerlichen Folgen ergeben sich auf Ebene der Tim&Struppi-GmbH, wenn eine Buchwertfortführung angestrebt wird?
5. Welche Auswirkungen hat die Aufspaltung auf das steuerliche Einlagekonto, das KSt-Guthaben sowie die Gewinnrücklagen der Tim&Struppi-GmbH?
6. Welche steuerlichen Konsequenzen ergeben sich auf Ebene der Tim-AG bzw. der Dog-AG?

7. Stellen Sie die Eröffnungsbilanzen der Tim-AG bzw. der Dog-AG auf, die sich nach dem Vermögensübergang ergeben!
8. Welche steuerlichen Konsequenzen ergeben sich für die Gesellschafter der Tim&Struppi-GmbH?

Lösung:

1. Handelsrechtliche Vorschriften für die Aufspaltung

Bei der Aufspaltung der Tim&Struppi-GmbH auf die neu zu gründenden Kapitalgesellschaften Tim-AG und Dog-AG handelt es sich um eine Aufspaltung zur Neugründung i.S.d. § 123 Abs. 1 Nr. 2 UmwG. Die Tim&Struppi-GmbH überträgt ihr gesamtes Vermögen in Teilen (Teilbetriebe) auf die Tim-AG sowie die Dog-AG und erlischt ohne Abwicklung. Die Gesellschafter der Tim&Struppi-GmbH, Tim und Struppi, erhalten für die Übertragung des Vermögens Anteile an den übernehmenden Kapitalgesellschaften. Diesbezüglich liegt eine nicht verhältniswahrende Aufspaltung vor, denn die Anteilseigner werden jeweils zu 100 % an einer der übernehmenden Kapitalgesellschaften beteiligt.
Für die Aufspaltung gelten – wie für die Abspaltung oder Ausgliederung – die Regeln der §§ 123-137 UmwG. Als rechtsformspezifische Normen sind ergänzend die §§ 138-173 UmwG anzuwenden. Zudem verweist § 125 UmwG bis auf einige Ausnahmen auf die entsprechende Anwendung der Verschmelzungsvorschriften der §§ 2-122 UmwG.

2. Ablauf der Aufspaltung

Grundlage der Aufspaltung zur Neugründung ist der **Spaltungsplan**, der von den Vertretungsorganen der Tim&Struppi-GmbH zum 19.05.04 aufgestellt wurde (§ 136 UmwG). Der Spaltungsplan ist gem. §§ 125, 135 Abs. 1 Satz 1 i.V.m. § 6 UmwG notariell zu beurkunden. Die Vertretungsorgane der Tim&Struppi-GmbH haben nach § 135 Abs. 1 i.V.m. § 127 Satz 1 UmwG einen **Spaltungsbericht** zu erstellen. Der Spaltungsplan unterliegt einer **Spaltungsprüfung** durch sachverständige Prüfer, welche ihre Ergebnisse in einem **Prüfungsbericht** darzulegen haben (§ 125 i.V.m. §§ 9, 12 UmwG).

Der Spaltungsplan wird erst mit dem **Spaltungsbeschluss** wirksam (§ 125 i.V.m. § 13 Abs. 1 UmwG). Da gem. § 50 UmwG eine Mehrheit von mindestens 75 % der abgegebenen Stimmen der Gesellschafter notwendig ist, müssen sowohl Tim als auch Struppi dem Spaltungsplan zustimmen.

Die Aufspaltung der Tim&Struppi-GmbH wird erst mit Eintragung ins Handelsregister wirksam. Die Eintragung der Aufspaltung sowie der neu zu gründenden Kapitalgesellschaften muss angemeldet werden (§ 137 Abs. 1, 2 UmwG). Der **Anmeldung** ist u.a. eine handelsrechtliche Schlussbilanz der Tim&Struppi-GmbH beizulegen, die auf einen höchstens acht Monate vor der Anmeldung liegenden Stichtag aufgestellt worden ist (§ 17 Abs. 2 UmwG). Da die Anmeldung am 25.07.04 erfolgt ist, kann die handelsrechtliche Schlussbilanz zum 31.12.03 als Anlage beigefügt werden.

Das Spaltungsverfahren endet am 07.09.04 mit der **Eintragung** der Aufspaltung sowie der neuen Rechtsträger ins jeweilige Handelsregister (§ 137 Abs. 3 UmwG).

3. Steuerrechtliche Behandlung der Aufspaltung

a) Gesetzliche Vorschriften

Da es sich im vorliegenden Fall um eine Aufspaltung i.S.d. § 123 Abs. 1 UmwG handelt, sind nach § 1 Abs. 4 UmwStG die Vorschriften des § 15 i.V.m. §§ 11 bis 13 UmwStG für eine steuerneutrale Aufspaltung anwendbar. Die Voraussetzung der unbeschränkten Körperschaftsteuerpflicht der beteiligten Kapitalgesellschaften nach § 1 Abs. 5 UmwStG ist ebenfalls erfüllt.

b) Steuerliche Rückwirkung

Die Aufspaltung der Tim&Struppi-GmbH kann rückwirkend auf den 31.12.03 vorgenommen werden (§ 2 Abs. 1 Satz 1 UmwStG). Steuerlicher Übertragungsstichtag ist damit der 31.12.03. Die Steuerpflicht der Tim&Struppi-GmbH endet und die der übernehmenden Tim-AG bzw. Dog-AG beginnt folglich im Veranlagungszeitraum 03.

4. Steuerliche Konsequenzen auf Ebene der Tim&Struppi-GmbH

Für den steuerneutralen Ablauf der Aufspaltung sind nach § 15 UmwStG eine Reihe von Voraussetzungen zu erfüllen:
Bei der Aufspaltung der Tim&Struppi-GmbH werden Teilbetriebe auf die übernehmenden Kapitalgesellschaften übertragen. Die Teilbetriebsvoraussetzung des § 15 Abs. 1 UmwStG ist somit erfüllt und die Vorschriften der §§ 11 bis 13 UmwStG sind entsprechend anwendbar.

Ein Missbrauchstatbestand nach § 15 Abs. 3 UmwStG ist nicht gegeben. Zwar wird durch die Aufspaltung eine Trennung der Gesellschafterstämme vollzogen. Diese Trennung ist allerdings nach § 15 Abs. 3 Satz 5 UmwStG unschädlich, da die Beteiligungen der Anteilseigner an der Tim&Struppi-GmbH seit mehr als fünf Jahren bestehen. Insofern steht einer Anwendung des Bewertungswahlrechts i.S.d. § 11 Abs. 1 UmwStG nichts im Wege.

Gem. § 15 Abs. 1 Satz 1 i.V.m. § 11 Abs. 1 UmwStG kann die Tim&Struppi-GmbH die übergehenden Wirtschaftsgüter in der steuerlichen Schlussbilanz zu Buch-, Zwischen- oder Teilwerten ansetzen. Da die übernehmenden Kapitalgesellschaften unbeschränkt steuerpflichtig sind, ist sichergestellt, dass die in den übergehenden Wirtschaftsgütern enthaltenen stillen Reserven auch nach der Übertragung der Besteuerung unterliegen. Zudem besteht die Gegenleistung für die Vermögensübertragung in Gesellschaftsrechten an den übernehmenden Kapitalgesellschaften. Die Voraussetzungen des § 11 Abs. 1 UmwStG sind damit erfüllt. Die Tim&Struppi-GmbH kann die übergehenden Wirtschaftsgüter zu Buchwerten ansetzen. Ein Übertragungsgewinn ergibt sich nicht. Die Bilanz der Tim&Struppi-GmbH zum 31.12.03 dient aufgrund des Buchwertansatzes als steuerliche Schlussbilanz.

5. Auswirkungen auf steuerliches Einlagekonto, KSt-Guthaben und Gewinnrücklagen der Tim&Struppi-GmbH

1. Schritt: *Herabsetzung des Nennkapitals der übertragenden Tim&Struppi-GmbHnach § 29 Abs. 1 KStG:*

Tim&Struppi-GmbH	**Ausweis in StB**		**GesonderteFeststellungen**		
	Nenn-kapital	RL lt. StB	Stl. Einla-gekonto	Ehem. EK 02	KSt-Guthaben
Bestände 31.12.03	200 T€	620 T€	100 T€	130 T€	65 T€
Herabsetzung des Nennkapitals nach § 29 I KStG:	./. 200 T€				
Gutschrift auf stl. Einlagekonto		+ 200 T€	+ 200 T€		
Bestände 31.12.03	0 T€	820 T€	300 T€	130 T€	65 T€

Zum steuerlichen Übertragungsstichtag weist die Tim&Struppi-GmbH ein steuerliches Einlagekonto in Höhe von 300 T€ aus.

2. Schritt: Aufteilung und Übergang des steuerlichen Einlagekontos der übertra-genden Tim&Struppi-GmbH nach § 29 Abs. 3 KStG:

Nach § 29 Abs. 3 KStG ist das steuerliche Einlagekonto der Tim&Struppi-GmbH auf die übernehmenden Kapitalgesellschaften aufzuteilen. Die Aufteilung erfolgt grundsätzlich im Verhältnis der übergehenden Vermögensteile zu dem vor der Aufspaltung bei der Tim&Struppi-GmbH bestehenden Vermögen, wie es i.d.R. in den Angaben zum Umtauschverhältnis der Anteile im Spaltungsplan zum Ausdruck kommt (§ 29 Abs. 3 Satz 1 KStG). Dies ist bei der vorliegenden nicht verhältniswahrenden Aufspaltung zur Neugründung der Fall: Der Spaltungsplan beinhaltet die für die Ermittlung des Aufteilungsverhältnisses notwendigen Bewertungsangaben, weshalb § 29 Abs. 3 Satz 1 KStG anwendbar ist. Das für die Aufteilung des steuerlichen Einlagekontos maßgebliche Wertverhältnis ermittelt sich wie folgt:

$$\frac{\text{Wert der übergehenden Journalistik-Agentur}}{\text{Wert des Vermögens der Tim\&Struppi-GmbH vor Aufspaltung}} = \frac{1.440\text{ T€}}{1.800\text{ T€}} = \mathbf{0{,}8}$$

$$\frac{\text{Wert der übergehenden Hundefutterproduktion}}{\text{Wert des Vermögens der Tim\&Struppi-GmbH vor Aufspaltung}} = \frac{360\text{ T€}}{1.800\text{ T€}} = \mathbf{0{,}2}$$

Demnach gehen 80 % des steuerlichen Einlagekontos auf die Tim-AG und 20 % auf die Dog-AG über:

Tim-AG:	300 T€	*	0,8	=	**240 T€**
Dog-AG:	300 T€	*	0,2	=	**60 T€**

Zwischenschritt 1: *Aufteilung und Übergang des KSt-Guthabens und des unbelasteten Teilbetrags (ehemaliges EK 02) der übertragenden Tim&Struppi-GmbH nach § 40 Abs. 2 KStG*

Wie das steuerliche Einlagekonto sind auch das KSt-Guthaben und der unbelastete Teilbetrag zwischen der Tim-AG und der Dog-AG aufzuteilen. Die Aufteilung erfolgt im Verhältnis der übergehenden Vermögensteile zu dem vor der Spaltung bei der Tim&Struppi-GmbH bestehenden Vermögen (§ 40 Abs. 2 Satz 1 KStG). Wie bei der Aufteilung des steuerlichen Einlagekontos werden jeweils 80 % der Bestände auf die Tim-AG und 20 % auf die Dog-AG übertragen:

	KSt-Guthaben (§ 40 Abs. 2 S. 1 KStG)	Ehemaliges EK 02 (§ 40 Abs. 2 S. 1 KStG)
Tim-AG	65 T€ * 0,8 = **52 T€**	130 T€ * 0,8 = **104 T€**
Dog-AG	65 T€ * 0,2 = **13 T€**	130 T€ * 0,2 = **26 T€**
Σ	65 T€	130 T€

Zwischenschritt 2: *Aufteilung und Übergang des neutralen Vermögens*

Laut Angabe ist für die Aufteilung des neutralen Vermögens der Maßstab für die Aufteilung des steuerlichen Einlagekontos heranzuziehen. Somit gehen 80 % des neutralen Vermögens auf die Tim-AG und 20 % auf die Dog-AG über.

Tim-AG:	390 T€	*	0,8	=	**312 T€**
Dog-AG:	390 T€	*	0,2	=	**78 T€**

Die Aufteilung und Übertragung des steuerlichen Einlagekontos, des KSt-Guthabens, des unbelasteten Teilbetrags und des neutralen Vermögens zwischen der Tim-AG und der Dog-AG hat auf die Eigenkapital-Bestände der beiden Gesellschaften folgende Auswirkungen:

Tim-AG	**Ausweis in StB**		**Gesonderte Feststellungen**		
	Nenn-kapital	RL lt. StB	Stl. Einla-gekonto	Ehem. EK 02	KSt-Guthaben
Anfangsbestände	0 T€	0 T€	0 T€	0 T€	0 T€
Hinzurechnung nach § 29 Abs. 3 S. 1 KStG:					
Anteil stl. Einlagekonto		+ 240 T€	+ 240 T€		
Hinzurechnung nach § 40 Abs. 2 S. 1 KStG:					
Anteil KSt-Guthaben					+ 52 T€
Anteil ehem. EK 02		+ 104 T€		+ 104 T€	
Anteiliger Übergang des neutralen Vermögens:					
Anteil neutrales Vermögen		+ 312 T€			
Bestände 31.12.03	0 T€	656 T€	240 T€	104 T€	52 T€

Dog-AG	**Ausweis in StB**		**Gesonderte Feststellungen**		
	Nenn-kapital	RL lt. StB	Stl. Einla-gekonto	Ehem. EK 02	KSt-Guthaben
Anfangsbestände	0 T€	0 T€	0 T€	0 T€	0 T€
Hinzurechnung nach § 29 Abs. 3 S. 1 KStG:					
Anteil stl. Einlagekonto		+ 60 T€	+ 60 T€		
Hinzurechnung nach § 40 Abs. 2 S. 1 KStG:					
Anteil KSt-Guthaben					+ 13 T€
Anteil ehem. EK 02		+ 26 T€		+ 26 T€	
Anteiliger Übergang des neutralen Vermögens:					
Anteil neutrales Vermögen		+ 78 T€			
Bestände 31.12.03	0 T€	164 T€	60 T€	26 T€	13 T€

3. Schritt: Anpassung des Nennkapitals der Tim-AG und der Dog-AG nach § 29 Abs. 4 KStG

Tim-AG		Ausweis in StB		Gesondert festgestelltes EK		
	T€	Nenn-kapital	RL lt. StB	Steuerl. Einlage-konto	Ehem. EK 02	KSt-Guthaben
Bestände 31.12.03		0 T€	656 T€	240 T€	104 T€	52 T€
Anpassung des Nenn-kapitals nach § 29 IV KStG:						
NK lt. Satzung	200 T€					
= Gem. § 29 IV KStG anzupassender Teil des NK	200 T€					
Minderung steuerl. Einlagekonto	./. 200 T€	+ 200 T€	./. 200 T€	./. 200 T€		
	0 T€					
Bestände 31.12.03		200 T€	456 T€	40 T€	104 T€	52 T€

Das Nennkapital der Tim-AG kann vollständig durch die Umwandlung von Kapitalrücklagen finanziert werden. Aufgrund der fehlenden Umwandlung von Gewinnrücklagen in Nennkapital ist kein Sonderausweis festzustellen.

Dog-AG		Ausweis in StB		Gesondert festgestelltes EK		
	T€	Nenn-kapital	RL lt. StB	Steuerl. Einlage-konto	Ehem. EK 02	KSt-Guthaben
Bestände 31.12.03		0 T€	164 T€	60 T€	26 T€	13 T€
Anpassung des Nenn-kapitals nach § 29 IV KStG:						
NK lt. Satzung	50 T€					
= Gem. § 29 IV KStG anzupassender Teil des NK	50 T€					
Minderung steuerl. Einlagekonto	./. 50 T€	+ 50 T€	./. 50 T€	./. 50 T€		
	0 T€					
Bestände 31.12.03		50 T€	114 T€	10 T€	26 T€	13 T€

Bei der Dog-AG ist der Bestand des steuerlichen Einlagekontos ebenfalls für die Finanzierung des Nennkapitals ausreichend.

6. Steuerliche Konsequenzen auf Ebene der übernehmenden Kapitalgesellschaften

a) Vermögensübergang

Da es sich um eine Aufspaltung zur Neugründung handelt, ist der Vermögensübergang bei den übernehmenden Kapitalgesellschaften Tim-AG und Dog-AG jeweils in der steuerlichen Eröffnungsbilanz zu erfassen. Die übergehenden Wirtschaftsgüter (Aktiva wie Passiva) sind gem. § 15 Abs. 1 Satz 1 i.V.m. § 12 Abs. 1 UmwStG mit den in der steuerlichen Schlussbilanz der Tim&Struppi-GmbH angesetzten Werten zu übernehmen.

b) Eintritt in die Rechtsstellung der Tim&Struppi-GmbH

Tim-AG und Dog-AG treten gem. § 15 Abs. 1 Satz 1 i.V.m. § 12 Abs. 3 Satz 1, Abs. 4 Satz 1 UmwStG bzgl. der AfA, der erhöhten Absetzungen, der Sonderabschreibungen, der Inanspruchnahme einer Bewertungsfreiheit oder eines Bewertungsabschlags, der den steuerlichen Gewinn mindernden Rücklagen, der Vorbesitzzeiten und der Behaltefristen in die Rechtsstellung der Tim&Struppi-GmbH ein.

c) Übernahmegewinn

Der Übernahmegewinn ergibt sich aus der Differenz zwischen dem Wert des übergehenden Vermögens und dem Buchwert der evtl. untergehenden Beteiligung. Der Wert des übergehenden Vermögens ist der Unterschiedsbetrag zwischen dem übergehenden Teilbetrieb und den übergehenden Verbindlichkeiten. Letztere sind laut Angabe u.a. wie das steuerliche Einlagekonto auf die Tim-AG und die Dog-AG aufzuteilen. Maßgebend ist daher das Verhältnis der übergehenden Vermögensteile zu dem vor der Aufspaltung bestehenden Vermögen. Demnach gehen 80 % der Verbindlichkeiten auf die Tim-AG und 20 % auf die Dog-AG über:

Tim-AG:	380 T€	*	0,8	=	**304 T€**
Dog-AG:	380 T€	*	0,2	=	**76 T€**

Da der Übernahmegewinn zur Finanzierung einer evtl. Kapitalerhöhung verwendet wird, ist der jeweilige Übernahmegewinn der übernehmenden Kapitalgesellschaften um den jeweils in der Satzung vorgesehenen Nennkapitalausweis zu reduzieren.

Übernahmegewinn der Tim-AG:

	Wert des übergehenden Vermögens (= Saldo aus übergehendem Teilbetrieb und Verbindlichkeiten) (= 960 T€ ./. 304 T€)	656 T€
./.	Buchwert der untergehenden Beteiligung	0 T€
=	Übernahmegewinn	656 T€
./.	Nennkapital laut Satzung	200 T€
=	Übernahmegewinn nach Kapitalerhöhung	**456 T€**

Übernahmegewinn der Dog-AG:

	Wert des übergehenden Vermögens (= Saldo aus übergehendem Teilbetrieb und Verbindlichkeiten) (= 240 T€ ./. 76 T€)	164 T€
./.	Buchwert der untergehenden Beteiligung	0 T€
=	Übernahmegewinn	164 T€
./.	Nennkapital laut Satzung	50 T€
=	Übernahmegewinn nach Kapitalerhöhung	**114 T€**

Der Übernahmegewinn beinhaltet die auf die übernehmenden Kapitalgesellschaften anteilig übergehenden Kapital- und Gewinnrücklagen der Tim&Struppi-GmbH, die nach Erhöhung des Nennkapitals verbleiben und in der Bilanz auszuweisen sind.

7. Eröffnungsbilanzen der Tim-AG und der Dog-AG:

Tim-AG

Aktiva		Passiva		
+ Journalistik-Agentur	**960 T€**	Nennkapital	0 T€	
		+ Kapitalerhöhung	+ **200 T€**	200 T€
		+ Anteil KapitalRL	240 T€	
		./. Kapitalerhöhung	./. **200 T€**	40 T€
		+ Anteil GewinnRL		**416 T€**
		+ Anteil FK		**304 T€**
	960 T€			960 T€

Dog-AG

Aktiva		Passiva		
+ Hundefutter-Produktion	**240 T€**	Nennkapital	0 T€	
		+ Kapitalerhöhung	+ **50 T€**	50 T€
		+ Anteil KapitalRL	60 T€	
		./. Kapitalerhöhung	./. **50 T€**	10 T€
		+ Anteil GewinnRL		**104 T€**
		+ Anteil FK		**76 T€**
	240 T€			240 T€

8. Steuerliche Konsequenzen für die Gesellschafter der Tim&Struppi-GmbH
Die Gesellschafter Tim und Struppi erhalten für ihre untergehenden Anteile an der Tim&Struppi-GmbH neue Anteile an jeweils einer der übernehmenden Kapitalgesellschaften.

Hinsichtlich der steuerlichen Konsequenzen des Anteilstausches verweist § 15 Abs. 1 Satz 1 UmwStG auf § 13 UmwStG. Nach dem Grundprinzip des § 13 UmwStG gehen die in den untergehenden Anteilen enthaltenen stillen Reserven auf die neu gewährten Anteile über. Eine Auflösung und Versteuerung dieser stillen Reserven wird nicht verlangt. Somit gestaltet sich die Aufspaltung auch auf Ebene der Gesellschafter steuerneutral.

Da die Gesellschafter der Tim&Struppi-GmbH jeweils nur an einer der übernehmenden Kapitalgesellschaften beteiligt werden, ist eine Aufteilung der Anschaffungskosten bzw. der Buchwerte nicht vorzunehmen. (Eine Aufteilung wäre bspw. vorzunehmen, wenn Tim und Struppi sowohl Anteile der Tim-AG als auch Anteile der Dog-AG erhielten.)

a) Gesellschafter Tim

Bei den Anteilen, welche Tim an der Tim&Struppi-GmbH hält, handelt es sich um Anteile im Privatvermögen i.S.d. § 17 EStG. Gem. § 15 Abs. 1 Satz 1 UmwStG i.V.m. § 13 Abs. 2 Satz 1 UmwStG gelten diese als zu Anschaffungskosten veräußert und die neuen Anteile als mit diesem Wert angeschafft. Die Anschaffungskosten der neuen Anteile in Höhe von 100 % betragen folglich 260 T€. Die neuen Anteile an der Tim-AG sind ebenfalls als Anteile i.S.d. § 17 EStG zu qualifizieren.

b) Gesellschafter Struppi

Struppi hält seine Anteile an der Tim&Struppi-GmbH im Betriebsvermögen. Nach § 15 Abs. 1 Satz 1 i.V.m. § 13 Abs. 1 Satz 1 UmwStG gelten die untergehenden Anteile als zum Buchwert veräußert und die neuen Anteile an der Struppi-AG als mit diesem Wert angeschafft. Da der Buchwert der Beteiligung 40 T€ beträgt, werden die neuen Anteile an der Struppi-AG in Höhe von 100 % ebenfalls mit 40 T€ angesetzt.

Kapitel V: Einbringung in Kapital- und Personengesellschaften

1 Allgemeines

Der Begriff Einbringung wird im UmwG nicht verwendet. Er ist ein rein steuerrechtlicher Terminus. Die Vorschriften zur Einbringung im Achten und Neunten Teil des UmwStG haben keinen direkten Anknüpfungspunkt im Umwandlungsrecht wie etwa die Bestimmungen zur Verschmelzung und Spaltung im Zweiten und Dritten bzw. im Fünften Teil des UmwStG. Da im Achten und Neunten Teil des UmwStG keine abschließende Aufzählung der zivilrechtlichen Anwendungsfälle erfolgt, kommt diesen Bestimmungen die Funktion eines steuerrechtlichen **Auffangtatbestands** für die in den vorangehenden Teilen nicht geregelten Möglichkeiten der zivilrechtlichen Umwandlung zu.[465] Die steuerrechtlichen Regelungen der Einbringung umfassen folglich eine Reihe zivilrechtlicher Formen der Vermögensübertragung sowohl aus dem UmwG, AktG und GmbHG als auch aus dem HGB und BGB.

Zivilrecht	**Steuerrecht**
Verschmelzung KapGes - PersGes	Verschmelzung KapGes - PersGes
Verschmelzung KapGes - KapGes	Verschmelzung KapGes - KapGes
Auf- u. Abspaltung KapGes - KapGes	Auf- u. Abspaltung KapGes - KapGes
Auf- u. Abspaltung KapGes - PersGes	Auf- u. Abspaltung KapGes - PersGes
Zivilrechtliche Vermögensübertragungen aus UmwG, AktG, GmbHG, HGB und BGB	Einbringung

Abbildung 102: Zivilrechtliche Anwendungsfälle umwandlungssteuerrechtlicher Tatbstände

465 Vgl. Friedrichs, K., in: Haritz, D./ Benkert, M. (Hrsg.), Umwandlungssteuergesetz Kommentar, 2. Aufl., München 2000, Vor § 20, Rz. 2.

Im Rahmen der Einbringung erfolgt damit kein Rückgriff auf einen bestimmten umwandlungsrechtlichen Tatbestand. Eine wie § 1 UmwStG den Anwendungsbereich des Ersten bis Siebten Teils des UmwStG bestimmende Vorschrift existiert für die Einbringung nicht. Ausschlaggebend ist hingegen die Erfüllung der Anwendungsvoraussetzungen in den jeweiligen Einbringungsvorschriften. Ist eine zivilrechtliche Vermögensübertragung so ausgestaltet, dass sie diesen Anforderungen genügt, sind die steuerrechtlichen Bestimmungen der Einbringung anwendbar, soweit kein anderer umwandlungssteuerrechtlicher Tatbestand den Vorgang erfasst.

Beispiel

Die Flaherty OHG soll auf die Levinstein AG i.S.v. §§ 3, 39 ff, 46 ff. UmwG verschmolzen werden. Als sich die Gesellschafter der OHG, Michelle und James, Gedanken über die steuerlichen Folgen der Verschmelzung machen, stellen sie ratlos fest, dass das UmwStG keine gesonderten Vorschriften über die Verschmelzung von Personengesellschaften auf Kapitalgesellschaften enthält.

Lösung

Die beiden konsultieren den Steuerberater Paul Finch. Er erklärt Michelle und James, dass eine umwandlungsrechtliche Verschmelzung einer Personengesellschaft auf eine Kapitalgesellschaft steuerrechtlich ausschließlich in den Anwendungsbereich der Einbringung fällt. Eine Spezialregelung für Verschmelzungen unter Beteiligung von Personengesellschaften als übertragende Rechtsträger ist im UmwStG nicht vorgesehen.

Merke: Einbringung ist ein **rein steuerrechtlicher Begriff**. Die Bestimmungen zur Einbringung haben die Funktion eines **Auffangtatbestands**. Unterschiedliche zivilrechtliche Möglichkeiten der Vermögensübertragung erfüllen den steuerrechtlichen Tatbestand der Einbringung.

Diese von der herkömmlichen Systematik des UmwStG abweichenden Vorschriften regeln einen Spezialfall der Vermögensübertragung auf einen anderen Rechtsträger gegen Gewährung einer Gegenleistung, ohne dass es dabei zu einer Realisierung stiller Reserven kommen muss. Im Folgenden wird dargelegt, wie sich eine Einbringung von Betriebsvermögen von anderen Möglichkeiten der Vermögensübertragung wie Veräußerung und Tausch sowie von den anderen umwandlungssteuerrechtlichen Tatbeständen hinsichtlich der Anwendungsvoraussetzungen und Besteuerungsfolgen unterscheidet.
Zur Verdeutlichung dieser Unterschiede soll ein Unternehmen betrachtet werden, das ein selbst erstelltes Wirtschaftsgut des Anlagevermögens zu Herstellungskosten gem. § 6 Abs. 1 Nr. 1 Satz 1 EStG bilanziert. Auf Grund des Anschaffungs- bzw. Herstellungskostenprinzips sind die Anschaffungs- bzw. Herstellungskosten die Obergrenze für eine Bewertung. Es ist daher nicht möglich, einen höheren Wert im Zeitverlauf anzusetzen. Das Wirtschaftsgut erfährt im Folgenden jedoch eine Wertsteigerung, d.h. der Teilwert liegt über dem Buchwert, der den planmäßig fortgeführten Herstellungskosten entspricht. Das Unternehmen überträgt das Wirtschaftsgut auf einen anderen Rechtsträger und bekommt eine Gegenleistung in Höhe des Teilwerts in Form von Geld.

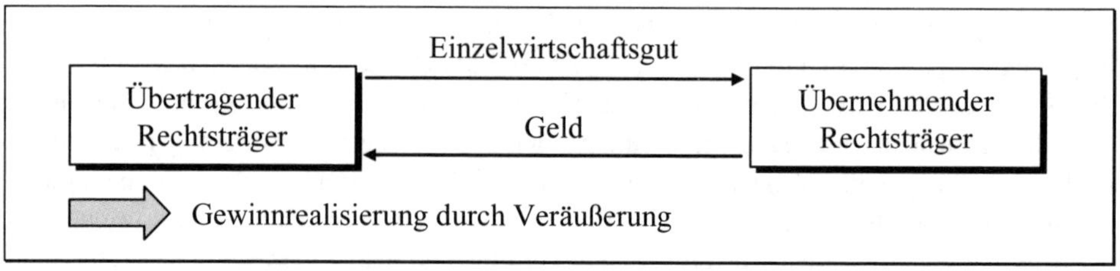

Abbildung 103: Aufdeckung und steuerliche Erfassung stiller Reserven durch Veräußerung

Der Austausch der Leistungen zwischen den beiden Rechtsträgern ist als **Veräußerungsvorgang** zu qualifizieren. Eine Veräußerung erfüllt den Tatbestand der Marktrealisation. Der entgeltliche Umsatzakt, d.h. die Veräußerung, führt zur Aufdeckung sämtlicher stiller Reserven. Der übertragende Rechtsträger erzielt einen Veräußerungspreis in Höhe des Teilwerts des übertragenen Wirtschaftsguts. Die Differenz aus Veräußerungspreis und Buchwert des übertragenen Wirtschaftsguts stellt den steuerpflichtigen Veräußerungsgewinn dar. Diese Differenz entspricht den stillen Reserven, die durch den Leistungsaustausch aufgedeckt werden.
Erhält das Unternehmen als Gegenleistung für die Übertragung des Einzelwirtschaftsguts kein Geld, sondern ebenfalls ein Wirtschaftsgut, liegt kein Veräußerungsvorgang, sondern ein **Tauschvorgang** vor. Es kommt ebenfalls zu einer Gewinnrealisierung in Höhe der Differenz des gemeinen Werts des hingegebenen Wirtschaftsguts und dessen Buchwert.[466] Wäre es möglich, einen Tausch vorzunehmen, ohne dass es dabei zu einer Gewinnrealisierung kommt, würde nur noch getauscht werden.

Merke: Bei einem Tausch gilt der gemeine Wert des übertragenen Wirtschaftsguts gilt als Veräußerungspreis des übertragenen Wirtschaftsguts und ist gem. § 6 Abs. 6 Satz 1 EStG zugleich maßgebend für die Anschaffungskosten des als Gegenleistung erhaltenen Wirtschaftsguts.

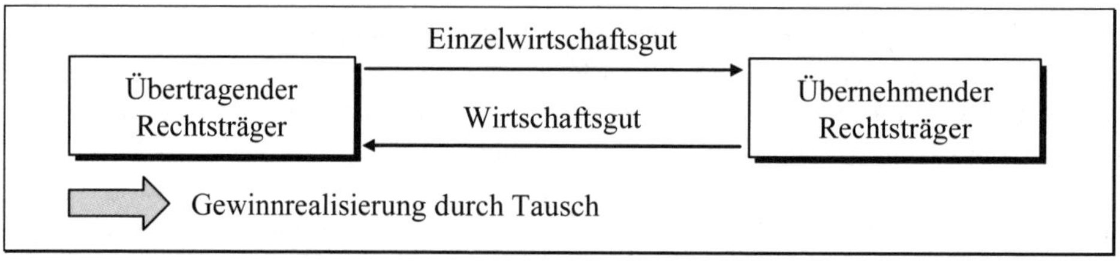

Abbildung 104: Aufdeckung und steuerliche Erfassung stiller Reserven durch Tausch

466 Vgl. BFH v. 13.09.1955, I-246/54-U, BStBl. III 1955, S. 320.

Merke: Sowohl Veräußerungsvorgänge als auch Tauschvorgänge, bei denen einzelne Wirtschaftsgüter übertragen werden, führen zu einer Aufdeckung stiller Reserven und somit zu einer **Gewinnrealisierung**.

Die Bestimmungen zur Einbringung von Betriebsvermögen in eine Kapitalgesellschaft gem. §§ 20-23 UmwStG bzw. in eine Personengesellschaft gem. § 24 UmwStG erlauben im Gegensatz zu einer Übertragung durch Veräußerung oder Tausch eine Vermögensübertragung **ohne die Aufdeckung stiller Reserven**. Dafür werden an die Inanspruchnahme der Vorschriften zur Einbringung bestimmte Bedingungen gestellt. Zwingende Voraussetzung für die Anwendbarkeit der Regelungen zur Einbringung im UmwStG ist dabei die Übertragung von **Sachgesamtheiten** wie Betrieben, Teilbetrieben oder Mitunternehmeranteilen. Werden hingegen einzelne Wirtschaftsgüter übertragen, ist die steuerrechtliche Ausgestaltung der Vermögensübertragung in Form der Einbringung nicht möglich.

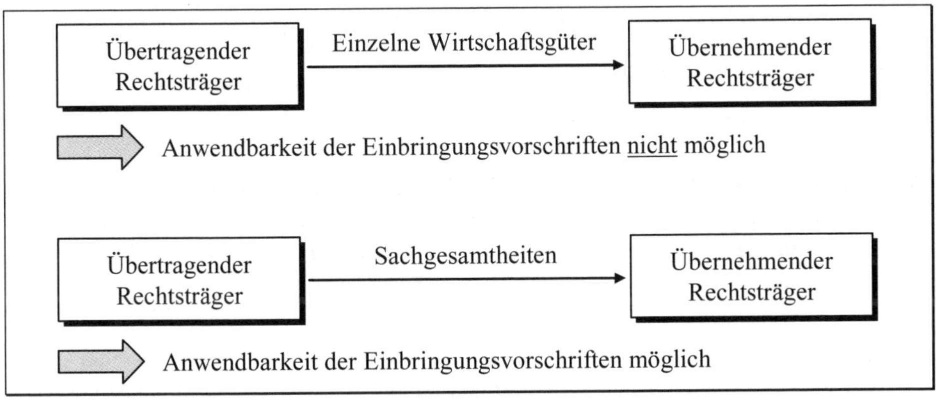

Abbildung 105: Anwendung der Einbringungsvorschriften in Abhängigkeit vom Gegenstand der Einbringung

Merke: Die Möglichkeit, Betriebsvermögen **steuerneutral** auf einen anderen Rechtsträger zu übertragen, erstreckt sich im Rahmen der Einbringung nur auf **Sachgesamtheiten**, wie z.B. ein Betrieb oder ein Teilbetrieb.

Um eine Vermögensübertragung in Form einer Einbringung vornehmen zu können, müssen allerdings nicht nur die Voraussetzungen, die an das zu übertragende Betriebsvermögen gestellt werden, erfüllt werden. Auch die **Gegenleistung** bedarf einer bestimmten Form. Als Gegenleistung müssen dem übertragenden Rechtsträger **Gesellschaftsrechte** am übernehmenden Rechtsträger gewährt werden. Durch eine Übertragung von Betriebsvermögen, das den Anforderungen der §§ 20-24 UmwStG genügen soll, wird daher eine Beteiligung des übertragenden Rechtsträgers am übernehmenden Rechtsträger begründet. Besteht die Gegenleistung nicht in Gesellschaftsrechten sondern in Geld, ist eine steuerneutrale Vermögensübertragung in Form einer Einbringung ausgeschlossen. Der Vorgang erfüllt dann den Tatbestand einer Betriebsveräußerung i.S.d. § 16 EStG, wobei eine Aufdeckung der im Betriebsvermögen verhafteten stillen Reserven stattfindet.

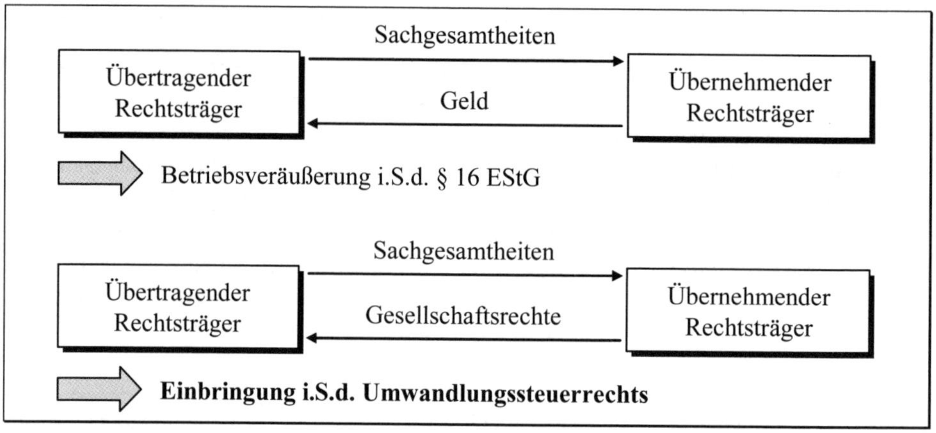

Abbildung 106: Anwendung der Einbringungsvorschriften in Abhängigkeit von der Gegenleistung

Merke: Wird Geld als Gegenleistung für die Vermögensübertragung gewährt, ist die Anwendbarkeit der §§ 20-24 UmwStG ausgeschlossen. Es erfolgt eine Aufdeckung der im Vermögen enthaltenen stillen Reserven, da der Tatbestand einer Betriebsveräußerung i.S.d. § 16 EStG vorliegt.

Die Vorschriften zur Einbringung von Betriebsvermögen gegen die Gewährung von Gesellschaftsrechten am übernehmenden Rechtsträger ermöglichen es, Sachgesamtheiten ohne die Rechtsfolge des § 16 EStG auf einen anderen Rechtsträger zu übertragen.

Merke: Die Vorschriften zur Einbringung von Betrieben, Teilbetrieben und Mitunternehmeranteilen sind **leges speciales** zu § 16 EStG.

Sind sämtliche Anwendungsvoraussetzungen des § 20 UmwStG erfüllt, kann der Übertragungsvorgang steuerneutral erfolgen. Es wird ein Bewertungswahlrecht eingeräumt, das einen Ansatz des übertragenen Betriebsvermögens zu Buch-, Zwischen- oder Teilwerten ermöglicht. Bei Ansatz eines Werts unter dem Teilwert erfolgt in Höhe der Differenz zwischen dem Teilwert und dem gewählten Wertansatz keine Aufdeckung der im Betriebsvermögen verhafteten stillen Reserven. In Höhe dieser Differenz bleibt der Einbringungsvorgang somit steuerneutral. Ein beim übertragenden Rechtsträger im Zeitpunkt der Übertragung anfallender Übertragungsgewinn bzw. **Einbringungsgewinn** kann daher je nach Wertansatz unterschiedlich hoch ausfallen. Bei Ansatz des Buchwerts beläuft sich dieser auf null, da eine Aufdeckung stiller Reserven unterbleibt. Werden dagegen stille Reserven im Übertragungszeitpunkt durch einen über dem Buchwert liegenden Ansatz **erfolgswirksam** aufgedeckt, entsteht beim übertragenden Rechtsträger ein zu versteuernder Einbringungsgewinn. Für den Teil der stillen Reserven, der nicht aufgedeckt wird, unterbleibt eine Besteuerung beim übertragenden Rechtsträger im Zeitpunkt der Übertragung.

> **Merke:** Die Vorschriften zur Einbringung gestatten es, eine steuerliche Belastung des übertragenden Rechtsträgers zum Übertragungszeitpunkt gänzlich zu unterbinden, wenn der Buchwertansatz gewählt wird.

Die Fortführung des übertragenen Betriebs, Teilbetriebs oder Mitunternehmeranteils, wie er beim übertragenden Rechtsträger bestanden hat, ist somit möglich. Stille Reserven wie ein originärer Firmenwert oder eine Reinvestitionsrücklage können durch eine **erfolgsneutrale** Ausgestaltung des Übertragungsvorgangs auf den übernehmenden Rechtsträger übergehen und bleiben dort weiterhin steuerlich verhaftet. Eine mit der Realisierung dieser stillen Reserven einhergehende hohe steuerliche Belastung kann im Zeitpunkt der Vermögensübertragung im Wege eines Einbringungsvorgangs, wobei dem übertragenden Rechtsträger keine Liquidität zufließt, vermieden werden. Eine wirtschaftlich notwendige Umstrukturierung kann daher ohne steuerliche Belastung vollzogen werden.

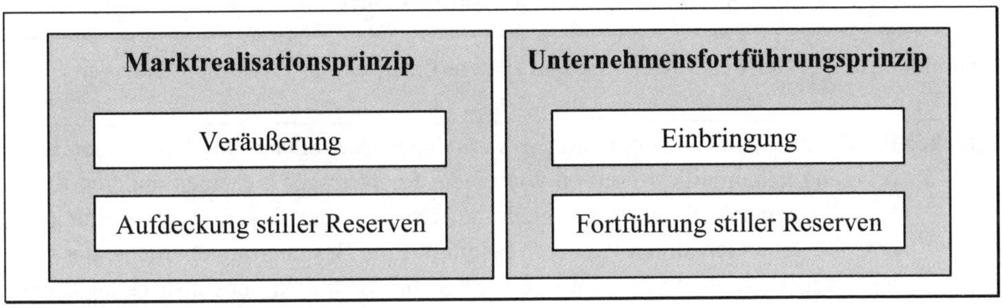

Abbildung 107: Prinzipien bei Betriebsveräußerung bzw. bei Einbringung

Auf Grund der Gesellschafterstellung des übertragenden Rechtsträgers, die durch die Gewährung von Kapitalgesellschaftsanteilen bzw. Mitunternehmeranteilen am übernehmenden Rechtsträger begründet wird, bleibt die **steuerliche Verstrickung** der im Übertragungszeitpunkt nicht aufgedeckten und damit steuerneutral auf den übernehmenden Rechtsträger übergegangenen stillen Reserven beim übertragenden Rechtsträger allerdings gewährleistet. Über seine Gesellschafterstellung ist der übertragende Rechtsträger nach der Vermögensübertragung an ihnen beteiligt. Durch eine steuerneutrale Einbringung von Betriebsvermögen wird eine erfolgswirksame Aufdeckung von stillen Reserven beim übertragenden Rechtsträger daher nur im Zeitpunkt der Vermögensübertragung unterbunden. Eine generelle Vermeidung der steuerlichen Erfassung der übergehenden stillen Reserven wird durch einen Einbringungsvorgang folglich nicht bewirkt. Eine Besteuerung wird lediglich auf den Zeitpunkt verschoben, an dem der übertragende Rechtsträger eine **Entstrickung** der stillen Reserven, z.B. durch eine Veräußerung der Gesellschaftsrechte, vornimmt. Durch diesen Veräußerungsvorgang werden die stillen Reserven, an denen der übertragende Rechtsträger nach der Einbringung immer noch beteiligt war, aufgedeckt und realisiert.

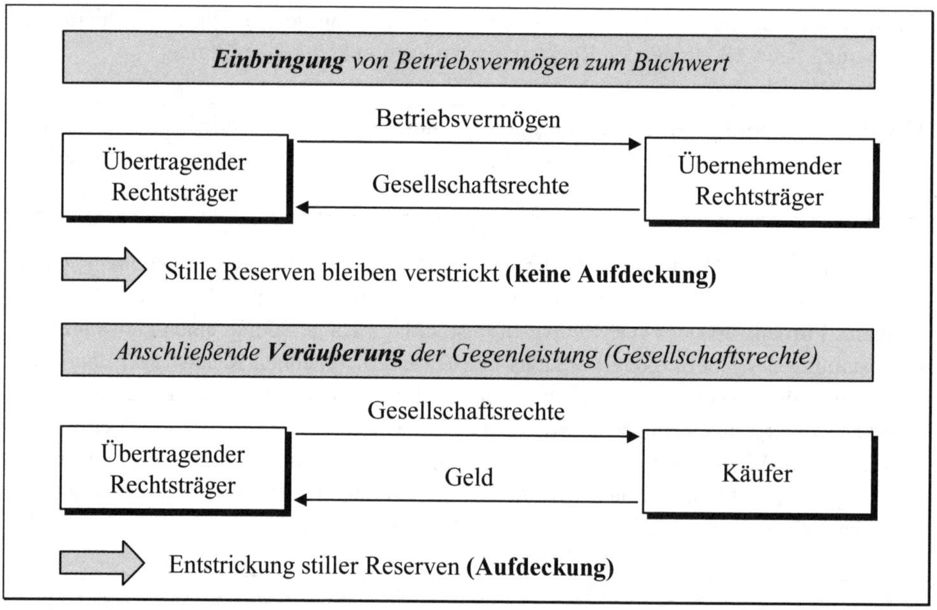

Abbildung 108: Buchwertfortführung und spätere Entstrickung von stillen Reserven

Merke: Im Rahmen einer steuerneutralen Vermögensübertragung im Wege einer Einbringung gehen stille Reserven von einem Rechtsträger auf einen anderen über. Der übertragende Rechtsträger bleibt auf Grund seiner Gesellschafterstellung an den übergehenden stillen Reserven beteiligt. Eine Besteuerung übergehender stiller Reserven kann auf diese Weise nur bis zum Zeitpunkt der Entstrickung durch den übertragenden Rechtsträger aufgeschoben werden.

Damit eine steuerliche Verhaftung von übergegangenen stillen Reserven beim **übertragenden Rechtsträger** gewährleistet bleibt, muss die Gegenleistung für die Einbringung in Form von Gesellschaftsrechten bestehen, wodurch ein Beteiligungsverhältnis begründet wird. Bei einer Verschmelzung gem. §§ 3-10 bzw. 11-13 UmwStG besteht dagegen i.d.R. bereits vor der Übertragung der Wirtschaftsgüter ein Beteiligungsverhältnis zwischen übertragendem und übernehmendem Rechtsträger. Dieses Beteiligungsverhältnis wird durch den Verschmelzungsvorgang beendet, da bei einer Verschmelzung nach dem UmwG der oder die übertragenden Rechtsträger aufgelöst werden und nur der übernehmende Rechtsträger fortbesteht.

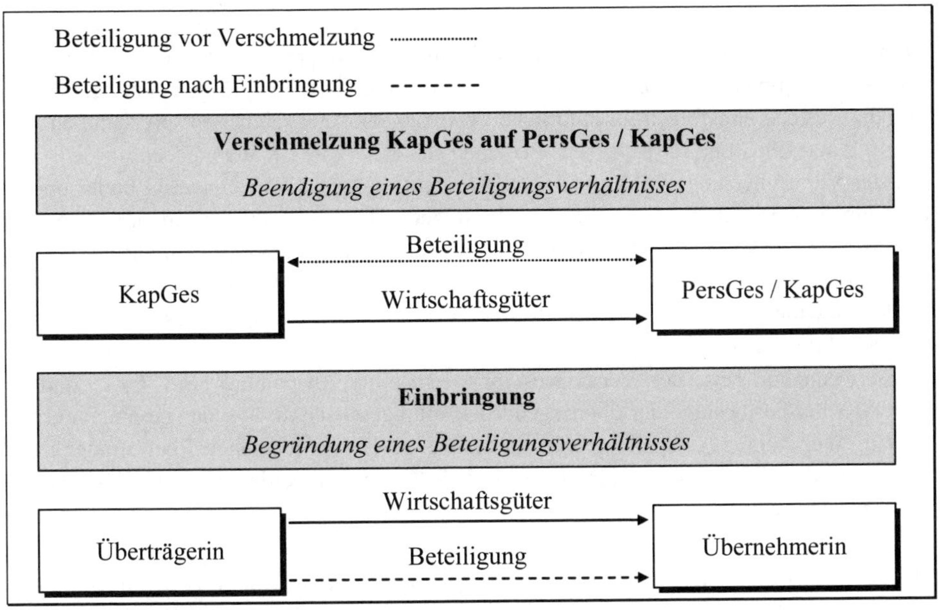

Abbildung 109: Beteiligungsstrukturen bei Verschmelzung bzw. Einbringung

Im Folgenden soll auf diesen Unterschied näher eingegangen werden, da er ursächlich für wesentliche Abweichungen in den Besteuerungsfolgen zwischen Einbringungsvorgängen und den im UmwStG geregelten Verschmelzungen und Spaltungen ist. Wird eine mittels eines Anteilskaufs erworbene Beteiligung des übernehmenden Rechtsträgers an einer **übertragenden Kapitalgesellschaft** gegen Abschreibungspotenzial, d.h. Wirtschaftsgüter, ausgetauscht, kann es im Rahmen einer Verschmelzung zu einem **Übernahmegewinn** beim übernehmenden Rechtsträger kommen, falls der Wert, mit dem die übertragenen Wirtschaftsgüter bei der Übernehmerin anzusetzen sind, den Buchwert der von ihr gehaltenen Beteiligung an der Überträgerin übersteigt.

Eine steuerliche Erfassung eines Übernahmegewinns im Falle der Verschmelzung einer Kapitalgesellschaft auf eine Personengesellschaft stellt eine **Sonderform der Dividendenbesteuerung** dar, wobei die Gewinnrücklagen der Kapitalgesellschaft steuerlich erfasst werden sollen. Thesauriert eine unbeschränkt körperschaftsteuerpflichtige Kapitalgesellschaft, die nach dem **Intransparenzprinzip** besteuert wird, ihre Gewinne, unterliegen diese gem. § 23 Abs. 1 KStG einer Definitivbesteuerung mit 25 %. Wird die Kapitalgesellschaft dann auf eine Personengesellschaft verschmolzen, was mit ihrer Auflösung verbunden ist, werden die thesaurierten Gewinne auf die Personengesellschaft, die nach dem **Transparenzprinzip** besteuert wird, verlagert. Die Anteilseigner der untergehenden Kapitalgesellschaft werden Gesellschafter der Personengesellschaft und könnten nun die thesaurierten Gewinne aus dem Betriebsvermögen der Personengesellschaft entnehmen, ohne dass dies steuerliche Folgen hätte. Da der Übernahmegewinn bei einer Verschmelzung einer Kapitalgesellschaft auf eine Personengesellschaft i.S.d. §§ 3-10 UmwStG für jeden Mitunternehmer, d.h. natürliche Personen bzw. juristische Personen als eigenständige Steuersub-

jekte, gesondert zu ermitteln und nur hälftig anzusetzen ist bzw. gänzlich außer Ansatz bleibt, entspricht dies dem System des Halbeinkünfteverfahrens. Wäre keine Verschmelzung vorgenommen worden, sondern stattdessen eine offene Gewinnausschüttung, würden sich die Besteuerungsfolgen für natürliche Personen als Anteilseigner entsprechend aus § 3 Nr. 40 Bst. d EStG und für juristische Personen aus § 8b Abs. 1 KStG ergeben.
Bei der Verschmelzung von Kapitalgesellschaften i.S.d. §§ 11-13 UmwStG bleibt ein Übernahmegewinn außer Ansatz, da das übertragene Betriebsvermögen auf der Ebene der intransparenten Besteuerung verbleibt. Lediglich eine in der Vergangenheit auf die Beteiligung am übertragenden Rechtsträger vorgenommene Teilwertabschreibung wird dem laufenden Gewinn des übernehmenden Rechtsträgers hinzugerechnet, da diese ansonsten unberücksichtigt bliebe.
Selbst wenn nur Teile des Vermögens im Wege einer Abspaltung i.S.d. §§ 15 und 16 UmwStG bei Fortbestand der übertragenden Kapitalgesellschaft oder das gesamte Vermögen im Wege einer Aufspaltung auf mindestens zwei übernehmende Rechtsträger unter Auflösung der übertragenden Kapitalgesellschaft übertragen werden, kann ein Übernahmegewinn entstehen.

Merke: Ein Übernahmegewinn bei Verschmelzungen bzw. Auf- und Abspaltungen unter Beteiligung einer **Kapitalgesellschaft** als übertragendem Rechtsträger dient der Erfassung der bei der Gewinnentstehung von der übertragenden Kapitalgesellschaft lediglich mit dem Körperschaftsteuersatz versteuerten Gewinnrücklagen. Bei Übertragung auf eine Personengesellschaft wird mittels eines Übernahmegewinns eine Sonderform der Dividendenbesteuerung vorgenommen, da ansonsten im Wege einer nicht steuerbaren Privatentnahme Gewinnrücklagen ohne weitere steuerliche Erfassung auf die Gesellschafterebene verlagert werden könnten.

In den Vorschriften zur Einbringung ist hingegen eine Regelung bezüglich eines Übernahmegewinns nicht enthalten, obwohl auch eine Einbringung von Betriebsvermögen durch eine Kapitalgesellschaft in eine an ihr beteiligte Kapitalgesellschaft oder Personengesellschaft möglich ist. Die Konzeption der Einbringung sieht jedoch den Einbringenden, d.h. die Kapitalgesellschaft selbst und nicht deren Gesellschafter, als Empfänger der Gegenleistung vor.

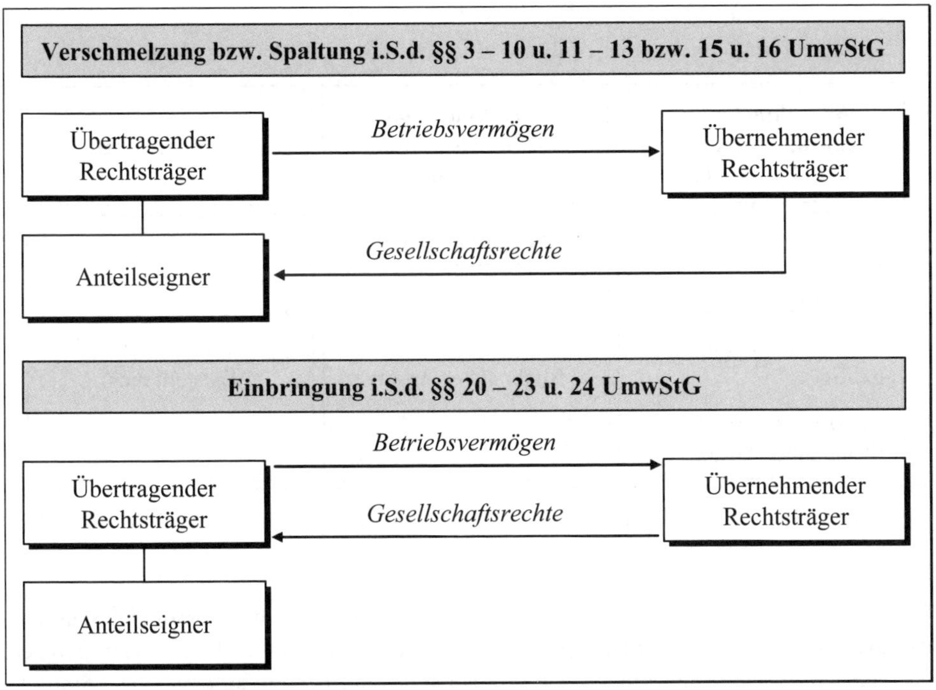

Abbildung 110: Empfänger der Gegenleistung

Hinweis: Bei einer umwandlungsrechtlichen **Ausgliederung besteht der übertragende Rechtsträger fort** und ist im Gegensatz zur umwandlungsrechtlichen Abspaltung **selbst Empfänger der Gegenleistung**. Nur durch eine Ausgliederung kann Betriebsvermögen **einer Kapitalgesellschaft** im Wege einer Einbringung durch Gesamtrechtsnachfolge übertragen werden, denn die Konzeption der umwandlungsrechtlichen Ausgliederung bezüglich des Fortbestands des übertragenden Rechtsträgers und des Empfängers der Gegenleistung ist deckungsgleich mit der umwandlungssteuerrechtlichen Einbringung.

Eine Verlagerung von Gewinnrücklagen der Kapitalgesellschaft auf einen anderen Rechtsträger ist somit zwar möglich, aber eine steuerliche Erfassung mittels einer Sonderform der Dividendenbesteuerung nicht erforderlich. Nicht die Gesellschafter der übertragenden Kapitalgesellschaft, sondern die intransparent besteuerte übertragende Kapitalgesellschaft selbst wird Gesellschafterin des übernehmenden Rechtsträgers. Eine Verlagerung von thesaurierten Gewinnen auf die Anteilseigner der übertragenden Kapitalgesellschaft ist nur durch eine offene Gewinnausschüttung möglich mit der Folge einer steuerlichen Erfassung dieser Form der Gewinnverwendung.

Übertragung von Vermögen durch eine Kapitalgesellschaft im Wege einer...		
Verschmelzung, Auf- u. Abspaltung auf eine PersGes	**Verschmelzung, Auf- u. Abspaltung auf eine KapGes**	**Einbringung**
Übernahmegewinn		
Mitunternehmer *Natürliche Person:* hälftig *Juristische Person:* bleibt außer Ansatz	Bleibt außer Ansatz	Entsteht nicht

Abbildung 111: Übernahmegewinn bei Übertragung von Vermögen einer Kapitalgesellschaft

Zivilrechtliche Verschmelzungen bzw. Auf- und Abspaltungen mit **Personengesellschaften als übertragender Rechtsträger** sind im UmwStG dagegen nicht gesondert geregelt. Sie stellen steuerrechtlich Einbringungsvorgänge dar mit der Folge, dass eine Ermittlung eines Übernahmegewinns beim übernehmenden Rechtsträger nicht vorgenommen wird. Eine gesonderte Regelung ist aus folgenden Gründen auch nicht erforderlich:

- Personengesellschaften werden transparent besteuert. Wird auf der Ebene der Personengesellschaft ein Gewinn erwirtschaftet, wird dieser im Rahmen einer gesonderten und einheitlichen Gewinnfeststellung für jeden Gesellschafter festgestellt und mit dessen persönlichem Einkommensteuer- bzw. mit dem Körperschaftsteuersatz versteuert. Besteuert wird daher ausschließlich die **Gewinnentstehung**. Eine Zuführung der Gewinne zu den Gewinnrücklagen und deren spätere Ausschüttung an die Gesellschafter **(Abschirmungwirkung)** wie bei Kapitalgesellschaften ist nicht möglich. Daher ist eine Regelung zur Erfassung eines **Übernahmegewinns** unter Beteiligung einer Personengesellschaft als übertragendem Rechtsträger hinfällig.

- Bei einer Personengesellschaft kann es zu keiner Diskrepanz zwischen den Wertansätzen der Wirtschaftsgüter und dem Wert der Beteiligung wie bei einer Kapitalgesellschaft kommen. Eine Beteiligung an einer Personengesellschaft ist kein Wirtschaftsgut wie z.B. eine Beteiligung an einer Kapitalgesellschaft, und kann deshalb auch nicht durch eine Teilwert-AfA abgewertet werden. Ein Gesellschafter einer Personengesellschaft besitzt ein anteiliges Eigentumsrecht an jedem einzelnen Wirtschaftsgut der Personengesellschaft. Wertveränderungen der Aktiva und Passiva, an denen der Gesellschafter unmittelbar beteiligt ist, haben somit einen unmittelbaren Einfluss auf den Wert der Beteiligung an der Personengesellschaft. Dagegen erhöht eine vormals auf die Beteiligung vorgenommene **Teilwert-AfA** bei einer Verschmelzung unter Beteiligung einer Kapitalgesellschaft als übertragendem Rechtsträger den Übernahmegewinn.

Merke: Ein Übernahmegewinn kann grundsätzlich nur anfallen, wenn eine **Kapitalgesellschaft** Vermögen auf eine Personengesellschaft oder eine andere Kapitalgesellschaft überträgt. Bringt eine **Kapitalgesellschaft** Vermögen in eine Kapital- oder Personengesellschaft ein, **verbleibt die Beteiligung an den übergegangenen stillen Reserven auf der intransparenten Besteuerungsebene** der übertragenden Kapitalgesellschaft. Eine Sonderform der Dividendenbesteuerung in Gestalt eines Übernahmegewinns ist somit nicht erforderlich, da die fortbestehende übertragende Kapitalgesellschaft selbst Empfänger der Gegenleistung ist.
Verschmelzungen, Aufspaltungen und Abspaltungen unter Beteiligung einer Personengesellschaft als übertragendem Rechtsträger werden steuerrechtlich durch die Einbringung erfasst.

Der Vorgang einer zivilrechtlichen Verschmelzung mit einer Kapitalgesellschaft als übertragendem Rechtsträger erfüllt auch die Anwendungsvoraussetzungen einer Einbringung, da in dieser Hinsicht kein Unterschied zu einer Verschmelzung unter Beteiligung einer Personengesellschaft als übertragendem Rechtsträger besteht. Im UmwStG wurden jedoch gesonderte Regelungen getroffen, die der Kapitalgesellschaft als eigenständiges Steuersubjekt Rechnung tragen. Durch das Regulativ des Übernahmegewinns insbesondere bei der Verlagerung von Gewinnrücklagen von der intransparenten auf die transparente Besteuerungsebene wird eine Steuerumgehung vermieden. **Die Vorschriften zur Verschmelzung von Kapitalgesellschaften auf Personengesellschaften bzw. Kapitalgesellschaften** sind daher als **leges speciales** zu den Einbringungsvorschriften anzusehen.

Die Tatsache, dass der übertragende Rechtsträger selbst Gesellschafter des übernehmenden Rechtsträgers wird, ist die Ursache eines weiteren wesentlichen Unterschieds zwischen den umwandlungssteuerlichen Regelungen zu Verschmelzungen bzw. Spaltungen und Einbringungen. Die Ausübung des **Bewertungswahlrechts** steht im Rahmen der Einbringung nicht dem übertragenden, sondern dem übernehmenden Rechtsträger zu.

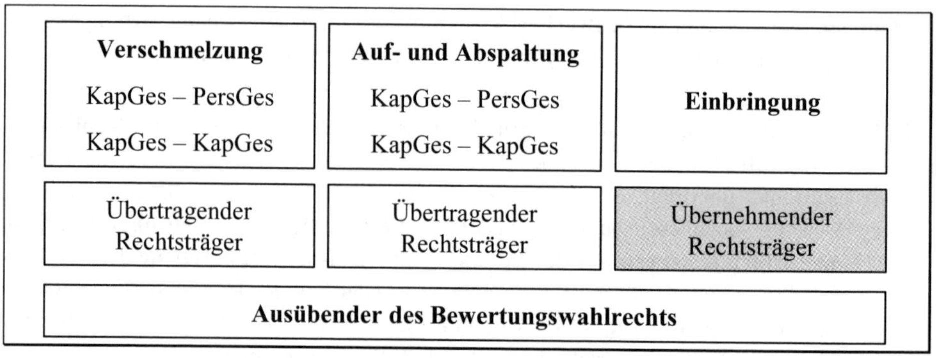

Abbildung 112: Bewertungswahlrecht des übernehmenden Rechtsträgers bei Einbringung

In der Grundkonzeption der Einbringungsvorschriften erhält der übertragende, nach der Vermögensübertragung fortbestehende Rechtsträger Gesellschaftsrechte am übernehmenden Rechtsträger. Erfolgt die Einbringung nicht zum Teilwert, gehen stille Reserven auf den übernehmenden Rechtsträger über, an denen der übertragende Rechtsträger durch seine durch den Einbringungsvorgang begründete Gesellschafterstellung beteiligt ist. Hätte der Einbringende das Bewertungswahlrecht, wäre es ihm möglich, die Höhe der stillen Reserven, an denen er beteiligt ist, selbst zu beeinflussen.

2 Einbringung in eine Kapitalgesellschaft gem. § 20 UmwStG

In den §§ 20-22 UmwStG wird die Sacheinlage von Betriebsvermögen in eine bereits bestehende oder neu gegründete **unbeschränkt körperschaftsteuerpflichtige Kapitalgesellschaft** behandelt. Das Bewertungswahlrecht in § 20 Abs. 2 Satz 1 UmwStG gewährt dem übernehmenden Rechtsträger die Bilanzierung zum Buch-, Zwischen- oder Teilwert. Um eine Vermögensübertragung auf eine Kapitalgesellschaft steuerneutral im Wege einer Einbringung durchführen zu können, sind folgende in § 20 Abs. 1 Satz 1 UmwStG formulierte Voraussetzungen zu erfüllen:

- Einbringung von **Sachgesamtheiten** in Form eines Betriebs, Teilbetriebs oder Mitunternehmeranteils und
- Gegenleistung in Form von **neuen** Kapitalgesellschaftsanteilen.

Einkommensteuerrechtlich ist diese Form der Umwandlung als ein **tauschähnlicher Veräußerungsvorgang** zu qualifizieren, der nach allgemeinen Grundsätzen zu einem Veräußerungsgewinn i.S.d. § 16 EStG führen würde.[467] Diese Rechtsfolge wird durch § 20 UmwStG allerdings außer Kraft gesetzt, indem eine Aufdeckung der stillen Reserven gänz-

[467] Vgl. BFH v. 23.01.1986, IV-R-335/84, BStBl. II 1986, S. 623.

lich oder teilweise durch Ansatz des Buch- oder eines Zwischenwerts der Sacheinlage im Rahmen des Bewertungswahlrechts vermieden werden kann. In Analogie zur Verschmelzung enthält § 20 UmwStG den Verzicht der Aufdeckung und der damit verbundenen Besteuerung der stillen Reserven zum Zeitpunkt der Umwandlung, sofern deren spätere steuerliche Erfassung gesichert bleibt.[468]

Merke: Durch § 20 UmwStG wird eine **teleologische Reduktion** des § 16 EStG vorgenommen.

Bei Erfüllung der Anwendungsvoraussetzungen des § 20 UmwStG richten sich die Besteuerungsfolgen nach den dort getroffenen Regelungen, so dass Unternehmensumwandlungen steuerneutral durchführbar sind und eine Anpassung der Unternehmensform an die betriebswirtschaftlichen und unternehmenspolitischen Erfordernisse erfolgen kann.[469] Der Zweck des § 20 UmwStG ist die Realisierbarkeit dieser aus wirtschaftlichen Gesichtspunkten notwendigen Anpassung, während im Rahmen des § 16 EStG lediglich Begünstigungen für eine Veräußerung (Umsatzakt) oder die Aufgabe (Entstrickungstatbestand) eines Betriebs, Teilbetriebs oder Mitunternehmeranteils gewährt werden.

[468] Vgl. BFH v. 16.02.1996, I-R-183/94, BStBl. II 1996, S. 342.

[469] Vgl. BT-Drucks. 7/5502 v. 28.06.1976, S. 1 f.

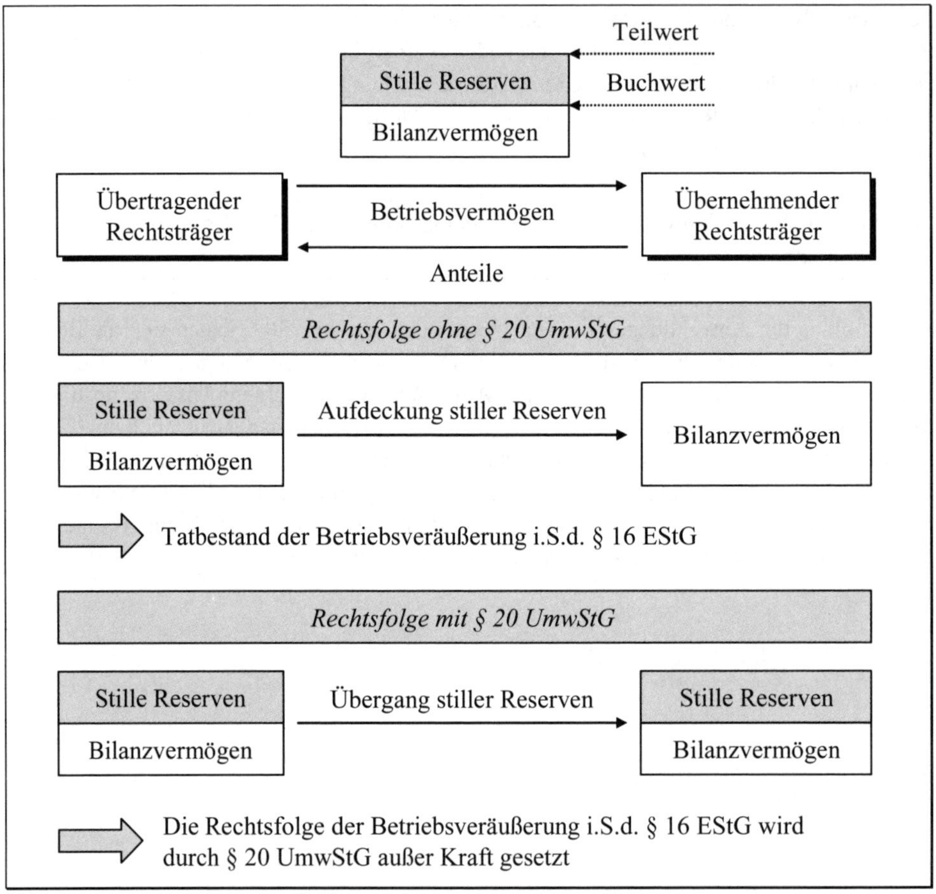

Abbildung 113: Außerkraftsetzung der Rechtsfolge des § 16 EStG durch § 20 UmwStG

Des Weiteren umfasst § 20 UmwStG neben der Einbringung von Sachgesamtheiten auch die Einbringung von Kapitalgesellschaftsanteilen, wobei die übernehmende Kapitalgesellschaft nach der Übertragung nachweisbar **unmittelbar** die Stimmrechtsmehrheit an der Kapitalgesellschaft halten muss, deren Anteile eingebracht wurden. Eine unbeschränkte Körperschaftsteuerpflicht der Kapitalgesellschaft, deren Anteile eingebracht werden, ist nicht erforderlich.[470]

2.1 Systematik

In § 20 UmwStG werden neben den Anwendungsvoraussetzungen der steuerneutralen Vermögensübertragung im Wege der Einbringung in eine Kapitalgesellschaft die Bewer-

---

[470] Vgl. Tz. 20.17 UmwStE.

tung des übertragenen Vermögens sowie der als Gegenleistung gewährten Kapitalgesellschaftsanteile behandelt. Außerdem ist die Besteuerung eines Einbringungsgewinns bei Ansatz eines Zwischen- bzw. Teilwerts, d.h. bei einer Aufdeckung stiller Reserven geregelt. Schließlich beinhaltet die Vorschrift Bestimmungen zur steuerlichen Rückwirkung und zum steuerlichen Übertragungsstichtag.

Die Besteuerung des Anteilseigners, der im Gegenzug für die Einbringung Gesellschaftsrechte erwirbt, findet sich in § 21 UmwStG. Die weitere steuerliche Behandlung des übergegangenen Vermögens bei der Kapitalgesellschaft und die damit verbundenen Auswirkungen werden in § 22 UmwStG geregelt.

§ 20 UmwStG	
Bewertung des eingebrachten Betriebsvermögens und der gewährten Gesellschaftsanteile	
Abs. 1	Einbringungsgegenstand Gewährung neuer Anteile
Abs. 2	Bewertungswahlrecht der Übernehmerin
Abs. 3	Pflicht zum Teilwertansatz
Abs. 4	Veräußerungspreis des eingebrachten Betriebsvermögens Anschaffungskosten der neuen Kapitalgesellschaftsanteile
Abs. 5	Begünstigung des Einbringungsgewinns
Abs. 6	Stundung des Einbringungsgewinns
Abs. 7	Rückbeziehung der Einbringung
Abs. 8	Steuerlicher Übertragungsstichtag

§ 21 UmwStG	
Besteuerung des Anteilseigners	
Abs. 1	Entstehung einbringungsgeborener Anteile Begünstigung des Veräußerungsgewinns
Abs. 2	Veräußerungsgleiche Tatbestände
Abs. 3	Sonderfälle
Abs. 4	Einlage einbringungsgeborener Anteile in ein Betriebsvermögen

§ 22 UmwStG	
Auswirkungen bei der übernehmenden Kapitalgesellschaft	
Abs. 1	Buchwertansatz
Abs. 2	Zwischenwertansatz
Abs. 3	Teilwertansatz
Abs. 4	Gewerbesteuerlicher Verlustvortrag
Abs. 5	Konfusionsgewinne

Abbildung 114: Regelungen zur Einbringung von Vermögen in eine Kapitalgesellschaft

2.2 Einbringungsmotive

2.2.1 Konzernumstrukturierung

Werden einzelne Geschäftsbereiche aus einem Unternehmen ausgliedert, um es zu einer beteiligungsverwaltenden Holding zu entwickeln, erfolgt aus steuerlicher Sicht eine Einbringung in eine Kapitalgesellschaft i.S.d. § 20 UmwStG.[471]

Beispiel

Die Butch AG gliedert einen Geschäftsbereich in die neu gegründete Vega AG aus. (Ausgliederung zur Neugründung gem. § 123 Abs. 3 Nr. 2 UmwG). Durch die Gewährung von Anteilen der Vega AG entsteht ein Mutter-Tochter Verhältnis. Aus steuerlicher Sicht handelt es sich bei dieser Ausgliederung um eine Einbringung eines Teilbetriebs in eine Kapitalgesellschaft i.S.d. § 20 UmwStG.

2.2.2 Wechsel der Rechtsform

Der Wechsel der Rechtsform von einer Personengesellschaft in eine Kapitalgesellschaft kann neben Gründen der Haftungsbeschränkung auch durch einen hohen Eigenkapitalbedarf motiviert sein.

Beispiel

Das stark diversifizierte Pharmaunternehmen California Mountain Snake in der Rechtsform einer KG plant, den forschungsintensiven Geschäftsbereich Biotechnologie beteiligungsfähig zu machen. Dazu wird dieser aus der California Mountain Snake KG ausgliedert und auf die neu gegründete Black Mamba AG übertragen (Ausgliederung zur Neugründung gem. § 123 Abs. 3 Nr. 2 UmwG). Steuerlich handelt es sich bei diesem Übertragungsvorgang um eine Einbringung in eine Kapitalgesellschaft i.S.d. § 20 UmwStG.

2.3 Zivilrechtliche Anwendungsfälle

Eine Umwandlung i.S.d. §§ 1-19 UmwStG kann zivilrechtlich nur durch jeweils einen im UmwG geregelten Anwendungsfall vollzogen werden. Die Vorschriften zur Einbringung stellen hingegen keine spezielle Ausgestaltung einer zivilrechtlichen Regelung aus dem UmwG dar. Vielmehr lassen sich eine Reihe zivilrechtlicher Möglichkeiten zur Vermögensübertragung, die die in § 20 UmwStG genannten Anforderungen erfüllen, aus steuerrechtlicher Sicht durch eine Einbringung realisieren. Dies kann sowohl im Wege der Gesamtrechtsnachfolge als auch im Wege der Einzelrechtsnachfolge geschehen. Für die Anwendungsvoraussetzungen des § 20 UmwStG ist die Art der Rechtsnachfolge unbeacht-

[471] Vgl. Fuhrmann, L./ Simon, S., Praktische Probleme der umwandlungsrechtlichen Ausgliederung, AG 2000, S. 49.

lich.[472] Der umwandlungsrechtliche Formwechsel von einer Personengesellschaft in eine Kapitalgesellschaft nach § 190 UmwG ist durch den Verweis in § 25 UmwStG steuerrechtlich wie eine Einbringung in eine Kapitalgesellschaft i.S.d. § 20 UmwStG zu behandeln.

2.3.1 Gesamtrechtsnachfolge

Erfolgt die Einbringung im Wege einer umwandlungsrechtlichen Art der Vermögensübertragung, gilt bezüglich des übertragenen Vermögens die Gesamtrechtsnachfolge. Bei der Gesamtrechtsnachfolge gehen sämtliche Vermögensgegenstände des übertragenden Rechtsträgers in einem **einheitlichen Rechtsakt** auf die übernehmende Kapitalgesellschaft über.

Folgende zivilrechtliche Möglichkeiten für eine Einbringung bestehen:[473]

- Verschmelzung von Personenhandelsgesellschaften auf eine bereits bestehende oder neu gegründete Kapitalgesellschaft,
- Aufspaltung oder Abspaltung von Vermögensteilen einer Personenhandelsgesellschaft auf eine bereits bestehende oder neu gegründete Kapitalgesellschaft,
- Ausgliederung von Vermögensteilen eines Einzelkaufmanns, einer Personenhandelsgesellschaft, einer Kapitalgesellschaft oder eines sonstigen sowohl in § 1 Abs. 1 KStG als auch in § 124 Abs. 1, Alt. 2 UmwG, § 3 Abs. 1 UmwG genannten Rechtsträgers auf eine bereits bestehende oder neu gegründete Kapitalgesellschaft.

Merke: Eine umwandlungsrechtliche Verschmelzung von einer Personengesellschaft auf eine Kapitalgesellschaft und eine umwandlungsrechtliche Auf- bzw. Abspaltung von Betriebsvermögen einer Personengesellschaft auf eine Kapitalgesellschaft können steuerlich nur im Rahmen der Einbringung erfolgen.

Wie bei der Abspaltung von Betriebvermögen besteht auch bei einer Ausgliederung der übertragende Rechtsträger nach der Übertragung fort. Bei einer Abspaltung erhalten die Gesellschafter, wie auch bei einer Aufspaltung und einer Verschmelzung, Gesellschaftsrechte der übernehmenden Kapitalgesellschaft. Bei einer Ausgliederung ist der fortbestehende übertragende Rechtsträger hingegen selbst Empfänger der Gegenleistung. Nicht die Gesellschafter sind im Anschluss an die Vermögensübertragung an den stillen Reserven der übernehmenden Kapitalgesellschaft beteiligt, sondern der übertragende Rechtsträger selbst. Aus diesem Grund wird eine Ausgliederung von Betriebsvermögen durch eine **Kapitalgesellschaft** steuerlich nicht von der Spaltungsvorschrift des § 15 UmwStG erfasst, sondern fällt unter die Einbringung i.S.d. § 20 UmwStG, da dessen Grundkonzeption ebenfalls den übertragenden Rechtsträger als Empfänger der Gegenleistung vorsieht.

---

[472] Vgl. Wacker, R., Die §§ 20 ff. UmwStG nach dem Einführungsschreiben vom 25.3.1998, BB 1998, Beilage Nr. 8 zu Heft Nr. 26, S. 3.

[473] Vgl. Tz. 20.02 UmwStE.

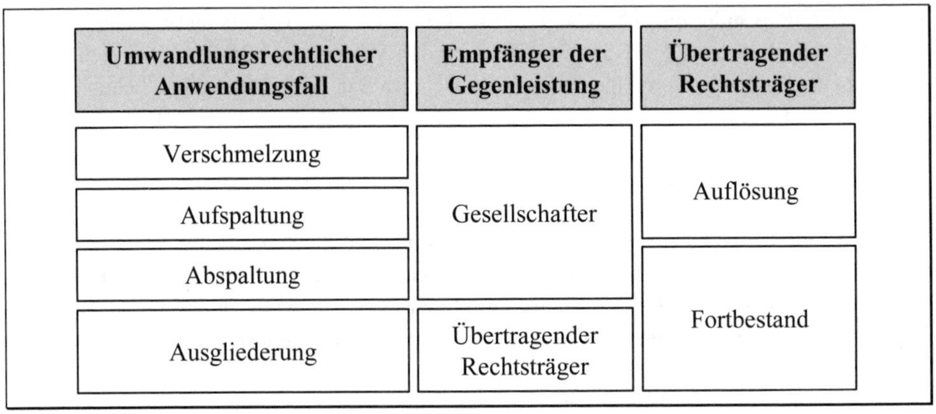

Abbildung 115: Schicksal des Überträgers und Empfänger der Gegenleistung

Merke: Die Ausgliederung von Vermögensteilen nach § 123 Abs. 3 UmwG kann steuerrechtlich **ausschließlich** durch eine Einbringung erfolgen.

Sowohl die Abspaltung als auch die Ausgliederung erfolgen im Rahmen der **partiellen Gesamtrechtsnachfolge (Sonderrechtsnachfolge)**, da nur ein Teil des Vermögens auf die übernehmende Kapitalgesellschaft übergeht und sich die Rechtsnachfolge auf das übertragene Vermögen beschränkt. Der übertragende Rechtsträger besteht mit dem verbliebenen Vermögen im Gegensatz zu einer Übertragung in Form einer Verschmelzung fort. Auch eine Aufspaltung erfolgt im Wege der Sonderrechtsnachfolge, obwohl der übertragende Rechtsträger sein gesamtes Vermögen überführt. Allerdings wird dieses bei mehreren Rechtsträgern fortgeführt.

2.3.2 Einzelrechtsnachfolge

Für nicht explizit im UmwG geregelte Tatbestände müssen sämtliche Vermögensgegenstände **einzeln** auf die übernehmende Kapitalgesellschaft übertragen werden. Folgende zivilrechtliche Möglichkeiten für eine Einbringung bestehen:[474]

- Sacheinlage i.S.d. § 5 Abs. 4 GmbHG bzw. § 27 AktG bei der Gründung einer Kapitalgesellschaft,
- Sacheinlage im Rahmen einer Kapitalerhöhung bei einer bestehenden Kapitalgesellschaft i.S.d. § 56 GmbHG bzw. §§ 183, 194 , 205 AktG,
- Anwachsung i.S.d. § 738 BGB bzw. § 142 HGB.

474 Vgl. Tz. 20.02 UmwStE.

2.3.3 Formwechsel

Kennzeichnend für eine formwechselnde Umwandlung ist, dass an ihr nur ein Rechtsträger beteiligt ist, und es **weder** zu einer **Gesamtrechtsnachfolge** des Vermögens eines Rechtsträgers in das Vermögen eines anderen kommt **noch** es einer **Übertragung der einzelnen Vermögensgegenstände** bedarf.[475]

§ 202 Abs. 1 Nr. 1 UmwG	
„Der formwechselnde Rechtsträger besteht in der im Umwandlungsbeschluss bestimmten Rechtsform weiter.“	⇨ **Rechtsträgeridentität**

Da im Rahmen eines Formwechsels von einer Personengesellschaft in eine Kapitalgesellschaft i.S.d. § 190 UmwG keine Vermögensübertragung erfolgt, wären die Vorschriften zur Sacheinlage in eine Kapitalgesellschaft i.S.d. § 20 UmwStG grundsätzlich nicht für die steuerliche Ausgestaltung des zivilrechtlichen Vorgangs heranzuziehen. Deshalb bedarf es **aus steuerlicher Sicht der Fiktion einer Vermögensübertragung.**[476]

§ 25 Satz 1 UmwStG	
„Der achte Teil gilt in den Fällen des Formwechsels einer Personengesellschaft in Kapitalgesellschaft im Sinne des § 190 des Umwandlungsgesetzes entsprechend.“	⇨ **Verweis** auf die Vermögensübertragung i.S.d. § 20 UmwStG

Um einen steuerneutralen Formwechsel vornehmen zu können, ist es daher erforderlich, dass neben den Anwendungsvoraussetzungen des § 190 UmwG auch die des § 20 UmwStG vorliegen.

Merke: Während der Formwechsel von einer Kapitalgesellschaft in eine Personengesellschaft steuerlich von den Regelungen der **Verschmelzung** einer Kapitalgesellschaft auf eine Personengesellschaft erfasst wird, fällt der Formwechsel von einer Personengesellschaft in eine Kapitalgesellschaft steuerrechtlich unter die Regelungen der **Einbringung**.

Im Ergebnis kann eine Einbringung i.S.d. § 20 UmwStG zivilrechtlich durch eine Vielzahl von Regelungen erfolgen. Die folgende Abbildung fasst dies noch einmal zusammen:

475 Vgl. BFH v. 04.12.1996, II-B-116/96, BStBl. II 1997, S. 661.

476 Vgl. Schmitt, J., in: Schmitt, J./ Hörtnagl, R./ Stratz, R.-C., Umwandlungsgesetz, Umwandlungssteuergesetz, 3. Aufl., München 2001, § 20 UmwStG, Rz. 201.

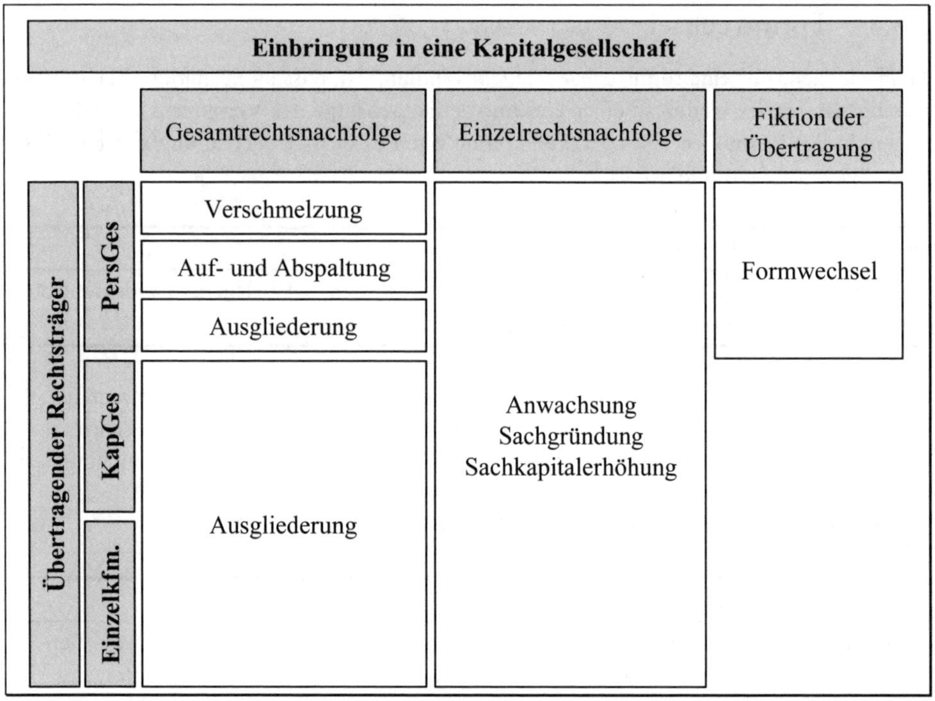

Abbildung 116: Zivilrechtliche Anwendungsfälle im Rahmen einer Einbringung in eine Kapitalgesellschaft

Die Art der Rechtsnachfolge ist für die Anwendung des § 20 UmwStG unbeachtlich. Entscheidend ist ausschließlich, dass die dort genannten Voraussetzungen erfüllt werden. Dabei spielt es keine Rolle, dass im Rahmen der umwandlungsrechtlichen Bestimmungen zur Spaltung (Gesamtrechtsnachfolge) auch einzelne Wirtschaftsgüter übertragen werden können. **§ 20 UmwStG verlangt die Einbringung von Sachgesamtheiten.**

2.4 Einbringungsgegenstand

Um eine steuerneutrale Einbringung im Rahmen des § 20 UmwStG vornehmen zu können, müssen Sachgesamtheiten, d.h. Betriebe, Teilbetriebe und Mitunternehmeranteile oder mehrheitsvermittelnde Kapitalgesellschaftsanteile, Gegenstand der Vermögensübertragung sein.

2.4.1 Betrieb und Teilbetrieb

Der Begriff des Betriebs im Umwandlungssteuerrecht entspricht weitgehend dem des Einkommensteuerrechts.[477] Ein Betrieb ist ein selbständiger Organismus des Wirtschaftslebens.[478] Er umfasst die Sachgesamtheit der Wirtschaftsgüter und sonstige Gegenstände einer selbständigen Organisationseinheit, die der Erzielung von Gewinneinkünften i.S.d. § 2 Abs. 2 Nr. 1 EStG dient.[479] Nicht nur bereits bestehende, sondern auch im Aufbau befindliche Betriebe können Gegenstand einer Einbringung im Rahmen des § 20 UmwStG sein. Die Aufnahme einer werbenden Tätigkeit eines Betriebs ist daher nicht Voraussetzung für eine Anwendung des § 20 UmwStG. Vielmehr müssen die wesentlichen Betriebsgrundlagen vorhanden und bei zielgerichteter Weiterverfolgung des Aufbauplans ein selbständig lebensfähiger Organismus zu erwarten sein.[480]

Auch ein Teilbetrieb kann Gegenstand einer Einbringung i.S.d. § 20 UmwStG sein. Die Finanzverwaltung verweist bezüglich einer Teilbetriebsdefinition für das Umwandlungssteuerrecht auf die Rechtsprechung und die Richtlinie 139 EStR.

R 139 EStR: „Ein Teilbetrieb ist ein mit einer gewissen Selbständigkeit ausgestatteter, organisch geschlossener Teil des Gesamtbetriebs, der für sich betrachtet alle Merkmale eines Betriebs im Sinne des Einkommensteuergesetzes aufweist und für sich lebensfähig ist.“

Die Rechtsprechung hat mehrfach entschieden, dass für die Bestimmung eines Teilbetriebs im UmwStG die Grundsätze des § 16 EStG heranzuziehen seien. Um eine betriebliche Einheit als Teilbetrieb zu qualifizieren, ist eine Tätigkeitsabgrenzung von Gesamt- und Teilbetrieb entscheidend. Ein Teilbetrieb muss sich folglich von der übrigen gewerblichen Betätigung abheben und unterscheiden.[481]

2.4.1.1 Übertragung der wesentlichen Betriebsgrundlagen

Wesentliche Betriebsgrundlagen sind Wirtschaftsgüter des Betriebsvermögens, die zur Erreichung des Betriebszwecks erforderlich und für den Betriebsablauf unerlässlich sind.[482] Nur wenn **sämtliche wesentlichen Betriebsgrundlagen** auf die übernehmende Kapitalge-

---

[477] Vgl. Van Lishaut, I., Umwandlungssteuerrecht, 2. Aufl., Köln 1998, S. 91.

[478] Vgl. BFH v. 11.03.1982, IV-R-25/79, BStBl. II 1982, S.707.

[479] Vgl. Friedrichs, K., in: Haritz, D./ Benkert, M. (Hrsg.), Umwandlungssteuergesetz Kommentar, 2. Aufl., München 2000, § 20, Rz. 53.

[480] Vgl. BFH v. 07.11.1992, IV-R-50/90, BStBl. II 1992, S. 380.

[481] Vgl. Rödder, T./ Beckmann, K., Ein neues Telbetriebsverständnis im Umwandlungssteuerrecht tut not!, DStR 1999, S. 751.

[482] Vgl. BFH v. 24.08.1989, IV-R-135/86, BStBl. II 1989, S. 1014.

sellschaft übertragen werden, wird der Betrieb als Ganzes eingebracht. Nur dann sind die Anwendungsvoraussetzungen des § 20 UmwStG erfüllt.[483]

Merke: Eine Einbringung eines Betriebs oder Teilbetriebs i.S.d. § 20 UmwStG liegt nur vor, wenn sämtliche Wirtschaftsgüter, die die wesentlichen Betriebsgrundlagen bilden, auf die übernehmende Kapitalgesellschaft übertragen werden.[484]

Bei der Frage, ob ein Wirtschaftsgut eine wesentliche Betriebsgrundlage darstellt, fallen die Betrachtungsweisen des EStG und des UmwStG auseinander. Eine steuerbegünstigte Betriebsveräußerung i.S.d. § 16 EStG setzt ebenfalls voraus, dass alle wesentlichen Betriebsgrundlagen in einem einheitlichen Vorgang veräußert werden. Im Rahmen des § 16 EStG sind Wirtschaftsgüter schon allein deshalb wesentliche Betriebsgrundlagen, weil sie erhebliche stille Reserven enthalten **(quantitative Betrachtungsweise)**.[485] Für eine erfolgsneutrale Vermögensübertragung i.S.d. § 20 UmwStG wird hingegen lediglich auf die Erforderlichkeit, die ein Wirtschaftsgut zur Erreichung des Betriebszwecks besitzt, und seine Unerlässlichkeit für den Betriebsablauf abgestellt **(funktionale Betrachtungsweise)**.

Betrieb	
Veräußerung i.S.d. § 16 EStG	Einbringung i.S.d. § 20 UmwStG
Quantitative Betrachtungsweise	**Funktionale Betrachtungsweise**
Wirtschaftsgut enthält erhebliche stille Reserven	Wirtschaftsgut erforderlich für Betriebszweck und Betriebsablauf
Marktrealisationsprinzip	**Unternehmensfortführungsprinzip**

Abbildung 117: Unterschiedliche Erfassung von wesentlichen Betriebsgrundlagen

Zweck einer Betriebsveräußerung i.S.d. § 16 EStG ist es, die sich über einen längeren Zeitraum im Betriebsvermögen angesammelten stillen Reserven begünstigt zu realisieren. Daher werden neben den funktional erforderlichen auch solche Wirtschaftsgüter als wesentliche Betriebsgrundlagen erfasst, die in erheblichem Ausmaß stille Reserven enthalten.[486]
Eine Einbringung eines Betriebs in eine Kapitalgesellschaft stellt zwar nur einen Spezialfall einer Betriebsveräußerung dar, jedoch wird dabei der **Fortführung** des unternehmerischen

---

[483] Vgl. Schmitt, J., in: Schmitt, J./ Hörtnagl, R./ Stratz, R.-C., Umwandlungsgesetz, Umwandlungssteuergesetz, 3. Aufl., München 2001, § 20 UmwStG, Rz. 9.

[484] Vgl. Tz. 20.08 UmwStE.

[485] Vgl. BFH v. 02.10.1997, IV-R-84/96, BStBl. II 1998, S. 104.

[486] Vgl. BMF v. 16.08.2000, IV C 2 - S-1909 - 23/00, BStBl. I 2000, S. 1253.

Engagements in einer anderen Rechtsform Rechnung getragen, wobei die Vermögensübertragung ohne steuerliche Beeinträchtigungen ermöglicht werden soll. Aus diesem Grund wird bei einer Einbringung ausschließlich auf die funktional erforderlichen wesentlichen Betriebsgrundlagen abgestellt.

Bei der Einbringung eines Betriebs sind auch die dazugehörenden Anteile an Kapitalgesellschaften einzubringen, sofern diese zu den wesentlichen Betriebsgrundlagen des Betriebs gehören. Handelt es sich bei den Anteilen allerdings um eine 100 %ige Beteiligung, gilt diese gem. § 16 Abs. 1 Nr. 1 Satz 2 EStG als Teilbetrieb und damit als eine eigenständige betriebliche Einheit.

Merke: Eine 100 %ige Beteiligung an einer Kapitalgesellschaft gilt als ein Teilbetrieb i.S.d. § 16 Abs. 1 Nr. 1 Satz 2 EStG. Somit ist diese Beteiligung eine **eigenständige betriebliche Einheit**.

Da diese gesetzliche Teilbetriebsfiktion auch für § 20 UmwStG gilt, muss die Beteiligung, obwohl sie eine wesentliche Betriebsgrundlage darstellt, nicht im Rahmen der Einbringung des Betriebs mit auf die Kapitalgesellschaft übertragen werden. Die Beteiligung stellt eine eigenständige betriebliche Einheit dar, die in der Form eines Teilbetriebs zurückbleibt.[487]

2.4.1.2 Zurückbehaltung wesentlicher Betriebsgrundlagen

Werden im Rahmen einer Einbringung wesentliche Betriebsgrundlagen durch den Einbringenden nicht auf die übernehmende Kapitalgesellschaft übertragen, **erfolgt eine Aufdeckung und steuerliche Erfassung der im eingebrachten Vermögen ruhenden stillen Reserven**.[488]

Hinweis: Ein Einbringungsfall unter Zurückbehaltung wesentlicher Betriebsgrundlagen war im Jahr 2001 Gegenstand der Steuerberaterprüfung.

Bilden die eingebrachten Wirtschaftsgüter allerdings einen **Teilbetrieb** i.S.d. § 20 UmwStG, zu dessen wesentlichen Betriebsgrundlagen die zurückbehaltenen wesentlichen Betriebsgrundlagen nicht gehören, kann das Bewertungswahlrecht in Bezug auf das eingebrachte Vermögen, also den Teilbetrieb, dennoch ausgeübt werden.[489]

---

[487] Vgl. Schmitt, J., in: Schmitt, J./ Hörtnagl, R./ Stratz, R.-C., Umwandlungsgesetz, Umwandlungssteuergesetz, 3. Aufl., München 2001, § 20 UmwStG, Rz. 9.

[488] Vgl. Tz. 20.09 UmwStE.

[489] Vgl. Friedrichs, K., in: Haritz, D./ Benkert, M. (Hrsg.), Umwandlungssteuergesetz Kommentar, 2. Aufl., München 2000, § 20, Rz. 77.

Merke: Um eine steuerneutrale Einbringung i.S.d. § 20 UmwStG vornehmen zu können, müssen sämtliche wesentlichen Betriebsgrundlagen eingebracht werden. Besitzen die zurückbehaltenen wesentlichen Betriebsgrundlagen allerdings die Qualifikation einer eigenständigen betrieblichen Einheit, ist deren Zurückbehaltung unschädlich.
Dies gilt insbesondere für:
- Wirtschaftsgüter, die einen eigenen Teilbetrieb darstellen
- Zum Betriebsvermögen gehörende Mitunternehmeranteile

Verbleiben die zurückbehaltenen Wirtschaftsgüter im **Betriebsvermögen** des Einbringenden, werden die in ihnen ruhenden stillen Reserven nicht aufgedeckt.[490] Da nicht sämtliche funktional erforderlichen wesentlichen Betriebsgrundlagen auf die übernehmende Kapitalgesellschaft übertragen werden, scheidet eine Anwendung des § 20 UmwStG aus. Die übertragenen stillen Reserven werden daher aufgedeckt und steuerlich erfasst.

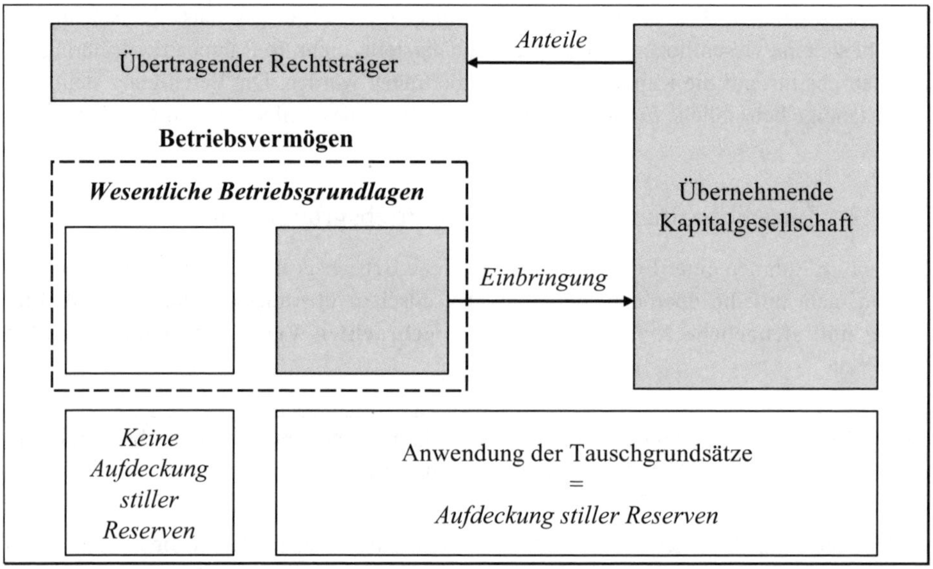

Abbildung 118: Tausch bei Zurückbehaltung wesentlicher Betriebsgrundlagen

Stille Reserven werden in Höhe der Differenz des **gemeinen Werts** und des Buchwerts des eingebrachten Vermögens aufgedeckt, da ein **Tausch** gegen Kapitalgesellschaftsanteile des übernehmenden Rechtsträgers vorgenommen wird. Der dabei üblicherweise entstehende Gewinn unterliegt der laufenden Besteuerung.

Dieser Vorgang gestaltet sich anders, wenn die zurückbehaltenen wesentlichen Betriebsgrundlagen nicht im Betriebsvermögen des übertragenden Rechtsträgers zurückbleiben. Sie

[490] Vgl. Tz. 20.10 UmwStE.

gelten als in das **Privatvermögen** eines Einzelunternehmers oder Mitunternehmers entnommen. Es kommt zur Realisierung der sowohl in den zurückbehaltenen als auch in den übertragenen Wirtschaftsgütern ruhenden stillen Reserven.[491] Erfolgen die Entnahme und die Einbringung in die Kapitalgesellschaft in einem einheitlichen Vorgang und wird der Betrieb dadurch aufgelöst, ist der Tatbestand einer **Betriebsaufgabe** erfüllt.[492]

Voraussetzungen einer Betriebsaufgabe i.S.d. § 16 Abs. 3 EStG	
Übertragung aller wesentlichen Betriebsgrundlagen in einem einheitlichen Vorgang und Auflösung des Betriebs:	⇨ Veräußerung an verschiedene Erwerber ⇨ Überführung ins Privatvermögen ⇨ teilweise Veräußerung und teilweise Überführung ins Privatvermögen

Die im Betriebsvermögen ruhenden stillen Reserven werden gem. § 16 Abs. 3 EStG durch Ansatz des Veräußerungspreises der veräußerten Wirtschaftsgüter und durch Ansatz des gemeinen Werts der entnommenen Wirtschaftsgüter aufgedeckt. Ein dabei entstehender **Aufgabegewinn** unterliegt nicht der laufenden Besteuerung, sofern sich die wesentlichen Betriebsgrundlagen im Betriebsvermögen einer natürlichen Person, die die Begünstigungen des § 16 Abs. 4 EStG und § 34 EStG in Anspruch nehmen kann, befunden haben.

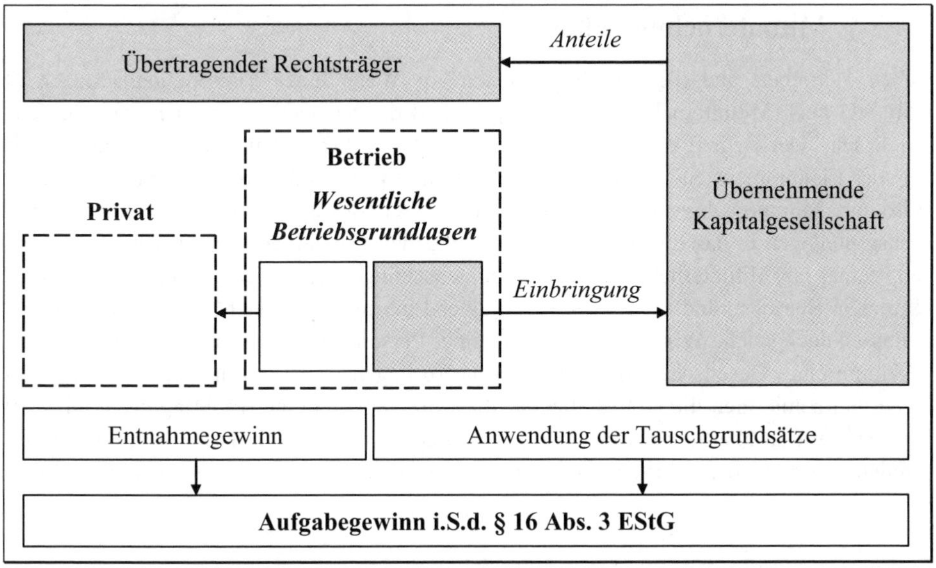

Abbildung 119: Aufgabegewinn bei Zurückbehaltung wesentlicher Betriebsgrundlagen

[491] Vgl. Tz. 20.10 UmwStE.

[492] Vgl. BFH v. 07.04.1989, III-R-9/87, BStBl. II 1989, S. 874.

2.4.1.3 Zurückbehaltung nicht wesentlicher Betriebsgrundlagen

Bei einer Zurückbehaltung von Wirtschaftsgütern, die **keine funktional** erforderlichen wesentlichen Betriebsgrundlagen darstellen, ist § 20 UmwStG bezüglich der eingebrachten Wirtschaftsgüter möglich.[493] Da Verbindlichkeiten keine wesentlichen Betriebsgrundlagen darstellen,[494] ist ihre Zurückbehaltung durch den Einbringenden für eine Anwendung des § 20 UmwStG unschädlich.[495]
Die steuerliche Behandlung der zurückbehaltenen Wirtschaftsgüter hängt davon ab, ob sie im Betriebsvermögen verbleiben.[496] Ist dies der Fall, unterbleibt eine Realisierung stiller Reserven in den zurückbehaltenen Wirtschaftsgütern, da eine **steuerliche Verstrickung** der zurückbehaltenen Wirtschaftsgüter sichergestellt ist und ihre spätere Veräußerung der **Steuerpflicht** unterliegen würde. Werden die zurückbehaltenen Wirtschaftsgüter hingegen ins Privatvermögen überführt, kommt es zu einer **Entstrickung** der in den Wirtschaftsgütern enthaltenen stillen Reserven in Höhe des Differenzbetrags zwischen dem Teilwert und dem Buchwert, da ihre anschließende Veräußerung aus dem Privatvermögen grundsätzlich **nicht steuerbar** wäre.
Das zurückbleibende Betriebsvermögen muss im Gegensatz zu den Vorschriften zur Aufspaltung im UmwStG keine Teilbetriebseigenschaft aufweisen.

2.4.2 Mitunternehmeranteil

Neben Betrieben und Teilbetrieben können im Wege einer Einbringung i.S.d. § 20 UmwStG auch Mitunternehmeranteile Gegenstand der Sacheinlage in eine Kapitalgesellschaft sein. Der Begriff des Mitunternehmeranteils i.S.d. § 20 UmwStG ist identisch mit dem des Einkommensteuerrechts in § 15 Abs. 1 Nr. 2 EStG und § 16 Abs. 1 Nr. 2 EStG.[497] Wird ein Mitunternehmeranteil eingebracht, müssen dessen gesamte wesentlichen Betriebsgrundlagen in das Eigentum der übernehmenden Kapitalgesellschaft übertragen werden, zumal ein Mitunternehmeranteil eine eigenständige betriebliche Einheit ist. Die wesentlichen Betriebsgrundlagen im Rahmen einer Einbringung eines Mitunternehmeranteils umfassen auch solche Wirtschaftsgüter, die einer Personengesellschaft dienen, aber nur im Eigentum eines Gesellschafters stehen.[498] Das Vorliegen von wesentlichen Betriebsgrundlagen und somit auch die Notwendigkeit, diese im Rahmen einer Einbringung i.S.d. § 20 UmwStG mit zu übertragen, richtet sich nicht danach, ob sie sich im zivilrechtlichen Gesamthandsvermögen der Mitunternehmerschaft oder im Eigentum eines einzelnen Mitun-

493 Vgl. BFH v. 16.02.1996, I-R-183/94, BStBl II 1996, S. 342.

494 Vgl. Widmann, S., in: Widmann S./ Mayer D. (Hrsg.), Umwandlungsrecht, Band V: 72. Erg. Lief., Berlin 2003, § 20 UmwStG, Rz. 56.

495 Vgl. Glade, A./ Steinfeld, G., Umwandlungssteuergesetz 1977, 3. Aufl., Berlin 1980, Rz. 970.

496 Vgl. Tz. 20.10 UmwStE.

497 Vgl. Van Lishaut, I., Umwandlungssteuerrecht, 2. Aufl., Köln 1998, S. 93.

498 Vgl. Tz. 20.08 UmwStE.

ternehmers befinden. Dieses **Sonderbetriebsvermögen des Mitunternehmers** gehört zu seiner gewerblichen Tätigkeit und somit zum Betriebsvermögen der Mitunternehmerschaft.[499]

Merke:	Eine Einbringung eines Mitunternehmeranteils i.S.d. § 20 UmwStG ist nur dann gegeben, wenn **auch die Wirtschaftsgüter des Sonderbetriebsvermögens**, falls es sich bei ihnen um wesentliche Betriebsgrundlagen handelt, auf die übernehmende Kapitalgesellschaft übergehen.

Dabei ist danach zu differenzieren, ob es sich um Sonderbetriebsvermögen handelt, das mit dem Betrieb der Personengesellschaft in Zusammenhang steht **(Sonderbetriebsvermögen I)**, oder ob es nur der Beteiligung des Gesellschafters förderlich ist **(Sonderbetriebsvermögen II)**.[500]

Eine Zurückhaltung von Sonderbetriebsvermögen II ist für die Anwendbarkeit des § 20 UmwStG unschädlich. Sonderbetriebsvermögen I dagegen muss zwingend übertragen werden, um eine Einbringung i.S.d. § 20 UmwStG vornehmen zu können, da es zu den wesentlichen Betriebsgrundlagen gehört. Bildet das Sonderbetriebsvermögen I für sich allerdings einen Teilbetrieb, also eine eigenständige betriebliche Einheit, ist eine Übertragung für die Anwendung des § 20 UmwStG bezüglich der Einbringung eines Mitunternehmeranteils nicht erforderlich.[501]

[499] Vgl. BFH v. 16.02.1996, I-R-183/94, BStBl. II 1996, S. 342.

[500] Vgl. BFH v. 02.10.1997, IV-R-84/96, BStBl. II 1998, S. 104.

[501] Vgl. Schulze zur Wiesche, D., Umwandlung einer Personengesellschaft in eine Kapitalgesellschaft unter Zurückbehaltung von Sonderbetriebsvermögen, GmbHR 1996, S. 751.

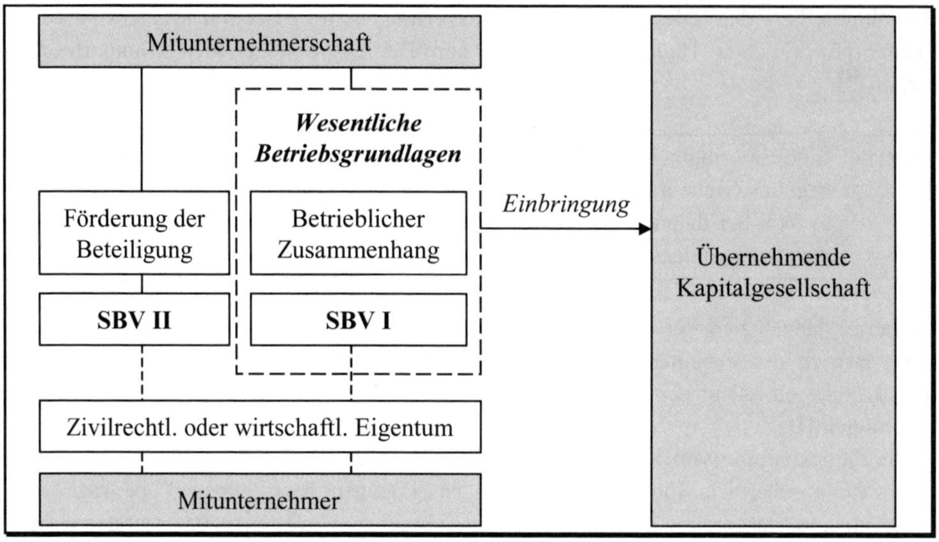

Abbildung 120: Sonderbetriebsvermögen I als wesentliche Betriebsgrundlage

2.4.3 Mehrheitsvermittelnde Anteile

Neben den in § 20 Abs. 1 Satz 1 UmwStG genannten Einbringungsgegenständen können gem. § 20 Abs. 1 Satz 2 UmwStG auch Anteile an Kapitalgesellschaften eingebracht werden, wenn die übernehmende Kapitalgesellschaft nach der Übertragung nachweisbar **unmittelbar** die Stimmrechtsmehrheit an der Kapitalgesellschaft hält, deren Anteile eingebracht wurden. Ist die übernehmende Kapitalgesellschaft bereits vor der Übertragung an der Kapitalgesellschaft, deren Anteile eingebracht werden, beteiligt, ist die Einbringung mehrheitsvermittelnder Anteile i.S.d. § 20 Abs. 1 Satz 2 UmwStG ebenfalls möglich. Eine Stimmrechtsmehrheit der übernehmenden Kapitalgesellschaft muss dann entweder durch den Einbringungsvorgang begründet oder im Falle einer bereits bestehenden Stimmrechtsmehrheit aufgestockt werden.

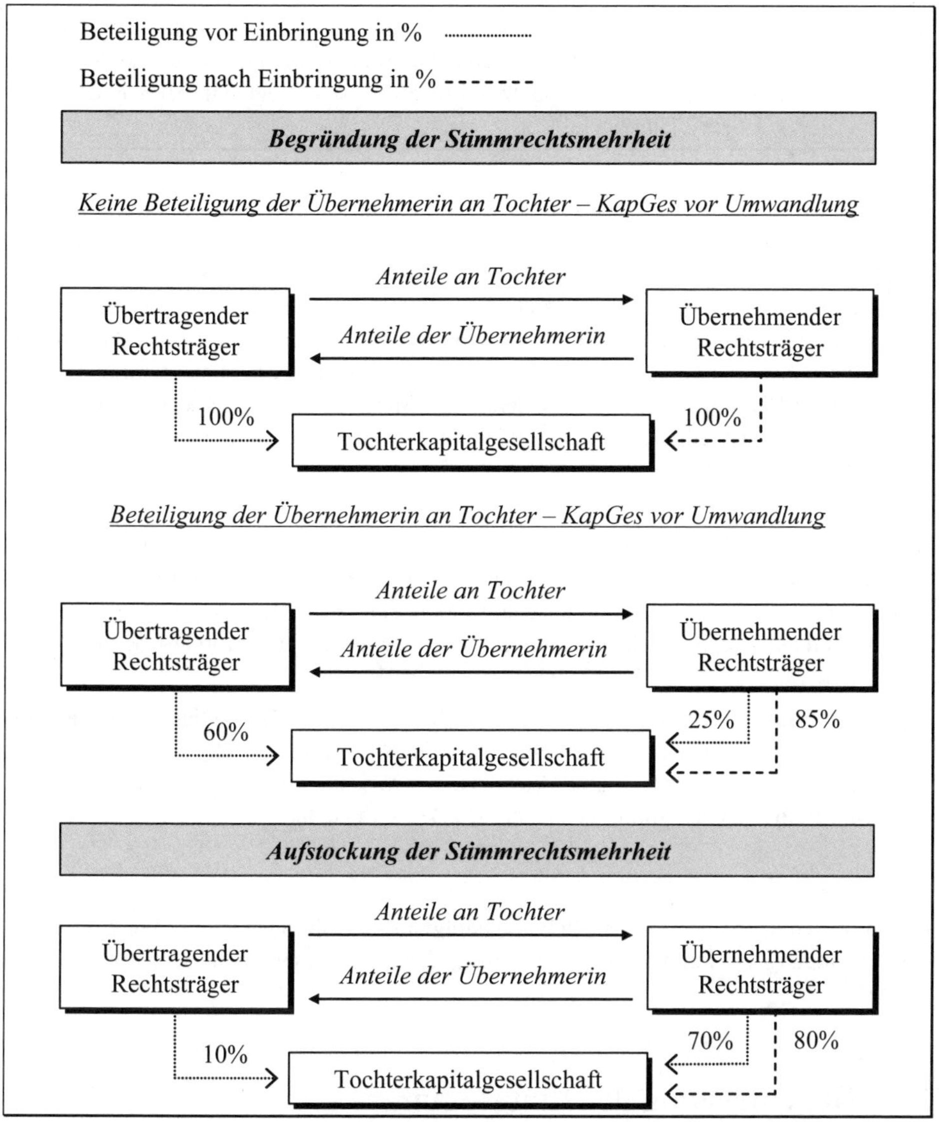

Abbildung 121: Begründung und Aufstockung einer Mehrheitsbeteiligung

Die Gegenleistung hat wie bei der Einbringung von Sachgesamtheiten in Form von neuen Kapitalgesellschaftsanteilen zu erfolgen.

Hinweis: Obwohl eine 100 %ige Beteiligung an einer Kapitalgesellschaft als ein Teilbetrieb zu qualifizieren ist, fällt deren Einbringung in eine unbeschränkt körperschaftsteuerpflichtige Kapitalgesellschaft in den Regelungsbereich des § 20 Abs. 1 Satz 2 UmwStG.[502]

Beispiel

Mattias Lubanski aus Essen betreibt als Einzelunternehmer einen Sportinformationsdienst. Er bringt eine 30 % Beteiligung an der Blacky AG in die Ackermann Sport Media AG aus München ein. Diese ist zu 100 % an der Atze AG beteiligt, die ihrerseits wiederum 25 % der Anteile der Blacky AG hält. Die Anteile an der Blacky AG, die Mattias in die Ackermann SportMedia AG einbringt, sind keine mehrheitsvermittelnden Anteile i.S.d. § 20 Abs 1 Satz 2 UmwStG, da die Ackermann Sport Media AG nach der Einbringung **nicht unmittelbar** die Mehrheit der Stimmrechte an der Blacky AG hält. Sie ist lediglich mittelbar über die Atze AG zu 25 % an der Blacky AG beteiligt und unmittelbar zu 30 %.

Im Rahmen des § 20 Abs. 1 Satz 2 UmwStG genügt es, wenn mehrere Personen, die nicht einzeln, sondern nur insgesamt die Voraussetzungen einer Einbringung mehrheitsvermittelnder Anteile erfüllen, Kapitalgesellschaftsanteile einbringen. Die Einbringungen müssen lediglich auf einem einheitlichen Gründungs- oder Kapitalerhöhungsvorgang beruhen.[503]

Beispiel

Die Ackermann Sport Media AG hält 40 % der Blacky AG. Mattias und Christa Lubanski bringen gleichzeitig jeweils 5,5 % der Anteile der Blacky AG in die Ackermann Sport Media AG ein, so dass diese im Anschluss an die Einbringung zu 51 % **unmittelbar** an den Stimmrechten der Blacky AG beteiligt ist.

Grundsätzlich kann auch eine im **Privatvermögen** des Einbringenden gehaltene wesentliche Beteiligung im Rahmen des § 20 UmwStG in eine Kapitalgesellschaft eingebracht werden.[504]

2.5 Gegenleistung der Einbringung

Im Rahmen der Einbringung von Betriebsvermögen in eine Kapitalgesellschaft muss eine Gegenleistung in Form von Anteilen an der übernehmenden Kapitalgesellschaft erfolgen, damit eine steuerneutrale Übertragung des Betriebsvermögens möglich ist.

---

502 Vgl. Widmann S., in: Widmann, S./ Mayer, D. (Hrsg.), Umwandlungsrecht, Band V: 72. Erg. Lief., Berlin 2003, § 20 UmwStG (StSenkG/ UnStFG), Rz. 14.

503 Vgl. Tz. 20.15 UmwStE.

504 Vgl. Tz. 20.16 UmwStE.

Voraussetzung für die Anwendung der Vorschriften zur Einbringung von Betriebsvermögen in eine Kapitalgesellschaft ist die Gewährung von **neuen** Kapitalgesellschaftsanteilen.

Als neu sind die Kapitalgesellschaftsanteile anzusehen, wenn sie durch Sachgründung oder durch Sachkapitalerhöhung der übernehmenden Kapitalgesellschaft entstehen.[505]

Begründung: Nur durch **neue Anteile** können die im eingebrachten Betriebsvermögen enthaltenen stillen Reserven repräsentiert werden.[506]

Grundsätzlich müssen als Gegenleistung für das eingebrachte Betriebsvermögen neue Anteile gewährt werden. Es besteht jedoch die Möglichkeit, anstelle der Gewährung von neuen Anteilen eine Gutschrift auf dem steuerlichen Einlagekonto vorzunehmen, ohne dass dies schädlich für die Anwendung der §§ 20 ff. UmwStG ist.[507]

Beispiel

John Connor bringt einen Betrieb seines Einzelunternehmens zum Buchwert im Wege einer Sachgründung i.S.d. § 5 Abs. 4 GmbHG in die neu gegründete Connor GmbH ein.

Aktiva	Schlussbilanz John Connor		Passiva
Grund u. Boden	35 T€	Kapital	75 T€
Gebäude	40 T€		
	75 T€		75 T€

Gem. § 5 Abs. 1 GmbHG muss eine GmbH ein Mindeststammkapital von 25.000 € ausweisen. Mindestens in dieser Höhe hat eine Gewährung von neuen Kapitalgesellschaftsanteilen zu erfolgen. Das restliche Kapital kann dann wahlweise dem Stammkapital oder dem steuerlichen Einlagekonto, d.h. den Kapitalrücklagen, zugeführt werden.

Aktiva	Eröffnungsbilanz Connor GmbH		Passiva
Grund u. Boden	35 T€	Stammkapital	25 – 75 T€
Gebäude	40 T€	Kapitalrücklage	50 – 0 T€
	75 T€		75 T€

505 Vgl. Kantwill, W., Nationale und internationale Einbringungen in Kapitalgesellschaften nach dem Umwandlungssteuergesetz, SteuerStud 2002, S. 376.

506 Vgl. BR-Drucks. 292/68 v. 27.05.1968, S. 14.

507 Vgl. Tz. 20.03 UmwStE.

> **Merke:** Das übergehende Vermögen, das nicht dem gezeichneten Kapital zugerechnet wird, ist dem steuerlichen Einlagekonto i.S.d. § 27 KStG gutzuschreiben.[508]

2.6 An der Einbringung beteiligte Personen

2.6.1 Einbringender

Grundsätzlich können alle natürliche Personen und alle in § 1 Abs. 1 KStG aufgeführten Körperschaften, Personenvereinigungen und Vermögensmassen Einbringende i.S.d. § 20 UmwStG sein.[509] Für die Anwendungsvoraussetzungen des § 20 UmwStG ist es dabei unschädlich, wenn der Einbringende nicht unbeschränkt, sondern lediglich beschränkt steuerpflichtig ist.[510]
Als Einbringender ist derjenige anzusehen, für dessen Rechnung das Betriebsvermögen eingebracht wird und der Gesellschafter der übernehmenden Kapitalgesellschaft wird.[511] Bringt ein Einzelunternehmer Betriebsvermögen in eine Kapitalgesellschaft ein, ist er Empfänger der Gegenleistung. Bringt eine Kapitalgesellschaft Betriebsvermögen in eine andere Kapitalgesellschaft ein, wird die einbringende Kapitalgesellschaft Anteilseignerin der übernehmenden Kapitalgesellschaft. Beide Fälle entsprechen der Grundkonzeption der Einbringung i.S.d. § 20 UmwStG, wonach der übertragende Rechtsträger Empfänger der Gegenleistung und damit Einbringender ist. In beiden Fällen handelt es sich um eigenständige Steuersubjekte, die je nach Wertansatz der übernehmenden Kapitalgesellschaft aufgedeckte stille Reserven sofort im Übertragungszeitpunkt zu versteuern haben bzw. bei denen stille Reserven bei einer Bewertung unterhalb des Teilswerts steuerlich verhaftet bleiben.
Fraglich hingegen ist, ob die Gesellschaft selbst oder deren Gesellschafter als Einbringende zu qualifizieren sind, wenn Betriebsvermögen von einer **Personengesellschaft** auf eine Kapitalgesellschaft übertragen wird. Für die Einkommensteuer ist eine Personengesellschaft kein Steuersubjekt. Auf der Ebene der Personengesellschaft **(Mitunternehmerschaft)** werden lediglich eine Gewinnermittlung und eine Gewinnverteilung vorgenommen,[512] sofern es sich um **laufende Gewinne** handelt. Eine Besteuerung erfolgt immer erst beim **Mitunternehmer**, falls dieser ein eigenständiges Steuersubjekt ist. Die Feststellung eines **Veräußerungsgewinns** wird allerdings **individuell** bei jedem Gesellschafter vorgenommen. Weil es sich bei einem Einbringungstatbestand lediglich um einen Spezialfall einer Veräußerung handelt, erfolgt eine Gewinnfeststellung nicht auf Ebene der Gesellschaft, sondern auf der der Gesellschafter. Die Folgen der Einbringung von Betriebsvermö-

---

[508] Vgl. Schulze zur Wiesche, D., Umwandlung von Gesellschaften nach dem Steuersenkungsgesetz, Wpg 2001, S. 505.

[509] Vgl. Tz. 20.05 UmwStE.

[510] Vgl. BMF v. 02.08.1984, IV B 2 - S - 1909 8/84, BStBl. I 1984, S. 461.

[511] Vgl. Schulze zur Wiesche, D., Die Einbringung eines Betriebs einer Personengesellschaft in eine Kapitalgesellschaft oder Personengesellschaft, DStZ 1998, S. 825.

[512] Vgl. BFH v. 26.11.1996, VIII-R-42/94, BStBl. II 1998, S. 328.

gen einer Personengesellschaft in eine Kapitalgesellschaft, also die aufgeschobene Versteuerung der stillen Reserven bei einer Einbringung unterhalb des Teilwerts oder die sofortige Versteuerung bei einer Einbringung zum Teilwert, treffen die Gesellschafter somit selbst und unmittelbar.[513]
Einbringender ist aus diesem Grund immer der Mitunternehmer selbst,[514] der seinen Mitunternehmeranteil einbringt, hinter dem sich das anteilige Betriebsvermögen verbirgt.[515]

Merke:	Wird Betriebsvermögen einer Personengesellschaft eingebracht, so sind stets die **Mitunternehmer** als Einbringende anzusehen, die einen Mitunternehmeranteil oder einen Teil eines Mitunternehmeranteils einbringen.

Ursächlich dafür ist insbesondere die Berücksichtigung **steuerlicher Ergänzungsbilanzen** bei der Ermittlung des Buchwerts als Bewertungsuntergrenze i.S.d. § 20 Abs. 2 Satz 1 UmwStG.[516] Steuerliche Ergänzungsbilanzen sind regelmäßig dann aufzustellen, wenn ein Mitunternehmer seinen Mitunternehmeranteil veräußert und der Erwerber einen über dem Buchwert des Anteils liegenden Kaufpreis zahlt. Dieser durch den Erwerber gezahlte **Mehrwert** (aufgedeckte stille Reserven) wird in einer positiven Ergänzungsbilanz des Erwerbers erfasst, indem der Mehrwert auf alle bilanzierten und nicht bilanzierten Wirtschaftsgüter verteilt wird.[517]

513 Vgl. Schulze zur Wiesche, D., Die Einbringung eines Betriebs einer Personengesellschaft in eine Kapitalgesellschaft oder Personengesellschaft, DStZ 1998, S. 825.

514 Vgl. Tz. 20.05 UmwStE.

515 Vgl. Schulze zur Wiesche, D., Die Einbringung eines Betriebs einer Personengesellschaft in eine Kapitalgesellschaft oder Personengesellschaft, DStZ 1998, S. 825.

516 Vgl. Van Lishaut, I., Umwandlungssteuerrecht, 2. Aufl., Köln 1998, S. 90.

517 Vgl. Reifenschweiler, T., Ergänzungsbilanzen, Ein Begriff aus dem Bilanzsteuerrecht, b&b 2002, S. 213-214.

Beispiel

Mark Renton und Sick Boy sind zu je 50 % an der Cold Turkey OHG beteiligt.

Aktiva	Gesamthandsbilanz Cold Turkey OHG		Passiva
Aktiva	50 T€	Kapital Mark	25 T€
		Kapital Sick Boy	25 T€
	50 T€		50 T€

Die Teilwerte der Wirtschaftsgüter betragen insgesamt 100.000 €. Sick Boy veräußert seinen Mitunternehmeranteil zum Teilwert für 50.000 € an Francis Begbie und erzielt einen Veräußerungsgewinn i.S.d. § 16 Abs. 1 Nr. 2 EStG i.H.v. 25.000 €.

Aktiva		Gesamthandsbilanz Cold Turkey OHG	
Aktiva	50 T€	Kapital Mark	25 T€
		Kapital Francis	25 T€
	50 T€		50 T€

Aktiva	Positive Ergänzungsbilanz Francis		Passiva
Aktiva	25 T€	Mehrkapital	25 T€
	25 T€		25 T€

Da Francis die in Sick Boys Mitunternehmeranteil ruhenden stillen Reserven durch den Kaufpreis von 50.000 € entgolten hat und Sick Boy diese bereits versteuern musste, hat der Mitunternehmeranteil von Francis nun einen Buchwert von 50.000 €, während der Mitunternehmeranteil von Mark nach wie vor einen Buchwert von 25.000 € aufweist.

Als sich beide später dazu entschließen, das gesamte Vermögen der OHG im Rahmen einer Sachgründung in die Cold Turkey GmbH einzubringen, soll eine steuerliche Belastung vermieden werden. Beide bringen ihren Mitunternehmeranteil (gesonderte Einbringungsvorgänge) zum Buchwert in die Cold Turkey GmbH ein. Weder bei Mark noch bei Francis entsteht ein Einbringungsgewinn, obwohl der Wertansatz (Ansatz durch die Cold Turkey GmbH) bei Francis doppelt so hoch ist. Der Mitunternehmeranteil von Francis enthält jedoch keine stillen Reserven, da diese bereits bei der Veräußerung durch Sick Boy realisiert wurden. Hätte die Mitunternehmerschaft die Einbringung vorgenommen, wäre dagegen keine Differenzierung nach bereits versteuerten stillen Reserven in Bezug auf einzelne Mitunternehmer möglich.

2.6.2 Übernehmende Kapitalgesellschaft

Im Gegensatz zum Einbringenden muss die übernehmende Kapitalgesellschaft zum steuerlichen Übertragungsstichtag zwingend unbeschränkt steuerpflichtig i.S.d. § 1 Abs. 1 Nr. 1 KStG sein. Es muss sich um eine GmbH, AG oder eine KGaA mit Sitz oder Geschäftsleitung im Inland handeln. § 20 UmwStG fordert nicht den rechtlichen Bestand der übernehmenden Kapitalgesellschaft vor der Einbringung. Eine Gründung der Übernehmerin mit der Sacheinlage ist daher möglich.[518]

2.7 Steuerliches Bewertungswahlrecht der Übernehmerin

Der übernehmenden Kapitalgesellschaft steht gem. § 20 Abs. 2 Satz 1 UmwStG das Bewertungswahlrecht zu, mit dem über den Wertansatz des übertragenen Betriebsvermögens entschieden wird. Danach kann die übernehmende Kapitalgesellschaft das eingebrachte Betriebsvermögen mit dem Buchwert, einem Zwischenwert oder dem Teilwert ansetzen.

§ 20 Abs. 2 Satz 3 UmwStG: „Der Buchwert ist der Wert, mit dem der Einbringende das eingebrachte Betriebsvermögen im Zeitpunkt der Sacheinlage nach den steuerrechtlichen Vorschriften über die Gewinnermittlung anzusetzen hat."

Wird der **Buchwertansatz** gewählt, führt die übernehmende Kapitalgesellschaft folglich die angesetzten Werte aus der steuerlichen Schlussbilanz des Einbringenden fort.

Wählt die übernehmende Kapitalgesellschaft dagegen einen über dem Buchwert liegenden Wertansatz, wobei jedoch nicht sämtliche in den Buchwerten des übertragenen Betriebsvermögens ruhenden stille Reserven aufgedeckt werden, handelt es sich um einen **Zwischenwertansatz**. Soll ein bestimmter Zwischenwert angesetzt werden, stellt sich die Frage, bei welchen übertragenen Wirtschaftsgütern die Buchwerte in welcher Höhe aufgestockt, d.h. stille Reserven aufgedeckt, werden müssen, um zum gewünschten Wertansatz zu gelangen.
Dabei sind die in den eingebrachten Wirtschaftsgütern, Schulden und steuerfreien Rücklagen vorhandenen stillen Reserven um einen einheitlichen Prozentsatz aufzudecken.[519] Das Verhältnis des Aufstockungsbetrags, also die Differenz zwischen dem gewählten Zwischenwert und dem Buchwert des eingebrachten Betriebsvermögens, und des Gesamtbetrags der in den Buchwerten des Betriebsvermögens insgesamt ruhenden stillen Reserven ergibt den Prozentsatz, mit dem die Aufdeckung der stillen Reserven anteilig vorzunehmen ist. [520] Anzuwenden ist der Prozentsatz sowohl auf die in den Wirtschaftsgütern des Anlagevermögens einschließlich der selbst erstellten immateriellen Anlagegüter als auch auf die in Wirtschaftsgüter des Umlaufvermögens ruhenden stillen Reserven.[521]

---

[518] Vgl. Schmitt, J., in: Schmitt, J./ Hörtnagl, R./ Stratz, R.-C., Umwandlungsgesetz, Umwandlungssteuergesetz, 3. Aufl., München 2001, § 20 UmwStG, Rz. 174.

[519] Vgl. Tz. 22.08 UmwStE.

[520] Vgl. BFH v. 24.05.1984, I-R-166/78, BStBl. II 1984, S. 747.

[521] Vgl. Tz. 22.08 UmwStE.

Beispiel

In die Black Pearl AG wird Betriebsvermögen mit einem Buchwert von 100.000 € und einem Teilwert von 300.000 € eingebracht. Im Rahmen des Bewertungswahlrechts setzt die Black Pearl AG das Betriebsvermögen mit 200.000 € an. Die insgesamt vorhandenen stillen Reserven verteilen sich wie folgt: Gebäude 120.000 €, Maschine 60.000 € und Waren 20.000 €. Da der Aufstockungsbetrag 100.000 € beträgt und der Gesamtbetrag der insgesamt vorhandenen stillen Reserven 200.000 €, sind jeweils 50 % der stillen Reserven in den eingebrachten Wirtschaftsgüter aufzudecken. Demzufolge müssen stille Reserven i.H.v. 60.000 € beim Gebäude, 30.000 € bei der Maschine und 10.000 € bei den Waren aufgedeckt werden.

Nach Meinung der Finanzverwaltung kann ein originärer Firmenwert erst bei Ansatz sämtlicher Wirtschaftsgüter und Schulden mit den Teilwerten, also der kompletten Aufdeckung der in ihnen ruhenden stillen Reserven, angesetzt werden, um eine verbleibende Differenz der bisher angesetzten Wirtschaftsgüter zum durch die Kapitalgesellschaft gewählten Wertansatz auszugleichen.[522] Dem ist ebenso wie in den vorherigen Kapiteln zu widersprechen: Beim Ansatz eines Zwischenwerts sind grundsätzlich sämtliche in den Wirtschaftsgütern einschließlich eines originären Firmenwerts enthaltenen stillen Reserven aufzudecken.

Wird das gesamte eingebrachte Betriebsvermögen mit dem **Teilwert** bewertet, sind sämtliche stille Reserven aufzudecken. Insbesondere selbst geschaffene immaterielle Wirtschaftsgüter einschließlich eines originären Firmenwerts sind anzusetzen und steuerfreie Rücklagen aufzulösen. Der Teilwert des Betriebsvermögens ist der Saldo der Teilwerte der einzelnen aktiven und passiven Wirtschaftsgüter.[523] Die Teilwerte der einzelnen Wirtschaftsgüter dürfen gem. § 20 Abs. 2 Satz 6 UmwStG allerdings nicht überschritten werden.

[522] Vgl. Tz. 22.08 UmwStE.

[523] Vgl. Tz. 22.11 UmwStE.

<table>
<tr><th></th><th>Buchwert</th><th>Zwischenwert</th><th>Teilwert</th></tr>
<tr><td>Originärer Firmenwert</td><td rowspan="7">Keine Aufdeckung stiller Reserven</td><td>Ansatz, wenn alle anderen stillen Reserven bereits aufgedeckt sind und noch eine Differenz zum vorzunehmenden Zwischenwertansatz besteht</td><td rowspan="7">Aufdeckung stiller Reserven</td></tr>
<tr><td>Immaterielles Anlagevermögen</td><td rowspan="6">Anteilige Aufdeckung der stillen Reserven</td></tr>
<tr><td>Steuerfreie Rücklagen</td></tr>
<tr><td>Sachanlagevermögen</td></tr>
<tr><td>Umlaufvermögen</td></tr>
<tr><td>Verbindlichkeiten</td></tr>
<tr><td>Rückstellungen</td></tr>
</table>

Abbildung 122: Aufdeckung stiller Reserven in Abhängigkeit des Wertansatzes nach Ansicht der Finanzverwaltung

Merke: Entgegen der Auffassung der Finanzverwaltung normiert § 20 UmwStG ein **Wertansatzwahlrecht**, so dass auch ein originärer Firmenwert bei einem Zwischenwertansatz anteilig aufzustocken ist.

2.8 Verhältnis des steuerrechtlichen Bewertungswahlrechts zum Handelsrecht

Da im Rahmen des § 20 UmwStG ein steuerliches Bewertungswahlrecht gewährt wird, könnte der **Umgekehrte Maßgeblichkeitsgrundsatz** i.S.d. § 5 Abs. 1 Satz 2 EStG bei der Wahlrechtsausübung in der Steuerbilanz der übernehmenden Kapitalgesellschaft zu beachten sein, der über § 8 Abs. 1 Satz 1 KStG auch für die Ermittlung des Einkommens von Kapitalgesellschaften gilt.

§ 5 Abs. 1 Satz 2 EStG	
„Steuerrechtliche Wahlrechte bei der Gewinnermittlung sind **in Übereinstimmung** mit der handelsrechtlichen Jahresbilanz auszuüben.“	⇨ **Umgekehrte Maßgeblichkeit**

Damit das Wahlrecht in § 20 Abs. 2 Satz 1 UmwStG in Anspruch genommen werden kann, müsste in der Handelsbilanz der übernehmenden Kapitalgesellschaft ein entsprechender Wertansatz vorgenommen werden.

2.8.1 Umgekehrte Maßgeblichkeit

Die Finanzverwaltung vertritt die Auffassung, dass bei der Anwendung des § 20 UmwStG der Maßgeblichkeitsgrundsatz des § 5 Abs. 1 Satz 2 EStG zu beachten sei.

„Das steuerliche Bewertungswahlrecht des § 20 Abs. 2 Satz 1 UmwStG ist in Übereinstimmung mit der handelsrechtlichen Jahresbilanz auszuüben. Mithin ist der Wert, mit dem das eingebrachte Betriebsvermögen in der Handelsbilanz angesetzt wird, grundsätzlich auch für den Wertansatz in der Steuerbilanz der Kapitalgesellschaft maßgebend.“[524]

Der Grundsatz dieser Umgekehrten Maßgeblichkeit bewirkt somit die Abhängigkeit der Inanspruchnahme steuerlicher Vergünstigungen von einer entsprechenden Bewertung und Bilanzierung in der Handelsbilanz.[525] Der Umgekehrte Maßgeblichkeitsgrundsatz kommt jedoch nur zur Geltung, **soweit ein korrespondierender Wertansatz in der Handelsbilanz überhaupt möglich ist**. Folglich müssen steuerliche und handelsrechtliche Wahlrechte kongruent sein,[526] um das steuerliche Bewertungswahlrecht in § 20 Abs. 2 Satz 1 UmwStG ausüben zu können.

Bei einer Einbringung i.S.d. § 20 UmwStG handelt es sich handelsrechtlich um einen Sachgründungs- bzw. einen Sachkapitalerhöhungsvorgang. Das gezeichnete Kapital muss zur Durchführung der Einbringung erhöht (Einbringung zur Aufnahme) bzw. erst geschaffen werden (Einbringung zur Neugründung), da stets **neue Anteile** als Gegenleistung gewährt werden müssen. Die handelsrechtliche Bestimmung der Anschaffungskosten des eingebrachten Vermögens bei der übernehmenden Kapitalgesellschaft erfolgt daher nach den Kriterien, die für die Bewertung einer Sacheinlage gelten.[527] Der Ermittlung der handelsrechtlichen Anschaffungskosten der Sacheinlage kommt also insoweit Bedeutung zu, als die Umgekehrte Maßgeblichkeit das Bewertungswahlrecht in der Steuerbilanz der über-

---

524 Vgl. Tz. 20.26 UmwStE.

525 Vgl. Thiel, J., Die Maßgeblichkeit im Umwandlungssteuerrecht, GmbHR 1997, S. 145.

526 Vgl. BFH v. 21.10.1993, IV-R-87/92, BStBl. II 1994, S. 176.

527 Vgl. Knop, W./ Küting, K., Anschaffungskosten im Umwandlungsrecht, BB 1995, S. 1024.

nehmenden Kapitalgesellschaft von einem entsprechenden Ansatz der Anschaffungskosten der Sacheinlage in deren Handelsbilanz abhängig macht.

2.8.2 Handelsrechtliche Anschaffungskosten einer Sacheinlage

Auch handelsrechtlich besteht bei einer Sacheinlage ein Bewertungswahlrecht. Die Anschaffungskosten des übertragenen Vermögens können von der übernehmenden Kapitalgesellschaft mit dem Nennbetrag als Untergrenze oder einem höheren Ausgabebetrag der als Gegenleistung gewährten Anteile bzw. mit dem Teilwert der Sacheinlage als Obergrenze angesetzt werden.[528]

Hinweis:	Sollen in der Steuerbilanz die Buchwerte des eingebrachten Betriebsvermögens fortgeführt werden, müsste der Nennbetrag der gewährten Anteile dem Buchwertansatz entsprechen.

2.8.2.1 Gesamtrechtsnachfolge

Neben den allgemeinen Regelungen der handelsrechtlichen Bewertung der Anschaffungskosten einer Sacheinlage in eine Kapitalgesellschaft enthält das Umwandlungsrecht die Generalnorm des § 24 UmwG zur Bestimmung der Anschaffungskosten des übernehmenden Rechtsträgers. Sie erstreckt sich auf alle umwandlungsrechtlichen Anwendungsfälle, die steuerrechtlich unter die Einbringung i.S.d. § 20 UmwStG subsumiert werden.

§ 24 UmwG	
„In den Jahresbilanzen des übernehmenden Rechtsträgers können als Anschaffungskosten im Sinne des § 253 Abs. 1 des Handelsgesetzbuchs auch die in der Schlussbilanz eines übertragenden Rechtsträgers angesetzten Werte angesetzt werden."	⇨ **Handelsrechtliche Buchwertfortführung**

§ 24 UmwG gewährt ein Wahlrecht, neben dem Ansatz der Anschaffungskosten die Buchwerte aus der handelsrechtlichen Schlussbilanz des übertragenden Rechtsträgers fortzuführen.

528 Vgl. Adler, H./ Düring, W./ Schmaltz, K., Rechnungslegung und Prüfung der Unternehmen, Teilband 1: 6. Aufl., Stuttgart 1995, § 255 HGB, Rz. 95-100.

Merke: Durch § 24 UmwG wird im Rahmen der handelsrechtlichen Bewertung der Anschaffungskosten einer Sacheinlage eine steuerliche Buchwertfortführung auch dann ermöglicht, wenn der Nennbetrag der gewährten Anteile die Buchwerte des Betriebsvermögens übersteigt.

2.8.2.2 Einzelrechtsnachfolge

Erfolgt die Vermögensübertragung auf der zivilrechtlichen Ebene nicht nach dem UmwG, ist eine Anwendung des § 24 UmwG ausgeschlossen, so dass die handelsrechtliche Bewertung der Anschaffungskosten der Sacheinlage nach allgemeinen Grundsätzen vorzunehmen ist. Der niedrigste Wertansatz, der in der Steuerbilanz angesetzt werden kann, entspricht dann dem Nennbetrag der Kapitalgesellschaftsanteile.

2.8.3 Besonderheiten beim Formwechsel i.S.d. § 25 UmwStG

Beim Formwechsel einer Personengesellschaft in eine Kapitalgesellschaft i.S.d. § 190 UmwG findet keine Vermögensübertragung statt. Die Beibehaltung der Identität des formwechselnden Rechtsträgers erzwingt nach handelsrechtlichen Bilanzierungsregeln die Fortführung der Buchwerte.[529] Der formwechselnde Rechtsträger ist demzufolge an die fortgeführten Anschaffungskosten gebunden. Da kein Übertragungsvorgang vorliegt, sind keine **handelsrechtlichen** Schluss- oder Eröffnungsbilanzen aufzustellen.[530] Weder ein Wahlrecht zur Bewertung der handelsrechtlichen Anschaffungskosten einer Sacheinlage noch eine Ausübung des § 24 UmwG kommen somit zur Anwendung.

Im UmwStG wird allerdings eine **Fiktion** einer Vermögensübertragung für den Formwechsel von einer Personengesellschaft in eine Kapitalgesellschaften vorgenommen. Folglich hat der übertragende Rechtsträger eine steuerliche Schlussbilanz auf den Übertragungsstichtag aufzustellen.[531] In diesem Zusammenhang stellt sich die Frage der Bewertung der zu bilanzierenden Wirtschaftsgüter und die Ausübung von Bewertungswahlrechten bei der übernehmenden Kapitalgesellschaft.[532] Im Erlass zum UmwStG vom 25.03.1998 heißt es dazu:

---

[529] Vgl. Fischer, E./ Olkus, G., Der Einfluss steuerlicher Ergänzungsbilanzen bei der formwechselnden Umwandlung einer Personengesellschaft in eine Kapitalgesellschaft, DB 1998, S. 2191.

[530] Vgl. HFA Stellungnahme 1/1996: Zweifelsfragen beim Formwechsel, Wpg 1996, S. 508.

[531] Vgl. Kilger, H., Neue Tendenzen zum Maßgeblichkeitsgrundsatz im Licht des Umwandlungssteuergesetzes, DB 2003, S. 2677.

[532] Vgl. Fischer, E./ Olkus, G., Der Einfluss steuerlicher Ergänzungsbilanzen bei der formwechselnden Umwandlung einer Personengesellschaft in eine Kapitalgesellschaft, DB 1998, S. 2191.

> „Handelsrechtlich ist der Formwechsel nur unter Buchwertfortführung möglich, weil § 24 UmwG im Fall des Formwechsels keine Anwendung findet. Infolge des **Maßgeblichkeitsgrundsatzes nach § 5 Abs. 1 EStG** sind daher in den Fällen des Formwechsels von einer Personengesellschaft in eine Kapitalgesellschaft auch steuerlich zwingend die Buchwerte fortzuführen."[533]

Eine Anwendung des Wahlrechts in § 20 Abs. 2 Satz 1 UmwStG scheidet beim Formwechsel aus, da in der Handelsbilanz der übernehmenden Kapitalgesellschaft auf Grund der Übernahme der planmäßig fortgeführten Anschaffungskosten kein korrespondierender Wert angesetzt werden kann.[534] Im Rahmen des Formwechsels gilt somit die **Maßgeblichkeit der Handelsbilanz für die Steuerbilanz** i.S.d. § 5 Abs. 1 Satz 1 EStG.

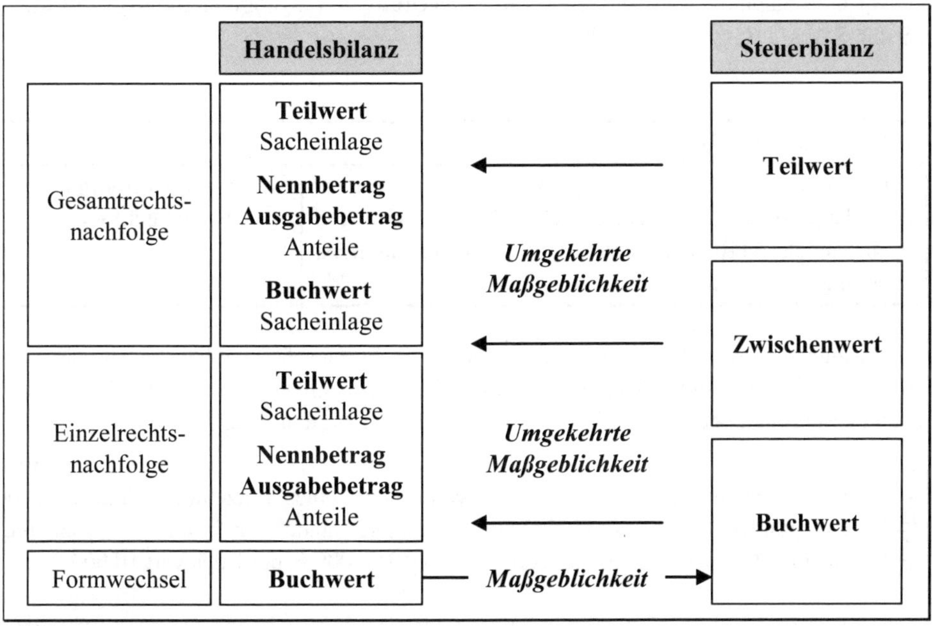

Abbildung 123: Steuerliches Bewertungswahlrecht in Abhängigkeit von der Handelsbilanz

2.8.4 Handelsbilanzielle Aufstockungspflicht

Muss auf Grund handelsrechtlicher Vorschriften **ein Wert über dem Buchwert** in der Handelsbilanz der übernehmenden Kapitalgesellschaft angesetzt werden, ist die Möglichkeit der korrespondierenden Ausübung von steuerlichen und handelsrechtlichen Wahlrech-

[533] Vgl. Tz. 20.30 UmwStE.

[534] Vgl. Tz. 20.30 UmwStE.

ten nicht mehr gegeben. Da jedoch der Umgekehrte Maßgeblichkeitsgrundsatz i.S.d. § 5 Abs. 1 Satz 2 EStG eben dies zwingend erfordert, scheidet seine Anwendung bei einer handelsbilanziellen Pflicht zur Aufstockung der Buchwerte in der handelsrechtlichen Schlussbilanz des Einbringenden aus.
Vielmehr gilt dann die **Maßgeblichkeit der Handelsbilanz für die Steuerbilanz** i.S.d. § 5 Abs. 1 Satz 1 EStG i.V.m. § 8 Abs. 1 Satz 1 KStG. Damit wäre der Buchwertaufstockung in der Handelsbilanz auch in der Steuerbilanz zu folgen. Auf Grund eines handelsrechtlichen Zwangs zu einer Bewertung oberhalb des Buchwerts müsste eine erfolgswirksame Aufdeckung stiller Reserven auch in der Steuerbilanz erfolgen. Diese Wertaufstockung auch in der Steuerbilanz zwingend nachvollziehen zu müssen, würde jedoch die Grundkonzeption des UmwStG, d.h. die Steuerneutralität des Übertragungsvorgangs, erheblich einschränken. Aus diesem Grund ist in den Vorschriften zur Einbringung von Betriebsvermögen in eine Kapitalgesellschaft **eine Durchbrechung des Maßgeblichkeitsgrundsatzes** i.S.d. § 5 Abs. 1 Satz 1 EStG kodifiziert.

§ 20 Abs. 2 Satz 2 UmwStG	
„Der Ansatz mit dem Buchwert ist auch zulässig, wenn in der Handelsbilanz das eingebrachte Betriebsvermögen nach handelsrechtlichen Vorschriften mit einem höheren Wert angesetzt werden muss.“	⇨ **Durchbrechung der Maßgeblichkeit**

Ein zwingend vorzunehmender handelsrechtlicher Wertansatz liegt beispielsweise dann vor, wenn ein bestimmtes Mindestkapital bei der übernehmenden Kapitalgesellschaft auf Grund gesellschaftsrechtlicher Vorschriften aufgebracht werden muss.[535]

Beispiel

Maximus möchte das gesamte Betriebsvermögen seines Einzelunternehmens in die neu gegründete Commodus GmbH einbringen. Die Handels- und Steuerbilanz entsprechen einander. Der Teilwert der Aktiva beträgt 100.000 €, der Buchwert 10.000 €.

Aktiva	Bilanz	Maximus	Passiva
Aktiva	10 T€	Kapital	10 T€
	10 T€		10 T€

Da das Mindeststammkapital bei Gründung einer GmbH gem. § 5 Abs. 1 GmbHG 25.000 € betragen muss, ist eine Wertaufstockung i.H.v. 15.000 € in der **Handelsbilanz** der Commodus GmbH erforderlich. Müsste dieser Wertansatz auf Grund des Maßgeblichkeitsgrundsatzes i.S.d. § 5 Abs. 1 Satz 1 EStG in der **Steuerbilanz** nachvollzogen werden, hätte dort ebenfalls eine **erfolgswirksame Zwangswertaufstockung** zu erfolgen.

535 Vgl. Tz. 20.27 UmwStE.

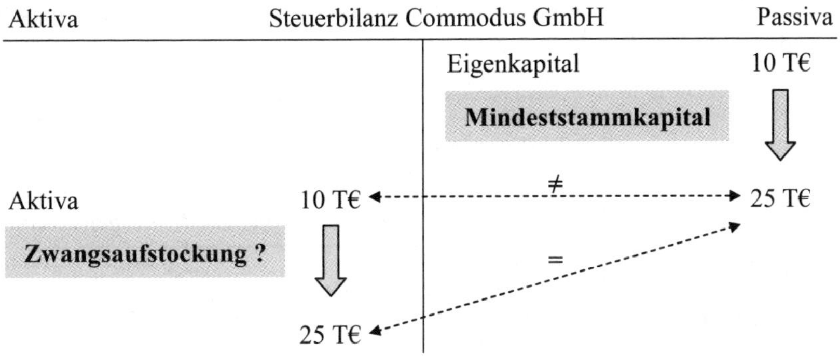

Dies würde jedoch dem Grundprinzip der **Erfolgsneutralität** von Vermögensübertragungen im UmwStG entgegenwirken.

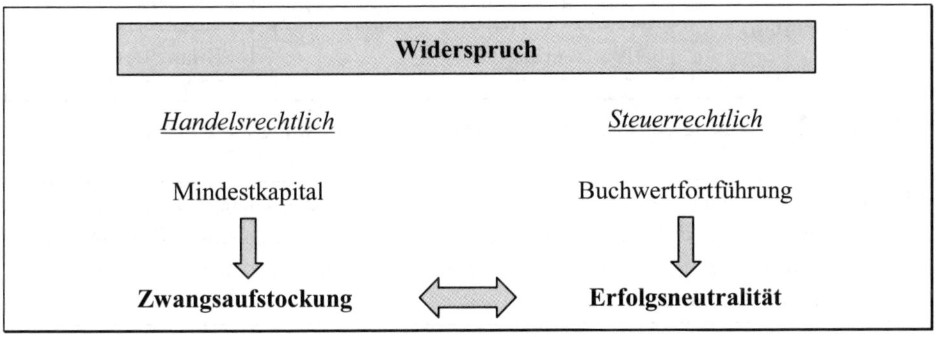

Abbildung 124: Kollision zwischen handelsrechtlicher Zwangswertaufstockung und steuerlicher Buchwertfortführung

Um die steuerliche Erfolgsneutralität des Einbringungsvorgangs zu gewährleisten, wird der Maßgeblichkeitsgrundsatz gem. § 20 Abs. 2 Satz 2 UmwStG durchbrochen.[536] Allerdings stellt sich die Frage, wie dies steuerbilanziell umgesetzt wird.

2.8.4.1 Ausgleichsposten

In Höhe der stillen Reserven, die in der Handelsbilanz zwingend aufgedeckt werden müssen, ist bei einer steuerlichen Buchwertfortführung i.S.d. § 20 Abs. 2 Satz 2 UmwStG ein sog. steuerlicher Ausgleichsposten in der Steuerbilanz der übernehmenden Kapitalgesellschafrt auszuweisen. Dieser „**Luftposten**", der zu keiner Zeit am Betriebsvermögensver-

---

536 Vgl. Müller, H./ Maiterth, R., Die Behandlung des Ausgleichspostens nach § 20 Abs. 2 Satz 2 UmwStG und dessen Auswirkungen auf den steuerlichen Eigenkapitalausweis im neuen Steuerrecht, BB 2001, S. 1769.

gleich teilnimmt und damit erfolgsneutral ist, stellt lediglich den Ausgleich zwischen Handels- und Steuerbilanz her.[537]

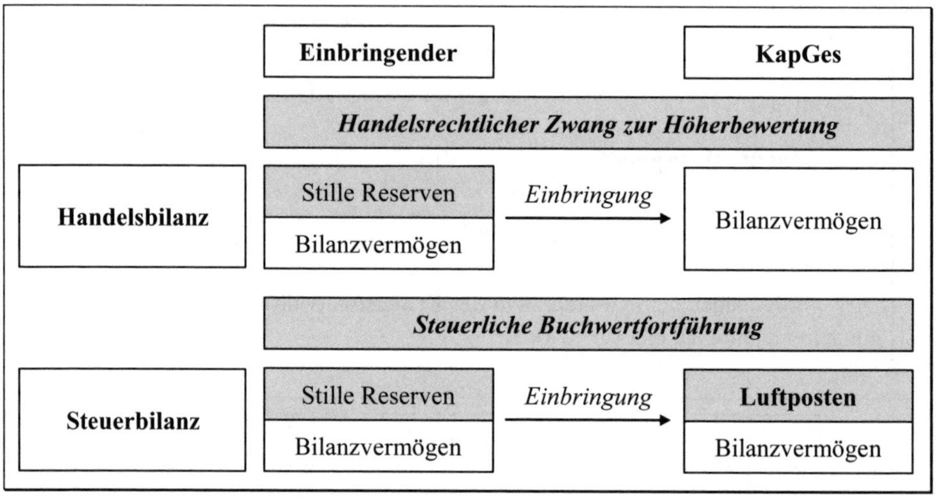

Abbildung 125: Ausgleichsposten bei handelsrechtlichem Zwang zur Höherbewertung

Merke: Müssen stille Reserven auf Grund eines handelsrechtlichen Zwangs zur Höherbewertung in der Steuerbilanz gem. § 20 Abs. 2 Satz 2 UmwStG nicht aufgedeckt werden, ist stattdessen ein steuerlicher Ausgleichsposten als **steuerneutraler Platzhalter** auszuweisen.

Lösung

Da bei der Einbringung in die Commodus GmbH jegliche steuerliche Belastung vermieden werden soll, wird in der Steuerbilanz der Buchwertansatz gewählt. In Höhe der stillen Reserven, die in der Handelsbilanz aufgedeckt werden müssen, ist ein Ausgleichsposten auszuweisen.[538] Der Ausgleichsposten sorgt somit dafür, dass die Bilanz trotz Buchwertfortführung und Ausweis des Mindeststammkapitals ausgeglichen ist.

[537] Vgl. Tz. 20.27 UmwStE.

[538] Vgl. Tz. 20.27 UmwStE.

Aktiva	Steuerbilanz Commodus GmbH		Passiva
Aktiva	10 T€	Stammkapital	25 T€
Ausgleichsposten	**15 T€**		
	25 T€		25 T€

Wäre allerdings für das Stammkapital der Commodus GmbH ein Wert über 25.000 € angesetzt worden, läge in Höhe der Differenz zum Mindeststammkapital von 25.000 € kein Zwang zur Höherbewertung auf Grund handelsrechtlicher Vorschriften i.S.v. § 20 Abs. 2 Satz 2 UmwStG vor.[539] Eine Buchwertfortführung wäre folglich nicht möglich.

Eine zweite Möglichkeit einer handelsrechtlichen Aufstockungspflicht besteht, wenn ein bestimmtes Nennkapital ausgewiesen werden muss, das der zutreffenden Darstellung der Beteiligungsverhältnisse der Gesellschafter dient:[540]
Wird eine Sacheinlage in eine bereits bestehende Kapitalgesellschaft geleistet und erhält der Einbringende als Gegenleistung eine Beteiligung an der übernehmenden Kapitalgesellschaft, muss die Beteiligung den Wert des eingebrachten Vermögens widerspiegeln. Der Nennbetrag der gewährten Anteile bemisst sich daher am Teilwert des eingebrachten Vermögens. Wäre dem nicht so, wäre der Einbringende gegenüber den anderen Gesellschaftern benachteiligt bzw. das von ihm eingebrachte Vermögen unterbewertet.

Hinweis: Der Einbringende wird durch die Gewährung der Anteile hinsichtlich seiner Vermögensposition genauso gestellt wie vor der Sacheinlage. Seine Beteiligungsquote (Nennbetrag der gewährten Anteile im Verhältnis zum Stammkapital nach der Einbringung) richtet sich folglich nach dem Verhältnis des Teilwerts seiner geleisteten Sacheinlage zum realen Gesamtwert (Teilwert) der Kapitalgesellschaft nach erfolgter Einbringung.

Der Nennbetrag der gewährten Kapitalgesellschaftsanteile ist dabei die **Bewertungsuntergrenze** für die handelsrechtlichen Anschaffungskosten einer Sacheinlage in eine Kapitalgesellschaft. Um das Beteiligungsverhältnis des Einbringenden zutreffend darzustellen, kann der Nennbetrag der gewährten Anteile den Buchwert des eingebrachten Betriebsvermögens übersteigen, so dass handelsbilanziell eine Wertaufstockung erforderlich ist.

539 Vgl. Tz. 20.27 UmwStE.

540 Vgl. Tz. 20.28 UmwStE.

Beispiel

Maximus bringt sein Betriebsvermögen (Buchwert i.H.v. 10.000 € und Teilwert i.H.v. 100.000 €) im Wege einer Sachkapitalerhöhung i.S.d. § 56 GmbHG **(Einzelrechtsnachfolge)** in die Aurelius GmbH ein, die ein Stammkapital i.H.v. 450.000 € aufweist. Der Teilwert der Aurelius AG beträgt 900.000 €. Die Sacheinlage von Maximus erhöht diesen auf 1.000.000 €. Damit er gemessen an seinem Wertbeitrag entsprechend an der GmbH beteiligt ist, müssen ihm Anteile mit einem Nennbetrag von 50.000 € aus einer Kapitalerhöhung gewährt werden. Das eingebrachte Vermögen **muss** in der Handelsbilanz der Aurelius GmbH in Höhe des Nennbetrags der dafür gewährten Anteile, d.h. mit 50.000 € bewertet werden, da eine Buchwertfortführung i.S.d. § 24 UmwG nicht möglich ist. Insofern besteht ein handelsrechtlicher Zwang zum Ansatz eines Werts, der den Buchwert des eingebrachten Betriebsvermögens i.H.v. 10.000 € übersteigt. Gem. § 20 Abs. 2 Satz 2 UmwStG kann in der Steuerbilanz der Aurelius GmbH abweichend vom handelsbilanziellen Wertansatz eine Buchwertfortführung erfolgen. In Höhe der in der Handelsbilanz aufgedeckten stillen Reserven von 40.000 € ist erneut ein **Ausgleichsposten** in der Steuerbilanz auszuweisen.

2.8.4.2 Bilanzsteuerrechtliche Behandlung des Ausgleichspostens

Ein steuerlicher Ausgleichsposten ist kein Bestandteil des Betriebsvermögens i.S.d. § 4 Abs. 1 Satz 1 EStG, sondern ein reiner Luftposten.

Merke: Ein steuerlicher Ausgleichposten, der für die Zwecke des Ausgleichs zwischen Handels- und Steuerbilanz ausgewiesen wird, ist ein **Nihil, d.h. ein „Garnichts"**.

Der Ausgleichsposten beeinflusst daher die spätere Aufdeckung und Versteuerung der im eingebrachten Betriebsvermögen enthaltenen stillen Reserven nicht. Er fällt erfolgsneutral weg, wenn sich die durch ihn gedeckte Differenz zwischen Aktiv- und Passivseite der Steuerbilanz insbesondere durch die Aufdeckung stiller Reserven mindert. Eine anderweitige Auflösung oder eine Abschreibung des Ausgleichspostens kommt nicht in Betracht.[541]

2.9 Veräußerungspreis und Ansatz der gewährten Gesellschaftsanteile

Gem. § 20 Abs. 4 Satz 1 UmwStG gilt der Wert, mit dem die übernehmende Kapitalgesellschaft das eingebrachte Betriebsvermögen in ihrer Steuerbilanz ansetzt, für den Einbringenden sowohl als Veräußerungspreis für das übertragene Betriebsvermögen als auch als Anschaffungskosten für die gewährten Kapitalgesellschaftsanteile.

---

[541] Vgl. Tz. 20.27 UmwStE.

§ 20 Abs. 4 Satz 1 UmwStG	
„Der Wert, mit dem die Kapitalgesellschaft **das eingebrachte Betriebsvermögen** ansetzt,	⇨ **Wertansatz**
	gilt als
gilt für den Einbringenden als Veräußerungspreis	⇨ **Veräußerungspreis**
	und als
und als Anschaffungskosten der Gesellschaftsanteile."	⇨ **Anschaffungskosten**

Durch diese **Wertverknüpfung** soll gewährleistet werden, dass die in die Kapitalgesellschaft eingebrachten stillen Reserven des Betriebsvermögens auf die gewährten Anteile übergehen und dort bis zu ihrer Entstrickung repräsentiert bleiben.[542] Auf diese Weise wird sichergestellt, dass bei einem Ansatz unter dem Teilwert nicht aufgedeckte stille Reserven **beim Einbringenden** auch nach dem Einbringungsvorgang steuerlich verstrickt sind.

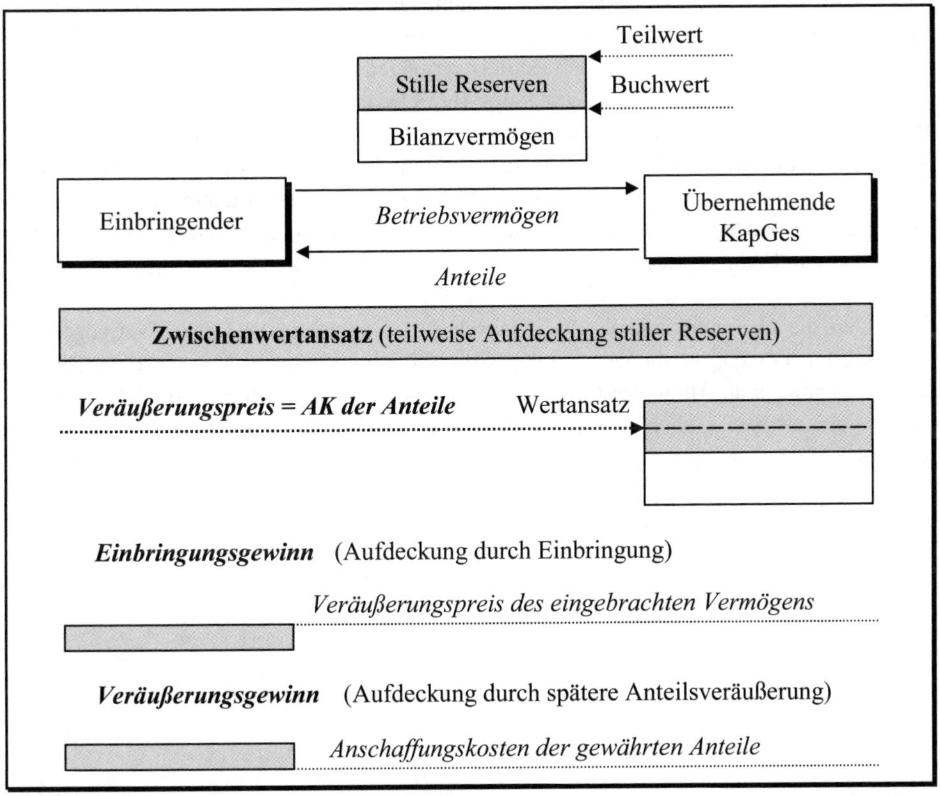

Abbildung 126: Wertverknüpfung zwischen Veräußerungspreis und Anschaffungskosten

[542] Vgl. Glade, A./ Steinfeld, G., Umwandlungssteuergesetz 1977, 3. Aufl., Berlin 1980, Rz. 1079.

Merke: Die Anschaffungskosten der gewährten Kapitalgesellschaftsanteile sind an den Veräußerungspreis des eingebrachten Betriebsvermögens geknüpft, damit diese als ein **wirtschaftliches Äquivalent für die Besteuerung** des erfolgsneutral übertragenen Betriebsvermögens fungieren können.[543]

2.9.1 Verdopplung stiller Reserven

Wird eine Sacheinlage steuerneutral vorgenommen, werden die vor der Einbringung im Betriebsvermögen ruhenden stillen Reserven bei der übernehmenden Kapitalgesellschaft fortgeführt. Die stillen Reserven, die sich im eingebrachten Vermögen des Einbringenden im Zeitverlauf angesammelt haben, wechseln daher lediglich zum übernehmenden Rechtsträger.
Der Einbringende wird für die geleistete Sacheinlage an der übernehmenden Kapitalgesellschaft so beteiligt, dass der Teilwert der erhaltenen Anteile unmittelbar nach der Einbringung dem Teilwert des übertragenen Betriebsvermögens entspricht. Stille Reserven werden bei einer steuerneutralen Übertragung des Betriebsvermögens in den Anteilen dadurch gelegt, dass der Wertansatz des Betriebsvermögens (Veräußerungspreis des übertragenen Vermögens) für die Anteile als Anschaffungskosten gilt. Damit ruhen unmittelbar nach der Sacheinlage stille Reserven in identischer Höhe sowohl im steuerneutral übergegangenen Betriebsvermögen bei der übernehmenden Kapitalgesellschaft als auch in den gewährten Anteilen beim Einbringenden.

Veräußert die übernehmende Kapitalgesellschaft das eingebrachte Betriebsvermögen und der Einbringende die erhaltenen Anteile, fällt bei beiden Veräußerungsvorgängen ein Veräußerungsgewinn an. Hätte der Einbringende anstatt eine Sacheinlage in die Kapitalgesellschaft vorzunehmen, das eingebrachte Betriebsvermögen direkt veräußert, wäre nur einmal ein steuerpflichtiger Veräußerungsgewinn angefallen.

[543] Vgl. Patt, J./ Rasche, R., Ertragsteuerrechtliche Auswirkungen von Entnahmen nach dem rückbezogenen Umwandlungsstichtag gem. § 20 Abs. 7 UmwStG, DStR 1995, S. 1531.

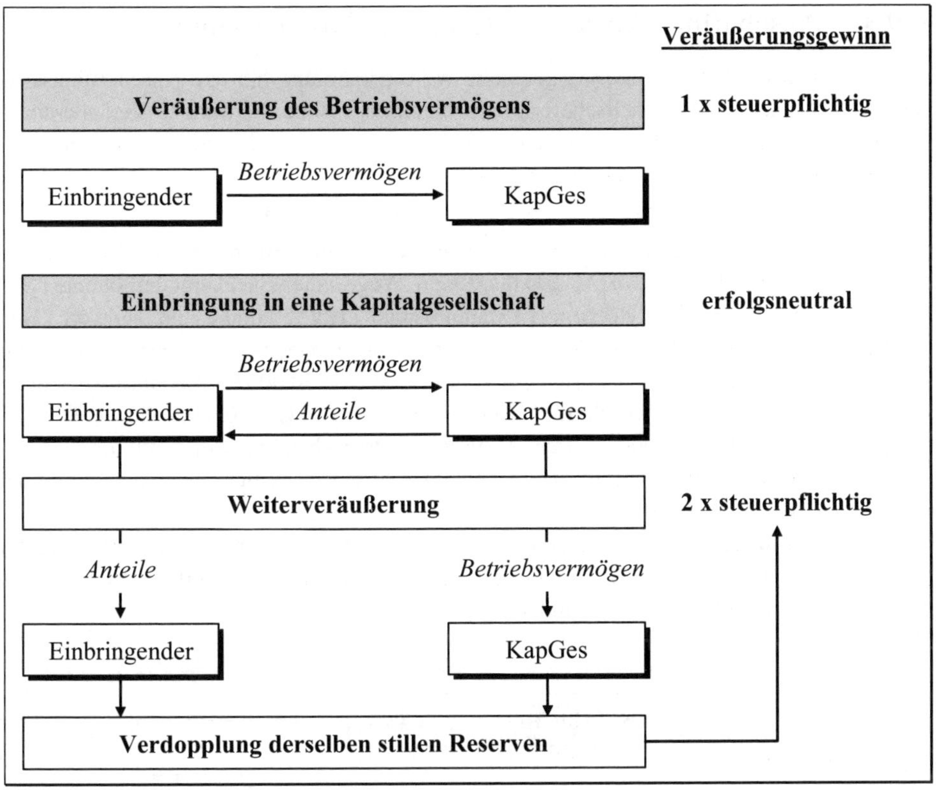

Abbildung 127: Verdopplung stiller Reserven

Merke: Die steuerneutrale Einbringung von Betriebsvermögen in eine Kapitalgesellschaft bewirkt eine Verdopplung stiller Reserven.

2.9.2 Veräußerungspreis des Betriebsvermögens

Der Veräußerungspreis ergibt sich aus dem Ansatz des eingebrachten Reinvermögens in der Steuerbilanz der übernehmenden Kapitalgesellschaft. Werden durch einen Ansatz über dem Buchwert steuerfreie Rücklagen, die der Einbringende zuvor gebildet hatte, aufgelöst, erhöht sich der Veräußerungspreis.[544] Der Ansatz eines Ausgleichspostens beeinflusst die Höhe des eingebrachten Reinvermögens und damit den Veräußerungspreis dagegen nicht.[545]

---

544 Vgl. Schmitt, J., in: Schmitt, J./ Hörtnagl, R./ Stratz, R.-C., Umwandlungsgesetz, Umwandlungssteuergesetz, 3. Aufl., München 2001, § 20 UmwStG, Rz. 334.

545 Vgl. Tz. 20.27 UmwStE.

2.9.3 Anschaffungskosten der Kapitalgesellschaftsanteile

Die in § 20 Abs. 4 Satz 1 UmwStG geregelte Wertverknüpfung führt zu Anschaffungskosten der gewährten Kapitalgesellschaftsanteile, die mit der Höhe des fiktiven Veräußerungspreises des eingebrachten Betriebsvermögens (Wertansatz in der Steuerbilanz der übernehmenden Kapitalgesellschaft) übereinstimmen.

Beispiel

Der Einzelunternehmer Stan bringt einen Betrieb zum Buchwert (Buchwert i.H.v. 50.000 € und Teilwert i.H.v. 100.000 €) im Wege einer Sachkapitalerhöhung i.S.d. § 56 GmbHG in die Kyle GmbH (Stammkapital i.H.v. 50.000 € und Teilwert i.H.v. 200.000 €) ein. Sowohl der Veräußerungspreis des eingebrachten Betriebsvermögens als auch die Anschaffungskosten der Anteile betragen 50.000 € (Wertansatz der übernehmenden Kapitalgesellschaft, d.h. der Buchwert). Die Kyle GmbH führt eine Kapitalerhöhung i.H.v. 25.000 € durch, damit Stan entsprechend seinem durch die Sacheinlage geleistetem Wertbeitrag i.H.v. 100.000 € zu einem Drittel am Stammkapital der Kyle GmbH beteiligt ist.
Als Stan seine Anteile im Nennwert von 25.000 € kurz nach der Einbringung für 100.000 € (ein Drittel des Gesamtwerts der Kyle GmbH i.H.v. 300.000 €) an Kenny veräußert, erzielt er einen Veräußerungsgewinn i.H.v. 50.000 €.

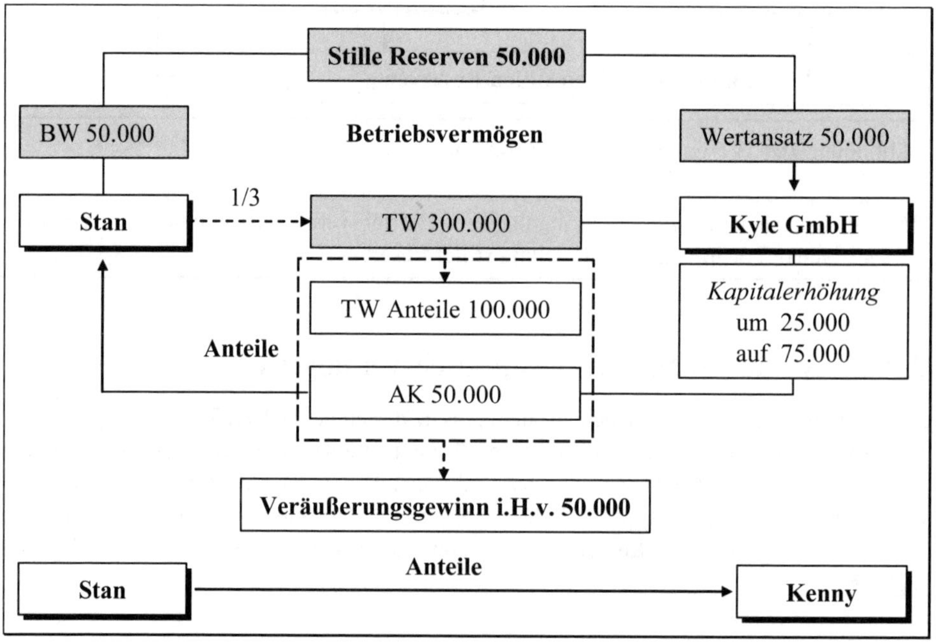

Abbildung 128: Äquivalenzfunktion der gewährten Kapitalgesellschaftsanteile

Hinweis: Hätte Stan sein Betriebsvermögen nicht in die Kyle GmbH eingebracht, sondern unmittelbar veräußert, hätte er ebenfalls einen Veräußerungsgewinn von 50.000 € erzielt. Denn durch die Wertverknüpfung zwischen dem steuerlichen Wertansatz und den Anschaffungskosten der gewährten Anteile **(Äquivalenzfunktion)** wird gewährleistet, dass im Übertragungszeitpunkt steuerneutral übergegangene stille Reserven in den Anteilen verstrickt sind. Der Nennbetrag der gewährten Anteile ist für die Höhe der Anschaffungskosten irrelevant. Er sagt lediglich etwas über Stans Beteiligung am Gesamtwert der Kyle GmbH und somit über den Teilwert der ihm gewährten Anteile aus.

2.9.3.1 Einschränkungen des Bewertungswahlrechts

Die übernehmende Kapitalgesellschaft kann das Wahlrecht, das eingebrachte Betriebsvermögen zu Buch-, Zwischen- oder Teilwerten anzusetzen, nicht uneingeschränkt ausüben. Ist die **Äquivalenzfunktion** der Kapitalgesellschaftsanteile beeinträchtigt, wäre es denkbar, dass bei einer steuerneutralen Durchführung des Einbringungsvorgangs eine endgültige steuerliche Erfassung von übertragenen stillen Reserven **beim Einbringenden** nicht möglich ist.[546]
Ist dies der Fall, wird von vornherein ein steuerneutraler Übergang dieser stillen Reserven auf die Anteile verwehrt. Realisiert wird dies durch eine Einschränkung des Bewertungswahlrechts der übernehmenden Kapitalgesellschaft. Liegen bestimmte in § 20 Abs. 2 UmwStG geregelte Tatbestandvoraussetzungen vor, die die Äquivalenzfunktion beeinträchtigen, erfolgt eine zwangsweise Wertaufstockung der Buchwerte des einzubringenden Betriebsvermögens. Auf diese Weise wird die steuerliche Erfassung der stillen Reserven beim Einbringenden sichergestellt.

2.9.3.1.1 Zwangswertaufstockung bei Unterbilanz

Übersteigen die Passivposten die Aktivposten in der Steuerbilanz des Einbringenden, hat die übernehmende Kapitalgesellschaft das eingebrachte Betriebsvermögen mindestens so anzusetzen, dass sich die Aktiv- und die Passivposten ausgleichen. Gem. § 20 Abs. 2 Satz 4 UmwStG muss die übernehmende Kapitalgesellschaft im eingebrachten Betriebsvermögen ruhende stille Reserven aufdecken, bis das Eigenkapital des Einbringenden zumindest **null** erreicht.
Wäre keine Wertaufstockung vorzunehmen, ergäbe sich für das eingebrachte Reinvermögen ein negativer Betrag, was wiederum über die Wertverknüpfung des § 20 Abs. 4 Satz 1 UmwStG zu **negativen Anschaffungskosten** der Kapitalgesellschaftsanteile führen würde. Da etwas derartiges nicht denkbar ist, müssen die stillen Reserven bereits zum Zeitpunkt

546 Vgl. Patt, J./ Rasche, R., Ertragsteuerrechtliche Auswirkungen von Entnahmen nach dem rückbezogenen Umwandlungsstichtag gem. § 20 Abs. 7 UmwStG, DStR 1995, S. 1531.

der Einbringung steuerlich erfasst werden, damit sie nicht der Besteuerung entzogen werden.[547]

Merke: Die Zwangswertaufstockung der Buchwerte führt zu **Anschaffungskosten** der gewährten Kapitalgesellschaftsanteile von **null**. Die Steuerneutralität des Einbringungsvorgangs wird eingeschränkt, um eine steuerliche Erfassung der stillen Reserven sicherzustellen, die ansonsten in den gewährten Anteilen nicht repräsentiert werden würden.

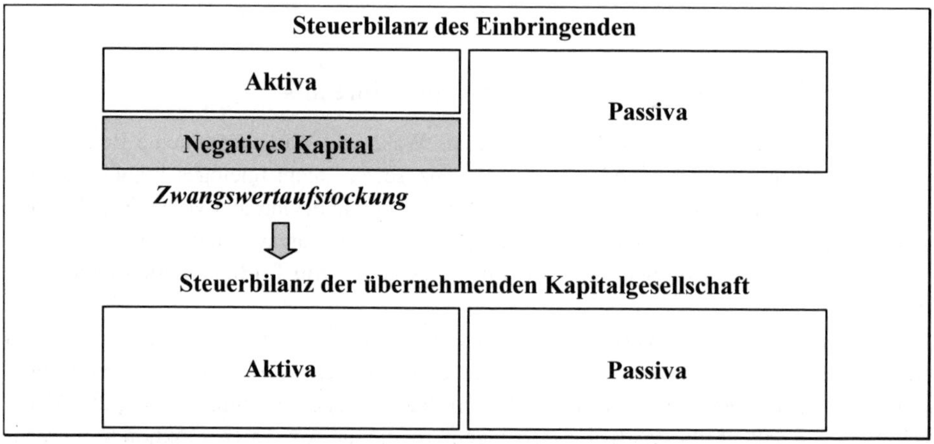

Abbildung 129: Zwangswertaufstockung der Buchwerte bei negativem Kapital

Merke: Die Zwangswertaufstockung bei Einbringung eines negativen Reinvermögens ist ein sehr beliebtes Klausurthema, da zwei Probleme kombiniert auftreten:

1. Eine **zwangsweise Aufdeckung stiller Reserven**, bis ein Kapital von null ausgewiesen wird.
2. Da ein Kapital von null ausgewiesen wird, aber Vorschriften für ein Mindestkapital bestehen, ist in dieser Höhe ein **steuerlicher Ausgleichsposten** zu bilden.

[547] Vgl. Patt, J./ Rasche, R., Ertragsteuerrechtliche Auswirkungen von Entnahmen nach dem rückbezogenen Umwandlungsstichtag gem. § 20 Abs. 7 UmwStG, DStR 1995, S. 1531.

Beispiel

Eric Cartman ist Einzelunternehmer. Er bringt sein gesamtes Betriebsvermögen im Wege einer Sachgründung gem. § 5 Abs. 4 GmbHG in die Chefkoch GmbH ein.

Aktiva	Schlussbilanz Eric		Passiva
Grund u. Boden	10 T€	Verbindlichkeiten	50 T€
Gebäude	15 T€		
Maschinen	10 T€		
Kapital	**15 T€**		
	50 T€		50 T€

In Grund und Boden sind 30.000 €, im Gebäude 9.000 € und in den Maschinen 6.000 € stille Reserven enthalten. Insgesamt ruhen in Erics Betriebsvermögen stille Reserven i.H.v. 45.000 €, von denen anteilig ein Drittel aufdeckt werden muss, damit das einzubringende Reinvermögen einen Betrag von null aufweist. Um eine ausgeglichene Steuerbilanz aufzuweisen, ist somit in einem **1. Schritt** eine Aufdeckung von stillen Reserven i.H.v. 15.000 € erforderlich.

Dies soll wie folgt verdeutlicht werden:

Aktiva		Vor Aufstockung	nach Aufstockung
Grund u. Boden	+ 10 T€ →	10 T€	20 T€
Gebäude	+ 3 T€ →	15 T€	18 T€
Maschinen	+ 2 T€ →	10 T€	12 T€
Kapital		**15 T€**	**0 €**

1. Schritt: Ausgleich der Steuerbilanz

Aktiva	Eröffnungsbilanz Chefkoch GmbH		Passiva
Grund u. Boden	20 T€	Verbindlichkeiten	50 T€
Gebäude	18 T€		
Maschinen	12 T€		
	50 T€		50 T€

Da das Mindeststammkapital 25.000 € beträgt, ist neben der zwingend vorzunehmenden Aufstockung der Buchwerte in einem **2. Schritt** ein steuerlicher Ausgleichsposten auszuweisen, da § 20 Abs. 2 Satz 2 UmwStG eine **Fortführung der zwangsweise aufgestockten Buchwerte** gestattet.

2. Schritt: Ausweis des steuerlichen Ausgleichspostens

Aktiva		Eröffnungsbilanz Chefkoch GmbH	Passiva
Grund u. Boden	20 T€	**Stammkapital**	**25 T€**
Gebäude	18 T€	Verbindlichkeiten	50 T€
Maschinen	12 T€		
Ausgleichsposten	**25 T€**		
	75 T€		75 T€

In Folge der Zwangswertaufstockung (1. Schritt) entsteht für Eric ein **Einbringungsgewinn** i.H.v. 15.000 €, da stille Reserven in derselben Höhe aufgedeckt werden müssen. Der Ausweis des Ausgleichspostens (2. Schritt) bringt dagegen keine steuerliche Belastung mit sich, da für dessen Ausweis keine erfolgswirksame Wertaufstockung erforderlich ist.

2.9.3.1.2 Zusätzliche Wirtschaftsgüter als Gegenleistung

Neben neuen Kapitalgesellschaftsanteilen können dem Einbringenden auch andere Wirtschaftsgüter als Gegenleistung gewährt werden, ohne dass dies schädlich für eine Anwendung des § 20 UmwStG ist. Dazu zählen unter anderem eine Barzahlung und die Einräumung einer Darlehensforderung.

Übersteigt der **gemeine Wert** der anderen Wirtschaftsgüter den Buchwert des eingebrachten Betriebsvermögen, muss jedoch die übernehmende Kapitalgesellschaft gem. § 20 Abs. 2 Satz 5 UmwStG das eingebrachte Betriebsvermögen mindestens mit dem gemeinen Wert der hingegebenen Wirtschaftsgüter ansetzen. Es ist somit eine erneute **erfolgswirksame Zwangswertaufstockung** der Buchwerte des eingebrachten Vermögens vorzunehmen.

Beispiel

Eric bringt im Rahmen einer Sachgründung i.S.d. § 5 Abs. 4 GmbHG den Betrieb seines Einzelunternehmens in die neu gegründete Kenny GmbH ein. Er ist alleiniger Gesellschafter. Neben neuen Anteilen an der Kenny GmbH wird Eric eine Darlehensforderung i.H.v. 50.000 € eingeräumt.

Aktiva	Schlussbilanz Eric		Passiva
Grund u. Boden	50 T€	Kapital	100 T€
Gebäude	30 T€		
Maschinen	20 T€		
	100 T€		100 T€

Es sind stille Reserven i.H.v. 60.000 € vorhanden.

In der Steuerbilanz der Kenny GmbH wird Erics Darlehensforderung als Passivposten ausgewiesen.

Aktiva	Eröffnungsbilanz Kenny GmbH		Passiva
Grund u. Boden	50 T€	Stammkapital	50 T€
Gebäude	30 T€	Darlehen	50 T€
Maschinen	20 T€		
	100 T€		100 T€

Trotz der Gewährung der Darlehensforderung ist eine steuerneutrale Sacheinlage möglich, da der Wert der Darlehensforderung von 50.000 € den Buchwert des eingebrachten Betriebsvermögens von 100.000 € nicht überschreitet.

Merke: Die Gewährung von anderen Wirtschaftsgütern ist als **teilweise Veräußerung**[548] des eingebrachten Betriebsvermögens einzustufen. Es kommt im Zeitpunkt der Einbringung dennoch nicht zu einer steuerlichen Belastung, da nach wie vor eine Buchwertfortführung möglich ist, wenn der gemeine Wert der anderen Wirtschaftsgüter den Buchwert des eingebrachten Betriebsvermögens nicht überschreitet.

Eine **steuerneutrale Einbringung** kann bei einer Gewährung von anderen Wirtschaftsgütern nicht vorgenommen werden, wenn der gemeine Wert der anderen Wirtschaftsgüter den Buchwert des eingebrachten Betriebsvermögens übersteigt.

548 Vgl. Schmitt, J., in: Schmitt, J./ Hörtnagl, R./ Stratz, R.-C., Umwandlungsgesetz, Umwandlungssteuergesetz, 3. Aufl., München 2001, § 20 UmwStG, Rz. 288-289; Friedrichs, K., in: Haritz, D./ Benkert, M. (Hrsg.), Umwandlungssteuergesetz Kommentar, 2. Aufl., München 2000, § 20, Rz. 146.

Merke: Überschreitet der gemeine Wert der anderen Wirtschaftsgüter den Buchwert des eingebrachten Betriebsvermögens, ist eine **erfolgswirksame Zwangswertaufstockung** der Buchwerte vorzunehmen.

Beispiel

Eric bringt sein Betriebsvermögen im Rahmen einer Sachgründung i.S.d. § 5 Abs. 4 GmbHG in die neu gegründete Mc Cormick GmbH ein. Er ist deren alleiniger Gesellschafter. Neben neuen Anteile erhält er eine Darlehensforderung i.H.v. 120.000 €. Da dieser Betrag den Buchwert des eingebrachten Betriebsvermögens um 20.000 € übersteigt, ist in der Steuerbilanz der Kenny GmbH eine Zwangswertaufstockung der Buchwerte in entsprechender Höhe vorzunehmen.

Aktiva	Schlussbilanz Eric		Passiva
Grund u. Boden	50 T€	Kapital	100 T€
Gebäude	30 T€		
Maschinen	20 T€		
	100 T€		100 T€

In Erics Betriebsvermögen sind insgesamt stille Reserven i.H.v. 60.000 € enthalten. Im Grund und Boden ruhen stille Reserven von 30.000 €, im Gebäude von 15.000 € und in den Maschinen von 15.000 €. Da eine Zwangswertaufstockung i.H.v. 20.000 € vorzunehmen ist, muss in einem **1. Schritt** jeweils ein Drittel der in den einzelnen Wirtschaftsgütern enthaltenen stillen Reserven aufgedeckt werden.

Dies soll wie folgt verdeutlicht werden:

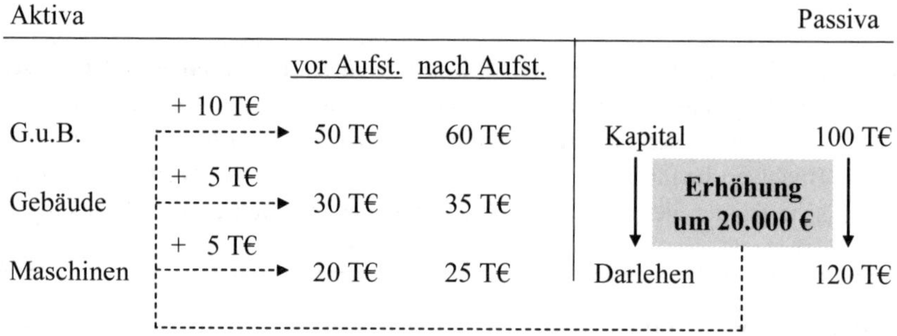

1. Schritt: Zwangswertaufstockung bis zum gemeinen Wert des Darlehens

Aktiva	Eröffnungsbilanz Mc Cormick GmbH		Passiva
Grund u. Boden	60 T€	Darlehen	120 T€
Gebäude	35 T€		
Maschinen	25 T€		
	120 T€		120 T€

Um das Mindeststammkapital i.H.v. 25.000 € auszuweisen, ist keine weitere Buchwertaufstockung erforderlich. In einem **2. Schritt** ist ein steuerlicher Ausgleichsposten anzusetzen, da § 20 Abs. 2 Satz 2 UmwStG eine **Fortführung der zwangsweise aufgestockten Buchwerte** gestattet.

2. Schritt: Ausweis des steuerlichen Ausgleichspostens

Aktiva	Eröffnungsbilanz Mc Cormick GmbH		Passiva
Grund u. Boden	60 T€	**Stammkapital**	**25 T€**
Gebäude	35 T€	Darlehen	120 T€
Maschinen	25 T€		
Ausgleichsposten	**25 T€**		
	145 T€		145 T€

Es entsteht ein **Einbringungsgewinn** i.H.v. 20.000 € (1. Schritt), wohingegen der Ausweis des Ausgleichspostens zu keiner steuerlichen Belastung führt (2. Schritt).

Merke: Auch hier treten wie bei der Einbringung negativen Reinvermögens zwei Probleme kombiniert auf. Zuerst ist eine **Zwangswertaufstockung der Buchwerte** vorzunehmen und anschließend ein **steuerlicher Ausgleichsposten** in Höhe des Stammkapitals auszuweisen.

2.9.3.2 Die Auswirkung der Gewährung zusätzlicher Wirtschaftsgüter auf die Anschaffungskosten der Kapitalgesellschaftsanteile

Erhält der Einbringende neben den Anteilen an der übernehmenden Kapitalgesellschaft noch andere Wirtschaftsgüter, wird **deren gemeiner Wert gem. § 20 Abs. 4 Satz 2 UmwStG von den Anschaffungskosten der gewährten Kapitalgesellschaftsanteile abgezogen**. Nur der Differenzbetrag aus den gem. § 20 Abs. 4 Satz 1 UmwStG zu ermittelnden Anschaffungskosten der Kapitalgesellschaftsanteile und dem gemeinen Wert der anderen Wirtschaftsgüter gilt in diesem Fall als Anschaffungskosten der gewährten Anteile. Wird dem Einbringenden neben neuen Kapitalgesellschaftsanteilen eine Barzahlung gewährt oder eine Darlehensforderung eingeräumt, liegt eine teilweise Veräußerung des ein-

gebrachten Betriebsvermögens vor. Diese teilweise Veräußerung von Betriebsvermögen bleibt jedoch für den Einbringenden **zunächst ohne steuerliche Folgen**, d.h. es erfolgt keine Aufdeckung stiller Reserven zum Zeitpunkt der Sacheinlage, soweit der gemeine Wert der anderen Wirtschaftgüter den Buchwert des eingebrachten Betriebsvermögens nicht übersteigt.
In § 20 Abs. 4 Satz 2 UmwStG wird dieser **steuerfreien Veräußerung** des Betriebsvermögens Rechnung getragen. Durch den Abzug des gemeinen Werts der anderen Wirtschaftsgüter i.S.d. § 20 Abs. 4 Satz 2 UmwStG von den Anschaffungskosten nach § 20 Abs. 4 Satz 1 UmwStG wird eine **Erhöhung eines potenziellen späteren Veräußerungsgewinns** aus den gewährten Kapitalgesellschaftsanteilen bewirkt. In Höhe der steuerfreien Veräußerung, also dem gemeinen Wert der anderen Wirtschaftsgüter, wird durch den Abzug eben des gemeinen Werts von den Anschaffungskosten der gewährten Kapitalgesellschaftsanteile eine **künstliche Bildung stiller Reserven vorgenommen**.[549]

> **Merke:** Trotz einer **teilweisen steuerfreien Veräußerung** des eingebrachten Betriebsvermögens durch die Gewährung anderer Wirtschaftgüter bleibt die Steuerneutralität des Einbringungsvorgangs unberührt. Diese teilweise steuerfreie Veräußerung des eingebrachten Betriebsvermögens wird jedoch durch die **künstliche Bildung stiller Reserven** im Wege des Abzugs des gemeinen Werts der anderen Wirtschaftsgüter von den Anschaffungskosten der Kapitalgesellschaftsanteile korrigiert. Die steuerfreie Veräußerung wird somit erst zum **Zeitpunkt der Entstrickung** der stillen Reserven in den Kapitalgesellschaftsanteilen erfolgswirksam.

[549] Vgl. Schmitt, J., in: Schmitt, J./ Hörtnagl, R./ Stratz, R.-C., Umwandlungsgesetz, Umwandlungssteuergesetz, 3. Aufl., München 2001, § 20 UmwSt, Rz. 288, 348.

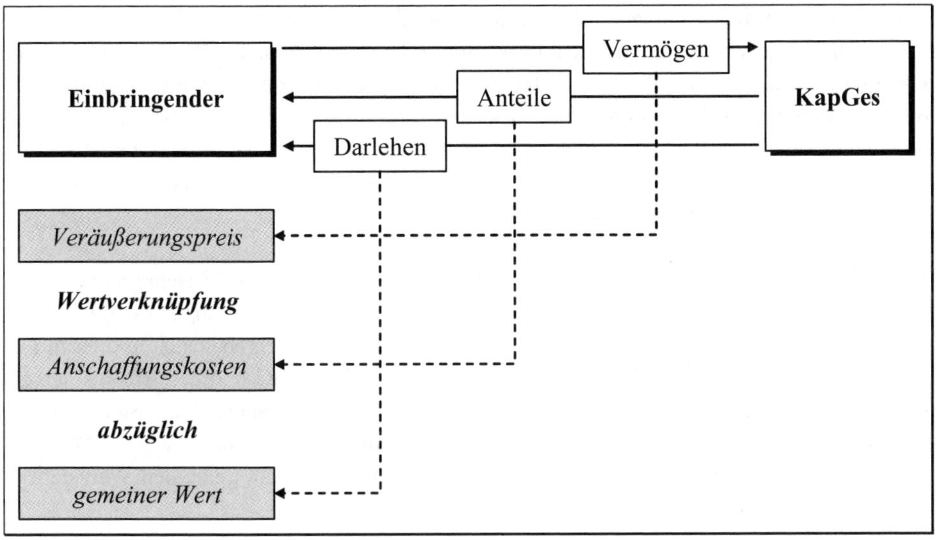

Abbildung 130: Bildung stiller Reserven in Folge einer Gewährung anderer Wirtschaftsgüter

Beispiel

Eric entschließt sich, die ihm als Gegenleistung für die Sacheinlage gewährten Anteile an der Kenny GmbH nach der Einbringung seines Betriebsvermögens weiterzuveräußern.

Aktiva	Eröffnungsbilanz Kenny GmbH		Passiva
Grund u. Boden	50 T€	Stammkapital	50 T€
Gebäude	30 T€	Darlehen	50 T€
Maschinen	20 T€		
	100 T€		100 T€

Er erzielt einen Veräußerungspreis i.H.v. 160.000 € (Buchwerte der Steuerbilanz der Kenny GmbH i.H.v. 100.000 € zuzüglich stiller Reserven i.H.v. 60.000 €).
Die Anschaffungskosten seiner Anteile betragen 50.000 € (Veräußerungspreis des **eingebrachten Betriebsvermögens** und damit Anschaffungskosten i.S.d. § 20 Abs. 4 Satz 1 UmwStG i.H.v. 100.000 € abzüglich des gemeinen Werts der Darlehensforderung i.H.v. 50.000 €).
Der Veräußerungsgewinn beläuft sich somit auf 110.000 €.

Hätte Eric seinen Betrieb nicht in die Kenny GmbH eingebracht, sondern direkt veräußert, hätte er einen Veräußerungsgewinn i.H.v. 60.000 € erzielt (Teilwert i.H.v. 160.000 € abzüglich der Buchwerte i.H.v. 100.000 €). Der Gewinn aus der Veräußerung der Anteile hat sich gegenüber der direkten Veräußerung des Betriebsvermögens somit um den Wert der ihm eingeräumten Darlehensforderung i.H.v. 50.000 € (teilweise steuerfreie Veräußerung) erhöht. Denn in dieser Höhe erfolgte durch den Abzug des gemeinen Werts der anderen Wirtschaftsgüter von den Anschaffungskosten i.S.d. § 20 Abs. 4 Satz 1 UmwStG eine künstliche Bildung stiller Reserven. Die Veräußerung des Betriebsvermögens erfolgte damit in zwei Schritten. Im ersten Schritt, also der Einräumung der Darlehensforderung, wurde eine Veräußerung des eingebrachten Betriebsvermögens vorgenommen, ohne dass dies steuerliche Folgen hatte. Erst im zweiten Schritt, also der Anteilsveräußerung, wirkt sich die steuerfreie Veräußerung auf den Erfolg aus.

Da gem. § 20 Abs. 2 Satz 5 UmwStG der gemeine Wert der anderen Wirtschaftsgüter in der Steuerbilanz der übernehmenden Kapitalgesellschaft angesetzt werden muss, falls dieser den Buchwert des eingebrachten Betriebsvermögens übersteigt, ergeben sich in diesem Fall auf Grund der Wertverknüpfung des § 20 Abs. 4 Satz 1 UmwStG und des Abzugs des gemeinen Werts der anderen Wirtschaftsgüter i.S.d. § 20 Abs. 4 Satz 2 UmwStG Anschaffungskosten für die Kapitalgesellschaftsanteile von **null**. Dazu kommt es, weil der Wertansatz in der Steuerbilanz in Folge der Zwangswertaufstockung dem gemeinen Wert der anderen gewährten Wirtschaftsgüter entspricht.

Beispiel

Eric veräußert die ihm gewährten Anteile an der Mc Cormick GmbH.

Aktiva	Eröffnungsbilanz	Mc Cormick GmbH	Passiva
Grund u. Boden	60 T€	**Stammkapital**	**25 T€**
Gebäude	35 T€	Darlehen	120 T€
Maschinen	25 T€		
Ausgleichsposten	**25 T€**		
	145 T€		145 T€

Er erzielt einen Veräußerungspreis i.H.v. 160.000 € (Buchwerte der Steuerbilanz der Mc Cormick GmbH i.H.v. 120.000 € zuzüglich noch vorhandener stiller Reserven i.H.v. 40.000 €).
Die Anschaffungskosten seiner Anteile betragen 0 € (Veräußerungspreis des **eingebrachten Betriebsvermögens** und damit Anschaffungskosten i.S.d. § 20 Abs. 4 Satz 1 UmwStG i.H.v. 120.000 € abzüglich des gemeinen Werts der Darlehensforderung i.H.v. 120.000 €).
Der Veräußerungsgewinn beläuft sich somit auf 160.000 €.

Da Eric in Folge der Zwangswertaufstockung bereits einen Einbringungsgewinn von 20.000 € erzielt hat, ergibt sich in der Summe ein Betrag von 180.000 €, der der Besteuerung unterliegt. Da Eric jedoch eine Darlehensforderung von 120.000 € (steuerfreie Veräußerung) erhalten hat, wird er im Ergebnis nicht schlechter gestellt als bei einer Veräußerung seines Betriebsvermögens auf direktem Weg, wobei er einen Veräußerungsgewinn von 60.000 € erzielt hätte.

Wäre keine Zwangswertaufstockung vorzunehmen gewesen, hätten nicht alle stillen Reserven bei Eric erfasst werden können. **Ohne die Regelung der Zwangswertaufstockung i.S.d. § 20 Abs. 2 Satz 5 UmwStG** hätte der Buchwert als Wertansatz und damit als Anschaffungskosten der Kapitalgesellschaftsanteile i.S.d. § 20 Abs. 4 Satz 1 UmwStG gegolten. Da der gemeine Wert der anderen Wirtschaftsgüter den Buchwert übersteigt, würde jedoch die **künstliche Bildung stiller Reserven** durch den Abzug des gemeinen Werts von den Anschaffungskosten nicht ausreichen, um die steuerfreie Veräußerung des eingebrachten Betriebsvermögen wertmäßig auszugleichen. Denn durch den Abzug des höheren gemeinen Werts von den niedrigeren Anschaffungskosten wären **negative Anschaffungskosten** für die gewährten Kapitalgesellschaftsanteile die Folge. Da es negative Anschaffungskosten nicht gibt, wäre eine Erfassung sämtlicher stiller Reserven im eingebrachten Betriebsvermögen nicht möglich. Eben dieser Verlust von stillen Reserven wird durch die Zwangswertaufstockung der Buchwerte bis zum gemeinen Wert der anderen gewährten Wirtschaftsgüter unterbunden. Die stillen Reserven, die ohne eine Zwangswertaufstockung verloren gingen, werden deshalb im Zeitpunkt der Übertragung aufgedeckt und steuerlich erfasst. Der Regelungszweck des § 20 Abs. 2 Satz 5 UmwStG ist daher **die Vermeidung der Entstehung negativer Anschaffungskosten und der damit einhergehende Besteuerungsverlust stiller Reserven**. Mit dieser Zwangswertaufstockung wird das gleiche Ziel verfolgt wie bei der Einbringung negativen Reinvermögens. Unterschiede bestehen allerdings in der Entstehung der negativen Anschaffungskosten. Während im Fall der Unterbilanz die **Wertverknüpfung** i.S.d. § 20 Abs. 4 Satz 1 UmwStG unmittelbar zu negativen Anschaffungskosten führen würde, ist bei einer teilweise steuerfreien Veräußerung die Ursache in der **künstlichen Bildung stiller Reserven** zu sehen.

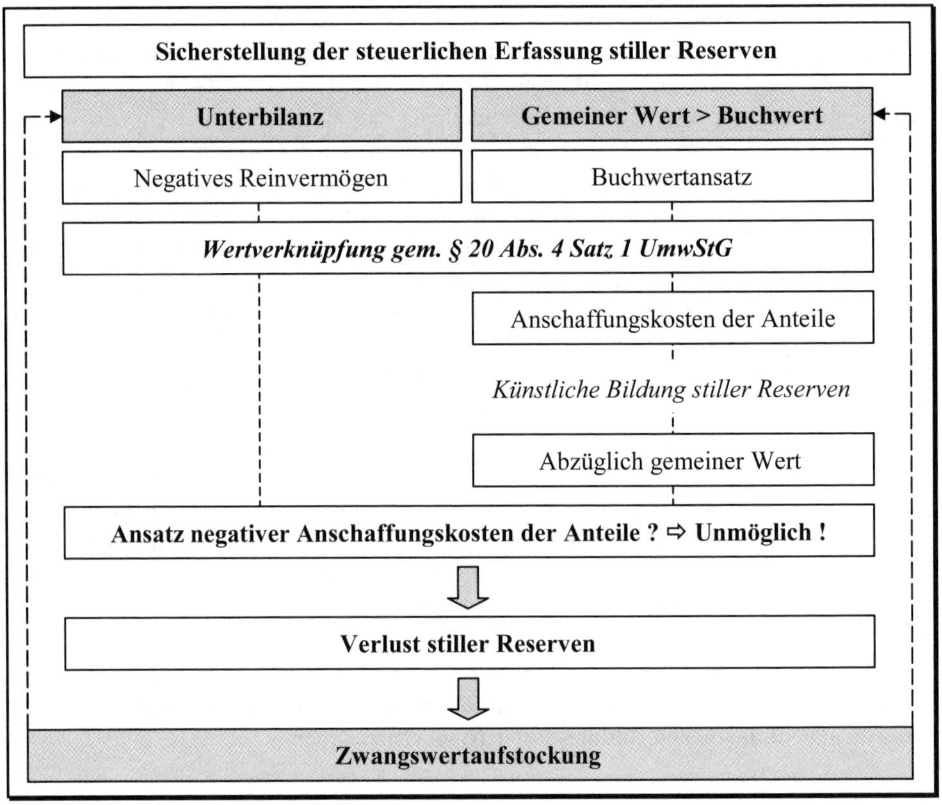

Abbildung 131: Sicherstellung der steuerlichen Erfassung stiller Reserven

Merke: Die Zwangswertaufstockung i.S.d. § 20 Abs. 2 Satz 5 UmwStG schränkt die Steuerneutralität des Einbringungsvorgangs ein, da die künstliche Bildung stiller Reserven eine **natürliche Grenze** (Anschaffungskosten der Kapitalgesellschaftsanteile von null) besitzt und es sonst zum Besteuerungsverlust stiller Reserven kommen würde. In der Zwangswertaufstockung i.S.d. § 20 Abs. 2 Satz 5 UmwStG ist daher ebenso wie in der Zwangswertaufstockung bei einer Unterbilanz i.S.d. § 20 Abs. 2 Satz 4 UmwStG eine **Einschränkung der Steuerneutralität des Umwandlungsvorgangs** zu sehen, die die Erfassung der stiller Reserven sicherstellen soll, die nicht in den gewährten Anteilen repräsentiert werden würden.

Neben dem bei der Zwangswertaufstockung anfallenden Einbringungsgewinn gewährleistet die Wertverknüpfung i.S.d. § 20 Abs. 4 Satz 1 UmwStG eine steuerliche Erfassung sämtlicher stiller Reserven. Dies wird dadurch erreicht, dass sowohl bei einer Einbringung negativen Reinvermögens als auch bei einer Gewährung anderer Wirtschaftsgüter, deren gemeiner Wert den Buchwert des eingebrachten Betriebsvermögens übersteigt, **stets Anschaffungskosten von null die Folge sind**.

Merke:

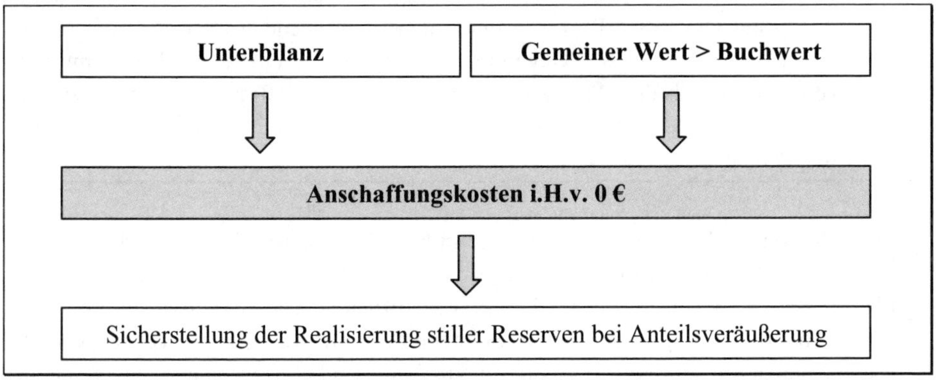

Abbildung 132: Sicherstellung der Erfassung stiller Reserven durch Anschaffungskosten von null

2.10 Ausschluss des Besteuerungsrechts der Bundesrepublik Deutschland

Ob der Einbringende unbeschränkt oder beschränkt steuerpflichtig ist, ist für die Ausübung des Bewertungswahlrechts in § 20 Abs. 2 Satz 1 UmwStG zunächst unbeachtlich.[550] § 20 Abs. 3 UmwStG enthält jedoch eine Einschränkung des Bewertungswahlrechts, wonach die übernehmende Kapitalgesellschaft das eingebrachte Betriebsvermögen mit dem **Teilwert** ansetzen muss, wenn das Besteuerungsrecht der Bundesrepublik Deutschland hinsichtlich eines Veräußerungsgewinns der dem Einbringenden gewährten Anteile im Zeitpunkt der Sacheinlage ausgeschlossen ist.

§ 20 Abs. 3 UmwStG ist eine **Entstrickungsklausel**,[551] die eine Erfassung der im eingebrachten Betriebsvermögen ruhenden stillen Reserven beim Einbringenden sicherstellen soll. Vor der Einbringung im Inland steuerlich verstricktes Betriebsvermögen soll nur dann erfolgsneutral in eine unbeschränkt steuerpflichtige Kapitalgesellschaft eingebracht werden können, wenn die als Gegenleistung gewährten Kapitalgesellschaftsanteile ebenfalls steuerlich im Inland verstrickt sind.[552] Ohne die Regelung des § 20 Abs. 3 UmwStG könnte der Einbringende stille Reserven erfolgsneutral der deutschen Besteuerung entziehen, die er selbst in die Kapitalgesellschaft eingebracht hat und an denen er durch seine Gesellschafterstellung beteiligt ist.

---

[550] Vgl. Schaumburg, H., Inländische Umwandlungen mit Auslandsbezug, GmbHR 1996, S. 422.

[551] Vgl. Dötsch, E., Inländische Umwandlungsvorgänge mit Auslandsberührung, BB 1998, S. 1038.

[552] Vgl. Statzkowski, T., Zum inländischen Besteuerungsrecht gem. § 20 Abs. 3 und § 23 Abs. 4 Satz 2 UmwStG bei beschränkt steuerpflichtigen Einbringenden, die eine wesentliche Beteiligung i.S. von § 17 EStG als Gegenleistung für die Sacheinlage erhalten, DB 1996, S. 399 f.

Merke: § 20 Abs. 3 UmwStG ist ein **Entstrickungstatbestand**, der eine steuerneutrale Auflösung von stillen Reserven durch den Einbringenden in Bezug auf das Inland unterbindet und eine Gewinnrealisierung herbeiführt. § 20 Abs. 3 UmwStG verhindert durch den Ansatz des Teilwerts den **Transfer** von in inländischem Betriebsvermögen ruhenden stillen Reserven auf Anteile, deren Veräußerung im Inland nicht steuerbar ist.

Beispiel

Die Gordon Gecko Corporation mit Sitz in New York unterhält eine Betriebsstätte in Deutschland. Somit ist sie gem. §§ 2 Nr. 1, 8 Abs. 1 Satz 1 KStG i.V.m. § 49 Abs. 1 Nr. 2 Bst. a EStG im Inland beschränkt steuerpflichtig. Die Betriebsstätte wird i.S.d. § 20 Abs. 1 Satz 1 UmwStG in die Bellheim AG mit Sitz in Hannover eingebracht, wofür die Gordon Gecko Corporation neue Anteile erhält. Für einen Gewinn aus der Veräußerung der gewährten Anteile an der Bellheim AG besitzt die Bundesrepublik Deutschland gem. Art. 13 Abs. 5 DBA-USA kein Besteuerungsrecht. Daher sind gem. § 20 Abs. 3 UmwStG bereits bei der Sacheinlage sämtliche stille Reserven durch den Teilwertansatz aufzudecken. Der dabei anfallende Einbringungsgewinn unterliegt in Deutschland der beschränkten Körperschaftsteuerpflicht.

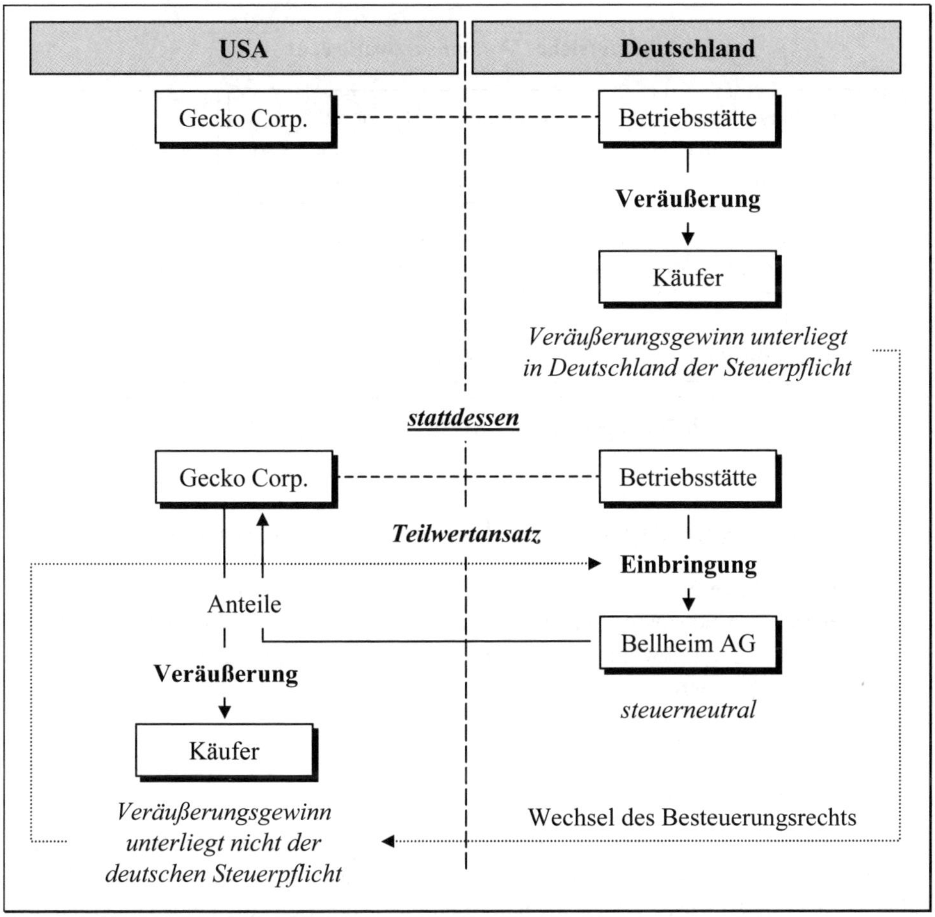

Abbildung 133: Ausschluss des Besteuerungsrechts der Bundesrepublik Deutschland

Hinweis: Ein Ausschluss des Besteuerungsrechts der Bundesrepublik Deutschland hinsichtlich des Gewinns aus der Veräußerung der Beteiligung an der Bellheim AG hätte nicht vorgelegen, wenn die Anteile zu einer in Deutschland unterhaltenen Betriebsstätte gehört hätten. Ein Gewinn aus deren Veräußerung hätte gem. § 2 Nr. 1 KStG i.V.m. § 49 Abs. 1 Nr. 2 Bst. a EStG der **deutschen beschränkten Körperschaftsteuerpflicht** unterlegen.

Die folgende Abbildung stellt die Tatbestände, die zu einer Einschränkung des steuerlichen Bewertungswahlrechts bzw. zum Teilwertansatz führen, noch einmal dar.

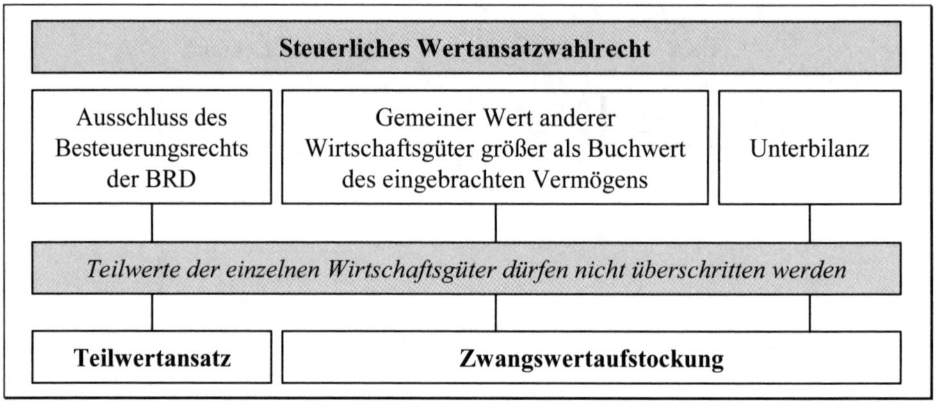

Abbildung 134: Einschränkungen des steuerlichen Bewertungswahlrechts

2.11 Steuerbegünstigung des Einbringungsgewinns

Übersteigt der fiktive Veräußerungspreis i.S.d. § 20 Abs. 4 Satz 1 UmwStG des eingebrachten Betriebsvermögens dessen Buchwert, entsteht für den Einbringenden ein steuerpflichtiger Einbringungsgewinn. Die steuerlichen Folgen für den Einbringenden sind in § 20 Abs. 5 UmwStG geregelt.

2.11.1 Teilwertansatz

Für den Fall, dass die übernehmende Kapitalgesellschaft das eingebrachte Betriebsvermögen mit dem Teilwert ansetzt, erfolgt eine steuerliche Belastung wie bei einer **Betriebsveräußerung** i.S.d. § 16 Abs. 1 EStG, wenn ein Betrieb, Teilbetrieb oder ein Mitunternehmeranteil Einbringungsgegenstand i.S.d. § 20 Abs. 1 Satz 1 UmwStG ist. Die Einbringung von Betriebsvermögen stellt lediglich einen Spezialfall einer Betriebsveräußerung i.S.d. § 16 Abs. 1 EStG dar.

Einer natürlichen Person wird im Falle der Einbringung eines Betriebs, Teilbetriebs oder Mitunternehmeranteils zum Teilwert gem. § 20 Abs. 5 Satz 1 UmwStG der Freibetrag i.S.d. § 16 Abs. 4 EStG gewährt. Zusätzlich räumt § 20 Abs. 5 Satz 2 UmwStG der natürlichen Person entweder die Anwendung der Fünftelregelung i.S.d. § 34 Abs. 1 EStG oder des reduzierten Durchschnittssteuersatzes i.H.v. 56 % i.S.d. § 34 Abs. 3 EStG ein.[553] § 34 EStG kann jedoch nicht für den Teil des zu versteuernden Einkommens in Anspruch genommen werden, der auf Kapitalgesellschaftsanteile im eingebrachten Betriebsvermögen entfällt, da hierauf die Vorschriften des Halbeinkünfteverfahrens i.S.d. § 3 Nr. 40 Bst. b EStG i.V.m.

[553] Vgl. BMF v. 16.08.2000, IV C 2 - S-1909 - 23/00, BStBl. I 2000, S. 1253; in diesem Fall wird auf die quantitative Betrachtungsweise bezüglich der übertragenen wesentlichen Betriebsgrundlagen abgestellt, da in diesem Fall eine durch § 16 Abs. 4 EStG und § 34 EStG begünstigte echte Betriebsveräußerung vorliegt.

§ 3c Abs. 2 EStG Anwendung finden. Gleiches gilt für die Einbringung einer im Betriebsvermögen gehaltenen 100 %igen Beteiligung an einer Kapitalgesellschaft. Da diese steuerlich gem. § 16 Abs. 1 Nr. 1 Satz 2 EStG die Qualifikation eines Teilbetriebs besitzt, ist gem. § 20 Abs. 5 Satz 1 UmwStG bei deren Einbringung zum Teilwert der Freibetrag i.S.d. 16 Abs. 4 EStG zu gewähren. Eine Anwendung des § 34 EStG scheidet jedoch aus, da eine begünstigte Besteuerung durch das Halbeinkünfteverfahren i.S.d. § 3 Nr. 40 Bst. b EStG vorgenommen wird.

Merke: Die Fünftelregelung und der reduzierte Durchschnittssteuersatz können nur für den Teil des eingebrachten Betriebsvermögens in Anspruch genommen werden, der nicht dem Halbeinkünfteverfahren gem. § 3 Nr. 40 Bst. b EStG und § 3c Abs. 2 EStG unterliegt.

Wird eine vom Einbringenden im Privatvermögen gehaltene mehrheitsvermittelnde Beteiligung gem. § 20 Abs. 1 Satz 2 UmwStG zum Teilwert eingebracht, ergeben sich die gleichen Besteuerungsfolgen wie bei der **Veräußerung einer wesentlichen Beteiligung i.S.d. § 17 EStG**. Gem. § 20 Abs. 5 Satz 1 UmwStG kommt neben dem Halbeinkünfteverfahren i.S.d. § 3 Nr. 40 Bst. c EStG und § 3c Abs. 2 EStG der Freibetrag i.S.d. § 17 Abs. 3 EStG zur Anwendung.

Wird eine mehrheitsvermittelnde Beteiligung aus dem Betriebsvermögen eingebracht, die nicht das gesamte Nennkapital umfasst und somit keine 100 %ige Beteiligung darstellt, wird der Einbringungsgewinn gem. § 3 Nr. 40 Bst. a EStG i.V.m. § 3c Abs. 2 EStG begünstigt. Auf diesen ist gem. § 20 Abs. 5 Satz 4 UmwStG keine weitere Vergünstigung anzuwenden.

Einbringungs-gegenstand	**Einkünfte i.S.d.**	**Steuerliche Begünstigungen**
Betrieb, Teilbetrieb u. Mitunternehmeranteil *Veräußerungspreis entfällt anteilig auf* Anteile an einer Kapitalgesellschaft	**§ 16 EStG**	§ 16 Abs. 4 EStG § 34 Abs. 1 / Abs. 3 EStG § 3 Nr. 40 Bst. b EStG § 16 Abs. 4 EStG
100 %ige Beteiligung an Kapitalgesellschaft		§ 3 Nr. 40 Bst. b EStG § 16 Abs. 4 EStG
Mehrheitsvermittelnde Beteiligung aus dem Betriebsvermögen	**§ 15 EStG**	§ 3 Nr. 40 Bst. a EStG
Mehrheitsvermittelnde Beteiligung aus dem Privatvermögen	**§ 17 EStG**	§ 3 Nr. 40 Bst. c EStG § 17 Abs. 3 EStG

Abbildung 135: Besteuerung des Einbringungsgewinns bei Teilwertansatz

Unterliegt der Einbringende der Körperschaftsteuer, zählt der Einbringungsgewinn zum laufenden Gewinn. Entfällt ein Teil des Veräußerungspreises auf Kapitalgesellschaftsanteile oder wird eine 100 %ige Beteiligung eingebracht, wird der daraus resultierende Gewinn freigestellt. Nach § 8b Abs. 2 KStG wird ein Gewinn aus deren Veräußerung bei der Gewinnermittlung nicht berücksichtigt.

2.11.2 Zwischenwertansatz

Entsteht ein Einbringungsgewinn durch den Ansatz eines Zwischenwerts, zählt dieser sowohl bei einer Einbringung durch eine natürliche Person als auch durch eine juristische Person zum laufenden Gewinn. Weder die Freibeträge in § 16 Abs. 4 EStG und § 17 Abs. 3 EStG noch die Fünftelregelung in § 34 Abs. 1 EStG oder der reduzierte Durchschnittssteuersatz gem. § 34 Abs. 3 EStG können in Anspruch genommen werden, da nicht sämtliche stillen Reserven im Übertragungszeitpunkt aufgedeckt werden.

Gewinne aus eingebrachten Kapitalgesellschaftsanteilen werden bei der Einbringung durch eine natürliche Person durch das Halbeinkünfteverfahren begünstigt und bei der Einbringung durch eine juristische Person gem. § 8b Abs. 2 KStG bei der Gewinnermittlung freigestellt.

2.12 Zeitpunkt der Einbringung und steuerliche Rückwirkung

Die Wirksamkeit einer Einbringung i.S.d. § 20 UmwStG liegt grundsätzlich zu dem Zeitpunkt vor, in dem das wirtschaftliche Eigentum am eingebrachten Vermögen auf die übernehmende Kapitalgesellschaft übergeht. Der steuerlich maßgebliche Zeitpunkt für die Übertragung des wirtschaftlichen Eigentums ist regelmäßig der **Übergang von Nutzen und Lasten am eingebrachten Betriebsvermögen**.

Erfolgt die Sacheinlage i.S.d. § 20 UmwStG im Wege der Gesamtrechtsnachfolge, entspricht der Zeitpunkt des Übergangs von Nutzen und Lasten der Eintragung der Vermögensübertragung ins Handelsregister. Der Zeitpunkt des Übergangs von Nutzen und Lasten wird bei Einzelrechtsnachfolge regelmäßig im Einbringungsvertrag fixiert.[554]

Art der Rechtsnachfolge	Steuerlich maßgeblicher Übertragungszeitpunkt
Gesamtrechtsnachfolge	Übergang von Nutzen und Lasten bei der Eintragung der Umwandlung ins Handelsregister
Einzelrechtsnachfolge	Fixierung des Übergangs von Nutzen und Lasten im Einbringungsvertrag

Abbildung 136: Steuerlich maßgeblicher Übertragungszeitpunkt

Der aus dem eingebrachten Betriebsvermögen generierte Gewinn bzw. Verlust wird ab diesem Zeitpunkt der übernehmenden Kapitalgesellschaft zugerechnet. Auf den zivilrechtlichen Eigentumsübergang ist in diesem Fall nicht abzustellen.[555]

2.12.1 Rückbeziehung des steuerlichen Übertragungszeitpunkts

Abweichend vom Grundsatz der steuerlichen Zurechnung zum Zeitpunkt des Übergangs des wirtschaftlichen Eigentums ist gem. § 20 Abs. 7 Satz 1 UmwStG **auf Antrag** der übernehmenden Kapitalgesellschaft das Einkommen und das Vermögen des Einbringenden und der übernehmenden Kapitalgesellschaft zu ermitteln, als ob das eingebrachte Betriebsvermögen bereits **mit Ablauf** eines gem. § 20 Abs. 8 UmwStG zu bestimmenden **zurückliegenden Übertragungsstichtags** übergegangen wäre. Somit sind die Verhältnisse zum zurückliegenden steuerlichen Übertragungszeitpunkt (z.B. die Höhe der Buchwerte des einzubringenden Betriebsvermögens) bei der Ausübung des Bewertungswahlrechts ent-

---

[554] Tz. 20.18 UmwStE.

[555] Vgl. Schmitt, J., in: Schmitt, J./ Hörtnagl, R./ Stratz, R.-C., Umwandlungsgesetz, Umwandlungssteuergesetz, 3. Aufl., München 2001, § 20 UmwStG, Rz. 217 f.

scheidend.[556] Der spätere Übergang von Nutzen und Lasten hat insofern keine Relevanz mehr. Die in Bezug auf das übertragene Betriebsvermögen anfallenden ertragsteuerlich relevanten Vorgänge werden nach dem steuerlichen Übertragungsstichtag nicht mehr beim Einbringenden, sondern bei der übernehmenden Kapitalgesellschaft erfasst, obwohl das Vermögen zivilrechtlich noch dem Einbringenden zuzurechnen ist.[557]

2.12.2 Steuerlicher Übertragungsstichtag bei Gesamtrechtsnachfolge

Handelt es sich um eine Vermögensübertragung nach dem UmwG, bei der die Gesamtrechtsnachfolge gilt, darf der steuerliche Übertragungsstichtag gem. § 20 Abs. 8 Satz 1 UmwStG **höchstens acht Monate** vor der Anmeldung der Vermögensübertragung zur Eintragung ins Handelsregister liegen. In § 20 Abs. 8 Satz 1 UmwStG wird auf § 17 Abs. 2 UmwG verwiesen.

§ 17 Abs. 2 Satz 4 UmwG: „Das Registergericht darf die Verschmelzung nur eintragen, wenn die Bilanz auf einen höchstens acht Monate vor der Anmeldung liegenden Stichtag aufgestellt worden ist.“

Der übernehmenden Kapitalgesellschaft wird somit eingeräumt, den Tag der Aufstellung der handelsrechtlichen Schlussbilanz als steuerlichen Übertragungsstichtag zu wählen. Das Vermögen geht damit aus steuerlicher Sicht bereits mit Ablauf dieses Tages und nicht im Zeitpunkt des Übergangs des wirtschaftlichen Eigentums auf die übernehmende Kapitalgesellschaft über. **Die steuerliche Rückwirkung** beginnt daher mit Ablauf des steuerlichen Übertragungsstichtags, d.h. dem Tag der Aufstellung der handelsrechtlichen Schlussbilanz, und reicht bis zur **Eintragung** (Übergang des wirtschaftlichen Eigentums) der Vermögensübertragung ins Handelsregister.
§ 20 Abs. 8 Satz 2 UmwStG stellt klar, dass die Rückbeziehung auf den steuerlichen Übertragungsstichtag i.S.d. § 17 Abs. 2 UmwG nicht nur auf umwandlungsrechtliche Verschmelzungen, sondern auf sämtliche umwandlungsrechtliche Vermögensübertragungen, deren steuerrechtliche Ausgestaltung die Einbringung i.S.d. § 20 UmwStG ist, angewendet werden kann.

---

556 Vgl. Van Lishaut, I., Umwandlungssteuerrecht, 2. Aufl., Köln 1998, S. 124.

557 Vgl. Krause, M., Probleme des Innenverhältnisses zwischen einer-einen Teilbetrieb im Wege rückwirkender Ausgliederung zur Aufnahme-übernehmenden Tochtergesellschaft zu ihrer übertragenden Konzernmuttergesellschaft, BB 1999, S. 1249.

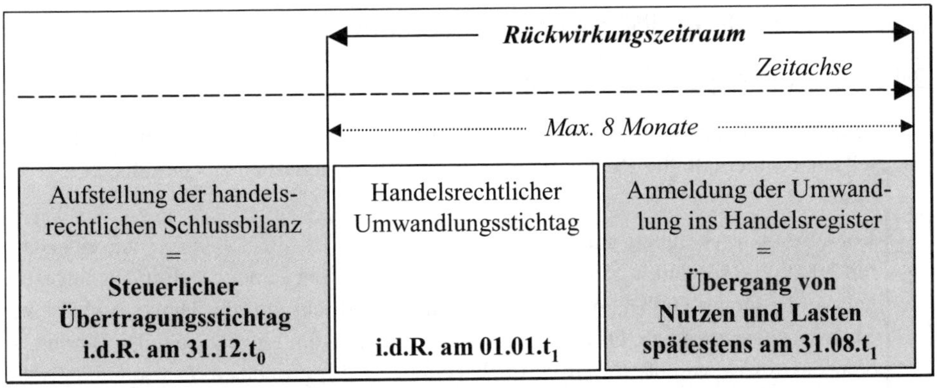

Abbildung 137: Steuerlicher Rückwirkungszeitraum bei Gesamtrechtsnachfolge

2.12.3 Steuerlicher Übertragungsstichtag bei Einzelrechtsnachfolge

Auch wenn die Einbringung des Betriebsvermögens durch Einzelrechtsübertragung erfolgt, ist eine Rückbeziehung auf einen Tag vor der Übertragung des wirtschaftlichen Eigentums möglich. Gem. § 20 Abs. 8 Satz 3 UmwStG darf die Einbringung auf einen Tag zurückbezogen werden, der höchstens acht Monate vor dem Tag des Abschlusses des Einbringungsvertrags und höchstens acht Monate vor dem Zeitpunkt liegt, an dem das eingebrachte Betriebsvermögen wirtschaftlich auf die Kapitalgesellschaft übergeht.

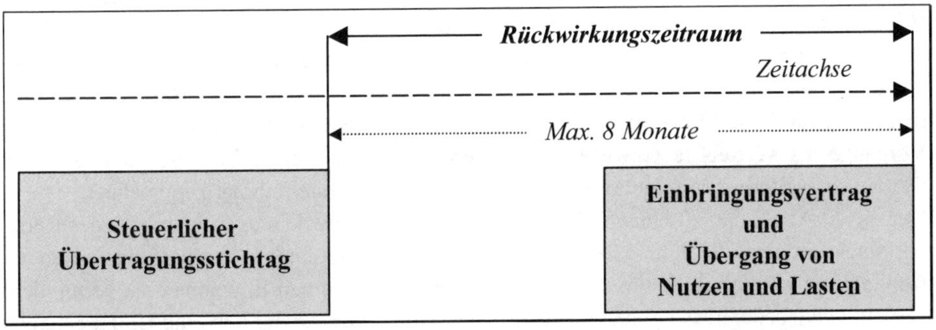

Abbildung 138: Steuerlicher Rückwirkungszeitraum bei Einzelrechtsnachfolge

Merke: Bei Einbringungen, die im Wege der **Gesamtrechtsnachfolge** vorgenommen werden, ist der maßgebliche Zeitpunkt zur Ermittlung der Achtmonatsfrist die Anmeldung zur Eintragung der Vermögensübertragung ins Handelsregister.
Bei Einbringungen, die im Wege der **Einzelrechtsnachfolge** vorgenommen werden, wird hingegen auf den Abschluss des Einbringungsvertrags und den Übergang des wirtschaftlichen Eigentums (Nutzen und Lasten) abgestellt.

2.12.4 Vorfälle im Rückwirkungszeitraum

2.12.4.1 Lieferungen und Leistungen

Lieferungen und Leistungen zwischen dem Einbringenden und der übernehmenden Kapitalgesellschaft innerhalb des Rückwirkungszeitraums sind steuerlich zu neutralisieren.

Beispiel

Rocky Balboa veräußert am 29.02.2004 ein Grundstück für 800.000 €, das er bislang mit 500.000 € sowohl in seiner Handelsbilanz als auch in seiner Steuerbilanz angesetzt hat, an die Drago GmbH. Am 31.07.2004 schließt Rocky mit der Drago GmbH einen Einbringungsvertrag ab. Das wirtschaftliche Eigentum am einzubringenden Betrieb, zu dem das zuvor veräußerte Grundstück gehörte, geht am selben Tag auf die GmbH über. Steuerrechtlich handelt es sich um eine Einbringung i.S.d. § 20 UmwStG, die zum Buchwert vorgenommen werden soll. Die Drago GmbH stellt gem. § 20 Abs. 7 Satz 1 UmwStG einen Antrag auf steuerliche Rückwirkung zum 31.12.2003.
Da die Drago GmbH den Buchwertansatz wählt, ist das Grundstück mit Ablauf des 31.12.2003 mit 500.000 € in der Steuerbilanz zu bilanzieren. Der Gewinn i.H.v. 300.000 €, den Rocky am 29.02.2004 aus der Veräußerung des Grundstücks realisiert, ist steuerlich zu neutralisieren.[558]

2.12.4.2 Entnahmen und Einlagen

§ 20 Abs. 7 Satz 2 UmwStG enthält eine **Ausnahme vom Grundsatz der steuerlichen Rückwirkung**. Die Rückwirkung gilt hinsichtlich des Einkommens und des Gewerbeertrags nicht für innerhalb des Rückwirkungszeitraums durch den Einbringenden vorgenommene Entnahmen und Einlagen. Würden Entnahmen und Einlagen grundsätzlich nach körperschaftsteuerlichen Vorschriften erfasst werden, erfolgte eine steuerliche Erfassung dieser Vorgänge als **verdeckte Gewinnausschüttungen**. Um diese Rechtsfolge zu vermeiden, werden sie weiterhin dem einbringenden Einzel- bzw. Mitunternehmer zugerechnet.[559]
Gem. § 20 Abs. 7 Satz 3 UmwStG sind bei Entnahmen bzw. Einlagen innerhalb des Rückwirkungszeitraums die gem. § 20 Abs. 4 UmwStG zu ermittelnden Anschaffungskosten der Kapitalgesellschaftsanteile um den Buchwert der vorgenommen Entnahmen zu vermindern bzw. um den Teilwert der Einlagen zu erhöhen. Durch den Abzug bzw. die Hinzurechnung wird eine erfolgswirksame Auswirkung der Entnahmen bzw. Einlagen bei einer späteren Veräußerung der Kapitalgesellschaftsanteile verhindert.[560]

---

[558] Vgl. Schmitt, J., in Schmitt, J./ Hörtnagl, R./ Stratz, R.-C., Umwandlungsgesetz, Umwandlungssteuergesetz, 3. Aufl., München 2001, § 20 UmwStG, Rz. 226.

[559] Vgl. BFH v. 29.04.1987, I-R-192/82, BStBl. II 1987, S. 797.

[560] Vgl. Schriftlicher Bericht des Finanzausschusses zum UmwStG 1969, in: Widmann, S./ Mayer, D. (Hrsg.), Umwandlungsrecht, Band I: 72. Erg. Lief., Berlin 2003, Begründung zum UmwStG 1969, § 17 Nr. 6 UmwStG 1969, S. 9.

2.13 Besteuerung des Anteilseigners

Wird Betriebsvermögen in Form von Betrieben, Teilbetrieben, Mitunternehmeranteilen oder eine mehrheitsvermittelnde Beteiligung **steuerneutral** in eine unbeschränkt körperschaftsteuerpflichtige Kapitalgesellschaft eingebracht, erhält der Einbringende Anteile an der Übernehmerin als Gegenleistung für seine geleistete Sacheinlage. Der Anknüpfungspunkt für die weitere steuerliche Behandlung dieser **einbringungsgeborenen Anteile** ist § 21 UmwStG. Daneben enthalten das EStG und das KStG Vorschriften, die die Veräußerung der einbringungsgeborenen Anteile i.S.d. § 21 UmwStG regeln.

2.13.1 Entstehung einbringungsgeborener Anteile

Setzt die übernehmende Kapitalgesellschaft das eingebrachte Betriebsvermögen unter dem Teilwert an, wird eine völlige Aufdeckung stiller Reserven aufgeschoben. Durch die Wertverknüpfung zwischen Veräußerungspreis und den Anschaffungskosten der als Gegenleistung gewährten Anteile wird sichergestellt, dass im Übertragungszeitpunkt steuerneutral auf die Kapitalgesellschaft übergegangene stille Reserven in den gewährten Anteilen verhaftet sind. Solche Anteile sind **einbringungsgeborene Anteile** i.S.d. § 21 Abs. 1 Satz 1 UmwStG. Die aus einer Sacheinlage i.S.d. § 20 UmwStG hervorgegangenen Anteile erhalten somit eine besondere Qualifikation, die sie von herkömmlichen Kapitalgesellschaftsanteilen unterscheidet. Der Zweck dieser in § 21 Abs. 1 Satz 1 UmwStG vorgenommenen Qualifizierung ist in der Tatsache begründet, dass die Veräußerung herkömmlicher Kapitalgesellschaftsanteile im Ertragsteuerrecht privilegiert wird. Wären diese Vorschriften auch auf die Veräußerung einbringungsgeborener Anteile anwendbar, könnte eine begünstigte Veräußerung dieser Anteile im Anschluss an die Umwandlung von steuerlich verstricktem Betriebsvermögen erfolgen. Im Betriebsvermögen ruhende stille Reserven könnten im Wege einer Einbringung in eine Kapitalgesellschaft der steuerlich privilegierten Veräußerung von Kapitalgesellschaftsanteilen zugeführt werden.

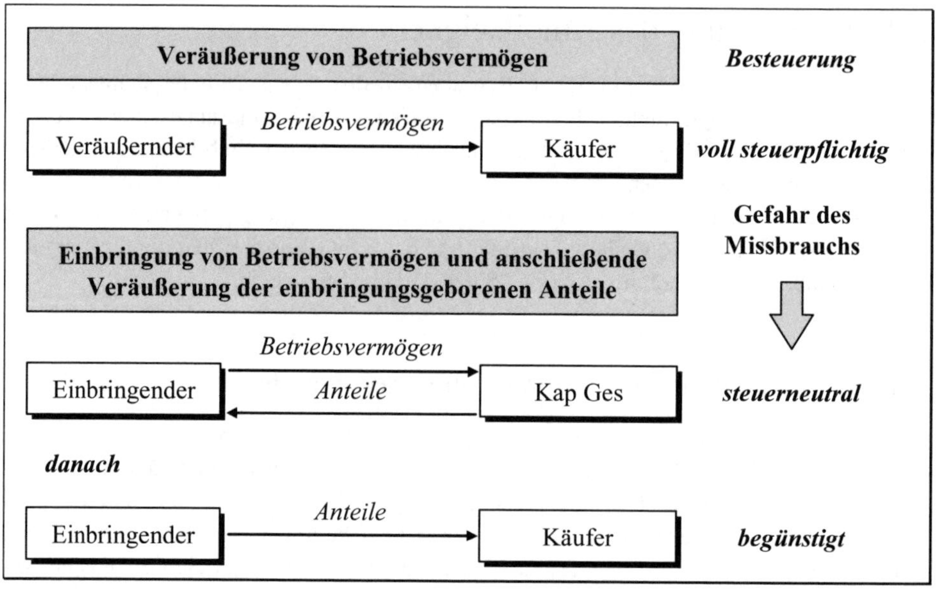

Abbildung 139: Kapitalgesellschaft als Steuersparmodell?

Um eine zeitnahe begünstigte Veräußerung der Anteile, die auf eine Umwandlung von steuerlich verstricktem Betriebsvermögen zurückzuführen sind, zu verhindern, werden die Anteile durch das UmwStG als einbringungsgeboren gekennzeichnet. Ihre Veräußerung ist spezialgesetzlich geregelt und stellt sie der Veräußerung von Betriebsvermögen i.S.d. § 16 EStG gleich.[561]

Hinweis: Würde eine zivilrechtliche **Verschmelzung bzw. Auf- und Abspaltung einer Personengesellschaft auf eine Kapitalgesellschaft bzw. ein Formwechsel einer Personengesellschaft in eine Kapitalgesellschaft** von einem umwandlungssteuerrechtlichen Tatbestand erfasst, der keine spezialgesetzliche Veräußerung der gewährten Anteile vorsieht, wäre eine **missbräuchliche Inanspruchnahme der privilegierten Veräußerung von Kapitalgesellschaftsanteilen** für das steuerneutral übertragene Betriebsvermögen möglich.

Werden bereits im Übertragungszeitpunkt sämtliche im Betriebsvermögen ruhende stille Reserven durch den Teilwertansatz aufgedeckt, besteht keine **Gefahr eines Missbrauchs**. Aus diesem Grund entstehen bei der Einbringung zum **Teilwert** keine einbringungsgeborenen Anteile.

[561] Vgl. BR-Drucks. 292/68 v. 27.05.1968, S. 17.

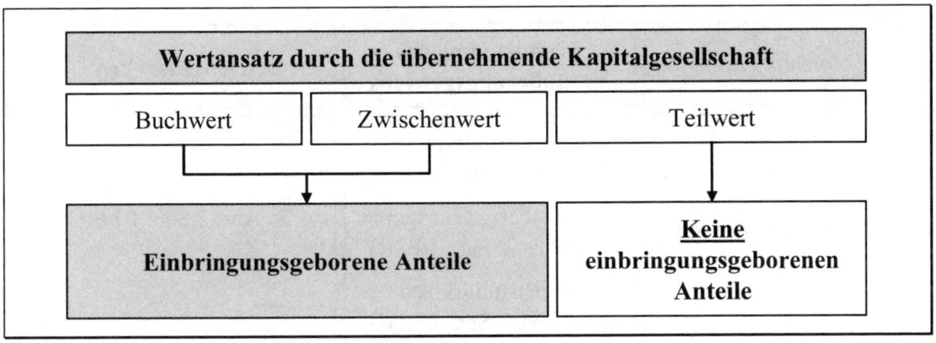

Abbildung 140: Entstehung einbringungsgeborener Anteile

Merke: Einbringungsgeborene Anteile entstehen, wenn die übernehmende Kapitalgesellschaft das einzubringende Betriebsvermögen **unterhalb des Teilwerts** ansetzt.

Eine Einbringung i.S.d. § 20 Abs. 1 Satz 2 UmwStG von im Privatvermögen gehaltenen Anteilen, die weder nach § 17 EStG oder § 23 EStG noch ihrerseits selbst steuerlich verstrickt i.S.d. § 21 UmwStG sind, führt nicht zur Entstehung einbringungsgeborener Anteile, da ihre unmittelbare Veräußerung nicht steuerpflichtig wäre.[562]

Merke: Bei einem Formwechsel i.S.d. § 25 UmwStG ist die **Buchwertfortführung** durch die übernehmende Kapitalgesellschaft zwingend. Dies hat zwangsläufig die Entstehung einbringungsgeborener Anteile zur Folge.

2.13.2 Veräußerung einbringungsgeborener Anteile

Die Veräußerung von Kapitalgesellschaftsanteilen wird sowohl durch das EStG als auch durch das KStG privilegiert. Handelt es sich beim Veräußernden um eine natürliche Person, wird der Veräußerungsgewinn durch das Halbeinkünfteverfahren i.S.d. § 3 Nr. 40 Bst. a, b, c oder j i.V.m. § 3c Abs. 2 EStG begünstigt. Der Gewinn, den eine juristische Person aus der Veräußerung von Kapitalgesellschaftsanteilen erzielt, ist gem. § 8b Abs. 2 KStG i.V.m. § 8b Abs. 3 KStG steuerlich privilegiert.

[562] Vgl. Tz. 21.04 UmwStE.

Veräußernder	Begünstigung des Veräußerungsgewinns	Betriebsausgaben
Natürliche Person	Veräußerungspreis § 3 Nr. 40 EStG Veräußerungskosten § 3c Abs. 2 Satz 1 EStG Anschaffungskosten § 3c Abs. 2 Satz 1 EStG	§ 3c Abs. 2 Satz 1 EStG
Juristische Person	§ 8b Abs. 2 KStG	§ 8b Abs. 3 KStG

Abbildung 141: Veräußerungsprivileg für Kapitalgesellschaftsanteile

Mit der Umwandlung von Betriebsvermögen, das bei einer Veräußerung durch eine natürliche Person zu begünstigten Einkünften i.S.d. § 16 EStG bzw. bei einer Veräußerung durch eine juristische Person zu einer laufenden Besteuerung geführt hätte, im Wege einer Einbringung i.S.d. § 20 UmwStG in Kapitalgesellschaftanteile, wäre eine Steuerumgehung möglich. Aus diesem Grund enthalten das EStG und das KStG sog. **Missbrauchsregeln**, die dem Einbringenden eine zeitnahe steuerlich privilegierte Veräußerung der einbringungsgeborenen Anteile nach der Umwandlung versagen. Allerdings sind dort auch sog. **Entlastungsregeln** enthalten, die eine steuerlich begünstigte Veräußerung insoweit zulassen, als es sich beim Einbringungsgegenstand um steuerlich verstrickte Kapitalgesellschaftsanteile handelt, die gem. § 20 Abs. 1 Satz 2 UmwStG in eine Kapitalgesellschaft eingebracht werden.

2.13.2.1 Veräußernder ist eine natürliche Person

Die Veräußerung von einbringungsgeborenen Anteilen durch eine natürliche Person ist in § 3 Nr. 40 Satz 3 und Satz 4 EStG und § 3c Abs. 2 EStG geregelt.

2.13.2.1.1 Begünstigung des Veräußerungsgewinns

Der Aufbau dieser Vorschriften folgt dem Prinzip **Grundsatz – Ausnahme – Rückausnahme – Ausnahme der Rückausnahme** bezüglich der Möglichkeit, die Begünstigungen des Halbeinkünfteverfahrens auf den Veräußerungsgewinn in Anspruch nehmen zu können.

2.13.2.1.1.1 Grundsatz

§ 3 Nr. 40 Bst. b EStG	⇨ Grundsatz
„**Steuerfrei sind die Hälfte** des Veräußerungspreises im Sinne des § 16 Abs. 2, soweit er auf die Veräußerung von Anteilen an Körperschaften, Personenvereinigungen und Vermögensmassen entfällt, deren Leistungen beim Empfänger zu Einnahmen im Sinne des § 20 Abs. 1 Nr. 1 gehören.“	⇨ **Begünstigung** durch das Halbeinkünfteverfahren

Gem. § 21 Abs. 1 Satz 1 UmwStG unterliegt die Veräußerung einbringungsgeborener Anteile grundsätzlich der Besteuerung. Übersteigt der Veräußerungspreis nach Abzug der Veräußerungskosten die Anschaffungskosten i.S.d. § 20 Abs. 4 UmwStG, wird in § 21 Abs. 1 Satz 1 UmwStG fingiert, dass dieser Veräußerungsgewinn unter § 16 EStG zu subsumieren ist. Folglich müsste dessen Ermittlung nach dem Halbeinkünfteverfahren gem. § 3 Nr. 40 Bst. b EStG i.V.m. § 3c Abs. 2 EStG vorzunehmen sein.

2.13.2.1.1.2 Sachliche Ausnahme

§ 3 Nr. 40 Satz 3 EStG	⇨ Sachliche Ausnahme
„Satz 1 Buchstabe a und b ist nur anzuwenden,	⇨ **Begünstigung nur dann**,
soweit die Anteile **nicht einbringungsgeboren** im Sinne des § 21 des Umwandlungssteuergesetzes sind.“	⇨ wenn Anteilen veräußert werden, die **nicht einbringungsgeborenen sind**.

Gem. § 3 Nr. 40 Satz 3 EStG sind die Begünstigungen des Halbeinkünfteverfahrens i.S.d. § 3 Nr. 40 Bst. b EStG nicht auf einbringungsgeborene Anteile i.S.d. § 21 UmwStG anwendbar.

> **Hinweis:** Der Verweis auf § 3 Nr. 40 **Bst. a** EStG in § 3 Nr. 40 Satz 3 EStG ist nicht gerechtfertigt, da § 21 Abs. 1 Satz 1 UmwStG die einbringungsgeborenen Anteile als Anteile i.S.d. § 16 EStG fingiert. Die einschlägige Norm des Halbeinkünfteverfahrens hinsichtlich des Veräußerungspreises einbringungsgeborener Anteile ist deshalb § 3 Nr. 40 **Bst. b** EStG.

Der Veräußerungspreis der einbringungsgeborenen Anteile ist danach **in voller Höhe** anzusetzen. Dies entspricht dem Sinn einbringungsgeborener Anteile, deren Veräußerung eben nicht begünstigt vorgenommen werden soll.
Im Gegenzug sind allerdings anfallende Betriebsausgaben und Veräußerungskosten, die mit dem erzielten Veräußerungspreis in wirtschaftlichem Zusammenhang stehen, gem. § 3c Abs. 2 Satz 4 Hs. 1 EStG **voll abzugsfähig**, zumal der Veräußerungspreis voll steuerpflich-

tig ist. Gleiches gilt gem. Hs. 2 für die (fortgeführten) Anschaffungskosten der einbringungsgeborenen Anteile.[563]

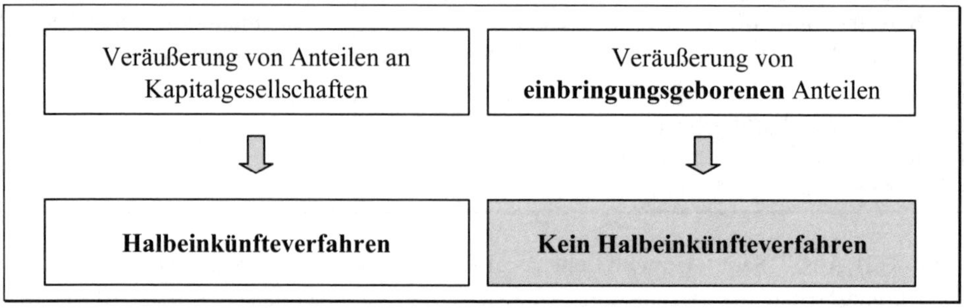

Abbildung 142: Versagung der Begünstigungen des Halbeinkünfteverfahrens für einbringungsgeborene Anteile i.S.d. § 21 UmwStG

2.13.2.1.1.3 Zeitliche Rückausnahme

§ 3 Nr. 40 Satz 4 Bst. a EStG	⇨ Zeitliche Rückausnahme
„Satz 3 gilt nicht,	⇨ **Begünstigung gilt doch**,
wenn der in Satz 1 Buchstabe a und b bezeichnete Vorgang **später als sieben Jahre** nach dem Zeitpunkt der Einbringung im Sinne des **§ 20 Abs. 1 Satz 1** des Umwandlungssteuergesetzes, auf die der Erwerb der in Satz 3 bezeichnete Anteile zurückzuführen ist, stattfindet.“	⇨ wenn einbringungsgeborenen Anteile nach Ablauf einer ***Siebenjahresfrist*** veräußert werden.

Die Begünstigung des Halbeinkünfteverfahrens für die Veräußerung einbringungsgeborener Anteile wird durch § 3 Nr. 40 Satz 4 Bst. a EStG jedoch dann eingeräumt, wenn seit der Einbringung i.S.d. **§ 20 Abs. 1 Satz 1 UmwStG**, auf die die zu veräußernden einbringungsgeborenen Anteile zurückzuführen sind, **sieben Jahre** vergangen sind. Nach Ablauf dieser **Sperrfrist** wird zugunsten des Einbringenden davon ausgegangen, dass das Motiv der Einbringung keine missbräuchliche Gestaltung in Form einer Umgehung der Besteuerung des eingebrachten Betriebsvermögens war, sondern eine auf längere Frist ausgerichtete Umstrukturierung.[564] Ist der Veräußerungspreis nach Ablauf der Sperrfrist nur **zur Hälfte** anzusetzen, regelt § 3c Abs. 2 Satz 3 EStG, dass § 3c Abs. 2 Satz 1 EStG bezüglich der

563 Vgl. Heinicke, W., in: Schmidt, L., Einkommensteuergesetz, 22. Aufl., München 2003, § 3c, Rz. 35.

564 Vgl. BMF v. 28.04.2003, IV A 2 - S-2750a - 7/03, BStBl. I 2003, S. 292, Tz. 30.

Betriebsausgaben und Veräußerungskosten sowie der (fortgeführten) Anschaffungskosten zur Anwendung kommt und diese damit nur hälftig abzugsfähig sind.[565]

Beispiel

Eomer hat mit Wirkung zum 31.12.2003 einen Teilbetrieb seines Einzelunternehmens in die Eorlingas AG eingebracht. Die Anteile, die Eomer als Gegenleistung für die Einbringung seines Teilbetriebs erhalten hat, veräußert er am 31.12.2006 an Theoden. Auf den erzielten Veräußerungspreis ist § 3 Nr. 40 Bst. b EStG nicht anzuwenden, da die Veräußerung der Anteile innerhalb der siebenjährigen Sperrfrist erfolgt. Er ist in voller Höhe anzusetzen. Gleichzeitig können gem. § 3c Abs. 2 Satz 4 EStG die gesamten anfallenden Veräußerungskosten und Betriebsausgaben sowie die (fortgeführten) Anschaffungskosten abgezogen werden.

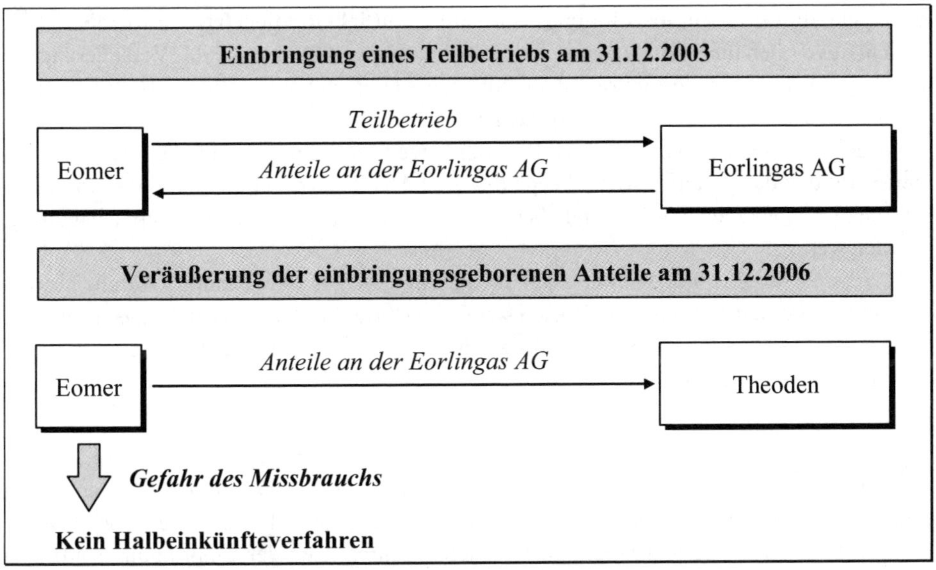

Abbildung 143: Keine zeitliche Rückausnahme von der begünstigten Veräußerung des Halbeinkünfteverfahrens

Für die Qualifikation der Anteile als einbringungsgeboren ist es irrelevant, ob sie aus einer Einbringung von Betrieben, Teilbetrieben oder Mitunternehmeranteilen i.S.d. 20 Abs. 1 Satz 1 UmwStG bzw. von mehrheitsvermittelnden Anteilen i.S.d. § 20 Abs. 1 Satz 2 UmwStG hervorgegangen sind. Dieser Unterschied hinsichtlich des Einbringungsgegenstandes ist jedoch im Weiteren von entscheidender Bedeutung.[566]

565 Vgl. Heinicke, W., in: Schmidt, L., Einkommensteuergesetz, 22. Aufl., München 2003, § 3c, Rz. 34.

566 Vgl. Kerssenbrock, O.-T./ Kiel, D., Die Missbrauchsverhinderungsvorschrift des § 3 Nr. 40 Satz 4 Buchstabe b) EStG oder: Was der Gesetzgeber wohl sagen wollte, aber nicht gesagt hat, BB 2002, S. 283.

2.13.2.1.1.4 Sachliche Rückausnahme

§ 3 Nr. 40 Satz 4 Bst. b Hs. 1 EStG	⇨ Sachliche Rückausnahme
„Satz 3 gilt nicht,	⇨ **Begünstigung gilt doch**,
wenn die in Satz 3 bezeichneten Anteile auf Grund eines Einbringungsvorgangs nach **§ 20 Abs. 1 Satz 2** des Umwandlungssteuergesetzes erworben worden sind,…	⇨ wenn einbringungsgeborene Anteile, die für ***mehrheitsvermittelnde Anteile*** gewährt wurden, veräußert werden.

Sind die zu veräußernden Kapitalgesellschaftsanteile ihrerseits auf eine Einbringung mehrheitsvermittelnder Anteile zurückzuführen, ist gem. § 3 Nr. 40 Satz 4 Bst. b Hs. 1 EStG das Halbeinkünfteverfahren **unabhängig von einer zeitlichen Sperrfrist** anwendbar. Eine Abhängigkeit der Inanspruchnahme des Halbeinkünfteverfahrens auf die Veräußerung der als Gegenleistung für die Einbringung erhaltenen Anteile von einer Sperrfrist wäre unsachgemäß, da eine Missbrauchsverhinderung nicht erforderlich ist. Eine steuerliche **Entlastung** des Veräußerungsvorgangs wird gewährt, weil eine direkte Veräußerung der mehrheitsvermittelnden Anteile, die im Wege des § 20 Abs. 1 Satz 2 UmwStG in die Kapitalgesellschaft eingebracht worden sind, bereits durch das Halbeinkünfteverfahren begünstigt worden wäre.

§ 3c Abs. 2 Satz 3 EStG kommt auch in diesem Fall zur Anwendung. Anfallende Betriebsausgaben und Veräußerungskosten sowie die (fortgeführten) Anschaffungskosten sind gem. § 3c Abs. 2 Satz 1 EStG nur hälftig vom Veräußerungspreis abziehbar, da dieser ebenfalls hälftig befreit ist.[567]

Beispiel

Eomer hat mit Wirkung zum 31.12.2003 Anteile an der Riddermark GmbH i.S.d. § 20 Abs.1 Satz 2 UmwStG in die Eorlingas AG eingebracht. Die ihm als Gegenleistung gewährten Anteile an der Eorlingas AG veräußert er am 31.12.2006 an Theoden. Obwohl die Veräußerung innerhalb von sieben Jahren nach der Einbringung stattfindet, ist das Halbeinkünfteverfahren anwendbar, da es sich beim Einbringungsgegenstand um mehrheitsvermittelnde Anteile handelte.

[567] Vgl. Lühn, M./ Zoland, M., Entstehung und Veräußerung einbringungsgeborener Anteile an Kapitalgesellschaften im Ertragsteuerrecht, SteuerStud 2003, S. 429.

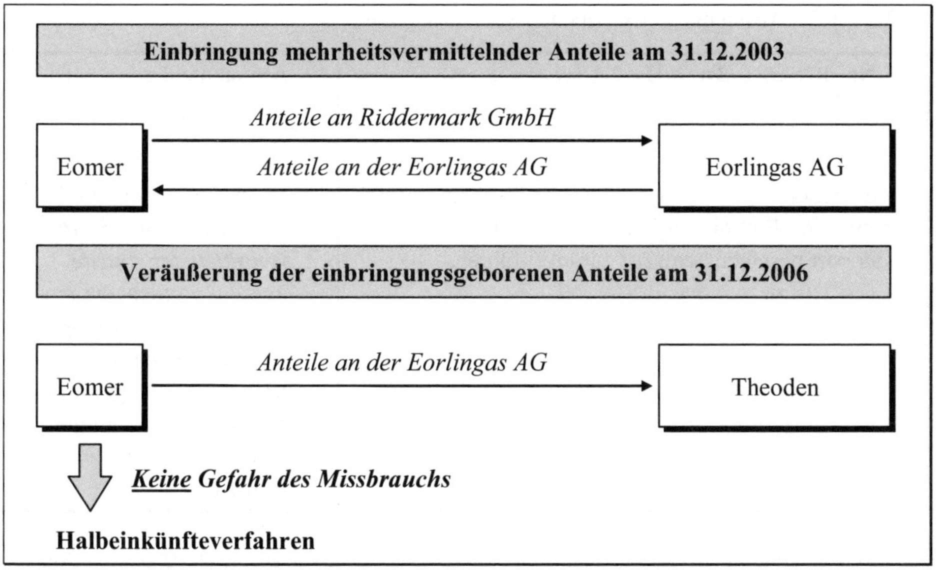

Abbildung 144: Sachliche Rückausnahme von der begünstigten Veräußerung des Halbeinkünfteverfahrens

Merke: Abweichend von § 3 Nr. 40 Satz 3 EStG ist eine durch das Halbeinkünfteverfahren begünstigte Veräußerung der Kapitalgesellschaftsanteile möglich, wenn nach einer Einbringung i.S.d. § 20 Abs. 1 Satz 1 EStG eine Sperrfrist von sieben Jahren abgelaufen ist **oder** mehrheitsvermittelnde Anteile i.S.d. § 20 Abs. 1 Satz 2 UmwStG eingebracht worden sind.

Hätte Eomer die Anteile an der Riddermark GmbH allerdings im Rahmen einer steuerneutralen Einbringung eines Betriebs, Teilbetriebs oder Mitunternehmeranteils i.S.d. § 20 Abs. 1 Satz 1 UmwStG erworben, wäre ohne eine weitere gesetzliche Bestimmung die **missbräuchliche Inanspruchnahme der Begünstigungen des Halbeinkünfteverfahrens** für das zuvor eingebrachte Betriebsvermögen möglich. Eomer würde zwar Anteile veräußern, die auf die Einbringung einer mehrheitsvermittelnden Beteiligung zurückzuführen sind, die aber ihren Ursprung in einer Einbringung von Betriebsvermögen haben. Wäre die sachliche Rückausnahme und damit die Begünstigung durch das Halbeinkünfteverfahren auch in diesem Fall anwendbar, könnte Betriebsvermögen mittelbar der steuerlich begünstigten Veräußerung von Kapitalgesellschaftanteilen **innerhalb der siebenjährigen Sperrfrist** zugeführt werden.

2.13.2.1.1.5 Ausnahme der sachlichen Rückausnahme

§ 3 Nr. 40 Satz 4 Bst. b Hs. 2 EStG	⇨ Ausnahme der sachlichen Rückausnahme
… es sei denn, die eingebrachten Anteile sind unmittelbar oder mittelbar auf eine Einbringung im Sinne des Buchstabens a in der dort bezeichneten Frist zurückzuführen.“	⇨ **Doch keine Begünstigung,** ⇨ wenn Anteile, die für die Einbringung ***mehrheitsvermittelnder Anteile*** gewährt wurden, die ihrerseits als Gegenleistung für die Einbringung von Betriebsvermögen gewährt wurden, vor Ablauf der ***Siebenjahresfrist*** veräußert werden.

Diesen potenziellen Missbrauch unterbindet § 3 Nr. 40 Satz 4 Bst. b Hs. 2 EStG. Von der **sachlichen Rückausnahme**, dass das Halbeinkünfteverfahren auf die Veräußerung von Kapitalgesellschaftsanteilen Anwendung findet, die aus einer Einbringung einer mehrheitsvermittelnden Beteiligung hervorgegangen sind, wird eine weitere **Ausnahme** vorgenommen. Der Wortlaut dieser Norm täuscht jedoch über den Regelungszweck hinweg. Die beabsichtigte Aussage, wonach das Halbeinkünfteverfahren dann nicht in Anspruch genommen werden kann, wenn die veräußerten Anteile **früher als sieben Jahre nach der Einbringung von Betriebsvermögen** veräußert werden, auf die sie **mittelbar** zurückzuführen sind, geht aus § 3 Nr. 40 Satz 4 Bst. b Hs. 2 EStG so nicht hervor. Der für den Beginn der Sperrfrist maßgebliche Einbringungsvorgang ist damit die **dem Anteilstausch vorangegangene Sacheinlage des Betriebsvermögens**, auch wenn dies aus dem Gesetzestext nicht ersichtlich ist.[568]

Ist der Veräußerungspreis somit in voller Höhe anzusetzen, findet § 3c Abs. 2 Satz 4 EStG Anwendung mit der Folge der vollen Abzugsmöglichkeit von Betriebsausgaben und Veräußerungskosten sowie den (fortgeführten) Anschaffungskosten der veräußerten Anteile.[569]

---

568 Vgl. Kerssenbrock, O.-T./ Kiel, D., Die Missbrauchsverhinderungsvorschrift des § 3 Nr. 40 Satz 4 Buchstabe b) EStG oder: Was der Gesetzgeber wohl sagen wollte, aber nicht gesagt hat, BB 2002, S. 284.

569 Vgl. Heinicke, W., in: Schmidt, L., Einkommensteuergesetz, 22. Aufl., München 2003, § 3c, Rz. 35.

Beispiel

Am 31.12.2003 bringt Eomer einen Teilbetrieb zum Buchwert in die Riddermark GmbH ein. Als Gegenleistung erhält er 55 % der Anteile der Riddermark GmbH. Eomer weiß, dass er für deren Veräußerung die Begünstigung des Halbeinkünfteverfahrens erst nach sieben Jahren in Anspruch nehmen kann. Deshalb bringt er die Anteile am 31.12.2006 ebenfalls zum Buchwert in die Eorlingas AG ein. Er glaubt, dass er die als Gegenleistung gewährten Anteile an der Eorlingas AG, die er für die Einbringung der GmbH-Anteile bekommt, schon vor Ablauf der Sperrfrist veräußern kann, da sie auf die Einbringung einer mehrheitsvermittelnden Beteiligung zurückzuführen sind. Deshalb veräußert er seine Anteile an der Eorlingas AG am 31.12.2007 an Theoden.

Die Begünstigungen des Halbeinkünfteverfahrens kann Eomer für die Veräußerung der Anteile an der Eorlingas AG jedoch nicht in Anspruch nehmen, da die veräußerten Anteile **mittelbar** auf eine Einbringung eines Teilbetriebs i.S.d. § 20 Abs. 1 Satz 1 UmwStG zurückzuführen sind und sieben Jahre seitdem noch nicht verstrichen sind.

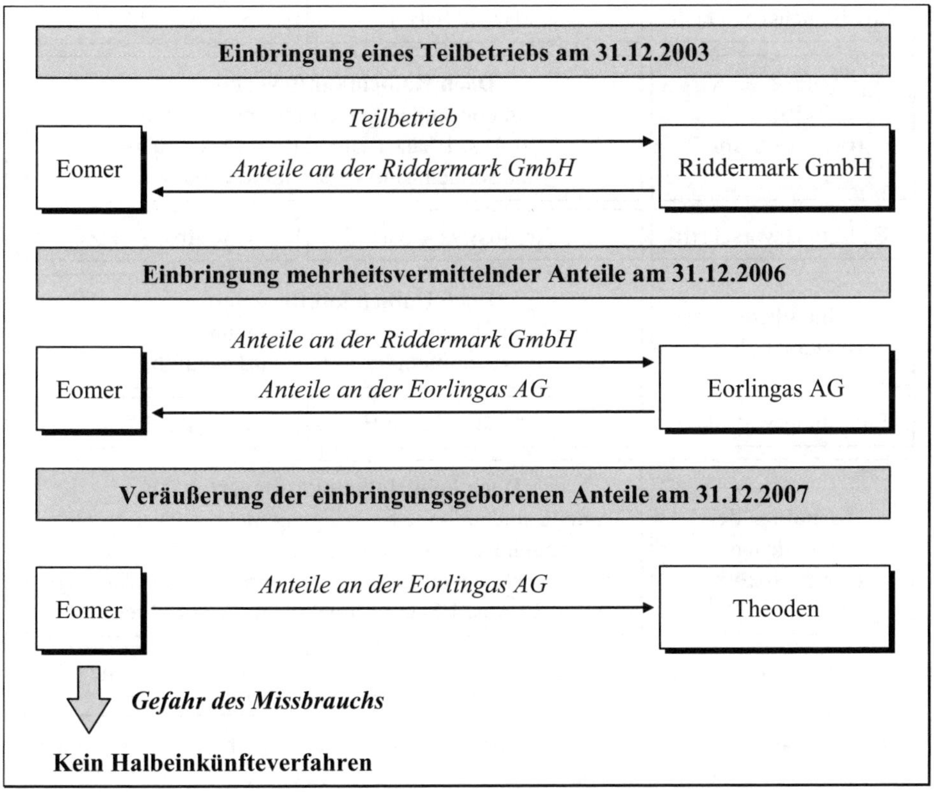

Abbildung 145: Ausnahme der sachlichen Rückausnahme von der begünstigten Veräußerung des Halbeinkünfteverfahrens

Die folgende Abbildung verdeutlicht die Regelungen hinsichtlich der Anwendbarkeit bzw. der Versagung der Inanspruchnahme der Begünstigungen des Halbeinkünfteverfahrens bei der Veräußerung einbringungsgeborener Anteile durch eine natürliche Person.

	Veräußerungspreis	Veräußerungskosten u. Anschaffungskosten
Grundsatz	**Halbeinkünfteverfahren**	
Begünstigung	§ 3 Nr. 40 Bst. b	§ 3c Abs. 2
Sachliche Ausnahme	**Kein Halbeinkünfteverfahren** Einbringungsgeborene Anteile i.S.d. § 21 UmwStG	
Missbrauchsvorschrift	§ 3 Nr. 40 Satz 3	§ 3c Abs. 2 Satz 4
Zeitliche Rückausnahme	**Doch Halbeinkünfteverfahren** Anteile sind auf eine Einbringung i.S.d. § 20 Abs. 1 Satz 1 UmwStG zurückzuführen und seitdem sind sieben Jahre vergangen	
Entlastungsvorschrift	§ 3 Nr. 40 Satz 4 Bst. a	§ 3c Abs. 2 Satz 3
Sachliche Rückausnahme	**Doch Halbeinkünfteverfahren** Anteile sind auf eine Einbringung mehrheitsvermittelnder Anteile zurückzuführen	
Entlastungsvorschrift	§ 3 Nr. 40 Satz 4 Bst. b Hs. 1	§ 3c Abs. 2 Satz 3
Ausnahme der sachlichen Rückausnahme	**Doch kein Halbeinkünfteverfahren** Anteile sind auf eine Einbringung mehrheitsvermittelnder Anteile zurückzuführen, die ihrerseits auf eine vor weniger als sieben Jahren vorgenommene Einbringung i.S.d. 20 Abs. 1 Satz 1 UmwStG zurückzuführen sind	
Missbrauchsvorschrift	§ 3 Nr. 40 Satz 4 Bst. b Hs. 2	§ 3c Abs. 2 Satz 4

Abbildung 146: Einkommensteuerrechtliche Regelungen zur Veräußerung einbringungsgeborener Anteile

2.13.2.1.2 Steuerbegünstigungen bei Veräußerung durch eine natürliche Person

Entsteht aus der Veräußerung einbringungsgeborener Anteile **ein der vollen Steuerpflicht unterliegender Gewinn**, ist der Freibetrag des § 16 Abs. 4 EStG anzuwenden. Wurde eine Einbringung i.S.d. § 20 Abs. 1 Satz 2 UmwStG vorgenommen, wird dem Einbringenden bei der Veräußerung der als Gegenleistung gewährten einbringungsgeborenen Anteile gem. § 21 Abs. 1 Satz 2 UmwStG der Freibetrag des § 16 Abs. 4 EStG nur eingeräumt, wenn eine 100 %ige Beteiligung Gegenstand der Einbringung war.
Auf Grund der Fiktion des § 21 Abs. 1 Satz 1 UmwStG, wonach ein Gewinn aus der Veräußerung einbringungsgeborener Anteile zu Einkünften i.S.d. § 16 EStG führt, erzielt der Einbringende bei einer Anteilsveräußerung außerordentliche Einkünfte i.S.d. § 34 Abs. 2 Nr. 1 EStG, sofern keine Begünstigung durch das Halbeinkünfteverfahren gewährt wird.[570]

Beispiel

Eomer bringt einen Teilbetrieb zum 31.12.2003 zum Buchwert in die Eorlingas AG ein. Am 31.12.2006 veräußert Eomer die ihm gewährten Anteile an der Eorlingas AG. Auf den Veräußerungsgewinn sind sowohl der Freibetrag des § 16 Abs. 4 EStG als auch, da Eomer innerhalb der siebenjährigen Sperrfrist veräußert und daher das Halbeinkünfteverfahren nicht in Anspruch nehmen kann, die Fünftelregelung i.S.d. § 34 Abs. 1 EStG oder der reduzierte Durchschnittssteuersatz i.S.d. § 34 Abs. 3 EStG anzuwenden.

Merke: Der Freibetrag des § 16 Abs. 4 EStG wird nur auf einen Veräußerungsgewinn angewendet, sofern die Anteile auf eine Einbringung i.S.d. § 20 Abs. 1 Satz 1 UmwStG oder einer 100 %igen Beteiligung an einer Kapitalgesellschaft zurückzuführen sind. Auch die Vergünstigungen des § 34 EStG können in Anspruch genommen werden, sofern die Veräußerung der einbringungsgeborenen Anteile nicht durch das Halbeinkünfteverfahren begünstigt ist.

Wird bei der Einbringung in eine Kapitalgesellschaft ein Zwischenwert angesetzt und entsteht dadurch ein Einbringungsgewinn, kann darauf weder der Freibetrag des § 16 Abs. 4 EStG noch die Vergünstigungen des § 34 EStG in Anspruch genommen werden. Erst bei der Veräußerung der bei der Sacheinlage entstandenen einbringungsgeborenen Anteile werden dem Einbringenden diese Begünstigungen gewährt, da dann eine Entstrickung sämtlicher stiller Reserven erfolgt.

2.13.2.1.3 Steuerliche Behandlung eines Verlusts aus der Veräußerung einbringungsgeborener Anteile durch eine natürliche Person

Übersteigen die Veräußerungskosten und die Betriebsausgaben sowie die (fortgeführten) Anschaffungskosten den Veräußerungspreis, erzielt der Einbringende einen Verlust aus der

[570] BMF v. 16.12.2003, IV A 2 - S 1978 - 16/03, BStBl. I 2003, S. 786, Tz. 21.

Veräußerung der einbringungsgeborenen Anteile. Kann der Einbringende hinsichtlich des Gewinns aus der Veräußerung einbringungsgeborener Anteile grundsätzlich das Halbeinkünfteverfahren anwenden, ist ein **Veräußerungsverlust** gem. § 3c Abs. 2 Satz 3 EStG i.V.m. § 3c Abs. 2 Satz 1 EStG grundsätzlich nur hälftig abzugsfähig, zumal auch ein Gewinn nur hälftig zu Einkünften i.S.d. § 16 EStG führen würde.

Unterliegt der Veräußerungsgewinn einbringungsgeborener Anteile nicht dem Halbeinkünfteverfahren, können gem. § 3c Abs. 2 Satz 4 EStG anfallende Veräußerungskosten und Betriebsausgaben sowie die (fortgeführten) Anschaffungskosten nur bis zur Höhe des Veräußerungspreises in voller Höhe geltend gemacht werden. Ein den Veräußerungspreis übersteigender Betrag, also ein **Veräußerungsverlust**, ist gem. § 3c Abs. 2 EStG nur hälftig abzugsfähig.[571] Obwohl ein Gewinn aus einer Veräußerung steuerlich grundsätzlich zur Gänze erfasst werden würde, werden dennoch die Grundsätze des Halbeinkünfteverfahrens auf einen Veräußerungsverlust angewendet.

Halbeinkünfteverfahren	
Gewinn	Verlust
§ 3 Nr. 40 Bst. b EStG	§ 3c Abs. 2 Satz 3 EStG i.V.m. § 3c Abs. 2 Satz 1 EStG
Kein Halbeinkünfteverfahren	
Gewinn	**Verlust**
§ 3 Nr. 40 Satz 3 EStG	**§ 3c Abs. 2 Satz 4 EStG i.V.m. § 3c Abs. 2 Satz 1 EStG**

Abbildung 147: Asymmetrie bei der steuerlichen Behandlung eines Verlusts aus der Veräußerung einbringungsgeborener Anteile im Einkommensteuerrecht

Merke: Ist auf die Ermittlung des Veräußerungsgewinns einbringungsgeborener Anteile die Anwendung des Halbeinkünfteverfahrens ausgeschlossen, kann ein Veräußerungsverlust dennoch nur hälftig abgezogen werden.

[571] Vgl. Lühn, M./ Zoland, M., Entstehung und Veräußerung einbringungsgeborener Anteile an Kapitalgesellschaften im Ertragsteuerrecht, SteuerStud 2003, S. 429.

2.13.2.2 Veräußernder ist eine juristische Person

Die Veräußerung von Kapitalgesellschaftsanteilen durch eine juristische Person besitzt mit § 8b Abs. 2 KStG eine spezialgesetzliche Regelung zu den Vorschriften des EStG. Die Gewinne aus der Veräußerung von Kapitalgesellschaftsanteilen sind demnach bei der Gewinnermittlung gänzlich außer Ansatz zu lassen. Gem. § 8b Abs. 3 Satz 1 KStG wird fingiert, dass bei einem Veräußerungsgewinn i.S.d. § 8b Abs. 2 KStG 5 % des Gewinns als nicht abzugsfähige Betriebsausgaben gelten. Auf Grund dieser Pauschalierung beläuft sich die steuerliche Freistellung des Veräußerungsgewinns lediglich auf 95 %. Allerdings können sämtliche mit den veräußerten Anteilen in wirtschaftlichem Zusammenhang stehenden **tatsächlich entstandenen Aufwendungen ohne Einschränkung gewinnmindernd geltend gemacht werden**. Eine Anwendung des § 3c Abs. 1 EStG wird durch § 8b Abs. 3 Satz 2 KStG explizit ausgeschlossen.

Demzufolge enthält das KStG mit § 8b Abs. 4 KStG auch **gesonderte Regelungen zur Missbrauchsverhinderung bzw. Entlastung hinsichtlich der Veräußerung einbringungsgeborener Anteile**. Die Folgen eines Missbrauchs wären bei der Veräußerung durch eine juristische Person gravierender als bei der Veräußerung durch eine natürliche Person, da die direkte Veräußerung des Betriebsvermögens nicht begünstigt wäre, während gem. § 8b Abs. 2 KStG die Veräußerung der Anteile völlig steuerfrei erfolgen könnte.

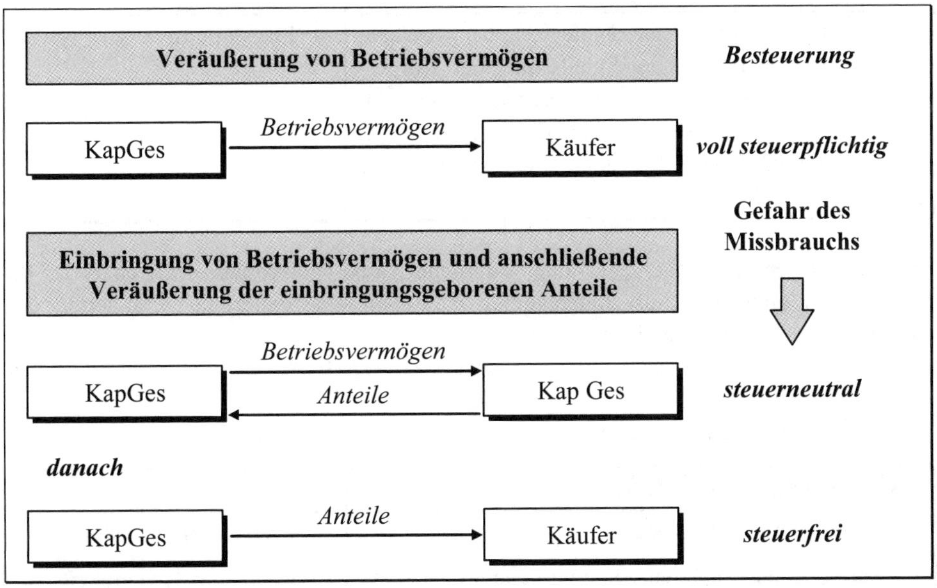

Abbildung 148: Einbringung und Veräußerung der Anteile durch eine Kapitalgesellschaft

Merke: § 8b Abs. 4 KStG ist lex specialis zu den Missbrauchs- bzw. Entlastungsvorschriften des § 3 Nr. 40 Satz 3 und 4 EStG i.V.m. § 3c Abs. 2 Satz 3 und 4 EStG bei der Veräußerung einbringungsgeborener Anteile durch eine juristische Person.

Unterliegt der Gewinn aus der Veräußerung einbringungsgeborener Anteile der **vollen Steuerpflicht**, ist ein fiktiver Betriebsausgabenabzug i.S.d. § 8b Abs. 3 KStG nicht vorzunehmen.[572] Mit den einbringungsgeborenen Anteilen in wirtschaftlichem Zusammenhang stehende tatsächlich entstandene Aufwendungen sind uneingeschränkt abzugsfähig.

2.13.2.2.1 Begünstigung des Veräußerungsgewinns

Auch der Aufbau des § 8b Abs. 4 KStG folgt dem Prinzip **Grundsatz – Ausnahme – Rückausnahme – Ausnahme von der Rückausnahme** bezüglich der Steuerfreistellung des § 8b Abs. 2 KStG.

2.13.2.2.1.1 Grundsatz

§ 8b Abs. 2 KStG	⇨ Grundsatz
„Bei der Ermittlung des Einkommens bleiben Gewinne aus der Veräußerung eines Anteils an einer Körperschaft oder Personenvereinigung, deren Leistung beim Empfänger zu Einnahmen im Sinne des § 20 Abs. 1, 2, 9, und 10 Buchstabe a des Einkommensteuergesetzes gehören, außer Ansatz.“	⇨ **Freistellung**

Einbringungsgeborene Anteile erfüllen sämtliche Tatbestandsvoraussetzungen des § 8b Abs. 2 KStG. Ohne eine Ausnahmeregelung wäre somit eine steuerfreie Veräußerung der einbringungsgeborenen Anteile möglich.

2.13.2.2.1.2 Sachliche Ausnahme

§ 8b Abs. 4 Satz 1 Nr. 1 KStG	⇨ Sachliche Ausnahme
„Absatz 2 ist nur anzuwenden,	⇨ **Freistellung nur dann**,
soweit die Anteile nicht einbringungsgeboren im Sinne des § 21 des Umwandlungssteuergesetzes sind.“	⇨ wenn Anteile veräußert werden, die **nicht einbringungsgeboren** sind.

[572] Vgl. BT-Drucks. 15/1518 v. 08.09.2003, S. 15.

Handelt es sich bei den veräußerten Anteilen um einbringungsgeborene i.S.d. § 21 Abs. 1 Satz 1 UmwStG, bestimmt § 8b Abs. 4 Satz 1 Nr. 1 KStG, dass eine steuerfreie Veräußerung i.S.d. § 8b Abs. 2 KStG nicht anwendbar ist. Stattdessen unterliegt der aus der Veräußerung der einbringungsgeborenen Anteile erzielte Gewinn der **laufenden Besteuerung**.

2.13.2.2.1.3 Persönliche Ausnahme

§ 8b Abs. 4 Satz 1 Nr. 2 KStG	⇨ Persönliche Ausnahme
„Absatz 2 ist nur anzuwenden,	⇨ **Freistellung nur dann**,
soweit die Anteile nicht durch eine Körperschaft, Personenvereinigung oder Vermögensmasse unmittelbar, mittelbar oder mittelbar über eine Mitunternehmerschaft von einem Einbringenden, der nicht zu den von Absatz 2 begünstigten Steuerpflichtigen gehört, zu einem Wert **unter dem Teilwert** erworben worden sind.“	⇨ wenn Anteile veräußert werden, die die juristische Person **nicht** von einer natürlichen Person unter dem Teilwert erworben hat.

§ 8b Abs. 4 Satz 1 Nr. 2 KStG versagt der veräußernden Kapitalgesellschaft die Inanspruchnahme des § 8b Abs. 2 KStG, falls die zu veräußernden Anteile auf eine Einbringung unter dem Teilwert durch einen nicht von § 8b Abs. 2 KStG begünstigten Steuerpflichtigen zurückzuführen sind. Bei diesem „Nichtbegünstigten“ handelt es sich regelmäßig um eine natürliche Person,[573] der bei einer direkten Veräußerung der Anteile lediglich die Begünstigungen des Halbeinkünfteverfahrens gewährt worden wären.
Mit der Regelung des § 8b Abs. 4 Satz 1 Nr. 2 KStG soll somit eine Verlagerung von stillen Reserven auf die Besteuerungsebene von Kapitalgesellschaften unterbunden werden, da deren Aufdeckung im Wege der Veräußerung durch die Kapitalgesellschaft steuerfrei i.S.d. § 8b Abs. 2 KStG erfolgen könnte.

Beispiel

Der Einzelunternehmer Aragorn hält 75 % der Anteile an der Anor GmbH. Auf die direkte Veräußerung seiner Beteiligung wären die Grundsätze des Halbeinkünfteverfahrens i.S.d. § 3 Nr. 40 Bst. a EStG i.V.m. § 3c Abs. 2 Satz 1 EStG anzuwenden. Um diese steuerliche Belastung zu vermeiden, bringt Aragorn die Anteile i.S.d. § 20 Abs. 1 Satz 2 UmwStG zum Buchwert in die ihm gehörende Gondor AG ein, die anschließend die Veräußerung steuerfrei i.S.d. § 8b Abs. 2 KStG vornehmen soll. Die Veräußerung der Anteile an der Anor GmbH wird allerdings nicht durch § 8b Abs. 2 KStG begünstigt, da der Sachverhalt die Tatbestandsvoraussetzungen des § 8b Abs. 4 Satz 1 Nr. 2 KStG erfüllt. Der erzielte Gewinn aus der Veräußerung der Anteile an der Anor GmbH unterliegt bei der Gondor AG der laufenden Besteuerung.

573 Vgl. BMF v. 28.04.2003, IV A 2 - S-2750a - 7/03, BStBl. I 2003, S. 292, Tz. 38.

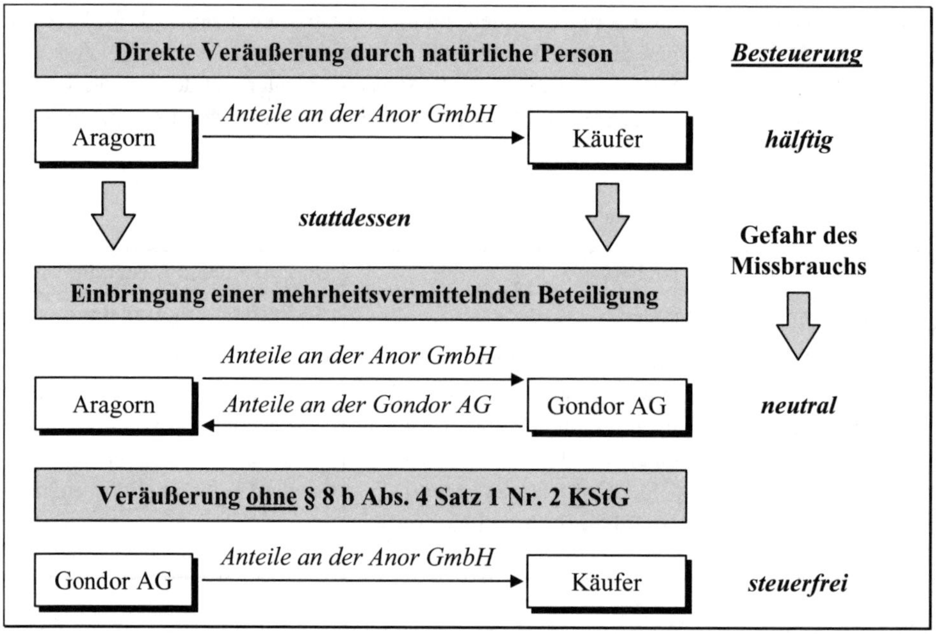

Abbildung 149: Veräußerung von einer natürlichen Person unter dem Teilwert erworbener Anteile

Merke: Bei den Anteilen i.S.d. § 8b Abs. 4 Satz 1 Nr. 2 KStG handelt es sich **nicht** um **einbringungsgeborene Anteile**, da sie nicht als Gegenleistung für eine Sacheinlage i.S.d. § 20 UmwStG gewährt werden. Diese Anteile sind vielmehr selbst **Gegenstand einer Einbringung**.

2.13.2.2.1.4 Zeitliche Rückausnahme

§ 8b Abs. 4 Satz 2 Nr. 1 KStG	⇨ Zeitliche Rückausnahme
„Satz 1 gilt nicht,	⇨ **Freistellung gilt doch**,
wenn der in Absatz 2 bezeichnete Vorgang später als sieben Jahre nach der Einbringung stattfindet."	⇨ wenn einbringungsgeborene Anteile oder Anteile, die von einer natürlichen Person unter dem Teilwert erworben wurden, nach Ablauf einer ***Siebenjahresfrist*** veräußert werden.

Selbst wenn Kapitalgesellschaftsanteile die Tatbestandsvoraussetzungen des § 8b Abs. 4 Satz 1 KStG erfüllen, ist deren Veräußerung steuerfrei, wenn dies gem. § 8b Abs. 4 Satz 2

Nr. 1 KStG sieben Jahre nach der Einbringung erfolgt. Nach Ablauf der Sperrfrist können demnach folgende Anteile durch § 8b Abs. 2 KStG steuerlich begünstigt veräußert werden:

- Einbringungsgeborene Anteile,
- Anteile, die von einer natürlichen Person unter dem Teilwert in eine Kapitalgesellschaft eingebracht worden sind.

Beispiel

Aragorn bringt am 31.12.2003 Anteile an der Anor GmbH i.S.d. § 20 Abs. 1 Satz 2 UmwStG zum Buchwert in die Gondor AG ein. Die Gondor AG veräußert die eingebrachten Anteile an der Anor GmbH am 01.01.2011. Da seit der Einbringung sieben Jahre vergangen sind, ist der Veräußerungsgewinn steuerfrei.

2.13.2.2.1.5 Sachliche Rückausnahme

§ 8b Abs. 4 Satz 2 Nr. 2 KStG	⇨ Sachliche Rückausnahme
„Satz 1 gilt **nicht**,	⇨ **Freistellung gilt doch**,
soweit die Anteile **nicht** unmittelbar oder mittelbar auf einer Einbringung im Sinne des § 20 Abs.1 Satz 1 UmwStG beruhen."	⇨ wenn Anteile veräußert werden, die für die Einbringung ***mehrheitsvermittelnder Anteile*** gewährt wurden.

Grundsätzlich ist eine steuerfreie Veräußerung von einbringungsgeborenen Anteilen gem. § 8b Abs. 4 Satz 2 Nr. 2 KStG dann möglich, wenn diese auf eine Einbringung mehrheitsvermittelnder Anteile i.S.d. § 20 Abs. 1 Satz 2 UmwStG zurückzuführen sind. Die Begünstigung des § 8b Abs. 2 KStG wird der veräußernden juristischen Person somit unabhängig vom Ablauf der siebenjährigen Sperrfrist gewährt, weil eine direkte Veräußerung der eingebrachten Anteile ebenfalls steuerfrei vorgenommen werden könnte.

Beispiel

Die Gimli GmbH hat 2002 80 % der Anteile der Nazgul AG durch Kauf erworben. Am 31.12.2003 bringt die Gimli GmbH die Anteile an der Nazgul AG zum Buchwert in die Legolas AG ein. Bereits am 29.02.2004 veräußert die Gimli GmbH die als Gegenleistung für die Einbringung erhaltenen einbringungsgeborenen Anteile an der Legolas AG an Sauron. Der Gimli GmbH steht die Steuerbefreiung des § 8b Abs. 2 KStG hinsichtlich des erzielten Veräußerungsgewinns zu, obwohl seit der Einbringung der mehrheitsvermittelnden Beteiligung **sieben Jahre noch nicht** vergangen sind.

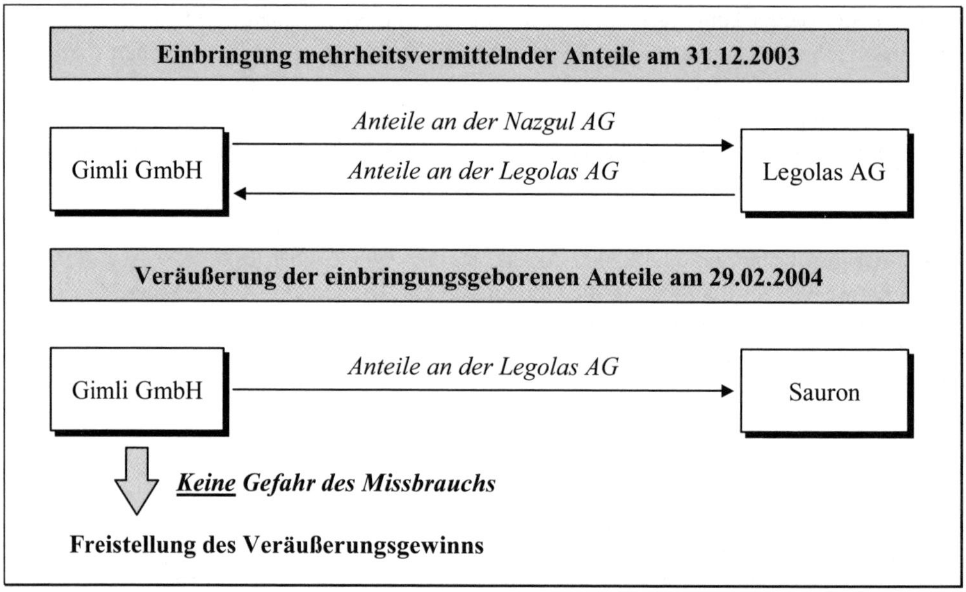

Abbildung 150: Sachliche Rückausnahme von der steuerfreien Veräußerung

Da die sachliche Rückausnahme die steuerfreie Veräußerung von Anteilen gewährt, die auf eine Einbringung einer mehrheitsvermittelnden Beteiligung zurückzuführen sind, wäre es ohne eine weitere Missbrauchsvorschrift möglich, diese Beteiligung zuerst aus einer steuerneutralen Einbringung von Betriebsvermögen zu erwerben. Im Anschluss an den Erwerb der Anteile könnten diese als mehrheitsvermittelnde Beteiligung wiederum steuerneutral in eine Kapitalgesellschaft eingebracht werden und die dafür gewährten Anteile veräußert werden. Im Ergebnis wären dann die Grundsätze der steuerlich privilegierten Veräußerung von Kapitalgesellschaftsanteilen auf das zuvor eingebrachte Betriebsvermögen anwendbar.

2.13.2.2.1.6 Sachliche Ausnahme der sachlichen Rückausnahme

§ 8b Abs. 4 Satz 2 Nr. 2 Alt. 1 KStG (vereinfachte Gesetzeswiedergabe)	⇨ Sachliche Ausnahme der sachlichen Rückausnahme
„Satz 1 gilt,	⇨ **Doch keine Freistellung**,
soweit die Anteile unmittelbar oder mittelbar auf einer Einbringung im Sinne des § 20 Abs. 1 Satz 1 des Umwandlungssteuergesetzes innerhalb der in Nummer 1 bezeichneten Frist beruhen.“	⇨ wenn Anteile, die für die Einbringung ***mehrheitsvermittelnder Anteile*** gewährt wurden, die ihrerseits als Gegenleistung für die Einbringung von Betriebsvermögen gewährt wurden, vor Ablauf der ***Siebenjahresfrist*** veräußert werden.

§ 8b Abs. 4 Satz 2 Nr. 2 Alt. 1 KStG unterbindet die Möglichkeit, durch aufeinander folgende Einbringungsvorgänge **(Ketteneinbringung)** Betriebe, Teilbetriebe oder Mitunternehmeranteile einer steuerlich privilegierten Veräußerung von Kapitalgesellschaftsanteilen zuzuführen. Durch die Einbringung von Betriebsvermögen i.S.d. § 20 Abs. 1 Satz 1 UmwStG könnte zuerst Betriebsvermögen in einbringungsgeborene Anteile umgewandelt werden. Im Anschluss daran könnte deren Einbringung i.S.d. § 20 Abs. 1 Satz 2 UmwStG vorgenommen und auf diese Weise mittels der dafür gewährten Anteile § 8b Abs. 2 KStG für die zuerst eingebrachten Sachgesamtheiten in Anspruch genommen werden. Unschädlich ist ein solcher Vorgang für die Anwendung des § 8b Abs. 2 KStG jedoch dann, wenn zwischen der Einbringung des Betriebsvermögens und der Anteilsveräußerung **mehr als sieben Jahre** vergangen sind.

Beispiel

Die Gimli GmbH hat die Anteile an der Nazgul AG nicht im Wege eines Kaufs, sondern als Gegenleistung für die Einbringung eines Betriebs am 31.12.2002 erworben. Der Gewinn, den die Gimli GmbH am 29.02.2004 aus der Veräußerung der Anteile an der Legolas AG erzielt, fällt nicht unter die sachliche Rückausnahme und somit unter § 8b Abs. 2 KStG. Die mehrheitsvermittelnde Beteiligung an der Nazgul AG, die in die Legolas AG eingebracht wird, besteht aus **schädlichen**, auf die Sacheinlage von Betriebsvermögen zurückzuführenden einbringungsgeborenen Anteilen, und sieben Jahre sind seit der Einbringung des Betriebs in die Nazgul AG noch nicht vergangen.

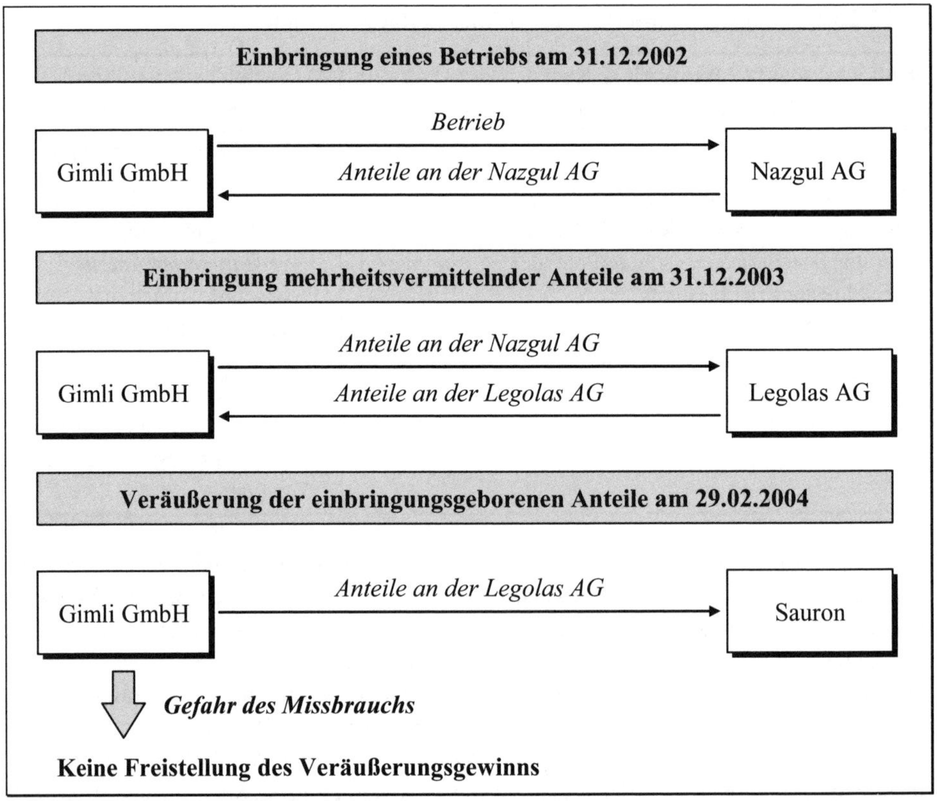

Abbildung 151: Sachliche Ausnahme der sachlichen Rückausnahme von der steuerfreien Veräußerung

2.13.2.2.1.7 Persönliche Ausnahme der sachlichen Rückausnahme

§ 8b Abs. 4 Satz 2 Nr. 2 Alt. 2 KStG (vereinfachte Gesetzeswiedergabe)	⇨ Persönliche Ausnahme der sachlichen Rückausnahme
„Satz 1 gilt,	⇨ **Doch keine Freistellung**,
soweit die Anteile unmittelbar oder mittelbar auf einer Einbringung durch einen nicht von Absatz 2 begünstigten Steuerpflichtigen innerhalb der in Nummer 1 bezeichneten Frist beruhen.“	⇨ wenn Anteile, die für die Einbringung ***mehrheitsvermittelnder Anteile*** gewährt wurden, die ihrerseits von einer natürlichen Person unter dem Teilwert erworben wurden, vor Ablauf der ***Siebenjahresfrist*** veräußert werden.

§ 8b Abs. 4 Satz 2 Nr. 2 KStG enthält eine weitere Ausnahme von der sachlichen Rückausnahme für Anteile, die aus der Einbringung einer mehrheitsvermittelnden Beteiligung erworben wurden. Sind die eingebrachten mehrheitsvermittelnden Anteile ihrerseits auf eine Einbringung unterhalb des Teilwerts durch eine natürliche Person zurückzuführen, wäre über eine **Ketteneinbringung** die Vermeidung der Besteuerung auf der Ebene der natürlichen Person möglich. Anstatt die Anteile selbst zu veräußern, bringt die natürliche Person die Anteile steuerneutral in eine Kapitalgesellschaft ein, die dann eine weitere steuerneutrale Einbringung der Anteile vornimmt. Erst die Anteile, die als Gegenleistung für den zweiten Einbringungsvorgang gewährt werden, werden von der Kapitalgesellschaft, die die Anteile von der natürlichen Person unterhalb des Teilwerts erworben hat, veräußert. Um diese Gestaltung zu verhindern, wird eine Freistellung des Gewinns i.S.d. § 8b Abs. 2 KStG aus der Anteilsveräußerung versagt. Die Veräußerung ist allerdings insoweit für die Inanspruchnahme des § 8b Abs. 2 KStG unschädlich, als zwischen der Einbringung durch die natürliche Person und der Veräußerung der als Gegenleistung aus einer zweiten Einbringung gewährten Anteile **sieben Jahre** vergangen sind.

Beispiel

Der Einzelunternehmer Baumbart hält 100 % der Anteile an der Fangorn AG in seinem Betriebsvermögen. Bei Veräußerung der Anteile würde ein Gewinn anfallen, der nach dem Halbeinkünfteverfahren i.S.d. § 3 Nr. 40 Bst. b EStG i.V.m. § 3c Abs. 2 Satz 1 EStG zu ermitteln wäre. Baumbart bringt am 31.12.2002 seine Beteiligung zum Buchwert in die Gimli GmbH ein, die wiederum am 31.12.2003 diese Beteiligung zum Buchwert in die Legolas AG einbringt. Die ihr dafür gewährten **einbringungsgeborenen Anteile** der Legolas AG veräußert die Gimli GmbH am 29.02.2004 an Sauron.

Der erzielte Veräußerungsgewinn fällt nicht unter die sachliche Rückausnahme und damit die Begünstigung des § 8b Abs. 2 KStG. Die Veräußerung der Anteile an der Legolas AG durch die Gimli GmbH erfolgte innerhalb von sieben Jahren nach der Einbringung der Anteile an der Fangorn AG durch Baumbart.

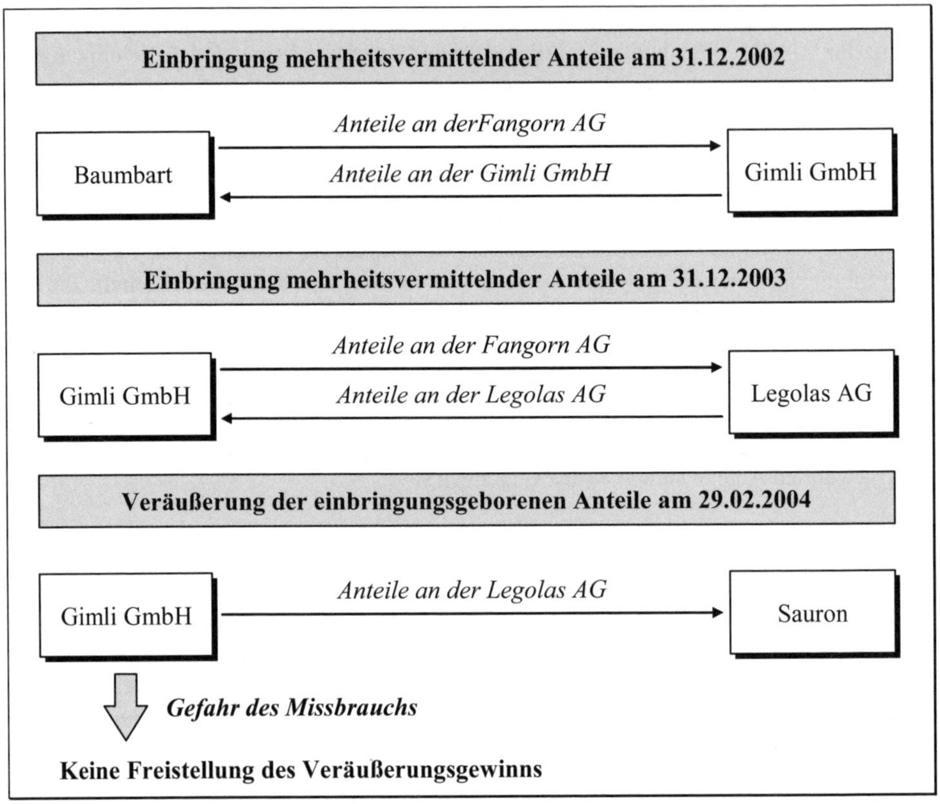

Abbildung 152: Persönliche Ausnahme der sachlichen Rückausnahme von der steuerfreien Veräußerung

Hinweis: Auch die Veräußerung der Anteile an der Fangorn AG durch die Gimli GmbH hätte innerhalb von sieben Jahren nach der Einbringung durch Baumbart der vollen Steuerpflicht unterlegen **(Unmittelbarer Erwerb)**. Ebenso würde eine Veräußerung der Anteile an der Fangorn AG durch die Legolas AG die Tatbestandsvoraussetzungen des § 8b Abs. 4 Satz 1 Nr. 2 KStG **(Mittelbarer Erwerb)** erfüllen.

Die folgende Abbildung dient der Verdeutlichung der Möglichkeit, die Freistellung des § 8b Abs. 2 KStG in Anspruch nehmen zu können.

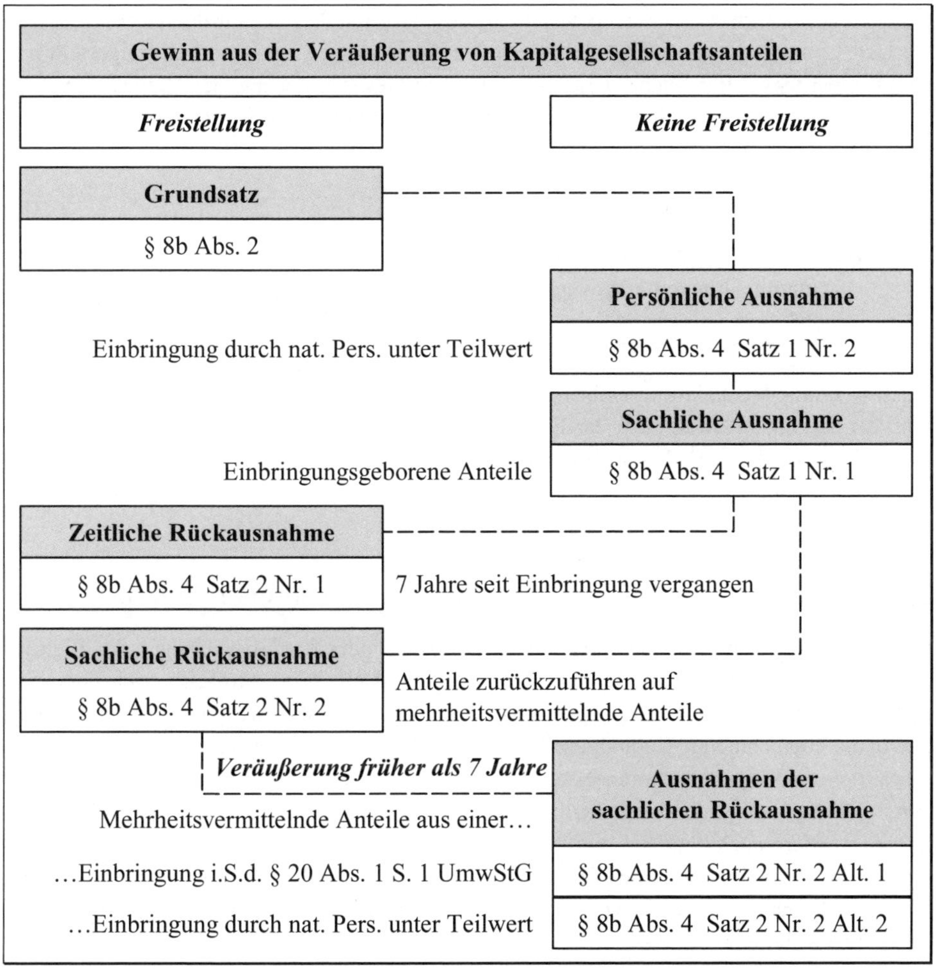

Abbildung 153: Körperschaftsteuerrechtliche Regelungen zur Veräußerung einbringungsgeborener Anteile

2.13.2.2.2 Steuerliche Behandlung eines Verlusts aus der Veräußerung einbringungsgeborener Anteile durch eine juristische Person

§ 8b Abs. 3 Satz 3 KStG	⇨ **Veräußerungsverlust**
„Gewinnminderungen, die im Zusammenhang mit dem in **Absatz 2** genannten Anteil entstehen, sind bei der Ermittlung des Einkommens nicht zu berücksichtigen."	⇨ Verluste aus der Veräußerung von Kapitalgesellschaftsanteilen sind **nicht abzugsfähig**.

Veräußert eine juristische Person Kapitalgesellschaftsanteile, bleiben daraus resultierende Verluste grundsätzlich außer Ansatz, da ein Veräußerungsgewinn steuerlich freigestellt und damit unberücksichtigt bliebe. Unterliegt aber ein Gewinn, der aus der Veräußerung einbringungsgeborener Anteile erzielt wird, der **vollen Steuerpflicht**, müssten im Umkehrschluss Veräußerungsverluste geltend gemacht werden können.
Gem. § 8b Abs. 4 Satz 3 KStG wird dies jedoch versagt.

§ 8b Abs. 4 Satz 3 KStG: „In den Fällen des Satzes 1 und 2 ist Absatz 3 Satz 3 auf Gewinnminderungen anzuwenden, die im Zusammenhang mit den Anteilen entstehen."

Auch wenn die Veräußerung einbringungsgeborener Anteile steuerpflichtig ist (z.B. innerhalb der Siebenjahresfrist nach der Einbringung von Betriebsvermögen), erfolgt keine Berücksichtigung von Veräußerungsverlusten oder einer auf die Anteile vorgenommenen Teilwertabschreibung.[574]

2.13.3 Entnahme und Einlage einbringungsgeborener Anteile

Ob sich die einbringungsgeborenen Anteile im Privat- oder Betriebsvermögen des Einbringenden befinden, hängt vom Einbringungsgegenstand ab. Wird ein Teilbetrieb oder eine mehrheitsvermittelnde Beteiligung an einer Kapitalgesellschaft aus einem Betriebsvermögen in die übernehmende Kapitalgesellschaft eingebracht, gelangen die als Gegenleistungen gewährten einbringungsgeborenen Anteile regelmäßig in das verbliebene Betriebsvermögen.[575] Nicht nur bei der Einbringung einer wesentlichen Beteiligung aus dem Privatvermögen, sondern auch bei der Einbringung des gesamten Betriebsvermögens gehen die Anteile in das Privatvermögen des Einbringenden ein. Eine Einlage in das Betriebsvermögen bzw. eine Entnahme ins Privatvermögen des Einbringenden ist aber auch bei einbringungsgeborenen Anteilen möglich.

2.13.3.1 Entnahme einbringungsgeborener Anteile aus einem Betriebsvermögen

Entnimmt der Einbringende einbringungsgeborene Anteile aus seinem Betriebs- in sein Privatvermögen, findet § 6 Abs. 1 Nr. 4 EStG auf den Entnahmegewinn Anwendung.[576] Danach wird die Entnahme mit dem **Teilwert** angesetzt und die in den einbringungsgeborenen Anteilen ruhenden stillen Reserven werden erfolgswirksam aufgedeckt, obwohl deren Veräußerung aus dem Privatvermögen ebenfalls steuerpflichtig wäre.

---

574 Vgl. BT-Drucks. 15/1518 v. 08.09.2003, S. 15.

575 Vgl. Tz. 21.11 UmwStE.

576 Vgl. Tz. 21.12 UmwStE.

2.13.3.2 Einlage einbringungsgeborener Anteile in ein Betriebsvermögen

Im Gegensatz zur Entnahme enthält das UmwStG eine spezialgesetzliche Regelung zur Einlage von einbringungsgeborenen Anteilen aus dem Privatvermögen in ein Betriebsvermögen des Einbringenden. § 21 Abs. 4 Satz 1 UmwStG bestimmt als **lex specialis** zu § 6 Abs. 1 Nr. 5 EStG, dass die Einlage von einbringungsgeborenen Anteilen in ein Betriebsvermögen **nicht mit dem Teilwert** bewertet wird, sondern mit den **Anschaffungskosten** anzusetzen ist. Mit der Regelung des § 21 Abs. 4 Satz 1 UmwStG wird das Ziel verfolgt, die steuerliche Verstrickung der im Wege einer Sacheinlage i.S.d. § 20 UmwStG auf die Anteile übergegangenen stillen Reserven im Betriebsvermögen sicherzustellen.[577] Ohne die spezielle Norm des § 21 Abs. 4 UmwStG wäre eine Fortführung der in den einbringungsgeborenen Anteilen ruhenden stillen Reserven im Betriebsvermögen nicht möglich, da nach der allgemeinen Regelung des § 6 Abs. 1 Nr. 5 EStG der Ansatz mit dem Teilwert vorzunehmen wäre. Die Differenz zwischen dem Teilwert und den Anschaffungskosten bliebe dann jedoch unversteuert.[578] Ähnlich der Ausnahmeregelung des § 6 Abs. 1 Nr. 5 Bst. b EStG, wonach Kapitalgesellschaftsanteile, die i.S.d. § 17 EStG steuerlich verhaftet sind, bei der Einlage ins Betriebsvermögen mit den Anschaffungskosten anzusetzen sind, wird durch § 21 Abs. 4 Satz 1 UmwStG die steuerliche Erfassung von in einbringungsgeborenen Anteilen ruhenden stillen Reserven sichergestellt. Denn der Gewinn wäre, wie bei Anteilen i.S.d. § 17 EStG, auch bei einer Veräußerung aus dem Privatvermögen steuerpflichtig.

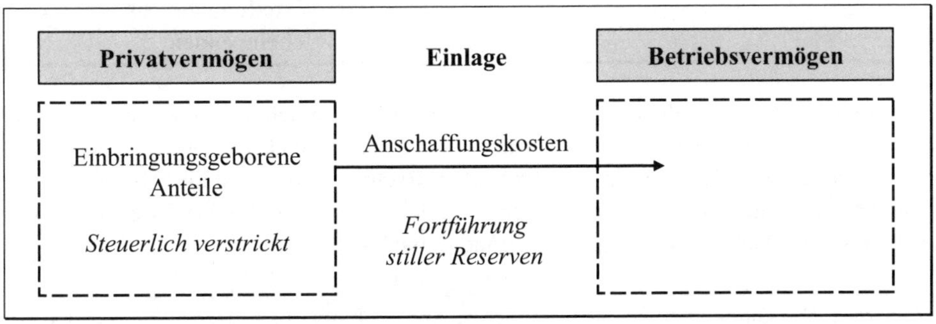

Abbildung 154: Einlage einbringungsgeborener Anteile ins Betriebsvermögen

2.14 Auswirkungen bei der übernehmenden Kapitalgesellschaft

In § 22 UmwStG befinden sich die Vorschriften zur weiteren steuerlichen Behandlung des übergegangenen Vermögens bei der übernehmenden Kapitalgesellschaft. Der Ausgangs-

577 Vgl. Schmitt, J., in: Schmitt, J./ Hörtnagl, R./ Stratz, R.-C., Umwandlungsgesetz, Umwandlungssteuergesetz, 3. Aufl., München 2001, § 21 UmwStG, Rz. 177.

578 Vgl. Stegemann, D., Verdeckte Einlage einbringungsgeborener Anteile in eine Personengesellschaft als Anwendungsfall von § 21 Abs. 4 UmwStG, BB 2003, S. 81.

punkt für die Auswirkungen bei der Übernehmerin ist dabei der gewählte Wertansatz i.S.d. § 20 Abs. 2 Satz 1 UmwStG. Damit ist der Wertansatz nicht nur insoweit relevant, als sich danach die steuerlichen Folgen für den Einbringenden bemessen, sondern auch für die übernehmende Kapitalgesellschaft.

2.14.1 Einbringung zum Buchwert

Wurde die Einbringung steuerneutral vorgenommen, führt die übernehmende Kapitalgesellschaft sämtliche in den Buchwerten der eingebrachten Wirtschaftsgüter ruhenden stillen Reserven fort. Diesem **Prinzip der Unternehmensfortführung** wird in § 22 Abs. 1 UmwStG, der die Auswirkungen bei der übernehmenden Kapitalgesellschaft im Fall der Buchwertfortführung regelt, entsprechend Rechnung getragen. Dort befindet sich sowohl ein Verweis auf § 12 Abs. 3 Satz 1 UmwStG als auch auf § 4 Abs. 2 Satz 3 UmwStG.

§ 22 Abs. 1 UmwStG – sog. Fußstapfentheorie	
„Setzt die Kapitalgesellschaft das eingebrachte Betriebsvermögen mit dem **Buchwert** an, so gelten **§ 4 Abs. 2 Satz 3** und **§ 12 Abs. 3 Satz 1** entsprechend.“	⇨ **Besitzzeitanrechnung** ⇨ **Eintritt in die Rechtsstellung des Einbringenden**

Demnach tritt die übernehmende Kapitalgesellschaft hinsichtlich der Bewertung der übernommenen Wirtschaftsgüter, der Absetzung für Abnutzung und der den steuerlichen Gewinn mindernden Rücklagen in die **steuerliche Rechtsstellung des Einbringenden** ein. Folglich haben die vom Einbringenden ursprünglich angesetzten Anschaffungs- bzw. Herstellungskosten Geltung für die übernehmende Kapitalgesellschaft.[579]

Hinweis: Die Bindung an die ursprünglichen Anschaffungs- bzw. Herstellungskosten ist insoweit von Bedeutung, als diese die Obergrenze für eine mögliche durch die übernehmende Kapitalgesellschaft vorzunehmende Wertaufholung darstellen (Eintritt in die Rechtsstellung des Einbringenden hinsichtlich dessen Wertaufholungspotenzial).[580]

Bezüglich der Absetzung für Abnutzung impliziert der Eintritt in die steuerliche Rechtsstellung des Einbringenden die Bindung der übernehmenden Kapitalgesellschaft an die bisherige AfA-Bemessungsgrundlage der übertragenen Wirtschaftsgüter, die bisher vorgenom-

[579] Vgl. Schmitt, J., in: Schmitt, J./ Hörtnagl, R./ Stratz, R.-C., Umwandlungsgesetz, Umwandlungssteuergesetz, 3. Aufl., München 2001, § 22 UmwStG, Rz. 17.

[580] Vgl. Rödder, T., Wertaufholungsgebot betreffend Beteiligungen und Umstrukturierung, DStR 1999, S. 1019.

mene AfA-Methode und die jeweilige vom Einbringenden zu Grunde gelegte Nutzungsdauer.[581] Des Weiteren verweist § 22 Abs. 1 UmwStG auf die **Besitzzeitanrechnung** i.S.d. § 4 Abs. 2 Satz 3 UmwStG. Danach wird die Zeit, die ein Wirtschaftsgut zum Betriebsvermögen des Einbringenden gehört, der übernehmenden Kapitalgesellschaft angerechnet. Die Vorbesitzzeit beim Einbringenden ist insbesondere bei der Bildung einer **Reinvestitionsrücklage i.S.d. § 6b Abs. 3 EStG** durch die übernehmende Kapitalgesellschaft von Bedeutung.

§ 6b Rücklage bei Ansatz des Buchwerts	
Eintritt in die steuerliche **Rechtsstellung des Einbringenden** i.S.d. § 12 Abs. 3 Satz 1 UmwStG	⇨ Fortführung einer § 6b Rücklage
Anrechnung von **Vorbesitzzeiten** des Einbringenden i.S.d. § 4 Abs. 2 Satz 3 UmwStG	⇨ Bildung einer § 6b Rücklage unter der Anrechnung der Vorbesitzzeit

Dabei sind die Voraussetzungen, die an die Bildung einer § 6b Rücklage gestellt werden, zu berücksichtigen.

§ 6b Abs. 4 Satz 1 Nr. 2 EStG ⇨ Bildung § 6b Rücklage	
„Voraussetzung für die Anwendung der Absätze 1 und 3 ist, dass die veräußerten Wirtschaftgüter im Zeitpunkt der Veräußerung mindestens sechs Jahre ununterbrochen zum Anlagevermögen einer inländischen Betriebsstätte gehört haben.“	⇨ **6 Jahre Zugehörigkeit zum Anlagevermögen**

Beispiel

Der Einzelunternehmer Nemo hat zum 31.12.2003 einen Teilbetrieb zum Buchwert in die Bruce GmbH eingebracht. Zum übertragenen Betriebsvermögen gehört eine Lagerhalle, die Nemo am 30.06.1998 angeschafft hat. Die Bruce GmbH veräußert die für ihre Zwecke zu kleine Lagerhalle am 01.07.2004 und gibt den Bau einer größeren Halle in Auftrag. Da mit deren Fertigstellung erst in zwei Jahren zu rechnen ist, bildet die Bruce AG eine steuerfreie Rücklage i.S.d. § 6b Abs. 3 EStG in Höhe des Gewinns aus der Veräußerung der Lagerhalle.

Die Bildung der Rücklage ist möglich, da Nemos Besitzzeit der Lagerhalle angerechnet wird, und sich die Halle somit sechs Jahre ununterbrochen im Anlagevermögen einer inländischen Betriebsstätte i.S.d. § 6b Abs. 4 Satz 1 Nr. 2 EStG befunden hat, als sie veräußert wurde.

[581] Vgl. Tz. 22.06 UmwStE.

2.14.2 Einbringung zum Zwischenwert

Wählt die übernehmende Kapitalgesellschaft einen Zwischenwert als Wertansatz bzw. ist sie auf Grund der Vorschrift des § 20 Abs. 2 Satz 4 bzw. Satz 5 UmwStG dazu verpflichtet, ist der übernehmenden Kapitalgesellschaft eine Anrechnung der Besitzzeit des Einbringenden verwehrt. § 22 Abs. 2 UmwStG, der die weitere steuerliche Behandlung von Betriebsvermögen regelt, das zu einem Zwischenwert in die übernehmende Kapitalgesellschaft eingebracht wird, verweist lediglich auf § 12 Abs. 3 Satz 1 UmwStG, nicht jedoch auf § 4 Abs. 2 Satz 3 UmwStG.

§ 22 Abs. 2 UmwStG – sog. Fußstapfentheorie	
„Setzt die Kapitalgesellschaft das eingebrachte Betriebs- vermögen mit einem **über dem Buchwert**, aber **unter dem Teilwert** liegendem Wert an, so gilt **§ 12 Abs. 3 Satz 1** entsprechend." (Kein Verweis auf **§ 4 Abs. 2 Satz 3 UmwStG**)	⇨ **Zwischenwertansatz** ⇨ **Eintritt in die Rechtsstellung** ⇨ **Keine Anrechnung der Vorbesitzzeit**

Der Ansatz des eingebrachten Betriebsvermögens mit einem Zwischenwert hat allerdings im Gegensatz zur Buchwertfortführung zur Folge, dass im Rahmen des Eintritts in die Rechtsstellung des Einbringenden hinsichtlich der Absetzung für Abnutzung der übergegangenen Wirtschaftsgüter eine Bindung der übernehmenden Kapitalgesellschaft einzuschränken ist. Da beim Zwischenwertansatz die Buchwerte der eingebrachten Wirtschaftsgüter anteilig aufzustocken sind, wäre eine Bindung an die bisherige AfA-Bemessungsgrundlage wie bei der Buchwertfortführung nicht sachgerecht. Daher kann gem. § 22 Abs. 2 UmwStG der jeweilige Aufstockungsbetrag, also die im Wege der Einbringung aufgedeckten stillen Reserven, durch die übernehmende Kapitalgesellschaft als AfA-Potenzial geltend gemacht werden.
Dabei ist allerdings danach zu differenzieren, was bzw. wie durch den Einbringenden vor der Sacheinlage abgeschrieben wurde:

- Handelt es sich bei den eingebrachten Wirtschaftsgütern um Gebäude oder um bewegliche Wirtschaftsgüter des Anlagevermögens, die i.S.d. § 7 Abs. 1 EStG **linear** abgeschrieben wurden, wird die AfA-Bemessungsgrundlage i.S.d. § 22 Abs. 2 Nr. 1 UmwStG ermittelt. Die AfA-Bemessungsgrundlage ergibt sich dann aus der Summe der Anschaffungs- oder Herstellungskosten des **Einbringenden** und dem Aufstockungsbetrag. Die bislang angewendete AfA-Methode und die veranschlagte Nutzungsdauer sind beizubehalten, wobei nur **bis zur Höhe des Zwischenwerts** abgeschrieben werden kann.[582]

[582] Vgl. Tz. 22.10 UmwStE.

Beispiel

Zum auf die Bruce GmbH übertragenen Betriebsvermögen gehört eine Maschine mit Anschaffungskosten i.H.v. 50.000 € und einer Nutzungsdauer von 5 Jahren, die bisher linear abgeschrieben wurde. Im Zeitpunkt der Einbringung beträgt der Restbuchwert 30.000 € und die Restnutzungsdauer 3 Jahre. Im Rahmen einer vorzunehmenden Buchwertaufstockung wird die Maschine mit 40.000 € angesetzt. Die neue AfA-Bemessungsgrundlage beträgt 60.000 € (Anschaffungskosten von 50.000 € zuzüglich des Aufstockungsbetrags von 10.000 €). Die jährliche Abschreibung der Maschine ergibt sich durch Multiplikation der AfA-Bemessungsgrundlage mit 20 % (Beibehaltung des Abschreibungssatzes). Die Abschreibung in 2004 und 2005 beträgt dann jeweils 12.000 €, im Jahr 2006 12.000 € zuzüglich eines Restwerts von 4.000 € (Zwischenwert i.H.v. 40.000 € abzüglich 36.000 €).

- Handelt es sich dagegen um bewegliche Wirtschaftsgüter des Anlagevermögens, die bislang **degressiv** i.S.d. § 7 Abs. 2 EStG abgeschrieben wurden, dient der durch die übernehmende Kapitalgesellschaft angesetzte Zwischenwert als AfA-Bemessungsgrundlage. Im Zeitpunkt der Einbringung ist die Restnutzungsdauer des jeweils abzuschreibenden Wirtschaftsguts neu zu schätzen. Danach richtet sich der neue Abschreibungssatz.[583]

2.14.3 Einbringung zum Teilwert

Wählt die übernehmende Kapitalgesellschaft den Teilwertansatz oder muss sie diesen bei Erfüllung der Tatbestandsvoraussetzungen des § 20 Abs. 3 UmwStG ansetzen, hängt die weitere steuerliche Behandlung der übertragenen Wirtschaftsgüter maßgeblich von der Art der Rechtsnachfolge ab.

§ 22 Abs. 3 Hs. 1 UmwStG – sog. Fußstapfentheorie gilt <u>nicht</u>	
„Setzt die Kapitalgesellschaft das eingebrachte Betriebsvermögen mit dem **Teilwert** an, so gelten die eingebrachten Wirtschaftsgüter als im Zeitpunkt der Einbringung von der Kapitalgesellschaft **angeschafft**, wenn die Einbringung des Betriebsvermögens im Wege der **Einzelrechtsnachfolge** erfolgt.“	⇨ **Teilwertansatz** ⇨ **Anschaffungsfiktion** bei ⇨ **Einzelrechtsnachfolge**
(Kein Verweis auf **§ 12 Abs. 3 Satz 1 UmwStG**)	⇨ **<u>Kein</u> Eintritt in die Rechtsstellung**
(Kein Verweis auf **§ 4 Abs. 2 Satz 3 UmwStG**)	⇨ **<u>Keine</u> Anrechnung der Vorbesitzzeit**

[583] Vgl. Tz. 22.10 UmwStE.

Erfolgt die Einbringung im Rahmen der **Einzelrechtsnachfolge**, wird gem. § 22 Abs. 3 Hs. 1 UmwStG die **Anschaffung** der übertragenen Wirtschaftsgüter im Einbringungszeitpunkt fingiert. Daher tritt die übernehmende Kapitalgesellschaft nicht in die Rechtsstellung des Einbringenden ein. Vielmehr sind ausschließlich die Verhältnisse der übernehmenden Kapitalgesellschaft für die weitere Behandlung des **angeschafften** Vermögens von Bedeutung.[584]
Dies bedeutet für die Absetzung für Abnutzung der übertragenen Wirtschaftsgüter, dass als AfA-Bemessungsgrundlage die Anschaffungskosten und damit der Teilwert gelten. Die AfA-Methode kann bei beweglichen Wirtschaftsgütern des Anlagevermögens neu gewählt werden. Darüber hinaus ist die Nutzungsdauer neu zu bestimmen. Auf Grund der Anschaffungsfiktion kann des Weiteren das Wahlrecht des § 6 Abs. 2 Satz 1 EStG in Anspruch genommen werden. Die Anschaffungskosten für **geringwertige Wirtschaftsgüter** können demnach im Wirtschaftsjahr der Anschaffung als Betriebsausgaben abgezogen werden.

§ 22 Abs. 3 Hs. 2 UmwStG – sog. Fußstapfentheorie	
„Erfolgt die Einbringung des Betriebsvermögens im Wege der **Gesamtrechtsnachfolge** nach den Vorschriften des Umwandlungsgesetzes, so gilt **Absatz 2** entsprechend.“	⇨ **Gesamtrechtsnachfolge** ⇨ **Eintritt in die Rechtsstellung** ⇨ **Keine Anrechnung der Vorbesitzzeit**

Erfolgt die zivilrechtliche Ausgestaltung der Sacheinlage i.S.d. § 20 UmwStG nach dem UmwG und damit im Wege der Gesamtrechtsnachfolge, verweist § 22 Abs. 3 UmwStG auf die Vorschriften bezüglich des Zwischenwertansatzes.

Unabhängig von der Art der Rechtsnachfolge muss beim Teilwertansatz auch ein **originärer Firmenwert** in der Steuerbilanz der übernehmenden Kapitalgesellschaft angesetzt werden. Die Abschreibung des Firmenwerts erfolgt dann gem. § 7 Abs. 1 Satz 3 EStG über einen Zeitraum von 15 Jahren.

[584] Vgl. Tz. 22.15 UmwStE.

Buchwert: §§ 22 Abs. 1, 12 Abs. 3 Satz 1, 4 Abs. 2 Satz 3 UmwStG			*Fußstapfentheorie*
Fortführung der AfA-Bemessungsgrundlage			
Fortführung der AfA-Methode			
Keine neue Bestimmung der Nutzungsdauer			
Besitzzeitanrechnung			
Zwischenwert: §§ 22 Abs. 2, 12 Abs. 3 Satz 1 UmwStG			
Aufstockung der AfA-Bemessungsgrundlage			
Fortführung der AfA-Methode			
Neue Schätzung der Nutzungsdauer nur bei § 7 Abs. 2 EStG			
Keine Besitzzeitanrechnung			
Teilwert: § 22 Abs. 3 UmwStG			
Anschaffungsfiktion	***Einzelrechtsnachfolge***	***Gesamtrechtsnachfolge***	
	Neue AfA-Bemessungsgrundlage		
	Neue AfA-Methode		
	Neue Bestimmung der Nutzungsdauer		
	Keine Besitzzeitanrechnung		
	Wahlrecht i.S.d. § 6 Abs. 2 EStG		
	Abschreibung des anzusetzenden Firmenwerts über 15 Jahre		

Abbildung 155: Auswirkungen des Wertansatzes auf die steuerliche Behandlung des übertragenen Betriebsvermögens

2.14.4 Verlustabzug

Der Übergang von Verlustvorträgen i.S.d. § 10d EStG auf die übernehmende Kapitalgesellschaft ist bei einer Sacheinlage i.S.d. § 20 UmwStG grundsätzlich nicht möglich, da in § 22 UmwStG ein Verweis auf § 12 Abs. 3 Satz 2 UmwStG fehlt.[585]

Anwendbar sind hingegen die Grundsätze des **Mantelkaufs i.S.d. § 8 Abs. 4 KStG** bei der Einbringung von Betriebsvermögen in eine bereits bestehende Kapitalgesellschaft.[586] Da-

585 Vgl. Tz. 22.02 UmwStE.

586 Vgl. Tz. 22.03 UmwStE.

nach ist dieser Kapitalgesellschaft der Abzug eines bei ihr vor der Sacheinlage i.S.d. § 20 UmwStG entstandenen Verlusts untersagt, wenn sie infolge der Vermögensübertragung **wirtschaftlich nicht mehr mit der Kapitalgesellschaft identisch** ist, die den Verlust erlitten hat. Dies liegt insbesondere vor, wenn

- die Kapitalgesellschaft ihren Geschäftsbetrieb mit überwiegend neuem Betriebsvermögen fortführt oder wieder aufnimmt und

- mehr als die Hälfte der Anteile an einer Kapitalgesellschaft übertragen werden.

Die zweite Bedingung ist insbesondere dann erfüllt, wenn im Zuge der Anteilsgewährung durch die Übernehmerin neu hinzukommende Anteilseigner zu mehr als der Hälfte an der Kapitalgesellschaft beteiligt sind.[587]

2.14.5 Übernahmefolgegewinn

Gem. § 22 Abs. 5 UmwStG ist § 6 Abs. 1 UmwStG auf die Einbringung in eine Kapitalgesellschaft i.S.d. § 20 UmwStG entsprechend anwendbar. Erhöht das Erlöschen von Forderungen und Verbindlichkeiten zwischen dem Einbringenden und der übernehmenden Kapitalgesellschaft oder die Auflösung von Rückstellungen den Gewinn der Übernehmerin, kann dieser in eine den steuerlichen Gewinn mindernde **Rücklage** eingestellt werden. Gem. § 6 Abs. 1 Satz 2 UmwStG hat deren Auflösung in den auf ihre Bildung folgenden drei Wirtschaftsjahren zu mindestens einem Drittel zu erfolgen.

2.15 Nebensteuern

2.15.1 Gewerbesteuer

Gewinne, die eine natürliche Person aus der Veräußerung eines Betriebs, Teilbetriebs oder Mitunternehmeranteils erzielt, unterliegen nicht der Gewerbesteuer.[588] Da eine Einbringung in eine Kapitalgesellschaft lediglich eine spezielle Form einer Veräußerung darstellt, ist auch ein bei einer Sacheinlage i.S.d. § 20 UmwStG entstehender **Einbringungsgewinn** sowohl bei Teilwert- als auch bei Zwischenwertansatz von der Gewerbesteuer befreit. Ist der Einbringende allerdings eine Kapitalgesellschaft, wird ein Einbringungsgewinn dem Gewerbeertrag hinzugerechnet.
Ein **Gewinn aus der Veräußerung einbringungsgeborener Anteile** wird nur dann von der Gewerbesteuer erfasst, wenn der Einbringungsvorgang, auf den die Anteile zurückzu-

---

[587] Vgl. Schmitt, J., in: Schmitt, J./ Hörtnagl, R./ Stratz, R.-C., Umwandlungsgesetz, Umwandlungssteuergesetz, 3. Aufl., München 2001, § 22 UmwStG, Rz. 89.

[588] Vgl. BFH v. 27.03.1996, I-R-89/95, BStBl. II 1997, S. 224.

führen sind, seinerseits zu einer gewerbesteuerlichen Belastung geführt hätte.[589] Werden einbringungsgeborene Anteile von einer natürlichen Person veräußert, kann Gewerbesteuer somit nur anfallen, wenn die Anteile nicht aus der Einbringung eines Betriebs, Teilbetriebs oder Mitunternehmeranteils stammen. Dies ist dann der Fall, wenn mehrheitsvermittelnde Anteile aus einem Betriebsvermögen eingebracht werden, da in diesem Fall der Veräußerungs- bzw. Einbringungsgewinn ebenfalls der Gewerbesteuer unterlegen hätte.[590] Eine Anteilsveräußerung aus dem Privatvermögen führt grundsätzlich nicht zu einer Belastung mit Gewerbesteuer.

2.15.2 Grunderwerbsteuer

Gehen im Rahmen einer Einbringung Grundstücke auf die übernehmende Kapitalgesellschaft über, fällt Grunderwerbsteuer an. Wird die Einbringung i.S.d. § 20 UmwStG zivilrechtlich im Wege eines Formwechsels i.S.d. § 190 UmwG vollzogen, wird keine Grunderwerbsteuer erhoben, da kein Wechsel des Rechtsträgers vorgenommen wird (Rechtsträgeridentität).

2.15.3 Umsatzsteuer

Die Einbringung eines Betriebs oder eines Teilbetriebs in eine Kapitalgesellschaft unterliegt gem. § 1 Abs. 1 a Satz 2 UStG nicht der Umsatzsteuer. Handelt es sich beim Einbringungsgegenstand um einen Mitunternehmeranteil oder eine mehrheitsvermittelnde Beteiligung an einer Kapitalgesellschaft, ist die Übertragung gem. § 4 Nr. 8 Bst. f UStG von der Umsatzsteuer befreit.

2.16 Abschlussfall zu §§ 20-22 UmwStG

Der 60jährige Einzelunternehmer Tyler Durden, wohnhaft in Eichstätt, will sein Einzelunternehmen steuerneutral im Wege einer Einbringung mit Wirkung zum 31.12.2003 in die neu gegründete Durden GmbH mit Sitz in Ingolstadt umwandeln.

Aktiva	Schlussbilanz	Tyler Durden	Passiva
Grund u. Boden	100 T€	Kapital	50 T€
Gebäude	300 T€	§ 6b Rücklage	25 T€
Maschinen	50 T€	Verbindlichkeiten	425 T€
Umlaufvermögen	50 T€		
	500 T€		500 T€

[589] Vgl. BFH v. 29.04.1982, IV-R-51/79, BStBl. II 1982, S. 738.

[590] Vgl. Tz. 21.13 UmwStE.

Stille Reserven sind in folgender Höhe vorhanden:
Originärer Firmenwert 25.000 €, Grund und Boden 45.000 €, Gebäude 50.000 € und Maschinen 5.000 €.
Einschließlich der § 6b Rücklage i.H.v. 25.000 € ruhen in Tylers Betriebsvermögen stille Reserven i.H.v. 150.000 €.
Zusätzlich zu den neuen Kapitalgesellschaftsanteilen, die er als Gegenleistung für die Sacheinlage erhält, wird Tyler eine Darlehensforderung i.H.v. 125.000 € eingeräumt. Die als Gegenleistung gewährten Anteile veräußert er am 31.12.2009.

Aufgabenstellung:

1. Prüfen Sie, ob die Anwendungsvoraussetzungen des § 20 Abs. 1 UmwStG vorliegen.

2. Um welchen zivilrechtlichen Vorgang handelt es sich bei der Umwandlung in die GmbH?

3. Stellen Sie die Eröffnungsbilanz der Durden GmbH zum 31.12.2003 auf und berechnen Sie die für Tyler Durden anfallende Einkommensteuer (Steuersatz 40 %) in den jeweiligen Veranlagungszeiträumen.

Lösung:

1. Aufgabe
Um eine steuerneutrale Einbringung i.S.d. § 20 Abs. 1 UmwStG vornehmen zu können, muss es sich beim Gegenstand der Sacheinlage um einen Betrieb, Teilbetrieb oder einen Mitunternehmeranteil handeln. Da Tyler Einzelunternehmer ist und sein gesamtes Betriebsvermögen einbringt, ist ein Betrieb Gegenstand der Sacheinlage.
Zwingende Voraussetzung für eine Anwendung des § 20 UmwStG ist die unbeschränkte Körperschaftsteuerpflicht der übernehmenden Kapitalgesellschaft. Die Durden GmbH hat ihren Sitz i.S.d. § 11 AO im Inland und unterliegt somit der unbeschränkten Körperschaftsteuerpflicht i.S.d. § 1 Abs. 1 KStG.
Die Voraussetzungen für eine Anwendung des § 20 UmwStG liegen vor.

2. Aufgabe
Zivilrechtlich handelt es sich bei der Sacheinlage des Betriebsvermögens in die Durden GmbH um eine **Sachgründung i.S.d. § 5 Abs. 4 GmbHG**. Hinsichtlich des von Tyler auf die GmbH übertragenen Vermögens gilt somit die Einzelrechtsnachfolge. Um eine Sachkapitalerhöhung i.S.d. § 56 GmbHG kann es sich in diesem Fall nicht handeln, da die Einbringung zur Neugründung erfolgte.
Auch eine Ausgliederung liegt nicht vor, da ein das gesamte Betriebsvermögen umfassender **Betrieb** Gegenstand der Einbringung ist und damit kein Betriebsvermögen bei Tyler zurückbleibt.

3. Aufgabe

Um eine Fortführung der Buchwerte des eingebrachten Betriebs vornehmen zu können, ist neben den Anwendungsvoraussetzungen des § 20 Abs. 1 UmwStG zu prüfen, ob keine Einschränkungen des Bewertungswahlrechts vorliegen.

Ist das Besteuerungsrecht der Bundesrepublik Deutschland hinsichtlich eines Gewinns aus der Veräußerung der als Gegenleistung gewährten Anteile i.S.d. § 20 Abs. 3 UmwStG ausgeschlossen, wäre eine steuerneutrale Übertragung des Betriebsvermögens nicht möglich, sondern der Teilwert anzusetzen.
Das Besteuerungsrecht der Bundesrepublik Deutschland hinsichtlich eines Gewinns aus der Veräußerung der Anteile besteht. Tyler Durden hat seinen Wohnsitz i.S.d. § 8 AO im Inland und unterliegt damit der unbeschränkten Einkommensteuerpflicht i.S.d. § 1 Abs. 1 Satz 1 EStG. Aus § 20 Abs. 3 UmwStG ergibt sich daher keine Einschränkung des Bewertungswahlrechts.

Übersteigen die Passivposten des Betriebsvermögens die Aktivposten, hätte gem. § 20 Abs. 2 Satz 4 UmwStG eine Zwangswertaufstockung der Buchwerte zu erfolgen.
Da jedoch das Kapital des übertragenen Einzelunternehmens und damit das Reinvermögen einen positiven Wert aufweist, folgt aus § 20 Abs. 2 Satz 4 UmwStG keine zwangsweise vorzunehmende Aufdeckung stiller Reserven.

Da Tyler neben neuen Kapitalgesellschaftsanteilen auch eine Darlehensforderung gewährt wird, ist zu prüfen, ob daraus eine Zwangswertaufstockung i.S.d. § 20 Abs. 2 Satz 5 UmwStG folgt. Eine anteilige Aufdeckung stiller Reserven bis zum gemeinen Wert der anderen Wirtschaftsgüter hätte zu erfolgen, wenn dieser den Buchwert des eingebrachten Betriebsvermögens übersteigt.
Dies ist im vorliegenden Beispiel der Fall. Der Wert der Darlehensforderung beträgt 125.000 € und übersteigt den Buchwert des eingebrachten Betriebsvermögens i.H.v. 50.000 € um 75.000 €. Gem. § 20 Abs. 2 Satz 5 UmwStG muss deshalb eine Wertaufstockung um 75.000 € vorgenommen werden. In den Wirtschaftsgütern ruhende stille Reserven sind insgesamt in Höhe dieses Betrags anteilig aufzudecken. Die anteilige Aufstockung der stillen Reserven für jedes einzelne Wirtschaftsgut ergibt sich dabei aus dem Verhältnis zwischen dem Aufstockungsbetrag von 75.000 € und dem Gesamtbetrag der stillen Reserven i.H.v. 125.000 €. Dieser Betrag versteht sich ohne den originären Firmenwert i.H.v. 25.000 €, da in Klausuren üblicherweise der Meinung der Finanzverwaltung gefolgt werden soll, die gem. Tz. 22.08 UmwStE davon ausgeht, dass der originäre Firmenwert erst bei Aufdeckung sämtlicher in den restlichen Wirtschaftsgütern enthaltenen stillen Reserven angesetzt werden kann. U.E. wäre allerdings entgegen dieser Auffassung die Einbeziehung des originären Firmenwerts in den Gesamtbetrag der stillen Reserven notwendig.

	Stille Reserven		Aufstockungsbetrag / Summe stiller Reserven		Aufstockung
Grund u. Boden	45.000	x	0,6	=	27.000
Gebäude	50.000	x	0,6	=	30.000
Maschinen	5.000	x	0,6	=	3.000
§ 6b Rücklage	25.000	x	0,6	=	15.000

Da gem. § 5 Abs. 1 GmbHG ein Mindeststammkapital von 25.000 € ausgewiesen werden muss, § 20 Abs. 2 Satz 2 UmwStG aber die Fortführung der **aufgedeckten** Buchwerte ermöglicht, kann in entsprechender Höhe ein Ausgleichsposten angesetzt werden.

Aktiva	Eröffnungsbilanz	Durden GmbH	Passiva
Grund u. Boden	127 T€	Stammkapital	25 T€
Gebäude	330 T€	§ 6b Rücklage	10 T€
Maschinen	53 T€	Darlehen Tyler	125 T€
Umlaufvermögen	50 T€	Verbindlichkeiten	425 T€
Ausgleichsposten	25 T€		
	585 T€		585 T€

Der Wertansatz von 125.000 € in der Steuerbilanz gilt gem. § 20 Abs. 4 Satz 1 UmwStG als Veräußerungspreis des eingebrachten Betriebsvermögens. Abzüglich des Buchwerts des eingebrachten Betriebsvermögens von 50.000 € ergibt sich ein **Einbringungsgewinn** i.H.v. 75.000 €. Da auf einen Einbringungsgewinn bei einem Zwischenwertansatz weder der Freibetrag i.S.d. § 16 Abs. 4 EStG noch die Begünstigungen des § 34 EStG gewährt werden, beträgt die Einkommensteuer für Tyler im Veranlagungszeitraum 2003:

75.000 € x 0,4 = **30.000 €**

Durch die Wertverknüpfung zwischen dem Wertansatz der übernehmenden Kapitalgesellschaft und den Anschaffungskosten für die gewährten Anteile würden sich Anschaffungskosten i.H.v. 125.000 € ergeben. Da jedoch der gemeine Wert des Darlehens gem. § 20 Abs. 4 Satz 2 UmwStG davon abzuziehen ist, **betragen die Anschaffungskosten null**.

Da es sich bei den am 31.12.2009 veräußerten Anteilen um einbringungsgeborene Anteile i.S.d. § 21 UmwStG handelt und die Veräußerung **innerhalb der siebenjährigen Sperrfrist** erfolgt, kann Tyler die Begünstigungen des Halbeinkünfteverfahrens nicht in Anspruch nehmen. Der Veräußerungsgewinn unterliegt der vollen Steuerpflicht.

Ermittlung des Veräußerungspreises der einbringungsgeborenen Anteile:

Firmenwert		25.000
Grund u. Boden	+	145.000
Gebäude	+	350.000
Maschinen	+	55.000
Umlaufvermögen	+	50.000
Darlehen	./.	125.000
Verbindlichkeiten	./.	425.000
Veräußerungspreis	=	**75.000**

Da die Anschaffungskosten der Kapitalgesellschaftsanteile **null** betragen, erzielt Tyler einen **Veräußerungsgewinn i.S.d. § 16 EStG i.H.v. 75.000 €**.

Tyler kann den Freibetrag i.S.d. § 16 Abs. 4 EStG i.H.v. 45.000 € in Anspruch nehmen.

Veräußerungsgewinn i.S.d. § 16 EStG		75.000 €
Freibetrag i.S.d. § 16 Abs. 4 EStG	./.	45.000 €
		30.000 €

Außerdem wird ihm die Tarifbegünstigung des § 34 Abs 3 EStG gewährt, da der Gewinn aus der Veräußerung einbringungsgeborener Anteile, für den die Begünstigungen des Halbeinkünfteverfahrens nicht in Anspruch genommen werden können, außerordentliche Einkünfte i.S.d. § 34 Abs. 2 Nr. 1 EStG darstellt.

Berechnung des Durchschnittssteuersatzes (30.000 € : 75.000 €)	0,4
Berechnung des reduzierten Durchschnittssteuersatzes (0,4 x 0,56)	0,224

Die Einkommensteuerschuld im Veranlagungszeitraum 2009 beträgt 6.720 €.

2.17 Einbringung in der Europäischen Union

Durch § 23 UmwStG werden grenzüberschreitende steuerneutrale Übertragungen von Betriebsvermögen innerhalb der Europäischen Union ermöglicht. § 23 UmwStG ist auf die innerstaatliche Umsetzung der Fusionsrichtlinie des EG-Ministerrats vom 23.07.1990 zurückzuführen, deren Intention im Abbau von steuerlichen Hindernissen und in der Schaffung der Voraussetzungen zu EU-weiten Unternehmensumstrukturierungen liegt.[591]

[591] Vgl. Saß, G., Die Fusionsrichtlinie und die Mutter/Tochterrichtlinie, DB 1990, S. 2340.

2.17.1 Einbringung eines inländischen Betriebs oder Teilbetriebs

§ 23 Abs. 1 UmwStG weicht vom Grundsatz ab, dass eine Sacheinlage von Betriebsvermögen gegen die Gewährung von Gesellschaftsrechten in eine **unbeschränkt körperschaftsteuerpflichtige Kapitalgesellschaft** erfolgen muss. Eine Sacheinlage in eine lediglich **beschränkt körperschaftsteuerpflichtige** EU-Kapitalgesellschaft kann gem. § 23 Abs. 1 UmwStG steuerneutral erfolgen, falls ein Betrieb oder ein Teilbetrieb in eine in Deutschland belegene Betriebsstätte einer beschränkt steuerpflichtigen EU-Kapitalgesellschaft eingebracht wird. Das bei der Sacheinlage übertragene Vermögen scheidet somit aus dem Bereich der unbeschränkten Körperschaftsteuerpflicht aus. Es gelangt in den Bereich der beschränkten Körperschaftsteuerpflicht, da die ausländische Kapitalgesellschaft im Inland eine Betriebsstätte unterhält und daher gem. §§ 2 Nr. 1, 8 Abs. 1 Satz 1 KStG i.V.m. § 49 Abs. 1 Nr. 2 Bst. a EStG im Inland der beschränkten Steuerpflicht unterliegt.
Die steuerneutrale Übertragung wird aber nur dann gewährt, wenn die Gegenleistung der Sacheinlage ausschließlich in Anteilen der beschränkt körperschaftsteuerpflichtigen EU-Kapitalgesellschaft besteht. Eine Gewährung anderer Wirtschaftsgüter ist deshalb für die Anwendung des § 23 Abs. 1 UmwStG **schädlich**.
Durch die Wertverknüpfung des § 20 Abs. 4 Satz 1 UmwStG zwischen dem Veräußerungspreis des eingebrachten Vermögens und den Anschaffungskosten der EU-Kapitalgesellschaftsanteile kommt es auch bei einer grenzüberschreitenden Sacheinlage zu einer Verdopplung stiller Reserven. Die einbringende unbeschränkt körperschaftsteuerpflichtige Kapitalgesellschaft kann die gewährten einbringungsgeborenen Anteile, die dem deutschen Besteuerungsrecht unterliegen,[592] aber nach Ablauf der **siebenjährigen Sperrfrist** i.S.d. § 8b Abs. 2 KStG i.V.m. § 8b Abs. 4 Satz 2 Nr. 1 KStG steuerlich begünstigt veräußern, da das Veräußerungsprivileg auch für Anteile an ausländischen Kapitalgesellschaften gilt.

Tatbestandsvoraussetzungen des § 23 Abs. 1 UmwStG	
Einbringender Rechtsträger	Unbeschränkt körperschaftsteuerpflichtige Kapitalgesellschaft
Übernehmender Rechtsträger	Beschränkt körperschaftsteuerpflichtige EU-Kapitalgesellschaft
Einbringungsgegenstand	(Teil-) Betrieb
Zielort der Einbringung	Inland
Gegenleistung	**Ausschließlich** neue Anteile an der übernehmenden EU-Kapitalgesellschaft

592 Vgl. Haritz, D., Unternehmenssteuerreform 2001: Begünstigte Veräußerungsgewinne bei einbringungsgeborenen Anteilen, DStR 2000, S. 1539.

Beispiel

Die Röhrich AG mit Sitz in Kiel bringt einen Betrieb zum Buchwert in eine in Deutschland unterhaltene Betriebsstätte der französischen Obelix S.A. mit Sitz in Brest ein. Im Gegenzug gewährt die Obelix S.A. der Röhrich AG Anteile aus einer Kapitalerhöhung. Diese Anteile veräußert die Röhrich AG sieben Jahre nach der Einbringung steuerlich begünstigt i.S.d. § 8b Abs. 2 KStG.

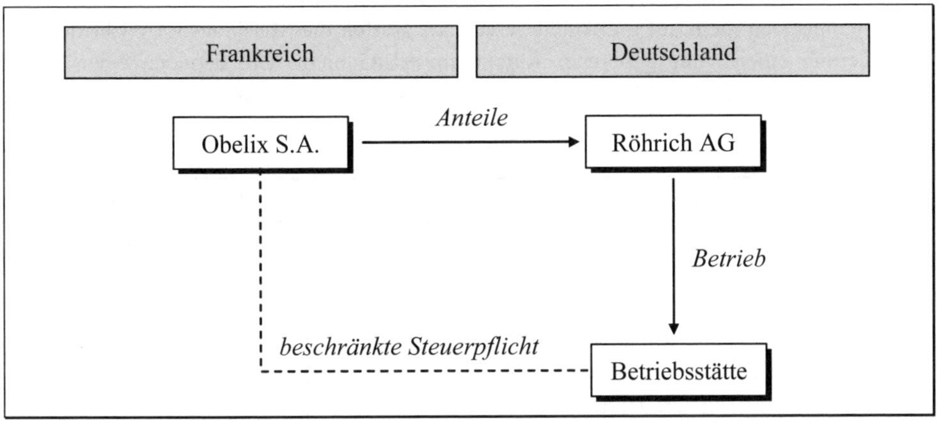

Abbildung 156: Einbringung inländischen Betriebsvermögens

2.17.2 Einbringung einer inländischen Betriebsstätte

Auch im Rahmen des § 23 Abs. 2 UmwStG handelt es sich um im Inland belegenes Betriebsvermögen, das in Form eines Betriebs oder Teilbetriebs einzubringen ist. Die Übertragung erfolgt jedoch aus einer Betriebsstätte einer gem. §§ 2 Nr. 1, 8 Abs. 1 Satz 1 KStG i.V.m. § 49 Abs. 1 Nr. 2 Bst. a EStG beschränkt körperschaftsteuerpflichtigen EU-Kapitalgesellschaft in eine (un-) beschränkt körperschaftsteuerpflichtige EU-Kapitalgesellschaft.

Tatbestandsvoraussetzungen des § 23 Abs. 2 UmwStG	
Einbringender Rechtsträger	Beschränkt körperschaftsteuerpflichtige Kapitalgesellschaft
Übernehmender Rechtsträger	(Un-) Beschränkt körperschaftsteuerpflichtige EU-Kapitalgesellschaft
Einbringungsgegenstand	Inländische Betriebsstätte
Zielort der Einbringung	Inland
Gegenleistung	**Ausschließlich** neue Anteile an der übernehmenden EU-Kapitalgesellschaft

Damit besteht die Möglichkeit, **im Inland steuerlich verstricktes Betriebsvermögen** gegen Gewährung von **Anteilen** zu übertragen, wobei die Bundesrepublik Deutschland hinsichtlich des Gewinns aus der Veräußerung der Anteile **kein Besteuerungsrecht** besitzt. Eine steuerneutrale Übertragung ist dennoch möglich, da § 20 Abs. 3 hinsichtlich des § 23 Abs. 2 UmwStG keine Wirkung entfaltet.[593]
Die anlässlich des Einbringungsvorgangs geschaffenen Anteile würden grundsätzlich die Tatbestandsvoraussetzungen des § 21 UmwStG erfüllen. Da jedoch das Besteuerungsrecht Deutschlands sich nicht auf die Anteile erstreckt, greifen die Missbrauchsvorschriften zur Veräußerung einbringungsgeborener Anteile im KStG nicht. Um dennoch einen **Missbrauch** zu verhindern, bedarf es einer speziellen Vorschrift, die dem grenzüberschreitenden Umstrukturierungsvorgang Rechnung trägt.[594]

§ 26 Abs. 2 Satz 2 UmwStG – grenzüberschreitende Missbrauchsverhinderung	
„§ 23 Abs. 2 UmwStG ist nicht anzuwenden,	⇨ **Rückwirkende** Aufdeckung stiller Reserven[595]
wenn die einbringende Kapitalgesellschaft die **erhaltenen Anteile** innerhalb eines Zeitraums von **sieben Jahren** nach der Einbringung veräußert."	⇨ bei Veräußerung innerhalb von sieben Jahren

Beispiel

Eine in Deutschland belegene Betriebsstätte der Obelix S.A. soll in eine deutsche Tochtergesellschaft umgewandelt werden. Die Obelix S.A. bringt deshalb das Betriebsvermögen einer Betriebsstätte, die sie in Hamburg unterhält, in Form eines Betriebs am 31.12.2003 zum Buchwert in die Röhrich AG ein. Als Gegenleistung gewährt die Röhrich AG der Obelix S.A. neue Anteile aus einer Kapitalerhöhung, die bereits am 31.12.2004 wieder veräußert werden. Das Besteuerungsrecht Deutschlands am Gewinn aus der Veräußerung der Anteile, die der Obelix S.A. als Gegenleistung gewährt werden, wird durch Art. 7 Abs. 1 DBA-Frankreich ausgeschlossen.
Rückwirkend ist die Sacheinlage mit dem Teilwert anzusetzen, da eine Veräußerung der Anteile an der Röhrich AG **innerhalb der Siebenjahresfrist** i.S.d. § 26 Abs. 2 Satz 2 UmwStG erfolgte.

---

593 Vgl. Tz. 23.05 UmwStE.

594 Vgl. Haritz, D., Unternehmenssteuerreform 2001: Begünstigte Veräußerungsgewinne bei einbringungsgeborenen Anteilen, DStR 2000, S. 1539.

595 Vgl. Kantwill, W., Nationale und internationale Einbringungen in Kapitalgesellschaften nach dem Umwandlungssteuergesetz, SteuerStud 2002, S. 381.

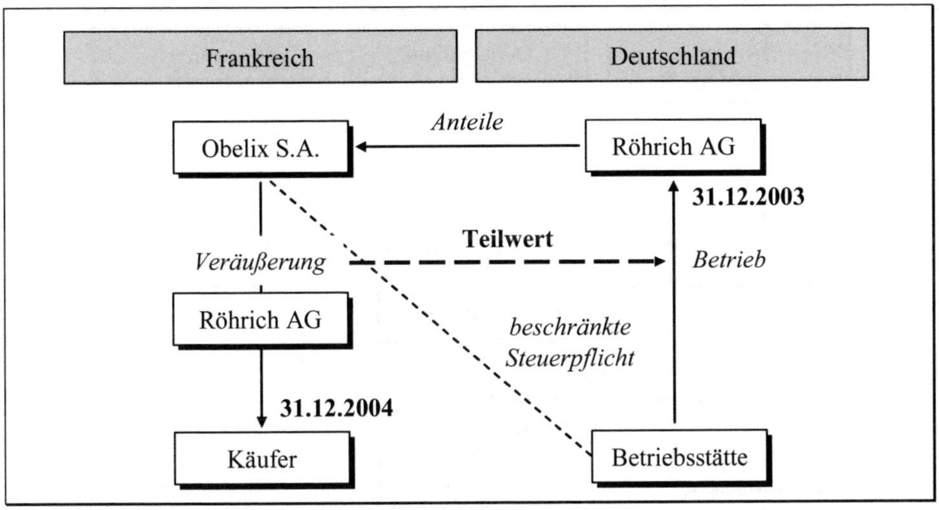

Abbildung 157: Einbringung einer inländischen Betriebsstätte

Eine steuerneutrale Sacheinlage kann im Rahmen des § 23 Abs. 2 UmwStG allerdings auch dann vorgenommen werden, wenn das Vermögen der in Deutschland unterhaltenen Betriebsstätte nicht in eine unbeschränkt körperschaftsteuerpflichtige Kapitalgesellschaft, sondern in eine in Deutschland belegene **Betriebsstätte** einer beschränkt körperschaftsteuerpflichtigen ausländischen EU-Kapitalgesellschaft eingebracht wird. Auch auf diesen Vorgang ist die **Missbrauchsvorschrift** des § 26 Abs. 2 Satz 2 UmwStG anzuwenden.

Beispiel

Die Obelix S.A. plant, ihre in Deutschland unterhaltene Betriebsstätte in eine Beteiligung an einer spanischen Kapitalgesellschaft umzuwandeln. Das Betriebsstättenvermögen wird deshalb am 31.12.2003 in eine inländische Betriebsstätte der spanischen Sancho S.A. zum Buchwert eingebracht. Als Gegenleistung erhält die Obelix S.A. neue Anteile aus einer Kapitalerhöhung. Die gewährten Anteile an der Sancho S.A. veräußert die Obelix S.A. bereits am 31.12.2004.

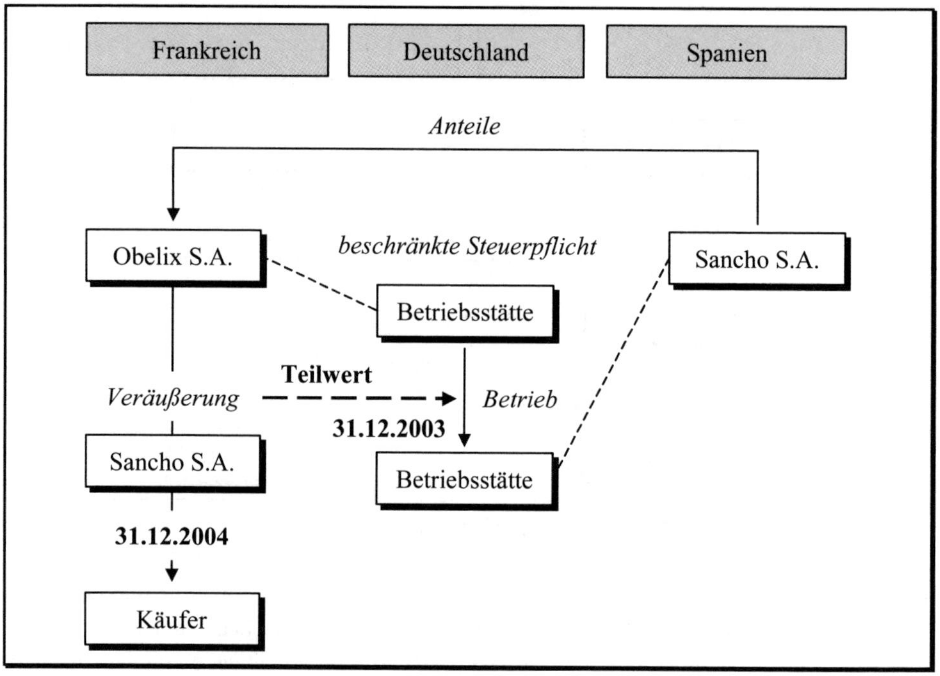

Abbildung 158: Einbringung einer inländischen Betriebsstätte in eine inländische Betriebsstätte einer ausländischen EU-Kapitalgesellschaft

Merke: Nimmt die einbringende EU-Kapitalgesellschaft **innerhalb der Siebenjahresfrist** eine Veräußerung der als Gegenleistung für eine **steuerneutrale** Einbringung ihres Betriebsstättenvermögens gewährten Anteile vor, verursacht die **Rückwirkung** gem. § 26 Abs. 2 Satz 2 UmwStG die nachträgliche Aufdeckung der übergegangenen stillen Reserven.

2.17.3 Einbringung einer ausländischen Betriebsstätte

Im Rahmen des § 23 Abs. 3 UmwStG werden die Möglichkeiten, Betriebsvermögen im Wege einer Sacheinlage steuerneutral zu übertragen, erweitert. Danach wird es einer im Inland unbeschränkt steuerpflichtigen Kapitalgesellschaft ermöglicht, im europäischen Ausland belegenes und somit dort auch steuerlich verstricktes Betriebsstättenvermögen steuerneutral in eine EU-Kapitalgesellschaft einzubringen.

Tatbestandsvoraussetzungen des § 23 Abs. 3 UmwStG	
Einbringender Rechtsträger	Unbeschränkt körperschaftsteuerpflichtige Kapitalgesellschaft
Übernehmender Rechtsträger	Beschränkt körperschaftsteuerpflichtige EU-Kapitalgesellschaft
Einbringungsgegenstand	In einem anderen Mitgliedstaat der EU belegenen Betriebsstätte
Zielort der Einbringung	EU-Ausland
Gegenleistung	**Ausschließlich** neue Anteile an der übernehmenden EU-Kapitalgesellschaft

Beispiel

Die Röhrich AG plant die Umwandlung einer in Frankreich unterhaltenen Betriebsstätte in eine französische Tochtergesellschaft. Deshalb wird das in Frankreich belegene Betriebsstättenvermögen der Röhrich AG in die Obelix S.A. zum Buchwert eingebracht. Im Gegenzug wird die Röhrich AG durch die Gewährung von neuen Anteilen an der Obelix AG beteiligt.

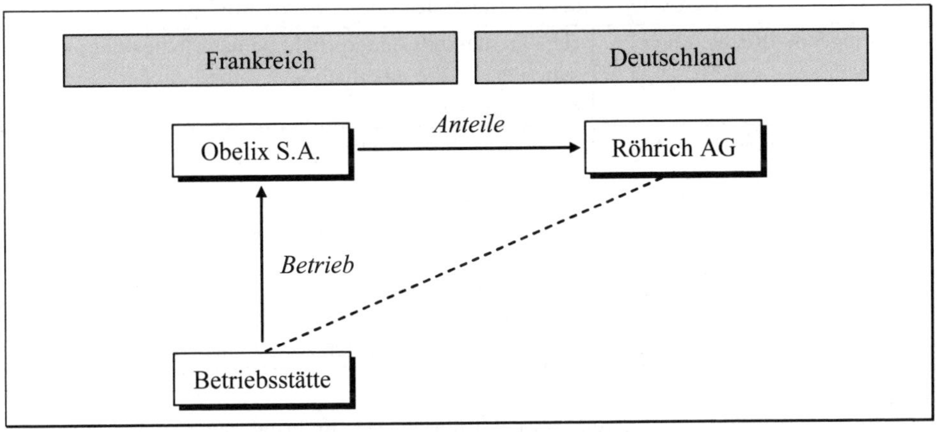

Abbildung 159: Einbringung einer ausländischen Betriebsstätte

Das dem Ausland zugewiesene Besteuerungsrecht für das dort belegene Betriebsvermögen wechselt durch die steuerneutrale Ausgestaltung der Einbringung ins Inland.[596] Da § 23 Abs. 3 UmwStG auf die Wertverknüpfung des § 20 Abs. 4 Satz 1 UmwStG verweist, werden im Ausland gebildete stille Reserven durch die Sacheinlage des Betriebsstättenvermögens der inländischen Steuerverstrickung zugeführt.[597] Die auf diese Weise erworbenen

[596] Vgl. Tz. 23.08 UmwStE.

[597] Vgl. Haritz, D., Unternehmenssteuerreform 2001: Begünstigte Veräußerungsgewinne bei einbringungsgeborenen Anteilen, DStR 2000, S. 1539.

einbringungsgeborenen Kapitalgesellschaftsanteile i.S.d. § 21 Abs. 1 Satz 1 UmwStG fallen unter die siebenjährige Sperrfrist i.S.d. § 8b Abs. 4 Satz 2 Nr. 1 KStG.

2.17.4 Grenzüberschreitender Anteilstausch

§ 23 Abs. 4 UmwStG erweitert die Möglichkeiten, einen steuerneutralen Anteilstausch i.S.d. § 20 Abs. 1 Satz 2 UmwStG vorzunehmen. Die übernehmende Kapitalgesellschaft muss in diesem Fall nicht der unbeschränkten Steuerpflicht in Deutschland unterliegen. Einbringender i.S.d. § 23 Abs. 4 UmwStG können sowohl natürliche als auch juristische Personen sein. Unbeachtlich für die Einbringung einer Beteiligung an einer EU-Kapitalgesellschaft ist, ob der Einbringende in Deutschland unbeschränkt oder beschränkt steuerpflichtig und ob er in einem Mitgliedstaat der Europäischen Union oder außerhalb ansässig ist.[598] Für eine Anwendung eines steuerneutralen grenzüberschreitenden Anteilstausches ist eine Gewährung von anderen Wirtschaftsgütern als Gegenleistung neben neuen EU-Kapitalgesellschaftsanteilen gem. § 23 Abs. 4 Satz 3 UmwStG unschädlich, sofern diese höchstens 10 % des Nennwerts der gewährten Anteile beträgt.

Tatbestandsvoraussetzungen des § 23 Abs. 4 UmwStG	
Einbringender Rechtsträger	(Un-)beschränkt steuerpflichtige natürliche oder juristische Person, die innerhalb oder außerhalb der EU ansässig sein kann.
Übernehmender Rechtsträger	EU-Kapitalgesellschaft
Einbringungsgegenstand	EU-Kapitalgesellschaftsanteile
Zielort der Einbringung	EU-Land
Gegenleistung	Neue Anteile an der übernehmenden EU-Kapital-Gesellschaft und Gewährung von anderen Wirtschaftsgütern unschädlich, sofern diese maximal 10 % des Nennwerts der gewährten Anteile betragen

Beispiel

Eckardt hält 80 % der Anteile an der Röhrich AG. Er bringt seine Beteiligung zum Buchwert in die Obelix S.A. ein. Als Gegenleistung erhält er Anteile an der Obelix S.A. in einem Nennwert von 150.000 €. Zusätzlich wird ihm eine Barzahlung i.H.v. 10.000 € gewährt.

598 Vgl. Kantwill, W., Nationale und internationale Einbringungen in Kapitalgesellschaften nach dem Umwandlungssteuergesetz, SteuerStud 2002, S. 384.

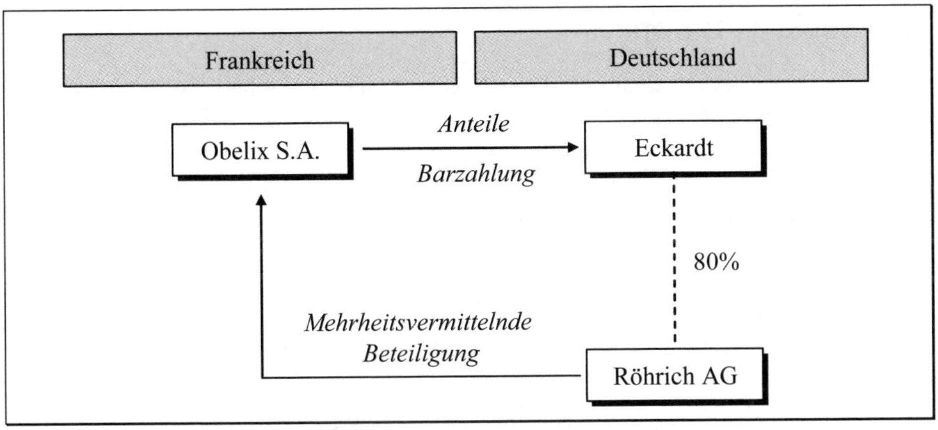

Abbildung 160: Grenzüberschreitender Anteilstausch

Um eine zeitnahe Entstrickung der in den **eingebrachten Anteilen** ruhenden stillen Reserven im Ausland zu vermeiden, enthält § 26 Abs. 2 Satz 1 UmwStG eine Vorschrift zur Missbrauchsverhinderung.

§ 26 Abs. 2 Satz 1 UmwStG – grenzüberschreitende Missbrauchsverhinderung	
„§ 23 Abs. 4 UmwStG ist nicht anzuwenden,	⇨ **Rückwirkende** Aufdeckung stiller Reserven
wenn die **eingebrachten Anteile** innerhalb eines Zeitraums von sieben Jahren nach der Einbringung unmittelbar oder mittelbar veräußert oder auf einen Dritten übertragen werden,	⇨ bei Veräußerung innerhalb von **7 Jahren**
es sei denn, der Steuerpflichtige weist nach, dass die erhaltenen Anteile Gegenstand einer weiteren Sacheinlage zu Buchwerten auf Grund von Rechtsvorschriften eines anderen Mitgliedstaats der Europäischen Union sind, die § 23 Abs. 4 UmwStG entsprechen."	⇨ **Keine rückwirkende** Aufdeckung stiller Reserven

Ist das Besteuerungsrecht der Bundesrepublik Deutschland für **die als Gegenleistung der Einbringung gewährten Anteile** im Zeitpunkt der Einbringung ausgeschlossen, gilt gem. § 23 Abs. 4 Satz 2 UmwStG der Teilwert als Veräußerungspreis der eingebrachten mehrheitsvermittelnden Beteiligung an der EU-Kapitalgesellschaft.

Hinweis: Ein grenzüberschreitender Anteilstausch war im Jahr 2002 Gegenstand der Steuerberaterprüfung.

2.18 Societas Europaea

Die Verordnung über das Statut der Europäischen Aktiengesellschaft (Societas Europaea) tritt am 8. Oktober 2004 in Kraft. Das Umwandlungssteuergesetz ermöglicht jedoch bisher nur die steuerneutrale Umsetzung der Bildung einer **Holdinggesellschaft** durch einen grenzüberschreitenden Anteilstausch i.S.d. § 23 Abs. 4 UmwStG und die Gründung einer **Tochtergesellschaft** im Wege einer (Teil-) Betriebseinbringung i.S.d. § 23 Abs. 1-3 UmwStG.[599]

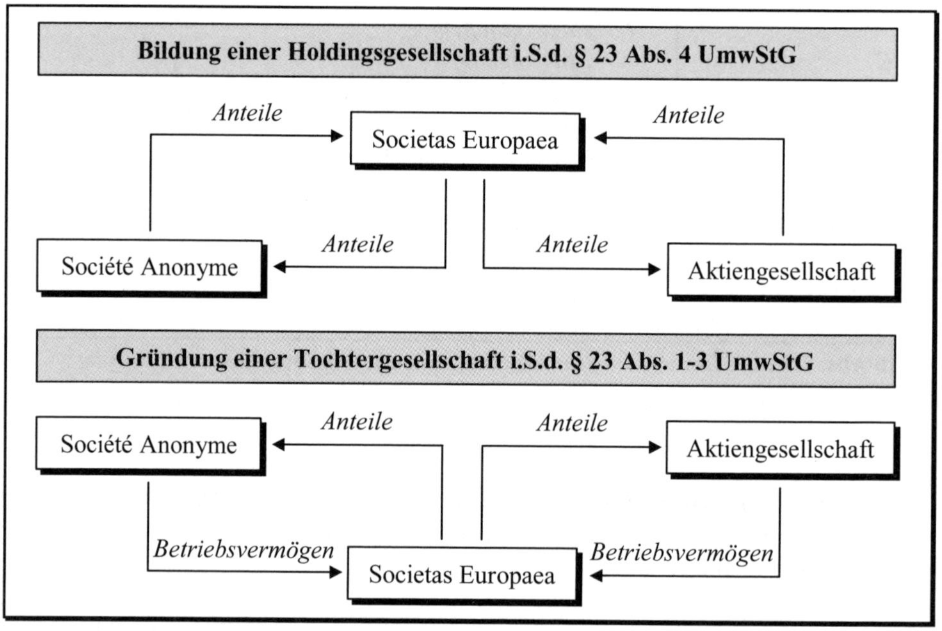

Abbildung 161: Entstehung der Societas Europaea

3 Einbringung in eine Personengesellschaft gem. § 24 UmwStG

Gem. § 24 Abs. 1 UmwStG sind auch bei der Einbringung in eine Personengesellschaft Betriebe, Teilbetriebe oder Mitunternehmeranteile einzubringen, um eine steuerneutrale Vermögensübertragung vornehmen zu können. Bezüglich der Notwendigkeit, sämtliche wesentlichen Betriebsgrundlagen übertragen zu müssen, ist auf § 20 UmwStG zu verweisen.

---

599 Vgl. Kessler, W./ Achilles, C./ Huck, F., Die Europäische Aktiengesellschaft im Spannungsfeld zwischen nationalem Steuergesetzgeber und EuGH, IStR 2003, S. 715.

Eine dem Anteilstausch i.S.d. § 20 Abs. 1 Satz 2 UmwStG vergleichbare Vorschrift zur Einbringung einer mehrheitsvermittelnden Beteiligung ist in § 24 UmwStG hingegen nicht vorgesehen. Lediglich eine 100 %ige Beteiligung an einer Kapitalgesellschaft kann Gegenstand der Einbringung in eine Personengesellschaft sein.[600]

Auch im Rahmen des § 24 UmwStG müssen dem Einbringenden Gesellschaftsrechte an der übernehmenden Gesellschaft gewährt werden, so dass auch bei der Einbringung in eine Personengesellschaft ein Beteiligungsverhältnis in Folge der Vermögensübertragung begründet wird.

Merke: Auch die Einbringung in eine Personengesellschaft stellt einen **tauschähnlichen Veräußerungsvorgang** dar. Durch § 24 UmwStG wird eine teleologische Reduktion des § 16 EStG vorgenommen. Auch § 24 UmwStG ist lex specialis zu § 16 EStG.

Durch die Gewährung eines Mitunternehmeranteils wird der Einbringende direkt an allen aktiven und passiven Wirtschaftsgütern der übernehmenden Personengesellschaft beteiligt. Eine gesetzlich geregelte Wertverknüpfung zwischen Veräußerungspreis des eingebrachten Betriebsvermögens und den Anschaffungskosten der gewährten Beteiligung ist somit im Rahmen der Einbringung in eine Personengesellschaft nicht erforderlich. Eine Umwandlung von steuerlich verstricktem Betriebsvermögen in Anteile, die der Einbringende wie bei der Einbringung in eine Kapitalgesellschaft steuerlich begünstigt veräußern könnte, ist daher nicht gegeben.
Veräußert der Einbringende im Anschluss an eine steuerneutrale Einbringung i.S.d. § 24 UmwStG den ihm gewährten Mitunternehmeranteil, kommt es zu einer direkten Veräußerung von anteiligen Eigentumsrechten an jedem einzelnen Wirtschaftsgut, und es erfolgt eine Besteuerung gem. § 16 Abs. 1 Nr. 2 EStG. Es treten somit die Rechtsfolgen ein, die sich ergeben hätten, wenn eine unmittelbare Veräußerung des Betriebsvermögens i.S.d. § 16 EStG vorgenommen worden wäre.

Merke: Bei einer Einbringung in eine Personengesellschaft **entstehen keine einbringungsgeborenen Anteile**. Für die Veräußerung der Gegenleistung bedarf es **keiner Missbrauchsvorschriften**.

[600] Vgl. Tz. 24.03 UmwStE.

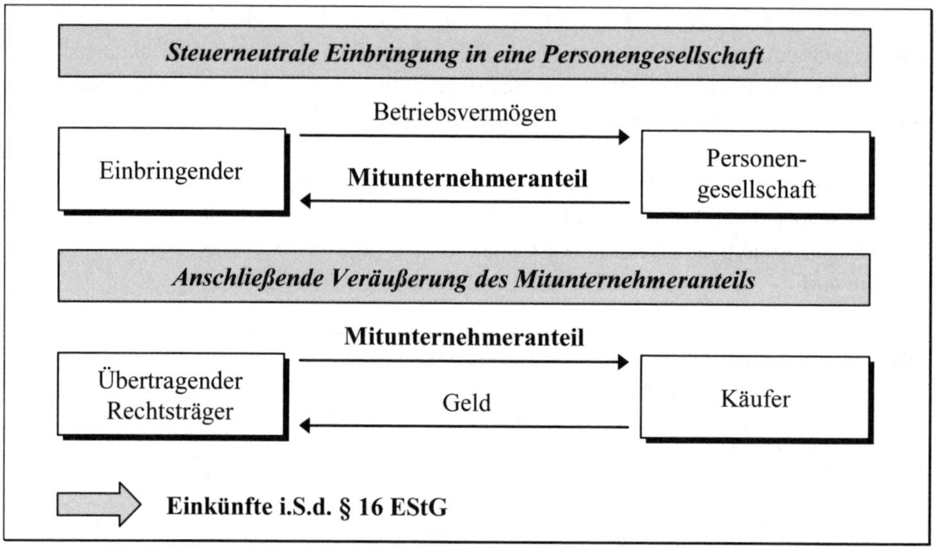

Abbildung 162: Einbringung von Betriebsvermögen in eine Personengesellschaft

Merke: Im Rahmen einer Einbringung in eine Personengesellschaft tritt das Problem der Bewertung der gewährten Gesellschaftsrechte, um eine steuerliche Erfassung von übergegangenen stillen Reserven zu gewährleisten, nicht auf. Ein Mitunternehmeranteil beteiligt den Einbringenden unmittelbar an den Aktiva und Passiva der übernehmenden Personengesellschaft. Zu einer Verdopplung stiller Reserven kann es daher nicht kommen, da der Einbringende direkt an den von ihm steuerneutral übertragenen stillen Reserven beteiligt wird.

3.1 Zivilrechtliche Anwendungsfälle

3.1.1 Gesamtrechtsnachfolge

Auch bei der Einbringung von Betriebsvermögen in eine Personengesellschaft gibt es zivilrechtliche Ausgestaltungen der Vermögensübertragung nach dem UmwG.
Folgende zivilrechtliche Möglichkeiten der Vermögensübertragung bestehen:[601]

- Verschmelzung von Personengesellschaften i.S.d. §§ 2, 39 ff. UmwG,
- Ausgliederung von Körperschaften, Personengesellschaften oder Einzelunternehmen auf eine Personengesellschaft i.S.d. § 123 Abs. 3 UmwG.

601 Vgl. Tz. 24.01 UmwStE.

3.1.2 Einzelrechtsnachfolge

Folgende zivilrechtliche Möglichkeiten der Vermögensübertragung bestehen:[602]

- **Aufnahme** eines Gesellschafters in ein bestehendes Einzelunternehmen gegen Geldeinlage oder Einlage anderer Wirtschaftsgüter. Dabei bringt aus Sicht des § 24 UmwStG der Einzelunternehmer seinen Betrieb in die durch die Aufnahme des Gesellschafters **neu** entstehende Personengesellschaft ein.
- **Eintritt** eines weiteren Gesellschafters in eine **bereits** bestehende Personengesellschaft gegen Geldeinlage oder Einlage anderer Wirtschaftsgüter. Als Einbringungsvorgänge i.S.d. § 24 UmwStG sind die Übertragungen der Mitunternehmeranteile an der **bisherigen** Personengesellschaft in die durch den Eintritt des neuen Gesellschafters **neu** entstehende Personengesellschaft anzusehen.

Merke: Hinsichtlich der Geld- oder Sacheinlage des aufzunehmenden bzw. eintretenden Gesellschafters liegt keine Einbringung vor.

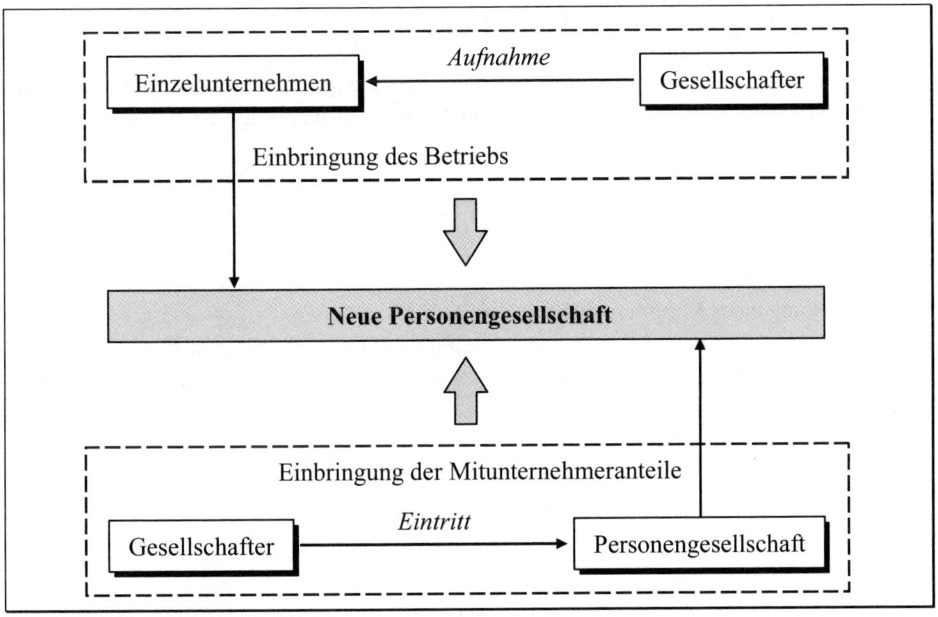

Abbildung 163: Entstehung einer neuen Personengesellschaft aus Sicht des § 24 UmwStG

- Einbringung eines Einzelunternehmens in eine **bereits** bestehende Personengesellschaft oder durch Zusammenschluss von mehreren Einzelunternehmen, die ihre Betriebe in eine **neu** entstehende Personengesellschaft einbringen.

---

602 Vgl. Tz. 24.01 UmwStE.

Merke: Bei der Einbringung eines Einzelunternehmens in eine bestehende Personengesellschaft ist der **hinzutretende Einzelunternehmer als Einbringender** i.S.d. § 24 UmwStG anzusehen.
⇨ Einbringungsgegenstand: **Betrieb**

Tritt ein Gesellschafter gegen eine Geldzahlung oder Leistung anderer Wirtschaftsgüter in eine bestehende Personengesellschaft ein, sind sämtliche **Gesellschafter der Personengesellschaft als Einbringende** anzusehen, die ihre Mitunternehmeranteile auf eine neu entstehende Personengesellschaft übertragen.
⇨ Einbringungsgegenstand: **Mitunternehmeranteil**

- Übertragung der Mitunternehmeranteile an einer Personengesellschaft in eine zweite Personengesellschaft gegen Gewährung von Mitunternehmeranteilen an dieser zweiten Personengesellschaft. Das Vermögen der ersten Personengesellschaft wächst dabei der zweiten Personengesellschaft i.S.d. § 738 BGB, § 142 HGB an.

3.2 Eintritt eines Gesellschafters

Die Einbringung von Betriebsvermögen in eine Personengesellschaft bedeutet sowohl im Wege der Gesamtrechtsnachfolge als auch der Einzelrechtsnachfolge einen Gesellschaftereintritt bzw. die Aufnahme eines Gesellschafters.

Dabei ist zwischen folgenden Fällen zu unterscheiden:

- Gewährung eines Mitunternehmeranteils,
- Aufstockung eines Mitunternehmeranteils,
- Gewährung eines **neuen** Mitunternehmeranteils für die einbringenden Gesellschafter der **alten** Personengesellschaft, wenn aus Sicht des § 24 UmwStG eine neue Personengesellschaft entsteht.

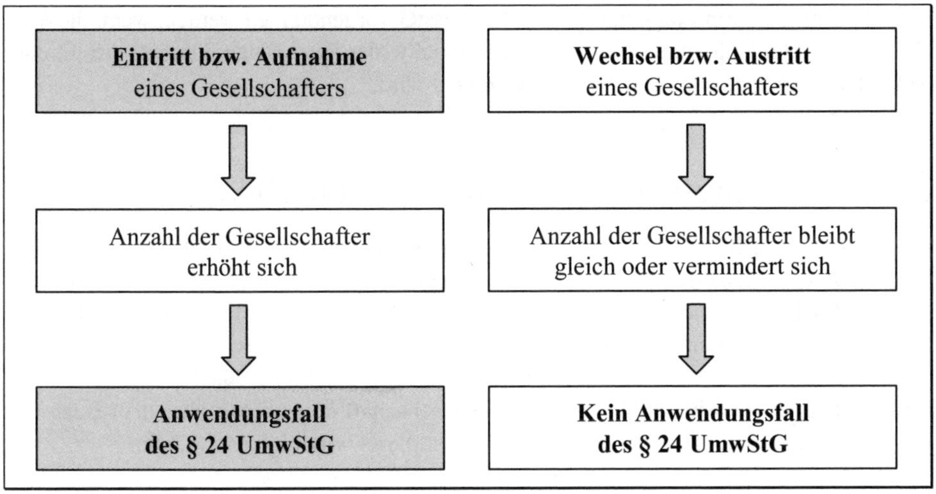

Abbildung 164: Eintritt und Wechsel in eine Personengesellschaft

Merke: Von § 24 UmwStG wird nur der **Eintritt bzw. die Aufnahme** eines oder mehrerer Gesellschafter erfasst. Ein **Gesellschafteraustritt bzw. ein Gesellschafterwechsel** wird in § 24 UmwStG nicht geregelt.

3.3 An der Einbringung beteiligte Personen

3.3.1 Einbringender

Sowohl natürliche als auch juristische Personen können Einbringende i.S.d. § 24 UmwStG sein, wobei keine unbeschränkte Steuerpflicht erforderlich ist, um eine steuerneutrale Vermögensübertragung vornehmen zu können. Wird ein Gesellschafter durch Geldeinlage oder Einlage anderer Wirtschaftsgüter in ein Einzelunternehmen aufgenommen, bringt nur der Einzelunternehmer seinen Betrieb i.S.d. § 24 UmwStG in die neu entstehende Personengesellschaft ein. Hinsichtlich der Einlage des aufgenommenen Gesellschafters liegt **kein Einbringungsvorgang** nach § 24 UmwStG vor.
Bei Eintritt eines neuen Gesellschafters in eine bereits bestehende Personengesellschaft fingiert das Steuerrecht einen Einbringungsvorgang hinsichtlich der Mitunternehmeranteile an der bestehenden Personengesellschaft in die **neu** entstehende Personengesellschaft. Der eintretende Gesellschafter nimmt **keine Einbringung** i.S.d. § 24 UmwStG vor.

3.3.2 Übernehmende Personengesellschaft

Übernehmende Personengesellschaft kann jede Gesellschaft i.S.d. § 15 Abs. 1 Satz 1 Nr. 2 EStG sein. Ist eine ausländische Personengesellschaft als eine solche Gesellschaft anzuerkennen, kann eine Einbringung i.S.d. § 24 UmwStG vorgenommen werden, wenn die Vermögensübertragung in eine inländische Betriebsstätte der Personengesellschaft erfolgt oder dadurch eine inländische Betriebsstätte begründet wird.[603]

3.4 Bewertungswahlrecht und Ergänzungsbilanzen

Gem. § 24 Abs. 2 Satz 1 UmwStG darf die übernehmende Personengesellschaft das eingebrachte Betriebsvermögen einschließlich der **Ergänzungsbilanzen** für ihre Gesellschafter mit dem Buch-, Zwischen- oder Teilwert ansetzen. Dieser Wertansatz gilt gem. § 24 Abs. 3 Satz 1 UmwStG als Veräußerungspreis des übertragenen Vermögens.

Entsteht bei der Einbringung in die Personengesellschaft durch einen über dem Buchwert liegenden Wertansatz ein Einbringungsgewinn, ist dieser wie folgt zu ermitteln:

	Veräußerungspreis (Wertansatz des eingebrachten Betriebsvermögens in der **Gesamthandsbilanz** der übernehmenden Personengesellschaft und den **Ergänzungsbilanzen** des einbringenden Gesellschafters)
./.	Veräußerungskosten
./.	Buchwert des eingebrachten Betriebsvermögens
=	Einbringungsgewinn / Einbringungsverlust

Wie bei der Einbringung in eine Kapitalgesellschaft stellt sich im Rahmen des Bewertungswahlrechts die Frage nach einer **Zwangswertaufstockung der Buchwerte** des eingebrachten Betriebsvermögens, um eine steuerliche Erfassung der übergehenden stillen Reserven sicherzustellen.

Eine dem § 20 Abs. 3 UmwStG in seinem Regelungszweck analoge Norm zur Aufdeckung sämtlicher stiller Reserven im Einbringungszeitpunkt ist bei der Einbringung von Betriebsvermögen in eine Personengesellschaft nicht erforderlich. Es kann nicht zu einem Wechsel des Besteuerungsrechts an den eingebrachten stillen Reserven wie bei einer Sacheinlage in eine Kapitalgesellschaft kommen, da die Veräußerung des als Gegenleistung gewährten Mitunternehmeranteils in Deutschland **stets** der beschränkten Steuerpflicht unterliegt. Der gewährte Mitunternehmeranteil umfasst im Inland steuerlich verstricktes Betriebsvermögen i.S.d. § 49 Abs. 1 Nr. 2 Bst. a EStG.

---

[603] Vgl. Van Lishaut, I., Umwandlungssteuerrecht, 2. Aufl., Köln 1998, S. 130.

Merke: Da eine Einbringung i.S.d. § 24 UmwStG ausschließlich in eine im Inland belegene Betriebsstätte einer ausländischen Personengesellschaft erfolgen kann, ist die Veräußerung des gewährten Mitunternehmeranteils in Deutschland stets steuerpflichtig.

Auch eine Zwangswertaufstockung der Buchwerte bei einem negativen Kapital scheidet aus. § 24 UmwStG enthält keine das Bewertungswahlrecht der übernehmenden Gesellschaft einschränkende Vorschrift i.S.d. § 20 Abs. 2 Satz 4 UmwStG, die die Einbringung negativen Reinvermögens unterbindet, um eine Erfassung der stillen Reserven in den gewährten Kapitalgesellschaftsanteilen zu gewährleisten. Wird negatives Reinvermögen in eine Personengesellschaft eingebracht, können in der Gegenleistung ruhende stille Reserven nicht verloren gehen, da der Einbringende über die ihm gewährte Mitunternehmerstellung unmittelbar an den übergegangenen stillen Reserven beteiligt ist. Eine Einbringung negativen Reinvermögens in eine Personengesellschaft ist daher möglich.

Merke: Die Einbringung von **negativem Reinvermögen** ist unschädlich für die Anwendung des § 24 UmwStG.

Auch eine vergleichbare Einschränkung des Bewertungswahlrechts i.S.d. § 20 Abs. 2 Satz 5 UmwStG bei Gewährung anderer Wirtschaftsgüter als Gesellschaftsrechten kann im Rahmen einer Einbringung in eine Personengesellschaft nicht einschlägig sein, da sie aus den gleichen Gründen wie bei der Wertaufstockung i.S.d. § 20 Abs. 2 Satz 4 UmwStG hinsichtlich einer Einbringung in eine Personengesellschaft keine Anwendung finden kann.

Eine Geldzahlung ins **Betriebsvermögen** des Einzelunternehmers bzw. der Personengesellschaft erfolgt jedoch häufig bei der Aufnahme eines Gesellschafters in ein bestehendes Einzelunternehmen oder bei Eintritt in eine Personengesellschaft, wobei der Empfänger der Zahlung eine Einbringung i.S.d. § 24 UmwStG vornimmt. Die Gegenleistung für den einbringenden Gesellschafter besteht dann nicht ausschließlich in Gesellschaftsrechten. Dennoch kann eine Einbringung i.S.d. § 24 UmwStG trotz der Zuzahlung steuerneutral vorgenommen werden.

3.4.1 Zuzahlung ins Betriebsvermögen

Wenn das eingebrachte Betriebsvermögen stille Reserven enthält, muss sich die zu leistende Geldzahlung des eintretenden Gesellschafters am **Teilwert** der gewährten Mitunternehmerstellung bemessen. Da die Geldzahlung des eintretenden Gesellschafters Betriebsvermögen der übernehmenden Personengesellschaft wird, **liegt keine Veräußerung des eingebrachten Betriebsvermögens vor,**[604] und es kommt zu keiner steuerlichen Belastung.

[604] Vgl. Tz. 24.09 UmwStE, neu gefasst durch: BMF v. 21.08.2001, IV A 6 - S-1909 - 11/01, BStBl. I 2001, S. 543.

Sollen aber die Beteiligungsverhältnisse der Gesellschafter nach der Einbringung in zutreffender Weise abgebildet werden, stellt sich die Frage der steuerbilanziellen Umsetzung. Die Buchwerte des eingebrachten Betriebsvermögens müssten bis zum **Teilwert** aufstockt werden, um den einbringenden Gesellschafter im gleichen Verhältnis wie den zahlenden Gesellschafter zu beteiligen. Die zutreffende Darstellung der Beteiligungsverhältnisse ginge dann zu Lasten der Steuerneutralität.

Beispiel

Der Einzelunternehmer Hubert Fry möchte expandieren. Daher nimmt er seinen Neffen, Phillip Fansworth, zum 01.01.2004 in sein Einzelunternehmen auf.

Aktiva	Schlussbilanz	Hubert Fry	Passiva
Aktiva	200 T€	Kapital	200 T€
	200 T€		200 T€

Hubert bringt folglich sein Einzelunternehmen **(Teilwert i.H.v. 500.000 €)** zum **Buchwert i.H.v. 200.000 €** in die von ihm und Phillip gegründete Fry-Fransworth OHG ein, an der beide zu 50 % beteiligt sein sollen. Daher muss Phillip eine Bareinlage von 500.000 € leisten, um den gleichen Wertbeitrag wie Hubert zu leisten.

Aktiva	Eröffnungsbilanz	Fry-Fansworth OHG	Passiva
Aktiva	200 T€	Kapital Hubert	200 T€
Kasse	500 T€	Kapital Phillip	500 T€
	700 T€		700 T€

Da die von Phillip geleistete Zahlung i.H.v. 500.000 € Betriebsvermögen der Personengesellschaft wird, liegt keine Veräußerung des eingebrachten Vermögens vor. Die Kapitalkonten der beiden Mitunternehmer spiegeln jedoch nicht das Beteiligungsverhältnis von 50:50 wider. Um dies zu erreichen, wäre eine **Buchwertaufstockung** des eingebrachten Betriebsvermögens vorzunehemen.

Aktiva	Eröffnungsbilanz Fry-Fansworth OHG		Passiva
Aktiva	500 T€	Kapital Hubert	500 T€
Buchwertaufstockung			
Stille Reserven	300 T€		
Kasse	500 T€	Kapital Phillip	500 T€
	1000 T€		1000 T€

Die zutreffende Darstellung der Beteiligungsverhältnisse geht in diesem Fall jedoch **zu Lasten der Steuerneutralität**. Für Hubert entstünde ein steuerpflichtiger Einbringungsgewinn i.H.v. 300.000 €.

Eine Möglichkeit, die Beteiligungsverhältnisse der Gesellschafter bei gleichzeitiger Steuerneutralität zutreffend darzustellen, bieten sog. **steuerliche Ergänzungsbilanzen**.

Steuerliche Ergänzungsbilanzen

Steuerliche Ergänzungsbilanzen werden bei Personengesellschaften gebildet, um **Wertkorrekturen** für einzelne Gesellschafter vorzunehmen.[605]

Mittels einer Ergänzungsbilanz kann eine **gesellschafterbezogene** Aufdeckung bzw. Legung stiller Reserven erfolgen.

Ergänzungsbilanzen sind **periodisch fortzuentwickeln**.

Positive Ergänzungsbilanzen enthalten **Mehrwerte**, die in den folgenden Perioden abgeschrieben werden, negative Ergänzungsbilanzen dagegen **Minderwerte**, die künftig zuzuschreiben sind.

Bei der Veräußerung eines Mitunternehmeranteils **vermindert** die Wertkorrektur in einer **positiven Ergänzungsbilanz** einen anfallenden Veräußerungsgewinn. Umgekehrt **erhöht** sich ein Veräußerungsgewinn, wenn zuvor eine **negative Ergänzungsbilanz** gebildet wurde.

[605] Vgl. Marx, F.-J., Steuerliche Ergänzungsbilanzen, Anwendungsbereiche, Ermittlungsproblematik und Gestaltungsaspekte aus Sicht der Betriebswirtschaftlichen Steuerlehre, StuW 1994, S. 192.

Lösung

Durch eine **Angleichung der Kapitalkonten** der Gesellschafter kommt es nicht zu einer erfolgswirksamen Aufstockung der Buchwerte.

Aktiva	Eröffnungsbilanz Fry-Fansworth OHG		Passiva
Aktiva	200 T€	Kapital Hubert	350 T€
Kasse	500 T€	Kapital Phillip	350 T€
	700 T€		700 T€

Bei diesem bilanziellen Ansatz wird jedoch offensichtlich, dass Phillip durch seine Bareinlage 150.000 € mehr geleistet hat, als sein buchmäßiges Eigenkapital ausweist. Durch seine Geldzahlung hat er in Huberts Betriebsvermögen ruhende stille Reserven i.H.v. 150.000 € entgolten. Da dieser Betrag in der Gesamthandsbilanz nicht ausgewiesen wird, hat Phillip eine **positive Ergänzungsbilanz** zu bilden.

Aktiva	Positive Ergänzungsbilanz Phillip		Passiva
Aktiva	150 T€	Mehrkapital	150 T€
	150 T€		150 T€

Durch den Ausweis der vergüteten stillen Reserven in Phillips positiver Ergänzungsbilanz werden diese aufgedeckt, und Hubert erzielt einen **grundsätzlich steuerpflichtigen Einbringungsgewinn** i.H.v. 150.000 €.

§ 24 Abs. 2 Satz 1 UmwStG gewährt dem Einbringenden jedoch die Möglichkeit, die in Phillips positiver Ergänzungsbilanz aufgedeckten stillen Reserven durch Ausweis von **Minderwerten in einer negativen Ergänzungsbilanz zu neutralisieren**.

Aktiva	Negative Ergänzungsbilanz Hubert		Passiva
Minderkapital	150 T€	Aktiva	150 T€
	150 T€		150 T€

Die Mehr- bzw. Minderwerte in den Ergänzungsbilanzen neutralisieren einander, so dass der Wertansatz i.S.d. § 24 Abs. 2 Satz 1 UmwStG 200.000 € und damit dem Buchwert entspricht. Auch der Veräußerungspreis i.S.d. § 24 Abs. 3 Satz 1 UmwStG beträgt 200.000 €, so dass sich **durch die Bildung von Huberts negativer Ergänzungsbilanz ein Einbringungsgewinn vermeiden lässt**. Durch eine planmäßige lineare Abschreibung der Aktiva über 10 Jahre in der Gesamthandsbilanz weist die Fry-Fransworth OHG am Jahresende folgende Schlussbilanz aus:

Aktiva	Schlussbilanz Fry-Fansworth OHG		Passiva
Aktiva	180 T€	Kapital Hubert	340 T€
Kasse	500 T€	Kapital Phillip	340 T€
	680 T€		680 T€

Da die gebildeten Ergänzungsbilanzen **periodisch fortzuentwickeln** sind, muss die in der Gesamthandsbilanz vorgenommene Abschreibung dort nachvollzogen werden.

Aktiva	Positive Ergänzungsbilanz Phillip		Passiva
Aktiva	135 T€	Mehrkapital	135 T€
	135 T€		135 T€

Von der AfA aus der Gesamthandsbilanz entfallen 10.000 € auf Phillip. Zusammen mit der AfA der Mehrwerte aus seiner postiven Ergänzungsbilanz kann er damit insgesamt eine gewinnmindernde AfA von 25.000 € geltend machen.

Aktiva	Negative Ergänzungsbilanz Hubert		Passiva
Minderkapital	135 T€	Aktiva	135 T€
	135 T€		135 T€

Für Hubert ergibt sich folglich in der Summe eine gewinnerhöhende Zuschreibung von 5.000 €, da eine gewinnmindernde AfA i.H.v. 10.000 € und eine gewinnerhöhende Zuschreibung i.H.v. 15.000 € auf ihn entfallen.
Die stillen Reserven, die er im Zeitpunkt der Einbringung durch die Bildung einer negativen Ergänzungsbilanz gelegt hat, lösen sich daher im Zeitablauf auf.

Bei den Mehr- bzw. Minderwerten in steuerlichen Ergänzungsbilanzen handelt es sich um Wertkorrekturen. Auf diese Weise wird ein erfolgswirksamer Ausgleich in Folge einer Aufdeckung stiller Reserven (durch erhöhte AfA), bzw. eine erfolgswirksame Anpassung bei der Vermeidung einer steuerlichen Belastung im Wege der Legung stiller Reserven (durch verminderte AfA bzw. Zuschreibung) erreicht.

Hinweis: Ein steuerpflichtiger Einbringungsgewinn bei Hubert hätte auch dadurch vermieden werden können, indem zwar in der Gesamthandsbilanz die Teilwerte bei einem jeweiligen Ausweis der Kapitalkonten mit 500.000 € angesetzt worden wären, Hubert aber eine negative Ergänzungsbilanz mit einem Minderkapital i.H.v. 300.000 € gebildet hätte. Bei dieser Variante entfällt die Aufstellung einer Ergänzungsbilanz für Phillip.[606]

[606] Vgl. Tz. 24.14 UmwStE.

3.4.2 Zuzahlung ins Privatvermögen

Erhält der Einbringende neben seiner Mitunternehmerstellung an der Personengesellschaft eine Zuzahlung in sein Privatvermögen, kann der Einbringende eine Aufdeckung stiller Reserven nicht durch eine Ergänzungsbilanz ausgleichen, so dass ein steuerpflichtiger Veräußerungsgewinn entsteht.[607] Die Veräußerung der Eigentumsanteile an den Wirtschaftsgütern ist ein Geschäftsvorfall des einzubringenden Betriebs. Der Erlös aus der Veräußerung wird vom Einbringenden vor der Einbringung in die Personengesellschaft entnommen.[608] Dabei ist davon auszugehen, dass der Einbringende Eigentumsanteile an den Wirtschaftsgütern des Betriebs an den zahlenden Gesellschafter **veräußert** und diese für dessen Rechnung zusammen mit den ihm verbliebenen Eigentumsanteilen in die Personengesellschaft einbringt.[609]

Beispiel

Die von Phillip zu leistende Zahlung soll nicht Betriebsvermögen der OHG werden. Hubert entnimmt die Zahlung in sein Privatvermögen und bringt anschließend das Betriebsvermögen zum Buchwert in die OHG ein.

Aktiva	Eröffnungsbilanz Fry-Fansworth OHG		Passiva
Aktiva	200 T€	Kapital Hubert	100 T€
		Kapital Phillip	100 T€
	200 T€		200 T€

Der Ausweis der Kapitalkonten in der Gesamthandsbilanz spiegelt die Veräußerung der Hälfte der Eigentumsanteile an den Wirtschaftsgütern wider. Da der Gesamtwert der OHG bei der Zahlung in Huberts Privatvermögen lediglich 500.000 € beträgt, muss Phillip folglich nur 250.000 € leisten, um in gleicher Höhe wie Hubert beteiligt zu sein. In Höhe der stillen Reserven, die Phillip durch den hälftigen **Erwerb** der Eigentumsanteile vergütet und somit aufdeckt, werden die Mehrwerte in einer **positiven Ergänzungsbilanz** erfasst.

Aktiva	Positive Ergänzungsbilanz Phillip		Passiva
Aktiva	150 T€	Mehrkapital	150 T€
	150 T€		150 T€

[607] Vgl. BFH v. 08.12.1994, IV-R-82/92, BStBl. II 1995, S. 599.

[608] Vgl. Tz. 24.11 UmwStE, neu gefasst durch: BMF v. 21.08.2001, IV A 6 - S-1909 - 11/01, BStBl. I 2001, S. 543.

[609] Vgl. Tz. 24.09 UmwStE.

Der aus der Veräußerung der Hälfte der Eigentumsanteile resultierende Gewinn i.H.v. 150.000 € kann in diesem Fall **nicht durch die Bildung einer negativen Ergänzungsbilanz ausgeglichen werden**. Dieser stellt für Hubert einen **laufenden Gewinn** dar, der keiner Vergünstigung nach § 16 Abs. 4 EStG und § 34 Abs. 1 oder § 34 Abs. 3 EStG unterliegt.[610]

Merke: Mit der Bildung von positiven bzw. negativen Ergänzungsbilanzen kann einer **gesellschafterbezogenen** Aufdeckung oder Legung stiller Reserven Rechnung getragen werden.
Wird eine Zuzahlung in das **Betriebsvermögen** des Einbringenden geleistet, kann ein Einbringungsgewinn durch die Bildung einer negativen Ergänzungsbilanz (individuelle Legung von stillen Reserven durch den Einbringenden) neutralisiert werden.
Wird die Zuzahlung hingegen in das **Privatvermögen** des Einbringenden geleistet, kann keine den Gewinn mindernde negative Ergänzungsbilanz aufgestellt werden.

3.5 Steuerbegünstigung des Einbringungsgewinns

Gem. § 24 Abs. 3 Satz 2 UmwStG können die Vergünstigungen des § 16 Abs. 4 EStG nur in Anspruch genommen werden, wenn die übernehmende Personengesellschaft den Teilwertansatz wählt. Ein Teilwertansatz des eingebrachten Betriebsvermögens liegt nur dann vor, wenn alle bilanzierten und nicht bilanzierten Wirtschaftsgüter einschließlich eines originären Firmenwerts ausgewiesen werden. Für den Anteil des Einbringungsgewinns, der schon teilweise durch die Anwendung des Halbeinkünfteverfahrens i.S.d. § 3 Nr. 40 Bst. b EStG i.V.m. § 3c Abs. 2 EStG begünstigt ist, ist die Inanspruchnahme der Fünftelregelung nach § 34 Abs. 1 EStG oder des reduzierten Durchschnittssteuersatzes nach § 34 Abs. 3 EStG nicht mehr möglich.

§ 24 Abs. 3 Satz 3 UmwStG verweist auf § 16 Abs. 2 Satz 3 EStG, wonach die Vergünstigungen des § 16 und des § 34 EStG nicht auf einen Einbringungsgewinn anzuwenden sind, wenn die Tatbestandsvoraussetzungen einer sog. **„Veräußerung an sich selbst"** vorliegen.

Merke: Soweit auf der Seite des Veräußernden und auf der Seite des Erwerbers dieselben Personen Unternehmer oder Mitunternehmer sind, gilt der Einbringungsgewinn **trotz der Zahlung ins Betriebsvermögen als laufender Gewinn**.[611]

[610] Vgl. Tz. 24.11 UmwStE.

[611] Vgl. Tz. 24.16 UmwStE.

Beispiel

Phillip und Hubert sind jeweils zu 50 % an der Fry-Fransworth OHG beteiligt. Zoidberg soll gegen eine Bareinlage in das Betriebsvermögen der Personengesellschaft als dritter Gesellschafter aufgenommen werden. An der aus Sicht des § 24 UmwStG neuen Personengesellschaft sollen alle zu je einem Drittel beteiligt sein. Wirtschaftlich betrachtet geben sowohl Phillip als auch Hubert ein Drittel ihrer Gesellschaftsrechte an Zoidberg ab. **Die Einbringung des Betriebsvermögens erfolgt zum Teilwert.** Da beide Mitunternehmer auch Gesellschafter der neuen Personengesellschaft sind, veräußern sie jeweils zwei Drittel ihres Mitunternehmeranteils an sich selbst. Die Vergünstigungen des § 16 Abs. 4 EStG und der § 34 Abs. 1 EStG oder § 34 Abs. 3 EStG sind lediglich auf das Drittel des Mitunternehmeranteils anwendbar, das Phillip und Hubert an Zoidberg veräußern.

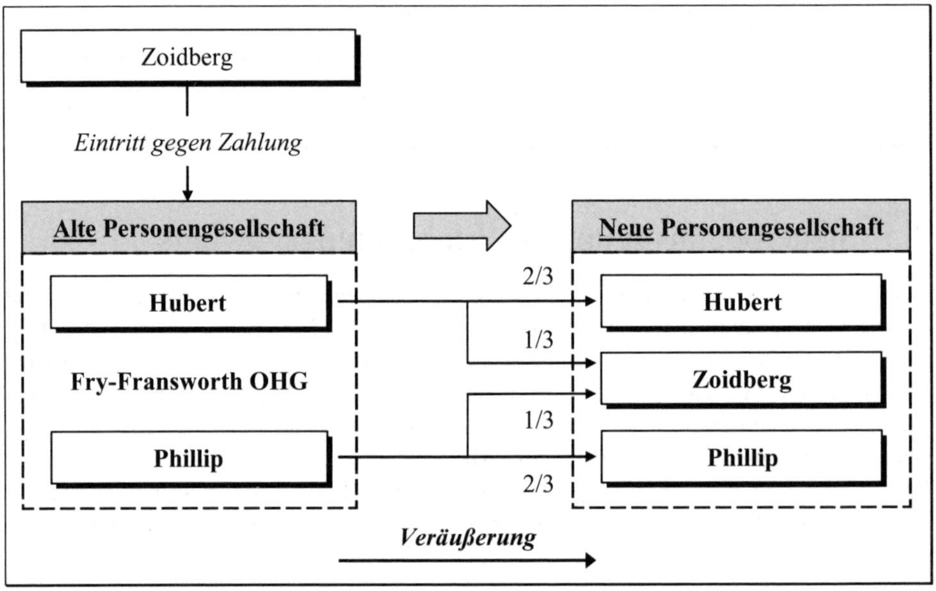

Abbildung 165: In-sich-Geschäft

3.6 Analoge Anwendung der Regelungen zu §§ 20, 22 UmwStG

3.6.1 Auswirkungen bei der übernehmenden Personengesellschaft

Die steuerliche Behandlung des übertragenen Betriebsvermögens bei der Personengesellschaft erfolgt durch Verweis in § 24 Abs. 4 UmwStG analog zu den Bestimmungen in § 22 UmwStG für die Einbringung in eine Kapitalgesellschaft.

§ 24 Abs. 4 UmwStG	
„**§ 22 Abs. 1 bis 3** gilt entsprechend."	⇨ **Verweis** auf die Vorschriften zur steuerlichen Behandlung des übertragenen Betriebsvermögens bei der Einbringung in eine Kapitalgesellschaft

3.6.2 Rückbeziehung

Eine steuerliche Rückbeziehung der Einbringung i.S.d. § 24 UmwStG ist grundsätzlich **nur** dann möglich, wenn die zivilrechtliche Vermögensübertragung **im Wege der Gesamtrechtsnachfolge** erfolgt. Insoweit ist auf die Bestimmungen des § 20 Abs. 7 und Abs. 8 UmwStG für den Fall, dass zivilrechtlich eine Verschmelzung von Personengesellschaften oder eine Ausgliederung von Betriebsvermögen auf eine Personengesellschaft vorliegt, zu verweisen.
Bei einer Einbringung in eine Personengesellschaft, die im Wege der **Einzelrechtsnachfolge** vorgenommen wird, ist auf Grund des fehlenden Verweises auf § 20 Abs. 8 Satz 3 UmwStG in § 24 Abs. 4 UmwStG keine Rückwirkung des steuerlichen Übertragungsstichtags möglich. Die steuerlich relevante Vermögensübertragung findet somit **ausschließlich** zum im Einbringungsvertrag vereinbarten Zeitpunkt **des Übergangs von Nutzen und Lasten** statt.

§ 24 Abs. 4 UmwStG	
„In den Fällen der Einbringung in eine Personengesellschaft im Wege der **Gesamtrechtsnachfolge** gilt auch § 20 Abs. 7 und 8 entsprechend."	⇨ **Steuerliche Rückwirkung**
(Kein Verweis auf **§ 20 Abs. 8 Satz 3 UmwStG**)	⇨ **Keine Rückwirkung bei Einzelrechtsnachfolge**

3.6.3 Nebensteuern

Hinsichtlich der Nebensteuern Gewerbesteuer, Umsatzsteuer und Grunderwerbsteuer wird auf die Ausführungen zur Einbringung in eine Kapitalgesellschaft verwiesen.

Unterliegt allerdings ein Gewinn aus der Einbringung von Betriebsvermögen in eine Personengesellschaft gem. § 24 Abs. 3 Satz 3 UmwStG i.V.m. § 16 Abs. 2 Satz 3 EStG kraft gesetzlicher Fiktion der laufenden Besteuerung **(In-sich-Geschäft bzw. Veräußerung an sich selbst)**, ist dieser auch gewerbesteuerpflichtig.[612]

---

[612] Vgl. Tz. 24.17 UmwStE.

Stichwortverzeichnis